KB050519

미국과 신강대국 세력구조

유찬열 지음

The United States and the New Great Power Configuration

오바마-트럼프
메드베데프-푸틴
후진타오-시진핑
하토야마-제2기 아베내각
시대 이야기

박영사

To Byeng Chun and Catherine, the Dedicated and the Lovely

머리말

　이 책은 지난번 출판한 「미국의 외교안보와 강대국 경쟁」의 후속편, 그리고 냉전이 후시대 미국의 '도전받지 않는 국제적 주도권'으로부터 미―러―중 3대 강대국 중심의 새로운 세계질서로 이행해가는 과정의 분석에 관한 완결편 성격을 띤다. 이 책에 기술된 내용은 원래 지난번 책을 쓸 때 함께 준비한 것이지만, 분량이 많고 시간이 부족해 나중에 새롭게 출판의 기회를 맞게 됐다. 여기서는 조지 W. 부시 시대에 이어 오바마(와 트럼프)가 미국 대통령으로 활동하고, 러시아에서 메드베데프와 푸틴, 중국에서 후진타오와 시진핑, 그리고 일본에서 하토야마에서부터 아베 신조가 두 번째 임기의 정치 리더 역할을 수행하던 2010년대 4개 강대국의 대외, 안보정책과 그들의 대내외 현실에 대해 논의한다. 지난번과 마찬가지로 하나의 나라가 아니라 4개국을 동시에 논의하는 이유는 그 방식으로 그들 각각의 행동패턴과 상호관계, 그로부터 생성되는 강대국 세력구조의 양상과 미래 변화방향, 그리고 그것이 전 세계에 끼치는 영향을 더 생생하게 조명할 수 있기 때문이다. 중국의 경우는 지난번 책에서 후진타오 시대를 집중적으로 논의했기 때문에, 여기서는 시진핑 시대를 더 자세하게 기술했다. 미국의 경우는 트럼프 시대가 일부 포함돼 있고, 러시아, 중국, 일본은 2020년 초까지의 현실이 자세히 기술돼 있는데, 그것은 논의의 과정에서 시대적으로 자연히 연장됐기 때문이다. 지리적으로도 동남아, 중앙아시아, EU, 중동, 아프리카 등 세계 곳곳이 수시로 등장하는데, 그것 역시 강대국들의 행동 범위가 그만큼 광범위하기 때문이다.

　늘 그랬듯이 이 책에서 추구하는 것은 수천 년 전에 시작되고 수천 년의 미래로 향하는 역사의 어느 짧은 순간에 대한 서술과 분석이다. 어떤 의미에서는 십수년 전의 과거, 오늘과 미래의 현실 모두가 잠깐일 뿐이지만, 그래도 그것은 전쟁과 평화, 번영과 몰락, 삶과 죽음이라는 무거운 현실과 연관된 돌이킬 수 없는 한순간이라는 심오한 의미를 갖는다. 그 작업의 과정에서 몇 가지 원칙이 중시되는데, 첫 번째는 오랜 기간에 걸친 국제정치의 원리, 역사의 지속성(continuity)과 변화(change) 인식에 기초한 현실의 조망과 분석이다. 그것은 오늘의 이 순간이 특별하면서도 영원의 일부라는 이유로 현시점의 특수성을 논의하는 가운데 역사를 가로 지르는 어떤 공통점에 대한 강조를 의미한다. 또 다른 원칙은 어느 한편에 기울지 않고 모든 국가와 문명을 평등한 입장에서 바라보는 시각이다. 그런 방식을 택하는 이유는 현실적으로 어느 국가, 어느 문명도 상대방의 우월성을 인정하지 않으려 하고, 또 제1차 세계대전 이후 오늘날의 국제규범이 민족자결, 주권의 존중, 민주적 평등을 옹호하기 때문이다. 서구인들 자신은 물론이고 세계의 많은 사람들이 오늘날 서방문명의 어떤 우수성을 인정하지만, 그런 인식은 개인 레벨과는 달리 국가나 문명 차원에서는 용납되지 않는다. 또 비서구 지역에서 서구문명의 장점을 배우기 원할 경우에도, 그것은 부분적 수용을 통한 각국과 각 문명의 자체적 발전을 지향한다. 그런 현상이 발생하는 배경에는 강대국의 흥망, 문명의 부상과 쇠퇴, 역사인식과 정체성, 미래전망을 포함해 여러 요인이 자리 잡고 있을 것이다.

이 책은 강대국들이 얼마나 많은 현안과 지리적으로 얼마나 큰 범위에서 활동하면서 세계지배를 위해 어떻게 경쟁하는지를 자세히 보여주는데, 그것은 한국의 대내외적 활동, 또 한국적 특성 및 미래한국과의 비교를 자동적으로 유도할 것이다. 그것은 한국이 앞으로도 더 많은 노력으로 더 발전된 단계로 나아가야 한다는 의미를 담고, 어떻게 하면 더 나은 한국을 만들 수 있는가에 관한 함의를 포함한다. 한편 이 책 구성상 몇 가지 특기사항이 있다. 첫 번째는 각국이 동일, 또는 인근지역에서 활동하면서 각종 현안으로 얽혀 있고, 또 오랜 기간에 걸쳐 사건이 연결, 지속되는 까닭에, 어떤 때에는 나토, 미사일 방어망, 그리고 남중국해 및 동중국해 사건과 같이 그에 관한 기술이 약간씩 겹치는 것이다. 그래도 가능한 한 그 서술이 중복되지 않도록 노력했고, 서로 다른 보완적 내용을 논의했다. 두 번째는 어떤 경우 자세한 상황이 묘사되어 있는 것인데, 그것은 각 행위자들의 동기, 사고방식, 행동 자체와 그 패턴을 더 자세히 보여주고, 그 사건들의 앞뒤 관계를 더 명확하게 설명하는 목적을 띤다. 사실에 관한 단순 기술보다는 그 현실의 큰 틀을 알 수 있도록 최소한의 필요한 세부사항을 포함하는 것이 더 나을 것으로 판단했다. 세 번째는 전문가들의 견해를 비교적 많이 실은 것인데, 그것은 객관적 현실의 추가 기술과 더불어 그에 대해 찬반을 논하는 탁월한 전문가들의 분석이 세계 현실을 이해하는 데 큰 도움을 줄 것으로 생각했기 때문이다. 그 분석은 대부분 필자가 동의하는 것들이지만, 그렇지 않은 경우도 몇 개 포함되어 있다. 그것은 전문가들이 모두 다 서로 다르게 생각하고, 다른 세계관, 그리고 합리성에 대해 다른 인식을 갖고 있음을 입증한다.

이 책을 쓰는 데 여러 동료로부터 도움을 받았다. 여인곤, 안승국, 김우연 박사께서는 원고를 읽고 세세한 부분을 지적해 주었고, 연현식, 김의곤 정상돈, 최대석, 유승익, 연상모, 박진수 교수로부터는 국제정치 이론 및 현실과 관련해 많은 도움을 받았다. 그 모든 분들께 감사의 말씀을 드린다. 또 출판을 허락해 주신 박영사의 안종만 회장님, 임직원 여러분, 전채린 과장, 김한유 대리께 감사의 말씀을 드리고, 자료수집에 많은 도움을 준 홍주연, 서동현 양에게도 감사의 마음을 전한다. 아내 병춘과 딸 성주에게는 늘 감사하는 마음이다. 비록 많이 미진하지만 책을 읽는 분들께 조금이라도 도움이 되기를 바라는 마음뿐이고, 모든 부족한 면은 필자 책임임을 말씀드리는 바이다.

2020년 10월
유찬열

차례

서언

　　버락 오바마(Barack H. Obama)가 처음 대통령으로 취임할 당시 미국은 국내외적으로 진퇴양난의 곤경에 처해 있었다. 그것은 워싱턴이 도전받지 않는 국제적 주도권을 행사하던 시대와는 전혀 다른 미국이었다. 수십년 만에 처음 겪는 경기침체와 이라크, 아프가니스탄 전쟁뿐 아니라 세계 각지의 크고 작은 수많은 분쟁에서 벗어나지 못한 미국은 국가를 올바른 방향으로 이끌어 갈 리더를 필요로 했는데, 오바마는 맡은 임무를 성실하게 수행하고 미국을 정상궤도에 원위치 시켰다. 그러나 오바마 행정부의 그 당시 여러 정책결정이 타당했는지에 대해서는 찬반양론이 존재하고, 워싱턴의 행동에 대한 평가는 어떤 기준을 사용하는가에 따라 천차만별로 엇갈린다. 어떤 전문가들은 오바마의 순수한(naive) 사고체계가 미국 국익에 손해를 끼쳤다고 말하고, 다른 일부에서는 그의 결정이 다른 형태를 띠기 어려웠을 것이라고 말한다. 그래도 대부분 사람들은 그의 집권기 세계 속 미국의 영향력과 파워가 과거에 비해 축소됐다는 데 동의한다.[1]

....

1) 대부분의 전문가들은 오바마의 대외정책에 대해 긍정적 평가를 내린다. 포린 어페어즈 저널 편집자 기드온 로즈는 오바마가 약간의 미진한 면은 있지만 조지 W. 부시의 잘못을 시정하고 미국을 올바른 궤도에 올려놓겠다는 신념으로 정책을 추진했다고 분석했다. 오바마는 전임자로부터 물려받은 어려움을 잘 극복해 후임자에게 문제없이 넘겨준 구원투수(relief pitcher)와 같은 존재이다. 그의 성공의 열쇠는 그가 큰 그림을 잘 파악한 것이다. 그것은 지난 70년 간 미국이 자양분을 공급한 자유주의 국제질서, 그리고 지구적 주변에서의 잘못된 모험과 분쟁으로부터 그 질서가 구원되어야 하는 현실에 관한 인식이다. 대통령은 순진하고(naive) 무능하거나 판단력이 부족한 이상주의자 등 여러 가지로 이야기되지만, 그는 '보수적 기질을 가진 이념적 자유주의자'(ideological liberal with a conservative temperament)로 가장 잘 이해된다. 그는 일정기간의 무모한 과다팽창과 공격적 일방주의 이후 단기적 후퇴에 의해 미국 대외정책 목표가 가장 잘 확대될 것이라고 느낀 현명한 판단력을 가진 인물이다. Gideon Rose, "What Obama Gets Right (Keep Calm and Carry the Liberal Order On)," Foreign Affairs, Vol. 94, No. 5 (September/October 2015), pp. 2–12; 그러나 일각에서는 오바마 대외정책의 몇 가지 긍정적 측면에도 불구하고 전체적으로는 잘못됐다고 주장했다. '환태평양 동반자협정'(TPP: Trans–Pacific Partnership) 체결, 미얀마 개방, 파키스탄과 예멘에서 드론 공격으로 알카에다를 약화시킨 것은 오바마 정책의 긍정적 치적이다. 그러나 도덕, 이상주의를 추구하는 오바마의 대외정책은 결과적으로 많은 후유증을 낳았다. 미국의 중동철수로 인해 이슬람국가(IS: Islamic State)가 소생하고, (2014년 이스라엘-하마스 여름전쟁에서 나타나듯) 이스라엘-팔레스타인 평화가 파괴되며, 푸틴의 크

오바마와 워싱턴 외교안보 팀의 목표와 의도가 무엇이건, 그가 활약하던 시기의 세계는 그 이전에 비해 많이 변했다. 통합을 이루고 새 문명, 새 역사를 창조할 것으로 기대되던 유럽연합(EU: European Union)은 많은 문제점을 노출했다. EU가 급격히 확대되면서, 서유럽은 동유럽에 대한 끝없는 경제지원과 동유럽 인들의 서유럽 진입으로 인한 일자리 상실을 혐오했다. 반면 서유럽으로부터의 경제침투와 친시장 개혁요구가 가속화되면서, 동유럽에서는 지역 간 불균형 발전, 민족주의적 포퓰리즘 분출과 극우, 극좌정당 출현, 그리고 유럽회의론 현상이 나타났다. EU에 가입한 동유럽 국가들에서 비자유주의 민주주의(illiberal democracy)가 부상하고, 일부는 러시아의 푸틴을 닮은 국정형태로 이동하는 현상이 발생했다. 2010년 집권한 헝가리의 빅토르 오르반(Viktor Orban)과 우익독재 정당 피데스(Fidesz)는 민족주의적 포퓰리스트 신헌법을 채택하고, 정권에 충성하지 않는 사법부, 관료제, 미디어를 숙청했다. 2013년 당선된 체코대통령 밀로스 제만(Milos Zeman)은 의회를 거부하고 자기 수하를 총리로 임명하면서 좌파 독재 형태의 대통령 권력 공고화를 시도했다. 루마니아에서는 빅토르 폰타(Viktor Ponta) 총리가 2012년 12월 총선 승리 후 좌파독재를 추진했다. 그는 각종 부패 스캔들로 2015년 12월 내각과 함께 사임했지만, 집권시 그 나라 법원 독립을 심하게 제한하는 신헌법 제정을 시도했다.[1] 한

....

리미아 합병을 막아내지 못한 것이 그런 것들이다. 또 폴란드, 이스라엘, 사우디아라비아와 같은 우방 수뇌부가 러시아, 시리아, 중동사태와 관련해 미국의 대응이 충분히 강력하지 못한 것을 비판했는데, 그것 역시 해외에서의 오바마 행정부 대외정책에 관한 인식을 그대로 보여준다. Bret Stephens, "What Obama Gets Wrong (No Retreat, No Surrender)," Foreign Affairs, Vol. 94, No. 5 (September/October 2015), pp. 13-16.

1) EU는 처음에 루마니아, 불가리아의 경우와 같이 동유럽 국가들의 EU 가입 당시 (그들이 공동시장 규정을 준수하면 자연적으로 민주주의로 전환될 것이라는 가정 하에) 자유민주주의 자격을 입증해야 하는 코펜하겐 기준을 심하게 적용하지 않았는데, 나중에 와서는 그들의 정치변화에 간섭할 방법이 없어 속수무책이 됐다. 그 이유는 EU 집행위원회는 회원국이 공동시장 규칙을 따르지 않을 때에만 제재할 수 있기 때문이다. 그렇지만 다른 동유럽 국가들에 비해 도널드 투스크(Donald Tusk) 총리가 이끄는 폴란드는 예외였는데, 그 나라는 독일과의 긴밀한 경제협력 덕으로 2008년 위기를 잘 넘기고 재정적으로 책임 있는 동유럽 리더로 위상을 굳히기 위해 열심이었다. Jan-Werner Mueller, "Eastern Europe Goes South (Disappearing Democracy in the EU's Newest Members)," Foreign Affairs, Vol. 93, No. 2 (March/April 2014), pp. 14-19; 기본적으로 독일-폴란드 경제관계는 두 나라 모두, 특히 폴란드 경제부흥의 계기가 됐고, 또 폴란드는 EU에 가입해 다른 국가들로부터의 투자, 무역, 그리고 그로 인한 고용증대에서 많은 혜택을 보았다. 또 폴란드는 유로존에 가입하지 않아 환율 평가절하와 정부 경제 활성화를 통해 2008년 지구적 경제위기를 잘 헤쳐 나갔다. 향후 관료제 경직이 개선되고, R&D, 지식기반 산업, 하이텍에 대한 투자가 더 이루어지면, 그 3천 8백만 인구와 높은 교육수준에 비추어 폴란드는 더 발전할 것이다. Mitchell A. Orstein, "Poland (From Tragedy to Triumph)," Foreign Affairs, Vol. 93, No. 1 (January/February 2014), pp. 23-27; 오늘날에도 동유럽에서는 점점 더 자유민주주의가 후퇴하고, 그 국가들 중 상당수는 권위주의, 민족주의적 포퓰리즘으로 회귀한다. 그 총체적인 이유는 미국의 쇠퇴, EU 재정문제, 브렉시트 위기, 서유럽으로부터 차별받고 외세의 개입으로 국

편, 중동 민주화 과정에서 비롯된 무슬림의 대규모 유럽이민은 기존의 EU 내 인종, 종교 정체성 문제를 더 악화시켰고, 미국 발 재정위기와 연계된 EU의 경제침체와 남유럽 경제 회복의 한계, 그리고 러시아와의 관계와 관련한 EU 회원국들 간의 견해차 모두 EU 결속 약화에 기여했다.[1]

EU 집행부의 엄격한 경제규정과 각국에 대한 규제 역시 많은 국가들의 불만사항이 었다. 독일이 주도하는 EU에 대한 불만으로 인해 영국 역시 그로부터의 탈퇴를 고려하고 있었지만, 그것은 많은 문제를 내포할 것으로 예상됐다. 일찍이 영국이 EU에서 탈퇴하기 전, 일부 전문가들은 브렉시트(Brexit)가 영국을 경제, 외교적으로 더 어렵게 만들 것이라 는 의견을 제시했다. 경제적으로 영국은 미래에 선두 금융센터로서의 위상을 유지할 수 없을 것인데, 그것은 대륙으로부터의 자금 흐름이 더 규제받을 것이기 때문이다. 영국의 모든 해외수출의 50% 정도가 유럽대륙으로 향하는 현실에서, 영국은 유럽 소비자 시장 에 대한 접근이 제한될 것이다. 또 노동의 자유로운 이동 역시 방해받는데, 그 이유는 유 럽의 최고 두뇌들과 낮은 임금의 근로자 유입이 제한받기 때문이다. 그동안 영국은 EU에 잔류하면서 유로존(Eurozone) 밖에서 독립적 통화정책으로 파운드 가치를 낮게 유지해 유럽과 나머지 세계에 대한 수출을 유지하고 EU 경제정책에 관한 영향력을 유지해 왔는

가적 정체성, 안보가 위협받는다는 인식, 난민 유입으로 인한 동유럽의 문화, 인종적 우려, 또 러시아의 지정학적 복귀 등 여러 요인을 포괄한다. Ivan Krastev, "Eastern Europe's Illiberal Revolution," Foreign Affairs, Vol. 97, No. 3 (May/June 2018), pp. 49-56.

1) 이민 1~3세대로서 2005년 현재 최대 2천만 명에 이르는 EU 무슬림은 서유럽 국가 이민자의 과반수 이상을 구성하는데, 2025년까지 그 숫자는 두 배로 증가할 것으로 예상된다. 북, 서, 남유럽 전역에서 무슬림 운동이 활발하게 전개되고, 유럽에서 무슬림 문제는 미국의 히스패닉 문제보다 더 심각한 상태 에 처해있다. 유럽 각국은 이민자와 2세대 무슬림계 유럽인들에게 동화(assimilation)에서부터 분리 (segregation)에 이르기까지 서로 다른 정책을 펼쳐왔는데, 그들 상당수는 서유럽 사회와 문화에 동화 되기보다는 외국인 혐오증, 인종차별을 겪으면서 (테러를 포함해) 반서방 이슬람 급진주의를 수용하는 경향을 보인다. (심지어 일부 전문가들은 프랑스의 무슬림은 존 F. 케네디가 인권법을 제정하기 이전의 미국 흑인과 비슷한 처지에 있다고 주장한다.) Robert S. Leiken, "Europe's Angry Muslim," Foreign Affairs, Vol. 84, No. 4 (July/August 2005), pp. 120-135; 한편 EU-러시아 관계와 관련해, 유럽 국 제관계위원회(European Council on Foreign Relations) 독일 대외정책 전문가 한스 쿤드나니는 독일 이 서방에 등을 돌리고 러시아 쪽으로 돌아설 가능성을 배제할 수 없다고 말했다. 그에 따르면 그 이유 는 여러 가지가 있는데, 예컨대 2003년 이라크 전쟁 당시 미국과의 관계 소원, 러시아와의 가스 및 오일 수입과 독일제품 수출을 포함하는 경제관계, 미국 NSA가 독일 대중과 메르켈 전화를 감청한 것이 알려 진 것, 또 근본적인 철학적 차이 등이 그런 요소이다. 원래 독일의 원천적인 철학, 사고방식은 칸트와 같은 계몽사상에도 영향을 주었지만, 다른 한편 영국, 미국식 자유주의적 자본주의와는 전혀 다른 형태 의 민족주의 사상을 내포한다. Hans Kundnani, "Leaving the West Behind (Germany Looks East)," Foreign Affairs, Vol. 94, No. 1 (January/February 2015), pp. 108-116.

데, 이제 그런 특혜는 사라질 것이다. EU의 일원으로 세계 속에서 누리던 정치적 위상도 하락할 것이다. 이제 워싱턴은 독일의 부활한 경제력과 유로존 내의 준패권적 위상으로 인해 영국보다 독일을 더 선호하는데, EU 탈퇴는 어느 면에서나 영국에게 바람직하지 못하다. 비록 영국, 프랑스, 독일의 진정한 공동방위 정책이 계속 표류하지만, 런던이 지구적 안보에서 의미있는 역할을 수행하는 방법은 영국이 다른 유럽 국가들과 재원을 공동으로 모을 수 있을 때만 가능하다.[1] 그럼에도 불구하고 영국인들은 결국 그 탈퇴를 결정했다.[2] 영국의 브렉시트(Brexit)는 EU의 분열을 상징했고, EU는 어떤 의미에서 해체위기로 향했다.[3]

....

1) Matthias Mattjis, "David Cameron's Dangerous Game (The Folly of Flirting With An EU Exit)," Foreign Affairs, Vol. 92, No. 5 (September/October 2013), pp. 10–16.

2) 브렉시트 수년 전부터 영국이 이미 고립적 외교안보 행태를 구사하고 있었다는 분석이 제기됐다. 큰 틀에서 볼 때, 영국은 아프가니스탄, 이라크 전쟁에서는 적극적이었지만, 2008년 경기 대침체 이후 외교안보, 국제안보에서 계속적으로 더 고립, 글로벌 무대에서의 철수를 선택하는 것으로 보였다. 실제 런던은 2010년대에 계속되는 위기에서 대체로 수동적, 소극적, 또는 회피전략으로 일관했다. 2011년 나토의 리비아 작전 당시 영국은 미국의 지원에 의존했고, 이라크, 시리아에서 IS와의 전투에는 토네이도(Tornado) 지상공격 전투기 8대만을 투입했다. 2013년 시리아 군사간섭 당시 영국의회는 (내각과 마찬가지로) 비토 결의안을 통과시켰고, 2014년 영국은 우크라이나 위기에 대한 EU의 외교 대응을 프랑스, 독일에 맡겼으며, 2015년 퓨(Pew) 여론조사는 영국인 절반 이상이 나토의 외국 영토방어에 끌려들어가는 것을 원치 않는다는 것을 보여주었다. 야당인 노동당 당수 제레미 코빈(Jeremy Corbin)은 IS의 살육을 미국의 팔루자 공격과 동일시하면서 영국의 나토 탈퇴를 주장했다. 중국에 대해서도 영국은 무역관계만 생각하는데, 2012년 5월 보수당의 캐머런 총리는 달라이라마를 접견했지만 그 다음해인 2013년 베이징의 압력으로 티베트 독립에 반대한다고 선언했다. 2015년 동남아의 인도네시아, 말레이시아, 싱가포르, 베트남 방문 당시, 캐머런은 그 지역안보에는 전혀 관심이 없이 몇몇 무역협상만 관장했다. 러시아와의 관계에서는 10여년 전 러시아 스파이 리트비넨코(Alexander Litvinenko)가 영국에서 살해됐지만, 영국은 그에 대해 말로만 강경하고 러시아 올리가키들의 런던 지역 자산 구매를 환영했다. 핵무기를 보유한 유엔안보리 회원국이면서도, 영국은 확실한 외교정책을 결여한다. 과거에는 시에라리온부터 코소보까지 유엔평화유지 작전을 선도했지만, 지금의 영국은 중상주의 시각을 갖고 국제안보보다는 작은 경제이익에 집착한다. 영국은 IS의 확대, 또 러시아, 중국이 새로운 국제안보, 경제 질서를 수정하려는 움직임에 무관심하다. 극우 독립당 당수 나이젤 파라지(Nigel Farage)는 영국이 EU를 탈퇴하면 더 번영할 것이고 또 EU를 탈퇴해도 나토에 가입해 있기 때문에 안보에는 문제없다고 말한다. 그러나 영국은 우크라이나 사태 해결을 위한 민스크(Minsk) 회의에 불참하고 아프리카 테러 관련 사헬(Sahel) 문제에서도 비슷한 태도를 취했는데, 미국이 그렇게 홀로 고립돼 표류하는 영국과의 협력에 관심이 있을지 장담할 수 없고, 유럽 전체도 EU, 브뤼셀을 통해 미국과 더 효율적으로 나토와의 관계를 운영할 수 있을 것이다. Anand Menon, "Litter England (The United Kingdom's Retreat From Global Leadership)," Foreign Affairs, Vol. 94, No. 6 (November/December 2015), pp. 93–100; 영국 브렉시트의 전반적인 이유와 과정, EU 내 일부 분열상, 현재와 미래의 영·미 관계, EU 탈퇴 이후 영국의 위축된 입장과 미래 전략, 특히 영국이 과거 미국의 보호 하에 향유하던 세계 속의 '특별하고 예외적 역할을 포기'해야 한다는 분석에 관해 Lawrence D. Freedman, "Britain Adrift (The United Kingdom's Search for a Post–Brexit Role)," Foreign Affairs, Vol. 99, No. 3 (May/June 2020), pp. 118–130 을 참조할 것

중동, 북아프리카에서는 '아랍의 봄'(Arab Spring)에 의한 민주화 시위가 벌어졌는데, 그 과정에서 수십 년 통치한 튀니지의 벤 알리(Zine El Abidine Ben Ali), 이집트의 호스니 무바락(Hosni Mubarak) 대통령이 하야했고, 나토가 개입하면서 리비아의 무아마르 카다피(Muammar Gaddafi) 대통령은 살해됐다. 그렇지만 서방의 희망과 달리 그것이 이슬람 민주화로는 이어지지 않았다.[1] 카다피 사후 리비아는 국가적 통일을 이루지 못한 채 오히려 두 개 파벌이 나라를 양분해 통치하는 비극적 상황에 처하게 됐고, 오랫동안 이집트

···

3) EU가 더 잘 기능하는 초국가기구로 재탄생하기 위해서는 몇몇 창의적인 경제, 정치적 방안이 필요하다는 의견이 제시됐다. 브뤼셀의 EU 본부는 경직된 경제원칙을 강요하기보다는 개별 회원국들에게 구제금융 등 예산사용을 포함해 상당 수준의 재정정책 결정권한을 돌려주고, 금융연합(banking union), 예금보험(deposit insurance), 유로채권(eurobond)제도 창설을 통해 경제위험을 분담하는 초국가적 메커니즘을 개발해야 하며, 유럽중앙은행(ECB)으로 하여금 유럽 내 가격안정뿐 아니라 고용과 더 큰 전반적 경제번영의 책임을 담당하게 해야 한다. 또 EU는 폴란드, 헝가리를 포함해 비자유민주주의(illiberal democracy)로 역행하는 나라들에게 재정지원 제공시 조건을 첨부해 EU 전체의 민주적 통합이 부식되지 않도록 조치해야 하고, 유럽에서 망명처를 찾는 (무슬림과 같은 다른 대륙으로부터의) 외부 이민자들을 각 회원국에 더 균등하게 배분, 정착시켜야 한다. Matthias Matthijs, "The Right Way to Fix the EU," Foreign Affairs, Vol. 99, No. 3 (May/June 2020), pp. 160−170.

1) 2010년 12월 알제리아에서 압델라지즈 부테플리카(Abdelaziz Bouteflika) 대통령 체제를 전복하려는 움직임이 있었지만, 그는 반체제를 일망타진하고 몇몇 개혁으로 국민들을 유화하면서 결국 1999~2019년 기간 대통령으로 남았다. 요르단에서 압둘라(Abdullah) 왕은 강온전략을 병행했는데, 몇몇 장관을 해임하고 대중에게 물질 지원을 확대하면서 동시에 안보병력으로 국내저항을 분쇄해 계속 민주주의를 통제하는 하심가문 왕정통치(Hashemite monarchy)를 이어갔다. 사우디에서는 국왕이 대중반란을 진압하기 위해 자국과 이웃 바레인에 탱크를 배치했고, 사우디와 걸프협력위원회(GCC: Gulf Cooperation Council) 회원국 군주들은 자기들의 권력 공고화를 위해 입헌군주제가 도입되지 않도록 반혁명의 기치를 내세우면서 중동에서의 영향력 확대를 위해 요르단, 모로코에 GCC 회원자격을 제시하고 이집트 신정부에 재정지원을 제공했다. 예멘은 알리 살레(Ali Abdullah Saleh) 대통령이 (몇 차례의 반란 진압 후) 2011년 11월 사임하고 (그를 추종하는) 부통령 만수르 하디 부통령이 선거에서 대통령으로 당선됐지만, 2014년 이슬람 시아파 후티(Houthi) 반군이 무력투쟁으로 수도 사나(Sanaa)와 정부권력을 장악한 이후 이란의 지원을 받는 후티 세력과 사우디 등 걸프 군주국이 돕는 하디 지지세력 간의 내란으로 고통받고 있다. 이집트는 무바락 하야 이후 2012년 6월 대선에서 집권한 민주화 세력 리더 무하마드 무르시(Mohamed Morsi)가 군부로부터 권력을 빼앗았지만, 그 자신이 모든 권력을 장악하고 미디어를 묵살하면서도 경제운용에 실패해 그 나라의 가장 존경받는 집단인 군부와 국민들로부터 저항받았다. 그 결과 2013년 7월 압델 엘시시(Abdel Fattah el-Sisi)에 의한 쿠데타로 새 정권이 수립됐고, 그들은 현재까지 집권하고 있다. 아랍, 북아프리카 민주화에서 성공한 유일한 경우는 튀니지일 뿐인데, 그 나라에서는 새 리더들이 언론과 시민자유, 법치를 지지해 부패가 줄어들고 시민사회가 번영했다. 그럼에도 불구하고 아랍의 봄 시작 이후 중동, 북아프리카 여러 나라들은 요르단, 튀니지를 포함해서 대체로 민주정치보다는 경제성장을 더 중시하는 모습을 보였다. 실제에 있어서 아랍의 봄에 따른 변화 이후에도 그 지역 국가들은 세계에서 가장 자유가 제한된 나라로 남아 있는데, 프리덤 하우스 조사에 따르면 그들 중 72%의 국가와 85%의 국민이 아직도 기본적 정치권리와 시민적 자유를 결여하고 있다. Seth G. Jones, "The Mirage of the Arab Spring (Deal with the Region You have, Not the Region You Want)," Foreign Affairs, Vol 92, No. 1 (January/February 2013), pp. 55−60.

에서 반독재 투쟁을 해오던 '무슬림 형제단'(Muslim Brotherhood) 무하마드 무르시 (Mohamed Morsi)에 의한 '민주적' 국정운영은 많은 문제점을 드러낸 채 압델 엘시시 (Abdel Fattah el-Sisi)의 쿠데타에 따른 군부통치로 전환됐다.[1] 시리아의 바샤르 알-아사드(Bashar al-Assad) 대통령은 푸틴의 군사, 경제지원에 힘입어 민주화 움직임을 억압하고 권위주의 독재를 부활시키는데 성공했다.[2]

한편 오바마 행정부가 국내에서 경제침체 탈피를 시도하고 이라크 및 아프가니스탄 전쟁을 마무리하려 노력하는 사이, 미국의 최대 경쟁국인 러시아와 중국은 완전히 강대국의 지위를 굳혔다. 러시아는 조지아와 우크라이나를 나토에 통합시키려는 서방의 시도를 성공적으로 막아냈고, 미국의 동유럽 미사일방어망(MD: Missile Defense) 설치에 반대해 MD를 우회할 수 있는 전략미사일을 개발했다. 구소련공화국들과의 관계는 제도적으로 더 강화됐고, 중동에서는 워싱턴이 머뭇거리는 사이 이란, 이라크, 시리아로 대표되는 시아파 벨트와 긴밀한 유대를 설정했다. 중앙아시아에서는 상하이협력기구(SCO: Shanghai Cooperation Organization)를 매개로 타지키스탄, 키르기스스탄, 우즈베키스탄 등지에서 세력을 더 확대했다. SCO, 브릭스(BRICS)를 넘어 에너지 포함 경제협력을 이어가는 중국과의 관계강화는 미국과의 영향력 경쟁에서 러시아에 결정적 이점을 제공했다. 러시아-인도의 협력은 SCO와 브릭스를 통해 더 체계화됐고, 그들은 중국과 연합 군사훈련까지 실시했다.

중국의 파워는 전 세계를 놀라게 할 정도로 확대됐다. 후진타오 시기의 치밀하고 세심한 대외정책과 경제, 군사력 증강은 중국을 지구적 차원에서 세계 최고 두 나라의 위상에 위치시켰고, 그것은 유엔안보리 협력을 포함해 모든 차원에서 미국의 국제적 주도권 종식을 알렸다. 중국경제는 구매력을 감안할 때 2014년 미국을 넘어섰고, 군사력은 '접근방지, 지역거부'(A2/AD: Anti-Access/Area Denial), 지휘통제 및 감시정찰(C4ISR) 능력의 강화로 미국을 긴장시키고 있다. 그를 승계한 시진핑은 중국문명의 부활, 중국몽을 외치며 전 세계로 세력을 확대시키려 시도했고, 21세기 중반까지 인민해방군을 세계 최강 능력의 군대로 만든다는 야심찬 포부를 선포했다. 베이징의 일대일로(BRI; Belt and Road

---

1) 심지어 잠깐 동안의 무슬림형제단 통치시기에도 이집트는 무바락 시대를 연상케 할 만큼 통제를 강화하고 미디어를 질식시켰다.
2) 오바마 행정부가 중동에서 상대적으로 철수한 것에 대해 수많은 찬반 논란이 있었다. (뒤의 챕터들에서 이 문제는 자세히 다루어질 것이다.)

Initiative) 사업은 중국 중심의 경제 네트워크를 동남아, 중동, 아프리카, 유럽으로 연결시켰고, 아프리카 대륙에서 중국은 미국을 제치고 무역상대국 1위 자리를 차지했다. 아르헨티나, 브라질, 칠레, 베네수엘라, 쿠바를 포함하는 중남미 국가들과의 경제, 에너지 관계는 중국을 그 대륙에서 매력적인 국가로 여기게 만들었고, 중국은 EU 수십 개 국가를 넘어 캐나다에서까지 경제관계를 확대시켰다. 한반도에 대한 중국 영향력도 획기적으로 증가했다. 중국과 북한 관계가 가끔 긴장되는 듯 보이는 것은 일시적 현상일 뿐인데, 왜냐하면 그 두 나라는 동맹국 관계에 놓여 있기 때문이다. 10년 전 김정일이 사망했을 때 후진타오가 중국 공산당 수뇌부를 대동하고 베이징 북한대사관에서 조문하던 모습은 중국의 평양정권에 대한 감정이 남다르다는 것을 보여준 바 있다. 그동안 베이징이 북한 제재를 겨냥하는 유엔안보리 결의안에 지지한 이유는 지구적 차원의 국제안보를 운영하는 나라 중 하나로서의 입장 표시일 뿐인데, 그것은 미국이 제출하는 결의안이 북한에 결정적 타격을 가하지 못하도록 강도를 낮춘 것이 항상 베이징과 모스크바였다는 사실에서 잘 나타난다. 중국이 뒷받침하고, 러시아가 북한을 돕는 한 국제사회는 북한 핵을 폐기하기 어려울 것이고, 그것은 한국안보에 대한 치명적 위협이 될 것이다. 한국에 대한 중국의 영향력이 증가한 것은 한국 국내에서 친미, 친중국 세력의 분열현상, 그리고 한국경제에 대한 중국의 영향력 증가에서 확연하게 드러난다. 중국은 한국을 길들이기 위해 수시로 경제 지렛대를 사용하는데, 미국의 사드(THAAD) 배치에 대한 보복이 그런 경우이다. 특이한 것은 한국에서 미국에 대한 반대가 노골적으로 드러나고 수시로 반미시위가 진행되지만, 반중국 성향은 상대적으로 적은 것이다. 중국의 영향력에 침묵하고, 북한의 원자탄, 수소폭탄이 건재하며, 반미정서가 증가해 한미 동맹이 약화되는 상황은 한국의 자유민주주의 미래를 어둡게 할 것이다. 한국 민주주의의 미래는 국민의 선택에 달려있다.

　그동안 일본은 약간의 우여곡절을 겪었다. 그것은 2009년 일본에서 집권한 민주당(DPJ: Democratic Party of Japan) 정부가 반미, 친아시아 정책을 추진하면서 미국과 불편한 관계에 들어간 것이 계기가 됐다. 비록 그 첫 총리 하토야마 유키오가 초기의사를 번복하고 오키나와 미군기지 이전에 합의해 미·일 관계 긴장이 다소 완화됐지만, 도쿄는 곧이어 발생한 중국과의 영토 관련 분쟁으로 인해 곤욕을 치렀다. 그때 오바마 행정부는 DPJ를 돕지 않았고, 그로 인해 일본은 베이징의 공세에 속수무책으로 시달렸다. 그래도 일본이 지진과 쓰나미로 인한 핵발전소 파괴의 피해를 입었을 때 워싱턴은 도쿄를 헌신적으로 도왔고, 그 이후 첫 번보다 더 큰 중·일 영토분쟁이 발생했을 때 일본은 미·일 동맹으로부터 큰 도움을 받았다. 그 이후 자민당이 재집권하고 제2기 아베내각이 성립되면서 미·일 관계는 원상으로 회복됐고, 두 나라는 지구적 문제, 지역 및 양자차원 현안에서 긴밀하게 협력했다. 일본 정부는 중국의 세력 확대를 막고 북한 핵개발 저지를 위해 미국, 호주, 인도와 아태 민주동맹 강화에 분주했고, 아베 신조는 외교지평을 더 넓히기 위해 EU를 방문하고 미국, 영국의회에서 연설했다. 그러나 일본경제는 아베노믹스(Abenomics)에도 불구하고 원하는 만큼의 성과는 이루지 못했고, 도쿄의 대외영향력 역시 일정한 한계 내에 머물렀다.

한편 오바마 이후 집권한 도널드 트럼프(Donald Trump) 대통령은 미국 대외관계의 현실적 한계를 이해하고 세계로부터 상당부분 철수하면서 국제 비용절감을 통해 국내경제 살리기에 매진하는 것으로 보인다.[1] 실제 트럼프 행정부 정책에서 가장 중요한 목표

....

1) '역사의 종언' 주장으로 유명한 프란시스 후쿠야마는 2016년 11월 미국 대선 전, 왜 도널드 트럼프를 포함해 포퓰리스트 후보들의 지지도가 상승하는지에 관한 분석을 제시했다. 미국은 정치적 부식(political decay), 타락에서 고통받고 있다. 트럼프와 버니 샌더스(Bernie Sanders)의 포퓰리즘 열풍은 지난 수십년간 진행되어온 불평등의 신장과 경제적 정체에 미국인들이 반응하고 있다는 의미를 갖는다. 사회계급 문제가 미국 정치의 심장부로 복귀하고 있다. 그동안 미국인들은 공화, 민주 양당체제에서 어느 한 당을 지지했지만, 냉전이후시대에 들어와 두 당 모두가 자유무역, 이민(을 통한 노동력 확보), 은행규제 해제를 지지하면서 가난하고 전문성 없는 백인 근로계층은 설 자리를 잃었다. 남부 시골 백인 근로계층이 공화당을 지지하는 이유는 민주당이 더 이상 가난한 자기들을 돌보지 않고, 오히려 소수민족, 동성애자, 환경론자 등 다른 이슈에 집착하고, 특히 오바마 케어(Obama Care)가 가난한 백인보다는 히스패닉, 흑인 등 다른 소수민족만을 돕는다고 느끼기 때문이다. 백인 근로계층이 트럼프에게 매력을 느끼는 이유는 그가 (샌더스와 비슷하게) 경제적 민족주의를 옹호해, 미국회사의 해외이전과 (불법, 합법을 포함) 모든 이민에 반대하기 때문이다. 사실 독일의 경우는 기존의 미국과는 달리 근로계층을 크게 보호하는데, 정부가 중재해 고용주-노조 협상에 따라 임금이 결정되고 또 도자제 프로그램이나 정부의 노동시장 개입으로 근로계층 임금을 보장하기 때문이다. Francis Fukuyama, "American Political Decay or Renewal? (The Meaning of the 2016 Election)," Foreign Affairs, Vol. 95, No. 4 (July/August 2016), pp. 58-63; 트럼프 현상에 관해 후쿠야마와 비슷한 정치, 사회학적 시각이면서도 더 긴 역사, 문화적 차원의 해석도 제기됐다. 트럼프의 생각은 미국 대중의 상당한 지지를 받는데, 그의 정책은 (미국 최초의 포퓰리스트 대통령) 앤드루 잭슨(Andrew Jackson) 시절과 비슷한 포퓰리스트 민족주의(populist nationalism)에 근거한 것이다. 사람들이 트럼프를 선거에서 지지한 것은 직업을 잃고 경제가 나빠져 임금이 정체된 것 등의 이유도 있지만, 더 깊숙이 자리잡은 요인은 그들이 트럼프를 대외정책 개입보다 국민 위주로 정책을 펼치는 잭슨적 가치를 옹호할 유일한 인물로 보았기 때문이다. 인류의 진전을 중시하는 코스모폴리탄(cosmopolitan) 생각을 가진 엘리트들이 잭슨파를 편협하고 후진적이며 국수주의적인 사람들로 보는 반면, 잭슨파는 코스모폴리탄 계급을 거의 반역자로 간주한다. 잭슨파는 글로벌리즘을 선호하는 엘리트 애국주의를 불신하고 미국의 기성집단을 신뢰하지 않는다. 그들은 미국의 '예외주의'는 세계 변화를 위한 미국의 독특한 소명이 아니라 미국인 개인의 안녕, 평등, 존엄에 기초하는 것으로 인식한다. 흑인 인권(Black Lives Matter) 운동으로 더 소외되고 이민으로 인해 전문성 없는 저임금 근로자들이 더 한계로 내몰리는 것으로 느끼는 잭슨파는 본능적으로 외국인 혐오증과 이슬람 공포증을 드러내고, 더 나아가 경찰, 군대, 총기소지를 지지한다. 많은 미국인들은 자기들 자신감의 부족에 의해 트럼프에 표를 던진 것이며, 그들은 특정 정당에 대한 찬성, 반대보다는 '통치계급 전반과 그들이 연

는 경제성장을 촉진하는 것이다.[1] 그러나 그의 정책이 한편으로는 데탕트를 도입해 안보 비용 축소를 시도한 리처드 닉슨(Richard Nixon)을 연상시킴에도 불구하고, 그의 독특하고 돌출적인 언행은 그가 세계의 여러 리더들과 크게 다르다고 인식하게 만든다.[2] 그는 특별하고 예측하기 어려운 행동방식으로 인해 지구촌 곳곳으로부터 엄청난 비난의 대상이 되고 있다.[3] 미국 내 주요언론을 포함해 세계의 수많은 미디어는 가장 가까운 우방인 나토 동맹국들을 폄하하고, 멕시코인들을 성폭행범과 마약 상습자라고 비난하며, 자국 언론을 가짜 뉴스 생산자로 몰아붙이는 트럼프의 리더십에 의구심을 제기한다.[4] 2018년

계된 세계화 이념에 반대'한 것이다. Walter Russell Mead, "The Jacksonian Revolt (American Populism and Liberal Order)," Foreign Affairs, Vol. 96, No. 2 (March/ April 2017), pp. 2−7.

1) 트럼프 경제정책의 구조에 대해 다음과 같은 분석이 제기됐다. 재정기구 경영자(One West Bank CEO) 출신인 재무장관 지명자 스티븐 므누신(Steven Mnuchin)은 트럼프 행정부의 목표가 GDP 성장을 3~4%로 높여 지난 10년 간 성장률의 두 배를 달성하는 것이라고 말한다. 그 목표 달성을 위해서는 다음의 4가지 조치가 필요하다. 첫 번째는 영국(20%), 독일(16%), 캐나다(15%), 아일랜드(13%)에 비추어 턱없이 높은 35%에 이르는 법인세율을 15%로 낮추고, 해외수익을 국내로 들여올 때 지불해야 하는 35% 세금을 10%로 낮추는 것이다. 그 조치는 미국 내 투자를 증대시키고, 해외에 머무는 2.5조 달러의 미국기업 현금의 국내반입을 용이하게 하며, 국내에서 더 많은 일자리 창출을 가능케 할 것이다. 두 번째는 노동, 에너지, 건강보험을 포함하는 여러 분야의 규제완화인데, 특히 문제가 되는 것은 재정 분야 규제이다. 2008년 재정위기로 인해 제정된 도드−프랑크(Dodd−Frank)법은 일부 긍정적 역할에도 불구하고 과다한 규제로 인해 기업과 고객 모두를 위한 대출을 최소화하고, 그로 인해 기업투자, 소비를 위축시키면서 경제회복을 저해했다. 미국의 10대 은행은 규제의무 이행을 위한 컨설팅 비용으로만 525억 달러를 지출했고, 주택 담보 대출은 규모가 2005년 연 1조 달러에서 99% 감소하면서 주택건설 시장을 침체시켰다. 프랑스, 이탈리아와 같이 높은 세금과 규제 국가에서 성장률이 낮고, 그와 반대인 아일랜드에서 투자와 성장률이 높은 것을 참고해야 한다. 세 번째는 풍부한 자원과 기술을 가진 미국 에너지 산업의 부활이다. 그동안 액화 천연가스를 위한 수출 터미널 승인이 늦어졌는데, 여러 관료부서의 중복승인 완화는 셰일가스를 포함해 에너지 인프라의 성장과 생산증대를 유도하고, 더 많은 직업창출에 기여할 것이다. 네 번째는 중국과의 불공정 무역을 개선하는 것이다. 중국은 미국에 불균형적으로 많이 수출해 연간 수천억 달러 흑자를 보고, 지적재산권을 침해하며, 미국기업의 중국 내 시장접근을 어렵게 하는 불공정 경제관행을 일삼는데, 그 시정은 미국의 경제회복을 도울 것이다. John Paulson, "Trump and the Economy," Foreign Affairs, Vol. 96, No. 2 (March/April 2017), pp. 8−11.

2) 트럼프가 매일 말을 바꾸면서 그의 진의가 의심받고 있다. 혹자는 그것이 계산된 합리적 전략으로서의 비합리적 행동(rational irrationality), 모호성의 전략이라고 말하지만, 그것은 그의 신뢰도를 떨어뜨린다. 그것은 그를 미성숙하거나 세련되지 못한 사람으로 보이게 만들 뿐이다. Karen Yarhi−Milo, "After Credibility (American Foreign Policy in the Trump Era)," Foreign Affairs, Vol. 97, No. 1 (January/February 2018), pp. 68−77.

3) 트럼프가 '미국 우선주의'(America First)를 외쳤을 때, 전문가들은 놀랐다. 트럼프의 방식은 1930년대의 민족주의와 보호주의를 닮았다. 세계는 자유주의 국제질서 옹호자로서의 미국 역할을 의심할 것이다. 핵억지에서 국제통상까지의 모든 것이 불확실성에 휩싸여 있다. 그리고 다른 나라들은 미국 대신 중국, 러시아와 협상할 것이다. 지난 수년 이후 오늘날까지 자유주의 질서는 닳아 해지고 있다. Gideon Rose, "Out of Order?" Foreign Affairs, Vol, 96, No. 1 (January/February 2017), No Page Number

4) 트럼프에 대해 다음과 같은 비난이 쏟아졌다. 수많은 전임 대통령들과는 달리 트럼프는 이미 취약해진

퓨(Pew) 리서치 센터가 25개국 응답자를 대상으로 행한 조사에 따르면, 외국 대중은 트 럼프보다 에마뉘엘 마크롱(Emmanuel Macron)과 앙겔라 메르켈(Angela Merkel)은 물론이 고, 심지어 푸틴과 시진핑에 대해 더 큰 신뢰를 가진 것으로 나타났다. 또 일각에서는 전 임 행정부가 수년에 걸쳐 가까스로 성사시킨 이란과의 핵 협정(JCPOA: Joint Comprehensive Plan of Action)과 '환태평양 동반자협정'(TPP: Trans-Pacific Partnership)을 하루아침에 파기하고, 일본의 핵무장을 용인할 수 있다고 말하는 트럼프의 세계관 (Weltanschauung)이 무엇인지 의아해한다.[1] 특히 미국의 드론 공격으로 이란 핵심 군부

....

자유주의 세계질서에 대한 고려 없이 민족주의적이고 거래(transactional) 성격의 대외정책을 추진한다. 그는 대선 공약에서 동맹국, 그리고 해외 무역협상을 재평가하고, 파리 기후합의를 파기하며, 이란과의 핵협정을 거부할 것이라고 선언했다. 만약 그가 그 말대로 행동하면, 세계의 많은 나라들은 양다리 걸치 기 전략으로 돌아설 것이다. 유럽에서 프랑스, 독일, 이탈리아, 동유럽 국가들은 러시아와 안보관계를 개선하고, 아시아에서 인도네시아, 싱가포르, 베트남 등은 중국으로 더 기울 것이다. 중동에서는 이란-사우디 경쟁이 격화되고, GCC 국가들은 이란과 협상할 것이며, 이스라엘마저도 미국의 철수에 대비할 것이다. 중남미, 아프리카에서도 비슷한 지정학적 현상이 발생할 것이다. 미국의 중상주의 정책은 세계 경제를 표류하게 만들고, G-7이 약화되면서 G-20는 미국보다 중국을 더 쳐다보게 될 것이다. 많은 나라들은 '역내 포괄적 경제동반자협정'(RCEP: Regional Comprehensive Economic Partnership), 중 국 주도의 일대일로, 그리고 EU를 더 중시하게 될 것이고, 외환보유고는 달러 대신 유로, 엔화, 위안화 강세를 유도할 것이며, IBRD, IMF에서 미국 영향력이 감소되는 반면 BRICS 등이 부상할 것이다. 트럼 프 행정부의 '2015 파리 기후협약' 거부는 지구적 재앙과 미국 상품에 대한 관세 부과로 이어질 것이다. 그 모든 것은 지구적 불안정, 미국이 주도하는 세계질서 붕괴의 가속화를 야기할 것이다. Stewart M. Partrick, "Trump and World Order," Foreign Affairs, Vol. 96, No. 2 (March/ April 2017), pp. 52-57; 파리드 자카리아는 1990년대 말 이후 중국의 부상, 러시아의 부활, 그리고 9·11과 특히 이라크 전쟁을 거치면서 미국이 패권에 집착하는 정책적 실수, 도덕적 권위의 상실로 인해 단극적 패권의 이점 을 살리지 못했고, 트럼프 행정부가 전 세계로부터 철수하고 동맹과의 관계를 훼손하면서 미국 파워 하 락의 과정에 마지막 타격을 가한 잘못된 대외정책을 구사했다고 분석했다. 그러나 그는 미국은 지난 30 년간 그랬듯이 국제질서를 더 이상 규정, 지배하지는 못하지만, 지구상에서 가장 강력한 하나의 국가로 남아 어느 나라보다도 더 큰 영향력을 행사할 것이라고 주장했다. 그리고 미국이 지원하고 번영과 안정 을 가져온 자유주의 질서에 근거한 국제체제가 계속 살아남을 수 있을지가 국제사회의 남아있는 관심사 라고 덧붙였다. Fareed Zakaria, "The Self-Destruction of American Power (Washington Squandered the Unipolar Moment)," Foreign Affairs, Vol. 98, No. 4 (July/August 2019), pp. 10-16.

1) 트럼프의 세계관에 대해 흥미로운 해석이 제기됐다. 지정학의 현실과 원리에 어두운 트럼프가 이끄는 미국의 대외정책은 우방과 동맹을 불신하고, 국제제도를 경멸하며, 워싱턴이 오랫동안 추구해 온 자유주 의 국제질서에 무관심한 아주 잘못된 비전을 제시한다. 트럼프의 대외정책은 좌충우돌하고, 초점이 없으 며, 이기적이고 근시안적 행동으로 보이는데, 그것은 미국에 대한 국제적 신뢰와 자유주의 리더로서의 미국의 항상성(constancy)을 잠식한다. 그 신뢰 상실의 부정적 효과는 당장보다는 나중의 위기시에 더 크게 드러날 것이다. 그러나 트럼프의 그런 행동과 정책은 오히려 (이미 오바마 대통령 시기에 그랬듯 이) 미국이 그 힘의 하락으로 인해 세계에서 과거보다 더 작은 역할을 해야 한다는 기저의 공감대가 극 도로 왜곡된 형태로 나타난 것으로, 그것은 트럼프라는 대외정책 초보의 잘못이기보다는 미국이 여러 강대국 중 하나로서 이제는 국제기구를 포함해 값비싸고 어리석은 해외개입보다는 자국의 이익을 추구

인사가 사망하면서 테헤란이 핵개발을 재개할 것이라고 공언했는데, 이스라엘, 사우디아라비아를 제외하면 워싱턴의 그런 행동을 지지하는 국가는 별로 없을 것이다. 그래도 흥미로운 것은 '미국 우선주의'(America First)를 내세우면서 보호무역주의를 공개적으로 추진하는 트럼프를 아직도 상당수 미국 국민이 지지하는 것이다.[1] 모든 것은 미국 국민의 고유권한이지만, 그럼에도 불구하고 17만명 이상이 사망한 오늘날의 미국 코로나(COVID 2019: Corona Virus Disease 2019) 대란과 2020년 5월 말 40개 이상 미국 도시에서 폭동으로 번진 조지 플로이드(George Floyd) 사망 사건으로 인해 2020년 11월 대선에서 트럼프의 재선 승리 가능성은 과거보다 줄어들었다.[2]

....

하고 국내발전에 치중해야 한다는 좌, 우파를 넘어서는 인식을 반영한다. 그 행동은 미국 대외정책의 근본적 변화를 의미하고, 미국은 트럼프 이후에도 그런 정책을 고수할 가능성이 높다. Eliot A. Cohen, "America's Long Goodbye (The Real Crisis of the Trump Era)," Foreign Affairs, Vol. 98, No. 1 (January/February 2019), pp. 138－146.

1) 그래도 일각에서는 트럼프의 대외정책이 그 나름대로 훌륭한 목적과 합리성을 갖고 있다고 말했다. 미국 대부분의 뉴스와 분석가들은 트럼프 대외정책이 많은 문제를 갖고 있는 것으로 묘사하지만, 실제 미국은 오바마 시기에 세계로부터 철수하기 시작했다. 그 결과 유럽에서 러시아가 크리미아 점령으로 새 유럽지도를 그렸고, 아시아에서는 중국이 군사력을 증강하면서 미 동맹국들의 분쟁대상 영토를 뺏어가며, 북한에 대해 허울만 거창한 '전략적 인내'(strategic patience)로 인해 북한 핵탄두와 대륙간 탄도미사일 능력이 급증했다. 오바마 최대 실패는 중동인데, 그곳 리비아, 이라크, 시리아, 예멘에서 IS는 번성하고, 이란은 미사일 능력증대를 추진하면서 테러리즘을 지원하며, 중동 전체에 영향력을 확산시킨다. 또 (비록 트럼프가 취소시켰지만) 미－이란 핵협상이 10년 내 시효 만료되면, 다음 대통령이 새롭게 문제에 접근해야 하는 숙제를 안게 될 것이었다. 오바마는 최악의 대외환경을 트럼프에게 물려주었는데, 트럼프가 시도하는 '미국 우선'은 국내경제를 활성화하고 세계 최강의 군대를 만들기 위한 것이다. 유럽에서 나토 분담금 증액 요구에 대해 독일 국방장관은 뮌헨 안보회의에서 동의했고, 나토가 테러를 다루어야 한다는 트럼프 요구에 대해 브뤼셀 나토본부는 동의했다. 트럼프가 러시아와 관계강화를 추구하는 것에 대해 일부에서 비판하는데, 부시와 (크리미아 사태 이전의) 오바마 모두 원래는 러시아와 우호관계를 시도했다. 트럼프는 푸틴 말에 물러서는 약골이 아니다. 중동에서 미국 파트너인 이스라엘, 걸프 국가들은 희망에 차있고, 이란은 경계태세에 돌입했다. 트럼프는 핵협정 재협상과 더불어 탄도미사일 실험, 인권 위반, 테러그룹 지원, 예멘 후티(Houthi) 반군 지원 등의 기타 이슈에 대해서도 제재할 계획이다. 아시아에서 트럼프 행정부는 북핵 문제에 대해 모든 옵션을 검토하고, 중국과는 '하나의 중국'을 인정하면서 베이징의 불공정 무역을 시정할 것이다. 또 나프타는 인터넷 상업 기준 등의 조항을 결여하는데, 이런 문제를 시정할 것이다. 또 비록 미국이 TPP에서 철수하면서 그곳에 중국 진입의 길을 열어주지만, 그것은 미국의 정치, 경제이익을 증진시킬 것이다. 모든 면에서 트럼프 정책은 과거 8년의 잘못을 바로잡으려는 목적을 띤다. Matthew Kroenig, "The Case for Trump's Foreign Policy (The Right People, The Right Position)," Foreign Affairs, Vol. 96, No. 3 (May/June 2017), pp. 30－34.

2) 2020년 5월 말 워싱턴 포스트와 ABC 방송 여론조사에 따르면, 조지 플로이드 사망 사건에 대한 강경진압 방식의 부정적 여파로 인해 트럼프의 전국적 지지율은 43%로 하락했고, 반면 정체를 면치 못하던 민주당 대선후보 조 바이든의 지지율은 53%로 상승했다. 트럼프가 플로이드 사태 진정을 위해 연방군 투입을 고려하는 것에 대해 그의 행정부에서 국방장관을 지낸 제임스 매티스(James N. Mattis)는 트럼프같이 분열을 일삼는 미국 대통령을 본 적이 없다고 말했고, 현 국방장관 마크 에스퍼(Mark Esper)도 연방군 투입에 반대했다. 더 나아가 2020년 6월 트럼프가 국익보다는 지나치게 사리사욕을 앞세우고 영국

그러나 그의 개인적 특수성이나 미국 국내정치의 흐름보다 지구적 차원의 국제정치에서 더 중요한 것은 실제 워싱턴이 선택하는 대외, 안보정책이다.[1] 오늘날 미국은 세계 영향력 경쟁에서 점차 후퇴하면서 오로지 경제력 향상에만 관심을 갖는 것으로 보인다.[2] 유럽에서 트럼프 행정부는 이제 그 지역의 부유한 국가들이 나토를 위해 더 많이 기여해야 한다고 말한다. 트럼프 취임 당시 나토에서 원래 약속대로 GDP의 2%를 부담하는 나라는 그리스를 포함해 4개국에 불과했다. 비록 미국이 비용문제로 나토를 폐기할 리는

....

이 핵보유국인지도 모르는 외교안보 문외한이라고 평가한 전 국가안보보좌관 존 볼턴(John Bolton)의 회고록(「The Room Where It Happened」) 일부 내용이 사전 공개되면서, 트럼프의 국민적 이미지는 더 큰 타격을 입었다.

1) 많은 측면에서 트럼프의 대외정책은 세부적으로는 다르지만 큰 틀에서는 케네디 스쿨의 스테펜 월트의 제안과 비슷한 양상을 띤다. 예를 들어, 월트는 다음과 같이 말한다. 미국은 세계를 자유주의적 패권 (liberal hegemony)에 일치하는 이미지로 재편하려는 시도를 중단하고, 해외균형자(offshore balancer) 전략을 수용해야 한다. 해외균형자 전략은 고립주의(isolationism)와는 전혀 다르다. 워싱턴은 외국이 자기들 자신 방위의 일차적 책임을 지게하고, 미국은 사활적 이익이 존재하는 핵심지역만을 보호하며, 국내에서 민주주의, 군사력, 경제력의 파워 기반을 강화해야 한다. 미국은 점진적으로 유럽방위를 유럽인들에게 맡겨야 하는데, 그 이유는 5억 이상의 인구, 17조 달러가 넘는 GDP를 보유하고 러시아보다 3배 큰 국방비를 사용하며 (과거에 영국 포함) 2개의 핵보유 회원국이 존재하는 EU가 1억4천4백만명의 인구, 1.6조 달러의 GDP를 가진 러시아에 대한 방어수단이 결여돼 있다는 주장이 이치에 맞지 않기 때문이다. 중동도 비슷하다. 1991년 사담 후세인의 쿠웨이트 공격 이전, 미국은 중동의 에너지 수급과 관련해 처음에는 영국에 의존했고, 영국 철수 이후에는 이란, 이스라엘, 사우디 같은 현지 고객과의 외교, 우호관계에 의존했다. 이제 중동이 심하게 분열돼 있고 특별히 강력한 국가가 없는 상태에서, 미국이 외부에서 그 지역 내 세력균형을 유지하는 것은 상대적으로 덜 어렵다. 이라크와 시리아의 미군 병력은 일부 필수 시설만 남기고 철수시켜야 한다. 그 지역 내 어느 국가가 특별히 사악하거나 특별히 선량한 것이 아님에 비추어, 워싱턴은 이란을 포함해 모든 역내 국가와 보통의 정상관계를 유지하면서 어느 내, 외부의 특정국가가 그 지역을 지배하는 것을 방지해야 한다. 유럽, 중동 관계가 합리화되면, 미국은 향후 최대의 숙적 중국과의 경쟁에 더 집중할 수 있고, 러시아의 부활에 대한 적극적 대응에도 더 많은 노력을 할애할 수 있을 것이다. Stephen M. Walt, "The End of Hubris (And the New Age of American Restrain)," Foreign Affairs, Vol. 98, No. 3 (May/June 2019), pp. 26–35; 그러나 물론 트럼프의 극단적인 친 이스라엘, 친 사우디, 반 이란 중동정책은 세부적으로는 월트의 제안과 다르다.

2) 트럼프는 미국이 설립한 자유주의 국제질서를 스스로 파괴하고 있다. 그의 정책은 수많은 위험을 내포하고, 그의 수정주의적 관념과 정책은 미국의 국익을 저해한다. 그는 미국 주도의 국제주의 (internationalism)를 거부하는데, 그는 그로부터 유래하는 큰 그림을 보지 못한다. 그의 중상주의적이고 제로섬 식 무역 견해는 개방무역의 중요성과 거리가 멀다. 다자주의(multilateralism)에 대한 반대는 그것이 유엔, 브레튼우즈 통화체제, 군비통제 레짐, 인권, 환경을 포함해 국제공공재 창출에 기여하고 미국 파워에 이로운 지렛대를 부여한다는 현실에 대한 부정과 다름없다. 다문화주의(multiculturalism)에 대한 반대는 이민과 난민금지 등 인종적 국수주의(ethnonationalist) 성향을 나타내고, 그것은 미국의 다양성, 역동성을 해친다. 사실 자유주의 위기는 소련 붕괴 이후 신자유주의 질서가 힘없고 억압받는 사람들의 처지를 생각 안한 것이 큰 원인이다. G. John Ikenberry, "The Plot Against American Foreign Policy (Can the Liberal Order Survive?)," Foreign Affairs, Vol. 96, No. 3 (May/June 2017), pp. 2–9.

없지만, 워싱턴은 공정한 비용부담이 나토의 정상적 기능과 역할수행에 중요하다고 강조한다.[1] 러시아의 크리미아 점령과 동 우크라이나 장악이 일단락 나고 더 이상 모스크바와의 갈등 소지가 적은 워싱턴으로서는 아마 EU 국가들에게 더 많은 방위비를 분담시켜 미국경제를 조금이라도 더 살리는 것이 미래 국력신장을 위한 합리적 선택일지 모른다. 미국으로서는 2019년 GDP 21.4조 달러의 108%에 이르는 정부부채가 많이 우려될 것이다. 그러나 모스크바가 그동안 천연가스를 지렛대로 EU 국가 분열을 획책해 온 것에 비추어, 워싱턴의 나토 경시 발언은 러시아의 나토 약화공작을 더 가속화시킬 동기를 부여할 것이다.[2]

중동에서도 트럼프 행정부는 후퇴하는데, 그것은 지난 수년 간 이슬람국가(IS:

....

1) 트럼프 행정부는 메르켈 정부가 GDP 2% 방위비 지출 합의를 이행하지 않는 것을 이유로 2020년 6월 독일 주둔 미군 9천5백명을 철수시킬 것이라고 선언했지만, 7월 말 그 숫자를 1만 2천명으로 바꿨다. 그러나 나토 회원국들의 원래 2014년 합의는 2024년까지 2% 지불을 이행하는 것이었다. 2019년 통계로 미국은 GDP의 3.4%를 국방비로 지출하는 반면 독일은 GDP의 1.36%만을 지출했고, 메르켈은 2030년대 초까지 2%를 맞출 것이라고 말했다. 2019년 현재 30개 나토 회원국 중 2% 수치를 달성한 국가는 9개국에 불과하다. Corey Dickstein, "Trump confirms he wants to cut US troop level in Germany to 25,000," Stars and Stripes, (June 15, 2020); 한편 유럽이 미국의 안보 보호에만 의존하지 말고 스스로를 방어해야 한다는 의견이 제기됐다. 트럼프 행정부의 미국과 EU 주도 국가들은 안보인식에서 커다란 격차를 경험하고 있는데, 오늘날의 유럽은 '육식동물의 세계 속에 있는 초식동물'(Europe is 'a vegetarian in a world of carnivores')과 같은 입장에 처해 있다. 미국과 유럽이 극심한 분열상태에 있고, 러시아와 중국의 에너지, 경제침투가 가속화되고 미래에 안보, 경제위험이 예견되는 상황에서, EU는 구성국 간 내부 의견 차이를 극복하고 더 이상 미국에만 의존하기보다는 스스로 자주(autonomy)를 찾아 국방, 경제를 포함해 공동 대응능력을 제고해야 한다. Alina Polyakova and Benjamin Haddad, "Europe Alone (What Comes After the Transatlantic Alliance)," Foreign Affairs, Vol. 98, No. 4 (July/August 2019), pp. 109－120.

2) 리처드 하스는 미국 주도의 냉전이후 국제질서가 절반쯤 무너져 그 회복이 어려운 상황에서, 미국이 기존질서를 넘어 중국, 러시아의 부상과 관련해 변화하는 파워 역학을 감안하고 지구적 이슈를 해결하는 더 진화한 새로운 강대국 협조체제(great power concert)를 만들어 나가야 한다고 주장했다. 안보리 기능의 약화, 러시아의 군사공세, 중국의 위협, 그리고 동유럽, 필리핀, 터키의 권위주의 정권 부상 등 여러 부식(decay)의 조짐에도 불구하고 아직은 지난 수십 년간 작동해 온 국제질서가 완전히 붕괴된 것은 아니지만, 과거의 질서를 넘어서는 새로운 형태의 국제체제 설립이 필요하다. 미국은 (양보를 포함하는) 정교한 타협을 통해 러시아, 중국이 새로운 질서 창출에 협력하도록 유도하고, 더 이상 (이라크 전쟁과 같은) 부당한 군사침공, 경제제재, 관세장벽과 같은 경제력의 무기화를 자제하며, 지구적 이슈인 기후변화 문제, 사이버 활동, 중국의 WTO 규정위반 등의 문제 해결을 도모해야 한다. 무엇보다도 미국은 다자주의(multilateralism)에서 후퇴하는 일이 없어야 한다. 그렇지 않을 경우, 세계는 더 깊은 혼란, 보호주의, 민족주의, 파퓰리즘, 갈등, 제어되지 않는 강대국 경쟁의 무질서, 재앙으로 향할 것이다. Richard Haas, "How a World Order Ends (And What Comes in Its Wake)," Foreign Affairs, Vol. 98, No. 1 (January/February 2019), pp. 22－30.

Islamtic State) 세력과 싸우기 위해 시리아에 주둔하던 미군병력을 철수시키는 데서 분명하게 드러난다. 그것 역시 미국에게는 시리아 IS가 확연히 약화된 상태에서 나쁜 선택만은 아닐 것이다.[1] 이라크에서도 미군철수가 추가적으로 이어질 가능성이 높은데, 그 이유는 이라크 IS가 거의 완전히 진압됐기 때문이다. 미군철수와 관련된 최근 동향은 트럼프 행정부가 2020년 2월 말 아프가니스탄 탈레반과 평화협정을 체결한 것이다. 워싱턴이 내건 조건은 탈레반이 IS나 기타 이슬람 테러조직을 아프가니스탄 내로 받아들이지 않는 것이고, 탈레반이 제시한 조건은 미군의 완전철수이다. 그러나 아프가니스탄 미군의 철수는 장기적으로 아쉬라프 가니(Ashraf Ghani) 정부의 안전을 위협할 것이고, 그것은 이미 반군세력이 완전히 복구된 상황에서 그 나라가 다시 탈레반 수중으로 넘어갈 가능성을 높일 것이다. 그 모든 과정은 결과적으로 중동, 중앙아시아에서 미국의 영향력이 쇠퇴하고, 중동이 이란 중심의 시아파와 사우디아라비아 중심의 수니파 양대 세력의 영향권으로 나뉘며, 그 지역에서 러시아 세력의 확대로 귀결될 것이다. 미국은 중동에서 시아, 수니 두 세력이 대치하는 가운데 균형자 역할을 수행하려 할 수 있지만, 그 시도는 러시아 세력의 팽창으로 인해 큰 힘을 발휘하지 못할 것이다. 결국 미국의 중동, 중앙아시아 영향력은 쇠퇴할 것이지만, 실제 많은 전문가들은 여러 현실에 비추어 미군철수가 비합리적인 것이 아닌 것으로 판단한다.

한편 트럼프 행정부의 국가안보전략 보고서는 러시아와 중국을 미국의 가장 큰 적대적 경쟁상대국으로 명시했다.[2] 그렇지만 그것은 객관적 상황에 근거한 평가이고, 트럼

---

1) 쿠르드는 중동의 이란, 이라크, 시리아, 터키 4개국에 소수민족으로 거주하는데, 터키가 시리아 쿠르드를 공격하는 이유는 그들이 터키 내 분리주의 쿠르드 그룹과 연계돼 있기 때문이다. 한편 이라크에서 IS가 거의 완전히 진압됐음에도 불구하고, 아직도 가끔 이라크 잔류 미군은 IS 잔당에 의해 살해당한다.

2) 2017년 미국 국가안보전략(National Security Strategy), 2018년 국방전략(National Defense Strategy), 그리고 인도-태평양 및 유럽 전구 관련 보조적 지역전략에서, 미국은 중국 및 러시아와의 경쟁적 관계에서 우위를 유지하는데 초점을 맞출 것이라고 밝혔다. 그 당시 국방장관 제임스 매티스, 국가안보보좌관 맥매스터(H. R. McMaster)는 강대국 경쟁이 미국 국가안보전략의 일차적 초점이 될 것이라고 강조했다. 또 트럼프 행정부의 차관보급 고위직을 역임한 두 전문가는 트럼프의 행동이 돌발적이기보다는 미국의 악화되는 대내외 현실에 관한 솔직한 인식에서 유래한 것이라고 말하면서, 23조 달러의 국가부채를 가진 미국이 과거와 같이 많은 안보비용을 홀로 부담하기보다는 동맹국, 파트너 국가들이 외교적, 물질적으로 돕도록 압력을 가하고, 또 비용을 절감하고 중, 러와의 경쟁에 더 몰두하기 위해 미국이 중동에서 점진적으로 철수하는 것이 바람직하다는 의견을 제시했다. 그들은 계속 강화되는 중·러 관계를 막기 위해 두 나라 사이의 틈새를 파고들어 그 간극을 더 넓혀야 한다고 주장했다. 트럼프 행정부 외교, 군사, 경제정책의 세부전략에 관해서는 Elbridge A. Colby and A. Wess Mitchell, "The Age of Great-Power Competition," Foreign Affairs, Vol. 99, No. 1 (January/February 2020), pp. 118-130을 참조할 것.

프 대통령 자신과 워싱턴 당국의 대러시아 정책은 오락가락하는 모습이다. 실제 미국의 관심은 2018년 초 이후 중국과의 무역전쟁에 맞춰져 있는데, 2020년 초까지 양국 간에 일단 무역 관련 타협이 이루어졌다.[1] 그럼에도 불구하고 트럼프는 2020년 5월 중국의 정보통신(IT) 기업들에게 광범위한 새로운 경제제재를 부과할 것이라고 말하고 중국을 배제하는 국제경제 제도인 '경제번영 네트워크'(EPN: Economic Prosperity Network) 설립을 제안하면서 또 다시 베이징과 경제전쟁을 치르려는 모습을 보인다. 그러나 미·중 무역전쟁에서 첫해 더 큰 손실을 본 것이 중국보다는 미국임에 비추어 미국 대중국 경제제재의 장기적 결과는 더 오랜 관찰을 필요로 할 것이다.[2] 더 나아가 오바마 행정부가 중국 배제를 위해 도입한 TPP에서 탈퇴하면서 이제 또다시 유사한 성격의 EPN 도입을 주장하는 트럼프 행정부의 좌충우돌적인 대중국 경제전쟁에 얼마나 많은 우방이 협력할지도 의문이다. 과거 추세와 제반 여건에 비추어 미국으로서는 수출업계 수익이 감소하고, 무역규모가 더 위축되며, 국내 상품 가격이 지속적으로 급등해 얻는 것보다 잃는 것이 훨씬 더 많을 것이다. 그로 인한 지구적 경제성장의 둔화, 국제적 노동의 분화, 공급체인의 파탄을 포함해 국제경제 전반에 미치는 부정적 영향은 말할 필요도 없다. 중국에게도 당연히 미국과의 무역축소, 분쟁은 바람직하지 않지만, 베이징은 지난 몇 년 간 그랬듯이 그

---

1) 2018년 초 트럼프 행정부가 중국과의 무역전쟁을 시작하고 베이징이 그에 맞대응할 때, 미국은 3,600억 달러 상당의 중국제품에 대해 관세를 부과했다.

2) 2018년 미국이 대중국 관세를 처음 증대시킨 이후, 그해 미국의 대중국 상품 무역적자는 그 전해 3752억 달러에 비해 오히려 11.6% 증가한 4,192억 달러로 확대됐다. 그해 미국의 대중국 수출은 100억 달러 감소한 반면, 중국의 대미 수출은 340억 달러 증가했다. 2019년 1~8월 기간에도 미국의 대중국 무역적자는 전해 동 기간 대비 8% 증가했는데, 그 기간 미국의 대중국 수출 감소폭이 24%인 반면 중국의 대미 수출 감소폭은 4% 이내였다. 미국의 대중국 무역전쟁은 미국 내 소비재 가격 상승을 포함해 미국에 더 손해를 끼치고 중국의 피해는 상대적으로 작은 것으로 나타났다. 몇몇 전문가들은 트럼프 행정부가 중국을 지정학적 경쟁자로 보는 시각이 그 무역전쟁의 근본원인이라고 분석하는데, 특히 중국 경제성장의 엔진이 수출과 고정투자에서 민간소비로 전환하는 상황에서 미국의 대중국 무역전쟁은 더 더욱 효과를 발휘하지 못하고 오히려 미국의 손실로 이어질 것이라고 경고했다. Weijian Shan, "The Unwinnable Trade War," Foreign Affairs, Vol. 98, No. 6, (November/December 2019), pp. 99-108. 반면 미국의 2018 대중국 서비스 수지는 2017년에 비해 0.8% 증가한 410억 달러 흑자를 기록했다. 2018년 미국의 대중국 상품, 서비스를 합친 총 무역적자는 3,786억 달러였다. 2018년 중국은 세계에서 가장 큰 무역흑자를 기록한 나라로, 독일보다 760억 달러 더 많은 외화를 벌어들였다. https://ustr.gov〉countries-regions, The People's Republic of China/United States Trade Representative; 그러나 2019년 미중 무역규모가 2018년에 비해 1,009억 달러 줄어드는 상황에서, 미국의 대중국 상품 무역적자는 3,456억 달러로 그 전해에 비해 17% 감소했다. 반면 동시에 미국의 멕시코와의 무역적자는 사상 최대치인 1,018억 달러, EU와의 무역적자 역시 사상 최대치인 1,779억 달러로 증가했다. 2019년 미국의 전체 무역적자는 6,168억 달러였다. Agne Blazyte, Total value of U.S. trade in goods with China 2009-2019, (February 12, 2020), www.statista.com; www.cnbc.com, (February 5, 2020)

역효과를 최소화하면서 일대일로 사업에서 모든 손실을 만회하려 할 것이다.[1]

뒤에 이어지는 챕터들은 오바마가 대통령으로 활동하던 시절 워싱턴의 대외, 안보정책, 그리고 미국과 원하던 원치 않던 미묘한 경쟁과 협력관계를 이어가는 러시아, 중국, 일본의 대내외적 현실에 관해 논의한다. 그리고 그 과정에서 각국 리더들의 독특한 성향, 각국 정책의 목표, 수단, 특수성, 한계, 그리고 그로 인한 결과가 무엇인지를 자세하게 다룬다. 그 내용은 지난 수십 년간 강대국들이 어떻게 행동했고, 그들의 경쟁이 어디서 시작되고 어디로 향하며, 또 그것이 한국을 포함해 주변국들에게 어떤 영향을 미치는지를 자세히 조명한다. 또 수시로 각국의 국내현실이 다루어지고, 가끔은 오바마 시대 이전과

....

[1] 트럼프의 보호무역주의 기조는 수많은 경제 전문가들의 비판 대상이 됐다. 트럼프는 취임 연설에서 경제적 민족주의가 그의 무역정책의 상징이 될 것이라고 강조했다. 그의 서약은 그 며칠 후 TPP 철수와 NAFTA 재협상 선언에서 현실로 드러났다. 그는 또 해외로 이전하는 미국 회사는 특별세 부과에 직면할 것이라고 덧붙였다. 트럼프는 보호무역주의로 미국 경제를 더 번영시킬 것처럼 말하지만, 그것은 계산착오이다. 보호무역정책은 더 많은 직업을 창출하거나 무역적자를 축소시키지 못한다. 오히려 그것은 모두에게 피해를 주는 지구적 차원의 무역전쟁을 촉발할 것이다. 2008년 재정위기 이후 G-20 국가들이 서로에게 부과한 수입제한은 아주 높은 수준으로, 그것은 2017년 현재 모든 상품수입의 6.5%에 달한다. 만약 미국이 현재의 무역규정에서 물러난다면, 그것은 세계 각국으로 하여금 서로 차별하게 만들어 미국 경제뿐 아니라 자유무역 체제 자체를 파탄시킬 것이다. 최근 미국에서 중산층 근로자의 일자리가 부족한 이유는 중국 쇼크 때문이 아니라, 1960년대부터 시작된 자동화와 생산성 성장으로 특히 제조업 일자리가 줄어들고 또 2008년 이후 재정위기로부터의 회복이 느리기 때문이다. 일자리가 없는 것은 무역 때문이 아닌데, 예컨대 2008년 이후 수입은 별로 늘지 않았기 때문이다. 레이건 시기 보호무역 조치, 특히 수입제한이 미국 경쟁력 회복에 도움이 됐다는 주장이 있는데, 그것은 사실이 아니다. 경쟁력 회복은 결과적으로 1981~1982년 불경기(recession)가 지나고 찾아온 1983년 이후 경제회복과 1985년 시작된 달러 약세 때문이었다. 오늘날 만약 미국이 수입을 제한한다면 완성품을 생산하는 수많은 회사가 타격을 입을 것인데, 왜냐하면 미국 수입의 절반은 완성품 생산을 위한 중간재가 대부분이기 때문이다. 원자재나 중간재를 생산하는 초기단계(upstream) 산업은 그 근로자가 이익을 볼 수 있지만, 근로자 숫자가 훨씬 많은 최종단계(downstream) 완성품 생산 산업은 큰 타격을 입을 것이다. 또 필요한 물품이 수입될 때 수입제한으로 인한 가격상승은 소비자에게 타격을 주고 외국 회사만 큰 이득을 보게 할 것이다. 소비자의 경우, 가난한 사람들은 식품, 신발, 의류 등 무역 가능한 상품을 더 많이 구매하기 때문에, 무역제한은 그들에게 더 큰 부담으로 돌아온다. 현재, 트럼프 행정부의 경제정책 최우선순위는 무역제한일 필요가 없는데, 그 이유는 GDP 2~3% 수준에서 현금계정이 안정적이고 또 수입제한으로 무역적자가 축소되는 것이 아니기 때문이다. 중국이나 외국에 대한 보복보다는 그들이 왜곡된 정책을 쓰지 못하게 해야 한다. 모든 나라가 보호무역으로 전환하면 국제무역은 파탄날 것이다. Douglas A. Irwin, "The False Promise of Protectionism," Foreign Affairs, Vol. 96, No. 3 (May/ June 2017), pp. 45-56; 경제적 민족주의(economic nationalism)와 노골적인 경제 보호주의(protectionism)를 추구하는 트럼프 행정부의 대중국 경제정책은 미국의 무역역조 시정보다는 양국 경제관계의 단절(decoupling)을 기도하고, 그것은 지구적 차원의 자유주의 세계경제 질서에 치명적 피해를 입히고 결국 미국에게 돌이킬 수 없는 큰 손해를 끼칠 것이다. Chad P. Bown and Douglas A. Irwin, "Trump's Assault on the Global Trading System," Foreign Affairs, Vol. 98, No. 5 (September/ October 2019), pp. 125-136.

이후 트럼프 시기도 논의하는데, 그것은 모두 오늘날 국제관계의 더 거시적인 그림을 제시하는 목적을 띤다. 서로 얽혀있고 분리하고 싶어도 단절할 수 없는 그들의 관계는 전 세계 모든 국가에 영향을 미치고, 앞으로도 세계는 그들의 영향력에서 벗어날 수 없을 것이다.[1] 자세한 서술 뒤에 첨부된 석학들의 견해는 서로 일치하기도 하고 다른 경우도 있는데, 그것들 모두 조금씩 다른 각도에서 강대국 경쟁과 그 영향의 실상에 관한 이해를 도울 것이다(필자의 견해는 챕터 중간에 간략하게, 그리고 결론에서 총체적으로 다루어질 것이다).

....

1) 투키디데스의 함정(Thucydides Trap)을 설명한 하버드 대학의 원로 정치학자 그래함 앨리슨은 한국을 포함해 전 세계 모든 국가에 영향을 미치는 2020년 오늘날의 국제질서와 미국 대외정책의 방향에 대해 다음과 같은 견해를 표시했다. 오늘날 지구적 경제력과 군사력 균형에 비추어, 미국 패권이 주도하던 단극의 세계는 지나갔다. 중국이 일대일로에 1.3조 달러를 투자했을 때, 미국은 인도-태평양 전략을 위해 1억 1천 3백만 달러만을 투자할 수 있었다. 대만을 포함하는 군사적 위기를 상정한 펜타곤의 18번의 '워게임'(War Game)에서 미국은 중국에 18번 패배했다. 러시아는 미국과 동등한 핵무장을 한 수퍼파워이며, 그 나라의 재래식 군사력 역시 전투에서의 지속적 승리를 자랑한다. 홍콩의 자유와 대만 독립을 억압하고 남중국해 군사화를 추구하는 중국의 시도, 그리고 주변 영향권 지역에 대해 러시아가 간섭할 때, 미국은 군사적으로 그것을 막아낼 수 없을 것이다. 미국은 경제제재 등 몇몇 방법을 동원할 수 있지만, 그것이 러시아와 중국의 사활적 이익에 대한 그들의 결정을 바꾸지는 못한다. 대만이나 발트지역에서의 재래식 전쟁에 대한 미국의 공약은 유지 불가능하고, 핵전쟁은 러시아, 중국의 2차 핵공격 능력에 비추어 옵션이 아니다. 미국은 TPP에 재가입하고 동시에 EU 경제와의 협력으로 경제우위를 유지하는 동시에 동맹국들과의 군사동맹 강화에 초점을 맞춰야 하지만, 군사영역에서는 50개가 넘는 동맹 및 안보 파트너십을 미국의 이익, 위험, 비용을 고려해 재편해야 한다. 워싱턴은 미국의 안보 및 번영에 비추어 일부 동맹은 폐기하고, 핵심동맹에 대한 노력을 배가하며, 각 공약의 조건을 개정해 의무와 제한을 확실하게 규정해야 한다. 동맹은 영원하지 않다. 미국은 과거 꿈꾸던 세계 패권의 불가능한 열망을 포기하고, 러시아, 중국이 지배하는 새로운 영향권의 등장, 그들과의 영향권 분할이 세계 지정학의 중추적 양상으로 남을 것이라는 사실을 수용해야 한다. Graham Allison, "The New Spheres of Influence (Sharing the Globe With Other Great Powers)," Foreign Affairs, Vol. 99, No. 2 (March/April 2020), pp. 30-40.

제1장
버락 오바마의 미국

01 오바마 대통령 집권초기

2009년 1월 20일 버락 오바마(Barack Hussein Obama) 행정부가
출범했다. 제44대 미국 대통령으로 취임한 오바마는 전임 조지 W. 부
시 대통령으로부터 엄청나게 많은 문제를 물려받았다. 대내적으로는
제2차 세계대전 이후 처음 겪는 거대한 불경기가 큰 문제였고, 대외
적으로는 '테러와의 전쟁'의 필수불가결한 한 부분으로 부시가 벌여놓
은 이라크 전쟁과 아프가니스탄 전쟁을 잘 마무리 짓는 것이 중요했
다. 국제관계의 다른 중요한 이슈들은 아직 세계 각지에서 발생하는

_버락 오바마

이슬람 급진주의 테러리즘, 이란과 북한의 대량살상무기 확산 우려,
2010년 시작된 '아랍의 봄' 이후 이라크와 시리아에서 생겨나는 이슬람국가(IS: Islamic
State) 문제, 그리고 2014년 3월 러시아의 크리미아 합병과 같은 현안을 포함했다. 동시
에 언제나 그렇듯 강대국 러시아, 중국과의 관계설정이 중요했는데, 그 이유는 이들이 국
제패권에 관한 경쟁 상대국일 뿐 아니라 거의 모든 세계적 지역현안에 밀접하게 연관돼
있기 때문이었다.[1]

....

1) 오바마 취임 1년이 지난 시점에 중국 인민일보는 다음과 같이 논평했다. 2009년 취임시 오바마는 미국
   이 재정 쓰나미와 2개의 고질적 전쟁에 개입해 있다고 말했다. 그는 미국이 심각한 안보위협과 도전에
   직면해 있다는 것을 시인했는데, 오늘날 1년이 지난 시점에 그 어려움은 미국의 일상이 되었다. 첫해 최
   고의 외교성과는 러시아, 중국과의 관계가 약간 개선된 것이다. 그러나 중동의 2개의 전쟁, 이란과 북한
   의 핵 딜레마, 이스라엘-팔레스타인 갈등은 진전이 없었다. 미국은 아프가니스탄 전쟁에서는 실패하고
   이란 핵 프로그램 중단은 불가능할 것이다. 오바마는 지나친 이상주의자이며, 그의 실용적 대외정책은
   거친 격랑의 국제정치에서 얻은 것이 없다. 모든 독트린은 공통의 목표를 갖고 있는데, 미국은 여러 가
   지 원칙과 실용주의를 결합한 '스마트 파워'를 도입해 또다시 국제체제를 지배할 것을 기대하고 있다.
   "A new label for U.S. diplomacy in Obama era," People's Daily Online, (January 20, 2010),

(1) 미국의 경기 대침체

오바마 대통령은 미국이 많은 어려움에 처해 있는 상황에서 제44대 대통령으로 당선됐다. 그 당시 미국 국내의 가장 시급한 문제는 '경기 대침체'(Great Recession)였는데, 그것은 공식적으로는 2007년 12월부터 2009년 6월까지 지속된 미국의 경기침체와 그에 따른 세계적 불경기를 의미했다.

1) 경기 대침체의 원인과 경과

경기 대침체는 대공황 이후 가장 심각한 경제불황과 재정위기를 동반했는데, 가장 큰 타격을 받은 곳은 부실 주택담보 대출(subprime mortgage)의 결과로 위기가 발생한 미국, 그리고 미국시장의 주택관련 증권을 서로 앞다퉈 사들인 서유럽 국가들이었다. 어떻게 해서 미국에서 그런 경제 이변이 발생했는가? 워싱턴이 세계를 지배하고 클린턴 행정부의 경제 활성화 정책에 따라 경제가 좋아지면서 1990년대 중반 이후 미국에서 주택 붐이 일어나기 시작했다. 많은 개인이 자기 집을 소유하기 원하면서, 금융권은 이익창출을 위해 취약한 금융기록을 가진 사람에게도 더 많이 대출해주기를 원했다. 그리고 주택가격이 계속 상승하면서 미국과 서유럽의 수많은 재정기관들은 신속한 수익을 위한 투자목적으로 수십만 개의 위험한 담보를 확보했다. 그러나 2007년 미국에서 부실 담보대출 관련 이상 현상이 나타나기 시작했다. 그 해 봄 뉴 센추리(New Century Financial)를 포함해 몇몇 주택담보 대출회사가 파산했고, 2007년 말 주택시장은 평시보다 높은 부도율을 보였다. 실제 2007년 말 미국 부동산시장은 붕괴되고 있었는데, 이미 주택담보증권의 가치는 급격히 하락했고, 미국과 유럽의 재정기관들은 지불능력을 위협받았으며, 기업, 가계를 포함하는 국내경제 전체가 타격을 입었다.[1]

경제가 흔들리면서, 미국정부는 대책에 나섰다. 2008년 2월 조지 W. 부시 대통령은 경제 활성화 입법에 서명했다. 그 법안은 납세자들에게 최대 1,200달러 세금을 감면해주

---

http://english.people.com.cn/9001/90777/90852/6874571.html

1) IMF, "World Economic Outlook−April 2009: Crisis and Recovery," (April 24, 2009); US Business Cycle Expansions and Contractions, (September 25, 2008), mobile.nber.org, NBER(National Bureau of Economic Research); History.com Editors, "Great Recession," (August 21, 2017), https://www.history.com/topics/21st−century/recession

고 프레디 맥(Freddie Mac) 같은 연방 주택대출 프로그램의 대
출상한선을 높여주었다. 그 조치는 주택매매를 활성화시키고
경기를 부양시킬 것으로 기대됐다. '연방준비제도'(Fed: Federal
Reserve)는 2007년 9월 5% 이상이던 이자율을 2008년 말까지
역사상 처음 거의 제로 퍼센트로 낮췄다.[1] 그것 역시 대출을
독려하고 자본투자를 확대시킬 것으로 기대됐다. 그럼에도 불

_조지 W. 부시

구하고 2008년 1~2사분기는 마이너스성장을 기록해 기술적으
로 불경기에 진입했다.[2] 2008년 3월 투자금융회사 베어 스턴스(Bear Stearns)가 파산했
고, 그 6개월 후에는 1850년 창립된 금융회사 리만 브러더즈(Lehman Brothers)가 6천억
달러에 달하는 부채를 감당하지 못해 파산했다. 그때 Fed는 보험 및 투자회사 AIG에 약
850억 달러를 대출해주었는데, 그 이유는 그 회사의 파산이 미국경제를 통제 불능상태로
몰고 갈 것으로 우려했기 때문이다. 다른 주요 금융회사와 은행들이 비슷한 붕괴에 처할
것을 우려해, 부시대통령은 2008년 10월 '위기자산 구제프로그램'(TARP: Troubled Asset
Relief Program) 시행을 승인했다. 미국정부는 TARP를 통해 허덕이는 회사들의 회생을
위해 7천억 달러 자금을 제공했는데, 자동차 회사 지엠(GM: General Motors)과 크라이슬
러(Chrysler), 그리고 아메리카 은행(Bank of America)을 포함해 수많은 기업과 재정기구
가 구제금융의 혜택을 입었다.[3]

그래도 2008년 이후 수년 간 경제지표는 실망스러웠다. 2008년 2월~2010년 2월 2
년간 GDP가 5.1% 축소되면서 약 850만 개의 일자리가 사라졌는데, 그것은 대공황 이후
최악의 불경기였다. 2007년 11월~2009년 10월 기간 실업률은 2배 증가해 10%에 달했
고, 같은 기간 미국가계와 기업의 부는 주택가격, 주식시장 하락으로 순수가치 16조 달러
를 잃었다. '피의 월요일'(Bloody Monday)로 불린 2009년 1월 26일 하루에만 미국에서 7
만 4천개의 일자리가 사라졌으며, 2009년 1사분기 대졸자 실업률은 3.8%로 증가했다.[4]

1) Fed는 FRB(Federal Reserve Board)라고도 불린다.
2) 기술적으로는 GDP가 2사분기 연속 마이너스 성장하면 불경기(recession)로 간주된다. "The downturn
   in facts and figures," BBC, (November 21, 2007)
3) History.com Editors, "Great Recession," (August 21, 2017), https://www.history.com/topics/21st
   −century/recession
4) "Business Cycle Dating Committee, National Bureau of Economic Research," (September 20,
   2010), www.ober,org; "Civilian Unemployment, Rate," (February 1, 2019), fred.stlouisfed.org

2) 경기 활성화 조치

2009년 1월 출범한 오바마 행정부는 처음 몇 주에 걸쳐 두 번째 활성화 패키지에 서명했다. 정부는 이번에는 세금감면, 인프라 구축, 건강보험, 그린 에너지 지출을 위해 7,870억 달러를 할당했다. 그 조치들은 경기 대침체를 종식시키는 데 크게 기여했고, 전미경제연구소(NBER: National Bureau of Economic Research)는 실업률과 주식시장 동향을 포함하는 핵심 경제지표에 근거해 미국의 경기하락이 2009년 6월 공식 종식됐다고 선언했다. 그럼에도 불구하고 미국경제는 저성장과 고실업을 반복하면서 경제회복은 상대적으로 느렸다. 2007년 10월 최고치로부터 거의 절반의 가치를 잃은 다우존스 산업평균(DJIA; Dow Jones Industrial Average)은 4년 후 2013년 3월이 되어서야 2007년 최고치를 넘어섰다. 비록 경기 대침체가 공식적으로 미국에서 2009년 종식됐지만, 미국과 외국의 많은 사람들은 그 경제침체의 부정적 효과에 오랜 기간 시달렸다. 2010~2014년 기간 포

르투갈, 아일랜드, 그리스를 포함하는 여러 유럽 국가들은 부채를 상환하지 못해 국가부도를 냈고, EU의 브뤼셀로부터 구제금융과 기타 현금투자를 통해 간신히 경제를 유지했다.[1] 또 그 나라들은 EU 재정을 좌우하는 독일 주도의 유럽중앙은행(ECB: European Central Bank)으로부터 부채상환을 위해 세금을 인상하고 사회보장 프로그램을 축소하도록 강요받았다.[2]

_유럽 중앙은행(ECB)

공화, 민주 초당적으로 구성된 '재정위기조사위원회'(Financial Crisis Inquiry Commission)의 2011년 보고서에 따르면, 경기 대침체는 회피가 가능했다. 첫째, 그 보고서는 연방준

---

1) 2011년 유럽 정치 리더들은 4,400억 유로 규모의 '유럽 재정안정기구'(EFSF: European Financial Stability Facility) 설립을 논의했고, 그러는 사이 유럽중앙은행(ECB)은 통화 공급량을 늘려 부채를 진 유럽 국가 재정기관들에 2011년 12월 4,890억 유로, 그리고 2012년 12월 또다시 비슷한 규모의 자금을 재정 지원했다. 2007년 초부터 2012년 여름까지 ECB는 1.7조 달러 상당의 자금을 방출했다. 뒤돌아보면, 독일 결심에 따라 ECB가 초국가적 지원을 제공하면서 유럽의 경제위기가 극복됐다. Sebastian Mallaby, "Europe's Optional Catastrophe," Foreign Affairs, Vol. 91, No. 4 (July/August 2012), pp. 6-10.

2) "2007-09 Financial Crisis-Timeline-Slaying the Dragon of Debt-Regional Oral History Office -University of California, Berkeley," http://bancroft.berkeley.edu/ROHO/projects/debt/financialcrisis. html; History.com Editors, "Great Recession," (August 21, 2017), https://www.history.com/topics /21st-century/recession

비제도이사회가 유독성(toxic) 주택담보 대출을 막지 못한 것을 포함해 행정부가 재정산업을 규제하지 못한 것을 지적했다. 두 번째로 지적한 것은 위험부담을 감수하는 재정회사들이 너무 많은 것이었다. 투자회사를 포함하는 음성적 금융체계(shadow banking system)는 예금 금융체계(depository banking system)와 경쟁하면서 성장했지만, 그들은 동일한 엄격한 감독이나 규제 하에 있지 않았다. 음성적 금융체계가 실패했을 때, 그 결과는 소비자와 기업으로의 금융흐름에 부정적 영향을 미쳤다. 소비자와 회사의 지나치게 과도한 자금차용과 부채, 그리고 붕괴하는 재정체계를 충분히 이해하지 못한 의회도 경기 대침체의 또 다른 원인으로 지목됐다. 2010년 오바마 대통령은 사후대책으로 '도드-프랑크 법'(Dodd-Frank Act)에 서명했는데, 그 법안은 연방정부에 부채 상환능력이 없는 소비자에게 높은 금리로 약탈적 대출을 제공하는 재정기관의 부당행위를 규제하는 권한을 부여했다.[1]

(2) 오바마 행정부 대외정책

1) 외교안보의 원칙

민주당 상원의원을 지낸 오바마 대통령의 대외정책은 부시 행정부와는 뚜렷한 차이점을 갖고 있었는데, 가장 대표적으로 그것은 부시의 일방주의보다는 협력적 문제해결을 추구한 것이다. 오바마는 처음부터 미국은 금세기의 모든 위협을 혼자서 막을 수 없고, 세계도 미국 없이 모든 문제를 해결할 수는 없다고 말했다. 새로운 개입의 시대가 도래했다. 미국은 협상 테이블을 피할 수도 없고 적이나 미국에게 해를 끼치는 세력을 무시할 수도 없다. 수많은 21세기 난제를 해결하기 위해서 미국은 과거의 동맹을 강화하고 새 동맹을 맺으면서 모든 힘을 사용해야 한다. 그것은 부시 행정부와는 큰 차이를 나타냈는데, 왜냐하면 부시 행정부는 '테러와의 전쟁'에서 미국의 편에 서지 않는 나라는 적으로 간주될 것이며 미국은 필요하면 단독으로 군사작전을 통해 자국의 목표를 달성할 것이라는 공격적 자세를 고수했기 때문이다.[2]

1) 나중에 트럼프 대통령과 몇몇 의원들은 그 법의 일부 과도한 규제가 재정산업에 피해를 줄 것이라고 주장했다. 일부 전문가들 역시 도드-프랑크 법이 원래 취지의 목표를 달성하기 어렵다고 주장했다. 미국 은행들의 대출과정과 미국 경제 및 소비자에 미치는 영향, 미국의 상업은행, 연방준비제도, 뮤추얼 펀드, 투자은행(investment bank)에 관한 자세한 설명을 위해서는 Robert Litan, "America's Brewing Debt Crisis," Foreign Affairs, Vol. 95, No. 5, (September/October 2016), pp. 111-120을 참조할 것.

2) President, Remarks of President Barack Obama-Address to Joint Session of Congress, http://seoul.usembassy.gov/pres_022409.html (As prepared for delivery, Tuesday, February

_힐러리 클린턴

국무장관 상원인준 연설문   공화당보다 덜 강경하고 현실에 순응해가면서 문제를 해결하려는 그러한 형태의 대외정책에 관한 접근은 국무장관 지명자, 힐러리 클린턴(Hillary R. Clinton)의 상원인준 연설문에 잘 나타나 있었다. 클린턴은 상호의존의 세계에서 미국은 홀로 모든 것을 해결하려 하지 말아야 한다고 강조했다. 미국의 대외정책은 경직된 이데올로기가 아니라 원칙과 실용주의에 기초해야 한다. 지난 몇 년 전과 달리 미국은 리더십을 발휘해야 하고 또 스마트 파워(smart power)를 사용해야 한다. 그것은 각기 다른 상황에서 서로 다른 수단을 동원하는 것인데, 외교는 미국 안보의 가장 첫 번째 수단(vanguard)이 될 것이고 최후의 수단은 군사력에 의존하는 것이다. 경우에 따라 경제, 문화, 법적 수단도 신축적으로 사용해야 한다. 미국은 강압적 방식보다는 설득하는 노력을 경주할 것인데, 그것은 상대방에 대한 '협력적 개입'(cooperative engagement)을 의미한다. 미국은 유엔 및 국제제도를 활용해 가면서 다른 나라 정부뿐 아니라 그 나라들의 비정부기구(NGO)와도 상호작용을 할 것이다. 모든 것은 전략적으로 연계되고 종합적으로 추진될 것이다. 필요할 때는 언제나 마지막 옵션인 군사력을 동원할 것이다. 미국은 칙령보다는 선례로 이끌고 민주적 가치의 모델이 될 것이다. 미국 민주주의가 세계의 사람들에게 영감을 주는 반면, 미국은 그 교훈에 맞게 살아야 한다.[1]

외교안보 현안   힐러리 클린턴 국무장관은 미국이 지금 수많은 지구적 문제에 직면해 있다고 강조했다. 오바마 행정부는 중동에서 많은 문제를 해결하려 노력할 것이다. 우선적으로 필요한 것은 이라크 전쟁의 종식이다. 동시에 워싱턴은 아프가니스탄, 파키스탄 전쟁에 주목하면서 이스라엘-팔레스타인 관계 해결을 시도할 것이다. 이란의 핵 프로그램과 테러지원이 종식되어야 하고 시리아도 건설적으로 행동해야 하는데, 미국은 전통적 우방인 사우디아라비아, 요르단, 이집트, 터키, 걸프국가들과 함께 이 문제를 풀어 나갈 것이다. 두 번째 중요한 문제는 국제테러리즘을 패퇴시키는 것이고, 이를 위해 필요한 것은 알카에다와 극단적 무장 반군세력 연계망을 발본색원하는 것이다. 미국은 대량살상무기가 테러리스트 수중으로 들어가지 않도록 최선을 다해야 한다. 핵무기뿐 아니라 생물학, 화학, 사이버 무기도 억지해야 한다. 핵무기 감축을 위해서 2009년 12월

24th, 2009), pp. 1-4.

1) Senator Clinton's Opening Statement at Senate Confirmation Hearing, Nominee for Secretary of State, Senate Foreign Relations Committee, (January 13, 2009)

START 기간 만료 전 그 합의를 연장시킬 것이고, 포괄적 핵실험금지조약(Comprehensive Test Ban Treaty) 비준, 그리고 핵분열물질 감축협정(Fissile Material Cutoff Treaty) 협상을 부활시킬 것이다. 안보문제 해결을 위해 미국은 우방뿐 아니라 잠재적국과도 대화와 협력을 추구할 것이다. 가장 중요한 동맹국은 서유럽의 나토, 동아시아의 일본, 한국, 호주, 아세안 국가들이고, 인도와도 파트너십을 구축하려 노력할 것이다. 러시아, 중국과는 지구적, 지역적 안보문제뿐 아니라 경제, 기후변화 문제에 관해서도 대화할 것이다. 세계경제 운영을 위해서 G-20, 그리고 신흥시장인 브라질, 인도, 인도네시아, 남아프리카와의 관계가 중요하다. 미국의 최대 무역파트너인 캐나다, 그리고 3위 무역상대국인 멕시코와의 협력은 미국 경제안정에 중요한데, 이들 두 나라는 미국에 대한 가장 큰 에너지 공급국가들이다. 중남미와는 미주정상회담과 개별국가 간 협력을 통해 관계를 증진시킬 것이다. 아프리카에서 미국의 목표는 민주국가 지원, 천연자원 보존, 콩고전쟁 중단 등 다차원적인데, 특히 소말리아 인근에서 알카에다가 피난처를 찾지 못하게 할 것이다.[1]

힐러리 클린턴 국무장관의 청문회 외교비전 연설은 그것이 중동전쟁의 조기종식, 테러리즘 분쇄, 대량살상무기 확산금지, 세계 및 미국경제 활성화, 그리고 기타 세계 문제 해결을 겨냥한 것임을 보여주었다. 한마디로 오바마 행정부의 외교목표는 부시 행정부가 야기한 시급한 문제인 이라크 전쟁의 조기종식, 미국경제의 침체를 해결하면서 원래 빌 클린턴 시절부터 문제로 떠오른 국제 테러리즘, 대량살상무기 확산을 방지하고, 나머지 기타 외교 사안을 해결해 나가겠다는 것이었다. 목표달성에 도움을 줄 핵심적 우방으로는 서유럽, 남미, 아시아의 전통적 동맹국이나 안보, 경제파트너를 거론했고, 강대국이면서 잠재경쟁국인 러시아, 중국과는 정책적 차이에 관해 워싱턴의 입장을 확실하게 전달하면서 가능한 대화, 협력을 통해 지구적 안보, 경제문제 해결을 도모할 것이라는 협력의지를 드러냈다.

★ 전문가 분석

오바마 행정부가 출범했을 때 가장 우선적으로 관심을 받은 사안은 부시 행정부 임기만료 1년 전에 시작된 미국 내 재정위기로 인한 경기 대침체였다. 당장 나라 안에서 수많은 기업이 파산하고 민간경제가 와해되는 상황은 정부에나 일반 국민에게나 우려되기

---

1) Ibid.

는 마찬가지였다. 잘 알려졌듯이 그 사태는 미국 주택시장이 붕괴되면서 그 여파가 미국 경제 전체를 넘어 유럽에서도 엄청난 파괴력을 입증했는데, 전문가들은 그 전체위기의 원인이 무엇인지에 대해 약간씩 다른 의견을 제시했다. 예를 들어 클린턴 행정부 당시 재무성 부장관으로 재직한 로저 알트만(Roger C. Altman)은 미국의 주택시장 붕괴에 의해 촉발된 것으로 알려진 미국 재정위기의 근본원인은 조지 W. 부시 행정부 당시 '연방준비제도'(Fed)가 이자율을 너무 낮게 책정하고 동시에 해외자금 유입에 의한 유동성 수준이 전례 없이 높아진 것이 핵심적 원인이라고 주장했다.[1] 반면 IMF 수석경제학자이며 미국 시카고대 경제학 교수인 라구람 라잔(Raghuram Rajan)은 미국과 유럽의 금융위기 경제불황의 원인을 다른 각도에서 해석했다. 그는 알트만의 견해인 Fed가 부시 행정부 당시 이자율을 크게 낮췄다는 것을 인정하면서도 더 멀리 거슬러 올라가는 미국 경제정책의 맥락에서 미국과 유럽의 경제위기가 어떻게 도래했는지에 관해 설명했다. 다음은 라잔의 지구적 경기 대침체에 관한 포괄적 분석이다.

(1) 미국 및 유럽 경제위기의 근본원인

미국과 유럽에서 발생한 경제 대침체에 관해 설명할 때, 보통은 그 이유가 오랫동안 쌓인 (국가와 가계의) 부채로 인해 수요가 중단되고 그 결과 성장이 멈춘 것이 불황의 근원이라고 말한다. 대부분의 서방 관리, 중앙은행, 월스트리트 전문가들은 그를 타개하기 위해 케인즈식으로 자금을 융통시켜 가계와 정부의 지출을 늘려 다시 성장을 촉진하는 것이 최선책이라고 주장한다. 그러나 오늘날의 불황은 단지 수요부족 때문만이 아니라 공급측면이 왜곡된 결과이다. 그것은 이미 재정위기 오래전 1970년대 말 이후 정부들이 감당할 수 있는 것보다 더 큰 규모로 적자재정을 운영하고, 그와 비슷하게 가계로 하여금 쉬운 금융대출을 통해 계속 지출을 늘리도록 의도적으로 부추긴 것을 의미한다. 선진국 정부들이 그렇게 한 이유는 경제상황이 악화되는 가운데에서도 새로운 직업을 만들어 내고 연금, 보험을 지불해야 하는 책임을 포함해 경제를 호황으로 운영하기 원했기 때문이다. 여기서 문제의 핵심은 그렇게 계속 부채를 통해 지속적 성장을 이룰 수는 없다는 것이다. 위기이전의 GDP는 부풀려진 것으로, 미국과 일부 유럽정부들은 근본적 잘못을 시정해야 한다. 미국은 기업의 혁신을 독려하는 가운데 근로자들을 재교육시키고, 금융권이

---

1) 알트만의 자세한 분석은 Roger C. Altman, "The Great Crash, 2008 (A Geopolitical Setback for the West)," Foreign Affairs, Vol. 88, No. 1 (January/February 2009), pp. 2-14를 참조할 것.

잘못되지 않도록 철저히 감독해야 한다. 남유럽국가들은 기업에 대한 불필요한 간섭을 줄이고 회사와 근로자들의 경쟁회피 분위기를 쇄신해야 한다.[1]

1) 정치권과 금융계의 담합

지속가능한 성장을 이해하기 위해 지난 시기 경제사를 잠깐 뒤돌아볼 필요가 있다. 제2차 세계대전이 끝난 이후 전후 재건의 필요에 의해 확대되던 세계경제는 OPEC의 오일가격 인상으로 주춤했지만, 그럼에도 불구하고 복지를 꿈꾸는 서방국가들의 팽창적 통화정책에 의존하는 지속적 지출은 1970년대 말 이후 GDP 대비 부채비율을 급속히 증가시키고 엄청난 인플레이션을 초래했다. 새로운 성장원천을 위해 미국 레이건 행정부(와 영국 마가렛 대처 정부)는 대부분 산업분야에서 '공급위주 경제'(Supply-side Economics)정책으로 탈규제를 시도하면서 기업생산성을 증대시켰는데, 많은 유럽국가들은 그와는 달리 계속해서 근로자를 보호하고 경쟁을 회피하는 정책으로 일관했다. 그 결과 미국과 유럽의 경제현실은 큰 차이를 나타냈는데, 미국에서 클린턴 행정부 당시 경제가 붐을 이룬 것과 대조적으로 유럽에서 유로(Euro)가 도입된 1999년 이탈리아 실업률은 11%, 그리스는 12%, 스페인은 16% 실업률을 기록했다. 그렇지만 기업생산성 증가에 초점을 맞추는 레이건 시기의 경제정책이 만능은 아니었는데, 왜냐하면 그것은 소비자들에게 더 값싸고 좋은 상품을 제시하면서도 다른 한편 소득격차를 증가시키는 불평등을 초래했기 때문이다. 그래도 그 당시 대부분 사람들은 큰 불편을 느끼지 못했는데, 그것은 준독점적 이익을 향유하는 회사가 수익을 주주, 근로자와 공유하고 은행수익도 좋아 모든 것을 서로 나누기에 충분한 이익이 있었기 때문이다.[2]

그러나 1990년대에 무역장벽이 사라지고 지구적 차원의 경쟁이 더 강력해지면서, 그런 평안한 삶은 종식됐다. 더 많은 기업경쟁이 도래하고 소비자 제품의 다양성과 질이 더 좋아지면서, 위험부담을 느끼는 회사들은 더 혁신하면서 더 현명한 재정운영자를 필요로 했다. 회사들이 더 능력위주로 바뀌고 최고인재를 끌기 원하면서 소득불평등은 더 커졌는데, 1976년 최고 1% 가계가 소득의 8.9%를 차지한 반면, 2007년 그것은 거의 25%로 증가했다. 실제 1980년대 이후 소득격차는 대기업 CEO와 일반인 사이에만 존재

---

1) Raghuram Rajan, "The True Lessons of the Recession (The West Cant' Borrow and Spend Its Way to Recovery)," Foreign Affairs, Vol. 91, No. 3 (May/June 2012), pp. 69-70.

2) Ibid., pp. 70-72.

한 것이 아니라 사회전체의 보편적 현상이었다. 숙련기술자는 비숙련 기술자를 대체했는데, 자동화 과정에서 컴퓨터를 잘 다루는 사람이 그렇지 못한 근로자를 대체한 것이 한 예다. 불행하게도 많은 미국인들은 여러 가지 이유로 필요한 교육, 기술을 결여했는데, 상위층과 중간층 소득격차는 더 커지고 중간계급의 소득이 하위 10%와 큰 차이를 보이지 않으면서 그들은 하위계급에 통합됐다. 미국사회에서 소득격차가 커지는 위태로운 상황에서, 정치인들은 문제해결을 위한 정통방식보다는 손쉬운 편법을 동원했다. 근로자 기술을 신속하게 향상시키는 것이 쉽지 않은 상황에서, 정치인들은 유권자들이 이웃부자에 비해 크게 뒤지지 않는다고 느끼고 월급인상에 덜 신경 쓰게 하는 해법으로 대중이 금융에 쉽게 다가갈 수 있도록 하는 방법을 선택했다. 그래서 1990년대 초부터 시작해서 미국 리더들은 금융계가 특히 중하층 가계에 더 많이 자금을 빌려주도록 독려했다. 1992년 클린턴 행정부 당시 미국의회는 주택관련 연방법(Federal Housing Enterprises Financial Safety and Soundness Act)을 통과시켜 저소득층 주택마련을 지원했는데, 그런 정책은 자금이 중하층 가계로 흘러들어가고 그들의 소비수준을 높이도록 작용했다. 그런 정책들은 정치적으로 인기가 있었는데, 그것은 정부복지의 확대와는 달리 중·하층계급에 대한 금융확대에 반대하는 그룹이 없었기 때문이다. Fed는 그 단기정책을 더 부추겼다. 2001년 닷컴(dot-com)이 주저앉으면서 Fed는 이자율을 최저치로 하향조정했고, 낮은 이자율은 주택, 금융과 같은 부채에 의존하는 경제에 대해 엄청난 지원으로 작용했다. 그러나 Fed가 지원하는 경제거품은 유지가 불가능했고, 많은 사람들은 직업을 잃었으며, 감당할 수 없는 자금을 빌린 사람들은 더 깊은 수렁에 빠졌다. 결국 미국에서 정치권, 그리고 그에 동조한 노골적으로 약탈적인 은행들은 오늘날의 경제위기 책임을 면할 수 없다.[1]

유럽에서는 어땠나? 1990년대 독일은 근로혜택과 실업혜택을 축소시켰고, 생산성 증가로 기업의 순익이 증가할 때도 근로임금을 천천히 상승시키면서 세계에서 가장 경쟁력 있는 제조업을 만들어 냈다. 그러나 그리스, 이탈리아, 스페인을 포함해 일부 유럽국가들은 다르게 행동했다. 그들은 유로존(Eurozone)에 가입하면서 독일과 같은 부유한 국가로부터의 금융에 손쉽게 접근했고, 그것이 실업률 하락을 가능케하면서 개혁의 동기를 상실했다. 대표적으로 그리스는 높은 보수를 받으면서 생산성이 적은 공무원 숫자를 늘리고 실업을 줄였고, 나라마다 조금씩 다른 정책을 시행, 실패를 맛보았다. 이제 더 이상 자금융통이 어려워지면서 위기가 찾아온 것인데, 여기서 공통적인 교훈은 부채에 의존하

---

1) Ibid., pp. 73-76.

는 성장은 유지가 불가능하다는 것이다.[1]

2) 향후 대책

이제 어떻게 해야 하나? 과거와 같은 방식은 바람직하지 않은데, 왜냐하면 과다하게 부풀려진 금융, 주택건설, 정부조직은 축소되고 근로자들은 더 생산성 높은 일로 이전되어야 하기 때문이다. 위기탈출에서 더 많이 빌려 쓰고 더 많이 지출하는 것은 지양해야 하는데, 왜냐하면 그것은 미래세대가 짊어질 부담만 더 무겁게 하기 때문이다. 가장 중요한 단기처방은 장기적으로 유지가능한 성장에 초점을 맞추는 것이다. 이탈리아, 스페인, 그리스 같이 더 이상의 적자를 증가시킬 여력이 없는 나라들은 정부규모를 축소하고, 세금징수를 증대시켜야 한다. 그들은 수송 같은 분야를 더 많은 경쟁에 노출시키고 고용보호를 축소시키는 가운데, 해고자와 실업청년들이 더 많은 민간분야로 이동할 수 있도록 도와야 한다. 그것은 단기적으로는 성장을 축소시키는 고통스러운 과정이 될 것이지만, 정부들은 미래세대에 대한 그 영향을 과소평가하지 말아야 한다. 2012년 현재 미국은 유럽에 비해서는 조금 더 여유가 있는데, 그것은 더 나은 정보통신 기술, 고부가 가치에 대한 시장수요가 증가하기 때문이다. 그러나 미국도 전체적으로는 근로능력 증진, 혁신을 위한 환경창출, 과도한 금융에 대한 규제를 필요로 한다.[2]

02 이라크 전쟁

미국 내 재정위기를 추슬러가는 것과 동시에 오바마 대통령은 이라크 전쟁 마무리에 가장 큰 정책적 우선순위를 부여했다. 부시 대통령 임기 말에 이르러 거의 진정되어가던 이라크 전쟁을 끝내는 것은 미국의 큰 부담을 덜 것으로 보였다. 그 이후의 과제는 아프가니스탄 전쟁의 성공적 마무리, 국제테러리즘과 핵확산 방지, 그리고 주요 강대국들과의 조화로운 관계운영을 포함하는 제반문제의 처리였다.

....

1) Ibid., pp. 76-77.
2) Rajan, "The True Lessons," pp. 78-79.

(1) 전쟁 마무리

1) 미군병력 철수와 반군의 공격재개

새로 취임한 오바마 대통령은 2009년 2월 노스캐롤라이나 미 해병기지에서 이라크 미군 전투부대는 2010년 8월 말까지 철수를 마치고, 이라크 안보병력 훈련, 대테러작전, 일반지원을 위해 잔류하는 나머지 5만 명의 과도기 전력(transitional force)은 2011년 말 철수할 것이라고 선언했다. 2009년 4월 영국이 공식적으로 전투작전을 종료하면서 연합군 철수가 시작됐고, 7월 말에는 호주가 전투병력을 철수시켰다. 2009년 6월 하순 미군은 바그다드를 포함해 모든 주요도시에서 철수했고, 38개 군사기지 관할권이 이라크군에 넘겨졌다.[1]

_로버트 게이츠

2010년 2월 미 국방장관 로버트 게이츠(Robert Gates)는 그 해 8월 말까지 미군의 공식전투는 종결되고, 9월 1일부로 '이라크 자유작전'(OIF: Operation Iraqi Freedom)은 '새 새벽작전'(OND: Operation New Dawn)으로 대체될 것이라고 선언했다. 동년 4월 미군과 이라크군은 티크리트 인근 연합작전에서 이라크 알카에다 주요 리더 아부 알-마스리(Abu Ayyub al-Masri)를 포함해 여러 명의 지도급 간부들을 사살하는 성과를 거뒀다. 그러나 6~8월 기간에 반군의 반격이 있었다. 반군들은 이라크 중앙은행을 폭파하고 북부 모술부터 남부 바스라까지 여러 지역에서 10여 차례의 차량폭탄으로 민간인과 이라크 군 50명 이상을 살해했다. 그 공격은 미군의 전투병력 철수와 맞물려 진행됐다. 반군의 공격이 재개되면서 미 국무부는 원래의 조속한 미군철수 계획이 끼칠 부정적 가능성을 우려했고, 로버트 게이츠 국방장관 역시 이라크 미군철수의 여파에 관해 더 신중하게 생각해 보아야 한다는 조심스러운 태도를 취했다.[2] 2010년 10월에는 40만 건의 미국 비밀문서를 공개해 세상을 놀라게 한 '위키리크

---

1) 2009년 10월 이라크 정부는 2004~2008년 기간 군인과 민간인을 포함해 8만5천명 이상의 이라크 인들이 사망했다는 추정치를 공개했다. British troops officially end combat operation in Basra, Iraq/ World News/ https://www.theguardian.com〉 …

2) 이라크 민주정부를 지원하기 위한 조치로 유엔은 후세인 시절 이라크에 부과했던 제제를 해제했다. 그로 인해 이라크 정부는 민간 핵 프로그램을 보유하고, 핵, 화생무기 국제협약을 체결하며, 자국의 오일, 가스 수익을 통제할 수 있게 됐다. US and Iraqi forces kill Al Masri and Baghdadi, al Qaeda in Iraq's top two..., https://www.longwarjournal.org〉 2010/04; Gunmen attack Iraqi central

스'(Wiki Leaks) 사건이 터졌다. 대부분 2004~2009년 사이 이라크 야전부대에서 생산한 1차 전술, 정보보고서인 그 문서들은 매일 매일의 군사 세부사항을 담고 있었다. 그 서류들은 이라크 민간인 사상자 수가 미군이 공식발표한 것보다 훨씬 더 많고, 동시에 미군관련 민간인 방위계약자들이 수시로 군사사건에 과도하게 개입돼 있음을 보여주었다. 그 문서들은 또 이란이 이라크 시아파 시민 무장세력에게 직접 군사지원을 제공했고, 미군은 이라크 안보병력에 의한 광범위한 고문에 별로 개의치 않았다고 적시했다.[1]

_이라크 지도, vectorstock.com

2011년 미군 철수과정에서 이라크의 전반적인 폭력수준은 상대적으로 낮았다. 그러나 무장그룹들은 아직 잔존해 있었고, 사담 후세인 이후 분파갈등을 야기한 파벌 및 정치 불만은 미해결상태로 남아 있었다. 그 해 전반기 반군들은 간헐적으로 미군병사들을 공격했고, 6월 한 달 간 이라크 전체에서 17명의 이라크인과 군인이 사망했다. 반군은 민간인 가옥에 부비트랩 폭탄을 설치하고 차량폭탄으로 바그다드 보안검문소를 습격했다. 2011년 후반기에도 반군은 이라크 여러 곳에서 동시다발적으로 공격을 펼쳤고, 희생자는 대부분 민간인들이었다.[2] 12월에도 시아파 극단주의 민병대는 미군 철수 시까지 바스라의 미국 영사관에 로켓공격을 계속했다. 이라크는 1~2년 전보다는 덜 폭력적이었지만, 최근의 공격은 불안정을 고조시켰다. 누리 알-말리키(Nuri Kama al-Maliki) 정부는 새로이 대담해지는 테러분자들, 전반적인 인프라 부족, 그리고 지속적인 국내분열을 우려하고 있었다.[3]

Bank-BBC News, https://www.bbc.com〉 news
1) 미국과 이라크 관리들은 위키리크스 문서정보 유출이 자유세계의 대테러 안보 노력을 곤경에 빠뜨리고 군인 및 군대와 협력한 이라크 민간인의 생명을 위험하게 한다고 비난했다. Iraq War, https://www.britannica.com/print/article/870845
2) 2011년 후반기에 자살공격, 자폭차량, 총격으로 인해 90명이 사망하고 300명 이상이 부상당했다.
3) 이라크 알카에다는 많은 공격이 자기들의 행위라고 시인하면서, 그것은 빈 라덴 사살에 대한 보복이라고 말했다. Timeline: Invasion, Surge, Withdrawal; U.S. forces in Iraq/Reuters, https://www.reuters.com〉 article; Iraq War Timeline, 2010-2011-Infoplease, https://www.infoplease.com〉 spot〉 iraq-...

2) 안보협상의 난관

그러나 2011년 7월 미국 관리들은 2011년 12월 31일을 지나서도 수천 명 미군을 이라크에 잔류시키는 새로운 추가협상을 시작했다. 그것은 시아파 이란의 이라크 영향력 확대에 관한 우려, 안보병력의 취약성, 그리고 아직도 끓어오르는 분파균열이 미국 관리들에게 2011년 철수 이후에도 이라크에 일정수준의 미군병력이 체류하도록 안보합의를 수정해야 할 필요성을 각인시켰기 때문이다. 미군장성들은 정부군의 방어능력을 우려했고, 이라크 사령관들도 마찬가지의 생각을 가졌다. 그러나 미군의 주둔연장은 이라크 일부 정치파벌에게는 인기가 없었다. 2011년 8월 초, 누리 알-말리키 총리를 포함해 대부분의 주요파벌은 안보합의 연장협상에 대해 지지의사를 밝혔으나, 사드르(Sadr)는 미군주둔에 대한 어떤 연장에도 반대하면서 협상저지를 위해 '마디 군'(Mahdi Army)을 동원할 것이라고 위협했다. 사드르가 반대를 철회하지 않으면서, 2011년 10월 말리키 정부는 기존의 안보합의에 포함된 미군병사에 대한 법적보호를 연장하지 않을 것이라고 말했다. 미국과 이라크 양측이 이라크 주둔 미군의 법적 면책특권 지속에 관해 합의하지 못하면서, 협상은 실패로 돌아갔다.[1]

_누리 알-말리키

미-이라크 협상이 결렬되면서 2011년 10월 하순 오바마 대통령은 모든 미군 잔류병력은 원래 계획대로 2011년 말까지 이라크에서 떠날 것이라고 선언했다. 실제 오바마 행정부가 말리키 정부의 미군 잔류 반대를 넘어서기 위해 충분한 노력을 기울였는지는 확실치 않다.[2] 10월 궁극적 철수선언 당시, 오바마 대통령은 비록 미군이 떠나더라도 워싱턴은 다양한 지원프로그램을 통해 이라크를 돕고 바그다드와 지속적으로 양자관계를 발전시킬 것이라고 말했다. 미 행정부 관리들은 한편으로는 이라크 안보상황 악화 가능성에 대해 우려를 금치 못했지만, 적어도 겉으로는 미국의 정치적 지원이 이라크 민주주의 정착과 경제성장을 돕고 페르샤만에 배치된 미군병력이 이라크 방위를 도울 것이라고 강조했다. 마지막 미군병력은 12월 18일 철수했는데, 미 대사관

....

1) Kenneth Katzman and Carla E. Humud, <u>Iraq: Politics and Governance</u>, CRS Report 7-5700, RS 21968, (March 9, 2016), p. 8; 2011년 말 이후 이라크에 주둔할 미군병력 범위는 3천명에서 1만 5천명 규모인 것으로 알려졌다. Iraq War, http://www.britannica.com/print/article/870845

2) Jessica Stern, "Obama and Terrorism (Like It or Not, the War Goes On)," Foreign Affairs, Vol. 94, No. 5 (September/October 2015), p. 64.

과 영사관에는 이들을 경비하는 최소 숫자의 해병만이 남았다.[1]

(2) 미군철수 이후 이라크 상황

2012년 초부터 그 해 내내 시아파 이라크 정부에 대한 반군공격과 시아-수니 파벌 간의 전쟁은 다시 불붙었고, 미군철수 이후 2개월 이내에 이라크 전체에서 1천명 이상이 사망했다. 2012년 내내 시아파 대 수니파의 반목과 대결이 지속되면서, 그 끊임없는 폭력이 또 다른 내란으로 번질 수 있다는 우려가 나왔다. 2010년 합의된 이라크 정파 간의 취약한 권력분점 절차는 2011~2012년에 이르러 과거의 반목상태로 되돌아갔는데, 그러한 현실은 미군의 마지막 철군 당시 이라크가 이제 주권을 되찾고 안정적이며 스스로 문제를 해결할 수 있을 것이라는 오마바 대통령의 주장에 의문을 던지게 했다.[2]

1) 시아파의 수니파 탄압과 분파폭력 재점화

미군철수와 동시에 놀랍게도 시아파 말리키 총리는 수니파를 탄압하기 시작했다.[3]

....

1) Katzman and Humud, Iraq: Politics and Governance, (March 9, 2016), p. 9.
2) 2010년 3월 제2차 총선 결과로 말리키가 또 다시 총리직을 맡게 됐고, 2010년 11월 말리키는 내각 직책을 주요 파벌에 분배해 권력분점, 정치안정을 시도했다. Ibid., p. 8.
3) 말리키에 대한 평가는 다양하다. 말리키는 외형적으로는 중앙정부 내에서, 또 중앙-지방 간 권력분산을 추구하는 것으로 보였지만, 일부 전문가들은 그는 실제로는 완전히 편파적이었다고 주장했다. 미국 정치전문가 로렌스 코브에 따르면, 말리키는 유능한 수니파 장교들을 본인이 충성스럽다고 생각하는 무능한 시아파 장교로 대체시켰다. 그는 공직자들에 대해서도 비슷하게 조치했는데, 그런 식으로 그는 수니 다수와 쿠르드 족을 더 주변으로 밀어냈다. 말리키의 정책들은 이라크 분파 구분을 더 악화시키고, 특히 군대능력을 취약하게 만들었다. Lawrence Korb, "Exit Music (Did Obama Bungle the Iraq Withdrawal?)" Foreign Affairs, Vol. 94, No. 1 (January/February 2015), pp. 162-164; 미국 정부 정치고문 알리 커더리도 비슷하게 주장했다. 미국은 분열적인 인종-분파 어젠다를 가진 리더들을 잘못 지원했다. 대표적으로 말리키가 그런 사람이었다. 이들 리더들은 수니파가 많았던 이라크 군을 해체하고 자기들 충성분자들로 군을 충원해 군 전력을 극도로 약화시켰다. 또 말리키는 시아, 수니파를 가리지 않고 세속적(secular, non-religious) 정적을 숙청했다. 수니파는 이제 리더가 없는 소수파로 전락하고, (시아파 정부에 반대해) 반군활동, 테러리즘으로 대항했다. 그 과정에서 수니는 알카에다와 손잡았고, 이들 수니-알카에다가 미 점령 당국과 이란에 대항했다. 말리키는 이라크 정국에서 가장 부패한 정치인이었다. 그는 2006년 공식 집권한 이후 2010년 총선의 취약한 결과에도 불구하고 지속적으로 권력을 보유했는데, 그것은 미국과 이란이 계속 그를 지원했기 때문이다. 특히 2010~2014년 기간 그는 재앙적으로 국정을 운영했다. 2010년 이후 2003년 직후와 비슷한 폭발적 폭력이 다시 재발했는데, 군대는 거의 녹아 없어질 정도가 되어 이라크 정규군은 미군장비를 테러분자가 다 접수하도록 방치할 정도였다. 수니 중심부는 IS가 장악했고, 중앙정부는 영토 절반의 통제를 상실한 상태였으며, 이란이 지원하는 시

미군이 마지막 철수한 다음 날인 2011년 12월 19일, 이라크 정부는 수니파 주요 인사인 부통령 타리크 알－하시미(Tariq al－Hashimi)에 대해 말리키 암살지시 혐의로 체포영장을 발부했다. 수니파 정치인들은 그 사태가 시아파의 음모라고 주장하면서 말리키의 관심은 오직 주요 안보직책 독식을 통한 권력의 집중이라고 비난했다.[1] 미국이 개입하면서 한동안 종파반목이 완화되는 듯 했지만, 시아파－수니파 대립은 그치지 않았다. 정치정상화를 위해 양측이 합의한 2012년 3월 임시회의는 무산됐고, 6월 쿠르드계 잘랄 탈라바니(Jalal Talabani) 대통령은 수니파가 제출한 말리키 불신임 결의안을 일방적으로 묵살했다.[2] 2012년 12월 말리키는 또 다른 수니 리더 중 하나인 재무장관 라피 알－이사위(Rafi al－Issawi)의 측근 10명을 체포했다. 알－이사위는 일부 수니 리더들과 함께 안바르주로 피신한 상태에서 전국적으로 반말리키 시위를 조장했다.[3]

2012년 시아파의 수니파 탄압은 2013년에 이르러 본격적인 분파폭력(sectarian violence)의 재점화로 이어졌다. 2013년 전반기에 2012년보다 더 많은 시아파 대 수니파의 분파폭력이 발생했다. 2013년 1월 정부군이 10명 안팎의 시위대를 살해한 것에 대항해 수니 시위자들이 몇몇 도시에 저항캠프를 설치했다. 이라크 정부군은 수니파 진압에 총력을 기울였고, 새로이 세력을 넓혀가는 '이슬람국가'(IS: Islamic State)를 포함해 수니 극단주의자들은 정부군에 대한 공격을 늦추지 않았다. 동년 4월 정부군은 이라크 북부의

아파 민병대가 미군 장비를 가로채 이라크를 쑥대밭으로 만들었다. 사실 이제, 중동 전체는 인종－분파 노선으로 찢어져 있다. 모든 것은 완전 분열 상태이고, (기독교도, 샤바크, 야지디, 유태인 공동체 등) 소수민족은 비참하고 위험한 상황에 처해 있다. Ali Khedery, "Iraq in Pieces (Breaking Up to Stay Together)," Foreign Affairs, Vol. 94, No. 6 (November/December 2015), pp. 33-36.

1) 부통령 알－하시미는 처음에는 쿠르드 지역정부(KRG: Kurdistan Regional Government)가 관할하는 지역으로 피신했고, 나중에는 터키로 도피했다. 그는 2012년 9월 이라크 궐석재판에서 암살조(death squad)를 운영한 혐의로 사형선고를 받았다. Arrest warrant for Iraq Vice－President Tariq al－Hashemi－BBC News－BBC.com, https://ww.bbc.com〉 news〉 world－mi...

2) 탈라바니는 2005~2014년 기간 이라크의 대통령으로 재직한 최초의 비 아랍, 쿠르드계 정치인이다. 그의 국가 원수로의 선출은 수백 년간 권리가 홀대받은 쿠르드인들을 위한 새로운 이정표로 간주됐다. 3천만 명이 넘는 인구를 갖고 있지만, 쿠르드족은 국가 없이 터키, 시리아, 이라크, 이란에서 소수민족으로 살고 있다. 탈라바니는 1960년대부터 이라크 정부에 반대, 저항하는 쿠르드 분리주의 전사로 활동한 바 있는데, 그는 나중에 쿠르드 독립은 불가능하고 이라크 연방제가 가장 적합하다고 주장했다. 그는 대단한 결심과 정치적 기지로 이라크 대통령에 올랐다. 수년 간 그는 수니 아랍이 지배하는 이라크를 분노케 했었고, 터키 정부 역시 그가 터키 쿠르드족을 분리주의로 이끌 것을 우려했다. 그는 2012년 말 뇌출혈로 쓰러진 후 독일에서 치료받는 도중 2017년 10월 사망했다. Jalal Talabani obituary/ World news/ The... https://www.theguardian.com〉 oct

3) Katzman and Humud, Iraq: Politics and Governance, (March 9, 2016), p. 20.

키르쿠크와 사마라 중간에 위치한 하위자(Hawija) 마을의 수니캠프를 공격해 40여 명의 민간인을 살해했다.[1] 그 즉시 수니 시위자들과 부족 리더들은 결사항전을 재다짐했고, 그 이후 차량을 이용한 수많은 자폭테러가 발생했다. 전문가들은 이라크가 2006년 당시와 같은 잔인한 인종, 종교 파벌 갈등으로 회귀할 수 있다고 우려했다.[2] 그 해 7월에는 5백 명 이상의 사형선고를 받은 알카에다 죄수들이 아부 그라이브(Abu Ghraib)와 타지(Taji) 감옥에서 탈출하는 사건이 발생했다. 알카에다 이라크 지부 전사들은 박격포와 자살폭탄 차량으로 감옥정문을 파괴하는 형태로 공격했는데, 그때 20여 명의 정부 안보병력이 사망했다. 그 대담한 공격은 알카에다 이라크 지부의 증대하는 능력을 보여주었고, 미국 관리들은 이라크 알카에다 부활에 우려를 표시했다. 그 우려스러운 현실은 상황악화를 입증했고, 이라크에서는 다수 시아파와 소수 수니파 간 분파긴장의 재발과 연계된 자동차폭탄과 다양한 형태의 폭력이 매일 발생했다.[3]

2) IS 세력의 확대

2013년 말 이라크 서부에 위치한 안바르주(Anbar Province)에서 '이슬람국가'(IS)가 여러 도시를 장악하기 시작했다. IS는 알카에다를 이어받은 이라크 수니파 급진주의 조직인데, 그들은 이라크 북서부를 장악하고 시리아 내전에 개입하면서 '이슬람국가' 설립을 선포하고 테러행위를 일삼았다.[4] IS 전사들은 일부 수니 시위세력과 연합했는데, 그 시

----

1) Iraq raid on Sunni protest sparks clashes, 44 killed/ Reuters, https://www.reuters.com〉 article〉 us－ira...
2) 말리키는 2013년 6월 2008년의 주 권리 관련법을 개정해 주에 실질적으로 더 많은 권한을 부여하면서 일시적으로 소요를 진정시키는 데 성공했다. 2013년 7월 내각은 탈 바트화(de－Baathification)를 늦추는 법률을 승인했는데, 전 바트 분자들이 정부에서 일하는 것을 허용하기 위한 목적이었다. 그러나 그 조치들은 시아파 대 수니파의 궁극적 대결완화를 유도하지 못했다. Katzman and Humud, Iraq: Politics and Governance, (March 9, 2016), p. 22.
3) Iraq jailbreaks: Hundreds escape in Taji and Abu Ghraib－BBC News－BBC.com, https://www.bbc.com〉 news〉 world－mi...
4) IS는 ISIS(Islamic State of Iraq and Syria), 또는 ISIL(Islamic State of Iraq and the Levant)을 줄인 용어이다. IS는 알카에다 여러 분파 중 하나에서 출발했다. 조지타운 대학의 다니엘 바이만 교수는 IS의 기원과 활동에 관해 다음과 같이 설명했다. 2003년 미국의 이라크 침공에 따라 알－자르카위(Abu Musab al－Zarqawi)가 이라크 내 지하드 세력의 리더로 부상했다. 2004년 그는 오사마 빈라덴에게 충성을 서약하고, 그 조직의 명칭을 '이라크 알카에다'(AQI: al Qaeda in Iraq)로 바꾸었다. 2006년 알－자르카위가 사망하면서 그 그룹은 여러 이름을 가졌는데, '이라크 이슬람국가'(Islamic State of Iraq)도 그중 하나였다. 2010년 알－바그다디가 그 그룹을 인계받았을 때 그 조직은 현지 수니의 지지를 받지 못하고 간신히 명맥을 유지했으나, 그 조직은 미군이 철수하는 상황에서 이라크 수니파의 한계와 시리

위자들은 정부군 탈영병과 몇몇 '이라크의 아들'(Sons of Iraq), 그리고 기타 후세인을 추종하는 수니부족 전사들이었다.[1] IS는 수많은 이라크 장교들을 살해하면서 (안바르주 수도인) 라마디, 안바르의 일부 소도시, 그리고 팔루자에서 공격을 가속화했다. 2014년 4월 이라크 총선 당시, IS가 이끄는 반란은 안바르주에 제한된 것으로 보였다. 그러나 그 평가는 많은 숫자의 전사들이 시리아 전역으로부터 흘러들어오고 (상당수 정부군이 탈영하는 가운데) IS가 2014년 6월 대도시 모술(Mosul)을 탈환하면서 완전히 잘못된 것으로 판명됐다. 2014년 중반 반군공격은 새롭게 최고조에 달했고, 6월 한 달 간 양측 사상자 수는

....

아 내전을 활용하면서 부활의 기회를 맞았다. 2013년 알―바그다디는 그룹 이름을 '이라크 및 알―샴 이슬람국가'(Islamic State of Iraq and al―Sham)로 바꿨으나, 2014년 모술(Mosul)을 장악하면서 본인이 무슬림 세계의 칼리프라고 선언하고 조직 명칭을 IS로 단순화했다. 이제 IS는 규모와 힘, 지부 확산에서 알카에다를 넘어서고 더 많은 숫자의 분파와 지지자를 확보했다. IS의 심장부는 이라크 및 시리아의 수니 밀집지역에 근거하고, 그 조직의 핵심본부는 이라크 모술과 시리아 락까(Raqqa)에 분산돼 있다. IS는 무슬림 세계 전체에서 활동하고, 중동, 아프리카, 아시아의 아프가니스탄, 사우디, 예멘, 리비아, 알제리아, 이집트, 코카서스, 나이지리아, 파키스탄에 지부를 선언했다. IS는 사우디, 쿠웨이트, 예멘의 시아파 사원을 공격하고, IS 이름으로 활동하는 전사들은 방글라데시에서도 공격을 감행했다. 가장 우려스런 분파 지역은 이집트와 리비아이다. IS 이집트 분파는 2015년 10월 시나이 반도에서 224명이 탑승한 러시아 여객기를 격추했고, 리비아에서는 이집트와 에티오피아 기독교도들을 참수하고 모로코, 한국 대사관을 공격했다. 리비아 IS 지부는 IS를 모방해 경찰, 법원, 세금을 징수하는 기구와 제도를 설립했다. 근대의 어떤 테러 그룹보다도 더 IS는 해외 자원자에 더 많이 의존한다. 2015년 말까지 아랍으로부터 약 2만 5천명 외국인, 그리고 서방으로부터 5천명이 이라크와 시리아 전쟁에 참여했고, 외부인들은 계속 증가한다. 이들은 고국으로 돌아가면 그곳에 IS의 알―바그다디 버전을 전파한다. 현지 그룹이 IS에 매료되는 이유는 IS가 전 세계 수니 신자의 수호, 방어단체라는 신념에 대한 확신으로, 그것은 특히 청년들에게 호소력을 갖는다. IS는 과거 알카에다와 연계된 그룹들을 흡수한다. IS는 아프가니스탄 탈레반에게 수백만 달러를 지원하고, 보코하람에 트위터 등 기술을 제공하며, 3천명 대원을 가진 리비아 분파에 수백명 전사를 파견했다. 그래도 IS의 무한적 확산을 규제하는 요소가 존재한다. 우선 미국의 군사 재개입과 공습으로 IS는 이라크 영토의 약 40%를 상실하고 오일 인프라와 병력 상당부분을 상실했다. 또 분파 증대는 중동과 아프리카, 그리고 기타 지역 정부의 반발을 불러오는데, 왜냐하면 IS 활동이 그 국가들의 정통성을 위협하고 지역 난민 위기를 악화시키기 때문이다. IS 본부와 지역 분파, 분파 간 경쟁, 그리고 의사소통 부족 역시 IS를 약화시킨다. 과거 알카에다 리더들은 AQI, 또 알카에다 아라비아 지부인 AQAP 통제에 어려움을 겪은 바 있다. IS 이집트 분파가 본부와 상의하지 않고 러시아 여객기를 폭파했을 때, 그것은 모스크바를 자극해 러시아로 하여금 시리아 락까의 IS병력을 순항미사일로 공격하게 만들었다. Daniel Byman, "ISIS Goes Global (Fight the Islamic State by Targeting Its Affiliates)," Foreign Affairs, Vol. 95, No. 2 (March/April 2016), pp. 76-85; 한편 IS 리더 알―바그다디는 2019년 10월 미국 군사작전에 쫓겨 자살폭탄 조끼를 터뜨려 자폭했고, IS는 2020년 오늘날 거의 궤멸 상태에 처해 있다.

1) '이라크의 아들'들은 '수니의 각성'에 참여한 약 10만 명의 수니 전사들을 말한다. 그들은 2003~2006년 기간 미군에 반대하는 반군의 일부였지만, 2007~2011년 기간 이라크 알카에다에 반대해서 미군 및 이라크 정부군과 협력했다. 이라크 정부는 그들 모두에게 정부군 내 통합이나 정부 직책을 약속했지만, 이들의 약 2/3만이 혜택을 받았다. 그들 중 일부는 말리키 정부에 대한 환상에서 깨어나 2014년 IS에 가담했다. 그들은 대체로 안바르 주 부족에 속하고, 중앙정부 내에서 수니파 역할확대를 원했다.

1,700명을 웃돌았다. 수니파 주민들로부터 지원받으면서 IS는 여러 지역에서 세력을 확대했고, 2014년 8월 IS는 또다시 개입한 미군의 공중폭격과 이라크 정부군 지원에 보복하기 위해 미국 언론인 제임스 폴리(James Foley)를 참수했다.[1] 그 동영상은 공포심 조장의 목적으로 전 세계에 방영됐다.[2] IS는 티크리트와 동쪽 디얄라주(Diyala Province)까지 밀고 내려왔고, 안바르주를 넘어 바그다드로 진군해 왔으며, 쿠르드족 자치정부 수도 이르빌(Irbil) 30마일 이내로 진군해 들어왔다.[3] IS 군사작전은 성공적이었고, 그들은 북부 이라크의 광대한 영토를 장악했다. 미군의 공중폭격에도 불구하고 IS는 점점 더 세력을 강화해 나갔고, 인종, 종교파벌 간 폭력이 줄어들지 않는 이라크는 점점 더 혼란에 빠져들었다.[4] 그러나 정부군이 시아파 '대중동원 부대'(PMF: Popular Mobilization Force)와 기존 시아파 시민무장세력의 도움으로 전력을 재정비하면서, IS는 수니파 숫자가 부족한 지역에서는 큰 저항에 직면했다.[5] 이라크군과 시아파 PMF 및 시아파 민

_이슬람 국가

---

1) 제임스 폴리는 지난 2년 간 감금상태에 있었다.

2) IS는 이라크와 시리아 영토 확보뿐 아니라 디지털 기술을 활용해 독소적 이념을 광고하고 미래의 테러리스트를 충원했다. 상당수의 해외 충원자들은 인터넷을 통해 처음으로 IS 이념과 접촉했다. 그러나 IS 광고수단은 대중 플랫폼부터 개인 채팅룸, 암호화된 메시지 시스템까지 광범위하고, 그들의 디지털 미디어 전문가들은 세련된 비디오와 광고를 엄청나게 쏟아냈다. Jared Cohen, "Digital Counterinsurgency (How to Marginalize the IS on line)," Foreign Affairs, Vol. 94, No. 6 (November/December 2015), pp. 52–58.

3) 상대적으로 경무장한 쿠르드 병력들은 주로 기독교도와 기타 이라크 소수민족, 특히 야지디의 압력으로 인해 오히려 그 지역 여러 마을에서 철수했다. 야지디는 쿠르드어를 사용하는 사람들로 이슬람이 도래하기 전 이란을 휩쓸었던 조로아스터교(Zorastrianism)를 포함해 혼합적 고대종교를 숭배했다.

4) 2014년 8월 중도 성향의 아이더 알—아바디(Haidar al—Abadi)가 이라크 정부의 신임 총리로 지명됐다. 말리키는 수니 리더들과 수니파 시민들을 고립시키려 한 것으로 인해 3번째 임기에 실패했지만, 또다시 실세 부통령에 임명됐다. ISIS in Iraq Recaptures Sections of Dhuluiya Town—NBC News, https://www.nbcnews.com〉isis—...; Iraq: IS captures town of al—Dhuluiya, government formation drags on/ Middle..., https://www.middleeasteye.net〉news〉i...

5) PMF는 2014년 6월 모술이 IS에 함락된 직후 말리키 총리가 주도해 만든 부대이다. PMF는 이란 최고지도자 알리 하메네이(Ali Khamenei), 알리 알—시스타니(Grand Ayatollah Ali al—Sistani), 그리고 이라크 시아파 성직자 무크타다 알—사드르(Muqtada al—Sadr)를 위해 경쟁적 충성을 바치는 50여 개 그룹을 포함하는데, 그 중에서 가장 강력한 그룹과 리더들은 이란의 하메네이와 좋은 관계를 유지하는 보수적 시아파 이슬람 그룹이다. 2014년 9월 총리로 선출된 아이더 알—아바디(Haider al—Abadi)는 2018년 3월 주로 이란이 훈련, 지원하는 것으로 알려진 시민무장 세력 PMF를 정규군으로 편입시키는 칙령을 발표했다. More Than Militias: Iraq's Popular Mobilization Forces Are Here to Stay..., https://warontherocks.com〉 2018/04; Iraq's Shiite militias formally inducted into security forces/ Reuters, https://www.reuters.com〉 article

병대의 재결집은 바그다드에 대한 위협을 감소시켰다. 바그다드와 이르빌 방어는 미군 자문관, 미군의 공중공습, 그리고 이란이 지원한 군사장비와 '이슬람 혁명수비대'(IRGD-QF: Islamic Revolutionary Guard-Quds Force) 자문단으로부터 도움 받았다.[1]

(3) 미국의 군사 재개입과 그 이후의 이라크

2014년 중반 이라크 내 IS의 세력 확대는 오바마 행정부로 하여금 이라크에 또다시 개입해 적극적 군사역할을 재개하도록 만들었다.[2] 미국은 정부군, 쿠르드족 '페쉬메르가'(Peshmerga) 병력, 그리고 일부 친정부 수니파 전사들을 훈련시키기 위해 3천 5백 명의 미군을 새로이 배치했다. 그로써 미국은 2011년 말 완전 철수한 이후 2014년 6월 또다시 이라크 사태에 군사개입하게 됐는데, 워싱턴은 큰 틀에서는 군사지원을 공중공습에 국한하고 지상전으로는 확대시키지 않았다.[3] 미군의 대응은 IS 약화와 궁극적 패퇴를 위한 다양한 양상의 군사전략으로 구체화됐는데, 서로 다른 역할을 수행하는 몇몇 우방과 협력해서 실시되는 그 전략은 2014년 10월 '내재적 결의작전'(OIR: Operation Inherent Resolve)으로 명명됐다.[4] OIR은 대체로 IS에 대한 공중공습, 정부군 훈련, 무기지원의 양상을 띠었다. 2014년 중반 이후 미군은 IS 근거지에 대한 공중공습을 가속화하고 이라크에 F-16을 포함해 상당량의 무기를 추가 지원, 판매했다. 정부군 지원 이외에도, 미 행정부는 말리키 정부를 통해 쿠르드 페쉬메르가에 무기와 탄약을 공급했다. 2015~2016년 미국이 이라크 전쟁을 위해 제공한 군사지원액은 26억 달러 수준이었다.[5]

IS와의 전투는 공중에서 미군과 연합군이 폭격을 가하고 지상에서 쿠르드와 정부군이 IS 반군을 공격하는 형태로 진행됐다. 페쉬메르가와 이라크군에 자문을 제공하고 또

---

1) Katzman and Humud, Iraq: Politics and Governance, (March 9, 2016), p. 14, 21-22.
2) IS와 IS 분파는 다른 여러 나라에서 많은 테러를 저질렀다. 그들은 2015년 1월 파리 인질사건에서 프랑스인 4명을 살해했고, 같은 시기 리비아 코린티아(Corinthia) 호텔에서 10명을 살해했다. 그 해 5월 미국 텍사스 주에서 테러공격을 자행했고, 9월에는 예멘 사나(Sanaa) 이슬람 사원(mosque)에서 폭탄테러로 최소 25명을 살해했다. Byman, "ISIS Goes Global," (March/April 2016), pp. 76, 81-82.
3) 이 작전은 2014년 여름 시작되어 2019년까지 이어졌는데, 미군은 단독으로, 또는 사우디, 요르단, 카타르 등 친서방 아랍 국가들과 함께 IS를 공격했다. 오바마 대통령은 이라크뿐 아니라 시리아 내 IS 활동에 대해서도 공중공습을 허용했다.
4) 2013년 늦게부터 IS가 2014년 6월 모술을 점령할 때까지, 오바마 행정부는 이라크 정부에 많은 지원을 제공했다. 그것은 수백 기의 헬파이어(Hellfire) 공대지 미사일 제공, 30대의 아파치 공격 헬리콥터 판매와 대여, 그리고 이라크 대테러 부대의 교육, 훈련을 포함했다.
5) Katzman and Humud, Iraq: Politics and Governance, (March 9, 2016), pp. 20, 27-29.

그들과 함께 싸우는 미군과 캐나다 군은 가끔은 IS 전사들과 직접 교전도 벌였다. 2015년 4월까지 미군 주도 연합군 지원을 받는 정부군은 IS로부터 상당한 영토를 되찾았다.[1] 미군의 공습은 향후 수년간 더 강화됐고, 수만명의 IS 전사들이 사망하는 가운데 정부군의 승리 가능성은 더 커졌다. 그것은 IS 수도 모술 전투에서 극치를 이루었다. 2017년 취임한 트럼프 행정부는 OIR 전략을 계속했고, 2017년 10월 '이라크 서부전투'(Western Iraq Campaign) 개시 이후 그해 말까지 IS는 이라크 내 대부분의 영토를 상실했다.[2] 연합군은 공중공습, 간헐적인 직접교전, 그리고 훈련, 정보, 자문을 통해 이라크 안보병력(ISF: Iraq Security Force)에 광범위하면서도 결정적인 군사지원을 제공했다. 군사 재개입 이후 2019년 3월까지 정부군을 위해 연합군이 지출한 총 비용은 직접 군사작전 비용을 제외하고 35억 달러에 달했다. 또 19만 명에 달하는 정부병력 및 경찰이 연합군의 훈련을 받았다. 결국 정부군과 연합군은 IS로부터 450만 이라크인들이 거주하는 북부의 모든 영토를 되찾았다.[3]

....

1) 케네디 스쿨의 스테펜 월트는 IS는 파워의 기본요소에 비추어 전혀 강대국이 될 수 없고, 따라서 그들의 혁명적 기치는 확산되기 어렵고 결국 큰 변화를 일으키지 못할 것으로 분석했다. IS는 이교도를 제거하고, 샤리아(Sharia)를 전 세계에 전파하며, 예언자 복귀를 촉진하기 원한다. 그들은 서방을 적대문명으로 간주하고, 기존 아랍과 무슬림 정부들을 이슬람의 진정한 교리에 위배되는 이교도적 단체로 묘사한다. IS는 소셜 미디어를 활용해 그 메시지를 전 세계에 전파하고 많은 폭력이 자기들이 행한 것이라고 주장한다. 그러나 IS는 작고 재원이 부족한 혁명적 운동으로 영감적 예만 제시할 뿐 심각한 안보위협을 제기하지 못한다. 그것은 김씨 가족 하의 북한, 피델 카스트로 하의 쿠바, 크메르 루즈 하의 캄보디아, 산다니스타 하의 니카라과가 필요한 원초적 힘의 부족으로 인해 그들의 정치발전 방식을 확산시키지 못하는 것과 마찬가지이다. 3만 명 병력을 갖고, 최대 80억 달러 GDP를 생산하며, 하버드 대학 1년 예산의 1/10에 불과한 5억 달러 세수를 가진 IS가 지구적 차원에서 힘을 투사하는 것은 불가능하다. IS는 취약한 이웃인 요르단, 이라크 쿠르드, 시리아 나머지, 또는 사우디 일부를 압도할 수 없는데, 왜냐하면 그들은 외부 수니지역으로 진출하려 할 때마다 큰 저항에 직면하기 때문이다. 한 가지 예는 터키가 그 남쪽 국경을 봉쇄하고, 시리아 북부에 완충지역을 설정하며, 미 공군에 IS 폭격을 위해 자국 공군기지를 사용하도록 허용한 것이다. IS는 중동은 물론이고 그 너머의 다른 지역을 절대 정복할 수 없다. 미국이 약간씩 돕는 가운데, 이라크의 시아파, 이란, 터키, 요르단, 걸프 군주국, 쿠르드족, 이스라엘이 IS의 성장을 방치하지 않을 것이다. 미국은 가능한 한 역할을 최소화하는 가운데, 그 지역 국가들이 IS를 막는 주요 책임을 갖고 있음을 확실히 주지시켜야 한다. IS는 에너지 공급, 이스라엘, 또는 기타 사활적 미국 이익에 대한 실존적 위협이 아니기 때문에, 미군의 직접 전투는 피하는 것이 현명하다. 모든 해외의 어려움이 미국 이익에 대한 위협이 아니고, 모든 문제가 미국 파워에 의해 해결될 필요가 있는 것도 아니다. 미국은 9·11에서 이라크를 침공하는 치명적 실수를 저질렀는데, 또 다른 실수를 저지르지 말아야 한다. Stephen M. Walt, "ISIS as Revolutionary State (New Twist on an Old Story)," Foreign Affairs, Vol. 94, No. 6 (November/December 2015), pp. 42–51.

2) '이라크 서부전투'는 2014년 미국의 이라크 전쟁 재개입 이후 서부 안바르 주와 시리아 국경에서 전개된 마지막 주요 군사작전으로, IS를 이라크 내 마지막 거점에서 완전히 축출하는 것을 목표로 삼았다.

3) Ian Austen, "Canada: Troops Clash With ISIS in Iraq," The New York Times, (February 16, 2015); "ISIL Loses Control of Once–dominated Iraq Territory," US: Department of Defense;

(4) 이라크 전쟁 평가

이라크 전쟁은 많은 비판의 대상이 됐다. 어느 전쟁에 대해서나 비판이 제기되는 것은 당연하지만 이라크 전쟁과 관련해 조지 W. 부시 행정부는 특히 많이 비난받았다. 침공의 찬성자와 반대자 모두 비판을 제기했는데, 그것은 침공의 법적 정당성, 불충분한 침공계획, 미군의 병력부족, 인권남용, 인적, 물적 비용을 포함했다. 아마 가장 큰 비판의

2017년 말 트럼프 행정부가 이라크 IS를 거의 궤멸시키고 아프가니스탄에서 약 4천명 미군병력 추가증원을 통해 반군과의 전투에 몰입할 즈음 '테러와의 전쟁'의 미래와 관련해 조언이 제시됐다. 오늘날 미국의 대테러 태세는 그동안의 노력으로 과거보다 향상됐다. 이라크와 시리아에서 알카에다 분파인 IS는 거의 궤멸되고 있는데, 그것은 2014년 규합된 지구적 연합(global coalition)과 미국이 이끄는 공습 및 특수작전 공격의 덕이다. IS의 이라크 수도인 모술은 2017년 7월 장악됐고, 시리아의 IS 거점 락까(Raqqa) 역시 함락돼 간다. 그들의 영토 확보를 막는 것은 중요한데, 그 이유는 그들이 그곳에서 세금을 징수하고, 오일 판매, 징집을 시행하기 때문이다. 미국의 대테러 전략은 '가벼운 발자국'(light footprint) 전술인데, 그것은 미군이 훈련, (미국 대테러의 상징인) 드론공격, 특수작전으로 지원, 전투하는 가운데 현지 파트너들이 주요 전투를 담당하는 방식이다. 그러나 리비아, 예멘 같은 곳에서는 현지 파트너 결여로 미국은 군사적 성과에 한계에 부딪친다. 트럼프 행정부의 대테러 정책은 오바마 정책과 대동소이한데, 대테러 전략은 전투 이외에도 현지 국가들의 생존능력을 강화시켜야 한다. 그러나 대테러 작전으로 테러리스트들의 물리적 피난처(safe havens)는 많이 사라지지만, 동시에 자생적 '외로운 늑대'(lone wolf)의 테러리즘이 새로이 증가하고 있다. (물론 이것은 새로운 것은 아니고 미국 내에서 2000~2016년 백인 우월주의자들은 어느 극단주의 집단보다도 더 많은 살인을 저질렀다.) 특히 IS가 소셜 미디어, 온라인으로 지하드를 선동하면서, 미국, 서유럽을 포함해 전 세계 각지에서 폭력이 발생한다. 2014년 6월 이후 3년간 미국과 유럽에서 51차례의 이슬람 테러리즘이 발생했고, 그 중 16번은 올란도, 뉴욕시, 뉴저지 주를 포함해서 미국 내에서였다. 테러리스트들은 온라인, 암호화된 의사소통으로 테러를 계획, 전파하고, 또 폭발물을 장착한 프린터 카트리지뿐 아니라 드론, 장난감을 이용한 사린가스와 머스타드 가스 공격 등 다양한 방법을 구사한다. 그럼에도 그들에게 더 큰 동기를 부여하는 것은 소셜 미디어 활용이다. IS는 청년층을 유혹하기 위해 전문 제작된 비디오, 다양한 언어의 트윗, 인스타그램 포스트를 뿜어내는 미디어 기제를 창출했는데, 그것들은 추종자들에게 지하디즘을 받아들이게 하는 중독성을 갖는다. 다른 그룹들도 IS의 그 전략을 모방한다. 실리콘 밸리에서 페이스북, 트위터, 구글이 테러리즘 전파 방지에 협력하는 것은 미국 안보를 크게 돕는다. 한편 국제질서의 변화는 테러리스트의 물리적 피난처와 가상공간 피난처 증대를 유리하게 만든다. 이란, 러시아의 중동, 아프리카, 중앙아시아를 포함하는 세계 각지에서의 영향력 증대 현실에서 트럼프 행정부는 '미국 우선'만 강조하면 안 된다. 그 정책은 해외 동맹에게 의구심과 고립을 초래하고, 특정국가로부터의 여행을 금지해 현지 파트너를 잃게 한다. 전문가들은 IS 영토가 축소되면서 120개 이상의 나라에서 IS를 위해 싸우러 온 수만 명 전사들이 본국으로 돌아갈 수 있다고 경고한다. 그들의 본국에서의 테러리즘 확산은 숫자보다 2015년 파리 공격과 2016년 브뤼셀 폭탄투척이 입증하듯 질적으로 지하드를 퍼뜨릴 것이다. 트럼프 행정부는 미 동맹의 여행금지와 나토 평가절하와 같은 메시지로 세계를 혼동시키기보다는, 유럽 동맹국들과 대테러 협력을 확대해야 한다. 미국은 결코 테러 위협을 경시하지 말아야 한다. 아직 9·11 형태의 지독한 테러 경험이 없는 EU는 구성국 간 정보, 사법 공유가 부족한데, 미국은 그들이 서로 협력하도록 독려해야 한다. Lisa Monaco, "Preventing the Next Attack (A Strategy for the War on Terror)," Foreign Affairs, Vol. 96, No. 6 (November/December 2017), pp. 23-29.

대상이 된 것은 부시 행정부가 처음에 알카에다와 관련이 없고 또 핵무기도 없는 사담 후세인 정부를 불확실한 정보에 근거해 공격했다는 사실일 것이다. 후세인 정부는 쿠웨이트 침공으로 인해 빌 클린턴 시절부터 불량국가로 낙인찍혀 있었고 또 제1차 걸프전에 대한 보복으로 조지 H. W. 부시(Bush Senior)를 암살하려 했던 것으로 알려져 있는데, 그런 선입견이 침공의 원인이 됐을 수 있다는 견해도 제기됐다. 또 중동오일에 관한 은밀한 탐욕이 부시 행정부 마음 속 가득했다는 음모론도 존재했다.

전쟁수행 과정에서도 많은 오류가 있었다. 부시 대통령의 성급한 전쟁승리 선언, 이라크를 쉽사리 평화로 이끌 수 있으리라는 워싱턴 당국의 어설픈 전망, 그리고 전쟁 실상에 어두운 펜타곤 민간인 지휘부의 안이한 태도가 초래한 엄청난 숫자의 미군 사망 모두가 비판의 대상이 됐다. 또 그 전쟁은 많은 인도주의 위기를 수반했다. 전쟁의 당사자가 아니며 전쟁으로부터 아무 이익을 얻지 못하는 수많은 무고한 사람들이 희생됐다. 사상자 수에 대한 통계가 부정확한 상황에서 2003~2011년 기간 사망한 이라크인 숫자는 최대 40만 명에 이른다는 통계가 제시됐고, 2011년 3백만 명의 이라크 난민이 요르단, 시리아를 떠돌았다.[1] 인권남용도 심각했다. 반군의 인권남용은 국제법이건 국내법을 가리지 않고 자행됐다. 자살폭탄을 사용하는 그들의 살상은 수많은 민간인, 어린이, 여성을 포함했는데, 특히 민간인을 인질로 삼아 연합군과 정부군에 대항하는 방식은 전 세계의 비난대상이 됐다. IS가 상대방에 대해 공포심을 자극하기 위해 수시로 사용하는 방법인 참수는 오늘날의 인도주의에 대한 궁극적 배반으로 지목됐다. 전쟁이 불가피하다는 전제 하에서도 무력투쟁에서 사용할 수 있는 무기의 종류와 포로를 다루는 방식에 관한 세계적 합의에 대한 완전한 무시는 이슬람문명 자체에 대한 증오로까지 이어졌다. 어린이와 민간인 살해, 외교관과 외교시설에 대한 폭탄테러, 모스크 폭파, 정부군에 대한 고문, 학살 역시 이슬람 반군이 자주 사용하는 방식이었다. 미군과 연합군도 인권남용에서 자유로울 수 없었다. 아부 그라이브 감옥의 포로고문과 박해, 미사일과 전차가 발사한 백린탄

---

1) 위키리크스가 공개한 미군 비밀문서에 따르면, 2004년 1월~2009년 12월 이라크인 및 연합군 사망자 수는 약 11만 명이었다. AP 통신(Associated Press) 역시 비슷하게 2009년 4월까지 11만 명 이상의 이라크 인들이 사망했다고 보도했다. '이라크 가족건강 통계'(Iraq Family Health Survey)가 WHO에 제공한 자료에 따르면, 2003년 3월~2006년 6월 기간 이라크인 사망자 수는 15만 1천명이었다. Associated Press, "Report: 110,600 Iraqis killed since invasion," (September 30, 2018); Sarah Boseley, "151,000 Civilians Killed Since Iraq Invasion—Figures Up to June 2006 from Household Survey—Government Accepts New Estimate on Death Toll," The Guardian, (January 10, 2008)

(White Phosphorous ammunition)으로 인한 인체 및 환경오염, 전범살해, 민간인 살상이 그런 것들이었다. 이라크 정부는 군과 경찰이 수니파에 자행한 수많은 학살과 고문 등 다양한 범죄에 연루됐다. 전쟁비용도 어마어마한 수준이었다. 몇몇 전문가들은 상이군인 건강보험, 부채이자, 무기 대체비용을 포함하면 미국은 이라크 전쟁을 수행하기 위해 하루 7억 2천만 달러를 사용했다고 말했고, 브라운 대학의 왓슨 국제연구소(Watson Institute of International Studies)는 2013년 3월까지 이라크 전쟁 총 비용이 1.7조 달러에 달한다는 통계를 제시했다.[1]

이라크 전쟁에 대해 세계여론은 다양하게 반응했다. 서유럽의 여러 외교장관과 코피 아난 유엔사무총장은 전쟁을 전후해 미국의 침공에 반대했고, 러시아의 푸틴 대통령과 중국의 후진타오 총서기는 유엔안보리에서 미국이 제출한 전쟁결의안을 거부했으며, 이탈리아의 실비오 베를루스코니(Silvio Berlusconi) 총리는 전쟁 중에 전쟁중지를 촉구했다. 그 전쟁은 매들린 올브라이트 전 국무장관을 포함해 미국 내에서도 상당한 비판의 대상이 됐는데, 널리 알려진 정치학자 로버트 터커(Robert W. Tucker)는 미국이 '불량국가'로 행동하고 있다고 비난했다. 그래도 여론에서 가장 중요한 것은 평범한 사람들의 견해였다. 병력증강이 본격적으로 시행되던 2007년 BBC 여론조사에서 25개국 2만 6천명 응답자 중 70% 이상이 미국의 이라크 전쟁에 반대한다고 답한 것은 세계적으로 부시 행정부의 침공이 얼마나 부당하게 인식되는지를 적나라하게 보여주었다.[2]

★ 전문가 분석

이라크 전쟁은 아프가니스탄 전쟁과는 달리 전 세계적으로 많은 비난의 대상이 됐다. 아프가니스탄 전쟁이 알카에다의 9·11에 대한 정당한 응징이라면, 이라크 전쟁은 조지 W. 부시 대통령과 그의 참모진들이 벌인 부당한 전쟁이라는 의견이 세계 곳곳에 팽배했다. 과거 냉전시대 공산주의자들은 제국주의자의 전쟁은 부당한 전쟁이고 억압된 민

1) 미국 CBS 뉴스는 부시 행정부가 100달러짜리 지폐를 상자에 넣어 60억 달러를 C-130 수송기로 말리키 정부에 제공했다고 보도했고, 타임지는 120억 달러 현금이 21번에 나뉘어 이라크로 수송됐다고 말했다. Iraq War/Summary, Causes, Combatants, & Facts/Britannica.com, https://www.britannica.com〉event〉Ira...
2) 이라크 인들은 전쟁 초기에는 과반수 이상이 미국의 침공에 반대하지 않았지만, 2005~2007년 여론조사에 따르면 30% 이상의 이라크인들이 안보가 안정되면 미군과 연합군이 철수하기를 원했다. 그렇지만 동시에 51%의 이라크인들은 2011년 미군철수 이후 이라크가 내란, 파벌분쟁 등 수많은 부정적 효과에 휘말릴 것을 우려했다.

족의 자유를 추구하는 해방전쟁은 '정의의 전쟁'(just war)이라고 불렀는데, 이제 미국의 전쟁이 정당한지 아닌지에 대해 많은 전문가들이 각자의 견해를 제시했다. 일부 전문가들은 그 전쟁이 시행된 경위를 옹호했지만, 더 많은 지식인들은 세계 일반여론과 비슷하게 그 전쟁을 비판하면서 그와 관련된 문제점을 지적했다. 부시를 옹호한 학자로 부르킹스 연구원(Brookings Institution)의 로버트 케이건(Robert Kagan)을 들 수 있고, 냉전시대 미·소 경쟁 연구로 유명한 존 가디스(John Lewis Gaddis)는 부시가 불가피하게 이라크를 공격했지만 그것은 많은 부작용을 초래했다고 말했다. 반면 빌 클린턴 행정부 당시 국무장관으로 활동한 매들린 올브라이트(Madeleine K. Albright)와 로버트 터커는 이라크 전쟁의 부당성을 지적한 대표적 인사들이었다.

(1) 미국 정통성 위기의 진실

신보수주의 역사학자이며 대외정책 전문가인 로버트 케이건(Robert Kagan)은 유엔안보리 결의 없이 시작한 부시 행정부의 이라크 침공이 반드시 잘못은 아니라는 시각에서 워싱턴을 방어하는 논리를 전개했다. 신보수주의자보다는 자유주의적 개입주의자(liberal interventionist)로 불리기를 원하는 그는 그의 선호에 맞게 다음과 같은 주장을 펼쳤다.

1) 미국과 유럽의 차이

미국의 이라크 침공에 관해 미국과 유럽 사이에 의견충돌이 존재한다. 사담 후세인이 제기하는 위협과 이라크 전쟁의 당위성에 관해 미국인의 확고한 다수(solid majority)가 그 전쟁에 동의했지만, 더 많은 유럽인 다수(larger majority)는 그에 동의하지 않았다. 그 차이는 단순히 이라크 상황과 요구되는 정책에 대한 좁은 견해차가 아니라 서로 다른 세계 비전에 근거한다. 미국인과 유럽인들은 국제법, 국제제도, 국제행동에 관한 정당성과 관련해 서로 많이 다르게 생각한다. 프랑스 외교장관 도미니크 빌팽(Dominique de Villepin)은 이라크 전쟁이 '세계의 두 가지 비전'과 관련되어 있다고 말했고, 독일 외교장관 조쉬카 피셔(Joschka Fischer)는 그 전쟁에서 우리는 "어떤 종류의 세계질서를 원하는가"라고 물었다. 제2차 세계대전 이후 처음으로 다수의 유럽인들이 미국의 힘, 미국의 지구적 리더십의 정통성을 의심하는 것으로 보인다.[1]

----

1) Robert Kagan, "America's Crisis of Legitimacy," Foreign Affairs, Vol. 83, No. 2 (March/April

2) 유럽이 반대하는 이유

냉전시대 미-유럽 관계는 오늘날과는 많이 달랐다. 그 당시 유럽은 워싱턴의 리더십을 당연한 것으로 여겼는데, 그때 미국과 유럽은 모두 유엔안보리 결정, 또는 유엔헌장에 나와 있는 국제법 어구의 준수에는 관심이 없었다. 그 당시 대서양 양측의 단결을 이끈 것은 소련의 위협에 대한 공통적 인식, 동맹국들의 국익이었다. 그러나 냉전이 종식되면서 미국의 지구적 정통성과 유럽에 대한 미국의 효용성은 감소됐다. 냉전이후시대 이슬람 테러리즘, '악의 축' 국가들의 WMD 개발을 포함하는 다양한 위협은 과거 냉전시대의 거대했던 소련 위협을 대체하지 못했다. 오늘날 대부분 유럽인들은 국제 테러리즘과 WMD의 연계에 대해 워싱턴만큼 우려하지 않고 냉전시대보다 안전하다고 느낀다. 그렇지만 동시에 미국 주도의 단극체제 하에서 유럽은 오히려 상대적 지위하락을 경험했다. 그것은 유럽이 미국을 덜 필요로 하듯이, 미국 역시 유럽을 덜 필요로 하기 때문이다. 1990년대 발칸사태 해결과정에서 무기력을 절감한 유럽은 제한받지 않는 미국의 힘을 우려한다. 냉전시대 세계형성을 돕는 데 익숙한 유럽은 이제 뒷전에 앉아 미국에게 모든 것을 맡기기를 원치 않는다. 유럽의 위계 강등(demotion)과는 별개로, 미국 주도의 단극체제에서 유래하는 역경(unipolar predicament)은 또 미국의 정치적, 도덕적 정통성을 시험한다. 서유럽의 근대 자유주의 정신은 단일의 세계파워가 그 자신의 자제가 아니면 제한받지 않는다는 개념에 의해 상처받는다.[1] 9·11에 대한 대처에서 미국이 모든 역량을 동원할 당시 유럽은 부분적으로는 나토의 집단적 참여를 통해 그 역할과 유용성을 입증하기를 원했다. 그 당시 미국은 그 제안에 상대적으로 관심이 적었는데, 그것이 이상할 것은 없었다. 얼마 후 워싱턴이 아프가니스탄을 넘어 이라크를 조준하기 시작했을 때, 유럽은 자기들의 미국에 대한 통제력 상실을 직감했다. 미국의 패권에 대해 유럽이 거부감을 가진 것은 그에 대해 그들이 할 수 있는 일이 없었기 때문이다. 1990년대 이후 다극체제의 가능성은 적어졌다. 러시아와 중국은 유럽에 매력적 대안을 제시하지 못하고, 유럽의 군사능력은 미국을 고립시키는 것에 대한 우려, 프랑스의 은밀한 패권주의에 대한 의심, 부활하는 독일 파워에 대한 두려움으로 인해 계속 하락한다. 미국의 정통성 위기는 유럽의 미국 통제 불능에 대한 반감에서 비롯됐다. 유럽이 이라크 전쟁에 반대한 것은 그 전쟁 자체를 넘어 미국이 약간의 영향력이라도 행사하려는 유럽의 승인 없이 그 모험을

2004), pp. 65-66.

1) 1990년대 클린턴 대통령과 올브라이트 국무장관이 미국을 세계에서 '필수불가결'한 나라로 지칭했을 때, 프랑스, 러시아, 중국 외교장관은 미국의 단극체제를 위험한 것으로 지목했다.

시작했기 때문이다. 물론 EU 내에서 협력하는 유럽은 다자협상, 국제기구의 승인을 중시한다. 그러나 유럽이 내세우는 고매한 이상과 그들의 실질적 이익은 수시로 중복되고, 25개 주권국 연합인 EU는 정통성을 내세워 자기들 힘과 영향력 행사를 원한다.[1]

3) 유엔안보리의 제한적 정통성

미국 역시 정통성을 필요로 한다.[2] 그러나 유럽인들이 주장하듯 유엔안보리가 정말로 국제적 정통성의 궁극적 원천인지 의심스러운데, 왜냐하면 60년 전 안보리 창설 이후 그 조직은 제대로 기능한 적이 별로 없기 때문이다. 수십 년간의 냉전기간 안보리는 미·소 적대감에 의해 마비되었고, 냉전종식 이후에도 안보리의 역할이 강화된 것은 아니다. 1994년 클린턴 행정부가 아이티에 군사를 파견했을 때 안보리 승인은 파병 이후에 내려졌다. 1998년 클린턴 행정부는 프랑스와 러시아의 안보리에서의 강력한 반대에도 불구하고 '사막의 여우 작전'(Operation Desert Fox)을 통해 이라크를 폭격했다. 클린턴 행정부의 슬로건은 '가능하면 다자로, 필요하면 단독으로'라는 것이었다. 유럽인들 역시 필요할 때에는 유엔안보리 승인을 우회했다. 1999년 코소보사태 당시 유럽은 미국과 함께 안보리 승인 없이 전쟁을 진행했지만, 유럽인들은 그 전쟁이 정당하다고 믿었다. 그 전쟁의 가장 강력한 옹호자 중 하나인 독일 외교장관 피셔(Fischer)는 역사와 도덕이 국가주권과 불개입의 전통적 원칙에 승리했다고 찬사를 퍼부었고, 대부분 유럽국가들은 인도주의 목적을 위해서는 예외적으로 안보리 승인 없이도 군사개입이 정당하다고 믿었다.[3] 더구나

---

1) Kagan, "America's Crisis," pp. 70−72.
2) 이라크 침공 이후 미국과 유럽 모두 처음에는 유엔안보리로부터의 정통성 확보를 중시했다. 그러나 여론 조사에서 나타나듯 미국인들 다수는 안보리 승인이 바람직한 것으로 보았지만, 그 승인 확보를 우회하는 것에 반대하지 않았다.
3) 코소보전쟁은 세르비아가 그 나라의 알바니아계 소수민족을 학살하는 것을 막기 위해 시작됐다. 1999년 3월 24일 나토가 (세르비아, 몬테네그로) 유고연방 공습을 개시하면서 그 전쟁은 시작됐는데, 그때 독일 역시 참전을 선언했다. 옐친 러시아 대통령은 그것이 침략전쟁이라고 비난하면서 안보리에서 반대했다. 그러나 나토는 알바니아에 9천명 이상의 병력을 배치했고, 그 전쟁이 세계대전으로 확산될 수 있다는 옐친의 경고에도 불구하고 나토의 폭격은 계속됐다. 그러는 가운데 러시아 특사 빅토르 체르노미르딘이 평화협정을 제의했지만, 4월에 영국은 4만 병력을 코소보 전선에 투입했다. 5월에는 나토가 세르비아 베오그라드 주재 중국 대사관을 오폭하는 사건이 발생했는데, 그때 클린턴 대통령은 전 세계에 방영된 TV를 통해 베이징 당국에 사과했다. G8이 유엔 평화결의안에 필요한 원칙에 합의하면서, 유엔은 유고연방 대통령 슬로보단 밀로셰비치를 국제사법재판소에 전쟁 범죄자로 기소했다. 유고연방도 국제사법재판소에 나토를 기소했지만, 그것은 기각됐다. 그 후 G8이 평화원칙 성명서를 발표하면서 나토와 유고 간 군사회담이 개최됐고, 그에 따라 세르비아가 평화안에 서명했다. 6월 10일 러시아 군이 유고연방에 진입했고, 6월 25일 종전이 선언됐다. 그 전쟁의 결과로 코소보가 독립하고, 세르비아의 인종청소는 전

코소보전쟁은 국제법적으로는 특히 불법인데, 왜냐하면 그 전쟁은 안보리 승인이 없기 때문만이 아니라 그것이 세르비아가 (국제법적으로 군사력 사용의 근거인) 타국을 침략한 것이기보다는 소수민족인 알바니아계를 국내에서 학살한 것에서 비롯됐기 때문이다. 실제 그 개입은 유엔헌장의 주요원칙이고 수세기간 국제법 원칙의 토대였던 모든 나라의 주권적 평등을 위반했다.[1] 유럽을 포함해 세계는 안보리를 결코 국제적 정통성의 유일한 원천으로 인정한 적이 없다. "미국이 이라크 전쟁을 위해 유엔의 승인을 추구하고 또 아마도 모든 미래 전쟁을 위해서도 그렇게 하라는 유럽의 최근 요구는 소설에 나오는 혁명적 제언이다."[2]

4) 미국과 유럽의 영향력 경쟁

2003년 3월 미국이 이라크 전쟁을 시작했을 때 안보리 하나만이 군사력 사용을 승인할 수 있다는 원칙은 성립되지 않았지만, 독일 외교장관 피셔는 완전히 주장을 바꾸어 인권위반을 포함해 어떤 경우에도 국가주권을 위반하는 무력개입은 정당화될 수 없다고 강조했다. 아마도 유럽인들은 또 코소보와 이라크 사태가 다르다고 주장할 것이고, 또 그 두 전쟁은 실제에 있어 다르다. 그렇지만 국제질서 내에서 발생하는 다양한 갈등의 해결에는 어떤 공통의 확립된 원칙이 요구되는데, 그렇지 않을 경우 파워를 가진 자들이 자기들의 기준을 강요하기 때문이다. 그런 현실은 "힘이 정의를 만든다"는 구절로 묘사된다. 오늘날 대부분 유럽인들과 일부 미국인들은 유엔안보리 승인 없이 이라크를 침공한 부시 행정부가 국제질서를 파괴했다고 주장하지만, 그들은 아직 국제질서의 정확한 원칙이 정해지지 않았다는 사실을 간과한다. 유럽인들은 코소보전쟁에서 인도주의를 이유로 국제적 정통성을 편의주의적으로 해석했는데, 정통성은 아직도 애매하고 신축성 있는 개념이다. "역사의 어느 시점에 정통성이 어디 있는지를 발견하는 것은 국제법적 문서를 읽는 것으로 축소될 수 있는 과학이 아니라 예술(art)이다." 더 부연해 설명하자면, 오늘날 미국과 유럽을 포함하는 서방의 자유주의적 국제질서 비전은 국가 간의 동등한 권리를 인정하는 국제법적 체계, 그리고 개인의 자유와 권리를 보호, 진전시키려는 두 가지에 초점

세계적으로 비난받았으며, 밀로세비치는 전쟁범죄로 체포됐다. 그러나 나토 공습은 인도주의 문제로 크게 비난받았다.

1) 또 유럽은 세계인의 이름으로 개입한 것이 아닌데, 왜냐하면 그 당시 유럽은 남미, 아프리카, 아랍 대부분 나라들이 코소보에서의 유엔헌장 파괴에 반대한 것에 개의치 않았기 때문이다.

2) Kagan, "America's Crisis," pp. 74–75.

이 맞춰져 있다. 그러나 세계 모든 국가의 동등성을 수용하는 현재의 국제법적 구조는 자유주의 목표인 개인권리 확보와 진전의 목표에 부합하지 않고 또 진전시킬 수도 없을 것이다. 그 사이에서 무엇이 정통성을 구성하는가에 관한 논의는 해결되지 못할 것이다.[1] 대부분 유럽인들은 미국이 군사력 사용에 대한 정통성을 확보하려면 다자주의적 대외정책을 수용해야 한다고 주장한다. 그러나 다자주의자 가운데에서도 안보리 승인은 결코 핵심적인 것이 아니다. 그것은 동맹국의 지원을 받는 목적의 수단이고, 그 자체로서는 목적이 아니다. 왜 그렇게 많은 유럽인들이 미국이 이라크에서 독단적으로 행동했다고 믿는가? 사실 미국은 혼자가 아니라 영국, 스페인, 폴란드 같은 우방과 함께 이라크 전쟁을 시작했지만, 유럽의 많은 국가들은 계속해서 다자주의를 거론한다. 미국은 이라크 전쟁에서 여러 나라의 지원을 받았지만, 프랑스 외교장관 빌팽과 다른 유럽인들은 그것을 충분치 못한 것으로 인식한다. 아이러니컬하게도 영국, 프랑스, 독일이 지지하지만 러시아와 중국이 지지하지 않는다면, 아마 유럽인들은 그것에 대해서는 미국의 일방주의로 몰아세우지 않을 것이다. 누가, 또 무엇이 충분하고 광범위한 지지를 결정하는가 하는 것은 너무 주관적 판단이다. 유럽인들과 일부 미국인 비판자들이 이라크 전쟁을 일방적이라고 말할 때, 그것은 미국이 러시아, 중국, 또는 기타 대륙의 진정한 세계적 지지를 결여한 것이 아니라 유럽에서 광범위한 지지를 결여한 것을 의미하고, 더 나아가 유럽 내에서도 특히 프랑스와 독일의 지지 결여를 의미한다. 독일 외교장관 피셔는 미국의 압도적 영향력 하에서 유럽이 스스로 결정할 능력을 가질 수 있는지에 관해 우려했다. 그래서 다자주의와 정통성에 관한 오늘날의 논의는 "법의 원칙에만 관한 것이 아니고 유엔의 최고권위에 관한 것만도 아니며, 그것은 동시에 대서양간 영향력 투쟁에 관한 것이다. 그것은 단극적 역경에 대한 유럽의 반응이다."[2]

5) 새로운 정책조정

위에 설명한 바와 같이 정통성에 관한 근원적, 역사적 이해가 이루어진 상태에서,

---

1) 그 문제는 유럽인들에게는 더욱 해결하기 어려운데, 왜냐하면 그들은 주권국가 중심의 베스트팔렌 (Westphalia) 질서를 넘어 자기들 주권에 대한 간섭을 자기 자신에 귀속시키는 자유국가 연맹 (confederation)으로서 EU라는 초국가적(supranational) 질서로 이동했기 때문이다. 유럽은 유엔헌장에 나타난 개별국가의 주권을 인정할 것인지, 아니면 EU에서와 같은 내정간섭을 용인할 것인지를 선택해야 한다. (그러나 미국의 선택은 덜 어려운데, 왜냐하면 미국은 역사적, 현실적으로 자유주의 개인권리 확대의 이상을 보유하면서도 해외 개입을 정당화했기 때문이다.)

2) Kagan, "America's Crisis," pp. 76–83.

그러면 과연 부시 행정부는 어떻게 행동하는 것이 바람직할까? 미국은 정통성 고양을 위해 국제법, 안보리의 권위와는 별개로 유럽과의 협력과 승인을 추구하는 것이 바람직한데, 그 이유는 그들의 군사적, 경제적 도움보다는 유럽과 함께하는 자유주의 민주세계의 영혼 형성에 관한 상징성이 중요하기 때문이다. 부시 행정부는 지금이라도 유럽이 느끼는 상대적 박탈감, 단극의 역경을 감안하면서 자유주의 국가들, 또 그를 넘어 전인류를 위한 자유민주주의 원칙의 확산을 통해 정통성을 증대시켜야 한다. 워싱턴은 미국, 자유세계, 유럽의 안보를 훼손하지 않는 범위 내에서 유럽인들에게 일정수준의 영향력을 부여하고 그들의 권고를 수용하는 것이 좋을 것이다. 유럽으로서는 미국인들이 오늘날 무엇을 위협으로 느끼는지, 또 왜 이라크에 대해 강경책을 구사하는지에 대해 더 숙고해야 한다. 미국을 제한하려는 의도에서 유럽은 세계의 쌓여가는 위험을 간과할 수 있는데, 그것은 미국이 수퍼파워로서 제기하는 위협보다 훨씬 심각할 것이다. 더 나아가 '악의 축' 국가들을 제어하지 못하고 다른 국가들의 부상에 의한 다극체제가 도래할 경우, 유럽의 자유, 민주, 안보는 비자유주의, 비민주세력에 의해 도전받을 것이다. 만약 미국과 유럽의 인식격차가 좁혀지지 않는다면, 워싱턴은 원래의 위협인식을 그대로 이어가야 한다. 미국을 넘어 자유세계의 안보는 사실 오늘날에도 미국의 파워에 의존하기 때문이다.[1]

(2) 이라크 선제공격의 논리와 부시의 2차 임기

냉전에 관한 연구로 유명한 존 가디스(John Lewis Gaddis)는 부분적으로는 부시 행정부의 선제공격, 예방전쟁이 불가피했다는 뉘앙스의 주장을 펼쳤다. 그러나 그는 동시에 부시 행정부 정책시행에 있어서의 오류를 지적하고 두 번째 부시 임기동안의 시정방향에 관해 조언했다.

1) 선제공격의 논리

조지 W. 부시의 '테러와의 전쟁' 대전략은 알카에다 기습공격의 충격에서 유래했고,

---

[1] Ibid., pp. 84-86; 한편 많은 전문가들은 이라크 전쟁과 더불어 미-EU 관계가 악화된 것은 잘못으로, 그것은 시정돼야 한다고 조언했다. 미-EU 간에는 경제, 안보, 외교차원에서 너무 많은 공통이익이 존재하고, 미국은 그런 현실을 무시하지 말아야 한다는 견해에 관해서 William Drozdiak, "The North Atlantic Drift," Foreign Affairs, Vol. 84, No. 1 (January/February 2005), pp. 88-98을 참조할 것.

아마도 부시는 그의 임기동안 그 전략을 계속할 것이다. 미국은 공화당이건 민주당이건 9·11 공격의 심각성과 위험성을 무시할 수 없었다. 9·11 직후 대부분 미국인들은 만약 향후 3개월간 또다시 테러가 발생하지 않는다면 그것은 운 좋은 경우가 될 것이라고 생각했는데, 다행히 아프가니스탄 전쟁 이후 3년 동안 그런 사태는 발생하지 않았다. 부시 행정부는 알카에다와 탈레반에 반대해 아프가니스탄 전쟁을 감행했는데, 그것은 '분명하고 시급한 현재의 위험을 방지하기 위한' 선제공격(preemptive strike)으로 국제법과 관행에 의해 허용되는 방식이었다.[1] 반면 부시의 이라크 전쟁은 비록 워싱턴이 선제공격이라는 용어를 사용했지만 실제로는 미래 어느 시점에 위험을 제기하는 국가에 반대해 전쟁을 시작하는 예방전쟁(preventive war)의 성격을 띠었다. 현재 이라크의 '분명한 공격 감행의사'가 불확실한 상태에서 미국이 이라크 전쟁을 시작한 이유는 부시 행정부가 9·11 이후의 세계에서 모든 테러분자와 폭군들이 미국안보를 위협한다고 생각하고, 또 동시에 선제공격을 정당화하는 (이라크를 포함하는 미래 적들의) 전통적 경고를 사전에 감지하기 어렵다고 믿었기 때문이다. 다시 말해 알카에다와 탈레반의 생각을 읽을 수 없는 상태에서 참혹했던 9·11 발생을 사전에 방지할 수 없었던 부시 행정부는 선제공격의 개념을 예방전쟁을 포함하도록 확대해 이라크 전쟁을 시행한 것이다. 9·11 위원회 보고서는 "잡음으로 가득 찬 세계에서 사전신호를 감지하는 것은 기술뿐 아니라 특별한 운을 필요로 한다"고 지적했는데, 민주당 대선후보 존 케리(John Kerry) 역시 만약 그가 대통령이 되었더라도 그 옵션을 포기하지 않았을 것이라고 말했다.[2]

2) 두 번째 임기의 임무

그러나 부시 안보팀 전략가들의 의도가 무엇이건 예방전쟁은 세계에서 미국을 위험국가로 인식하게 만들었다. 국제질서의 명확한 원칙인 다른 나라 주권을 세계 최강국가가 일방적으로 파괴하는 것은 다른 나라들을 불안하게 만들었다. 부시 안보팀은 쿠웨이트를 침공하고, 유엔결의를 거부하며, WMD를 갖고 테러리스트를 지원하는 것으로 의심받는 독재자 사담 후세인 전복을 세계가 환영할 것을 기대했지만, 그것은 착각이었다. 부시의 무분별한 힘의 행사는 비난의 대상이 됐고, 많은 국가들이 미국지원을 철회했으며,

---

1) 선제공격은 부분적으로 기습공격(surprise attack)의 의미를 띤다. 가디스는 선제공격과 관련해 제2차 세계대전의 경우 일본함대가 진주만에 가까이 왔을 때 미국이 먼저 공격하는 것을 예로 들었다.

2) John Lewis Gaddis, "Grand Strategy in the Second Term," Foreign Affairs, Vol. 84, No. 1 (January/February 2005), pp. 1-5.

미국은 국제고아로 간주되어 갔다. 일부에서는 세계 최고의 미국이 세계여론에 휘둘릴 필요가 없다고 말하지만, 그것은 사실이 아니다. 프러시아 전략가 칼 클라우제비츠(Carl Von Clausewitz)는 영향력 유지는 힘(power)뿐만이 아니라 저항(resistance)과 마찰(friction)이 없어야 한다고 말했다. 제1차 임기 동안 부시 행정부는 세계 설득에서 턱없이 부진했다. 전세계 어느 나라, 어느 국제기구도 사전에 위험을 제거하지 못하고 오직 미국만이 그런 위협으로부터 세계를 구할 수 있다 하더라도, 부시팀은 두 번째 임기동안 선제공격(과 예방전쟁)을 위한 다자지지 확보에 많은 노력을 기울여야 한다. 미국은 오랜 기간, 예컨대 제2차 세계대전, 냉전, 제1차 걸프전, 그리고 2001년 아프가니스탄 전쟁에서 국제적 승인 하에 전쟁을 치렀는데, 그와 다르게 진행된 이라크 전쟁의 잘못에서 부시 행정부는 교훈을 깨달아야 한다. 워싱턴은 무엇보다 테러리즘으로 인해 국가체제의 생존 자체가 문제가 될 수 있으며, 선제공격의 옵션이 없이는 테러리즘을 방지하기 어렵다는 비전(vision)을 설득해야 한다. 워싱턴은 또 더 좋은 태도를 보여야 하는데, 그 막강한 힘을 근거로 동맹국을 모욕하지 말아야 한다. 부시 안보팀은 언어를 가려서 사용해야 하는데, 왜냐하면 미국 파워를 앞세우는 거만함과 모호한 전략 설명의 합성은 불안정을 야기하기 때문이다.[1]

(3) 환영받지 못한 전쟁

위의 두 전문가와는 다르게 이라크 전쟁이 시작된 지 6개월이 지난 시점에 빌 클린턴 행정부 당시 국무장관으로 재직한 매들린 올브라이트(Madeleine K. Albright)는 부시 행정부의 이라크 전쟁을 혹독하게 비판했다. 그녀는 다음과 같이 주장했다.

....

1) 가디스는 또 이라크 전쟁이 또 다른 베트남 전쟁이 될 수 있다는 우려에 대해 다음과 같이 말했다. 이라크 전쟁에서 초기전투를 제외하고 예상대로 진행된 것은 없었다. 상당수 병력에도 불구하고 이라크 내 질서는 회복되지 않았고, 이라크인들의 새 정부 구성을 위한 협력은 느렸으며, 이라크인들은 미군을 해방자가 아닌 억압자로 보았다. 미국은 권한을 남용했고, WMD는 발견되지 않았으며, 외국의 다자지원은 확대되지 않았다. 그러나 이라크가 또 다른 베트남이 되지는 않을 것이다. 인명의 손실, 이라크 반군에 대한 외부지원, 그리고 이라크 내 유일한 정치리더의 등장이라는 측면에서 이라크는 호치민의 베트남과는 확연하게 다르다. 워싱턴은 이라크에서 조용한 이라크인 다수를 결집시켜야 하는데, 이라크 선거를 통해 그 기회를 마련해야 한다. Ibid., pp. 6-10.

1) 부시 대통령의 착각

9·11 발생 직후 조지 W. 부시 대통령은 "이제 모든 지역에 있는 모든 나라는 결정해야 할 일이 있다. 당신들이 우리와 함께 하거나, 아니면 당신들은 테러리스트들과 함께 하는 것"이라고 말했다. 이라크 수니파 성직자 모아이드 알−우바이디(Mouaid al−Ubaidi)는 "세계에는 단 두개의 파워만이 존재한다. 하나는 독재적이고 억압적인 미국이고, 다른 하나는 아직 잠에서 깨어나지 않은 이슬람 전사들"이라고 말했다. 프랑스 외교장관 도미니크 빌팽은 워싱턴과 파리가 서로 다른 세계관을 갖고 있고 모든 사람이 세계를 미국과 동일선상에 구분하는 것이 아니라는 의미에서 "그에 대해 잘못 선택하지 말아라. 분명히 선택은 세계 두 개 비전 사이의 그 어느 중간(지점)에 있다"라고 말했다.[1]

부시 대통령의 발언에서 나타나듯이, 오늘날 워싱턴은 세계 모든 지역 모든 나라들의 결정을 자기들 뜻대로 움직이려 한다. 부시의 방식은 지난 반세기 미국 대외정책으로부터의 일탈이다. 조지 W. 부시는 동맹의 중시보다는 독단적 선제공격을 통한 지구적 구원(redemption)을 선호하는데, 그는 그의 부친 조지 H. W. 부시가 말한 "미국은 홀로 테러와 싸울 수 없다"는 당연한 진실을 거부한다.[2] 9·11 사태 당시 세계의 많은 나라들은 깊은 공감대를 가졌고, 미국의 우방은 물론이고 심지어 무슬림 세계의 이란과 PLO, 그리고 러시아와 중국도 이슬람 테러리스트 공격을 비난했다. 그 이후 진행된 아프가니스탄 전쟁은 지구적 지지를 받았고, 미국은 탈레반과 알카에다를 권좌에서 쫓아내고 그들을 궤멸시키는 데 아무 문제가 없었다. 그러나 부시는 그 중요한 임무에 치중하기보다는 불필요한 방향으로 일을 복잡하게 만들었다. 2002년 초 국정연설과 그해 9월 국가안보전략에서 부시는 알카에다와 아프가니스탄 전쟁에 대한 초점에서 벗어나 '악의 축' 처벌, 미국의 핵무기 사용, 예방전쟁, 그리고 테러위협에 대한 지구적 전쟁보다는 지엽적 관심사로 간주될 수 있는 '미국의 정의'를 강조했다. 이제 2003년에 들어와 부시 행정부는 사담 후세인을 알카에다와 연계시키며 그들의 위협에 대처하기 위해 국제법, 동맹국의 의견, 반대여론을 넘어 필요한 조치를 취한다는 입장을 택했고, 그것은 유엔안보리에서 찬성하는 국가가 단 4개국이었음에도 불구하고 이라크 전쟁으로 이어졌다.[3]

••

1) Madeleine K. Albright, "Bridges, Bombs, or Bluster?" Foreign Affairs, Vol. 82, No. 5 (September/October, 2003), p. 2.
2) 조지 W. 부시는 "어느 순간 우리는 홀로 남아 있을지 모르나 그것은 나에게는 아무 문제가 되지 않는다. 우리는 미국이다"라고 말했다.
3) Albright, "Bridges," pp. 3−5.

2) 이라크 전쟁의 오류

미국이 더 중시해야 하는 것은 알카에다와 아프가니스탄 봉쇄이고, 이라크 전쟁은 필수적 전쟁이 아니다. 이라크를 침공하고 다른 자들에 대해 군사행동을 위협하는 것으로 초점을 넓힌 부시 행정부의 결정은 환영받지 못했다. 수많은 세계 여론조사에서 나타나듯, 미국에 대한 우호적 시각은 급격히 하락했다. 프랑스, 독일, 터키와 같은 나토국가, 러시아, 브라질, 일부 아랍 및 아프리카 국가들에서는 15% 이상 하락했고, 아프가니스탄 전쟁의 핵심 중요국가인 파키스탄에서는 20% 하락했으며, 세계 최대 무슬림 국가인 인도네시아에서 2000~2003년 기간 미국에 대한 감정은 75% 우호에서 83% 부정으로 바뀌었다. 쿠웨이트를 예외로, 8개의 압도적 무슬림 국가 중 7곳에서는 상당수가 미국이 자기들 사회에 끼치는 잠재위협을 크게 우려하는 것으로 나타났다. 미국 최고의 우방인 영국을 포함해 프랑스, 독일, 이탈리아와 같은 나토 동맹국 시민들은 부시보다 러시아의 푸틴을 더 나은 세계 리더로 평가했다. 일각에서는 사담 후세인의 축출로 세계와 이라크가 더 안전해졌다고 말하지만, 그것은 미국이 수천억 달러를 퍼붓고 수많은 인명이 살상되는 상황에서 할 수 있는 말은 아니다. 미국의 가장 중요한 임무인 알카에다와 그 일파의 미래 테러리즘 억지와 관련해 이라크 전쟁은 오히려 그 가능성을 더 저하시켰는데, 왜냐하면 지구적 협력이 필요한 상황에서 이슬람 온건주의 리더들과 전 세계 많은 사람들이 그 전쟁과 미국의 바그다드 점령에 대해 부정적 생각을 갖게 됐기 때문이다.[1]

초기의 알카에다에 대한 반대를 넘어 부시 대통령은 이제 심지어 아랍국가 침공과 선제공격 정당성에 대한 지지를 하나의 패키지로 요구한다. 그에 대해 아랍세계가 반대하는 것은 당연하고, 심지어 미국의 가장 가까운 동맹국인 나토가 존재하는 유럽대륙에서도 그런 현상이 나타난다. 사담 후세인과 알카에다의 연계가 충분히 입증되지 않은 상태에서, 이라크 전쟁은 필요에 의한 전쟁이 아니라 선택에 의한 일방적 전쟁이었다. 그 전쟁으로 인해 무슬림들은 과거보다 더 알카에다와 이슬람 테러리스트 그룹에 동참하기를 원한다. 워싱턴은 유엔 감시가 비효율적이기 때문에 미국의 군사력 사용이 유엔의 신뢰성, 안보리 결의, 국제법 준수를 관철시키는 유일한 방법이라고 주장하는데, 세계는 그와는 반대로 미국이 강제하는 새로운 규칙이 모두가 수용하는 국제법을 대체하는 것으로 본다. 한 가지 강조하고 싶은 것은 (미국과 다른 나라와의 관계, 특히 미-유럽 간에는 항상 일

---

1) Ibid., pp. 5-6.

정수준의 마찰이 존재했고) 오늘날 미－유럽 균열의 책임은 미국에게만 있는 것은 아니라는 것이다. 분명히 프랑스는 수시로 미국 지지에 미온적인데, 유럽통합 당시 프랑스가 그것이 미국 힘에 대한 대척점(counterweight)이라고 말한 것, 그리고 빌팽이 '두 개의 세계비전 사이'를 언급하는 것 역시 그런 취지와 인식을 반영한다. 그러나 미국의 힘이 프랑스의 자존심에 미칠 수 있는 상처에도 불구하고, 파리는 미국이 히틀러 제3제국의 침략 저지에서부터 보스니아의 슬로보단 밀로셰비치 제거까지 수십 년간 세계안보에 결정적으로 기여했다는 것을 잊지 말아야 한다. 미국과 유럽의 균열은 좁혀져야 하는데, 워싱턴은 유럽의 견해를 더 존중해야 하고 유럽은 그 지위에 걸맞도록 국제적으로 공헌해야 한다.[1]

3) 아랍 민주화와 정책조정

그러나 이라크 전쟁의 정당성, 잘못을 떠나 그 전쟁의 성공 가능성에 대해 어떻게 생각해야 하나? 부시는 사담 후세인 무장해제를 통해 테러위협 감소를 추구하는데, 그로 인한 민주 이라크 창설은 비민주적 아랍정권과 북한, 이란과 같은 WMD 확산자들에게 교훈을 줄 것이다. 부시 행정부는 알카에다의 약화, 이스라엘에 대한 테러의 종식, 이란 핵 야심의 중단, 이라크와 아랍세계의 민주화 같은 것들을 성공의 잣대로 삼는데, 퓨(Pew) 여론조사에서 나타나듯 요르단, 쿠웨이트, 모로코와 같은 아랍 국가에서 확고한 다수가 정치적 다원주의, 표현의 자유, 법 앞의 평등과 같은 서구 민주적 가치를 선호하는 현실은 희망의 근거로 작용한다. 미국은 아랍의 자유화, 민주화를 더 밀어붙여야 하고, 아랍이 민주화되면 테러에 대한 자양분 공급은 축소될 것이다. 이라크 민주화는 다른 아랍세계에 엄청난 영향을 미칠 것이다. 아랍 민주화의 중요한 또 다른 관건은 이스라엘－팔레스타인이 영토를 나누어 이웃 국가로 평화 공존하는 것이다. 그것을 위해 새로 구성된 팔레스타인 당국(PA: Palestinian Authority)의 마무드 압바스(Mahmoud Abbas) 총리는 테러를 중단하도록 팔레스타인 사람들을 설득해야 하고, 이스라엘은 팔레스타인 사람들의 국가창설 권리를 인정해야 하며, 미국, 유럽, 아랍은 모두 그 과정을 도와야 한다.[2]

부시 행정부는 어떤 대외정책을 구사해야 했을까? 부시 행정부가 알카에다와 북한, 이란의 WMD 확산 문제를 접목시켜 동시에 해결하려 한 것의 논리, 진정성에 의문의 여

---

[1] Ibid., pp. 7－9.
[2] 이슬람 테러리즘의 뿌리는 사우디아라비아의 와하비즘인데, 현실적으로 많은 아랍리더들과 아랍인 다수는 PLO와 하마스(Hamas) 테러를 정당한 것으로 여긴다. Ibid., pp. 10, 13, 15.

지는 없다. 그렇지만 그 두 가지 사안을 별개로 다루는 것이 더 현명했을 것인데, 그 이유는 알카에다 테러는 그 자체로 진압되어야 하는 극도로 위험한 행위이고 북한, 이란의 WMD는 테러보다는 그들의 민족주의적 열망에서 비롯된 별개의 사안이기 때문이다. 워싱턴이 알카에다의 테러문제에 더 초점을 맞추었다면 유럽과 아랍의 온건 무슬림들이 단합해서 테러에 더 반대했을 것이고, 그것은 미국, 유럽, 온건 무슬림이 원하는 아랍의 민주화를 도왔을 것이다. 이제라도 부시 행정부는 선제공격은 배제하는 것이 바람직하고, 유럽을 포함한 동맹국들 및 국제기구와의 협력이 비용과 부담의 분산, 정당성의 증대를 가져온다는 것을 재인식해야 한다.[1]

(4) 불량국가 미국

로버트 터커(Robert W. Tucker)와 데이비드 헨드릭슨(David C. Hendrickson) 역시 부시 행정부의 이라크 전쟁을 비판했는데, 그들은 부시 행정부가 그 전쟁에서 안보리 승인 없이 일부 국가들의 자발적 연합(coalition of the willing)에 기초해 무조건적으로 전투를 시작한 것이 미국을 불량국가(rogue nation)로 보이게 만들었다고 주장했다. 그들은 부시 행정부가 그동안 미국이 지켜왔던 전통적 원칙들을 모두 무시했다고 말하면서 다음과 같이 주장을 이어갔다.

1) 역사적 전통의 거부

이라크 전쟁 발발 18개월이 지난 현시점에, 그 전쟁은 초기에 옹호한 사람들로부터도 정통성을 의심받고 있다. 유럽과 이슬람 세계에서도 워싱턴의 결정과 행동에 대한 불신은 더 커져간다. 돌이켜보면 제2차 세계대전 이후 미국이 누려왔던 미국 파워의 정통성은 4개의 원칙에 근거했다. 그 중 첫 번째는 국제법의 준수이다. 제1, 2차 세계대전의 살상과 파괴 이후 세계는 국제법의 중요성을 재인식했고, 미국이 주도해 작성한 유엔헌장은 군사력은 무장공격에 대해 자위적 목적과 집단방위를 위해서만 사용될 수 있다고 규정했으며, 미국은 1962년 쿠바봉쇄와 같은 일부 위반에도 불구하고 가능하면 그 국제법적 규범에 맞춰 행동했다. 그러나 부시 행정부의 이라크 침공은 민주공동체를 보호하는 것이 아니라, 민주주의를 확산시키려 불법적으로 군사력을 사용하는 것과 다름없다.

---

1) Ibid., p. 18.

미국 파워의 두 번째 정통성은 워싱턴의 의사결정이 합의적 형태를 띠는 것에서 유래했다. 압도적 군사파워로서 항상 특별한 역할이 주어졌음에도 불구하고 그 정체의 민주적 특성에 따라 미국은 국제사회와 서방 동맹 내에서 가능한 한 가장 광범위한 동의를 추구했고, 그것은 상호협의의 중요성으로 이어졌다. 정통성의 세 번째 요소는 워싱턴의 정책 시행이 신중한 것으로 평가받는 것에서 유래했는데, 많은 사람들은 지리적으로 분리된 미국이 고립주의적 특성에도 불구하고 유라시아 대륙의 평화적 수호자 역할을 떠맡은 것을 세계에 대한 비 이기적 공헌으로 보았다. 미국 파워 정통성의 네 번째 요소는 세계평화와 번영을 이룩하는 데 있어서 미국의 역할이었다. 한마디로, 자유세계는 냉전시대 소련과의 전쟁방지가 핵 확장억지에 기초한 미국의 역할, 미국 파워의 지속에 의해 가능했던 것으로 보았다.[1]

    그러나 부시 행정부는 오랜 기간에 걸쳐 확립된 미국의 그런 모든 정통성의 기초를 무시했다. 국무부 군축 및 국제안보 담당차관 존 볼턴(John Bolton)은 이미 1990년대 후반기에 미국은 국제법을 중시하지 말아야 하는데, 그 이유는 그 법들이 미국 힘을 제한하기 때문이라고 말했다. 유엔안보리의 이라크 전쟁 반대에 대해서는, 부시 행정부는 유엔은 미국의 협력이 없이는 무력한 기구로 전락할 것이라고 조롱했다. 또 그들은 이라크 전쟁은 폭군으로부터 이라크인을 해방시키는 정당한 전쟁이라고 말했는데, 그것은 민주주의에 미달하는 모든 국가에 대한 전쟁을 정당화하는 잘못된 생각이었다. "당신들은 우리 편에 있지 않으면 테러리스트들과 함께 하는 것"이라는 부시 대통령의 선언 역시 우방과의 논의를 중시하지 않는 태도를 반영했다. 선제공격, 예방전쟁은 미국이 오랫동안 옹호해 오던 신중한 정책, 평화와 번영 중시와는 거리가 멀었다. 이 모든 것들은 미국 파워와 목적에 대한 신뢰의 붕괴로 이어졌다. 부시 행정부의 신보수주의자들(neo-conservatives)은 이라크 전쟁으로 가면서 그렇게 불법을 자행했고, 이라크 내 WMD의 부재와 그 나라의 증대하는 정치, 사회적 혼란은 워싱턴의 부당성에 대한 세계인의 감정을 더욱 악화시켰다. 미국의 행동은 그동안 이라크, 이란, 북한을 빗대어 워싱턴이 비난하던 바로 그 불량국가의 양상을 띠었다.[2]

----

1) Robert W. Tucker and David C. Hendrickson, "The Sources of American Legitimacy," Foreign Affairs, Vol. 83, No. 6 (November/December 2004), pp. 20-22.

2) Ibid., p. 23.

2) 군사력 남용의 위험성

군사력의 불법적 사용은 미국안보를 더 위험하게 만드는데, 예컨대 그것은 미군 사망자 수의 증가, 무슬림 세계 내 여론의 악화, 그리고 WMD를 개발하는 북한 및 이란과의 추가적, 재앙적 전쟁 가능성을 포함한다. 이라크에서와 같은 미국의 예방공격은 정당화되지 못하고, 북한과 이란에 대한 정권교체 위협은 외교를 통한 해결 가능성을 차단한다. 미국은 이제 합법적 행동으로 복귀해야 한다. 그동안 유엔은 그 나름대로 잘 작동했다. 르완다 사태에 미국이 개입하지 않은 것은 안보리에서 러시아와 중국의 반대 때문이 아니라 소말리아 사태 이후 워싱턴의 공포심과 변덕 때문이었다. 코소보 사태 당시 러시아가 안보리에서 군사력 사용 승인을 거부해 나토가 일방적으로 세르비아 군을 공격했는데, 그것은 유엔 행동에 있어서 다소 예외적 경우였다. 그 당시 모스크바가 안보리 승인에 반대한 이유는 세르비아 군이 10만 명의 코소보 알바니아계를 학살했다는 서방의 주장이 과장됐다고 생각했기 때문이다. 실제 헤이그 법정에서 슬로보단 밀로셰비치는 그의 군대로 (10만 명이 아니라) 수백 명을 학살한 혐의로 기소됐다. 오히려 그 당시 더 큰 인도주의 위기를 초래한 것은 안보리 승인을 받지 않은 나토의 공중폭격이었다. 오늘날 미국은 많은 비판의 대상으로 전락했다. 미국은 국제법과 국제기구에 대한 이기적 활용, 무분별한 군사력 사용의 오명으로 비틀거리고, 과거 미국이 희망으로 간주되던 시대는 요원한 것으로 보인다. 미국이 모든 일에서 일방적, 독자적으로 행동한다면, 그들은 모든 잘못에 대해 홀로 책임져야 할 것이다.[1]

(5) 미국에 대한 포괄적 조언

(서론 부분에서 설명한 바와 같이) 하버드 케네디 스쿨의 스테펜 월트(Stephen M. Walt)는 오래전부터 미국이 국제사회에서 더 신중하고 겸허하게 행동할 것을 주문해왔다. 아프가니스탄과 이라크 전쟁이 한창 진행 중이던 2005년 그는 또다시 '미국 힘의 자제' 필요성에 관해 설명했는데, 그때 그는 조지 W. 부시 취임 이후 미국은 전 세계로부터 배척받고 있다고 말하면서 그 원인은 부시의 일방주의 정책 때문이라고 지적했다. 그는 미국은 새로운 대외정책 접근법을 필요로 한다고 말하면서 다음과 같은 분석과 주장을 제시했다.

---

1) Ibid., pp. 30−32.

1) 힘의 사용에 대한 자제

미국은 다른 나라들이 미국의 힘을 어떻게 보고 있으며, 미국의 행위에 대해 어떻게 대응하고 있는지를 잘 살펴보아야 한다. 전 세계에서 미국은 지금 반미정서로 인해 많은 역경에 처해 있다. 심지어 미국의 가까운 동맹국들조차 미국 힘을 길들이는(tame) 방법을 모색한다. 미국의 힘, 정책과 관련해, 워싱턴은 미국의 패권이 세계에 시혜적이라고 보는데, 그런 장밋빛 견해는 해외에서는 수용되지 않는다. 2002년 퓨(Pew) 여론조사에 따르면, 응답자의 대다수는 미국이 다른 나라의 입장을 거의 고려하지 않는 것으로 보았다. 응답자의 40~60%는 미국의 이라크 침공이 중동의 오일장악과 이스라엘 보호를 위한 것이고, 동시에 무슬림 정부들을 겨냥하면서 세계지배를 위한 시도로 인식했다. 심지어 2005년 퓨(Pew) 조사에서는 캐나다, 영국, 프랑스, 독일, 네덜란드, 스페인, 러시아 시민들은 미국보다 중국을 더 선호하는 것으로 나타났다. 특히 아랍세계에서 미국의 이미지는 아주 나쁘다. 이집트, 요르단, 사우디아라비아 아랍 에미리트(UAE; United Arab Emirates)의 10% 미만이 미국의 팔레스타인, 아랍, 이라크 정책을 지지했다. 대부분의 아랍 국가들은 미국의 군사력이 결국은 자기들에게 사용될 것을 우려했다. 이것은 미국 자체에 대한 혐오보다 부시 행정부 정책에 대한 반감에 기인한다. 1990년대에 미국은 유일 초강대국이었지만 대부분의 국가들은 워싱턴의 지구적 리더십을 환영했다. 그러나 2001년 부시 대통령 집권 이후 미국에 대한 적대적 감정은 현저하게 증가하고, 조지 W. 부시 대통령 개인에 대한 증오 역시 급증하고 있다.[1]

지금까지는 미국의 힘을 견제하려는 노력은 다소 조용했지만, 이제는 그것들이 미국 대외정책을 망치고 방해하기 시작한다. 미국 힘에 대한 반대는 세계 도처에서 다양한 방식으로 발생한다. 비록 그런 시도와 행동이 공식적인 반미동맹의 성격을 띤 것은 아니지만, 많은 국가들은 미묘한 방식으로 미국 파워를 견제하기 위해 힘을 합치기 시작했다. 여기서 다양한 형태의 '은밀한 견제'(soft-balancing)가 관찰된다. 우선 여러 나라가 미국 정책에 반대하기 위해 서로의 양보와 절충, 협상을 통해 외교적 입장을 조정한다. 프랑스, 독일, 러시아는 이라크 침공에 대한 유엔안보리 승인을 공동 거부했고, 그것은 멕시코, 칠레와 같이 약한 국가들도 워싱턴의 압력에 저항하게 만들었다. 남미국가들은 부시

---

1) Stephen M. Walt, "Taming American Power," Foreign Affairs, Vol. 84, No. 5 (September/ October 2005), pp. 106-108.

행정부가 베네수엘라의 차베스 정부에 압력을 가하는 것에 공동으로 반대했고, 워싱턴이 미주기구(OAS)에서 미국이 선호하는 새로운 수장을 선출하려는 시도를 무산시켰다. 여러 나라가 결속을 강화하는 것 역시 은밀하고 온건한 견제에 속하는데, 오늘날 국제기구 내에서 그런 현상이 엿보인다. 예컨대 워싱턴의 반대에도 불구하고 여러 나라들이 국제형사재판소(ICC: International Criminal Court)를 설립했고, 대체로 미국에 우호적인 세계무역기구(WTO)도 미국인들에게 불리한 결정을 내렸다. 미국의 압력을 회피하거나 무산시키는 것도 당연히 견제의 한 방법이다. 러시아는 이란 핵무기 개발에 협력하고 인도와 파키스탄은 핵개발에 성공했는데, 이 모든 것들은 워싱턴 압력에 대한 거부를 의미한다. 약자들이 테러리즘을 동원하고, 이란, 북한 같은 나라들이 핵무기와 다른 종류의 WMD를 개발하며, 많은 나라들이 미국 힘을 중화시키기 위해 재래식 군사력을 증강하는 것 역시 모두 정도의 차이지만 미국 힘에 대한 견제 성격을 띤다. 이 모든 행동, 행위는 미국 정통성을 흠집내기 위한 것으로, 미국은 세계의 심장과 영혼을 얻는 투쟁에서 지는 싸움을 하고 있다.[1)]

2) 역외 균형자 역할의 수행

부시 행정부는 대외관계에서 있어서 새로운 접근법을 취해야 한다. 다시 한 번 강조하지만 가장 먼저 외국 국가들이 미국의 시혜와 선의에 대해 애매, 불확실, 혼합된(ambivalent) 감정을 갖고 있다는 사실을 인식하고, 워싱턴은 다른 나라들에게 배척받지 않도록 노력해야 한다. 세계에서 가장 영향력 있는 국가로서 미국은 국제적 정통성을 다시 회복, 방어해야 하는데, 미국의 가치를 강요하기보다는 국내외에서 타의 모범(example)이 될 수 있는 정책을 시행해 타국으로부터 부러움과 존경을 유도하는 방식으로 리더십을 재확보, 발휘해야 한다. 국제관계에서 발생하는 모든 문제의 해결을 위해 상시 간섭하기보다는, 워싱턴은 미국의 사활적 이익이 침해되거나 지역질서 붕괴와 같은 꼭 필요한 사안에만 개입하는 것이 더 바람직하다. 미국은 지역 행위자(local actor)들이 역내 세력균형을 유지하면서 자기들 문제를 스스로 해결하도록 지구적 권한이양을 고려할 필요가 있는데, 그것은 지구적 차원의 권력분산인 동시에 역내 평화유지의 좋은 방법이기 때문이다. 그러나 워싱턴에게 과거 제2차 세계대전 이전과 같은 고립주의로의 회귀는 옵션이 아닌데, 왜냐하면 아직도 WMD 확산, 국제테러, 지역갈등과 같은 지구적 문제

---

1) Ibid., pp. 113-117.

해결의 필요성에 비추어 세계는 미국을 필요로 하기 때문이다. 미국에게 가장 좋은 대외 정책 방향은 아마 역외 균형자(off-shore balancer)로서의 전통적 역할 수행일 것인데, 그에 따라 해외 군사주둔은 최소한으로 유지하는 것이 바람직할 것이다.[1]

(6) 민주주의와 테러리즘

수많은 전문가와 정책 입안자들이 아프가니스탄 전쟁, 이라크 전쟁을 포함해 '테러와의 전쟁'에 관해 말할 때, 그들은 일부를 제외하고는 대체로 서구의 '자유 민주주의'를 중동 및 이슬람지역에 전파시켜야 한다고 주장했다. 그들은 그런 방식이 어떤 면에서는 무지몽매한 이슬람 정부와 지역민들이 서방의 고매한 문명과 이상에 눈뜨고 그로 인해 테러를 중단하고 서방과 공존하는 가운데 새로운 발전된 미래로 전진할 것이라고 믿는 것으로 보였다. 그러나 그와는 대조적으로 그레고리 가우스(F. Gregory Gause III)는 중동(과 이슬람) 지역의 자유주의 민주화는 테러리즘을 줄이지 못할 것이며, 또 중동지역이 진정한 의미에서 민주화된다면 그 문명은 이슬람주의 정부를 선출하고 오히려 반 서방이 될 것이라는 흥미 있는 의견을 제시했다.

1) 민주주의 확산의 문제점

부시 행정부는 아랍과 이슬람 세계에서 민주주의를 증진시켜 테러리즘을 감소, 근절시키고, 미국의 가치를 확산시키고 미국의 안보를 안전하게 만든다는 구상을 발표했다. 두 번째 임기를 시작하면서 2005년 3월 부시는 그의 연설에서 다음과 같은 취지로 말했다. "광범위한 중동지역에 대중은 오랜 기간 폭압적 정권 하에서 불안, 절망의 상태에서 살아왔고, 그것은 그들 대중들로 하여금 지하로 내려가 급진주의로 향하게 만들었다. 반면 독재자들은 대중의 불만 해소를 위해 다른 나라와 인종에 책임을 돌리고 폭력으로 이어지는 증오를 부추겼다. 미국의 전략은 광역 중동에서 극단주의와 테러를 발생시키는 조건을 변화시키는 것이다." 테러리즘 해결을 위해 민주당 인사들이 중동 및 이슬람 지역에서 민주화를 선호한 것은 더 말할 필요조차 없다. 2004년 대선후보였던 존 케리(John Kerry) 상원의원, 그리고 클린턴 행정부 당시 마틴 인다이크(Martin Indyk)와 모톤 핼퍼린(Morton Halperin)을 포함하는 중동 관련 고위 정책입안자들은 이구동성으로 이슬

---

1) Ibid., pp. 118-120.

람의 정치, 사회문제와 알카에다와 같은 급진주의 해결을 위해 그 지역의 민주화를 주장했다.[1]

그러나 실제로 민주주의는 테러를 줄이지 못할 뿐 아니라, 오히려 테러는 민주주의에서 더 많이 발생한다. 윌리엄 유뱅크(William Eubank), 레오나르드 와인버그(Leonard Weinberg), 콴 리(Quan Li)를 포함하는 전문가들의 많은 연구는 권위주의, 독재체제보다는 테러리즘은 오히려 민주주의에서 현저하게 더 많이 발생하고, 보통 그 테러리스트와 희생자 모두 민주주의 시민들이라는 사실을 보여준다. 최근의 연구에서 로버트 페이프(Robert Pape)는 자살폭탄과 테러리스트 행위들은 민주주의에 대한 욕망에 의해 움직이는 것이 아니라 외국인의 군사점령과 지배에 대한 반대에 의해 촉발된다는 것을 밝혀냈다. 미 국무성의 2000~2003년 기간 연구도 마찬가지의 결과를 산출했다. 한마디로 상대적으로 자유로운 국가에서 훨씬 많은 테러가 발생했는데, 그것은 시민이 누리는 자유와 테러리즘 발생 억지와는 관계가 없고 오히려 민주주의가 비민주 국가보다 테러리즘에 더 취약하다는 것을 입증한다. 자유국가 테러리즘의 경우 그 전체의 75%는 동양의 민주주의 상징국가인 인도에서 발생했고, 2003년 비 자유국가 테러리즘의 경우 그 절반이 아프가니스탄과 이라크 두 나라에서 발생한 것은 그곳의 민주화가 오히려 테러리즘을 독려했을 수 있음을 보여준다. 민주주의 인도와 권위주의 독재 중국과의 비교는 민주주의가 테러리즘을 줄이는 전망에 대해 더 확실하게 보여주는데, 한마디로 2000~2003년 인도에서 203건의 테러사건이 발생하는 동안 중국에서는 단 한건도 발생하지 않았다. 역사적으로 볼 때에도 수많은 잔인한 테러는 대체로 자유주의 민주국가에서 발생했다. 이 모든 것은 민주주의, 정권형태(regime type)는 테러리즘과 관계가 없음을 입증한다.[2]

테러리즘은 정체, 정부형태 이외의 다른 요인에서 발생하는 것으로, 아랍과 광역 이슬람의 민주화는 테러리즘을 줄이지 못할 것이다. 2005년 1월 이라크 선거는 아주 성공적이었지만, 새로이 성장하는 이라크 민주주의는 이라크인과 테러리스트들에게 새로운

---

1) F. Gregory Gause III, "Can Democracy Stop Terrorism?" Foreign Affairs, Vol. 84, No. 5 (September/October 2005), p. 64.

2) 자유주의 민주국가에서 발생한 테러의 사례에 관해 가우스는 다음과 같이 말했다. 이탈리아의 붉은 여단(Red Brigades), 아일랜드와 영국의 아이리쉬 공화국 군대(IRA: Irish Republic Army), 일본의 적군파(Japanese Red Army), 서독의 적군파 분파(Red Army Faction)가 그런 것들이고, 이스라엘의 존경받는 민주주의 역시 이츠하크 라빈(Yitzhak Rabin) 총리 암살을 막지 못했으며, 2005년 7월 런던 자살폭탄 공격자 중 3명은 민주 영국에서 탄생, 성장했다. Ibid., pp. 65-67.

민주질서에 반대하는 투쟁을 중단시키지 못했다. 대중과는 다른 속성의 테러그룹은 소규모이고 비밀스러우며 민주적 원칙을 존중하지 않는다. 알카에다를 포함해 세계 테러그룹들은 모든 무슬림 국가가 민주화된다 할지라도 분명 테러를 중단하지 않을 것이다. 오사마 빈 라덴은 민주주의를 원치 않고, 그는 아프가니스탄의 탈레반과 같은 칼리프(caliphate) 형태의 이슬람국가 건설을 추구한다. 2003년 10월, 빈 라덴은 '이라크에 대한 메시지'에서 민주국가 건설을 추진하는 사람들을 비난하고 신의 이름으로 싸울 것을 촉구했다. 2005년 1월의 이라크 선거에 대해, 빈 라덴의 동맹자인 알-자르카위(Abu Musa al-Zarqawi)는 민주주의 체제는 이슬람의 신념과 유일신의 기초에 모순된다고 말했다. 아랍 국가들이 더 민주화된다 하더라도 테러 그룹들은 그들 신념과 테러를 멈추지 않을 것이며, 특히 민주화된 이슬람 국가들이 서방, 미국과 협력한다면 테러에 가담하는 대중의 숫자 역시 줄지 않을 것이다. 민주주의 중에서도 자유 민주주의가 최선의 정체이지만, 그것이 테러리즘을 축소하거나 방지한다는 증거는 없다.[1]

2) 아랍 민주화의 미래

테러리즘을 줄이고 근절시키지 못할 뿐 아니라, 중동과 이슬람지역 민주화는 오히려 이슬람주의 정부 집권을 가능하게 하고, 그들은 반미, 반서방 정책을 추구할 것이다. 우선 중동지역 사람들은 민주화에 대해 어떻게 생각하는가? 중동과 이슬람 사람들이 민주주의를 배척하는 것은 아니다. 2002년 조그비(Zogby International) 여론조사와 2003년 퓨조사(Pew Global Attitude Project)에 따르면, 사우디아라비아, 아랍에미리트, 요르단, 쿠웨이트, 이집트, 레바논을 포함하는 중동인들 다수는 자유와 민주주의 자체에 대해 우호적이었다. 아랍 국가들의 투표율 역시 낮지 않았는데, 2005년 1월 이라크 선거 투표율은 53%였고 같은 시기 팔레스타인 대선 투표율은 하마스가 참여하지 않은 상태에서 73%였다. 그러나 문제는 아랍세계가 미국에 대체로 비우호적이라는 사실이다. 2002년 갤럽조사에서는 사우디 사람들의 64%와 요르단인의 62%가 미국에 비우호적인 것으로 집계됐다. 2003년 조그비의 6개 아랍국가 조사에 따르면 대다수 아랍인들이 미국에 반감을 가졌는데, 가까운 우방인 사우디 사람들은 4%만이 미국을 선호했고 가장 높은 수치를 나타낸 레바논의 경우 32%가 미국을 선호했다. 수많은 여론조사가 그와 비슷한 결과를 나타냈다. 그러면 왜 아랍인들은 미국에 반감을 갖는가? 또다시 여론조사에 의하면 아랍지역

---

1) Ibid., pp. 68-69.

의 반미정서는 미국 이념이 아니라 워싱턴의 정책에서 비롯되는 것으로 나타났다. 아랍 대중들은 특히 워싱턴의 중동 민주주의 증진에 비판적이었는데, 그들은 미국의 이라크 전쟁 목적이 아랍 오일을 통제하고, 이스라엘을 보호하며, 무슬림 세계를 약화시키려는 것이라고 믿었다. 미국이 아랍세계에서 인기가 없는 것은 단순히 권위주의 독재정권에 대한 지지 때문이 아니라 그 정책의 전체 범위 때문이다.[1]

여기서 문제는 민주주의에 의해 공정하게 치러진 선거에서 아랍 대중은 그 반미정서로 인해 미국 및 서방에 반대하는 이슬람주의자 정부를 선출할 것이라는 것이다. 최근 모든 아랍선거에서 이슬람주의자들은 기존 정부에 대한 반대를 기반으로 등장했는데, 모로코, 바레인 선거, 2003년의 예멘의회 선거, 쿠웨이트 의회선거, 요르단 의회선거, 그리고 2005년 현재까지 그 패턴은 계속되고 있다. 아랍의 공정한 선거에서는 모두 이슬람주의자들이 휩쓸고 있는데, 그 추세는 분명하다. 아랍 세계가 민주화될수록 이슬람주의자들이 권력을 잡을 것이고, 그들은 그 지역에서 반미 성격의 정책을 시행할 것이다. 불행히도 워싱턴은 현재 미국과 협력하려는 권위주의 아랍정부와 협력하는 것 이외에는 대안이 없다. 만약 미국이 계속 그 지역 민주주의를 확대시키려면, 그곳에서 친미, 친서방 자유주의, 세속적 민족주의자, 그리고 다른 비 이슬람주의 정당이 뿌리내리도록 도와야 한다. 그러나 미국 행정부들이 기약 없는 그 과정을 언제까지 기다릴지는 의문이다. 큰 틀에서는 미국은 다른 나라 정치를 예측, 지배하려는 과도한 욕심을 자제해야 하는데, 왜냐하면 중동은 민주주의를 수용한 동유럽, 남미, 동아시아와는 다르기 때문이다. 그들 나라에서 민주주의가 성공한 것은 그들이 공산주의를 완전히 불신했기 때문이지만, 아랍세계는 이슬람주의, 이슬람 국가건설이라는 신정체제(theocracy)를 자유 민주주의에 대한 진정한 이념적 대안으로 제시하기 때문이다.[2]

---

1) Ibid., pp. 70−72.
2) Ibid., pp. 73−76.

03 아프가니스탄 전쟁

새로이 임무를 시작한 오바마 대통령은 처음부터 아프가니스탄 전쟁은 결국 종식되어야 하고 아프가니스탄의 국가안보는 그 나라 정부의 책임으로 돌아가야 한다는 생각을 갖고 있었다. 그것은 미국이 수많은 해외원정으로 인해 지출하는 연 1천억 달러를 상회하는 전쟁비용, 수많은 인명손실, 그리고 2008년 부동산 부실대출로 인한 미국 경제침체 등 여러 부정적 요소를 감안한 결론이었다. 그렇지만 그것은 2009년 초 당시와 같이 불리한 상황에서 일방적 철수를 의미하는 것은 아니었다. 오히려 그는 부시의 5천 명 증원 계획보다 훨씬 더 큰 규모의 병력증강으로 아프가니스탄 사태를 안정화 시킨 후 미군 및 연합군이 점진적으로 철수해야 한다고 생각했다.

(1) 전쟁과정과 전쟁의 종식

1) 병력증강

취임 2개월 후 2009년 3월 말 오바마 대통령은 아프가니스탄 미군 사령관 데이비드 맥키어난(David McKiernan) 장군의 요청을 반영해 그 나라에 1만 7천명 병력 추가배치를 발표했다. 2009년 6월 맥키어난은 이라크 병력증강을 모델로 한 새 전략시행을 위해 스탠리 맥크리스털(Stanley McChrystal) 장군으로 교체됐고, 그 이후 3개월에 걸쳐 국제안보지원군(ISAF: International Security Assistance Force)과 반군 사이에 격렬한 전투가 있었다. 2009년 6월 미 해병과 영국군 주도의 칸자르(Kanjar) 지역전투는 ISAF가 장기주둔 할 수 있도록 헬만드(Helmand) 주 반군거점을 무력화하고, 그해 8월 20일로 예정된 대통령 선거 전 헬만드 계곡 안전을 확보하는 목적을 띠었다.[1] 탈레반은 아프가니스탄 북부와 서부로 영향력을 확대하면서 대선투표를 저지하기 위한 공격에 박차를 가했다.[2] 한편 아프

---

[1] 미 증원 병력은 로가르, 바르닥, 쿠나르 주(Provinces of Logar, Wardak, and Kunar)로 파견됐다. Stephanie Gaskell, "U.S. Marines launch Operation Kanjar— largest military offensive since 2004 battle of Fallujah," (July 2, 2009), http://ww.nydailynews.com/news/world/u−s−marines−launch−operation−khanjar−largest−military−offensive−2004−battle−fallujah−article−1.425865

[2] 그 두 번째 대선에서 하미드 카르자이는 또 다시 승리했다. 그 대선투표에서 유효표 50%를 획득한 후보가 없어 결선투표를 진행하기로 했지만, 카르자이와 경쟁한 압둘라 박사가 사퇴하면서 추가투표는 취소

_탈레반

가니스탄 전쟁지휘를 맡은 직후 병력부족을 실감한 맥크리스털은 2009년 8월 새로운 전략보고서를 제출했다. 그는 그 보고서에서 4만 명 이상의 추가병력과 포괄적인 반반군(COIN: Counter—insurgency) 전략을 통해 1년 6개월 이내에 전쟁 상황이 역전되지 않으면 그 전쟁은 실패할 것이라고 경고했다. 그 당시 현지 주둔 미군은 6만 8천 명, ISAF는 7만 1천 명, 카불 정부 안보병력은 군대와 경찰을 합쳐 18만 4천 명이었지만, 맥크리스털은 미국의 종국적 승리는 더 큰 규모의 추가 파병을 필요로 한다고 진단했다. 동시에 그는 미군의 목표는 반군 사살 못지않게 민간인 보호가 중요하고, 탈레반 반군의 이탈을 독려해 상대방을 약화시켜야 하며, 또 카르자이 정부와 탈레반의 협상을 추진해 전쟁을 종식시켜야 한다고 제언했다.[1] 그러나 그 해 11월 2006~2007년 아프가니스탄 미군병력을 지휘한 3성 장군 출신 카불 주재 미국대사 칼 아이켄베리(Karl W. Ikenberry)는 맥크리스털과 전혀 다른 견해를 담은 2개의 비밀전문을 워싱턴으로 보냈다. 첫 번째 전문에서 아이켄베리는 카불 정부가 정부부패와 운영의 잘못을 시정하지 않는 한 추가파병의 궁극적 목적은 달성되지 못할 것이라는 우려를 표시했다. 그는 또 현지 재건자금 부족에 대해서도 좌절을 표시했다. 또 다른 전문에서 그는 천문학적 비용을 요구하는 지속적인 대규모 미군증원이 카불 정부의 워싱턴에 대한 의존만을 심화시킬 것이라고 경고했다.[2]

그러나 2009년 12월 초 오바마 대통령은 맥크리스털의 의견을 수용해 미군 추가파병을 발표했다.[3] 웨스트포인트 육군사관학교에서 오바마는 다음과 같이 말했다. "탈레반의 동력을 역전시키고 아프가니스탄 안보병력과 정부의 능력강화를 위해 (종국적으로) 3만 병력이 추가 파병될 것이다. 그 추가파병은 미군병력 수준을 10만으로 끌어올리고, 추

됐다.

1) Yochi J. Dreazen and Peter Spielgel, "Taliban Now Winning," The Wall Street Journal, (August 10, 2009); Kenneth Katzman, <u>Afghanistan: Post—Taliban Governance, Security, and U.S. Policy,</u> CRS Report 7—5700, RL 30588, (December 22, 2015), p. 24.

2) 2009년 11월 카르자이는 재선된 지 3개월 만에 탈레반 지도층에게 직접 협상을 추진할 것을 공개 촉구했다. 그는 직접협상의 시급한 필요가 있다고 말했는데, 평상시 협상에 반대하던 워싱턴은 그에 대해 아무 반응도 보이지 않았다. Greg Jaffe, Scott Wilson & Karen DeYoung, "U.S. envoy resists troop increase, cites Karzai as problem," The Washington Post, (November 11, 2009)

3) 그 당시 미 국방장관 로버트 게이츠(Robert Gates) 역시 미국의 아프가니스탄 점령이 그 나라 국민들에게 부정적 감정을 자극할 수 있다고 주장하면서 추가파병에 반대했다.

가병력 대부분은 아프가니스탄 남부 주에 배치될 것이다. 또 2011년 7월부터 안정화 노력의 리더십이 미국에서 카불 정부로 이양되고, 미군병력 수준은 그에 비례해 감축될 것이다."[1] 그렇게 해서 병력증강이 2010년 9월 9만 8천명, 그리고 2011년 5월 미군병력이 10만명 수준에 이를 때까지 계속됐고, 결국 그 결정은 미국으로 하여금 전쟁 상황을 다시 역전시키고 안정된 상태에서 철군하게 만드는 전기를 마련했다.[2] 연합국은 오바마 행정부의 철군계획이 너무 조급하다고 주장하는 카불 정부관리들의 의견을 수용해 (2010년 11월 리스본 나토 정상회담에서) 아프가니스탄 정부로의 점진적 임무이양을 2014년 말까지 늦추기로 결정했다.[3]

2) 아프가니스탄 정세

_아프가니스탄

2009년 12월 추가 병력증원 선언 당시 카불 정부는 영토의 약 30%를 통치했고, 반군은 다른 30% 지역에서 세력을 확장하고 있었으며, 나머지 지역은 각 부족과 기타 그룹에 의해 통치되고 있었다. 북부 지역 여러 주에서 별로 존재감이 없었음에도 불구하고, 탈레반은 총 34개 주 중 33개 주에 '예비 지사'(shadow governor)를 임명했다. 그 즈음 현지 미군 정보책임자 마이클 플린(Michael Flynn) 중장은 펜타곤에 탈레반이 정통성 제고, 능력증진에 필요한 자원을 확보한 상태에 있고, 2010년에 공세를 증가시킬 것이라는 내용의 정보보고서를 제출했다.[4] 그의 예상대로 2010년 처음 3개월 동안 2009년 동기에 비해 미군 전사자 숫자는

1) Peter Baker, "How Obama Came to Plan for Surge in Afghanistan," The New York Times, (December 5, 2009)
2) 오바마가 아프가니스탄에 10만 명에 이를 때까지 병력을 증원시키는 의사결정과정에 관한 자세한 논의는 George Packer, "The Longest War; Richard Holbrooke and the Decline of American Power," Foreign Affairs, Vol. 98, No. 3 (May/June 2019), pp. 46-68을 참조할 것.
3) Katzman, Afghanistan: Post-Taliban Governance, (December 22, 2015), p. 25.
4) 2009년 말에는 병력증강과 함께 CIA의 드론공격이 증가했는데, 그 작전의 결과 파키스탄 탈레반 리더 바이툴라 메수드(Baitullah Mehsud)가 사살됐다. CIA 역시 탈레반 이중첩자의 자살폭탄 공격으로 인해 바그람(Bagram) 공군기지에서 요원 7명을 잃었다. Peter Bergen, "U.S. intelligence briefing: Taliban increasingly effective," (January 25, 2010), http://cnn.com/2010/WORLD/asiapcf/01/25/afghanistan.taliban/index.html?iref=allsearch

두 배로 증가했고, 미군과 ISAF는 전세역전을 위해 또다시 많은 노력을 기울여야 했다.[1] 2010년 3월에는 오바마 대통령이 처음 카불을 방문하면서 아프가니스탄 대통령 하미드 카르자이(Hamid Karzai)에게 정부 내 부패청산을 강력히 요구했다. 그 이유는 전장의 미군지휘관, 외교관리, 그리고 워싱턴 당국 모두 아프가니스탄 정치인, 공직자에 만연한 부패가 그 나라 사회, 경제재건을 지연시키고 동시에 카불 정부를 지원하는 서방에 대한 주민들의 반감을 증대시키는 것으로 판단했기 때문이다. 그러나 2009년 8월 대선에서 재선된 직후, 카르자이는 중앙 및 지역정부 부패청산에 관한 약속에도 불구하고 부패척결에 별 관심을 보이지 않았다. 실제진전이 이루어진 것은 전혀 없었다. 오히려 카르자이는 오바마의 요구를 내정간섭으로 치부하면서 탈레반과의 타협을 선언했다. 그는 수차례에 걸쳐 탈레반 수반 오마르(Mullah Muhammad Omar)와의 회동을 공개적으로 촉구했다. 그렇

지만 오마르가 계속 그 제안을 거부하면서 그의 시도는 아무 성과를 거두지 못했다. 그때 파키스탄이 카르자이와 오마르의 중재를 자원했지만, 워싱턴은 이슬라마바드 당국의 의도를 의심했다. 그것은 파키스탄과 탈레반이 오랜 기간 내통하는 특수한 관계에 있기 때문이었다. 카불의 유엔 최고위관리 카이 아이드(Kai Eide)도 파키스탄 정부의 이중성에 관해 워싱턴과 동일한 견해를 공유했다.[2]

_하미드 카르자이

3) 퍼트레이스 장군의 부임

2010년 6월 또다시 맥크리스털을 대체해 데이비드 퍼트레이어스(David Petraeus) 장군이 아프가니스탄 주둔 미군사령관 및 ISAF 사령관으로 부임했다. 그 지휘관 교체는 맥크리스털과 그의 몇몇 보좌역들이 롤링스톤(Rolling Stone) 잡지와의 인터뷰에서 미국정부 전체를 폄하한 사건에서 비롯됐다.[3] 새로 부임한 미군 내 최고 COIN 전략가인 퍼트레

----

1) 2010년 초 미 해병대는 남부 헬만드 주 반군 장악지역인 마르자(Marja) 공격에서 신속하게 승리를 거뒀다.
2) 2010년 2월 파키스탄 정부는 탈레반 2인자이며 카불 정부–탈레반 평화협상의 필요성을 가장 많이 주장하는 압둘 바라다르(Mullah Abdul Ghani Baradar)를 체포했다. 그것은 파키스탄이 카불–탈레반 대화를 중재하겠다는 의지표명과는 완전히 상반되는 행동이었는데, 그 외에도 지난 10여 년간 미국과 탈레반 사이에서 파키스탄의 이중적 행태 사례는 차고 넘쳤다.
3) 그 인터뷰에서 맥크리스털은 가까운 관계의 카불 주재 미국대사 칼 아이켄베리(Karl Eikenberry)가 비밀리에 백악관에 보낸 전문에서 자신의 병력증강 주장에 반대한 것을 개인적 '배신'으로 규정했다. 맥크

이어스는 맥크리스털의 민간인 보호, 국가건설(nation-building) 전략을 그대로 지속한다는 방침을 표방했다. 그의 지휘와 미군병력의 급격한 증원을 토대로, 미군과 ISAF 연합군은 강력한 공격에 나섰다. 2010년 여름부터 가을 사이, 미군은 특수부대 작전과 공중폭격을 통해 300명 탈레반 지휘관을 포함해 1천명 이상의 반군을 사살했고, 그 해 말까지 수백 명 탈레반 전사를 추가로 제거했다. 또 미군과 CIA는 특수공작팀을 구성해 아프가니스탄 반군뿐 아니라 파키스탄 내 알카에다 은신처에 100회 이상 드론공격, 헬파이어(Hellfire) 미사

_데이비드 퍼트레이어스

일 공격을 시도했다. ISAF군은 정부군의 남부 헬만드주 장악을 지원하면서, 동시에 특정 탈레반 지도자 생포나 사살임무를 수행했다.[1]

　　2010년 7월, 2004~2009년 아프가니스탄 전쟁에 관한 소위 '전쟁일기'(war diary)라고 불리는 9만건 이상의 '위키리크스'(Wiki Leaks) 자료 유출사건이 발생했다. 그것은 여러 비밀내용을 담고 있었는데, 연합군에 의한 미보고 민간인 사망자 숫자, 탈레반의 열추적 대공미사일 확보시도, 파키스탄 정보당국의 탈레반과의 내통, 미군 특수부대의 반군리더 체포와 사살임무 등의 분석을 포함했다.[2] 그 해 9월 말에는 아프가니스탄-파키스탄 국경 인근 탈레반을 추적하는 과정에서 미군 전투기들이 파키스탄 국경검문소를 폭격하는 사고가 발생했는데, 그때 여러 명의 파키스탄 군인들이 사망, 부상당했다. 그 공격에 대한 반감, 보복에서 이슬라마바드 당국은 나토물자 이송차량의 토크햄(Torkham) 지역 국경통과를 무기한 금지했다. 토크햄 국경봉쇄 이후, 파키스탄 탈레반은 나토 공급물자 이송차량을 공격하고 100여 대의 유조차(tanker)를 파괴했다.[3]

....

리스털은 또 아프가니스탄 및 파키스탄 미국특사로 활동하는 원로외교관 리처드 홀부르크(Richard Holbrooke)와 조 바이든(Joe Biden) 부통령의 판단능력을 평가 절하했다. 맥크리스털의 보좌역들은 인터뷰에서 맥크리스털이 오바마 대통령과 NSC 보좌관 제임스 존스(James Jones)의 현실인식에 매우 실망해 하는 것으로 알고 있다고 말했다. Excerpts: Rolling Stone on General Stanley McChrystal-BBC News, https:www.bbc.com〉 articles

1) Tony Capaccio, "U.S. Said to Reduce Civilian Deaths After Increasing CIA Pakistan Strikes," Bloomberg, (January 31, 2011)

2) 미국 정부는 당황하면서도 다 알려진 사실이라 새로울 것이 없다는 식으로 의미를 축소했다. Eric Schmitt, "The War Logs-Interactive Feature," The New York Times, (July 25, 2010)

3) 토크햄은 아프가니스탄과 파키스탄 사이를 가로지르는 주요 국경도시이다.
http://www.vancouversun.com/news/Taliban+ramp+attacks+against+NATO/3636093/story.html

4) 빈 라덴 사살과 미군철수

2011년 봄 미군과 ISAF 공세가 남부의 칸다하르를 포함해 아프가니스탄 각지에서 계속됐고, 그로 인해 탈레반 통치지역은 크게 축소됐다. 연합군이 칸다하르 전투에서 탈레반을 공격한 것에 대항해 반군세력은 주지사 공관, 시장 사무실, 경찰서 등 정부시설을 공격했고, 그 과정에서 500여 명의 탈레반 죄수들이 탈옥했다. 그러나 2011년 5월 2일 미 CIA와 미 해군 특수부대 네이비 실(Navy SEALS) 제6팀이 넵튠 스피어(Neptune Spear) 작전을 통해 파키스탄의 아보타바드(Abbotabad)에서 빈 라덴을 사살하는 결정적 성과를 올렸고, 그것은 미군과 연합군에게 아프가니스탄 전쟁목표의 완성을 의미했다. 미군은 헬리콥터로 안전가옥에 진입해 총격전 끝에 빈 라덴을 사살하고, 반군세력이 그를 영원한 리더로 추종하지 못하도록 시신을 바다에 수장했다.[1] 오바마 대통령은 전 세계에 방영된 텔레비전 연설을 통해 2001년 아프가니스탄 전쟁이 시작된 이후 미국은 이제 비로소 전쟁의 궁극적 목표인 정의(justice)를 실현했다고 말했다. 그가 그 작전 당시 워싱턴에서 작전 관계자들과 함께 TV 모니터를 시청하는 모습은 전 세계에 방영됐다. 6월에 로버트 게이츠 미 국방장관은 미국이 탈레반과 화해를 위한 대화를 하고 있지만 갈등종식은 아직 초기단계에 머물러 있다고 확인했다.[2]

....

1) 빈 라덴과 알카에다의 원천적 성격에 관해 다음과 같이 분석이 제기됐다. 알카에다는 아랍문화의 핵심 가치, 규범, 믿음의 환경에서 탄생했는데, 서방과 이슬람 세계 간 긴장관계의 역사가 그 조직을 동기 유발시켰다. 아랍, 중동이 19세기 이후 제1차 세계대전 전까지 서방의 식민지였다는 사실이 아랍이 서방에 가진 보통 인식이다. 그들은 근대세계의 모든 기준에서 무슬림이 뒤처져 있음을 인지했고, 그것은 명예와 자존심을 중시하고 모든 것을 상대방의 탓으로 돌리는 아랍 문화의 두 가지 핵심특성을 자극했다. 그들은 영국, 프랑스가 오토만을 여러 나라로 분리, 독립시키고 그곳에 친서방 리더를 권좌에 앉혀 경제, 정치적 이익을 추구한 것으로 이해했으며, 워싱턴이 중동 오일로 인해 아랍에 진출했을 때 미국을 과거 경제, 군사패권을 추구하던 서방의 일원으로 간주했다. 아랍 무슬림은 원래 탁월했던 자기들의 문명이 서방에 의해 약탈당한 것으로 인식하고 치욕과 분노, 열등감, 복수심으로 불탔다. 2009년 부르킹스(Brookings) 연구원의 아랍 6개국 대중여론조사 결과는 70% 이상의 응답자가 미국에 대해 부정적 인식을 갖고 있고, 단지 22%만이 긍정적 인상을 갖고 있는 것으로 나타났다. 그렇게 빈 라덴이 이끄는 알카에다의 목표는 중동, 이슬람지역에서 이교도를 축출하고 이슬람 율법을 회복시키는 것이다. 1998년 ABC 기자 존 밀러(John Miller)와의 인터뷰에서 빈라덴은 "미국인들이 그것을 시작했고 보복과 처벌은 상호주의 원칙에 의해 수행되어야 하는데, 특히 여성과 어린이가 개입됐을 때는 특히 그렇다"고 말했다. 그는 "원자탄을 투척하고 그 대량살상무기를 일본에 사용한 자"를 비난했고, 그 폭탄이 "군대와 여성, 영아와 어린이를 구분"할 수 있는지 수사적으로 물었다. 빈 라덴과 알카에다는 바로 그렇게 느낀다. David R. Waters, Al Qaeda and the Global War On Terror, School of Advanced Military Studies, (US Army), (2010), pp. 1-37.
2) "Taliban Attack Afghan Government Offices in South," The New York Times, Associated Press, (May 7, 2011); Navy SEALS는 케네디 대통령이 창설한 미 해군 특수부대로 SEALS는 Sea, Air, and

2011년 6월 하순 오바마 대통령은 또다시 아프가니스탄 사태의 향후 진전에 대해 연설했다. "우리는 힘이 우세한, 유리한 상태에서 미군병력의 철수를 시작할 것이다. 우리는 빈 라덴을 포함해 30명 중 20명의 알카에다 최고위 리더들을 사살해 알카에다를 패퇴시키는 핵심목표를 초과 달성했다. 우리는 탈레반

_네이비 실

_빈 라덴

의 동력을 깨뜨렸고 10만 이상의 아프가니스탄 안보병력을 훈련시켰다."[1] 또 그는 2011년 말까지 1만 명의 미군병력이 철수하고 2012년 9월까지 2만 3천명이 추가로 철수해 현지주둔 미군 병력은 6만 8천명이 될 것이라고 덧붙였다. 그 다음 달 7월 원래 계획대로 카불 정부로의 임무이양이 시작됐다. 오바마 대통령은 미군의 역할이 전투에서 정부병력 훈련 및 지원으로 변경되고 2014년 말까지 모든 역할전환 및 미군철수가 완료될 것임을 재확인했다. ISAF에 참여한 나토국가들의 철군계획 발표도 이어졌는데, 2011년 7월 캐나다가 전투병력을 철수시키고 카불 정부군 훈련으로 역할을 변경했다. 영국, 프랑스, 스페인, 벨기에, 노르웨이는 2012년 초부터 시작해 2014년까지 3년 기간에 병력철수를 완결한다는 계획을 공표했다.[2]

5) 미군의 사고와 일탈

2012년 1~3월 미군병사들의 일탈행동으로 인해 미국과 아프가니스탄 간에 여러 차례 갈등이 있었다. 어느 미군병사는 아프가니스탄인 시신에 방뇨했고, 다른 병사는 이슬람이 신성시 하는 코란을 불태웠다. 또 다른 병사는 칸다하르주 어느 미군기지에서 벗어나 인근 마을에서 수십 명을 살해하고 시신을 불태웠다. 그런 일탈행동은 그 나라 국민들

Land를 의미한다.

1) Barbara Salazar Torreon, US Periods of War and Dates of Recent Conflicts, CRS Report, 7-5700, RS21405, (February 27, 2015), p. 7.

2) 2011년 9월 탈레반과의 화해, 협상의 핵심인물인 전 대통령 부르하누딘 라바니(Bruhanuddin Rabbani)가 탈레반 자살폭탄에 암살됐다. 2011년 11월에는 ISAF 병력이 실수로 파키스탄 군인 24명을 사망하게 하는 사건이 발생했다. 나토 사무총장 앤더스 라스무센(Anders Foch Rasmussen)은 그것은 비의도적이지만 비극적 사건이었다고 사과했다. 파키스탄군 대변인은 "그 사과는 충분치 못하다. 우리는 강력하게 그 공격을 비난하고 행동을 취할 권리를 가진다. 이것은 우리의 협력수준과 범위에 대해 심각한 결과를 초래할 것"이라고 말했다. Nick Hopkins, "Afghanistan withdrawal: UK to make up its own mind," The Guardian, (June 21, 2011)

을 분노케 했고, 그로 인한 그들의 반감증가는 미군과 ISAF 병력의 임무수행을 더 어렵게 만들었다. 그럼에도 불구하고 미국과 카불 정부는 두 개의 이슈에 합의했다. 3월 양측은 미군이 억류하던 죄수들을 6개월 내에 카불 당국으로 이관시키기로 합의했다. 4월에 탈레반 리더 체포와 사살을 위한 야간작전은 정부군이 담당하기로 했는데, 그 이유는 전투과정에서 발생하는 민간가옥 야간 수색이 대중의 반감과 반군 증가를 부추길 수 있기 때문이었다. 공교롭게도 그 며칠 후 탈레반은 미국 및 카불 정부와의 모든 협상을 중단할 것이라고 선언했다.[1]

6) 전략 파트너십 합의와 미군철수

미군 및 ISAF 철수 분위기에서 2012년 5월 1일 오바마와 카르자이는 '전략 파트너십 합의'(SPA: Strategic Partnership Agreement)에 서명했다. 그 합의는 2014년 말 임무이양이 완결된 이후 2024년 말까지 아프가니스탄 안정과 발전에 관한 미국의 기여와 책임을 다루었다. 미국은 정부병력을 위한 훈련 및 무기제공, 그리고 경제발전을 지원하기로 약속하고, 아프가니스탄 내 군사기지 건설, 또는 장기적 사용권리를 획득했다.[2] 그러나 정부군 훈련 및 자문 목적의 미군과 나토군 잔류 여부는 아직 결정되지 않았다. 잔류문제는 별도 양자안보합의(BSA: Bilateral Security Agreement)에서 다루기로 했는데, 그 이유는 카르자이가 퇴임 전까지 BSA 서명을 거부했기 때문이다.[3] 2012년 5월 하순 시카고 나토 정상회담에서 회원국 리더들은 병력철수 및 그 이후 계획에 합의했다. ISAF 병력은 모든 전투임무를 2013년 중반까지 정부군으로 이양하고 정부 안보병력의 자문, 훈련, 지원으로 역할을 변경할 것이다. ISAF 병력 대부분은 2014년 12월까지 아프가니스탄에서 떠날 것이다. 나토의 새로운 임무는 지원역할에 집중될 것이다.[4]

2013년 2월 국정연설에서, 오바마 대통령은 2014년 2월까지 미군병력 수준은 3만

----

1) "Photos of Soldiers Posing With Body Parts Add Strain to a Taxed Relationship," The New York Times, (April 18, 2012)
2) 카불 정부는 미군이 아프가니스탄 군사기지를 이웃국가를 공격하는 데 사용하지 말아야 한다는 단서를 붙였다.
3) Katzman, Afghanistan: Post-Taliban Governance, (December 22, 2015), p. 30.
4) "Chicago NATO Summit 2012 Declaration," NATO, Defence Talk-Global Defense, Aerospace & Military Portal, (May 21, 2012), http://www.defensetalk.com/chicago-nato-summit-2012-declaration-42672/

4천명으로 축소될 것이라고 말했다.[1] 그 해 6월 ISAF의 안보책임 이양이 완결됐다. 나토의 ISAF 작전지휘권이 정부군으로 이양되면서, 100여 개 지역에서 연합군이 보유하던 안보통제권이 정부군과 경찰로 넘겨졌다. 나토 사무총장 라스무센은 10년 전 거의 전무하던 아프가니스탄 안보병력이 이제는 35만 군병력과 경찰을 보유하고 있다고 감회 깊게 말했다. 그럼에도 불구하고 2011년 중반 이후 외국군 철수가 본격화되는 가운데, 반군의 저항, 공격, 테러는 중단되지 않았다. 2012년 탈레반은 2011년과 동일한 비율로 계속 공격했는데, 그것은 연 2만 8천회에 달했다.[2] 2013년과 그 이후에도 탈레반의 공격은 계속됐고, 특히 치명적인 것은 자살폭탄 공격이었다. IMF 아프가니스탄 소장 등 20여 명이 사망한 카불의 레바논 음식점 폭파사건(2014. 1), 프랑스 AFP 통신 일가족 포함 15명이 살상당한 카불의 세레나(Serena) 호텔 테러(2014. 3), 카불 서쪽 차르가(Camp Qargha) 훈련기지 해롤드 그린(Harold Greene) 소장 살해 및 15명 상해(2014. 8) 등 자살폭탄과 테러가 모두 그런 것이었다. 일부 반군들은 터반(turban) 속에 숨긴 폭탄으로 자폭했다. 그들은 연합군이 아프가니스탄의 종교전통, 또 방문객과 손님을 배려해 터반을 수색하지 않는다는 점을 노렸다. 2014년 미국인 사망자 수는 군인과 미국 방위계약업자를 합쳐 160명에 달했다.[3]

7) 자유의 파수꾼 작전과 단호한 지원임무

2014년 5월 오바마 대통령은 2014년 말 철수(완료) 이후의 병력규모와 2016년 이후 궁극적인 미군 감축계획을 언급했다. 그는 아프가니스탄으로부터의 병력감축이 미국의 다른 군사요구에 도움을 주고 현지인들에게 그들의 훈련과 조직발전에 매진하게 할 것이라고 강조했다. 오바마는 다음과 같이 말했다. "2015년 이후 9천 8백 명의 아프가니스탄 주둔 미군병력은 ISAF를 승계해 주로 (나토가 주도하는) '단호한 지원임무'(RSM: Resolute

1) Katzman, <u>Afghanistan: Post-Taliban Governance</u>, (December 22, 2015), pp. 25-26.
2) "Bomb blast hits Afghanistan on security handover day," (June 19, 2013), http://www.dw.de/bomb-blast-hits-afghanistan-on-security-handover-day/a-16888374; Nathan Hodge, "Blast Mars Day of Security Handover in Kabul," The Wall Street Journal, (June 18, 2013)
3) Robert Burns, "APNEWSBREAK: Taliban Attacks Not Down After ALL," Associated Press, (February 26, 2013), http://bigstory.ap.org/article/ap-newsbreak-drop-taliban-attakcs-incorrect; 해롤드 그린 소장은 9·11 이후 살해당한 최고위 미군장성이다. 차르가 총격 사건 당시 부상자 중에는 독일군 장성, 2명의 현지 정부군 장성, 그리고 정부군 장교들이 포함되어 있었다. Afghanistan insider attack on U.S. troops at Camp Qargha west of Kabul-CBS News, (August 2014), https://www.cbsnews.com〉 news

Support Mission)를 수행하는 훈련관들로 구성될 것이다. 그 중 2천명의 미군병력은 특수공작부대로, 그들 중 약 1천명은 '항구적 자유 작전'(OEF: Operation Enduring Freedom)을 승계한 '자유의 파수꾼 작전'(OFS: Operation Freedom's Sentinel) 하에서 알카에다 및 탈레반 반군들과의 전투에 직접개입하면서 대테러 임무를 지원할 것이다. 미군은 아프가니스탄 작전명 OEF를 OFS로 개칭한다. 2015년 말까지 약 5천명으로 축소되는 미군병력은 주로 카불과 바그람 공군기지에 집중 배치될 것이다."[1] 아프가니스탄 군사개입을 종식하거나 축소하라는 유럽 내 대중여론에도 불구하고, ISAF 국가들의 병력축소는 미군감축과 거의 비슷한 속도로 진행됐다. 캐나다, 프랑스, 네덜란드는 2010~2012년 기간 전투병력 임무를 종식시키는 가운데 2014년 말까지 현지 정부군 군사훈련 고문역할을 담당했다. 한국은 2014년 6월 바그람 공군기지 인근 파르반(Parwan) 주에서 안보임무를 종식했다. 한국군이 운영하던 병원과 지역발전 전문가들은 2016년까지 잔류하기로 결정했다. 2014년 말까지 전투임무를 지속한 파트너 병력은 영국, 폴란드, 덴마크, 루마니아, 호주였다. 연합국들은 ISAF가 종결되면서 그 후신인 RSM에 군사훈련단과 고문단을 제공하기로 약속했다.[2]

_아쉬라프 가니

2014년 9월 영국 웨일즈(Wales) 정상회담에서 나토는 2015년 RSM 총 병력이 약 1만 3천명이 될 것이라고 발표했다. 터키는 카불의 RSM을 책임지고, 독일은 그 나라 북부를 책임지며, 이탈리아는 서부를 책임지기로 했다. RSM 사령관 존 캠벨(John Campbell) 장군은 ISAF 활동 당시와 비슷한 숫자의 약 40개 국가가 RSM에 병력을 제공할 것이라고 말했다. 2014년 9월 30일 아쉬라프 가니(Ashraf Ghani)가 대통령으로 새로이 취임하면서, 드디어 미국-아프가니스탄, 나토-아프가니스탄 사이에 지속적 군사주둔을 가능케 하는 2개의 안보협정이 서명됐다.[3] 그 협정은 2015년

1) Katzman, Afghanistan: Post-Taliban Governance, (December 22, 2015), p. 26.
2) Ibid., p. 26.
3) 세 번째 대통령 선거의 제1차 라운드는 2014년 4월에 있었고, 결선투표는 6월에 개최됐다. 그때 선거사기 주장은 재검토를 통해 해결되지 않았지만, 가니는 9월 미국이 중재한 권력분점 방안에 따라 승자로 선포됐다. 경쟁자였던 압둘라 압둘라(Abdullah Abdullah) 박사는 새로 만들어진 정부 최고행정관(Chief Executive Officer) 직책을 수락하기로 합의했다. 그러나 그 두 사람은 인종, 파벌 문제로 인해 2015년 1월까지 새 내각 구성을 발표하지 않았고, 그 이후에도 두 사람의 협력은 많은 파열음을 냈다. 의회(Loya Jirga)는 2년 내 최고행정관 직책을 상임총리로 전환하는 방안을 검토하기로 약속했다. Katzman, Afghanistan: Post-Taliban Governance, (December 22, 2015), p. 9; Declan Walsh and Azam Ahmed, "Mending Alliance, U.S. and Afghanistan Sign Long-Term Security

초 이후 카불이 서방국가들과 갖는 미래의 안보, 군사관계를 규정했다. 미−아프가니스탄 양자안보합의(BSA: Bilateral Security Agreement)에 따라 그 나라 주둔 미군에게 법적사면권(legal immunity)이 부여됐다. 2014년 내내 미국과 파트너 국가들은 ISAF 임무종결을 준비했다. ISAF는 800개 군사기지 대부분을 정부군에 반환했고, 지역 재건팀(PRTs: Provincial Reconstruction Teams)은 현지 국가제도 하로 복귀했다.[1] 2014년 12월 28일 14년간의 전투 이후, 오바마 대통령과 미 국방장관 척 헤이글(Chuck Hagel)은 2천 2백 명 이상의 미군 목숨을 앗아간 OEF의 종식과 2015년 1월 1일부로 시작되는 후속임무 OFS를 선언했다. 임무 이양식은 카불 ISAF 본부에서 연합군 사령관들과 참전국 장병이 참석한 가운데 거행됐다.[2]

(2) 병력철수 이후

2014년 말 병력 철수 당시 아프가니스탄 관련 미국 입장은 다음과 같았다. 2015년 초 이후 잔류하는 9천 8백 명 미군의 임무는 탈레반으로부터 현지안보를 보호하는 것으로, 그들은 대부분 RSM에서 활동하는 나토에 포함되어 반군의 위협을 방지하고 정부군의 대테러 작전을 훈련, 조언, 지원하면서 시급할 경우 일부병력은 전투에 직접 개입할 것이다. 그 9천 8백 명 병력은 2015년 말까지 5천명 규모로 축소되고 그 범위에서 무기한 유지될 것이다. 미국은 현지안보에 장기적이고 광범위하게 개입할 것이다. '전략적 파트너십 합의'(SPA)는 2024년까지 아프가니스탄에 대한 미국의 안보 및 경제지원을 약속한다. 미국의 지원규모는 약 60억 달러 현재수준에서 2017년까지 계속될 것이다. 미국은 아프가니스탄 사태의 정치적 해결을 지지한다. 특히 카불 정부와 탈레반 간의 정치적 해결을 지지하는데, 그 노력의 일환으로 미국은 파키스탄이 카불 정부와 탈레반 대표간의 대화를 돕고 자국 내 아프가니스탄 무장세력에 대한 피난처 제공을 거부할 것을 촉구한다.[3]

Agreement," The New York Times, (September 30, 2014)

1) 미군은 레더넷 기지(Camp Leathernet), 영국군은 배스티온 기지(Camp Bastion)를 마지막으로 반환했다. Katzman, Afghanistan: Post−Taliban Governance, (December 22, 2015), p. 27, "Obama heralds formal end of war in Afghanistan after 13 years," (December 28, 2014), http://www.theguardian.com/world/2014/dec/28/us−nato−formally−end−wasr−afghanistan−kabul−ceremony; Ryan Syal, "UK troop hand over Camp Bastion to Afghan forces, ending 13 year campaign," The Guardian, (October 26, 2014)

2) Torreon, U.S Periods of War and Dates of Recent Conflicts, (February 27, 2015), p. 7.

3) Katzman, Afghanistan: Post−Taliban Governance, (December 22, 2015), p. 31.

1) 미군 철수계획 및 개입원칙의 변경

그러나 2014년 6월 이라크의 정부군이 또다시 이슬람국가(IS: Islamic State) 전사들의 공세 앞에서 상당부분 붕괴되는 것을 목격하면서, 일부 전문가들은 아프가니스탄으로부터의 급격한 미군병력 감축에 대해 우려하기 시작했다. 그들은 2011년 말 이후 미국이 이라크에 일정수준의 병력을 남겨두지 않은 것이 그곳에서 IS 힘의 성장에 기여했고, 만약 실질적 숫자의 병력이 아프가니스탄에 잔류하지 않으면 마찬가지 상황이 그곳에서 반복될 수 있다고 주장했다. RSM 사령관 존 캠벨 장군은 정부 안보병력의 능력에 대해 그런대로 괜찮다는 우호적 평가를 내렸지만, 다른 미군사령관들은 우려를 금치 못했다.[1]

실제 2015년 내내 탈레반 반군공격은 다양한 형태와 규모로 계속됐다. 2015년 4월까지 탈레반은 자살폭탄 차량으로 카불에 위치한 EU 경찰본부(EUPOL)를 습격해 여러 명 관리를 살상했고, 파르반주를 포함해 전국 여러 지역에서 정부군과 교전했다. 그 즈음 '이슬람국가'(IS)가 아프가니스탄에 '코라산 지부'(Wilayah Khorasan)를 설치하고 반군전사를 충원하기 시작했는데, 빈 라덴 사망 이후 새로이 생겨나는 그 현상은 미국을 크게 우려케 했다.[2] 2015년 봄 이후 탈레반 반군의 공격은 더 강화됐다. 그들은 카불에서 헤탈(Hetal)호텔 인질사건을 벌였고, 의회 앞에서 자살폭탄 차량을 폭파시켰으며, 미군기지(Camp Integrity)를 공격해 10명 이상의 미군을 살해했다. 쿤두즈주(Kunduz Province)에서는 여러 구역에서 동시다발적으로 전투를 시도했고, 또 쿤두즈를 카불 및 마자르-이-샤리프(Mazar-e-Sharif)로 연결하는 고속도로 일부를 장악하고 공항으로 가는 길을 폐쇄했다.[3] 탈레반은 남부 헬만드주에서도 공세를 멈추지 않았다. 2015년 여름 그들은 5천명 이상의 정부군과 경찰병력을 살해하면서 디슈(Dishu)와 바그란(Baghran)을 접수했고, 나자드 지구(Nawzad district)로 세력을 확대한 이후 10월 헬만드주 수도 '라쉬카르 가'(Lashkar Gah) 장악을 시도했다. 12월 초 '라쉬카르 가' 도시외곽에 거점을 구축한 탈레반은 90여 명의 정부군을 살해하고 상인구역(Sangin district)을 장악했으며, 12월 말까

---

1) Ibid., p. 27.
2) "ISIS active in south Afghanistan, officials confirm for first time," CBS News, (January 12, 2015); IS 코라산은 아프가니스탄과 파키스탄에서 활동하는 IS 분파조직이다.
3) 미군과 카불 정부군은 2015년 10월 어렵게 쿤두즈를 재탈환했다. "Taliban launch brazen attack on Afghan parliament, seize second district in north," (June 22, 2015), www.reuters.com; "Afghanistan: Taliban suicide bomb attack near Kabul airport." (August 10, 2015), www.bbc.com

지 헬만드의 수많은 지역을 장악한 상태에서 현지 정부군과 전투를 계속했다. 헬만드 미군 지휘관들에 따르면, 무기와 탄약이 절대적으로 부족한 그 지역 정부병력은 탈레반의 집요한 공격을 막아내는 데 한계가 있었고, 수년 째 가족을 만나지 못한 채 전투를 계속하는 병사들의 사기는 낮았다. 그들의 탈영비율이 높은 것은 이상한 현상이 아니었다.[1]

_아프가니스탄 지도, lonelyplanet.com

탈레반 반군들이 본격적으로 소생하기 시작한 것은 2015년 봄 이후였는데, 그것은 여러 요인에서 비롯됐다. 예컨대 2014년 말 미군과 나토의 전투임무가 종식되고 대부분의 외국군이 철수하면서, 탈레반이 폭격, 공격당하는 위험이 크게 감소했다. 2014년 6월 파키스탄군의 북와지리스탄 지역 군사작전에서 축출된 수천 명 우즈베키스탄, 아랍, 파키스탄 반군이 아프가니스탄으로 밀려들어와 탈레반전사로 탈바꿈한 것도 반군활동 강화의 또 다른 원인이었다.[2] 정부 안보병력의 취약한 군사능력은 근본적 문제였다. 정부군은 능력과 장비에서 충분치 못했고, 특히 정보와 공군력이 절대적으로 결핍됐다. 카불 중앙정부의 정치권력을 둘러싼 내분과 지방의 취약한 국정운영 역시 탈레반 재부상에 기여했다. 더 넓게는 국제사회의 관심이 '아랍의 봄'에 의해 중동으로 향하고, 또 푸틴의 크리미아 점령으로 동유럽을 포함해 세계의 다른 위기지역으로 관심이 쏠리면서, 탈레반은 더 대담해질 수 있었다.[3]

2015년 가을로 접어들면서 반군의 기세는 더 강해졌다. 남부 헬만드주의 여러 구역에서 탈레반은 유리한 성과를 거두고 있었고, 그 지역 리더들은 카불 중앙정부가 더 많은 병력과 재정을 지원하지 않으면 주 전체가 탈레반 수중으로 넘어갈 것으로 우려했다. 2015년 9월 쿤두즈를 탈레반이 장악한 것은 반군에게 중요한 진전을 의미했다. 비록 그

---

1) "Taliban seize district in Helmand province," (July 30, 2015), www.longwarjournal.org; "The U.S. was supposed to leave Afghanistan by 2017, Now it might take decades," The Washington Post, (January 26, 2016)
2) 파키스탄의 군사작전명은 '자르브－이－아즈브 작전'(Operation Zarb－e－Azb)이었다.
3) "Why are the Taliban resurgent in Afghanistan?" BBC, (January 5, 2016)

다음 달 10월 RSM 지원을 받아 정부군이 쿤두즈를 다시 장악했지만, 그 일시적 패배는 정부병력이 2016년 말까지 단독으로 아프가니스탄을 방어하는 것이 불가능할 것이라는 인식을 강화시켰다. 특히 이라크를 넘어 아프가니스탄 내에서도 IS의 존재가 새로이 확대되는 현상은 카불 정부뿐 아니라 미국에게 또 다른 위협이었다. '유엔 아프가니스탄 지원임무'(UNAMA: UN Assistance Mission in Afghanistan) 보고서는 2015년 9월 이후 그 나라 영토의 거의 절반이 탈레반으로부터 극단적 위협에 처해 있다고 분석했다.[1]

카불 정부는 국가통치가 도전받는 곳에서 지방의 군벌 무장세력을 재조직해 반군 도전에 대비하는 전략을 장려했다. 무장세력을 구성하는 분파 리더들 중에는 바크주(Balkh Province) 지사 아타 모하마드 누르(Atta Mohammad Noor), 헤라트(Herat) 리더 이스마일 칸(Ismail Khan), 그리고 (제1부통령) 압둘 도스탐(Abdul Rashid Dostam)이 있었다. 그렇지만 그 무장세력들은 인종적, 공동체적 갈등을 일으킬 수 있고, 그 두 가지 갈등 모두 중앙정부 권위의 축소, 권력의 잠식으로 이어질 수 있었다. 더구나 무장세력 리더들이 정의의 이름으로 무분별하게 무력을 행사한다면, 그것은 대중정서가 오히려 반군 쪽으로 기울게 할 우려가 있었다.[2]

반군세력 확대의 우려는 오바마 행정부에게 아프가니스탄 철군계획과 개입원칙을 변경해야 할 필요를 제기했다. 사실 2014년 11월 오바마 대통령은 이미 그 나라에 주둔하는 모든 미군에게 그들의 임무는 엄격하게 훈련 및 자문에만 국한되는 것이 아니라 미군이나 카불 정부가 직접적 위협에 처할 때에는 전투임무를 수행할 수 있다고 승인한 바 있었다. 또 대통령은 미군 전투기와 드론의 공격역할도 승인했다. 그에 따라 미군병력은 대테러 임무를 넘어 이슬람 무장반군에 대한 공격을 증가시켰고, 2015년 1년 간 미군은 아프가니스탄 내 목표물에 대해 약 1천개의 폭탄과 미사일을 투하, 발사했다. 2015년 2월 카불을 방문하면서, 애쉬턴 카터(Ashton Carter) 미 국방장관은 워싱턴은 아프가니스탄으로부터 철수를 늦출 것이라고 말했다. 2015년 3월 하순 아프가니스탄의 가니 대통령과 압둘라 최고행정관이 워싱턴을 방문했을 때, 오바마 대통령은 미군은 원래 선언한 대로 2015년 말까지 5천명으로 감축되기보다는 9천 8백명 수준에서 그대로 유지되고 2016년 철군의 방향은 그 당시 상황을 보아가며 조정될 것이라고 말했다. 동시에 그는 미군병력

----

1) Katzman, <u>Afghanistan: Post−Taliban Governance</u>, (December 22, 2015), p. 27.
2) Ibid., p. 28.

배치는 카불과 (파르반주) 바그람(Bagram) 공군기지에만 국한되지 않고 그 나라 모든 주요지역을 대상으로 실시될 것이라고 덧붙였다.[1] 2015년이 흘러가면서 국방장관 카터와 합참의장 마틴 뎀프시(Martin Dempsey) 장군을 포함하는 많은 미국 고위관리들은 2015년 말까지 미군규모를 추가 감축시키려는 계획은 그곳 안보상황 변화를 감안해 변경되어야 할 것이라고 말했다. 2015년 10월 오바마 대통령은 카불 정부와 아프가니스탄인들이 미국의 지속적 지지를 받을 자격이 있다고 선언하고, 결국 2016년 말까지 병력은 1만명 수준으로 남아 있을 것이라고 말했다.[2]

(3) 트럼프 행정부 집권기 상황

미국에서 트럼프 행정부가 집권한 이후에도 아프가니스탄 현실은 오바마 행정부 말에 비해 크게 변하지 않았다. 미군 및 연합군 병력과 정부군의 안정화 노력에도 불구하고 탈레반은 그 나라 전역에서 지속적으로 공격을 이어갔고, IS는 더 성장하는 양상을 보였다. 많은 경우 탈레반과 IS는 의도적으로 민간인을 공격해 그들의 공포심을 유발시키는 전략을 사용했는데, 2017년 반군 폭발물로 인한 민간인 사상자 수는 1만명이 넘었다. 현지 미 장성들의 의견을 수용해, 트럼프 행정부는 2017년 여름까지 미군병력을 거의 50% 가까이 1만 4천명 수준으로 증강시켰다. 또 트럼프 행정부가 공중폭격을 강조하면서, 2018년 전반기 미 공군은 3천개의 폭탄을 투하했다. 그러나 그 조치들은 전세를 역전시키지 못했다. 탈레반은 미국과 동맹국들의 아프가니스탄전쟁 개입을 비난하면서 더 많은 자살공격을 시도했고, 그것은 연합군의 공중폭격과 반군 자살공격 증가의 악순환으로 이어졌다.[3]

2018년 초 탈레반은 아프가니스탄 14개 지구(districts)를 완전히 장악한 상태에서 영

---

1) 카터 국방장관은 아프가니스탄 국방, 내무장관과 함께 2010년 5월 처음 시작한 미-아프가니스탄 전략 국방대화인 안보협의포럼(SCM: Security Consultative Forum)을 재개할 것이며, 그 나라 국방군에 대한 자금지원은 2017년까지 계속될 것이라고 말했다. Jack Deutsch, "Is the US War in Afghanistan Actually Over?" (March 25, 2015),
http://thediplomat.com/2015/03/is-the-us-war-in-afghanistan-actually-over

2) Katzman, Afghanistan: Post-Taliban Governance, (December 22, 2015), pp. 28-29.

3) Mark Landler, Michael R. Gordon, "As US Adds Troops in Afghanistan, Trump's Strategy Remains Undefined," The New York Times, (June 18, 2017); "Afghanistan Protection of Civilians Annual Report, United Nations," United Nations, (February 8, 2018)

_도널드 트럼프

토 70% 지역에서 공개적으로 세력을 확장하고 있었고, 그해 여름 자우 즈잔주(Jowzjan Province)와 가즈니주(Ghazni Province)를 공격하는 과정에서 수백 명의 정부군과 경찰을 살해했으며, 10월 아프가니스탄 의회선거 당시에는 주민들의 선거참여를 막기 위해 의원후보 압둘 카라만(Abdul Jabar Qahraman)을 살해했다. 2018년 초 트럼프 행정부는 반군의 민간인 살해를 비난하면서 그들과의 대화를 전면 거부했으나, 그 해 12월 아랍 에미리트(UAE: United Arab Emirates)에서 다시 탈레반과 평화대화를 추진했다. 그때 탈레반은 미군 및 연합군 철수와 아프가니스탄 내 이슬람주의자(Islamist) 정부건설에 반대하지 말 것을 요구했고, 미국은 일부기지와 일부 병력의 잔류는 양보할 수 없다고 맞섰다. 그럼에도 불구하고 2019년 교전은 수시로 계속됐다. 미군과 카불 정부군은 난가하르주(Nangahar Province), 칸다하르주, 헤라트(Herat)주를 포함하는 여러 지역에서 수백명 반군을 사살했고, 탈레반은 카불 미 대사관과 가니(Ghani) 정부 수뇌부에 대한 공격을 시도하면서 북부의 바글란주(Baghlan Province), 사망간주(Samangan Province), 그리고 남부 헬만드주에서 군경 수백 명을 살상했다.[1] 그래도 2019년에 들어와 과거보다 평화의 가능성이 높아지는 것으로 보였는데, 그 이유는 당사자들의 교전 속에서도 미국과 탈레반 간 평화협상 빈도가 더 잦아졌기 때문이다. 2019년 2월 미국과 탈레반 반군 협상에서는 양측이 평화안에 잠정합의한 것으로 알려졌다. 미국 특사 잘마이 칼릴자드(Zalmay Khalilzad)는 워싱턴의 협상조건은 아프가니스탄 내에서 다른 이슬람 극단주의 집단의 활동이 용인되지 말아야 한다는 것이었고, 탈레반은 미군과 연합군 철수를 조건으로 제시했다고 말했다.[2] 2019년 8월에는 미국과 탈레반 평화협상의 타결이 더 가까워졌고 펜타곤이 수천명 규모 병력철수를 준비한다는 언론보도가 나왔다. 2019년 9월 평화협상이 취소된 이후 12월 다시 재개된 회담에서, 양측은 2020년 2월 22일부터 일주일 간 잠정 휴전하기로 합의했다. 일부 전문가들은 2월 29일에 평화합의 협상이 타결될 수도 있다는 희망을 피력했는데, 실제 그날 평화안이 합의됐다. 그 합의에서 미국은 14개월 내에 모든 미군 및 나토병력을 철수시키기로 결정했고, 탈레반은

---

1) 2019년 1월 아프가니스탄 대통령 아쉬라프 가니는 2014년 그의 대통령 취임 이후 4만 5천명 이상의 아프가니스탄 병력이 살해됐다고 밝혔다. Abdul, Qadir Sediqi, "Death toll from attack on Afghan VP candidates's office rises to 20," Reuters, (July 29, 2019)

2) 칼릴자드는 아프가니스탄계 미국 외교관으로 주 아프가니스탄 미국대사로 근무했다. 2018년 이후 그는 국무부 아프가니스탄 화해 특별대표(Special Representative for Afghanistan Reconciliation) 역할을 수행하고 있다. Afghan peace talks: Taliban co-founder meets top White House envoy, BBC News, (February 25, 2019)

알카에다를 포함하는 이슬람 조직이 아프가니스탄을 테러기지로 사용하지 못하게 할 것이라고 서약했다. 그 합의에는 미국이 아프가니스탄 내정에 간섭하지 않는다는 조항이 포함됐고, 양측은 또 서로 짧은 시간 내에 포로 6천여 명을 맞교환하기로 합의했다.[1] 결과적으로 그것은 탈레반의 세력이 극도로 확대되고 아쉬라프 가니 정부 통치력이 약화된 상태에서의 미—탈레반 평화합의였다. 많은 전문가들은 시간이 가면서 아프가니스탄이 탈레반 수중으로 넘어갈 수 있다고 우려했다.

(4) 아프가니스탄 전쟁 피해

아프가니스탄 전쟁은 많은 후유증을 남겼다. 전쟁의 과정에서 수많은 사람들이 살해, 부상당했다. 그 숫자는 조사기관이나 개인에 따라 많은 차이를 나타냈다. 연합군, 반군 양측 모두에 의한 전쟁범죄도 있었다. 민간인 학살, 민간목표물 폭격, 테러리즘, 절도, 방화, 재산파괴, 고문, 죄수살해가 그런 것들이다. 전쟁비용도 적지 않게 소요됐다. 아마도 전쟁비용이 2011년 빈 라덴 사살 이후 미국이 병력감축을 서두른 주요 요소였을 것이다. 미국은 현지 재건을 제외하고 전쟁비용으로만 1조 달러 이상을 사용한 것으로 알려져 있지만, 실제비용은 그보다 훨씬 더 클 수 있었다.[2]

1) 민간인 사상자와 난민

전쟁에서는 항상 불가피하게 사상자와 난민이 발생한다. 반군은 도시에서 수없이 많은 자살공격을 감행했고, 미군과 정부병력에 의한 공습과 야간 공격 역시 심각한 민간인 살상을 야기했다. 타임지는 미국이 전쟁을 시작해 일단 전투병력 철수를 완료한 2001~2014년 기간 민간인 사망자가 2만명 이상이고, 정부군, 경찰 사망자 수는 1만 5천 명 이상, 탈레반 반군 사망자는 2만~3만 5천명, 그리고 외국인 전체 사망자 3,500명 중 미군이 약 2,200명 정도일 것으로 추정했다. 브라운대학의 왓슨 연구소(Watson Institute for International Studies)는 2016년 중반까지 약 3만 2천명의 민간인이 살해된 것으로 집

---

1) Dan Lamothe, John Hudson, Pamela Constable, "US preparing to withdraw thousands of troops from Afghanistan in initial deal with Taliban," The Washington Post, (August 2, 2019)

2) 현지인들은 미군과 연합군 철수에 대해 혼합된 감정을 갖고 있지만, 그래도 많은 사람들은 악화되는 안보상황에서 외국군 주둔이 필요하다고 믿었다. Mark Thompson, "U.S. Ends its War in Afghanistan," (December 28, 2014), http://time.com/3648055/united—states—afghanistan—war—end/

계했고, 어느 저명한 의사단체가 제출한 보고서는 전쟁에서 사망한 총 민간인 숫자가 최소 10만 명에 이를 것으로 추정했다.[1] 유엔은 2007년부터 5년 간 연속으로 민간인 사망자 수가 증가했고, 2011년 그 숫자가 3천명을 넘어섰다고 보고했다. 또 연례보고서에서 유엔은 2015~2016년 약 7천명의 민간인이 살해되고 1만 5천~1만 6천명 부상자가 발생했는데, 그 각각에 대해 반정부군이 60% 이상, 정부 안보병력이 최소한 15%, 그리고 미군 및 연합군의 RSM 병력이 2% 책임이 있다고 분석했다.[2] 유니세프(UNICEF)는 "아프가니스탄에서 폭력과 피범벅은 매일 발생하는 일이고, 2017년 초부터 2018년 3월까지 5천 명의 어린이가 죽거나 부상당했으며, 폭발물 사고로 인한 민간인 사상자의 89%는 어린이"라고 말했다.[3]

2) 전쟁범죄

전쟁 당사자는 누구를 막론하고 크고 작은 범위의 범죄를 저질렀다. '아프가니스탄 인권위원회'(AIHRC: Afghanistan Independent Human Rights Commission)는 탈레반의 민간인에 대한 테러리즘을 전쟁범죄로 규정했다. 국제사면위원회에 따르면, 탈레반은 교육자 살해와 의료 지원인력 납치를 포함해 민간인을 겨냥하는 수많은 범죄를 저질렀다. 2006년 도로 폭탄설치 또는 자살폭탄 공격으로 탈레반이 살해한 민간인 숫자는 750명을 넘었다. 나토는 탈레반이 민간인을 인간방패로 사용했다고 말했다. 나토는 한 가지 예로 2009년 5월 나토의 파라주(Farah Province) 공중작전 당시 탈레반이 서방 전투기가 공격할 가능성이 높은 건물에 150명의 민간인을 몰아넣었다고 주장했다.[4] 국제기구나 언론

....

1) '바디 카운트'(Body Count)는 그 전쟁에서 사망한 총 민간인 숫자를 최대 17만명으로 추정했다. Neta Crawford, "Update on the Human Costs of War for Afghanistan and Pakistan, 2001 to mid−2016)," (August 2016), brown.edu; Gabriela Motroc, "Body Count−Casualty Figures after 10 Years of the 'War on Terror'−Iraq, Afghanistan, Pakistan," IPPNW, PGS and PSR, (April 7, 2015)

2) David Jolly, "Afghanistan Had Record Civilian Casualties in 2015, U.N. Says," The New York Times, (February 14, 2016); Sune Engel Rasmussen, "Sharp rise in children killed and maimed in Afghan war, UN report reveals," The Guardian, (February 6, 2017)

3) 휴먼라이츠 워치(Human Rights Watch)는 2018년 한 해에 1만명 이상의 민간인이 살해, 부상당했는데, 그 중 1/3이 어린이라고 보고했다. "World has failed to protect children in conflict in 2018: UNICEF," (December 27, 2018); "Afghanistan; Rights on the Precipice," Human Rights Watch, (January 17, 2019)

4) "Taliban attack civilians to spread fear; Amnesty," Reuters, (April 24, 2007); Sara A. Carter, Bill Gertz, "Afghan commander's aide blames deaths on Taliban," The Washington Times, (May 12,

역시 민간인 살상의 가장 큰 책임이 탈레반에 있는 것으로 분석했다. 뉴욕타임스는 2011
년까지 모든 민간인 살해책임의 최소 70%가 탈레반에 있다고 보도했고, 다른 거의 모든
서방 언론매체도 전쟁의 가장 큰 인권유린이 탈레반에서 유래한 것으로 분석했다. 2013
년 유엔은 탈레반이 전쟁전술로 동원한 여러 방법 중 길목 폭탄설치가 민간인 살상의 커
다란 원인 중 하나라고 설명했다. 2015년 국제사면위원회(Amnesty International)는 탈레
반이 전국에서 민간인을 대량학살하고 집단 성폭행했으며, 그들의 행동은 국제적으로 용
납될 수 없는 잔혹한 수준이었다고 보고했다.[1]

　　미군 및 연합군과 합세해 탈레반을 몰아내는데 결정적 역할을 한 북부동맹은 상상
하기 어려운 잔혹한 전쟁범죄를 저질렀다. 1992~1996년 아프가니스탄에서 집권하고 있
을 당시 북부동맹은 권력투쟁과 이권개입, 마약유통, 무질서, 폭력, 민간인 살해로 인해
그 나라 국민들의 증오대상이었다.[2] 이제 2001년 12월 처음 군사작전을 개시하고 카불
과 주요지역을 점령하는 과정에서, 북부동맹은 또다시 엄청난 대량학살을 자행했다. 그것
은 쿤두즈(Kunduz)에서 생포한 탈레반 포로들을 자우즈잔주(Jowzjan Province) 수도 셔베
르간(Sheberghan) 감옥으로 이송하는 과정에서 발생한 사건으로, 그때 북부동맹은 그들을
밀폐된 트럭 컨테이너 속에서 질식시키거나 사살해 다시트-이-레일리(Dasht-i-Leili)
사막에 매장했다. 그 당시 탈레반 포로 수는 최소 250명에서 최대 3천명으로 알려져 있
는데, 그 정확한 숫자에 관해서는 논란이 있다. 포로 이송 총책임자 압둘 도스탐(Abdul
Rashid Dostam)은 포로 수가 수백명 수준이라고 말하면서, 그 사건의 실체 자체를 부인했
다. 그러나 2002년 유엔조사단은 다시트-이-레일리 사막에서 수천 명 희생자의 대량
무덤을 발견했고, 2008년 정보공개된 미 국무부와 국방부 문서는 1,500~2,000명이 살해
되어 그 사막에 묻혔다고 확인했다. 그렇지만 전쟁 초기 미군은 유엔의 조사협조 요구에
아무 응답이 없었고, 부시 행정부 역시 미국 언론과 일부 시민단체들의 사건 재조사 촉구

2009)
1) 전쟁범죄는 민간인 살상, 전범의 고문과 살해, 절도, 방화뿐 아니라 상상 가능한 모든 행동을 포함했다.
   탈레반은 2010년 8월 미국, 영국, 독일, 아프가니스탄인으로 구성된 의료지원 관계자 12명을 살해했는
   데, 그 이유는 그 기독교 그룹이 의료봉사가 아니라 스파이 행위를 했다는 것이었다. 탈레반은 그것이
   자기들 소행이라고 밝혔는데, 그 사건은 그 전쟁 중에 벌어진 가장 잔인한 의료진 살해로 기록됐다.
   "Afghanistan: Harrowing accounts emerge of the Taliban's reign of terror in Kunduz," Amnesty
   International, (October 1, 2015)
2) Kathy Gannon, "Afghanistan Unbound," Foreign Affairs, Vol. 83, No. 3 (May/June 2004), pp.
   36-43.

에 무반응으로 일관했다.[1]

　　미군과 나토 연합군 역시 전쟁범죄로부터 자유롭지 못했다. 미군과 연합군의 공중폭격은 수많은 민간인 대량살상의 원인을 제공했다. ISAF는 그것이 전쟁과정에서 불가피한 측면이 있다고 항변했지만, 이유가 무엇이든 그 결과는 민간인 사상자 속출이었다. 트럼프 행정부 출범 이후 특히 강조된 공중폭격으로 인해 2018년 처음 9개월 동안의 민간인 사상자는 650명을 넘었다. 그해 11월 1개월 간 ISAF 공중공습으로 사망한 20여 명 중 대부분은 여성과 어린이였다. 알려지지 않은 통계는 공식집계를 훨씬 넘어섰다. 또 미군과 연합군은 셀 수 없이 많은 개별적 범죄에 연루됐고, 드러나지 않은 사건은 알려진 것보다 비교할 수 없이 많았다. 그러나 알려진 사건만도 그들의 전시행동을 충분히 미루어 짐작케 했다. 2002년 파르반주(Parwan Province) 바그람(Bagram) 공군기지 감옥에서 15명의 미군이 2명의 탈레반 죄수를 천장에 묶어 고문, 살해했다.[2] 2003년에는 쿠나르주(Kunar Province) 아사다바드(Asadabad) 남쪽 미군기지에서 CIA 계약업자 데이비드 파사로(David Passaro)가 전쟁포로를 살해했고, 2010년 여름 여러 명의 미군이 칸다하르주 메이완드 구역(Maywand District)에서 3명의 민간인을 살해하고 그들 시신 일부를 전리품으로 회수했다. 2012년 남부 칸다하르주 판즈와이 지구(Panjwayi District)에서 미군병사가 16명 민간인을 살해하고 6명에 부상을 입혔는데, 그들 중 9명은 어린이였다. 2014년 국제사면위원회는 펜타곤이 전쟁범죄, 고문, 불법살해에 관련된 증거를 은닉했다고 비난했다.[3] 2015년 10월에는 미 공군이 쿤두즈의 '국경없는 의사회'(Doctors Without Borders)가 운영하는 병원을 폭격해 최소 19명이 사망, 30명 이상이 부상당하는 사건이 발생했다. 그 며칠 후 미군탱크가 또 다시 그 병원건물로 돌진했고, 병원 대변인은 미군의 공격으로 인해 전쟁 관련 증거가 파기되고 의료진이 극심한 공포에 시달렸다고 말했다. 유엔인권위원회가 그 사건이 전쟁범죄일 수 있다는 의견을 제시하면서 ISAF가 조사했지만, 그 결

----

1) 다시트-이-레일리 사막은 셔베르간 서쪽에 위치해 있다. 포로 이송과정에서 1개 컨테이너에 갇힌 200여 명 죄수는 대부분 질식해 사망했고, 생존한 5~6명은 사살됐다. 사망자들은 불도저로 사막에 매장됐다. "US blocked probes into Afghan prisoner killings," AFP, (July 10, 2009); James Risen, "U.S. Inaction Seen After Taliban P.O.W.'s Died," The New York Times, (July 10, 2009)

2) 그들에게 가해진 고문은 버스에 치인 것과 비슷한 정도의 가혹한 것으로, 그들은 그 고문으로 사망했다.

3) 데이비드 파사로는 2009년 8년 감옥형에 처해졌고, 2010년 메이완드 구역 사건에서는 11명 미군이 기소됐다. 판즈와이 지구 사건은 칸다하르 대학살로 알려졌고, 가해 미군병사 로버트 베일즈(Robert Bales)는 가석방 없는 무기징역에 처해졌다. Barbara Starr, "Army: 12 soldiers killed Afghans, mutilated corpses," CNN, (September 10, 2010); "Marine guilty of Afghanistan murder," BBC News, (November 8, 2013)

과는 비밀에 붙여졌다. 아프가니스탄 미군 당국 역시 그 사건에 관해 별도로 조사했지만, 그것은 전쟁 필요성과 관련된 판단착오에 의한 실수로 전쟁범죄에 해당되지 않는다고 결론 내렸다.[1]

한편, 2018년 9월 미국은 강대국으로서의 막강한 힘을 발휘했다. 트럼프 행정부는 헤이그 국제형사재판소(ICC: International Criminal Court) 판사와 그 행정관리들에게 아프가니스탄에서 근무한 군관계자들의 전쟁범죄 조사에 협력하지 않을 것이며, 또 만약 그들이 전쟁범죄로 기소된다면 ICC 판사들에게 제재를 가할 것이라고 강조했다. 2019년 4월 ICC는 워싱턴의 압력으로 인해 그 조사를 포기하기로 결정했다.[2]

3) 전쟁비용

전쟁비용은 2011년 오사마 빈 라덴 사살 이후 워싱턴이 신속한 철군을 고려한 가장 큰 이유로 알려졌다. 2011년 3월 미 의회조사국(CRS: Congressional Research Service)은 2009년 오바마 대통령의 병력증원 선언 이후 미국의 아프가니스탄 관련 국방비 지출이 한 달에 44억 달러에서 67억 달러로 50% 증가했다고 분석했다. 그 기간, 병력 숫자는 4만 4천 명에서 8만 4천명으로 증가했고, 2011 회계연도에 10만명 수준에 도달했다. 전쟁 처음부터 2011년 회계연도까지 총 비용은 4,680억 달러인 것으로 알려지고 병력배치에 소요되는 비용은 병사 1인당 1년에 1백만 달러가 넘는 것으로 분석됐지만, 실제 비용은 훨씬 더 클 것으로 여겨졌다.[3] 2019년 3월 미 국방부는 2001~2018년 그곳 전쟁비용을 7천 3백 76억 달러로 산정했지만, 브라운대학은 2001~2019년 그 비용을 9천 7백 50억 달러로 추정했다. 2019년 회계연도에 미 국방부는 '자유의 파수꾼 작전'(OFS) 비용으로

1) 아프가니스탄 미군 당국은 미군이 병원을 탈레반 거점인 것으로 잘못 판단해 공격했던 것처럼 말했지만, 그 설명은 많은 의혹을 낳았다. 일단 전쟁법규에서는 반드시 의도적 살해목적이 있어야 전쟁범죄로 규정한다. "Doctors Without Borders says U.S. airstrike hit hospital in Afghanistan; at least 19 dead," The Washington Post, (December 15, 2018)
2) 국제사법재판소는 비록 미군들이 전쟁범죄를 저질렀다고 판단할만한 충분한 근거가 있지만, 미국과 다른 국가들이 협력하려 하지 않기 때문에 사건조사를 중단할 것이라는 보고서를 제출했다. "US: No Cooperation with ICC Probe of Alleged Afghan War Crimes," Voice of America, (September 11, 2018)
3) 그 전쟁에서 영국이 지출한 군사비용은 560억 달러 이상이었다. Helen Cooper, "Cost of Wars a Rising Issue as Obama Weighs Troops Levels," The New York Times, (April 18, 2017)

460억 달러 예산을 요청했다. 그러나 2020년 2월 미국과 탈레반이 평화협정을 체결했을 때, 20년에 걸친 아프가니스탄 전쟁에서 미국이 사용한 실제 총비용은 2조 달러에 이른다는 분석이 나왔다.[1]

★ 전문가 분석

(1) '반 반군'전략의 한계

2011년 빈 라덴 사살이후 미군 철수계획이 구체화되고 ISAF 작전지휘권이 카불 정부군으로 이양되면서 2014년 '항구적 자유 작전'(OEF) 종식을 준비하던 2013년, 현지 전쟁 사령관들 중 한명이고 후에 그 나라 미국대사로 근무한 칼 아이켄베리(Karl W. Eikenberry)는 미국이 본격적 병력증강(surge) 이후 전개한 '반 반군전략'(COIN: Counter-insurgency)의 문제점을 지적하는 견해를 제시했다. 그는 다음과 같이 주장했다.

1) COIN 전략의 목표와 문제점

미국의 부시, 오바마 행정부는 아프가니스탄에서 탈레반 진압과 알카에다 퇴치를 의도했지만, 그 목표달성 여부는 불명확하다. 2009년 병력증강(surge)은 전황을 바꾸는 데 결정적 역할을 했고, 그 당시 그 병력증강에 수반된 군사전략의 핵심은 '반 반군'(COIN) 독트린이었다. 그 COIN 전략은 이라크, 아프가니스탄 전쟁에서 중요성이 재조명되어 2006년 야전교본(Field Manual)에서 내용이 새로이 교리화, 체계화됐고, 미 육군과 해병은 그 원칙을 인쇄물로 출판했다. 큰 틀에서 COIN 전략은 민간인을 보호하고, 반군 리더와 그 인프라를 제거하며, 인적서비스를 제공할 정통성 있고 책임 있는 현지 정부건설을 목표로 설정했다. 오바마 대통령이 2009년 말 3만 병력의 추가배치를 명령했을 때 미군은 COIN 독트린의 주요기조를 개정된 작전계획에 성공적으로 포함시켰다. 그 전략은

---

1) 그 전쟁에서 미국의 방만한 군사비 운용은 많은 비판의 대상이 됐다. 2011년 '전시계약 위원회'(Commission on Wartime Contracting)는 이라크와 아프가니스탄에서의 지난 10년 간 낭비와 사기행위로 인해 미국은 최대 600억 달러를 낭비했다고 보고했다. 2013년 여름 미군은 2014년 철수를 준비하면서 70억 달러 상당의 장비 일부를 현지인들에게 고철로 매각했다. Office of the Under Secretary of Defense (Comptroller)/CFO, "U.S. Department of Defense, Fiscal Year 2019 Budget Request," (February 2018); Richard Lardner, "Military Spending Waste: Up to $60 Billion in Iraq, Afghanistan War Funds Lost to Poor Planning, Oversight, Fraud," Huffington Post, (October 24, 2011)

반군을 몰아낸 이후 그들이 접근하지 못하도록 막고, 그로 인한 공간과 시간을 정통성 있는 정부건설에 활용하며, 능력 있는 안보병력을 건설하고 경제를 개선하는 방식으로 주민을 보호한다는 목표를 표방했다.[1]

COIN 전략의 첫 번째 목표는 주민보호(population protection)이다. COIN 전략은 나토－ISAF가 아프가니스탄의 주요지역에서 주민을 보호하는 것이 우선이라고 주장한다. 외국군과 정부병력이 주민을 보호하면 그 보호방패 뒤에서 정통성 있는 정부가 출현하고 평화와 번영이 깃든다는 것이다. 그러나 주민보호는 탈레반 반군의 공격으로부터 주민을 방어하는 것이지만, 동시에 현지의 마약 유통자, 부패경찰과 관리, 또 100년 이상의 뿌리를 가진 부족 간 상호 인종폭력의 경우를 포함해 누구로부터 주민을 보호해야 할지 그 경계대상이 너무 광범위하고 또 어떤 경우에는 모호했다. 동시에 주민보호는 단순한 물리적 보호가 아니라 국가건설(nation－building)이라는 더 포괄적 개념을 수반했는데, 그것은 현지 인프라와 사회발전에 군대가 앞장서서 발전전략을 추진하는 것을 의미했다. 실제 현지에서 군인들은 외교관, 일부 지역발전 관련 인력의 도움을 받으면서 매일 주민보호 사업에 매달렸다. 국가건설의 기치 하에 주민보호는 모든 주민 관련 대민사업으로 확장됐는데, 워싱턴으로부터 파견된 지역발전 전문가가 없는 상태에서 미군은 칸다하르에서 수백만 달러의 디젤발전소를 건설하는 계획, 민간 리더십과 법치의 중요성 교육, 성평등 교육을 포함해 모든 경제, 사회문제를 담당했다. 그것은 고도로 훈련된 미 육군병사와 해병대 군인들이 사회사업가, 토목기사, 학교교사, 간호사, 보이스카우트 역할을 수행하는 것과 마찬가지였다. 현지주둔 미군 1명당 1년에 1백만 달러 비용이 소요되고 병력 증강 절정에서 미국이 10만 병력유지를 위해 연 1천억 달러를 지출하는 상황에서, 언어나 현지문화에 대한 이해가 부족한 상태의 군인들이 국가건설에 동원되는 것은 생산성 차원에서 잘못된 정책이었다. COIN 초기단계에서 적정인력이 부족할 때 군인들이 그런 일에 잠시 개입할 수는 있지만, 그런 업무가 일상화 되는 것은 분명히 문제였다. 군대의 전문성은 전쟁에 있고, 그들은 국가건설의 전문가가 아니다. 관련분야 민간인이 시민적 임무를 담당하도록 군대는 그런 임무에서 제외되어야 했다.[2]

COIN 전략의 두 번째 목표는 반군격퇴였다. 현지 주둔 미군은 COIN 전략을 맹신

---

1) Karl W. Eikenberry, "The Limits of Counterinsurgency Doctrine in Afghanistan," Foreign Affairs, Vol. 92, No. 5 (September/October 2013), p. 60.

2) Ibid., pp. 61, 64.

해 반군패배에 모든 초점을 맞추고 그 나라 국내정치와 (클라우제비츠가 말하는) 전쟁의 정치적 논리에는 관심이 없었다. 미군사령관들은 카르자이 대통령에게 그의 안보병력을 탈레반 패배에 사용하도록 설득하는 데 집착했는데, 실제 미군사령관들에게 필요한 것은 오히려 반군과의 협상을 통한 포용적 평화(inclusive peace), 그리고 국내부족, 파벌 간 갈등해소를 포함하는 국가제도건설(state-building)이었다. 미군은 비효율적이고 부패한 카불 국정운영 또는 국내부족 간 파벌다툼에는 무관심했다. 전쟁에서 명확하게 규정된 정치적 목적이 없다면, COIN 여정이 언제 끝날지 알 수 없는 상태에서 수년 간 특별히 비싼 비용을 계속 지불해야 할 것이다. 외교관과 군인들은 원래 전쟁 당사자들이 정치적 해결의 조건에 합의할 때 갈등이 종결된다는 데 동의한다. 대조적으로 COIN 옹호자들은 초청국 정부(host government)와 반군 사이의 투쟁에 초점을 맞추는데, 그들은 갈등종식은 원칙적으로 반군의 패배나 매수를 통해서만 가능하다고 생각한다. 그러나 아프가니스탄에서는 다른 종류의 갈등해결 이론이 필요하다. 그곳에서 비안보의 일차적 원인은 탈레반이 부상하기 수십 년 전 국내부족 파벌간의 국민적 화해가 없고 비효율적, 부패한 국정운영이 합쳐진 것이다. 그것은 연합군이 전쟁으로 일정수준의 안보를 확보한 이후, 미국, 카불 정부, 탈레반이 모여 평화협상을 통해 전쟁을 종식시키는 것이 최선의 판단이라는 의미를 띤다.[1]

　　COIN 전략의 세 번째 목표는 정통성 있고 책임성 있는 카불 정부를 창출하는 것이다. 그러나 그 나라에서 미군은 그런 정부 창출에 실패했다. 카불 정부는 필요한 능력을 결여하는데, 그 정부가 거둬들이는 세금은 기껏해야 GDP의 10%에도 미치지 못한다. 국방비를 포함해 전체 공공지출의 90%는 미국과 기타 지원국이 공여하고, 핵심서비스도 미국을 포함해 외국 전문가들이 제공한다. 카르자이는 미국 및 해외원조 덕에 자기 정부의 효율성이나 국민에 대한 의무에서 아무 책임을 느끼지 않는데, 그것은 과거 베트남전쟁 당시 고 딘 디엠 대통령이 베트남 국민들의 기대에 부응하지 않으면서 워싱턴의 지원에 의존한 것과 비슷한 양상을 띤다. 무엇보다도 그 나라에서 국가건설이 미진한 이유는 13만 명의 나토-ISAF 병력을 가진 미국의 최고 우선순위가 현지 국가제도 건설(state-building)보다는 탈레반 격퇴에 있기 때문이다. 미군사령관들은 카불 정부개혁을 원하는 현지 미 대사관 시도에 동의하지 않았다. 그들은 탈레반 반군퇴치, 선거, 해외로

---

[1] 국가 제도건설(state-building)은 원래 좁은 의미의 의회, 사법부, 행정부 관료제와 같은 국가기구 설립을 의미한다. 반면 국가건설(nation-building)은 제도뿐 아니라 애국가, 국기를 만드는 것을 포함해 국민의 일체감을 증진시키는 모든 행위를 뜻한다. Ibid., p. 65.

부터의 경제지원이 자연스럽게 바람직한 국정운영으로 이어질 것으로 생각했고, 그래서 정치, 경제개혁보다는 전장과 정부군 발전에 초점을 맞추었다. 더구나 국가제도 건설과 관련해 미국과 카르자이 정부 내 파워를 가진 사람들의 생각은 크게 달랐다. 미국이 당연히 선진적인 현지정부와 정치체제를 선호하는 반면, 카불 정부는 자기들의 정치지배와 경제이권 유지를 위해 투명성과 법치가 보장되는 제도창설에 반대했다. 아프가니스탄 미 군사당국과 그곳 미 대사관의 국가건설 우선순위에 대한 차이는 미국의 전쟁노력에 부정적 영향을 미쳤는데, 그것은 카르자이로 하여금 미국 내 관료적 차이를 이용하게 하고 미 대사관을 미군사령부와 대립하게 만들었다. 또 워싱턴이 정통성 있는 정부창설에 무관심한 것으로 인식하는 많은 그 나라 국민들은 미국을 보호자가 아닌 약탈적인 카르자이 정부 지지자로 보았다. 카르자이 정부의 정통성을 당연한 것으로 여기는 것은 심지어 정부군과 경찰력 건설도 위험에 처하게 하는데, 그 이유는 그들이 오직 정당한 정부에 의해 사용될 때만 국민들로부터 신뢰받을 수 있기 때문이다.[1]

2) 정치적 목표와 군사전략

원칙적으로 COIN 매뉴얼은 미국, 현지정부, 군이 함께 반군공격을 계획하고 또 정부 정통성을 높이라고 말하는데, 아프가니스탄 COIN 전략은 그 기준을 충족시키지 못했다. COIN 군사전술 측면에서도 미군과 카르자이 정부는 다르게 생각했다. 미군사령관들은 탈레반 반군을 완전히 그 나라 부족 간 문제로만 인식하고 (카르자이가 반군이 별로 존재하지 않는다고 말하는) 아프가니스탄 남부지역 마을 전투에 몰두했다. 반면 카르자이 정부는 인종적으로 복잡하게 얽혀있고 파키스탄 내에 피난처, 거점을 갖고 있는 탈레반 반군을 이슬라마바드가 막후에서 조종해 아프가니스탄으로 수출하는 것으로 인식하고, 파키스탄 내 탈레반 거점 공격을 원했다. 그러나 핵무기 보유국이고 동시에 전략적으로 필요한 파키스탄과의 관계파탄을 우려해 미국이 이를 묵살하면서, 카르자이 정부는 분노, 좌절했다. 그러나 카르자이 정부 말대로, 탈레반은 파키스탄 군대, 정보당국에 도움을 받으면서 아프가니스탄-파키스탄 접경의 '듀란드 라인'(Durand Line)에서 재건되기 시작했고, 조만간 아프가니스탄 내에 다시 영향력을 재건할 것이다. 탈레반정권은 해체됐지만, 그들은 파괴되지 않았다. 이제 카르자이 정부는 미군의 아프가니스탄 남부마을 공격, 야간습격, 시민구금, 민간사상자 발생에 항의한다. 카르자이는 미국의 병력증강에 침묵했지

1) Ibid., pp. 67-68.

만, 미군전략에는 내심 반대했다. 또 나토-ISAF의 안보실적에도 불구하고, 그는 감사해하지 않았다. 카르자이의 관심사는 주권 재확보, 정치적 정통성, 통제강화, 평화, 안정이다. 2009년 이후 미군병력 수는 5만에서 10만명으로 2배 늘었지만, 카불 정부의 주권행사는 늦춰지고 있다. 국제병력의 현지인 구금은 증가하고, 외국군 사령관들이 민간외교관, 지역 발전전문가를 동반하고 이곳저곳을 돌아다닌다. 주지사, 지역수장, 부족원로들은 나토-ISAF 본부와 주 재건부서에서 재정지원을 받아내기에 바쁘다. 이 모든 것은 현지의 정통성 있고 책임 있는 국정운영 육성과는 거리가 멀다. 카르자이는 수시로 아프가니스탄 관리들이 미국의 스파이, 앞잡이이고 정부군은 미군 용병 같다고 불만을 터뜨린다. 국민들이 본인을 이교도 군사연합에 조종당하는 꼭두각시로 볼 것을 우려해, 카르자이는 국내정치 목적상 미국을 비난한다. 병력증강 과정에서 파키스탄을 나토-ISAF 병참 공급로로 활용하면서, 미국의 파키스탄에 대한 영향력은 더 감소했다. 현지주둔 미군과 카불 정부는 서로 완전히 다르게 생각한다. 미군 역시 카르자이와 협력하고 그에게 존경을 표시하지만, 그가 같은 편이라고는 생각하지 않는 것으로 보인다. 카르자이는 미국과 파키스탄 모두를 약탈자로 보는 듯하고, 그래서 자기 정부의 무능, 비효율을 위해 수시로 미국을 희생양으로 삼아 비판한다. 그렇다고 카르자이가 다른 더 좋은 옵션을 가진 것은 아니다. 여기서 말하고 싶은 것은 단지 COIN 전략이 미국의 국익에 최대치로 봉사하지 못했다는 것이다. 궁극적으로 원래 이론상의 COIN 접근법은 외국과 현지국가의 포괄적 정치, 군사전략의 일반적 연계를 중시하지만, 아프가니스탄 COIN은 그렇게 진행되지 않았다.[1]

　　일부에서는 그래도 COIN 전략으로 인해 그 나라 상태가 더 나아졌다고 말할 것이다. 그 말이 틀린 것은 아니지만, 그래도 그런 방식으로 COIN을 추구하는 것은 미국의 사활적 국익에 제대로 봉사하지 못한다. 전쟁은 정치적 목표 추구를 위해 치러져야 하고, 전쟁은 군사자문에 의해 정보를 얻지만 책임 있는 민간 리더들이 결정해야 한다. 특히 일부 장군들이 COIN 전략을 공격적으로 홍보하는 것은 옳지 않다. 워싱턴의 민간지휘부로부터 제어받지 않으면서, 현지미군은 너무 광범위하고 비싼 전쟁을 치렀다. 중국의 순자도 지속적 전쟁에서 혜택을 보는 나라는 없다고 말했다. 이를 처음부터 인식한 오바마는 더 확실하게 유리한 조건이 도래할 때까지 병력철수를 연기하자는 미군사령관들의 반대를 물리치고 결국 미군 전투작전의 종결날짜를 확정했다. 군 고위지휘관들은 지적, 인식적으로 너무 거만, 경직됐고, 그들은 너무 방만하고 비싼 전쟁을 치르면서 모든 사회, 경

---

1) Ibid., pp. 70-71.

제문제까지 다뤘다.[1]

(2) 워싱턴-탈레반 협상의 필요성

아이켄베리가 미국의 아프가니스탄 COIN 전략에 대해 완전히 비판적 견해를 제시하던 것과 비슷한 시기에 조지워싱턴 대학의 정치학자 스테펜 비들(Stephen Biddle)은 그 전쟁 종식과 관련된 한 가지 경고성 견해를 제시했다. 그는 2014년 말까지 미군과 ISAF가 정부군, 경찰에게 안보임무를 이양하려는 계획을 수립했는데, 그 구상은 탈레반의 복귀와 무장 이슬람주의자들에 대한 피난처 제공으로 귀결될 것이고, 그런 결과를 막기 위해 미국은 탈레반과의 협상을 통해 적정선에서 타협을 이끌어내야 한다고 주장했다. 그는 다음과 같은 논리를 전개했다.

1) 워싱턴의 중간공식

2014년 말까지 미군과 ISAF는 정부군, 경찰에게 안보임무를 이양한다는 계획을 수립했다. 오바마는 2009년의 병력증강이 그 이양을 가능케 했고, 그것은 미국의 '책임 있는 종식'을 뜻한다고 말했다. 그러나 그 전쟁은 2014년 이후에도 계속되고, 그 결과는 아마 탈레반의 복귀, 또 무장 이슬람주의자들에 대한 피난처 제공으로 귀결될 것이다. 현 시점에 미군이 철수하면, 그 이후 카불 정부군과 탈레반은 한동안 서로를 갉아먹는 대치상태(grinding stalemate)에 빠져 있을 것이다. 그럼에도 불구하고 미 의회가 연 수십억 달러 자금을 계속 허용하지 않는다면 정부군은 밀려날 가능성이 높고, 그동안의 모든 미국 노력은 허사가 될 것이다. 그 전쟁에서의 승패는 미 의회와 탈레반이 누가 더 오래 버티는가에 달려있다. 미 의회가 탈레반의 오마르(Mullah Omar)보다 더 인내심이 강하지 못하면, 그 순간 워싱턴의 카불 정부군에 대한 지원금은 축소되고, 그 이후 그 나라는 혼란에 빠질 것이다. 그 상황은 닉슨의 미군 철수 이후 베트남과 비슷하게 될 수 있고, 그것은 오바마가 말하는 '책임 있는 종식'이 아니다.[2]

미국은 탈레반과의 협상과 즉각적인 완전철수의 두 가지 옵션 사이에서 자문단을 남겨두고 철수하는 그럭저럭 현상을 유지하는(muddle through) 중간공식을 택했다. 그러

---

1) Ibid., p. 72.
2) Stephen Biddle, "Ending the War in Afghanistan (How to Avoid Failure on the Installment Plan)," Foreign Affairs, Vol. 92, No. 5 (September/October 2013), p. 49.

나 그 결정은 서서히 시간을 끌면서 실패하는 비참한 결과로 이어질 것이다. 원래 미군과 ISAF는 2009년 병력증강이 탈레반을 거의 궤멸시킬 수 있을 것으로 생각하고, 그 이후 철수하려 했다. 그러나 탈레반은 궤멸되지 않고 미군 철수 이후에도 세력을 유지할 수 있는 충분한 영토를 확보했다. 미군 철수 이후 현지 정부군은 미군 병력증강 당시 확보한 영토는 유지할 수 있지만, 그 이상 탈레반을 물리칠 능력은 없을 것이다. 정부 정예군은 능력이 좀 낮지만, 그 이외의 많은 부대는 부패에 병들어 있고 무기력하다. 미군 철수 이후 탈레반이 카불로 진격하는 것은 어렵지만, 워싱턴이 자금을 지원하지 않으면 장기적으로는 정부 정규군이 탈레반의 공세를 막아내기 어려울 것이다. 워싱턴이 지불해야 할 재정지원은 큰 규모이다. 2013년 정부군 유지에 필요한 액수는 65억 달러인데, 그것은 카불 정부 한해 세금수입의 두 배가 넘는 금액이다. 철수 이후 미국은 아프가니스탄군에 연평균 40~60억 달러 지원이 필요할 것으로 추정하는데, 그것은 물론 미국이 2011년 전쟁 비용으로 쓴 1,200억 달러에 비하면 큰 규모는 아니다. 참고로 미국이 이스라엘에 군사 지원한 액수는 2013년 31억 달러이다. 그러나 이스라엘은 워싱턴에 강력한 지지세력이 있는 반면, 아프가니스탄은 그렇지 못하다. 또 아프가니스탄 부패 스캔들, 미군의 코란 소각 당시와 같은 현지인들의 반미시위, 또 미군 자문관이 살해당하거나 아프가니스탄 대통령이 국내정치 목적상 미국을 모욕하거나 하면, 미 의회와 국민들의 그 나라 지원 열의는 훨씬 작아질 것이다. 당분간 미 의회는 백악관이 요청하는 현지 지원필요를 수용하겠지만, 그것은 갈수록 축소될 것이다. 그 결과는 아프가니스탄이 또다시 2001년 미국이 격퇴하기 위해 싸웠던 탈레반과 알카에다, 그 후신, 무장 이슬람주의자들의 은신처(safe haven)가 되는 것이다. 아마 탈레반은 미국의 아프가니스탄 지원보다 더 오래 버틸 수 있을 것이다.[1]

2) 협상의 기회와 형태

미국의 패배를 막는 유일한 길은 탈레반과 협상하는 것이다. 미국은 탈레반보다 더 오래 인내심을 발휘하기 어려울 것이다. 그렇지만 협상이 쉬운 것은 아니다. 오바마 행정부는 1년 이상 그런 협상을 추진했지만 소득은 별로 없었고, 이제는 협상에 대한 회의론만 남아있는 상태이다. 또 과거 협상 당시 미 의회와 카불 정부의 그 협상 타결에 대한 의지도 강력하지 않았다. 탈레반은 어떤가? 그들은 오히려 협상에 진지하지 않은 모습을

1) Ibid., pp. 50-52.

보인다. 그들은 2011년 카르자이 대통령의 평화특사인 전 대통령 브루하누딘 라바니와 카불의 협상관리들을 암살했다. 미－탈레반 협상에는 많은 난관이 존재한다. 탈레반은 워싱턴이 협상하려는 목적과 이유를 미국과 카불 정부가 취약해서 그러는 것으로 인식할 수 있다. 또 탈레반은 여러 파벌로 나뉘어 있고, 파키스탄에는 탈레반 후견세력이 득실대며, 워싱턴으로서는 카르자이, 미 동맹국, 또 카타르 같은 중재자를 모두 다함께 소집하는 것이 쉽지 않다. 미국 내에서는 보수와 진보 모두 문제를 제기하는데, 전자는 백악관의 불필요한 양보에 대해서, 그리고 후자는 아프가니스탄 내 일부 민주적 진전의 후퇴를 우려한다. 아프가니스탄 내에서는 파슈툰 다수가 아닌 소수민족들은 과거 탈레반의 잔인한 학살과 탄압으로의 회귀 가능성을 우려한다.[1]

그럼에도 불구하고 미래상황이 최악을 피하려면 협상이 필요하다. 아직도 협상타결의 기회는 남아있다. 오마르를 포함해 탈레반 최고리더십은 공개적으로 협상에 임하겠다고 말한 바 있는데, 그들이 자기들 내 여러 파벌 간 대립 가능성을 넘어 그런 위험을 무릅쓴 것은 그들의 협상에 대한 관심을 의미한다. 그 이유는 놀라울 정도로 민족주의적인 그 나라 국민들의 아프가니스탄－파키스탄 경쟁의식이 생각보다 깊고, 파키스탄 내에서 활동하는 탈레반 리더십이 망명생활의 피로감을 느끼는 동시에 항상 미국의 드론이나 특수부대 공격의 위험에 시달리기 때문이다. 그리고 정부군과의 지속적 대치는 미국과 카불 정부 못지않게 탈레반에게도 생명과 자원의 낭비를 야기한다. 그 타협은 어떤 형태를 띨 것인가? 원칙적으로 그 협상은 비록 각 당사자의 이상적 목표에는 이를 수 없겠지만, 각자의 핵심이익을 보장해야 한다. 탈레반은 알카에다와 관계를 단절하고 아프가니스탄 헌법을 수용하면서 무장해제하는 대가로 법적인 정당의 위상, 의회 의석확보, 모든 외국군의 철수를 보장받을 수 있어야 한다. 카불 정부는 탈레반과의 연립정부 구성 허용 대가로 현재의 국가체제 유지를 보장받고, 단기적으로는 유권자표를 확보해 현재 통치연합을 이끌도록 허용될 것이다. 파키스탄은 탈레반 통치하의 아프가니스탄 괴뢰정부 운영의 야심을 포기해야 하지만, 국경의 안정을 확보하고 탈레반 프락치를 통해 자국을 위협할 수 있는 아프가니스탄－인도 관계형성을 방지할 수 있을 것이다. 미국은 탈레반을 정당한 정치행위자로 인정하고 그 나라 영토 내 대테러 작전을 위한 기지를 포기해야 할지 모른다. 워싱턴으로서는 지난 오랜 기간의 희생에 비추어 그런 타협이 덜 만족스러울 수 있지만, 그것은 적어도 미국의 사활적 두 가지 이익을 보장할 것이다. 그것은 아프가니스탄이

---

1) Ibid., p. 52.

서방 공격을 위한 이슬람 무장세력 근거지가 되는 것을 막고, 동시에 그 이웃국가를 불안정화시키는 기지가 되는 것을 방지하는 것이다. 탈레반이 핵심 공안부서나 중요한 국경지역 주정부 통치에서 배제된다면, 비탈레반 소수민족 역시 안전을 보장받을 것이다. 안정된 연립정부 하의 여성과 소수민족의 운명은 과거 무정부상태보다는 훨씬 더 안전할 것이다. 탈레반과의 타협이 수용하기 어렵게 느껴질 수 있지만, 그 타협은 적어도 계속되는 전쟁, 무질서, 살인, 공포, 위험 속의 삶과 같은 다른 대안보다는 더 적은 희생을 가져올 것이다.[1)]

3) 카불 정부의 임무

카불 정부는 지금과 같은 부패, 배타적 국정운영, 잘못된 통치를 중단해야 한다. 비록 탈레반이 아프가니스탄에서 인기가 없더라도 현 카불 정부가 계속 잘못 행동하면 타협 이후 다시 집권할 기회를 가질 수도 있다. 그것은 그 나라를 아주 위험에 빠뜨리는 행동으로, 유일한 해결방안은 지금이라도 카르자이 정부가 올바른 방식으로 국정을 운영하는 것이다. 그동안 미국은 카르자이 정부의 행동교정보다는 그 나라 능력향상에 몰두해 왔지만, 일방적 지원은 그 나라 발전보다는 카불 정부 집권자들 권력만을 강화시킬 것이다. 미국이 신뢰성 있게 위협하지 않는 한 카불 정부는 결코 바뀌지 않을 것이다.[2)]

(3) 아프가니스탄 현상유지 군사전략

트럼프 대통령이 취임한 이후 2017년 가을 두 명의 전문가가 아프가니스탄 전쟁, 오늘날의 현실, 그리고 향후 미국의 대책에 관한 의견을 제시했다. 그들은 실제 그곳 전쟁에 참여한 인물들로, 코쉬 사다트(Kosh Sadat)는 2009~2011년 ISAF 사령관의 보좌관으로 근무한 현역 중령이고 스탠리 맥크리스털(Stanley McChrystal)은 (앞에서 거론한 바와 같이) 2009~2010년 ISAF 사령관으로 근무한 군사리더이다. 그들은 아프가니스탄 전쟁의 대강과 문제점, 오늘날의 현실에 대한 진단, 그리고 향후 미국의 전략에 대해 다음과 같은 의견을 제시했다. 한 가지 덧붙이면, 그들의 의견은 위에 설명한 비들과는 큰 차이를 나타낸다.

---

1) Ibid., pp. 54-55.
2) Ibid., p. 56.

1) 오늘날의 현실

파키스탄 육군 참모총장 아쉬파크 카야니(Ashfaq Parvez Kayani)가 말하듯, 미국은 오랜 전쟁기간 이후 2017년 현재에도 원래 의도한 임무를 완수하지 못하고 있다. 그동안 연합군 전략은 잘 조정되지 않았고, 재원은 부족했으며, 아프가니스탄 전쟁은 미국에게 희망, 노력, 피, 좌절의 연속이었다. 오바마 대통령이 미군과 연합군 병력을 15만 명, 정부군, 경찰병력을 35만 명으로 증강시킨 것은 9·11 이후 미군전략의 성공이지만, 그럼에도 불구하고 오늘날 그 전쟁에 관한 미국의 미래는 별로 밝지 않다. 정부 안보병력은 그 나라 대부분을 통제하지 못하고, 카불 정부는 내분과 부패로 분열돼 있으며, 탈레반은 1996년 집권 전에 누렸던 인기는 없지만 상당부분 영토에 영향력을 구축했다. 트럼프 대통령은 대선후보 시절에는 아프가니스탄 개입을 중단할 것이라고 말했지만, 취임 후 2017년 8월 연설에서 공약과는 달리 미국이 계속 아프가니스탄 문제에 개입할 것이라고 선언했다. 그의 결정은 아프가니스탄으로부터의 완전철수가 그 나라를 또다시 테러리스트 피난처로 만들 개연성에 비추어 불가피한 것이다. 동시에 오바마 시절과 같은 대규모 병력증강 역시 더 이상 국민적, 정치적 지지 가능성이 없는 상황에서, 그는 현정책의 지속 이외에 다른 옵션은 없다는 것을 깨달았다.[1]

2014년 말 병력철수 이후 그곳에 잔류하는 9천 8백 명 미군은 카불 정부군 훈련과 자문에 집중해왔지만, 안보상황 진전은 제한적이다. 오히려 오늘날 카불 정부는 생존하기 위해 투쟁하고 있다. 탈레반의 영향력은 2001년 파워 상실 이후 최대치로 증대됐고, 아프가니스탄 내에서 알카에다 네트워크가 다시 나타나며, 알카에다 지파 중 하나인 인도 알카에다 역시 파키스탄군에 의해 파키스탄에서 밀려난 이후 아프가니스탄에서 뿌리를 내린다. 아프가니스탄과 파키스탄 내 IS 지파인 코라산(Khorasan)은 두 나라 국경을 넘나들며 활동한다. 그들 모두는 카불 정부 전복을 시도하는데, 현지 불안정의 최대원인은 그 나라 정부군 능력이 취약한 것이다. 미군이 훈련시키고 무기를 제공한 병력 중 18만명은 주로 전국의 고정검문소에 배치되어 있고, 부패로 가득 찬 현지경찰은 법과 질서유지보다는 의회의원들 보호를 더 중요한 임무로 간주한다. 최고 정보기구인 국가안보국(National Directorate of Security)은 정보수집, 분석보다는 점점 더 대테러 군사작전에 개

---

1) Kosh Sadat and Stanley McChrystal, "Staying the Course in Afghanistan (How to Fight the Longest War)," Foreign Affairs, Vol. 96, No. 6 (November/December 2017), p. 2.

입하는 경향을 보인다. 내정과 관련해서, 아쉬라프 가니(Ashraf Ghani) 대통령과 행정책임자 압둘라 압둘라(Abdullah Abdullah) 박사가 이끄는 카불 정부는 국민 통합정부라는 이름이 무색할 정도로 깊이 분열돼 있다. 2015년 이후 미국이 유도한 진전은 그렇게 미완성이다. 미국인들에게 그 진전은 의미 있는 기반의 구축으로부터 피와 재원에 대한 성과 없는 낭비까지 여러 갈래로 해석될 수 있지만, 현지인들에게 미국이 시작한 전쟁은 '미래에 관한 무서운 불확실성'을 의미한다.[1]

2) 미국의 리더십

지금 아프가니스탄이 우선적으로 필요로 하는 것은 미국의 헌신적 리더십이다. 현재 수준의 지원이 사라지면 가니(Ghani) 정부가 무너지는 것은 시간문제이다. 현재의 미군병력과 전략 하에서 워싱턴의 목표는 과거의 10만 명 당시의 광범위하고 야심적 목적에서 하향조정된 것으로, 비탈레반 정부의 생존 또는 "간신히 기능하는 나라에서 제한된 군사주둔으로 장기적 관계를 유지하는 것"으로 표현될 수 있을 것이다. 그러나 축소된 규모로도 미군의 군사활동은 과거와 비슷하게 대테러 작전수행, 정보수집, 지역안정의 증진, 그리고 작은 경제발전의 독려를 포함할 것이다. 일부에서는 그 전략이 비싼 가격을 치를 것이라고 비판하지만, 그것은 희생의 대가로 충분할 것이다. 탈레반 해체는 말하기는 쉽지만 현실은 전혀 다르다. 아직까지 그 나라에서 과거 1996년 집권 전 탈레반 같이 광범위하고 성공적 움직임을 구축했던 세력은 없었다. 탈레반은 카불 정부를 위협하고 다른 테러리스트들에게 또 다시 피난처를 제공하는 형태로 다시 소생하고 세력을 확대하는데, 미군은 군사적으로 계속 탈레반을 압박하면서 국제협력을 모색해야 한다. 미국은 탈레반에게 자금을 제공하는 아랍 걸프국가들뿐 아니라 특히 파키스탄에 압력을 가해야 하는데, 이슬라마바드 정부와의 협력은 쉽지 않을 것이다. 그동안 파키스탄에 대한 압력은 별로 성공적이지 못했는데, 탈레반 수뇌부, 하카니 네트워크, 그리고 기타 테러그룹들은 페샤와르(Peshawar), 퀘타(Quetta), 또 심지어 이슬라마바드를 포함하는 주요도시에서 상대적으로 자유롭게 활동한다. 워싱턴의 지렛대가 제한적인 이유는 파키스탄이 그 나라를 통하는 미군물자 공급선을 위협할 수 있고, 또 현재 긴장된 관계가 더 마찰을 겪을 수도 있기 때문이다. 아프가니스탄 군사작전은 파키스탄 내 탈레반 은신처를 제거하지 못하면 성공할 수 없을 것이다. 그러나 그것은 국경을 넘는 작전이기 때문에 많은 어려움을 수반

---

1) Ibid., p. 4.

하는데, 그것은 이미 여러 국제적 사례에서 충분하게 입증됐다. 미군이 베트남 전쟁의 북베트남 피난처 작전에서 캄보디아와 라오스에 진입한 것, 1980년대 소련이 파키스탄에서 무자헤딘 은신처 공격을 위협한 것, 그리고 이라크 전쟁동안 미군 특수부대가 알카에다 공작원을 쫓아 시리아에 진입한 것이 모두 그런 것인데, 그 당시 그 복잡성은 이루 말할 수 없었다. 그래도 미국이 파키스탄 작전을 포기하는 것은 큰 실수일 것이다. 1980년대 무자헤딘과 마찬가지로 오늘날의 탈레반은 파키스탄의 3개 주요 축을 중심으로 조직되어 있는데, 그것은 발루치스탄(Baluchistan)주, 와지리스탄 부족 자치지역, 그리고 카이버 파크툰콰(Khyber Pakhtunkhwa)주이다. 탈레반과 테러를 가하는 기타 이슬람 무장세력에 대한 방어위주의 전략은 결코 충분치 못하고, 분명히 파키스탄 내에서의 공격이 필요할 것이다. 파키스탄의 반대, 방해를 넘어 워싱턴은 강력하게 파키스탄 내 테러단체 거점을 공격해야 한다.[1]

3) 추가적 필요조치

탈레반과의 정치적 해결, 평화협상은 가능성이 거의 없는데, 왜냐하면 그들은 조그만 승리의 가능성이라도 있다면 계속 투쟁할 것이기 때문이다. 탈레반과의 평화협상은 2011년 평화위원회(Hight Peace Council) 대표 라바니가 2011년 터번(turban) 속에 숨겨진 자살폭탄으로 살해됐을 때 중단됐는데, 최근 탈레반이 수시로 수십, 수백명 민간인을 살상하는 현실에서 협상은 거의 불가능할 것이다. 국내적으로 필요한 조치는 카불 정부 개혁을 밀어붙이는 일이다. 지난 16년간 미국은 정부군을 훈련시키고 무기를 제공하며 인프라 구축에 수백억 달러를 쏟아 부었지만, 그 나라에서 제대로 작동하는 제도는 거의 없다. 그 나라 국민들의 자국정부 신뢰를 제고시키기 위해서는 핵심제도 효율성을 증가시키고 부패를 축소시키는 캠페인이 필요하다. 미국은 단기적 인프라 구축보다는 그 나라 국민들과 협력해 올바른 리더들을 선발, 훈련, 지원해야 한다. 장기적 성공을 위해서는 워싱턴은 미국 내 여러 관련 조직에 걸쳐 아프가니스탄 언어, 문화, 정치현실에 정통한 전문가를 양성할 필요가 있다. 일부 회의론자들은 2015년 이후 워싱턴의 노력이 베트남에서와 같이 실패할 것이라고 비관적 견해를 표시한다. 그러나 워싱턴이 제대로만 판단한다면 미국의 현지상황은 운영이 가능하고, 완전철수로 인해 그 나라를 잃는 대안에 비해 그 노력은 수용할 가치가 있다. 미국 이후의 아프가니스탄 모습은 별로 바람직하

1) Ibid., pp. 5-7.

지 않을 것인데, 특히 그것은 테러리즘을 지원하는 억압적이고 이념적 정권일 것이다. 가장 좋은 옵션은 현재 정책을 제대로 운영하는 것인데, 워싱턴은 가능한 한에서 잘할 수 있다.[1]

---

1) Ibid., p. 8.

01 미·러 관계

2009년 초 집권한 오바마 대통령은 전임 조지 W. 부시 시절 나토의 동진, 미사일방어체제(MD), 그리고 러시아-조지아 5일 전쟁을 넘어 러시아와 더 나은 관계가 유지되기를 희망했다. 부시 행정부 당시 미·러 관계는 상당한 불신과 반목을 내포했고, 이제 오바마에게 모스크바와의 우호적 관계형성은 아주 중요한 외교, 안보과제였다. 오바마는 새롭게 시작하는 러시아와의 '관계 재설정'(reset)이 양국의 미래관계 진전을 도울 것을 희망했다. 수개월 전 러시아 대통령으로

_드미트리 메드베데프

취임한 드미트리 메드베데프(Dmitry Medvedev)는 오바마의 시도를 환영했다. 러시아 경제현대화가 가장 시급한 과제라고 생각하면서, 메드베데프는 가능하면 워싱턴과 협력하고 불가피한 핵심국익에 대해서는 양보하지 않는다는 실용적 대미정책을 추구했다.

그러나 처음에 협력적이던 양국관계는 점차 어긋나기 시작했다. 미국과 러시아는 서로 좁힐 수 없는 국익의 차이가 존재한다는 것을 발견했고, 그 두 나라는 각각 필요한 진로를 선택했다. 메드베데프 임기가 끝나고 푸틴이 다시 대통령으로 등장하면서 미·러 관계는 더 악화됐다. 현실주의 정치인 블라디미르 푸틴(Vladimir Putin)은 미국과 서방의 의도를 그들 뜻대로 수용하기를 원치 않았다. 비록 대테러, WMD 확산방지와 같이 공통이익이 존재하는 부분에서는 협력이 이루어졌지만, 그 이외의 다른 주요사안에서 두 나라는 사사건건 충돌했다. 나토의 역할 확대와 동유럽 MD 설치는 두 나라가 피해갈 수 없는 핵심 사안이었다. 그 연장선상에서 미국과 러시아는 우크라이나 사태, 그리고 시리아

사태에서 정면으로 부딪쳤다. 그들의 반목은 과거 냉전시대와 비슷할 정도로 치열했고, 그들은 이구동성으로 서로가 돌아올 수 없는 다리를 건넜다고 말했다. 미·러 간의 초기 우호적 관계는 그렇게 파국으로 마감했다.

(1) 미·러 관계의 맥락

1) 미·러 관계 재설정

2009년 2월 조셉 바이든(Joseph Biden) 미국 부통령이 뮌헨 연례안보회의 연설에서 미·러 '관계 재설정'(리셋)을 거론한 이후 양국관계는 순조롭게 출발했다. 4월 오바마와 메드베데프는 런던 G-20 정상회담에서 처음 만났고, 그때 그들은 수많은 지구적 관심사에 합의하는 공동선언문을 발표했다. 그 문건에서 두 리더는 핵 테러리즘에 대한 반대에서부터 핵분열물질 생산중단, 이란 핵개발 포기, 아프가니스탄 및 파키스탄 반군 테러리즘 관련 협력, 유럽안보협력기구(OSCE: Organization for Security and Cooperation in Europe)와 나토-러시아 위원회(NRC: NATO-Russia Council)를 통한 유럽-대서양 안보 강화, 그리고 한반도 6자회담 지속과 비핵화에 대한 협력까지 거의 모든 주요 안보사안에 관한 공조를 약속했다. 2009년 내내 양측은 그렇게 새로운 협력기조를 발동시켰다. 러시아-조지아 5일 전쟁 이후 4월 처음 다시 재개된 NRC에서 모스크바는 미국의 아프가니스탄 전쟁을 돕는 방안에 합의했고, 5월 북한이 제2차 핵실험을 강행했을 때 미·러 양국은 유엔안보리 결의안 1874호를 통과시켰다.[1] 7월 오바마의 모스크바 방문시, 양측은 오바마-메드베데프 위원회로 알려진 '양자 대통령위원회'(BPC: Bilateral Presidential Committee) 설립에 합의하고, 이란 핵문제, 동유럽 MD, 아제르바이잔 분리주의 지역인 나고르노-카라바흐(NK: Nagorno-Karabakh) 지역갈등을 포함하는 다양한 의제에 관해 지속적으로 협력할 것을 약속했다.[2] 9월에는 미·러 양국 간에 (비록 일시적이지만) 특별한

---

1) 그즈음 발간된 미국 국가안보전략 보고서는 러시아의 우호적 태도를 반영하듯 미·러 양국이 세계 최대 영향력 보유국가로서 대테러, WMD 비확산, 군비통제, 지역갈등 해소에서 협력해야 한다고 말했다. 그래도 그 보고서는 러시아는 지구적 MD 체제에도 불구하고 핵, 전략무기에서 미국과 균형을 유지하려 노력할 것이라고 경고성 견해를 덧붙였다. Press release; Informal NATO-Russia Foreign Ministers Meetings...-NATO, https://www.nato.int〉 news_55512; Helen Cooper, "Promises of 'Fresh Start' for U.S.-Russia Relations," (April 1, 2009), www.nytimes.com

2) 모스크바 방문시, 오바마는 메드베데프 치하에서 새로이 총리 역할을 수행하는 푸틴과도 만났다. 오바마는 러시아 경제대학(New Economic School) 연설에서 미·러 "두 나라는 공유된 역사의 뿌리 위에서

관계 진전이 있었다. 그것은 워싱턴이 과거 부시 행정부가 추진하던 동유럽 MD 체계인 '유럽능력'(EC: European Capability) 계획을 중단하고 새로운 방식인 '단계적 적응접근'(PAA: Phased Adaptive Approach)으로 대체할 것이라고 선언한 것에 대해, 모스크바가 칼리닌그라드에 이스캔더 미사일을 설치하지 않을 것이라고 화답한 것이다. 10월 모스크바 회담에서는 힐러리 클린턴 미 국무장관과 러시아 외교장관 세르게이 라브로프(Sergey Lavrov)가 대테러, 새로운 전략무기 감축협정, 아프가니스탄 협력, 그리고 양국 군부 유대 증진을 위한 실무위원회 구성에서 의견일치를 보았다.[1] 힐러리 클린턴은 모스크바에서 별도로 러시아 인권 관계자들과 만나 미국이 러시아 민주화와 인권 신장 노력을 계속할 것이라고 주지시켰는데, 그것은 러시아 정치, 사회변화를 위한 워싱턴의 지속적 노력을 상징했다.[2]

2010년에도 미·러 리셋(reset)은 대체로 잘 작동했다. 4월 미·러 간에 2009년 12월 시효 만료되는 START I과 2012년 말 종료되는 모스크바 협정(Moscow Treaty, SORT)을 대체하는 뉴 스타트(New START) 협정 체결이 있었다. 비록 그 협정이 2002년 모스크바 협정에서 규정된 1,700~2,200개 핵탄두의 최대 30%만을 감축하고

_뉴 스타트 협정

(MD 포함) 방어 및 공격무기 간 연계문제를 해결하지 못했음에도 불구하고, 그것은 지구적 평화에 한걸음 더 다가가는 의미 있는 성과였다.[3] 5월에는 미국, 영국, 프랑스를 포함하는 나토병력이 사상 처음으로 CIS 군대와 함께 모스크바 '붉은 광장'(Red Square)에

경쟁을 넘어 지구적 문제해결의 파트너로 협력해야 한다"고 강조했다.

1) 그러나 클린턴과 라브로프는 이란 핵 제재의 필요성에 관해서는 의견이 달랐다.

2) 2009년 11월 15일 싱가포르 APEC 정상회담에서 오바마는 베드베데프와 또다시 만났고, 그들은 START 와 이란 핵문제에 대해 의견을 교환했다. 그때 오바마는 메드베데프 의사와 관계없이 이란이 핵개발을 중단하지 않으면 제재가 불가피하다고 말했다. Jim Nichol, <u>Russian Political, Economic, and Security Issues and U.S. Interests</u>, CRS Report 7-5700, RL 33407 (February 10, 2012), pp. 27, 35-36.

3) 그때 나토의 미사일방어망이 러시아의 핵능력을 저해할 것을 두려워하는 모스크바는 그 연계가 협정조항에 포함되어 구속력이 있기를 희망했지만 오바마 행정부는 그 조항의 포함은 미 상원의 비준동의를 얻지 못할 것이라는 근거로 그 제안을 거부했다. Richard Rousseau, "Russian Foreign Policy Under Drmity Medvedev's Presidency (2008-2012)," CESRAN Papers, No. 8, (April 2015), p. 19; Peter Baker and Ellen Barry, "Russia and U.S. Report Breakthrough on Arms," The New York Times, (March 24, 2010)

서 시행하는 제2차 세계대전 전승절 행진에 참가했고, 8월에는 미국, 러시아, 캐나다 공군이 납치방지 목적의 '비질런트 이글 2010'(Vigilant Eagle 2010) 연합 군사훈련을 실시했다.[1] 9월에는 러시아 국방장관 아나톨리 세르듀코프(Anatoly Serdyukov)가 워싱턴을 방문했다. 세르듀코프는 미 국방장관 로버트 게이츠와 '유럽형 단계적 적응접근'(EPAA: European Phased Adaptive Approach), 수정한 유럽재래식무기(CFE: Conventional Armed Forces in Europe) 협정비준, 양국 국방협력에 관해 의견을 교환하면서, 나토 물자가 (탈레반 출몰지역인) 파키스탄 국경을 우회해 아프가니스탄 전장에 도달할 수 있도록 '북부 공급망'(NDN: Northern Distribution Network) 운영에 만전을 기할 것이라고 재확인했다.[2] 그달 하순 메드베데프는 워싱턴의 의사를 존중해 2007년 푸틴 대통령 시절 합의한 이란에 대한 8억 달러 규모의 S－300 미사일 판매를 거부하기로 결정했는데, 그것은 이란 우라늄 농축문제 미해결에도 불구하고 그 나름대로 워싱턴에 보람있는 외교성과로 기록됐다.[3] 그 이후에도 오바마와 베드베데프는 서울 G20 정상회담, 요코하마 APEC 정상회담

....

1) Victory Day celebrations/World News/The ...,, https://www.theguardian.com〉 may〉 ru...; Western troops join Russia's Victory Day parade, www.cnn.com〉 europe〉 russia.parade; 비질런트 이글은 2008년 처음 컴퓨터 모의훈련으로 시작됐는데, 2010년에는 러시아의 캄차카 지역과 미국 알라스카 주에서 공동으로 시행됐다. 그때 미국, 러시아, 캐나다 전투기들은 AWACS의 도움을 받아 납치된 민간 항공기를 구조하는 높은 난이도의 훈련을 실시했다. NORAD, Russian forces wrap up VIGILANT EAGLE〉 North American Aerospace..., www.norad.mil〉 Newsroom〉 article; NORAD and Russian Federation Air Force to participate in joint military exercise..., www.norad.mil〉 Press－Releases〉 Article

2) 러시아는 2009년 초 이후 북부공급망 개설을 허용했다. 그들은 그때 방위협력 차원에서 러시아제 대형 항공기 공동생산과 러시아 수송용 Mi－17 헬리콥터의 미국 수출 가능성에 관해 논의했다. 러시아가 공동생산을 원한 대형항공기는 러시아 An－124 루슬란(Ruslan) 모델에 기초했다. Russian Defense Minister to Visit U.S. to Boost Cooperation, (September 10, 2010), http://www.bloomberg.com〉 2010－09－10; Gates and Serdyukov Agree on Closer US－Russian Defense Cooperation..., https://jamestown.org〉 program〉 gates－...; Mi－17 헬리콥터에 대해서는 다음 자료를 참조할 것, Mi－17V －5 Military Transport Helicopter－ Airforce Technology, https://www.airforce－technology.com 〉 ...; Mil Mi－17 (Hip－H) Medium－Lift Transport Helicopter/ Gunship－ Soviet Union, https://www. militaryfactory.com〉 detail

3) Rousseau, "Russian Foreign Policy," p. 20. 그 당시 이란은 러시아제 S－200을 개량해 S－300보다 더 성능 좋은 미사일체계를 실험, 성공했다고 밝히고, 모스크바 당국을 계약위반으로 고소했다. 러시아는 배상을 거부했지만, 2015년 국제사회와 이란의 핵협상이 타결됐을 때 이란 첨단 방공망 공급에 대한 제재를 해제하고 2016년 5월 S－300 공중방어체계를 전달할 것이라고 선언했다. 2016년 11월 러시아는 S－300 공중방어 미사일 시스템을 테헤란에 전달 완료했다. S－300 지대공 이동미사일은 195km 내의 항공기와 50km 이내 탄도미사일을 막아낼 수 있는 고성능 무기체계이다. Iran announces delivery of Russian S－300 missile defense system－The Washington..., https://www.washingtonpost.com〉 world; Russia Completes S－300 Delivery to Iran/Arms Control Association, https://www.armscontrol.org〉 News－Briefs

에서 국제현안에 대해 논의했고, 11월 리스본 (나토 정상회담 당시) NRC에서 아프가니스
탄 작전을 위한 모스크바의 지원, EPAA에 관한 미·러 타협 가능성, 또 CFE 협정 이슈
에 대해 더 깊이 있는 의견을 교환했다. 11월 NRC 당시 메드베데프는 EPAA 프로젝트에
러시아 전문가를 파견해 협력의 여지를 검토해보자고 제안했는데, 오바마는 타협을 제안
하는 러시아 리더의 태도에 크게 고무됐다. 메드베데프의 입장은 푸틴 총리나 라브로프
외교장관의 입장과는 달랐지만, 오바마는 그 때 이제 양국 간 리셋이 제대로 작동하고 있
으며 러시아는 적이 아니라 파트너가 되어 가고 있다는 희망적 견해를 피력했다.[1] 12월
에는 힐러리 클린턴 미 국무장관이 카자흐스탄 아스타나(Astana) OSCE 정상회담에 참석
했다. 그 회의에서 유럽안보와 평화를 위해 CFE 활성화를 서둘러야 한다는 공동성명 발
표가 있었지만, 모스크바는 지난 수년 간 추진해 온 러시아의 핵심 관심사인 '유럽 – 대서
양 신 안보협정' 체결 요구는 관철시키지 못했다.

2) 모스크바의 협력

2010년 미·러 관계에서 특기할 사항은 메드베데프가 그해 6월 미국의 실리콘밸리
(Silicon Valley)를 직접 방문한 것이다. 애플, 구글을 포함해 지식기반 경제 산업체 최고
경영자들과 만나 투자와 기술도입 가능성을 타진하면서, 메드베데프는 모스크바 외곽 이
노그라드 기술단지(Innograd Technological Hub) 설립에 필요한 과학, 산업정보 확보를 모
색했다. 메드베데프는 2011년 모스크바 서남쪽 스콜코보
(Skolkovo) 혁신센터에 5억 달러를 배정한 바 있는데, 그는
러시아가 신사업 구축을 통해 천연자원에 대한 의존을 줄
이고 선진산업국으로 한걸음 더 도약하기를 원했다. 오바
마는 그에 부응해 러시아의 WTO 가입지원, 러시아에 대
한 40억 달러 상당의 보잉항공기 판매를 약속했다.[2]

_스콜코보 혁신센터

2011년에도 미·러 리셋은 그럭저럭 작동했지만, 시간이 가면서 EPAA와 관련해 서

1) Russia, U.S. Still Disagree on Missile Shield – Russian Defense Ministry, RIA Novosti, http://en.rian.ru/trend/pentagon_meets_russian_def_min
2) 그 방문 당시 오바마와 메드베데프는 11개 사항에 관한 공동성명을 발표했는데, 그 내용은 대테러 협력, 아프가니스탄 안정, 러시아 개방정부의 육성을 포함했다. 미·러는 그 즈음 양국 모두에서 체포된 총 15명 스파이들을 맞교환하면서 그 문제를 조용히 처리했는데, 그것은 어렵게 성사된 관계 재설정을 파탄내지 않기 위해서였다. Nichol, <u>Russian Political, Economic,</u> (February 10, 2012), p. 37.

서히 이견, 반목이 노출되기 시작했다. 그래도 일단 그해 3월 러시아는 '아랍의 봄'(Arab Spring) 과정에서 발생한 리비아 사태 관련 유엔안보리 결의안 1973호를 지지했다. 모스크바의 결정은 많은 사람들을 놀라게 했는데, 왜냐하면 리비아는 전통적으로 러시아가 지지하는 대표적 반서방 국가였기 때문이다. 그 결정이 놀라운 또 다른 이유는 냉전종식 이후 모스크바가 가능한 한 해외 군사개입에 반대해 왔고, 더구나 메드베데프가 불과 3년 전 대외정책 원칙에서 다극적 세계질서를 옹호할 것이라고 선언했기 때문이다. 모스크바는 그동안 러시아가 1999년 나토의 (코소보 사태 관련) 세르비아 폭격, 그리고 2003년 미국 주도 연합군의 이라크 공격을 막지 못한 것과 관련해 미국과 서방을 비난해 왔다. 두 경우 모두 러시아는 안보리 결의안 채택에 반대했는데, 모스크바의 목소리는 아무 효과를 내지 못했다. 그런 선례는 모스크바로 하여금 안보리 결의안의 정통성을 더 중시하게 만들었고, 그것이 부분적으로는 메드베데프가 대외정책 원칙 천명에서 국제법의 신성불가침한 성격을 강조하게 만든 이유였다. 그러나 그와 대조적으로 리비아 위기 동안 러시아는 처음으로 서방이 선택한 방식에 걸림돌이 되기를 원치 않았다. 두 가지의 잠재적 요인이 러시아 결정의 배경에 있었는데, 하나는 러시아가 서방의 지원으로 경제현대화를 가속화시키기 원한 것이고, 또 다른 하나는 미국과의 리셋을 망치고 싶지 않았기 때문이다. 러시아 및 중동 전문가 리처드 루소(Richard Rousseau)는 메드베데프 대외정책 관련 구상에서 경제현대화가 중요한 측면을 구성했다고 분석했다.[1]

_조셉 바이든

오바마에게 메드베데프의 행동은 러시아 대외정책 변화가능성을 암시하면서 서방과 러시아 간 미래관계의 한 단면을 보여주는 긍정적 현실로 간주됐다. 워싱턴은 그가 2012년 러시아 대선에 다시 출마할 것을 희망했다. 2011년 3월 조셉 바이든은 모스크바를 방문해 메드베데프 대통령, 푸틴 총리, 야당의원, 시민사회 대표들을 포함해 수많은 러시아 인사들을 만났다. 그리고리 야블린스키, 가리 카스파로프(Garry Kasparov)를 포함하는 러시아 야당인사들과 회동했을 때, 바이든은 그들이 겪는 어려움에 관해 자세히 경청하면서 푸틴이 2012년 재선에 나서지 않는 것이 러시아와 푸틴 자신에게 더 나을 것이라는 정치적으로 민감한 견해를 피력했다. 인권 옹호론자들과의

---

1) 리처드 루소는 조지아, 카자흐스탄, 아제르바이잔에서 교수로 활동했고, 현재는 아랍 에미리트(UAE: United Arab Emirates) 아메리칸 대학(American University of Ras Al Khaimah) 정치학 교수이다. Rousseau, "Russian Foreign Policy," pp. 20-21.

별도 모임에서, 그는 또 인권과 민주주의는 아주 중요하고, 오바마 행정부는 러시아 인권 문제를 정기적으로 거론할 것이며, 러시아 야당 및 인권주의자들의 곤경을 완화시키도록 노력할 것이라고 약속했다. 그 행동들은 미국의 러시아 선거개입, 내정간섭으로 비치기에 충분했지만, 워싱턴은 바이든의 발언에 관해 자세히 논평하지 않으면서도 그의 모스크바 방문 주요목적이 메드베데프가 재선에 나설 것을 촉구하기 위한 것이었음을 부정하지 않았다.[1]

3) 좁힐 수 없는 간격

그러나 2011년 전반기가 지나가면서 메드베데프는 미국과 서방의 구상에 반대의사를 표명하기 시작했다. 5월 프랑스 도빌(Deauville) G8 회담에서 비록 오바마와 메드베데프가 다양한 외교사안에 합의했지만, EPAA와 관련해 두 리더 간에 극도의 이견이 노출됐다.[2] 메드베데프는 미국의 EPAA 구상에 처음으로 단호하게 반대했는데, 그 이유는 서방이 2010년 11월 리스본 NRC에서 메드베데프가 제시한 타협안을 완전히

_도빌 G-8 회담

거부했기 때문이다.[3] 이제 더 이상 미국과의 타협이 불가능하다고 생각하면서, 메드베데프는 과거 온건하던 태도를 완전히 바꾸었다. 사실 그가 서방의 구상에 반대한 것은 그때가 처음이 아니었다. 그는 지난 수년 간 여러 계기에 서방의 시도에 반대했는데, 그것은 러시아—조지아 5일 전쟁이 나토의 확장을 저지했다는 발언, 러시아의 CFE 유예가 나토 확대, MD, 나토의 CFE 불이행에 대한 대응이라는 견해, 그리고 또 OSCE를 중심으로 하는 새로운 유럽—대서양 안보체제가 확립돼야 한다는 그의 주장에서 충분히 드러난 바 있다. 2011년 12월 초 동유럽에 배치되는 EPAA 제1 단계가 마무리되는 상황에서, 미·러 관계에 또 다른 이상신호가 포착됐다. 그것은 러시아에서 의회선거 부정과 관련해 '푸틴

---

1) "Biden Opposes 3rd Putin Term," (March 11, 2011), https://themoscowtimes.com/news/biden—opposes—3rd—putin—term—5538

2) 그때 두 리더는 대테러 협력, 이란 핵개발 가능성 규제, 아랍의 봄과 나토의 리비아 작전, BPC 산하 러시아 경제현대화 관련 2개 실무그룹(WG: Working Group) 설치에 합의했다. 그 두 개의 실무그룹은 대러 경제투자에 대비하는 러시아 법, 제도 강화를 위한 실무그룹, 그리고 메드베데프 대통령의 최고 관심사인 러시아 경제현대화를 지원하기 위한 실무그룹이었다. Jim Nichol, <u>Russian Political, Economic, and Security Issues and U.S. Interests</u>, CRS Report 7—5700, RL 33407, (March 31, 2014), p. 51.

3) Nichol, <u>Russian Political, Economic</u>, (February 10, 2012), p. 38.

은 도둑,' '푸틴 없는 러시아'를 외치는 수만 명 규모의 대중시위가 발생한 것이 계기가 됐는데, 그때 푸틴 총리는 미국이 배후에서 수천만 달러를 사용하면서 시위대의 행동을 조종, 부채질하고 있다고 비난했다. 푸틴은 바이든이 러시아 시민단체, 각계각층의 인사를 만나면서 러시아 내정을 거론한 것, 그리고 러시아 총선의 부조리를 지적한 OSCE 보고서 모두가 러시아를 서구식으로 민주화시키려는 미국과 서방의 불순한 의도에서 비롯됐다고 몰아붙였다. 그에 대해 힐러리 클린턴은 워싱턴이 러시아와의 양자관계를 중시하지만, 동시에 미국은 세계 민주주의와 인권에 대한 특별한 사명감을 갖고 있고 러시아인들의 민주적 열망을 지원할 것이라고 말했다. 그것은 모두 지난 수년 간 오바마 행정부가 노력해 온 관계 재설정이 붕괴되고 있음을 예고했다.[1]

_EPAA, Stars and Stripes

---

1) David M. Herszenhorn & Ellen Barry, "Putin Contends Clinton Incited Unrest Over Vote," (December 8, 2011), www.nytimes.com

메드베데프 임기가 끝나가면서, 2012년까지 진정한 관계 재설정은 없었고, 미·러 관계는 근본적으로 반목상태에 있었음이 확인됐다. 오바마 행정부는 호의를 갖고 러시아와 협력하려 노력했고 메드베데프 역시 워싱턴의 협력을 수용하려 애썼지만, 양국의 국가이익이 정치 리더 두 사람만의 외형적 노력에 의해 바뀔 수는 없었다. 모스크바는 더이상 미국 및 서방에 대한 환상에 사로잡혀 있지 않았다. 그 이상적 열망은 오래전 옐친이 처음 집권하던 몇 해 동안에만 유효하던 것으로, 옐친 자신도 나중에는 서방에 대한 환상에서 깨어났다. 메드베데프가 협력적이고 양보적 태도를 취한 것은 타협을 통해 더나은 결과를 도출하고 경제현대화를 추구하려는 그의 대외정책 구상에서 비롯됐을 뿐이다. 서방은 러시아가 메드베데프 시기에 경제현대화를 강조한 것에 착안해 그 나라가 자유주의화 하고 있는 것으로 판단했지만, 그것은 러시아의 실제 모습이 아니었다. 서방은 메드베데프의 진정한 의도를 제대로 파악하지 못했다. 그러나 사실 미국 역시 마찬가지였다. 드미트리 트레닌(Dmitri Trenin)은 워싱턴이 아프가니스탄, 중동 이슈에 대한 지원을 대가로 '근외지역'(near abroad)에 대한 러시아의 배타적 이익을 인정할 의도는 없었다고 지적했다.[1]

4) 푸틴의 재집권

2012년은 푸틴이 다시 러시아 대통령으로 복귀한 해였는데, 그 이후 미·러 관계는 시리아 및 EPAA와 관련해 점점 더 악화되어 갔다. '아랍의 봄' 과정에서 촉발된 시리아 사태는 2012년 초까지 점점 더 심각해지고 있었다. 미국과 EU 리더들은 이미 2011년 8월 시리아 대통령 바샤르 알—아사드(Bashar al—Assad)가 퇴진해야 한다고 주장한 바 있고, 그것은 반정부 시위자들에 대한 잔혹한 일망타진으로 비판받는 독재정권에 대한 국제압력의 결집이었다.[2] 그 당시 유엔 인권 고등판무관과 실상파악 임무단은 시리아의 인

---

1) 리처드 루소는 나토의 추가확대를 막는 신 유럽안보 협정(New European Security Treaty)은 서방 동맹국들에게는 수용이 불가능했을 것이라고 분석했다. Rousseau, "Russian Foreign Policy," p. 21; Nichol, Russian Political, Economic, (February 10, 2012), p. 39; Luca Ratti, "Resetting NATO—Russia Relations: A Realist Appraisal Two Decades after the USSR," The Journal of Slavic Military Studies, Vol. 26, No. 2, pp. 150—160.

2) 오바마 대통령은 "시리아의 미래는 그 국민에 의해 결정되어야 하지만, 아사드 대통령은 그 길목을 막고 있다. 우리는 아사드 대통령이 민주적 이양을 이끌거나 아니면 물러나야 한다고 계속 말해 왔다. 시리아 국민들을 위해서, 아사드 대통령이 물러날 때가 왔다"고 말했다. 영국 총리 데이비드 캐머런, 프랑스 대통령 니콜라스 사르코지, 그리고 독일 수상 앙겔라 메르켈은 공동성명에서 다음과 같이 말했다. "우리 세 나라는 그 자신의 국민에게 잔인한 군사력으로 대응하고 그 상황에 대한 책임이 있는 아사드 대통령

_블라디미르 푸틴

권남용을 발견하고 국제형사재판소가 개입할 때임을 시사했다. 그러나 프랑스와 몇몇 유럽 국가들이 제출한 유엔안보리의 아사드 정권 비판 결의안은 러시아와 중국에 의해 거부됐다.[1] 푸틴은 서방의 아사드 퇴진 움직임에 단호히 반대했다. 모스크바는 미국과 서방의 아사드 대통령 하야 주장이 중동에서 자유주의 물결을 일으켜 친서방 세력을 확대하려는 정치적 음모라고 비난했다. 모스크바는 시리아 군의 민간인에 대한 폭격보다는 반정부 무장세력이 유혈참극과 시민희생에 더 큰 책임이 있고, 나토의 부당한 개입으로 인해 이라크, 리비아가 더 큰 혼란에 빠졌다는 입장을 고수했다.[2]

2012년 5월 푸틴은 6년 기간의 세 번째 대통령 임기를 시작했다. 푸틴 치하의 러시아는 또 다시 서방에 대해 적개심을 표시하기 시작했는데, 그것은 EPAA를 선제공격할 수 있다는 러시아 군 참모총장 니콜라이 마카로프(Nikolay Makarov)의 발언에서 명확하게 드러났다. 6월 멕시코 로스 카보스(Los Cabos) G-20 정상회담에서 오바마와 푸틴의 시리아 관련 견해차 역시 전혀 좁혀지지 않았다. 양국 적대감을 입증하듯, 2012년 후반기에 러시아의 군사활동이 증가했다. 7~8월 러시아 전폭기들이 미국 알라스카 해안과 태평양 연안에 출현했고, 러시아의 아쿨라급(Akula-class) 잠수함은 미 해군이 인지하지 못하는 사이에 멕시코 만을 순찰했다.[3] 미국과 러시아는 계속 대립각을 세웠다. 그해 9월

....

은 모든 정통성을 잃고 더 이상 그가 나라를 이끈다고 주장할 수 없는 것으로 믿는다. 우리는 그가 시리아 국민들이 그의 정권을 완전히 거부하는 현실을 직시하고 시리아인 최선의 이익과 그 국민통합을 위해 하야할 것을 촉구한다." 미국은 또 새로운 경제제재를 부과해 미국 내 시리아 정부자산을 동결하고, 미국인들이 그 나라에 새로 투자하는 것을 금지하며, 시리아 석유제품과 연관되는 미국거래를 금지했다. U.S., Europe call for Syrian leader al-Assad to step down, www.cnn.com〉POLITICS〉us.syria; UN general assembly backs call for Assad to quit as Syrian president/ World news..., https://www.theguardian.com〉...

1) 2011년 3월 아사드 대통령 통치에 대한 반란이 발생한 이후 2012년 11월까지 발생한 사망자 수는 3만6천명 이상이고 40만 명 이상의 시리아 인들이 인근국가로 도피했다. Syria: France backs anti-Assad coalition-..., https://www.bbc.co.uk〉news〉world-m...

2) 2012년 5월 30일 프랑스 대통령 프랑수아 올랑드는 프랑스는 유엔이 지지한다면 시리아 문제에 군사간섭 할 용의가 있다고 말했는데, 독일정부는 그에 대해 단호히 부정했고 미국 역시 시리아의 추가 군사화는 올바른 행동방향이 아니라고 말했다. 한편 프랑스 여론조사에서 국민들은 프랑스의 군사적 역할과 올랑드 리더십을 신뢰하지 않는 것으로 나타났다. Putin Defends Position on Syria and Chastises U.S. on Libya, DEC. 20, 2012, mobile.nytimes.com〉world〉middleeast

3) Bill Gertz, "Russian nuclear-capable bombers intercepted near West Coast in second U.S. air defense zone intrusion in two weeks," (July 6, 2012), http://freebeacon.com/putin-july-4th-

모스크바는 다음 달까지 미국 국제개발처(US AID: Agency for International Development) 철수를 요구했고, 12월에는 넌－루가 핵무기감축(CTR: Cooperative Threat Reduction) 프로그램 취소를 통보했다. 모스크바는 그 두 가지 모두가 워싱턴의 러시아 내정간섭에 해당하기 때문이라고 말했다.[1] 그 해 12월 미국은 러시아 인권 남용자들의 미국여행과 미국 내 자산동결을 강제하는 마그니츠키 법(Magnitsky Act)을 통과시켰고, 그 며칠 후 모스크바는 그에 대한 보복으로 디마 야코블레프(Dima Yakovlev) 법안을 통과시켰다. 반 마그니츠키 법이라고 불리는 디마 야코블레프 법은 러시아 입국금지 미국 인사를 지정하고 그들의 자산과 투자를 동결했다. 그 법안은 또 미국시민이나 조직으로부터 자금을 받는 비정부기구(NGO)의 활동, 그리고 미국시민의 러시아 아동입양을 금지했다.[2]

5) 오바마 제2기 임기

오바마는 재선에 성공해 2013년 1월 두 번째 임기를 시작했다.[3] 1월 워싱턴은 모스

....

message; "Silent Running," (August 14, 2012), http://freebeacon.com/national－security/silent－running; 아쿨라급 잠수함은 러시아의 핵추진 공격 잠수함이다. 러시아는 14척의 프로젝트 971 바르스급(Bars Class) 잠수함을 보유하고 있는데, 서방에서는 이를 아쿨라급 핵추진 잠수함(SSN)으로 부른다. 태평양에는 여러 척의 러시아 아쿨라급 잠수함이 배치되어 있다. 원래 러시아 잠수함은 소음이 커서 미 해군이 먼저 탐지해 파괴할 수 있지만, 아쿨라급 잠수함은 대부분의 미국 잠수함보다 더 조용하기 때문에 미국은 전투에서 이들과 마주치기를 원치 않는 것으로 알려져 있다. 아쿨라급 잠수함은 시속 38마일의 속도로 480미터 해저에서 작전할 수 있다. https://www.naval－technology.com〉 akula; Why the U.S. Navy fears Russia's Akula－Class Submarines, Stealthy with... https://nationalinterest.org〉 the－buzz〉 w...

1) Nichol, <u>Russian Political, Economic,</u> (March 31, 2014), p. 52.
2) 1992년 이후 6만 명의 러시아 어린이가 미국으로 입양됐는데, 러시아 아동입양 금지에 관한 법률은 미국으로 입양된 러시아 어린이 디마 야코블레프(Dima Yakovlev)가 2008년 고온의 자동차 내부에 9시간 홀로 남겨져 사망한 사건을 계기로 입법됐다. Russia's ban on US adoption isn't about children's rights/Laurie Penny/Opinion..., https://www.theguardian.com〉 r...; "Russia's Putin signs anti－U.S. adoption bill, (December 28, 2012), http://edition.cnn.com/2012/12/28/world/europe/russia－us－adoptions/index.html?iref＝allsearch
3) 오바마가 두 번째 대통령 임기를 시작했을 때 몇몇 전문가들은 오바마의 제1기 대외관계 치적에 관해 다음과 같이 평가했다. 오바마의 대외정책 운영방식은 평화롭고 안정된 세계라는 고상한 이상(lofty ideal)을 표방하면서도 현실을 감안해 실용적으로 외교안보를 운영하는 형태였다. 특히 그는 다른 어느 전임자보다도 더 대외정책의 개념, 표현, 그리고 어느 정도는 실행에서도 더 적극적이었다. 그는 나약하지(naive) 않았지만 수구적 현실주의자도 아니었다. 이라크 전쟁 종식, 아프가니스탄과 파키스탄에서 집요하게 버틴 것, 빈 라덴 사살을 통해 알카에다를 치명적으로 약화시킨 것, 러시아와의 리셋으로 뉴 스타트 체결 등 여러 부분에서 긍정적 성과가 있었다. 반면 몇몇 부분에서의 성과는 미진했는데, 이스라엘－팔레스타인 관계진전의 부족, 이스라엘에 대한 상대적 무관심, 아랍의 봄 사태 당시 이집트, 바레인,

크바 당국의 러시아 시민 억압 강도가 높아지는 것에 대한 항의표시로 BPC 시민사회 실무그룹으로부터 철수했다. 2월에는 양국 간에 잠시 협력이 있었는데, 북한이 고농축 우라늄을 사용해 6~16킬로톤 규모의 제3차 핵실험을 강행했을 때 미·러 두 나라는 유엔안보리에서 결의안 2094호를 통과시켰다. 3월 워싱턴은 기존 EPAA 계획을 수정해 알라스카에 요격미사일을 추가 배치할 것이라고 발표했고, 그것은 러시아의 반감을 더 부추겼다. 그해 6월 북아일랜드 G-8 정상회담에서 시리아를 둘러싼 오바마-푸틴 회담 역시 아무 성과를 거두지 못했다.[1] 2013년 6월 하순에는 미 국가안보국(NSA: National Security

Agency) 계약 직원 에드워드 스노든(Edward Snowden)이 러시아로 망명하는 사건이 발생했고, 그로 인해 미·러 관계는 더 긴장됐다. 그 이유는 워싱턴의 스노든 송환요청에도 불구하고 러시아가 8월 그의 망명을 승인했기 때문이다. 8월에는 양국 외교, 국방장관이 참석하는 2+2 회담에서 시리아와 스노든 문제에 관한 논의가 있었고, 그 다음 달 시리아와 관련해 긍정적 합의가 도출됐다. 그것은 미·러 양국이 시리아 화학무기를 일단 국제통제 하에 두는 상태에서 최종 폐기하기로 합의한 것으로, 그 결정은 유엔안보리 결의안

_에드워드 스노든

2118호에 반영됐다. 그 진전은 중요한 의미를 가졌는데, 왜냐하면 한 달 전에도 1,400명의 시리아 인들이 화학무기에 의해 살해됐기 때문이다. 그 합의는 다마스커스 정부가 일주일 내 화학무기 전체 리스트를 제출하고, 유엔 사찰관들이 11월까지 시리아에서 현장을 검증하며, 화학무기를 2014년 중반까지 모두 폐기하도록 규정했다.[2] 그러나 오바마 대통령은 지난 1년 간 EPAA, 재래식 군비통제, 지구적 안보이슈, 경

리비아, 시리아와 관련된 전략적 무기력과 좌절, 이란과 북한의 핵 및 탄도미사일 개발 지속, 기후변화에서의 업적 결여가 그런 것들이다. 워싱턴이 미국의 대중국 지렛대가 효과를 발휘하지 못할 것이라는 것을 인식하는 상태에서 미·중 관계진전 역시 미진했는데, 오바마가 전략적 피봇을 선언했을 때 아시아 국가들은 워싱턴의 의도와 능력을 의심했다. 아시아로의 재균형에서는 부상하는 중국과 잘 협력하면서 힘의 균형에 맞도록 양국의 역할과 위상을 분배해야 할 것이다. 빈 라덴 사살은 확실한 업적이고 미국 경제의 소생이 약간의 성과로 간주되는 상황에서, 전체적으로 오바마는 미국의 이익을 어느 정도 보호했지만 역사에 남을 만한 획기적인 성공은 없었다. Martin S. Indyk, Kenneth G. Liberthal, and Michael O'Hanlon, "Scoring Obama's Foreign Policy (A Progressive Pragmatist Tries to Bend History)," Foreign Affairs, Vol. 91, No. 3 (May/June 2012), pp. 29-43.

1) 로이터 통신이 나중에 그 회담을 묘사했듯이 그 두 정상 사이의 만남은 지독히도 역겨운 것이었다. Barack Obama and Vladimir Putin's latest in a long line of awkward photos/ The ..., https://www.independent.co.uk〉 ...; Nichol, Russian Political, Economic, (March 31, 2014), p. 53.

2) 오바마는 그 합의를 큰 외교성과로 치부하고 또 그로부터 위안 받았는데, 왜냐하면 그는 2012년 시리아

제 및 무역관계, 인권 등 양자관계에서 진전이 없었던 것을 이유로 그 다음 달로 예정된 미·러 정상회담을 취소했다.[1]

6) 격화되는 반목

푸틴의 대통령 복귀 이후 미·러 관계는 점점 더 어려워지는 양상을 띠었다. 2013년 2월 러시아 대외정책 개념은 (외교적 리셋 이후 미·러 경제유대를 중시하면서도) 미국의 내정간섭과 러시아 기업 및 시민제재에 대해 강력 대응할 필요성, 그리고 전략핵무기 감축이 공격과 방어의 전략적 균형에 달려 있음을 강조했다. 6월 중순 푸틴 대통령은 미·러 리셋은 이제 한계에 봉착했는데, 그 이유는 미국의 통치 엘리트들이 점차 패권주의적 태도를 갖고 계속 자기 자신을 유일 수퍼파워로 보기 때문이라고 말했다. 그는 스노든 사건으로 인해 미·러 관계가 피해보지 않기를 바란다고 말하면서, 양국관계는 서로의 근본적 문화차이에 의해 더 복잡해졌다고 덧붙였다. 미국 외교안보 사령탑은 어떤 생각을 갖고 있었을까? 4월 나토 최고사령관으로 부임하는 필립 브리드러브(Philip Breedlove) 장군은 의회청문회 서면 답변에서 러시아는 내부적으로 정치, 경제, 사회, 문화적인 많은 스트레스 요인에도 불구하고 수퍼파워를 지향하고 있고, 또 미·러 양국은 대테러, 해적퇴치, 세계문제에서 협력해야 하지만 동시에 나토가 러시아의 영향력 팽창을 막아야 한다고 증언했다. 그러는 가운데, 그해 말 러시아의 몇몇 로켓부대(Kozelsk, Novosibirsk, Tagil Rocket divisions)는 러시아가 MD를 우회할 수 있는 첨단 RS-24 Yars 다탄두(MIRVed) 대륙간 탄도미사일로 재무장하고 있다고 선언했다.[2]

_필립 브리드러브

아사드 정권이 화학무기를 사용하면 그 처벌을 위해 군사개입 하겠다고 선언하고서도 그 서약을 지키지 않은 것에 대해 많이 비판받았기 때문이다. 그렇지만 나중에 발간된 유엔보고서는 그 합의 이전에 이미 아사드 정권은 화학무기를 사용했고, 합의 이후인 2014~2015년에도 화학무기를 사용했다고 지적했다. "Obama welcomes Syria chemical weapons deal but retains strikes option," (September 14, 2013), www.theguardian.com

1) Nichol, <u>Russian Political, Economic,</u> (March 31, 2014), p. 54.
2) Nichol, <u>Russian Political, Economic,</u> (March 31, 2014), p. 55; Bayanihan, Science and Technology, "Putin: Russia begins deployment of new silo-based missile system," (December 27, 2013), http://bayanihan.org/2013/12/27/putin-russia-begins-deployment-of-new-silo-based-missile-system; 2010년 처음 도입된 RS-24 Yars의 나토명은 SS-27 Mod2이고, 사정거리는 10,500 ~12,00Km이다. 그 미사일은 고체연료를 사용하고, Topol-M 개량형으로 각각 300킬로톤에 이르는 10개

2014년 1월 의회증언에서, 미 국가정보국장(DNI: Director of National Intelligence) 제임스 클래퍼(James Clapper)는 러시아와 중국이 미국에 대한 가장 지속적 위협이고, 그들은 미국정부뿐 아니라 미국의 산업, 재정, 미디어에 대해서도 공세적 위협을 가할 수 있다고 경고했다. 그는 러시아가 중재하는 시리아에서의 화학무기 제거는 다마스커스에서 모스크바의 위상을 증대시킬 것이고, 러시아는 유럽에서 EU와 경쟁하는 가운데 유라시아 통합을 추진하지만 중앙아시아에서는 중국과 경쟁해야 할 것이라고 말했다. 러시아가 중시하는 시리아, 아프가니스탄, 이란, 북한문제와 관련해서, 그는 모스크바가 계속 워싱턴과 일정수준의 논의를 이어갈 것으로 전망했다. 한편 2014년 2월 러시아 소치 동계 올림픽 게임 당시 몇몇 테러 공격이 일어났는데, 그때 미국과 서방국가들은 러시아에 대테러 협력을 제공했다. 반면 푸틴은 오바마를 포함해 일부 서방지도자들이 올림픽 게임에 참석하지 않은 것을 폄하하면서, 일본 총리 아베 신조, 중국 시진핑, 이탈리아 총리 엔리코 레타(Enrico Letta), 카자흐스탄 대통령 누르술탄 나자르바예프(Nursultan Nazarbayev), 그리고 기타 참석자들을 환영했다.[1]

7) 크리미아 사태와 미·러 관계의 파국

2014년 2월 미·러 관계를 최악으로 몰고 간 러시아의 크리미아 침공사태가 발생했다. 러시아군은 크리미아를 침공하고 3월 초까지 그 지역을 점령했는데, 그것은 우크라이나에서 친러 대통령 빅토르 야누코비치가 권좌에서 축출되고 친 EU 정부가 수립된 사건에서 비롯됐다.[2] 러시아가 크리미아를 점령한 이유는 그 지역 주민 절반 이상이 러시아인이고, 또 동시에 크리미아의 세바스토폴 항구는 모스크바가 지정학상 특별히 중시하는 흑해함대 주둔기지이기 때문인 것으로 분석됐다. 3월 중순 크리미아인들이 주민투표를 통해 러시아 소속으로 국적변경을 원하고 우크라이나로부터의 독립을 선언하면서, 크리

다탄두를 장착한다. 그 전신인 Topol-M과 같이 Yars는 MD를 회피할 수 있고, 2016년까지 러시아 지상배치 미사일 전력의 80%가 Topol-M과 Yars 미사일로 채워지는 상황에서 러시아 전략미사일군(RSMF: Russian Strategic Missile Forces)의 근간이 되어가고 있다. Jacob Gleason, SS-27 Mod2/RS-24 Yars- Missile Defense Advocacy Alliance, (June 2017), https://missiledefenseadvocacy.org 〉...

1) 2014년 2월 소치 올림픽 게임에 오바마나 바이든은 참석하지 않았고, 그 대신 전 국토안보부 장관 재닛 나폴리타노(Janet Napolitano)가 개막식 대표단장으로 참석했다. Nichol, <u>Russian Political, Economic,</u> (March 31, 2014), p. 56.

2) 야누코비치는 유로마이단(Euromaidan) 혁명과정에서 의회탄핵에 따라 대통령직에서 물러났다.

미아는 이제 확고하게 러시아연방의 한 지역으로 편입됐다. 러시아의 불법 군사행동에 분개한 미국과 EU는 제재에 돌입했고, 그것은 러시아 G8 회원자격 유예, 경제제재를 포함했다. 그렇지만 미국을 포함해 서방은 크리미아 위상을 되돌리려는 군사조치는 시도하지 않았는데, 아마 그 이유는 그것이 더 큰 재앙으로 이어질 가능성을 우려했기 때문일 것이다. 한편 도네츠크(Donetsk)와 루한스크(Luhansk)를 포함하는 몇몇 동우크라이나 지역에서도 친러 시위가 발생해 독립을 선포하고 러시아와의 합병을 추구하는 사태가 발생했다. 그때 푸틴은 또다시 동우크라이나 사태에 개입해 친러 지역 독립을 보호했는데, 그에 대응하는 미국과 EU의 수차례에 걸친 경제제재는 아무 효과를 거두지 못했다. 오바마 대통령은 크리미아 및 동부 몇몇 지역의 정치위상을 되돌리는 것이 불가능하다는 것을 인정했고, 반면 러시아는 12월 어떤 경우에도 그 지역들의 안전과 독립을 보호할 것이라고 공개 서약했다. 우크라이나 서부지역에 새로이 수립된 아무 힘도 없는 친서방 민주정부는 어떤 조치도 취할 수 없었다. 그렇게 미·러 관계는 최악의 상태로 진입했다.

_러시아의 크리미아 침공

8) 시리아 군사개입과 미·러 관계

두 번째 임기 동안 오바마는 마지막 순간까지 러시아와의 반목에서 벗어나지 못했고, 2015년 미·러 관계는 양국의 시리아 군사개입 과정에서 더 악화됐다. 원래 오바마 대통령에게 시리아에 대한 지상군 투입은 옵션이 아니었는데, 왜냐하면 그 자신이 (이라크, 아프가니스탄 전쟁을 간신히 마무리로 이끌면서) 더 이상의 대규모 추가전쟁에 대해 부정적 인식, 그리고 또 동시에 세계 각국, 각 지역운영은 그 당사자들에게 맡겨야 한다는 '민주적' 사고를 갖고 있기 때문이었다. 그래도 미국이 시리아 내란에 군사적 무대책으로 일관할 수는 없는데, 그 이유는 워싱턴이 이미 수년 전부터 아사드 정부 퇴진과 화학무기 폐기를 포함해 시리아 사태에 개입해 왔고, 또 아직 시리아에 '이슬람 국가'(IS: Islamic State)가 존재하는 현실에서 푸틴 정부가 중동사태에 계속 더 깊숙이 개입하기 때문이었다. 가을 이후 모스크바가 아사드 정부를 위해 공중지원을 제공하는 상황에서, 미국과 서방은 시리아 동, 북부 지역 IS에 대한 공중폭격, 그리고 몇몇 걸프국가와 함께 제한적 범위 내에서 반 아사드 병력을 위해 군사지원을 제공하는 쪽으로 정책방향을 설정했다. 러시아 군은 아사드 정부를 위한 전면적 군사지원과 더불어, IS보다는 시리아 서부지역에서 아사드 정부에 반기를 드는 반군을 공격했다.[1] 서방과 러시아가 그렇게 서로 다른 그룹과 서로 다른 지역을 공격하면서, 그리고 또 미국이 전면전이 아닌 제한적 군사개입을 선호했지만, 결과적으로 시리아 내란은 일정부분 미국 대 러시아(와 이란)의 프락치(proxy) 대리전으로 변질됐다. 그 이후 오바마 행정부와 푸틴 정부는 (유엔 감독 하에서) 시리아 정부와 반군 간 휴전, 평화복원에 합의했지만, 2016년 가을 러시아 군과 시리아 정부군이

_러시아의 시리아 군사지원

또 다시 반군을 공격하면서 미·러 대화는 중단됐다.[2] 그리고 2017년 초 미국에서 도널드 트럼프 대통령이 새로이 집권하면서, 시리아 사태에 대한 워싱턴의 관심은 멀어졌다. 2019년 말 트럼프 대통령은 시리아에 주둔하는 미군을 철수시킬 것이라고 선언했고, 2020년 현재 시리아에서는 러시아, 이란의 지원을 받는 아사드 정부가 다시 확고하게 원래의 위상을 되찾았다.

(2) 테러와의 전쟁 관련 협력

1) 대테러 협력

오바마 시기 미·러 관계가 초기의 우호적 형태에서 점차 파국으로 치달았지만, 그래도 양국관계에서 대테러와 WMD 확산방지 같은 공통이익이 존재하는 부분에서는 협력이 진행됐다. 오바마 행정부는 출범 초기부터 러시아와의 대테러 협력 중요성을 강조했고, 모스크바 역시 그에 반대할 이유가 없었다. 2009년 5월 미국 국가안보전략 보고서는 아직도 국제 테러리즘, 또 '테러와의 전쟁'이 지속되는 현실에 비추어 미·러 관계에서 대테러 협력이 절대적으로 필요하다는 사실을 지적했고, 그 해 9월 미 국무장관 힐러리 클린턴의 러시아 방문 당시 미·러 양국은 대테러 협력을 위한 실무위원회 구성을 서두르

---

1) 러시아의 아사드 정부 지원은 고문단 파견, 무기제공, 공중공습을 포함했다.

2) 2008년 러–조지아 전쟁에서 각성해 국방현대화를 본격적으로 실시한 이후, 러시아군은 2014년 크리미아 침공 당시까지 완전히 새로운 형태의 선진군대로 재탄생했다. 그때까지 러시아 군대의 주 임무는 구소련 국경 내에서의 문제해결이었다. 그러나 2015년 러시아의 시리아 군사간섭은 모스크바가 구소련 국경을 넘어 더 넓은 (중동) 지역으로 군사활동을 넓히는 분수령으로 간주되고, 향후 러시아는 더 광활한 유라시아 대륙에서 미국, 중국과 함께 강대국으로 활동할 것이다. Dmitri Trenin, "The Revival of Russian Military (How Moscow Reload)," Foreign Affairs, Vol. 95, No. 3 (May/June 2016), pp. 23–29.

기로 합의했다. 2010년 6월 메드베데프 대통령이 미국을 방문하는 동안 워싱턴은 러시아 당국의 테러진압을 돕기 위해 코카서스 에미리트 리더 도쿠 우마로프(Doku Umarov)를 테러리스트로 지정했다.1) 2011년 초에는 모스크바 도모데도보(Domodedovo) 공항 폭탄 테러 사건이 러시아로 하여금 미국과의 대테러 협력을 가속화시키는 계기가 됐다. 폭발 즉시 오바마는 메드베데프와의 전화통화에서 '테러와의 전쟁'에 있어서 더 큰 협력의 필요성을 강조했고, 메드베데프는 그 제안을 적극 수용한다고 말했다. 그해 5월 프랑스 도빌(Deauville) G8 정상회담에서 비록 두 나라 간 가장 첨예한 이슈인 EPAA와 관련해 양국 최고 리더 간 좁힐 수 없는 견해차가 확연하게 드러났지만, 대테러를 위한 거시적 협력의 필요성을 인식하는 오바마와 메드베데프는 양해각서 체결을 통해 양국 공항과 기내 안전 증진, 그리고 양국 교통 및 수송안전 당국 간 정보교환, 공조를 약속했다. 2012년은 EPAA, 시리아 문제와 관련해 미·러 양국 간 불화가 완전히 노골화된 해였지만, 그럼에도 불구하고 양국의 대테러 협력은 계속됐다. 양자 대통령 위원회(BPC) 대테러 실무그룹은 연합 군사훈련, 교통안전 관련 협력, 재정감시 협력을 새로운 어젠다로 추가했고, NRC에 대한 불신에도 불구하고 모스크바 당국은 그 기구 대테러 실무그룹 활동의 중요성을 인정했으며, 미국의 FBI, CIA와 러시아 상대역은 테러 관련 정보, 수사, 공작협력을 이어나갔다. 세 번째 임기의 대통령으로 복귀한 푸틴은 그해 6월 멕시코 G-20 정상회담에서 시리아에 관한 미·러 간 극단적 견해차와는 별개로 또 다시 대테러 협력의 필요성에 동의했다.2)

오바마가 두 번째 대통령 임기를 시작한 2013년은 스노든 에피소드, 미·러 정상회담 취소, 시리아 관련 의견대립 심화, 오바마의 소치 동계 올림픽 취소를 포함해 양국 간 수많은 불협화음이 노정된 해였다. 그렇지만 미·러 양국의 대테러 공조 필요성에 대한 인식에는 큰 변화가 없었다. 2013년 4월 체첸으로부터 이민해 온 형제가 저지른 '보스턴 마라톤' 폭발사건 당시 오바마와 푸틴은 정상 간 통화에서 대테러 협력의 중요성을 재확인했고, 며칠 후 브뤼셀 NRC에서 회동한 미·러 외교사령탑 존 케리와 세르게이 라브로프 역시 대테러 협력 필요성에 공감했다. 5월에는 FBI 국장 로버트 뮬러(Robert Mueller)가 모스크바를 방문하고 보스턴 폭발사건, 대테러 정보 및 수사공조, 중동의 IS, 그리고 세계 각지 테러활동 방지책에 관해 논의했다. 6월 북아일랜드 G-8 정상회담에서 오바

---

1) 그것은 우마로프에 대한 재정 및 기타 지원을 방지하고, 테러리스트와 테러행위를 돕는 자들을 억지하는 목적을 띠었다.

2) Nichol, <u>Russian Political, Economic</u>, (March 31, 2014), pp. 26-28.

마와 푸틴은 대테러 협력 확대를 서약하는 공동선언을 발표했는데, 그것은 양국 관련기
관 간 정보교환, 공동작전, 그리고 소치 동계 올림픽에서의 안전제공에 관한 내용을 포함
했다. 증대하는 새로운 긴장을 포함해 여러 도전에 직면하면서도 미·러 두 나라의 대테러
협력은 흔들림이 없었다. 그러나 2014년 러시아의 크리미아 점령 이후 미국과 EU가 제
재를 부과하면서, 미·러 양국의 대테러 협력은 동력을 잃어갔다.[1]

(3) 핵확산 방지 협력

1) 뉴 스타트(New START: New Strategic Arms Reduction Treaty)

오바마 행정부는 2009년 12월 시효가 종료되는 START I과 2012년 말 효력이 정지
되는 모스크바 협정을 대체할 새로운 핵무기 감축협상이 필요하다고 생각하고 있었다.
그런 의도에 따라 2009년 4월 시작된 미·러 협상은 1년 후 2010년 4월 뉴 스타트(New
START) 체결로 이어졌다. 그 협정에서 양측은 보유하는 총 ICBM 발사대, SLBM 발사관,
그리고 중폭격기를 합한 총 개수 800개 중 700개까지만 배치할 수 있고, 그 배치된 운반
수단에 1,550개까지의 핵탄두만 탑재할 수 있도록 합의했다. 뉴 스타트의 강점은 미·러
양국이 서로의 협정준수 여부를 검증하도록 중복적 감시조항을 규정한 것이다. 비록 그
협정이 양측 전략 핵무기의 소량만을 축소시킴에도 불구하고 그로 인해 세계 및 미·러
안보가 더 안전해진다는 결론에 도달하면서, 미 의회는 뉴 스타트를 승인했다. 2011년 2
월 뉴 스타트가 발효된 이후 미·러 양국은 시행 첫해 1,800번 서로 교환 통보했고, 총
18차례 현장검증을 실시했다. 그 후 '핵 없는 세상'을 옹호하는 오바마는 현재의 뉴 스타
트 수준에서 향후 핵무기 1/3 추가감축이 필요하다고 주장했지만, 모스크바는 동유럽에
EPAA를 설치하고 MD 관련 모든 러시아 제안을 거부하는 워싱턴의 입장에 별로 호응하
지 않았다. 2014년 2월 크리미아 위기 이후 모스크바가 뉴 스타트 협정을 준수할 것인가
에 대한 의구심이 제기됐지만, 미국은 러시아가 협정을 준수할 것으로 기대했다.[2]

....

1) Ibid., p. 29.
2) 미국 및 서방 일각에서는 러시아가 뉴 스타트 협정을 양국 핵 안정을 위한 군비통제보다는 주로 그들의
   노후화 된 체계를 퇴역시키는 목적에 활용할 것이라는 비판을 제기했다. 또 다른 사람들은 그 협정에 전
   술핵무기가 포함되지 않은 것에 주목했는데, 그때 오바마 행정부는 뉴 스타트가 체결된 이후에만 양국
   간 전술 핵무기 축소문제가 논의될 수 있다고 말했다. 한편, 1992년 이후 러시아 및 우크라이나, 벨로루
   스, 카자흐스탄 핵무기를 해체하는데 100억 달러 이상을 투입한 미국의 넌─루가 프로그램과 관련해, 모
   스크바는 2012년 12월 그 협정 갱신 반대를 결정했고 그에 따라 '협력적 위협감축'(CTR: Cooperative

2) 북한 핵문제

오바마 대통령은 민주당 후보시절부터 대화, 설득, 외교를 통해 북한으로 하여금 모든 핵무기와 시설을 포기하게 한다는 생각을 갖고 있었다. 부시 대통령이 2003년 8월 이후 6자회담을 통해 북핵 개발 포기를 시도한 것이 비록 평양의 제1차 핵실험으로 무산되고 북한의 핵능력이 오히려 증대됐지만, 오바마 행정부는 아직도 더 대화가 유용하고, 협력적 개입이 더 합리적 방안이라는 생각을 갖고 있었다. 그것은 중동에서의 전쟁, 국제테러리즘, 국내경제 침체라는 미국의 대내외적 현실을 감안한 생각이기도 했다. 그래서 그는 비록 군사적 옵션을 배제하지는 않지만, 6자회담 형태를 띤 다자대화와 더불어 양자대화도 수용할 수 있고 한걸음 더 나아가 대선후보 시절 김정일을 만날 것이라고까지 말한 바 있었다.[1]

그러나 오바마 행정부의 의도는 처음부터 북한의 도전에 직면했다. 북한은 일단 위성로켓을 발사할 계획을 갖고 있다고 발표한 이후 2009년 4월 초 알라스카와 하와이를 공격할 수 있는 사정거리 4,500Km의 대포동 2호를 시험 발사했다. 오바마가 프라하에서 북한의 로켓발사를 비난하고 유엔안보리 제재가 강화될 것이라고 경고했을 때, 평양은 오히려 안보리가 북한내정에 간섭한 것에 사과해야 한다고 말하면서 또 다른 핵실험을 할 것이라고 위협했다. 그리고 그 한 달 후 5월 놀랍게도 북한은 20킬로톤 규모의 핵실험을 강행했고, 수차례에 걸쳐 중, 단거리 미사일 시험발사를 실시했다.[2] 워싱턴은 이제 강경하게 대처할 수밖에 없는 처지에 처했고, 국제공동체를 동원하고 유엔안보리 결의를 통해서 WMD 확산에 대한 제재를 구사하는 것 이외에는 다른 옵션을 찾기 어려웠다. 러시아와 중국이 또 다시 동의해 안보리 결의안 1874호가 통과됐는데, 그 결의안은 1차 북핵 실험 당시의 결의안 1718호에 비해 수상한 북한선박 및 항공기에 대해 더 철저하게 검문하고 무기를 압수할 권한을 부여했다. 북핵 실험 이후 군사제재라는 강력한 카드를

Threat Reduction)은 2013년 6월 시효가 만료됐다. Nichol, <u>Russian Political, Economic,</u> (February 10, 2012), pp. 50−51; Nichol, <u>Russian Political, Economic,</u> (March 31, 2014), pp. 60−62.

1) Hillary Clinton (Nominee for Secretary of State), Senator Clinton's Opening Statement at Senate Confirmation Hearing, (January 13, 2009), http://www.american.gov/st/tettrans−english/2009/January20090113174107eaifas0.630213,html; Blaine Harden, "N. Korea Denounces Obama," (May 9, 2009), http://washingtonpost.com/wp−dyn/content/article/2009/05/08/AR20090508001...

2) John Delury, "Obama's First 100 days: Spotlight on North Korea," (April 30, 2009), http://www.asiasociety.org/policy−politics/internationl−relations/us−asia/obama%25

사용하기 쉽지 않은 상황에서, 미국의 대북정책은 지난 15년 이상 그랬던 것처럼 대화와 설득, 외교압력, 그리고 유엔안보리의 제한적 제재라는 형태로 진행됐다. 로버트 게이츠 국방장관, 국방차관 미셸 플로어노이(Michele Flournoy), 힐러리 클린턴 국무장관은 필리핀 샹그릴라 대화, 미·중 국방협상 대화, 아세안 10개국 외교장관 회의 같은 다양한 국제무대에서 북한 핵의 위험성과 불가역적 해체(CVID: Complete, Verifiable, Irreversible Dismantlement)를 강력하게 촉구했다.[1] 안보리 결의안 1874호에 따라 북한의 WMD 관련 제재는 더 강화됐다. 미 해군은 WMD 부품을 선적한 것으로 의심되는 북한 선박 강남호를 추적했고, 우라늄 농축용 알루미늄 튜브를 구매한 것으로 의심받는 남촌강 무역회사와 북한 광산개발회사를 지원한 혐의로 홍콩 전자회사(Hong Kong Electronics)를 제재대상으로 지정했다. 안보리 조치에 따라 북한의 수많은 회사자산이 동결되고, 특정개인의 여행이 금지되며, 특수 흑연과 방호내열성 섬유(para-aramid fiber) 수출입이 불허됐다. 미국은 북한 원자력총국과 단군무역회사를 제재대상으로 추가지정하고, 태국정부도 동참해 조지아 국적의 수송기와 승무원을 억류했다. 그 화물기는 북한을 경유해 우크라이나로 귀환하도록 되어 있었는데, RPG-7, 다연장 로켓발사기를 포함해 35톤의 북한 신무기를 싣고 있었다. 그 수송기는 미얀마, 파키스탄, 또는 이란에 북한무기를 전달하는 목적을 띠는 것으로 분석됐다. 그러나 그 1874호 결의안 역시 북한체제와 경제에 실질적으로 충분한 피해를 미치는 성격의 것은 아니었는데, 왜냐하면 그것은 북한에게 무기판매 금지로 인한 연간 수억 달러의 피해를 제외하면 인민생활과 직접 관련되고 북한사회를 혼란에 빠뜨릴 수 있는 소비재 수출입에 대해서는 아무 규제도 하지 않았기 때문이다. 그 결의안은 북한의 인민경제를 위협하기에 불충분하고 또 평양 당국에 가하는 위협은 기껏해야 약간의 외화수입 중단과 국제적 망신에 불과한 이유로, 김정일 집단으로부터 핵 포기를 유도할 만큼 강력하지 못했다. 그 역시 러시아와 중국에 의해 미국이 더 강력한 방안을 추진하려는 의지가 견제당한 결과였다.

2011년 한미 양국은 남북한 6자회담 대표 회동을 통해 평양을 회유하려 노력했고, 미국은 뉴욕과 제네바에서 북한과 두 차례 고위급회담을 통해 북핵 개발저지를 시도했다. 2011년 12월 김정일 사망 이후 김정은 체제가 출범하고 미·북이 2012년 2월 베이징 고위급회담에서 평양의 비핵화 노력과 식량지원을 맞바꾸면서 그 시도는 탄력을 받는 듯

---

1) Merle David Kellerhals Jr., "President Obama says U.S. prepared for Any North Korean Threat," (June 22, 2009), http://seoul.usembassy.gov/nk_06209.html

했다. 그러나 김정은 정권은 2012년 4월 이후 지속적 장거리미사일 시험발사, 영변 핵시설 재가동, 핵실험을 강행했고, 급기야 2016년 1월 4차 핵실험에서 수소폭탄 실험에 성공하고 2017년 6차 핵실험에서 ICBM 장착용 수소폭탄 실험에 성공했다. 그 과정에서 여러 차례의 안보리 결의안이 통과돼 북한에 대한 제재를 부과했지만, 그 모든 시도는 북핵 개발저지에 실패했다. 결의안 통과를 비롯해 러시아나 중국이 가한 대북압력은 모두 제한적 성격의 제재였다. 러시아는 중국과 마찬가지로 북한체제를 흔드는 제재에는 단연코 반대했다. 지구적 안보질서

_김정은

에서 미국에 반대하는 러시아와 중국은 그들과 한편에 서있는 북한에게 진정한 의미의 제재를 가할 이유가 없었다. 러시아의 행동은 핵심적 의미에서 모두 외교적 제스처였다.

3) 이란 핵 프로그램 제한

이란 핵문제와 관련해 오바마 대통령은 아직 테헤란이 핵개발에 성공하기 전에 어떤 가시적 결과 도출을 원했다.[1] 비록 북한 핵문제 해결은 미국의 영향권에서 벗어났지

....

1) 이란의 핵 프로그램은 테헤란 대미 안보전략의 일부이다. 미국과 이란은 오래 전부터 서로를 원수로 인식해왔다. 이란의 반미정서는 영국 석유회사(BP: British Petroleum)가 건설한 이란 오일산업을 국유화한 이란의 무하마드 모사데크(Mohammad Mosaddeq) 정부를 1953년 미국 CIA와 영국 MI6가 배후에서 조종해 쿠데타로 전복시키면서 시작됐다. 호메이니(Ayatollah Ruhollah Khomeini)를 위시해 이란 이슬람 혁명세력은 이란의 독립을 추구했고, 1979년 이슬람공화국 수립과 미 대사관 인질 사태 이후 호메이니는 미−이란 관계를 늑대와 양에 비유하면서 반미를 이란의 핵심 이데올로기로 사용했다. 오바마임기 초에도 이란 최고지도자 알리 하메네이(Ali Khamenei)는 미국을 실존적 위협으로 간주했다. 테헤란은 워싱턴이 바레인, 쿠웨이트, 카타르의 미군기지, 그리고 아프가니스탄과 이라크 미군 병력으로 이란을 포위하고, 경제제재로 이란을 압박하며, 핵 프로그램을 방해하고, 파키스탄 발루치스탄(Baluchistan)에 근거한 수니 반군그룹 준달라(Jundallah)를 동원해 이란 정권교체를 추진하는 것으로 인식했다. 그 상황에서 미국에 대처하는 테헤란의 전략은 비대칭, 저강도 전쟁, 무기체계 현대화, 미사일 및 핵 프로그램 개발이었다. 테헤란은 또 에너지를 무기로 미−EU를 분열시키려 시도했고, SCO 내에서 옵서버 지위를 정식 회원국으로 격상시키기 원하면서 러시아 및 중국과 경제, 군사협정을 체결했으며, 중남미의 볼리비아, 쿠바, 에콰도르, 니카라과, 베네수엘라와 같은 반미 국가들과 유대를 강화했다. 이란의 오일 매장량은 사우디의 절반 수준이지만, 천연가스 매장량은 사우디의 거의 4배에 달한다. Mohsen M. Milani, "Tehran's Take," Foreign Affairs, Vol. 88, No. 4 (July/August 2009), pp. 46−54; 한편 하메네이의 서방에 대한 인식은 다음과 같이 시간이 가도 변하지 않았다. 서구 문명이 과학, 기술, 부 등 많은 장점이 있지만 그것은 물질을 지나치게 추구하고 제대로 된 민주주의가 아니다. 민주주의 측면에서 미국은 예컨대 흑인의 어려움도 있고 또 돈 있고 권력있는 소수가 다수 대중을 지배하는데, 그것은 사회정의(social justice)가 아니며 오히려 이슬람 문명이 더 우월한 측면이 있다. 이란은 '종교 민주주의'(religious democracy)이다. 미국의 외교정책은 문제가 있는데, 그것은 기본적으로 패권주의이다. 미국은 계속 이란 이슬람공화국을 전복시키려 하지만, 절대 그렇게 되지 않을 것이다. 이란은

_이란 핵프로그램 제한

만, 핵실험에 이르기에 상당한 시간을 요구하는 이란 핵 이슈는 아직 잠정적 해결의 희망이 있었다. 2013년 이란에서 온건파 하산 로하니(Hassan Rouhani, 2013. 8-현재)가 대통령에 당선되면서 미국과 서방의 오랜 노력은 긍정적 결과를 가져왔는데, 2015년 7월 미국을 포함하는 유엔 안보리 상임이사국 5개국과 독일(P5+1)이 테헤란과 이란 핵 프로그램 제한(JCPOA: Joint Comprehensive Plan of Action)에 합의한 것이다.[1] 비록 그것이 이란의 완전한 비핵화는 아니었지만, 안보딜레마가 존재하고 서로를 믿지 못하는 상태에서 어떤 중간단계 해결은 협상의 소중한 성과였다. 그 협상에서 워싱턴은 경제제재를 해제하기로 했고, 그로 인해 이란은 세계 각국과 원유, 천연가스, 석유화학제품의 교역과 투자가 가능해졌다. 이란의 해외 금융자산 동결은 해제됐고, 이란 금융기관들은 해외기관과 자금거래가 가능해졌다. 그 대가로 이란은 다음과 같이 합의했다. 우라늄 농축용 1만 9천개 원심분리기를 5천개 수준으로, 그리고 농축우라늄 비축량은 98% 감축할 것이다. 향후 15년 간 우라늄 농축시설의 신설은 금지된다. 플루토늄을 추출할 수 있는 중수로(heavy-water reactor)는 보유하지만 설계변경을 통해 플루토늄 추출 가능성을 현저하게 축소시킨다. 사용 후 핵연료(spent fuel)는 해외로 반출하고 폐연료봉은 폐기한다. IAEA는 2003년 이전을 포함하는 모든 핵 활동과 시설을

자발적으로 2년 간 우라늄 농축을 동결했지만 조지 W. 부시 행정부는 계속 이란을 '악의 축'에 포함시키고, 또 미국 외교는 필요하면 협상하자고 하면서 협상이 막히면 행패(bully)를 부리고 평등한 관계에서가 아니라 수퍼파워로서 접근한다. 미국이 원하는 것은 이란 공화국의 전복이고, 이란 국내에서도 서구식 민주 개념을 부추겨 전복의 단초를 마련하려 시도한다. Akbar Ganji, "Who is Ali Khamenei (The World View of Iran's Supreme Leader)," Foreign Affairs, Vol. 92, No. 5 (September/October 2013), pp. 24-48.

1) 중동 전문가들은 이란 내에서의 실제 모든 의사결정은 최고 지도자인 알리 하메네이의 승인이 없이는 이루어질 수 없다고 말한다. 성직자인 최고 지도자는 모든 외교안보, 정치, 경제, 사회문화 사안에 관해 지휘, 통제하고, 대통령보다 월등히 우월한 권한을 보유한다. 그 체제는 신정정치(theocracy)의 진수를 보여준다. (호메이니의 사망 전 추천으로 최고 지도자가 된) 하메네이는 (호메이니의 사망 전 지침대로) 파벌투쟁을 방지하고 모든 사안에 절대적 권한을 갖도록 헌법 개정과 더불어 '심층국가'(deep state)라고 불릴 수 있는 네트워크를 구축하기 위한 여러 제도적 조치를 취했다. 그것은 최고지도자를 선출하는 88명으로 구성된 종교집단인 '전문가 회의'(Assembly of Experts)에 대한 권한확보, 정부 갈등해결, 외교, 정보를 위한 자문기구의 창설과 통제, 그리고 정규군과는 별도의 군대로 국가와 사회의 이슬람적 성격을 보호하는 이슬람 혁명수비대(IRGC: Islamic Revolutionary Guard Corps)에 대한 영향력 확보였다. 이란 전문가들은 그 '심층국가'가 현재 전립선 암으로 고생하는 하메네이 사후에도 강경 이념노선을 갖고 종교권위와 행정경험이 있는 최고 지도자를 선출할 것으로 전망한다. Sanam Vakil and Hussein Rassam, "Iran's Next Supreme Leader (The Islamic Republic After Khamenei)," Foreign Affairs, Vol. 96, No. 3 (May/June 2017), pp. 76-86.

사찰할 권리를 갖고, 그것은 군사시설에 대한 강제사찰을 포함한다. 그러나 IAEA 사찰에서 문제가 발견되면 경제제재는 다시 부과된다.

  그 합의에서 모든 당사자들은 상당한 이익을 확보했다. 미국과 서방은 그동안 핵확산 방지를 위해 많은 노력을 경주해 왔다. 우크라이나는 1994년 미국, 영국, 러시아의 영토 및 정치적 독립보장, 4천억 달러 수준의 경제지원 대가로 핵무기를 포기했다. 이라크는 미국의 제2차 걸프전과 사담 후세인 처형으로 핵 관련 의혹이 종결됐다. 리비아의 카다피는 2003년 서방의 설득을 받아들여 경제지원의 대가로 핵개발을 포기했다. 이제 이란 핵문제가 일단락되면서 북한 핵만이 미해결 상태로 남게 됐다. 인도보다는 파키스탄의 핵무기가 더 큰 문제로 간주되지만, 그것은 이미 끝난 사안이었다. 이란의 이익 역시 큰 것으로 평가됐다. 이란은 핵무기 개발을 제외한 용도의 우라늄 농축활동은 그대로 계속할 수 있었다. 다시 말해 비군사용 핵 활동은 보장되는 것인데, 최악의 경우에는 국제사회, 서방과의 관계를 끊고 다시 핵개발로 돌아갈 수 있다. 동시에 서방, 유엔안보리 경제제재 해제로 인해 국제사회와 경제교류가 가능했다. 그동안 이란은 1979년 테헤란 미대사관 직원들을 인질로 잡고 반서방 혁명을 일으킨 호메이니의 이슬람 혁명 이후 미국의 경제제재를 받아왔다. 서방의 경제제재로 이란경제는 극도로 침체됐는데, 1일 평균 300~400만 배럴의 원유생산은 판로가 막혀 1/3 수준인 100만 배럴 이하로 감소했다. 달러는 부족하고 자국 화폐 리알화의 가치는 하락했으며, 물가는 폭등하고, 일반 실업률은 20%, 청년 실업률은 30%에 달했다. 경제제재가 해제되면 경제가 활성화되는 것은 물론 서방에 의해 동결된 자금 1천억 달러가 풀릴 것으로 기대됐다.[1]

---

[1] 이란에 대한 서방의 경제제재가 해제될 것으로 인식되는 시점에 이란 경제에 대해 다음과 같은 분석이 제시됐다. 이란은 오일 매장량에서 세계 4위이고 천연가스 매장량은 세계 2위를 차지한다. 그러나 거대한 에너지에도 불구하고 이란 경제는 다양하게 발전했는데, 산업은 GDP의 41%, 서비스는 50%, 농업은 9%를 생산한다. 오일과 가스는 GDP의 20% 이하를 차지하고, 2011년 경제제재 이전 이란은 세계 13위 자동차 제조국으로 영국보다 더 많은 165만대의 자동차를 생산했으며, 2013년 이후 자동차, 화학제품, 광물, 정보통신 교역으로 350억 달러 무역흑자를 기록했다. 2015년 기준으로 구매력을 감안할 경우 이란 GDP는 약 1.4조 달러로 터키와 호주 사이에 위치하고, 일인당 GDP는 1만 7천 달러를 기록했다. 또 부채비율은 GDP의 12%로 세계에서 가장 낮은 수준이다. 2015년 이란에 대한 해외투자는 430억 달러인데, 그것은 제재 대상 국가로서는 나쁘지 않은 실적이고 경제제재가 풀리면 더 획기적으로 증가할 것이다. 그러나 외국인들의 해외투자가 반드시 쉽지는 않을 것인데, 왜냐하면 투자자들이 외국투자에 적대적인 이란의 정치사상과 시장 자유화에 대한 테헤란의 의지를 의심하기 때문이다. 그것은 그동안의 이란 행동에 따른 평가인데, 가장 대표적으로 1979년 이슬람 혁명 이후 테헤란은 대부분의 경제를 국유화했다. 비록 이란의 알리 라프산자니(Ali Akbar Hashemi Rafsanjani) 대통령(1989. 8~1997. 8)이 민영화를 추진하고 2004년 이후 많은 이란 국영기업에 주식의 80%까지 민영화가 허용됐지만, 그것은 이름뿐인

P5＋1은 이란 핵개발 가능성을 현저하게 차단한 것으로 인식했고, IAEA도 핵개발 차단에 충분한 수준의 합의로 평가했다. 혹시라도 이란이 핵개발을 시도하려 한다면, 그 준비기간은 2－3개월에서 최소한 1년으로 늘어나는 것으로 분석됐다. 러시아의 크리미아 점령, 시리아 군사지원과는 별개로, 오바마 대통령은 러시아의 협력이 이란과의 핵 제한협상 타결에 큰 도움이 됐다고 말했다. 모스크바는 여러 면에서 도왔다. 비록 유엔안보리 제재에서 러시아 입장이 유동적이고 부분적 도움이었지만, 그래도 몇 번에 걸쳐 러시아가 제재에 반대하지 않은 것이 테헤란으로 하여금 진지하게 협상에 임하게 만들었다. 러시아는 또 과거 2015년 4월까지 이란에 S－300 지대공 미사일 판매금지 시한을 설정한 바 있지만, 푸틴은 그 이후에도 일정기간 미사일을 이란에 판매하지 않았다. 만약 러시아가 돕지 않았으면 그 협상은 이루어지지 않았을 것이다.[1]

그러나 그 모든 노력은 2018년 5월 트럼프 대통령이 이란과의 JCPOA 합의를 파기하면서 물거품으로 돌아갔다. 그 이후 호르무즈해협 유조선 피격(2019. 5~6), 미국 무인

....

조치였다. 민영화된 주식 중 약 절반은 이란 대통령 마무드 아마디네자드(Mahmoud Ahmadinejad, 2005. 8~2013. 8)가 '정의 주식'(Justice Share)의 이름으로 가난한 사람들에게 분배했고, 나머지 반은 국가와 연계된 단체인 혁명－종교 재단, 군부와 준 군사기구, 그리고 국영 연금펀드로 이전됐다. 그리고 그 조치는 수익성을 내지 못하면서 오히려 투명성이나 책임성이 더 축소되는 결과로 이어졌다. 지적재산권 보호에서도 131개 국가 중 이란은 111위에 위치했는데, 그것은 중국, 인도, 브라질 모두 60위 이내에 위치하는 것과 크게 대비됐다. 부패순위는 174개국 중 러시아, 나이지리아와 비슷한 136위였다. 무엇보다도 해외 투자자들은 이란의 보수 엘리트들이 외국이 이란을 해체하려 한다는 인식을 갖고 있고 외국기업의 국내경제 개입에 거부감을 갖고 있는 것을 우려한다. 이란 지배계층이 보수적 사고를 갖는 이유는 19세기 말에서 20세기 중반까지 몇 번에 걸친 역사적 이유에서 유래한다. 1872년 이란 군주 나세르 샤(Naser al－Din Shah)가 천연자원, 전신, 도로 등 인프라 사업권을 영국회사에 부여했는데, 나중에 그 협상이 취소되고 그는 국가자산을 해외에 팔아먹은 것으로 인식됐다. 1901년 이란정부는 영국 사업가(D'Arcy)에게 오일 및 광산자원 채굴권을 이전했는데, 그가 설립한 오일회사(Anglo－Persian Oil Company)의 후신 BP(British Petroleum)는 20세기 전반기 내내 이란 국민 분노의 대상이었고 1951년 결국 국유화됐다. 마지막으로 1953년 이란 총리 무하마드 모사데크(Mohammad Mosaddeq)를 미국과 영국이 개입해 축출한 것이 이란인들에게 서방세력은 자기들이 원하는 사람을 세우기 위해 누구라도 갈아 치운다고 믿게 만들었다. 그렇지만 외국으로부터의 투자가 없이 이란 경제는 발전에 한계가 있을 것이고, 테헤란은 해외투자를 위한 좋은 환경을 육성해야 할 것이다. 지적 재산권 보호, 투명한 재정보고 등 법에 의한 투자자본의 보호, 정부의 지나친 간섭 배제, 부패의 척결, 중앙은행 독립을 포함한 건전한 민간 금융체계, 에너지 국유화를 제외한 나머지 산업 분야에서 진정한 의미의 민영화를 포함하는 선진 시장경제 원칙이 고양이 필요하다. Cyrus Amir－Mokri and Hamid Biglari, "A Windfall for Iran? (The End of Sanctions and the Iranian Economy)," Foreign Affairs, Vol. 94, No. 6 (November/December 2015), pp. 25－32.

1) 그러나 6월에 러시아는 2016년 적절한 시기에 S－300을 전달할 것이라고 말했다. "Russia's Stake in Iran Nuclear Deal," VOA, (July 18, 2015)

정찰기 격추(2019. 6), 사우디 석유 생산시설에 대한 예멘 드론 공격(2019. 9)의 이란 군부 연루 가능성, 그리고 미국의 드론 공격으로 인한 이란 혁명수비대 쿠드스(Quds)군 사령관 가셈 솔레이마니(Qasem Soleimani) 사망 등이 복합적으로 연계되면서 테헤란은 또다시 공개적으로 핵개발을 추진할 것이라고 선언했다.

(4) 주요 국제현안

1) 나토-러시아 관계

오바마의 첫 번째 임기 서방과 러시아는 2002년 5월 공식 설립된 나토-러시아 위원회(NRC: NATO-Russia Council)에서 유럽-대서양 안보를 넘어 수많은 지구적, 지역적 이슈를 논의해왔다. 그러나 그 메커니즘은 양측이 기대하는 최고치에 도달하지 못했는데, 그 이유는 서로에 대한 불신 때문이었다. 그 중에서도 가장 문제가 된 것은 나토의 동유럽으로의 확대와 그곳에 MD 설치를 둘러싼 양측의 이견이었다. 2008년 러시아-조지아 5일 전쟁도 근본적으로는 모스크바가 조지아와 우크라이나의 나토 가입을 막기 위한 목적을 내포했다.

미·러 관계의 리셋을 추구하는 오바마 행정부 출범 이후 2009년 4월 NRC가 재개됐는데, 그때 서방과 러시아 양측은 '21세기 안보도전에 관한 공동검토'(Joint Review of 21st Century Security Challenges)를 통해 국제 테러리즘, WMD 비확산, 아프가니스탄 전쟁, 그리고 미·러 MD 협력 가능성을 포함하는 다양한 이슈에 관해 논의했다. 그 당시 러시아는 서방의 아프가니스탄 전쟁을 도울 목적으로 나토가 러시아 공중과 육상 교통로를 통해 ISAF 장비를 이송할 수 있도록 '북부 공급망'(NDN: Northern Distribution Network) 개설을 허용했다. 또 러시아는 자국 헬리콥터들이 아프가니스탄에서 나토군을 위해 공중수송 서비스를 제공하도록 조치했고, NRC는 러시아 헬리콥터 작전을 돕기 위해 '헬리콥터 유지펀드'(Helicopter Maintenance Trust Fund)를 설립했다.[1] 그 논의와 시행 결과는 2010년 11월 리스본 나토 정상회담에서 공식 승인됐고, 서방 리더들은 대테러, 아프가니스탄 전쟁지원, MD를 위한 미·러 타협 방안을 제시하는 메드베데프의 전향적

---

1) 러시아는 또 나토 국가들과 함께 아프가니스탄, 파키스탄, 그리고 중앙아시아 마약방지 관리들을 공동으로 훈련시켰는데, 그것은 러시아를 거쳐 많은 지역으로 운반되는 마약 확산을 감소시키기 위한 것이었다. 2013년 말까지 3천명 이상의 관계자들이 그 프로그램 하에서 훈련받았다.

자세를 환영했다. 그러나 협력적 태도를 보이는 메드베데프 대통령과 달리, 일부 러시아 관리들은 나토 정책의 여러 측면에 대해 비판적 자세를 보였다. 그것은 그들이 오래 전부터 나토 역할을 의심해 왔기 때문이다. 그들은 지난 오랜 기간에 걸쳐 나토가 서서히 동유럽으로 확대되고 조지아와 우크라이나까지 그 동맹에 가입시키려는 시도를 미국과 서방이 러시아를 포위(encircle), 봉쇄하려는 것으로 인식했다. 그들은 서방이 9·11 이후 중앙아시아에 미군 및 나토 공군비행장을 운영하고, 또 2004년 나토 확대 이후 불가리아와 루마니아에 임시 군사시설을 건설하는 시도를 추가 봉쇄의 증거로 인식했으며, 미국, 서방이 동유럽 MD를 포기하지 않는 것에 큰 경계심을 가졌다. 그러나 실제 NRC를 둘러싼 불만은 모스크바에만 국한된 것이 아니었다. 그것은 러시아와 전혀 다른 시각을 가진 유럽연합(EU: European Union) 국가들 역시 그 나름대로 문제를 인식했기 때문이다. 예컨대 모스크바가 러시아 국경을 따라 영향권을 재설정하려는 것으로 이해하는 일부 EU 국가들은 2008년 8월 미하일 사카쉬빌리 대통령이 이끄는 친서방 조지아가 위기에 처했을 때 나토가 제대로 대처하지 못한 것을 우려했다. 몇몇 중, 동부 유럽국가뿐 아니라 분쟁 당사자였던 조지아까지 미국이 주도하는 나토의 무기력, 위기계획 결여에 의구심을 표시했다. 더 원천적으로 EU 국가들은 러시아가 지속적으로 나토 구상과 활동에 제동을 가하는 것에 불만을 가졌다. 최근 러시아의 목소리는 더 커졌고 그 행동은 더 대담해졌다. 모스크바는 조지아, 우크라이나의 나토 가입에 적극 반대했고, CFE 협정을 유예했으며, 서방이 남오세티야와 압하지야 독립을 인정하지 않는 것을 비판했다. 또 러시아는 공격 핵전력을 개발할 것이라고 위협했고, 유럽안보의 대안 메커니즘을 제안해 EU의 안전과 미래에 관한 영향력 증대를 시도했다.[1]

그래도 서방 동맹국들은 2010년 11월 리스본 나토 정상회담에서 EPAA와 관련해 새로운 방안을 제시하면서 타협을 모색하는 메드베데프의 협력 의지를 높이 평가했다. 오바마와 서방 리더들은 모스크바와의 관계가 더 우호적으로 진전되기를 기대했다. 2011년 4월 NRC에서 서방과 러시아는 테러공격을 사전 적발, 대처하는 능력을 증진시키기 위한 '행동계획'(Action Plan)을 승인했고, 그 2개월 후 나토와 러시아 전투기는 '협력적 영공구상'(CAI: Cooperative Airspace Initiative)의 일환으로 폴란드와 흑해상공에서 대테러 공중훈련을 실시했다. 그 훈련은 2010년 나토-러시아 전투기의 '비질런트 이글'(Vigilant Eagle) 작전에 뒤이은 공중훈련으로, 양측 협력가능성에 대한 희망을 더 증폭시켰다. 그

---

1) Nichol, <u>Russian Political</u>, (February 10, 2012), pp. 26–27.

럼에도 불구하고 NRC 내에서 양측 간에는 여러 주요이슈에 대해 의견 불일치가 계속
됐다. 서방은 러시아와 수정한 CFE 협정 비준 관련 이견을 좁힐 수 없었다. 동시에 서
방은 메드베데프가 러시아-조지아 전쟁을 전후해 제안한 새로운 유럽-대서양 안보
구조(Euro-Atlantic Security) 제안을 수용할 수 없었는데, 그 이유는 그것이 나토의 약화,
OSCE 활동의 제한으로 이어질 것을 우려했기 때문이다. 결과적으로 미국과 EU 국가들
은 계속 기존의 나토 중심 유럽-대서양 안보질서의 정당성을 고집했다. 오바마 행정부
는 모스크바와의 건설적 개입, 리셋을 추구하면서도, 다

_리스본 나토 정상회담

른 한편 나토동맹의 핵심가치와 공존이 불가능한 러시아
정책에는 계속 반대할 것이라는 의사를 분명히 밝혔다.
나토는 러시아가 국경을 넘어 영향권을 확산시키는 것을
허용할 생각이 없었고, 러시아의 압하지야, 남오세티야
독립위상 요구를 수용할 의사가 없었다.[1]

오바마의 두 번째 임기   오바마 두 번째 임기 중 나토-러시아 관계는 EPAA 및
시리아 사태와도 관계됐지만, 그보다 더 큰 관심의 초점은 러시아가 국제법에 어긋나는
군사행동을 취한 크리미아 사태에 관한 것이었다. 유럽 안보에 직접적 책임을 보유하는
28개 회원국들은 러시아의 크리미아 합병을 강력 비난했고, 2014년 3월 나토 사무총장
앤더스 라스무센(Anders Foch Rasmussen)은 러시아의 우크라이나 침공을 나토-러시아
관계의 전환점으로 규정하면서 NRC 회담 유예를 포함해 기존의 모든 협력을 재검토할
것이라고 선언했다. 대화의 문을 완전히 닫은 것은 아니었지만, 미국과 나토는 새로운 위
기계획을 수립하면서 발트해, 우크라이나 일대에서 정찰활동을 증가시키고 감시태세를
강화했다. 회원국들은 군사훈련을 촉구했다. 2013년 11월 나토가 발트지역과 폴란드에서
실시한 '스테드퍼스트 재즈훈련'(Steadfast Jazz Exercise)과 비슷한 형태로 실시된 그 훈련
은 나토 회원국이 침략 받을 경우 동원되는 '나토 신속대응군'(NRF: NATO Response
Force) 지휘통제 체계가 제대로 작동하는지 검증하는 목적을 띠었다. 이제 NRC의 기능은
분명히 마비된 것으로 평가됐다. 불과 몇 달 전 2013년 12월 NRC에서 미국과 러시아는
아프가니스탄 지뢰제거, 해적방지 및 대테러, 칼리닌그라드 군사기지의 불필요한 탄약 제
거를 포함해 중앙아시아와 동유럽 안정을 위한 조치에 합의하는 공동성명을 발표한 바
있었다. 그동안 나토와 러시아는 메드베데프 당시 상당한 협력을 구가하고 그 이후 푸틴

----

1) Ibid., pp. 28-29.

_나토 신속대응군

의 세 번째 임기를 거치면서 EPAA 및 시리아 관련 대립, 스노든 사건, 북핵 안보리 결의안 통과, 시리아 화학무기 폐기를 포함해 수많은 견제, 반목, 갈등, 협력을 반복해 왔는데, 이제 서방은 크리미아 전쟁이 그 역학을 완전히 바꾼 것으로 결론 내렸다. 모스크바 역시 그동안의 오랜 견제와 협력의 반복에도 불구하고 크리미아 사태에서 나토와의 모든 관계를 완전히 포기한 것으로 보였다. 서방, 나토와의 정치, 군사적 대결을 마다하지 않는 푸틴의 의지는 2015년 시리아 사태에 본격적으로 군사개입하면서 더 확실하게 드러났다.[1]

2) 미사일방어와 러시아

오바마-메드베데프 협상　빌 클린턴 대통령 시절부터 오바마 시기에 이르기까지 미 행정부는 모두 MD 구축을 원했는데, 그들은 그것이 북한이나 이란 핵미사일 공격으로부터 미국과 동맹국들을 보호하는 목적을 띤다고 주장했다. 부시 행정부는 '유럽능력'(EC: European Capability)이라고 불리는 탄도미사일(BMD) '지상배치 중층방어'(GMD: Ground-based Mid-course Defense Element) 배치를 결정한 바 있다. 그러나 2009년 9월 오바마 행정부는 부시가 제안한 EC 대신 상대적으로 더 짧은 경고시간에 발사될 수 있는 한 차원 더 발전된 '단계적 적응접근'(PAA: Phased Adaptive Approach) MD를 도입할 것이라고 말했다. 미 국방장관 로버트 게이츠(Robert Gates)는 PAA는 초기에는 기존 BMD 센서(sensor), 패트리어트(Patriot) 미사일, 사드(THAAD), 이지스(Aegis) 요격미사일에 기반할 것이고, 그것은 이란의 중, 단거리 탄도미사일의 공격방향과 속도에 EC보다 더 효율적으로 대응할 것이라고 설명했다. 러시아로서는 아직 미국의 새로운 MD 구상에 관한 자세한 정보가 없고 또 향후 협상에서 정책변화를 유도할 목적으로 워싱턴의 EC 취소에 긍정적으로 반응해 과거 모스크바가 고려했던 칼리닌그라드 이스캔더(Iskander) 미사일 설치계획을 철회할 것이라고 발표했다.

그러나 2010년 초 폴란드, 루마니아, 불가리아를 포함해 나토국가들이 유럽형 PAA

---

1) 그 당시 미국은 6천명 규모 훈련에 300명만을 파견해 일부 회원국들의 비판을 받았지만 러시아는 그 훈련이 냉전시대를 연상시킨다고 비난했다. Nichol, <u>Russian Political,</u> (March 31, 2014), pp. 43-44.

인 EPAA(European Phased Adaptive Approach)를 환영하면
서, 모스크바의 태도는 바뀌기 시작했다. 서방은 평시에
그랬듯 EPAA가 러시아를 겨냥하는 것이 아니라고 말했지
만, 모스크바는 오바마 행정부의 주장이 논리에 맞지 않
고, 그 MD의 능력이 향상되면서 러시아 핵전력이 약화될
것이며, 러시아는 그에 대응해 칼리닌그라드 이스캔더 미
사일을 포함해 공격 핵전력을 증강시킬 수밖에 없다고 항
변했다. 그럼에도 불구하고 모스크바는 동시에 다양한 방

_이스캔더 미사일

식으로 나토와의 합의를 추구했다. 2010년 11월 리스본 나토 정상회담 당시 개최된 NRC
에서 미국과 러시아는 EPAA와 관련해 일종의 합의에 도달하는 것으로 보였다. 그것은
서방이 EPAA를 끝까지 고수하려는 상황에서, 메드베데프가 러시아 전문가들을 그 프로
그램에 파견해 협력방안을 논의할 수 있다는 타협적 태도를 보였기 때문이다. 그러나
EPAA 협력이 제대로 진행되지 않으면서, 메드베데프는 2011년 5월 도빌(Deauville) G8
정상회담에서 미·러 간에 신형 MD에 관한 돌파구는 없었고 앞으로도 모스크바가 그것
을 수용할 가능성은 없을 것이라고 확실하게 말했다. 그러나 모스크바는 또다시 나토 구
상을 변화시키기를 원했는데, 그들은 계속 워싱턴이 미국 국내법으로 EPAA가 러시아를
겨냥하지 않을 것을 보장하고, 또 EPAA가 설치될 경우 그 요격과정에서 미국과 러시아
가 역할을 분담할 것을 요구했다. 그렇지만 미국과 서방은 원래의 구상에서 한 치도 물러
날 의도가 없었다. 나토는 지난 오랜 기간 똑같은 주장을 되풀이했는데, 그것은 유럽에
배치되는 MD가 EC이건 EPAA이건 러시아를 겨냥하는 것이 아니라 이란, 북한과 같은
불량국가의 미사일 공격에 대비하는 방어 목적을 띠고, 모스크바는 위협을 느낄 필요가
없으며, 오히려 러시아가 그로부터 혜택을 볼 수 있다는 것이었다.[1]

푸틴 재등장 이후   2011년 12월 EPAA 제1단계가 계획대로 마무리된 이후, 나토
는 2012년 5월 향후 6년 이내에 EPAA 체제가 완전하지는 않지만 일정수준 작동이 가능
할 것이라고 말했다. 그 즈음 푸틴은 세 번째 임기 대통령으로 선출돼 직무를 수행하기
시작했고, 모스크바는 또다시 EPAA 관련 공세를 재개했다. 러시아 외교부와 정부 관리
들이 미·러 타협, MD 관련 대화재개 필요성을 말하는 반면, 군부는 EPAA에 대한 군사
공격 가능성을 거론했다. 2012년 5월 초, 러시아군 참모총장 니콜라이 마카로프는 만약

1) Nichol, <u>Russian Political</u>, (February 10, 2012), pp. 53−61.

_니콜라이 마카로프

워싱턴이 동유럽 MD 계획을 고수한다면 러시아 군이 그 기지를 선제 공격할 수 있다고 위협했다. 2011년 5월 메드베데프 대통령은 만약 러시아가 나토와 MD에 관해 합의하지 못하면 모스크바는 보복할 수 있다고 말했는데, 마카로프가 한 단계 더 나아가 나토 고위관리들이 참석한 국제회의에서 "만약 상황이 더 악화되면 파괴적 군사력을 선제적으로 사용하는 결정을 내릴 것"이라고 경고한 것이다. 러시아 국방장관 세르듀코프도 워싱턴과 모스크바 대화는 거의 막다른 골목에 다다랐다고 말했다. 유럽 EPAA에 관한 협상은 의견 불일치로 점철됐고, 점차 서방계획에 대한 모스크바의 반대는 러시아 관리들이 나토 MD에 선제공격을 할 수 있다는 위험한 단계로까지 악화됐다.[1] 푸틴 자신은 EPAA가 러시아 핵능력에 위협을 가한다고 말하면서, 군사적 대응을 포함해 다양한 방법으로 러시아 이익을 보호할 것이라고 말했다.

EPAA가 계획대로 순조롭게 진행되는 상태에서, 2013년 3월 오바마 행정부는 2022년까지 유럽 지상 및 해상에 첨단 요격미사일을 배치하도록 계획된 EPAA 제4단계 절차를 일시 보류할 것이라고 발표했다. 그 이유는 그것이 적국으로부터 날아오는 제한된 숫자의 제1세대 ICBM만을 격추하도록 설계됐기 때문이었다. 그 대신 행정부는 2017년까지 알래스카의 기존 GMD 기지에 14기의 지상배치 요격기를 추가 설치할 것이라고 발표했다. 그 방안은 북한과 이란 장거리미사일을 요격할 ICBM 숫자를 거의 50% 증가시키고, EPAA 4단계가 완성되기 적어도 5년 전부터 작동이 가능할 것으로 예상됐다. EPAA 제2단계와 3단계는 원래 계획대로 잘 진행됐고, 이제 펜타곤은 EPAA의 제4단계로 향하는 옵션을 검토하고 있었다.[2] 그러나 2013년 10월 미국이 루마니아에 해상배치 MD 건설을 시작하면서 푸틴은 나토와의 모든 대화를 중단하기로 결정했다. 2014년 2월 이후 크리미아를 침공, 점령하고 우크라이나 동부의 여러 도시를 점령하면서, 러시아는 EPAA에 대항해 핵전력 강화로 맞섰다. 미국과 서방에 가장 위협이 되는 것은 러시아가 EPAA를 피해 공격이 가능한 ICBM RS-24 Yars와 RS-26 Rubezh 개발에 성공한 것이다.[3]

....

1) Russia's military threats preemptive strike if NATO goes ahead with missile plan, www.atlanticcouncil.org〉 natosource〉 r...; Russia threatens preemptive strike on NATO missile defense shields- NDTV.com, https://www.ndtv.com〉 russia-the...

2) EPAA에 대한 러시아의 반대는 메드베데프와 푸틴 러시아 편에서 자세하게 다루어질 것이다.

3) RS-26 Rubezh는 RS-24 Yars에 기초한 미사일로 Yars-M, SS-X-31이라고도 불리는데, 비록 공

그래도 미국은 흔들림 없이 루마니아, 폴란드를 포함해 적재적소에 미사일을 배치할 것이라고 선언했다. 미국, 나토와 러시아의 미사일방어 관련 대치는 서방이 승리하는 것 같이 보였지만, 종국에는 그렇게 누구도 승자가 없는 상태로 진행됐다.[1]

3) 시리아 내전

러시아의 공세　　2011년 시리아 내전이 발발한 직후, 미국과 서방은 경제제재를 포함해 다양한 방식으로 바샤르 알—아사드(Bashar al—Assad) 대통령이 사임하도록 압력을 가했다. 그러나 서방의 의지는 러시아의 강력한 반대에 직면했는데, 모스크바는 시리아 정부에 대한 외국의 어떤 간섭이나 제재에도 반대한다고 말했다. 2012년 5월 대통령으로 복귀하면서, 푸틴은 시리아의 내전 악화와 유혈참극 사태는 미국과 나토의 음모에서 비롯됐다는 입장을 취했다. 푸틴이 미국과 서방에 대해 얼마나 큰 반감을 갖고 있는지는 2013년 그가 뉴욕타임스 신문에 기고한 칼럼에서 확연하게 드러났다. 그것은 미국이 민주적으로 태어나고 모든 꿈이 이루어지는 빛나는 언덕 위의 특별한 나라라는 미국 예외주의(exceptionalism)를 비판하고, 워싱턴의 시리아 간섭에 반대하는 취지의 글이었다. 2013년 9월 푸틴은 시리아 화학무기 폐기를 위해 서방과 협력했지만, 2015년 이후 아사드 정권 보호를 위해 광범위한 군사지원을 제공하기 시작했다.[2]

_바샤르 알-아사드

식적으로 ICBM으로 분류되지만 최대 사정거리는 1개 핵탄두를 장착할 경우 5,800Km이다. 그 미사일은 550kT 용량의 1개 핵탄두, 또는 각 용량이 150—300kT인 4개까지의 다탄두를 운반할 수 있는데, 여러 개 탄두를 장착할 때 그 사정거리가 축소돼 중거리 미사일(IRBM)에 해당될 수도 있다. 루베즈는 대부분의 러시아 탄도미사일보다 더 정확도가 뛰어나고, 비행 중 진로변경이 가능(MARVs: Maneuverable Reentry Vehicles)하다. MD 회피가 가능한 그 미사일은 2011년 5월 처음 시험발사에 성공했고, 2012~2013년 계속해서 제2차, 3차 성공적 시험발사를 통과했다. RS—26은 2020년 퇴역하는 Topol(SS—25 Sickle) ICBM을 대체할 것이다. 러시아군은 그 미사일 격추를 위해서 서방 MD는 아마 35개의 요격미사일을 발사해야 할 것이라고 말한다. RS—26 Rubezh Intercontinental Ballistic Missile/ Military—Today.com, www.military—today.com〉 missiles; RS—26 Rubezh—Missile Defense Advocacy Alliance, (September 19, 2018), https://missiledefenseadvocacy.org〉 ...

1) Nichol, <u>Russian Political</u>, (March 31, 2014), pp. 63, 70—73.
2) 많은 전문가들은 푸틴이 중동에서 시아파, 알라위파(Alawites)와 연계, 동맹을 맺고 있는 것으로 분석했다. Vladimir V. Putin, "A Plea for Caution From Russia," (September 11, 2013), https://www.nytimes.com/2013/09/12/opinion/putin—plea—for—caution—from—russia—on0syria.html; 러시아는

2015년 9월 말 러시아는 시리아 서부지역에 근거지를 구축한 (반 아사드) 반군에 대한 공중폭격을 시작했다.[1] 러시아가 IS보다는 반군을 더 많이 공격한다는 증거가 쌓이면서, 오바마 대통령은 러시아의 전략이 IS를 강화시키고, 반군을 지하로 내몰며, 정치적 타결을 더 복잡하게 만들어 스스로 실패하는 작전이 될 것이라고 주장했다. 미국 주도 연합세력은 시리아 동북부 지역의 IS 공격에 집중하면서, 러시아 공군이 시리아 서부의 반군 밀집지역인 하마(Hama)주, 홈스(Homs)주, 이들립(Idlib)주를 공격해 IS보다 더 많은 민간인을 살상한다고 비난했다. 미국, 영국, 프랑스, 독일, 사우디아라비아, 카타르는 "러시아의 군사행동이 시리아 내란을 더 격화시키고 극단주의 과격화를 더 부채질 할 것"이라고 주장했다.[2] 이란과 아사드 정부는 모스크바의 시리아 내전 개입을 환영했지만, 오바마는 워싱턴이 시리아 내전을 미국과 러시아 간 프락치 전쟁(proxy war)으로 변질시키는 일은 결코 없을 것이라고 말했다.[3]

시리아 내전 관련국　　　　10월 말 서방 연합군 공군은 시리아와 이라크에서 약 30차례에 걸쳐 IS를 공격했다. 반면 러시아 전투기들은 가끔은 IS 칼리프 왕국 수도인 락까(Raqqa) 인근 목표물을 폭격했지만, 대부분은 반군이 장악한 시리아 서부의 알레포(Aleppo), 이들립, 홈스, 그리고 반군전사들이 알-가브 평원(al-Ghab Plain)을 쟁취하기 위해 교전하는 하마 주(Hama Province) 같은 곳을 공격했다.[4] 서방은 공격목표와 관련해 러시아가 (2014년 크리미아 침공 당시와 마찬가지로) 거짓말을 한다고 비난했지만, 푸틴과 러시아 외교부는 오히려 서방이 모스크바를 모함하기 위해 정보를 조작하고 있다고 거짓

다마스커스에 2000~2010년 간 15억 달러 규모의 무기를 판매했고, 시리아는 러시아의 7번째 큰 무기 구매 고객이었다. Dmitri Trenin, "Why Russia Supports Assad," (February 9, 2012), https://www.nytimes.com/2012/02/10/opinion/why-russia-supports-assad.html?_r=2&partner=rss&emc=rss

1) 2015년 10월 러시아는 시아파 국가인 이란, 이라크, 시리아와 함께 바그다드에 군사정보센터를 설립하고 미국의 참여를 초청했는데, 모스크바는 그것이 전체상황을 이해하고 서로에 대한 오해를 피하면서 시리아 문제를 해결하기 위한 최소한의 조치라고 말했다. 그러나 워싱턴은 러시아 제안을 거부했다. "Russia's Lavrov says Washington declines deeper military talks on Syria," (October 14, 2015), uk.reuters.com; "US refuses to receive PM Medvedev's delegation to coordinate anti-terrorist actions in Syria," (October 14, 2015), www.rt.com

2) "Obama says Russian strategy in Syria is recipe for disaster," (October 2, 2015), www.theguardian.com

3) "Russians Strike Targets in Syria, but Not ISIS Areas," (October 9, 2015), www.nytimes.com

4) 이들립 주는 반군연합인 제이쉬 알-파테(Jaysh al-Fateh)가 통제권을 가진 지역이다. 알-가브 평원은 아사드 정부의 해안거점 라타키아(Latakia)로 진군하기 위한 핵심 교두보이다.

반박했다. 한편, 러시아 폭격이 급격히 증가하면서 유엔의 인도주의 지원이 어려워진 반면, 시리아 정부군은 러시아 공습에 도움받아 새로이 공세를 펼쳐갔다.[1] 그들 역시 러시아와 마찬가지로 IS 공격에는 미온적이면서, 미국의 지원을 받는 '자유 시리아군'(Free Syrian Army) 같은 반정부 그룹이 장악한 이들립 주와 하마 주를 되찾으려 시도했다.[2] 또 시리아 외교부는 서방, 이스라엘, 수니파 걸프국가, 터키가 반군 테러리스트를 지원하는 부당한 외세라고 비난했다.[3] 그렇지만 사우디아라비아와 수니파 걸프 동맹국들은 아사드가 퇴진해야 한다고 주장하면서도, 시리아 반군에 무기를 전달했다는 주장은 부인했다. 러시아와 이슬람 수니파 국가들 모두는 외교 목적상 그렇게 거짓말, 상대방 주장에 대한 부정으로 일관했다. 시리아 정부대표는 유엔 총회에서 오직 시리아인들만이 조국

----

1) 이란이 시리아 군을 지원하기 위해 수천 명 병력을 보낸다는 주장을 제기됐지만, 헤즈볼라가 한 그 말의 진위는 확인되지 않았다.
2) IS는 시리아 서부에서는 거의 존재가 없었다.
3) 시리아 내전에 관한 알−아사드 대통령의 개인적 인식은 조나단 테퍼만(Jonathan Tepperman)과의 인터뷰에 자세히 나타나 있었다. 시리아 내전은 정치적 해결로 종식돼야 하는데, 왜냐하면 전쟁 자체는 해결을 제시할 수 없기 때문이다. 해외를 포함해 일각에서는 시리아가 아사드 정부, IS(및 알−누스라 수니), 쿠르드 반대파 3개의 작은 국가로 갈라져 있다고 말하는데, 일반 국민들은 시리아를 아직도 하나의 단합된 나라로 인식한다. 국내에서 민주를 내세우는 (수니) 반군은 현지 행정, 의회, 제도에서 대표성이 없고, 미국을 포함하는 서방의 꼭두각시인 그들은 진정한 반대세력이 아니다. 외세를 업은 꼭두각시의 반대와 국민의 진정한 반대는 구분돼야 한다. 이스라엘도 시리아 반군을 지원하는데, 시리아 군이 진격할 때마다 그들이 시리아 군을 공격한다. 미국과 시리아의 협력 가능성은 거의 없다. 그 이유는 미국의 IS 공격은 5만 명 규모의 작은 도시 코바니(Kobani) 공격에서 나타나듯 거의 걸치장 수준이고, 그것은 IS가 시리아와 이라크에서 더 많은 영토를 확보한 것에서 나타난다. 시리아 정부는 시리아 영토에 미 지상군 병력의 출동을 원치 않는다. 미국의 기여는 군사보다는 정치적인 것이 더 바람직하다. 미국이 앙카라 정부에 압력을 가해 반군을 위한 터키의 무기 및 자금지원을 중지시킨다면, 그것은 큰 기여가 될 것이다. 다마스커스가 가장 원하는 것은 워싱턴이 터키, 사우디, 카타르에 압력을 넣어 그들로 하여금 반군 지원을 중단하게 만드는 것이다. IS 공습에서도 미국은 시리아 정부의 허락을 우선 받아야 하는데, 왜냐하면 타국에서 행동하려면 그 나라의 허락이 우선적이기 때문이다. 미국과 서방은 시리아 인권을 비난하는데, 서방은 그럴 자격이 없다. 그들은 중동, 북아프리카 지역 살상의 책임이 있는데, 미국이 이라크를 침공하고, 영국이 리비아를 공격하며, 예멘의 상황, 그리고 이집트에서 무슬림형제단과 튀니지에서 테러리즘을 지원한 것이 모두 그런 경우이다. 시리아 정부는 자체 내 인권남용에 대한 책임을 부정하려는 것이 아니라, 워싱턴이 비난하는 것에 맞대응해서 말하는 것뿐이다. 반군 퇴치의 가장 큰 걸림돌은 반군을 위한 터키의 군사지원인데, 심지어 사우디, 카타르의 반군 자금지원도 터키를 통한다. 터키의 에르도안 대통령은 무슬림형제단의 이데올로기를 갖고 있는데, 그것은 알카에다의 기초이다. 그것이 그가 광적이고 아직도 IS 지지자인 이유이다. 오바마는 에르도안 같은 사람을 지원해서 무엇을 얻는지, 또 몇 년 전 이집트와 다른 나라들에서 무슬림형제단을 지원해서 무엇을 얻었는지 묻고 싶다. 미국은 지식, 혁신, IT에서는 세계 최고이지만, 국제정치에서는 최악이다. 시리아는 중동의 심장부에 있고, 중동에서는 안정이 가장 중요하다. 중동이 잘못되면 전 세계가 불안정해 진다. 미국의 임무는 전쟁이 아니라 지역평화, 테러리즘 진압, 중동의 세속주의 증진과 경제발전 지원이다. "Syria's President Speaks," Foreign Affairs, Vol. 94, No. 2 (March/April 2015), pp. 58−65.

October 23, 2017
Assad regime ■ Syrian rebels
Kurdish groups ■ Islamic State

TURKEY
Ras al-Ayn
Aleppo
Latakia Idlib Tabqa Raqqa Mosul
Med. Homs Deir al-Zour
Sea SYRIA IRAQ
Bukamal
Damascus
ISRAEL Daraa
JORDAN 50 MILES

_시리아 지도, washingtonpost.com

시리아의 미래를 결정할 수 있다고 주장했는데, 그것은 모든 반 아사드 세력이 시리아로부터 철수해야 한다는 의미였다. 유혈의 시리아 내전이 4년 반 경과된 상태에서, 미국, 영국 등 서방국가들은 아사드 퇴진과 관련한 다양한 옵션을 제시하며 러시아의 협력을 촉구했지만, 모스크바가 그런 요청을 받아들일 가능성은 전무했다. 그 이유는 그 전해의 크리미아, 우크라이나 사태에 이어 러시아는 이제 서방과의 전면적인 적대관계에서 물러나지 않기로 결심했기 때문이다.[1]

미·러 대리전 러시아의 시리아 공습이 3주 지난 2015년 10월 하순, 푸틴은 모스크바에서 아사드와 회동했다. 백악관은 그 회담을 맹렬히 비난했지만, 실제 그 당시 시리아 상황은 상당수준 미국 대 러시아의 대리전 성격을 띠었다.[2] 그것은 러시아가 시리아 정부를 위해 무기를 공급하고 공습을 시작하면서, 미국 역시 반군에게 미제 대탱크 토우(TOW) 미사일과 기타 군사장비를 제공했기 때문이다. 러시아가 반군 공습 횟수를 늘려가고 그에 대항해 미국이 반군에 제공하는 화력이 증가하면서, 시리아 갈등은 점점 더 미국 대 러시아의 대리전에 다가갔다. 미국은 물론이고 서방, 사우디아라비아, 걸프동맹국들 역시 토우 미사일과 기타 무기를 지속적으로 CIA가 지정하는 반군그룹에 전달했다.[3] 러시아, 이란, 레바논 헤즈볼라가 시리아를 지원하고, 미국, 서방, 터키, 사우디아라비아, 걸프 동맹국들이 반군을 도우면서, 양측의 무기와 사기는 '새로운 수준'으로 향상되고 외교타결은 더 어려워졌다. 시리아 동맹은 이제 잃었던 영토회복과 아사드 정부의 과거 확고한 정치위상 복원을 기대했다. 러시아 공군의 반군에 대한 공습이 가속화되면서,

1) "Obama says Russian strategy in Syria is recipe for disaster," (October 2, 2015), www.theguardian.com
2) "Meeting with President of Syria Bashar Assad," (October 21, 2015), en.kremlin.ru; "Assad Makes Unannounced Trip to Moscow to Discuss Syria With Putin," (October 21, 2015), www.nytimes.com
3) 사우디는 2013년에 미제 토우 미사일 1만 3천개를 주문한 바 있는데, 그것들은 워싱턴이 지정하는 반군지역으로 전달됐다. CIA 프로그램은 미 국방부 프로그램과 다른데, 국방부의 5억 달러 예산 프로그램은 단지 몇 명의 전사를 훈련시킨 이후에는 취소됐다. 그것이 중단된 이유는 펜타곤이 차출한 전사들이 워싱턴의 뜻과는 다르게 아사드가 아니라 IS와만 싸우는 데는 동의하지 않았기 때문이다.

반군의 반격 역시 거세졌다. 러시아 전투기와 헬리콥터가 반군을 공격할 때, 반군의 토우 미사일은 시리아 정부군이 사용하는 러시아제 탱크와 차량을 파괴했다.[1] 미국과 러시아 는 모두 IS와 싸운다고 선언했지만, 그 두 지구적 파워는 아사드와 반군 사이에서 서로 다른 쪽을 지원했다. 비록 양적으로 부족했지만, 미국이 제공하는 대탱크 미사일은 반군 전략에서 절대적으로 중요했다. 미국의 지원을 받는 많은 반군부대들은 토우 미사일 덕 분에 러시아의 어마어마한 화력 공세 앞에서 한동안 자기들 영역을 고수할 수 있었다.[2]

시리아 평화협상과 미·러 관계 결렬 2015년 10월과 11월 비엔나에서 개최된 두 차례 협상에서, 미국과 러시아는 시리아 평화에 관해 깊은 의견 불일치를 드러냈다. 그러 나 비엔나 대화 직후 터키 아나탈리아(Anatalya) G−20 정상회담에서 오바마와 푸틴은 의견접근을 이루었는데, 그것은 아사드 정부와 반군이 휴전한 이후 유엔이 평화협상을 중재하도록 미·러 양국이 공동 노력한다는 합의였다.[3] 그러나 11개월 후 오바마 임기가 거의 끝나가던 2016년 10월 초 미국은 시리아에 관한 미·러 양자협력을 일방적으로 유 예했는데, 그 이유는 시리아 정부군과 러시아 병력이 휴전합의를 어기고 알레포에 주둔 한 반군에게 새롭게 공세를 재개했기 때문이다. 그 며칠 후 10월 중순, 러시아 유엔대사 비탈리 추르킨(Vitaly Churkin)은 최근의 미·러 긴장이 1973년 중동전쟁 이후 최악이라고 말하고, 그 당시 미·러 관계에 관해 다음과 같은 취지의 견해를 밝혔다. "미·러 관계가 최저점에 도달한 것은 지난 오랜 기간에 걸친 일련의 사태에 기인한다. 미·러 간에 상대 방에 대한 존경과 신뢰에 근거한 대화가 존재했는지 의문이다. 미국이 2001년 ABM에서 탈퇴하고, 서방이 러시아를 희생시켜 가면서 구소련 블록에 속했던 수많은 동유럽 국가 들을 나토에 영입한 것이 그 대표적 예다. 조지 W. 부시 시절 최대 도발 중 하나는 2008 년 부카레스트 나토 정상회담이었는데, 그 때 미국은 조지아와 우크라이나를 나토 회원

----

1) 반군은 러시아 공습에 대항해 그들이 가장 원하는 대공 미사일을 제공받지 못했는데, 그 이유는 그 미사 일이 각국 항공기로 가득 찬 시리아 상공에서 의도치 않은 위험을 초래할 것을 우려해 서방이 공급을 기피했기 때문이다.
2) 그러나 알카에다와 연계된 누스라 전선(Nusra Front)이 미국 화력증강 수혜그룹 중 하나라는 사실은 워 싱턴의 고민 중 하나였다. "U.S. Weaponry Is Turning Syria Into Proxy War With Russia," (October 12, 2015), www.nytimes.com
3) 오바마는 G−20 정상회담 개막 연설에서 IS 제거 노력을 강화하고 동시에 시리아에서 평화적 전환 (peaceful transition)을 이루어야 한다고 강조했다. 그 회담에서 10월 앙카라 폭탄테러에서 사망한 102 명과 파리 테러공격 희생자 129명을 위한 묵념이 있었고, G−20 초청국 터키 대통령 레제프 에르도안 은 테러리즘이 세계평화와 안보에 대한 가장 큰 위협이라고 말했다. "G20: Barack Obama and Vladimir Putin agree to Syrian−led transition," (November 16, 2015), www.theguardian.com

_아나탈리아 G-20 정상회담

국으로 영입하기로 결정했다. 서방은 모스크바의 진정한 호소에도 불구하고 나토 확대와 동유럽 미사일방어망 설치에 사활을 걸었는데, 그것은 러시아 안보이익에 대한 치명적 위협이었다. 우크라이나에서 갈등이 발생하고 친 모스크바 대통령 빅토르 야누코비치가 대중시위에 의해 축출된 것 역시 모두 미국이 배후에서 조장한 쿠데타이다. 그들의 관심사는 오로지 타국에 자유민주주의를 이식시키는 방식으로 서방의 영향력을 확대시키는 것이었다. 그것은 세계를 서방 통치하로 불러들이려는 패권주의이고, 러시아의 크리미아 반도 합병은 자위를 위한 불가피한 조치였다. 그렇지만 그것은 서방의 제재로 이어졌고, 양측의 갈등은 계속 악화됐다. 워싱턴과 모스크바의 유대는 지난 수개월간 더 악화됐는데, 그것은 시리아 휴전이 붕괴된 이후 시리아와 러시아가 반군거점 알레포를 공격하고, 반면 워싱턴이 다음 달 미국 대선에 모스크바가 개입한다고 비난했기 때문이다."[1]

그래도 추르킨은 지난 수년간 워싱턴과 모스크바가 협력한 수많은 사례를 거론했다. 그는 두 나라가 '테러와의 전쟁'을 포함해 여러 안보리 결의안에서 합의했다고 회고했다. 시리아의 경우, 미·러 양국은 난민 구호물자를 전달하고 전문가 팀을 구성해 화학무기 해체작업에 합의했다. 미국과 러시아는 또 2015년 7월 이란 핵협상 타결에서 결정적 역할을 수행했다. 추르킨은 그렇게 양국관계가 정상화되는 것이 바람직하다고 암시했지만, 시리아 관련 두 번의 결실 없는 미·러 대화 이후 미국과 서방동맹국들은 모스크바와의 타협 가능성이 전무하다고 결론지었다. 2017년 트럼프의 대통령 취임 이후 시리아 문제는 워싱턴의 관심에서 멀어졌고, 시간이 가면서 러시아와 중동 시아파 국가 도움을 받는 시리아는 아사드 통치 하의 과거 정치질서로 회귀했다.[2]

....

1) "Russia's United Nations Ambassador: Tensions with US are probably worst since 1973," (October 15, 2016), www.independent.com.mt
2) "Syria conflict: West considers new sanctions over Aleppo," (October 16, 2016), www.bbc.com; "UK and US propose economic sanctions against Russia over barbaric siege of Aleppo," (October 17, 2016), www.independent.com.mt

4) 크리미아 사태

크리미아와 미·러 관계   2014년 2월 미·러 관계를 파
국으로 몰고 간 러시아의 크리미아 침공사태가 발생했다. 크
리미아 사태는 우크라이나 대통령 빅토르 야누코비치(Victor
Yanukovich)의 친EU 정책 포기와 친러 정책 시행에 반대해
우크라이나 서부 친서방 지역에서 시위가 발생한 사건에서 비
롯됐다. 그 시위 진압과정에서 80여 명의 주민이 사망하면서

_야누코비치와 푸틴

친EU 우크라이나 의회가 대통령을 탄핵하고 신정부를 구성했
는데, 모스크바는 야누코비치 정권의 붕괴와 새로운 친서방 리더십 부상에 적대적으로
반응했다. 푸틴은 야누코비치 추방이 러시아를 약화시키기 위한 서방의 조정에 의한 것
이라고 주장했다. 그는 "우리의 서방 파트너들은 선을 넘었다. 그들은 무례하게, 무책임
하게 행동했다"고 말했다. "모스크바는 키예프의 새 정권을 정당한 정부로 인정하지 않
았고, 러시아로 도피한 야누코비치가 아직도 정통성을 가진 대통령"이라고 주장했다.[1]

러시아는 크리미아 장악을 위해 신속하게 움직였다. 2월 27일 중무장 병력이 크리
미아에 진입해 공항과 핵심시설을 장악했다. 푸틴은 그 병력이 러시아 연방군이 아닌 크
리미아 자체 방위군이라고 강변했지만, 서방과 우크라이나 신정부는 그들의 훈련수준, 언
어사용, 군용차량을 포함한 장비에 착안해 러시아가 불법으로 크리미아를 침공했다고 공
식 발표했다. 3월 2일 러시아는 그 일대를 완전히 장악했고, 현지 친러 민병대는 러시아
병력을 지원했다.[2] 3월 16일 크리미아에서 우크라이나로부터의 분리에 관한 국민투표가
진행됐고, 그 투표에 참여한 83%의 주민 중 93%가 러시아와의 합병에 찬성했다. 미국,
EU, 우크라이나 신정부는 그것이 공정한 자유, 민주적 투표가 아니었다는 이유로 유엔안
보리에 그 무효를 선언하는 결의안을 제출했지만, 그것은 러시아와 중국에 의해 거부됐
다. 그 다음날인 3월 17일 크리미아는 독립을 선언했다.[3] 3월 18일 크리미아 공식합병

----

1) 2월 24일 러시아 외교부는 서방이 우크라이나 사람들을 위해서 행동하는 것이 아니라 자기들의 지정학
   적 이익을 위해 행동한다고 비난했다. Nichol, Russian Political, (March 31, 2014), p. 46.
2) "Timeline: Political crisis in Ukraine and Russia's occupation of Crimea," Reuters, (March 8,
   2014)
3) UN Security Council action on Crimea referendum blocked, (March 15, 2014),
   https://www.un.org.apps/news/story.asp?NewID=47362#.WBN3i7Mprtu), UN web site;
   "Crimean parliament formally applies to join Russia," BBC News, (March 17, 2014)

서명 연설에서 푸틴은 야누코비치 추방이 우크라이나에서 파워를 장악한 반러시아 민족주의 세력의 쿠데타라고 주장했다. 그 연설에서 푸틴은 또 우크라이나 신정부가 러시아계 소수민족의 권한을 빼앗고 언어정책의 변경을 시도하는 사악한 법을 도입했다고 비난했고, 크리미아는 항상 러시아의 분리할 수 없는 일부였기 때문에 합병하지 않을 수 없었다고 주장했다.[1] 서방 리더들은 크리미아 합병이 국제법 위반이고 크리미아가 러시아의 일부라는 현실을 인정하지 않을 것이라고 말하면서, 러시아에 경제제재를 부과했다. 그 제재는 미국 내 러시아 자산을 동결하고 일부 러시아 관리와 비정부 인사들의 미국 여행을 제한하는 것이었지만, 그것은 러시아 경제 전체보다는 그 일부분, 그리고 그 사태 관련 몇몇 개인을 목표로 하는 제한적 성격의 조치였다.[2]

_세르게이 라브로프

3월 24일 미국을 필두로 서방국가들은 G8에서 러시아 회원자격을 유예했다. G8 결정 당시 서방정상들은 다음과 같이 선언했다. "국제법은 타국의 영토를 강압이나 군사력을 통해 획득하는 것을 금지한다. 그렇게 하는 것은 국제체제가 근간으로 삼는 원칙을 훼손한다. 우리는 우크라이나 헌법을 위반하는 크리미아의 불법 국민투표를 비난한다. 우리는 또 러시아가 국제법 및 국제의무를 위반하면서 크리미아를 합병하려는 불법시도를 강력하게 비난한다."[3] 그러나 모스크바는 그에 아랑곳하지 않았다. 러시아 외교장관 세르게이 라브로프(Sergey Lavrov)는 G8에서 물러나는 것이 대수로운 일이 아니라고 반박했다. 그는 다음과 같은 취지로 말했다. G8은 어느 누구를 추방하거나 제재를 가하는 권한을 가진 대단한 기구가 아니다. 그것은 단지 몇몇 국가들이 모여 세계 경제상황을 논의하는 비공식 모임이다. G8이 세계경제를 좌우하거나 러시아 경제에 영향을 미칠 수 있다고 생각하면 그것은 큰 착각이다. 세계는 러시아가 G8 없이 어떻게, 또 얼마나 잘 사는가를 보게 될 것이다.[4] 한편, 3월 말 오바마

1) 우크라이나 대통령 대행으로 올렉산드르 투르치노프(Oleksandr Turchynov), 그리고 총리에 아르세니 야체뉴크(Arseniy Yatsenyuk)가 임명됐다.

2) "Russia president Vladimir Putin signs treaty to annex Crimea," http://www.cbsnews.com/news/russia−president−vladimir−putin−approves−draft−bill−to−annex−crimea−after−residents−vote−to−leave−ukraine; Nichol, Russia Political, Economic, (March 31, 2014), p. 34.

3) Nichol, Russian Political, Economic, (March 31, 2014), p. 47.

4) 3월 24일 우크라이나 신정부는 크리미아로부터 우크라이나 잔류 병력을 철수시킬 것이라고 선언했고, 3월 28일 러시아는 모든 우크라이나 병력이 반도를 떠났고 크리미아 내의 모든 군사시설은 러시아 당국

대통령은 우크라이나 사태에 대한 서방의 군사개입 가능성을 배제하면서 러시아의 크리미아 합병이 되돌리기 어려울 것임을 시인했다. 그는 서방이 크리미아 사태와 관련해 키예프 신정부를 군사적으로 방어하지 않는 이유는 우크라이나가 나토의 일원이 아니기 때문이고, 미국은 나토 동맹국들을 군사적으로 보호해야 할 의무를 갖지만 비회원국 침공에 대해서는 비군사적 방식으로 대처해야 한다고 말했다. 그는 또 러시아는 고작해야 국제법이나 어기고 이웃나라나 침략하는 지역파워에 불과하고, 기껏해야 그것이 강대국을 자처하는 러시아의 수준이라고 꼬집었다.[1]

그러나 크리미아 국민투표를 따라 동우크라이나 일부 지역에서도 반 우크라이나, 친러 소요가 증가하기 시작했다. 수만 명의 친러 세력이 특히 돈바스(Donbass) 지역의 도네츠크와 루한스크에서 시위했는데, 그들 중 상당수는 러시아와의 연방을 선호했고 또 다른 일부는 키예프 정부로부터의 간섭에서 벗어나기를 원했다. 시위자들은 정부빌딩과 공공시설을 장악했는데, 우크라이나 신정부는 중무장한 시위자 상당수가 러시아에서 파견된 민간인 복장의 군인일 것으로 판단했다.[2] 4월 17일 푸틴은 우크라이나 국경에 1만 병력을 공식 배치했고, 그들의 지원을 받는 친러 분리주의자들은 우크라이나 정부군을 패배시키고 도네츠크와 루한스크 대부분을 장악했다. 전투준비가 된 병력이 단지 6천 명에 불과한 우크라이나 신정부가 할 수 있는 일은 아무것도 없었다. 우크라이나는 크리미아뿐 아니라 자국의 동남부 지역 일부분까지 잃는 비참한 상황에 처했다. 우크라이나 사태 발생 이후 그때까지 사망자 수는 4,700명에 달했고, 1백만 명 이상이 집을 잃고 난민

의 철저한 관리 하에 있다고 발표했다. "Russia Suspended From G8 Club of Rich Countries," (March 24, 2014), www.businessinsider.com

1) 오바마가 러시아를 세계적 위상의 국가가 아니고 지역국가에 불과하다고 한 말을 어떻게 생각하느냐는 언론의 질문에, 2016년 1월 푸틴은 미국이 러시아에 대해 불손하게 말하는 것은 미국이 예외적으로 훌륭하다는 것을 내세우기 위한 목적을 띤다고 답변했다. 11월, 유럽 집행위원회(European Commission) 의장 장 클라우드 융커(Jean-Claude Juncker)는 오바마 발언에 대해 다음과 같이 말했다. "우리는 러시아의 깊이에 대해 배울 것이 많고, 우리는 현재 그 나라에 대해 모르는 것이 아주 많다. 나는 러시아와 동등한 입장에서 이야기 하고 싶다. 러시아는 오바마 대통령이 말하듯 지역 파워가 아니다. 그것은 큰 판단 오류다." "Barack Obama: Russia is a regional power showing weakness over Ukraine," (March 25, 2014), www.theguardian.com; "Putin disagrees with Obama over Russia's regional status, US exceptionalism," (January 12, 2016), https://rbth.com/news/2016/01/12/putin-disagrees-with-obama-over-russias-regiona-status-us-exceptionalism_558563; "Exclusive Interview with European Commission President Jean-Claude Juncker," Euronews, (November 26, 2016)

2) Nichol, Russian Political, Economic, (March 31, 2014), p 47.

으로 전락했다. 일련의 그 모든 사태는 약소국 우크라이나의 비애를 대변했다. 친러 세력이 동남부 우크라이나를 장악하면서, 5월 7일 푸틴은 사태진정을 위해 국경지역으로부터 러시아 군대를 철수할 것이라고 발표했다. 그즈음 푸틴은 도네츠크와 루한스크 인민공화국(Donetsk People's Republic and Luhansk People's Republic)을 선포한 우크라이나 분리주의자들에게 키예프 신정부와의 대화를 위해 주민투표 보류를 촉구했다. 그러나 5월 11일 시작된 투표에서 주민의 거의 90%가 독립에 찬성하면서, 친러 분리주의자들은 그 달 하순 독립을 확정했다.[1]

_우크라이나 지도, lonelyplanet.com

동우크라이나 소요에 따라 미·러 관계는 더 악화됐다. 미국은 러시아 행위에 대해 또 다시 징벌적 제재를 부과했다. 2014년 7월 중순 오바마는 러시아의 몇몇 기업을 겨냥하는 제재를 선언했는데, 그때 푸틴은 그 조치가 미·러 어느 쪽에도 도움이 되지 않으며 양국관계를 막다른 골목으로 몰아갈 것이라고 응수했다. 총리로 복귀한 메드베데프 역시 동일한 취지로 말했다. 경제제재는 아무 소용이 없을 것이며, 그것은 단지 미·러 관계를 1980년대 냉전시기로 되돌릴 것이다. 제재는 경제나 사람들에게 아무 희망을 주지 못하고, 어떤 성공도 가져오지 못한다. 러시아 외교부는 미국의 제재가 '불량배 전술'(bullying

---

1) 2014년 5월 25일 푸틴은 새 대통령을 선출하는 우크라이나의 대선결과를 그대로 수용하고 서방과 우크라이나 관련 협상을 계속하고 싶다는 의사를 표시했지만, 서방은 러시아의 제의를 거부했다.

tactic)이고 또 우크라이나 현실이 워싱턴의 '각본'대로 진행되지 않는 것에 대한 감정적 보복이라고 비난했다. 그 제재는 2개 러시아 에너지 회사와 2개 재정기관의 미국 자본시장 접근을 제한하고, 소수의 러시아 방산업체, 러시아 고위관리, 우크라이나 분리주의자들을 제재명단에 포함시켰다. 2014년 3월부터 2016년까지 미국과 서방은 러시아에 6차례 제재를 부과했다. 러시아는 일부 서방식품의 수입금지와 러시아에 제재를 가한 미국 정부 관리들의 입국금지로 맞대응했다.[1]

2014년 8월 푸틴은 크리미아를 방문하면서 우크라이나 갈등 종식의 희망을 피력했고, 그달 26일 그는 민스크에서 새로 선출된 우크라이나 대통령 페트로 포로셴코(Petro Poroshenko)와 우크라이나 안정에 관해 회담했다. 그때 포로셴코는 푸틴에게 반군 분리주의자들에 대한 러시아 무기 공급 중단을 요구하면서 동우크라이나 러시아계 주민의 이익 보장을 약속했다. 9월 5일에는 우크라이나 정부와 도네츠크, 루한스크 인민공화국 간에 처음으

_페트로 포로셴코

로 임시 휴전협정이 체결됐지만, 그 합의는 파탄을 반복했다. 11월 푸틴은 모스크바는 결코 동우크라이나 친러 지역이 핍박당하는 일이 없도록 만전을 기할 것이라고 말했다. 그는 또 야누코비치를 축출한 유로마이단 혁명(Euromaidan Revolution)이 정치적 쿠데타이고, 서방정부들이 포로셴코 대통령과 야체뉴크 총리 정부를 지원하면서 러시아 혐오증을 부추기고 있다고 비난했다.[2] 그해 연말에 미국과 서방은 또다시 크리미아와 러시아를 겨냥하는 새로운 제재조치를 부과했다. 미 의회는 러시아 일부 국영회사들의 서방과의 경제교류를 제한하고, 우크라이나에 3억 5천만 달러 상당의 군사지원을 제공하는 법안을 통과시켰다. 미 행정부는 크리미아에 대한 재정 및 산업투자를 제한하는 행정명령을 발동했고, EU와 캐나다 역시 비슷한 조치를 취했다. 그에 대해 러시아는 서방의 제재는 효과를 발휘하지 못할 것이고, 러시아는 서방의 압력에 흔들릴 나라가 아니며, 러시아 역시 서방에 대한 경제 지렛대를 사용해 동일한 수준의 보복을 가할 것이라고 위협했다.[3] 우

---

1) 서방의 러시아에 대한 처음 3번의 제재는 푸틴과 가까운 개인들의 자산을 동결하고 그들의 입국을 금지했다. "Russia warns new US sanctions will return ties to Cold War era," (July 17, 2014), Russia News.Net, web.archive.org; https://www.myanmarnews.net〉 news, (July 18, 2014)

2) 유로마이단은 유럽광장(European Square)이라는 뜻이다. 우크라이나는 이원집정부제 정부형태를 갖고 있다.

3) "Ukraine crisis: Russia defies fresh Western sanctions," (December 20, 2014), www.bbc.com

크라이나 관련 상황으로 인해 미국, 서방의 러시아 관계는 냉전 종식 이후 최악의 상태로 진입했다. 2018년 우크라이나 의회는 그 두 공화국 구역을 러시아가 일시 점령한 지역으로 규정하는 법안을 통과시켰는데, 2020년 현재 그 두 도시는 모두 우크라이나 정부와는 관계없는 러시아연방 통치하 행정구역(oblast)으로 남아있다.[1]

★ 전문가 분석

오바마 시기 미·러 관계는 '관계 재설정'(reset)과 그에 대한 메드베데프의 호응으로 처음에 순조롭게 시작됐다. 그러나 그 관계는 결국에는 몇 가지 문제로 인해 파국으로 귀결되는데, 그 중에서도 가장 중요한 이슈는 동유럽에 설치되는 EPAA, 시리아, 크리미아 문제에 관한 갈등이었다. EPAA는 결국 미국과 서방의 의지대로 그 설치가 성공적으로 진행되어 일정수준의 안보를 보장하는 중간단계를 거쳐 2022~2025년 사이 이란과 북한의 핵미사일 방어에 더 큰 역량을 가진 MD로 완성될 것으로 보인다. 워싱턴과 나토 동맹국들은 EPAA는 러시아 핵전력 방어와는 관계없는 것이라고 주장해 왔지만, 상식적 판단에서 그것이 러시아 핵전력 약화에 기여하는 것은 분명할 것이다. 그래서 모스크바는

---

1) "Ukraine Crisis: Kiev defines Russia as aggressor state," BBC News, (January 19, 2018); 트럼프 행정부 출범 초기 미국의 대러시아 정책에 관해서 많은 전문가들은 미·러 간의 불신이 뿌리가 깊고, 사실상 쉬운 해결책은 없으며, 미국은 러시아와의 갈등을 완전히 해결하기보다는 기술적 문제가 발생하지 않도록 견제와 협력을 병행하는 형태로 양국 관계를 운영해 나가는 것이 중요하다고 조언했다. 미국과 러시아는 많은 것을 서로 완전히 다른 시각에서 본다. 예컨대 미, 러는 크리미아 합병, 동우크라이나에서의 러시아 비밀 군사활동, 시리아 내전개입 등 매사에 다르게 생각한다. 또 러시아는 단순히 간단한 작은 지역세력(regional power)이 아니라, 세계의 중요한 문제에 큰 영향력을 가진 나라이다. 러시아에게 유화를 위해 양보를 하는 것은 푸틴에게 자신감만 심어주기 때문에, 미국은 중도를 택해 한편으로는 충돌하지 않도록 협력하면서 다른 한편으로는 견제해야 한다. 여러 현실에 비추어, 러시아와 구소련 공화국들에게 민주주의를 이식시키려는 노력은 그 정도가 지나치지 말아야 한다. 러시아를 정치, 경제, 사회적으로 서방식으로 변화시키려 노력하기보다는 공통이익이 존재하는 사안에 대해 협력을 얻어야 한다. 트럼프는 미·러 대화를 추진해야 하는데, 핵확산 방지, 핵테러 방지를 위한 군부 간 대화와 논의는 어렵지 않다. INF, CFE는 붕괴위험에 처해 있는데, 미·러 간에 군비통제 문제에 관한 논의가 있어야 한다. 트럼프 행정부는 러시아에 대해 너무 순진하게 인식하고 비현실적 견해를 갖고 있는 것으로 보이는데, 시리아에서 러시아와 힘을 합쳐 IS를 격퇴하려는 미국의 구상에 모스크바는 관심이 없고, 또 러시아 경제가 가짜 자본주의이기 때문에 미·러는 자연스러운 무역 파트너가 되기는 어려울 것이다. 트럼프의 목표는 미국의 원칙, 미국이 세운 세계질서를 유지하는 것이고, 미·러 관계의 증진 자체가 가장 중요한 목표는 아니다. 견제와 협력을 병행하는 두 갈래 접근법이 완전한 대항이나 완전한 양보보다 성공의 확률이 훨씬 높다. Eugene Rumer, Richard Sokolsky, and Andrew S. Weiss, "Trump and Russia (The Right Way to Manage Relations)," Foreign Affairs, Vol. 96, No. 2 (March/ April 2017), pp. 12-19.

대화, 타협, 협박을 포함하는 모든 방법을 동원해 EPAA를 막으려했지만, 마지막 순간 그 노력이 아무 성과도 내지 못할 것이라고 확신한 후에는 대화와 협상을 포기하고 그 방어망을 무력화시킬 수 있는 공격미사일 개발로 회귀, 성공했다. 그렇듯 EPAA는 이미 오바마 행정부 임기 말에 이르러 미·러 간에 더 이상 타협과 관심의 대상에 남아 있을 이유가 없었다. 그것은 이미 끝난 이슈였다.

이제 오바마 행정부 임기 중 두 강대국 간에 남은 이슈는 시리아와 크리미아 문제였다. 앞에서 논의한 바와 같이 오바마 행정부와 푸틴 정부는 그 두 문제에서 격렬하게 대립했는데, 시리아 사태는 오바마 임기 중 해결이 나지 않은 상태였고 크리미아는 러시아의 군사점령으로 막을 내렸다. 몇 년이 지난 2020년 현재 미·러 간의 유일한 남은 문제였던 시리아 사태도 종결됐다. 아사드 정권은 푸틴 러시아와 이란의 직접적 지원을 받아 반군을 진압하고 (간접적으로는 미군 공격의 도움으로) IS를 축출해 다시 시리아 안정을 되찾았다. 그러는 사이 중동에서 많은 변화가 일어났다. 오바마 당시 미군의 이라크 철수와 시리아에 대한 제한적 개입으로 인해 워싱턴의 영향력이 약화되는 대신, 시리아 전쟁에 직접 개입한 러시아가 과거보다 더 큰 영향력을 갖게 됐다. 오바마의 고상하고 이상적이며 중동의 존엄성을 배려하는 정책이 오히려 숙적인 러시아의 중동 침투를 방관한 결과가 된 것이다. 중동 내의 자체 세력균형은 과거 상대적으로 열세이던 시아파가 세력을 확대시키면서 한쪽에 이란을 중심으로 이라크, 시리아, 레바논, 그리고 다른 쪽에 수니파 우두머리인 사우디아라비아를 중심으로 하는 아랍 보수세력 간의 양대 세력 대결구도가 형성됐다. 일각에서는 새로 형성되는 시아파-수니파 대결 구도 속에서 이스라엘이 친미 사우디 세력과 합세해 시아파에 대항하면서 이스라엘의 중동 내 위상 공고화를 추구해야 한다고 조언했다.[1] 유럽에서도 마찬가지로 미·러 관련 변화가 발생했다. 그것은 미국의

---

1) 이스라엘-사우디 협력에 관해서 전직 미 국무성 중동 담당 부차관보였던 로버트 다닌은 다음과 같이 주장했다. 지난 수십 년간 이스라엘-아랍 관계는 적대적이었지만, 이집트의 사다트가 이스라엘-이집트 평화협정을 체결하고 2002년 사우디 왕이 이스라엘의 1967년 이전 국경 철수를 조건으로 하는 아랍-이스라엘 평화안을 제시하면서 이스라엘-아랍 평화의 전도가 밝아졌다. 특히 수니-시아파 이슬람 갈등이 계속 확산되는데, 미래에는 이란이 이스라엘의 가장 큰 적이 될 것이라는 것이 대체적 관측이다. 이 상황에서, 이스라엘은 수니파와 평화협상을 통해 이스라엘-수니 아랍 관계개선으로 (이란을 적으로 규정하면서) 아랍지역에서의 생존, 번영의 길을 확보하는 것이 더 좋을 것이다. 또 미-이스라엘은 공식 방위협정, 군사동맹을 체결해야 한다. 현재까지 이스라엘은 건국시조 벤-구리온 식으로 자립(self-reliance)에 의존해 모든 것에서 홀로서기를 포기하지 않는데, 미래에 불가피할 것으로 보이는 가자 지구 및 서안 지구 갈등, 레바논과의 분란, 이란과의 대결에 비추어, 이스라엘은 현명하게 판단해야 한다. Robert M. Danin, "Israel Among the Nations (How to Make the Most of Uncertain Times)," Foreign Affairs, Vol. 95, No. 4 (July/August 2016), pp. 28-36; (앞의 서언 부분에서 설

동유럽으로의 세력 확대에 강력히 반대하는 러시아가 조지아 침공, 크리미아 점령, 우크라이나 동부지역 침투를 통해 다시 확실한 반미, 반서방 강대국으로 발돋움한 것이다. 그것은 러시아가 원래 자기의 강대국으로의 위치를 찾아가는 과정일 뿐이다. 이제 미·러 두 나라는 화합할 수 없는 반목상태로 진입했는데, 워싱턴에게 더 우려스러운 것은 미국의 가장 가까운 세력인 EU가 분열로 가는 것이다. 무슬림의 집단 이민유입으로 인한 EU 내 반감, 1천만 동유럽 인들의 서유럽 진출로 인한 서유럽인 직업상실, 남유럽의 재정·경제위기, EU의 경직된 경제정책, EU 내 독일의 압도적 정치·경제 영향력, EU의 독자적 안보능력 부재, 동유럽 EU 국가들의 권위주의, 독재로의 회귀, 동서유럽 모두를 포함하는 EU 내 민족주의 발현, EU−러시아 경제관계로 인한 대러시아 정책 일관성의 결여 모두가 EU 분열에 기여하는 요소들이다. 프랑스의 에마뉘엘 마크롱(Emmanuel Makron) 대통령과

_에마뉘엘 마크롱   _앙겔라 메르켈

독일의 앙겔라 메르켈(Angela Merkel) 총리가 EU 강화를 원하지만, 그 미래가 그들의 소망대로 될지는 미지수이다.[1] 심지어 일부에서는 EU 해체가 그렇게 나쁜 것은 아니라고 말한다.

오바마 행정부 임기 동안 미국 외교안보 정책의 여러 측면에 대해 수많은 전문가

....

명한 바와 같이) 실제 2020년 오늘날 트럼프는 다닌의 견해와 비슷하게 이스라엘과 사우디아라비아 관계강화를 토대로 이스라엘 위상을 제고시키고 이란을 견제하는 정책을 구사한다.

1) 오늘날 프랑스 대통령 에마뉘엘 마크롱은 그동안 프랑스의 특징인 저성장, 노조 강세에서 벗어나 프랑스를 경쟁력 있는 나라로 만들기를 원하고, 메르켈이 그렇듯 더 경쟁력 있고 통합된 EU를 창조하기를 원한다. 그는 국내에서는 노동법의 획기적 개혁을 통해 국내에서 노조를 규제하고 회사투자와 고용창출로 프랑스 경제를 살리는 계획을 추진한다. EU와 관련해 그가 추구하는 것은 유럽통합이 더 진전을 이루고, 그 속에서 프랑스가 독일과 함께 EU의 리더 역할을 수행하는 것이다. 그는 그렇게 프랑스 부흥을 추구하고, 미국과 유럽이 포퓰리즘으로 몸살을 앓을 때 자유민주주의와 국제주의를 방어한다. EU 강화를 위한 마크롱의 계획은 프랑스가 긴축재정, 경제개혁을 추진하는 대가로, 독일이 유로존 공동예산 등 유로존 통합을 돕는 것이다. 마크롱의 EU 계획에서는 메르켈의 협력여부가 가장 중요한 변수이다. 대외정책 전반에 관해서, 마크롱은 매우 실용적 입장을 표방한다. 그는 트럼프의 미국이 '미국 우선'을 추구하는 것에 불만을 표시하면서, 미국이 주도하는 나토의 중요성을 적극 강조한다. 프랑스와 미국은 이란의 핵개발 우려에 대해 깊은 공감대를 보유하고, 특히 프랑스는 이란의 탄도미사일 개발, 하마스 및 헤즈볼라 지원, 중동에서의 세력확대에 매우 비판적인데, 이 성향은 트럼프의 미국과 매우 유사하다. 프랑스−이스라엘 관계에서 마크롱은 파리의 오랜 입장인 이스라엘−팔레스타인 2국가 공존을 지지하지만, 그래도 그는 주권국가로서의 이스라엘의 위상을 강력 옹호하고 반유대주의를 강력하게 비판한다. Ronald Tiersky, "Macron's World (How the New President Is Remaking France)," Foreign Affairs, Vol. 97, No. 1 (January/February 2018), pp. 87−96.

들이 각자의 견해를 제시했는데, 일부는 오바마의 정책을 옹호했고 일부는 그에 반대했다. 또 많은 사람들은 메드베데프나 푸틴, 특히 푸틴을 비판했지만, 일부에서는 반드시 푸틴의 정책과 행동을 비난할 것만은 아니라고 주장했다. 여기서는 오바마 대통령 시기 가장 문제가 된 나머지 이슈였던 우크라이나—크리미아를 포함하는 범유럽, 그리고 시리아를 포함하는 범중동 정책에 관한 흥미 있는 전문가 의견을 살펴볼 것이다.

(1) 러시아의 위협

워싱턴 포스트(The Washington Post), 이코노미스트(The Economist), 스펙테이터(The Spectator)에서 언론인으로 활동한 역사학자 앤 애플바움(Anne Applebaum)은 오바마 임기 중 미국의 유럽안보 정책과 행동을 비판하고 러시아에 대한 경계를 촉구하는 다음과 같은 분석을 제시했다.

1) 일방적 선의

2008년 독일 베를린에서 오바마가 미국 대통령 후보로서 연설했을 때 그는 미국과 유럽의 특별한 신뢰관계, 그리고 어느 나라도 홀로 막을 수 없는 세계적 난제해결을 위한 국가 간 상호협력에 관해 말했고, 그의 신선한 분위기는 유럽인들에게 특별히 우호적인 인상을 남겼다. 그러나 그런 그의 진정성은 결과적으로 실망으로 변했다. 국내경제 불황, 이라크와 아프가니스탄 전쟁에 몰두하면서 오바마는 유럽안보를 무사안일하게 바라보았고, 유럽 역시 비슷한 태도로 일관했다.

오바마 취임 첫해에 미·러 양국 관계를 특징짓는 3개 이벤트가 있었다. 2009년 3월 힐러리 클린턴 미 국무장관은 러시아 외교장관 세르게이 라브로프(Sergey Lavrov)와 부시 행정부 당시 악화된 미·러 관계를 원상회복하는 양국 관계의 새로운 '관계 재설정'(reset)에 합의했다. 두 번째 중요한 것은 4월 창설 60주년 해에 개최된 나토 정상회담으로, 그때 각 정상들의 우호적 분위기에도 불구하고 러시아 대통령 메드베데프는 아프가니스탄을 위한 병력파병을 요청하는 오바마에게 아무 긍정적 답변도 주지 않았다. 세 번째는 9월 오바마가 부시 행정부의 MD 프로그램을 취소한 것인데, 그것은 러시아의 위협을 본능적으로 느끼는 폴란드와 체코 정부에 큰 충격을 주는 결정이었다. 여기서 이 세 가지 경우 모두에 비추어 알 수 있는 것은 이미 그때부터 향후 수년 간 지속될 미·러 관계의 어떤 정형화된 패턴이 나타나고 있었다는 것이다. 한마디로 워싱턴은 우호적 협력을 유도하기 위해 처음부터 러시아에 일방적으로 유리하고 도움이 되는 정책을 시도했다. 그러나 그것이 전부가 아니다. 워싱턴은 모스크바의 환심을 사기에 바빴고, 한걸음 더 나아가 적어도 오바마 두 번째 임기 중반 이전까지는 거의 유럽안보를 중시하지 않았다. 미국은 유럽을 크게 신경 쓸 필요없는 지역으로 간주했고, 나토는 재정부담, 훈련의 범위와 강도, 회원국 협력을 포함하는 몇몇 문제에도 불구하고 워싱턴의 관심대상이 아니었다. 유럽국가들도 비슷하게 행동했다. 독일의 메르켈 총리는 러시아와 오일, 가스 관련 투자에 관심을 갖고 모스크바에 우호적으로 행동했으며, 이탈리아의 실비오 베를루스코니 총리는 오로지 푸틴과의 관계유지에만 신경 썼으며, 동유럽, 발트국가들 역시 러시아와 원만한 관계를 유지하려 노력했다. 오바마 행정부는 미·러 관계 잘못의 근원은 조지 W. 부시 행정부의 공격적 수사와 국제적 일방주의에 있고, 러시아-조지아 5일 전쟁은 그 나라 대통령 미하일 사카쉬빌리의 오판에서 비롯된 것으로 치부했다. 미·러 관계 마찰의 중추적 원인인 양국 간 역사, 문화적 차이, 구조적 경쟁구도는 간과되거나 중시되지 않았다. 그러나 러시아는 전혀 다르게 생각하고 있었는데, 그것은 3월 라브로프가 브뤼셀 마셜 펀드(Marshall Fund) 포럼에서 얼핏 내보인 암시에서 드러났다. 그때 그는 나토가 러시아에 위협으로 남아 있고, 서방은 러시아에 거짓말을 해 왔으며, 나토 대신 OSCE가 대서양 안보의 더 중요한 기구로 역할 해야 한다는 생각을 은밀하게 드러냈다.[1]

2) 모스크바의 계산

2009년 러시아의 대서방 자파드 훈련(Exercise Zapad, Exercise West)은 미국이 원하는 리셋(reset)과는 거리가 먼 것으로 보였다. 동유럽 국가들은 최악의 경우 폴란드에 대한 핵 선제공격을 포함해 공세적 요소를 포함하는 그 훈련에 대해 우려를 표시했지만, 워싱턴은 별 관심이 없는 듯 보였다. 물론 오바마 행정부의 사고형태와 정책은 그 나름대로의 논리와 미래 구상을 갖고 있었다. 그들은 KGB 출신 현실주의자인 강성 총리 푸틴보다는 온건하고 합리적 형태로 행동하는 메드베데프 대통령과의 협상을 통해 이란 핵문제, MD 문제, 아프가니스탄 전쟁 등을 위한 모스크바의 협력을 유도한다는 생각을 갖고 있었다. 그럼에도 불구하고 워싱턴이 모스크바의 본심을 알아채지 못하거나 러시아의 군

1) Anne Applebaum, "Obama and Europe (Missed Signals, Renewed Commitments)," Foreign Affairs, Vol. 94, No. 5 (September/October, 2015), pp. 37-38.

사작전 가능성에 제대로 대비하지 못한 것은 분명 잘못이다. 지난 오랜 기간 군사력 증강에 많이 투자한 러시아는 2013년 또 다시 7만명 현역병사와 예비군을 동원해 자파드 훈련을 실시했는데, 그 해 가을 나토의 스테드퍼스트 재즈(Steadfast Jazz) 훈련은 실망 그 자체였다. 그때 가장 많은 병력을 파견한 나라는 프랑스와 폴란드였는데, 그들은 각각 1천명 이상을 참여시켰고 미국은 60명, 독일은 55명만을 파견했다.[1]

워싱턴의 의도와는 다르게, 리셋 기간에 모스크바는 군사력을 강화하고 국내 반대파를 억압하면서 해외에서 유럽 미디어와 회사에 투자했다. 그들은 워싱턴의 선의를 대외협력 강화와 러시아 국력증진의 시기로 활용했다. 러시아는 푸틴의 처음 두 번째 임기 동안 오일과 천연가스 가격상승으로 인해 경제적으로 강력해졌고, 국방개혁과 전력발전은 비록 오랜 시간이 걸렸지만 러시아 군사력을 우려할 만큼 새로운 수준으로 올려놓았다. 러시아 에너지 회사

_게르하르트 쉬레더

가스프롬은 전 독일수상 게르하르트 쉬레더(Gerhard Schroeder)를 최고경영자(CEO)로 고용하면서 유럽시장 공략을 시도했다. 반면 유럽안보와 러시아 변화에 대해 안이한 태도로 일관한 나토의 취약성은 2011년 '아랍의 봄'(Arab Spring) 기간 동안 리비아 정부에 반대하는 서방의 반군 지원과정에서 역력히 드러났다. 독일과 터키가 반대하고 미국이 열의 없이 뒤에서 지원하는 상태에서, 영국과 프랑스가 주도해 시행한 그 작전의 폭탄투하는 리비아 정권이 전복될 때까지만 간신히 유지됐다. 1999년 코소보 전쟁 당시 나토가 하루에 1천 2백대 전투기로 8백회 폭격한 것에 비해 리비아에서는 250대 전투기로 하루에 간신히 150회 출격했을 뿐이다. 그 과정에서 미국과 서유럽 국가 간에 의견충돌이 있었고, 탄약이 부족한 일부 국가들은 다른 나라로부터 군수물자를 빌려야 했다. 그래도 그 작전이 성공한 것은 카다피를 권좌에서 몰아냈기 때문인데, 아이러니컬한 것은 그것이 푸틴에게 경계심을 심어준 것이다. 1989년 동독 붕괴 당시 성난 군중이 동독 정보기관 쉬타지(Stasi)를 습격하는 과정을 자세히 관찰한 전 KGB 장교 푸틴은 우크라이나 오렌지 혁명에서 군중시위, 그리고 리비아 혁명에서 서방이 지원하는 거리의 군중, 폭도들이 독재자를 추적, 살해하는 것을 또다시 목격했고, 그것은 그로 하여금 러시아 또는 동맹국 내 반체제 세력에 대해 강제진압을 포함해 무자비하게 대처할 필요성을 새롭게 인식시켰다. 그즈음 러시아 의회선거의 정당성이 문제시되고 푸틴이 세 번째 대통령 선거를 선언

---

1) Ibid., pp. 39, 41.

해 모스크바, 상트페테르부르크를 포함하는 10여 개 도시에서 대규모 군중시위가 발발했을 때, 푸틴은 그것을 강경진압하면서 힐러리 클린턴과 워싱턴이 막후에서 그 시위를 부추긴다고 주장했다. 그리고 과거 경험에 비춘 그런 사고방식은 우크라이나에서 친러 야누코비치를 축출하려는 거리시위가 발생했을 때 푸틴으로 하여금 크리미아를 점령하는 강경책으로 내몰았다. 러시아의 크리미아 점령은 동우크라이나 침공으로 이어졌는데, 그로 인해 유럽에 새로운 국경선이 그어지면서 오바마 행정부는 뒤늦게 대러시아 정책을 재검토하지 않을 수 없었다. 이제 미국은 처음으로 유럽 동맹국들의 안보를 걱정하게 됐는데, 유럽 사태를 진정시키고 동맹국들을 안심시키기 위해 폴란드를 방문한 오바마는 나토헌장 제5조는 분명하게 회원국들의 영토통합을 보호할 것이라고 강조했다. 뒤이어 워싱턴은 러시아 올리가키와 은행을 겨냥하는 경제제재를 시행했다. 그렇지만 우크라이나 위기를 지역사태로 축소시키는 듯 행동하는 오바마의 태도는 유럽을 생사를 함께하는 동맹으로 인정하기보다는 그들과 일정거리를 유지하려는 것으로 보였다.[1]

3) 새로운 교훈

서방의 대러 경제제재는 러시아에 타격을 주었는데, 무엇보다도 메르켈의 독일이 주도적 역할을 했다. 현재 그녀는 독일 경제력을 바탕으로 러시아에 대한 서방정책을 주도하는데, 2014년 민스크에서 푸틴과의 협상, 또 2015년 초 유럽, 우크라이나, 러시아와의 동우크라이나 휴전협상이 그런 경우이다. 그러나 러시아가 군사적 도박을 할 경우 독일의 역할은 줄어들 수밖에 없는데, 헌법적 제한으로 군사력 증강에서 한계를 가진 베를린을 대신해 그 문제를 해결할 수 있는 것은 미국뿐이다. 늦게나마 나토는 러시아 국경지역 동맹국들에 약간의 중화기를 배치했고, 미 육군은 1년 전 유럽으로부터 철수시킨 탱크를 일부 다시 도입했다. 지금이라도 나토의 전략에서 변화가 온 것은 다행이지만, 사전에 동부국경에 기지를 설치하거나 무기를 배치했다면 모스크바의 우크라이나 사태를 억지하는데 도움이 되었을 것이다. 수년간의 유럽방위에 대한 소홀이 미국과 유럽 모두에게 값비싼 대가를 치르게 했다. 러시아는 이제 영향력을 더 확대시키는데, 재정, 경제력을 활용해 구소련공화국을 넘어 프랑스의 국민전선(National Front), 오스트리아의 자유당(Freedom Party), 헝가리의 요비크(Jobbik), 그리스의 시리자(Syriza)를 포함해 극우, 극좌 정당들을 지원한다. 러시아의 정교한 가짜 뉴스는 수많은 유럽국가에서 대중을 공략한다.

---

1) Ibid., pp. 41−42.

앞으로 더 많은 재앙과 전투가 있을 수 있지만, 유럽은 그리스 부채, 영국의 EU 탈퇴 주민투표, 그리고 지중해를 건너는 무슬림 난민 물결에만 몰두한다. 미국은 이 모든 문제의 관건을 쥔 국가이다. 모스크바의 정책이 바뀌기 전까지 미국은 과거 냉전시대와 같이 억지와 봉쇄로 유럽을 보호해야 하는데, 푸틴은 언제라도 필요에 의해 또 다른 위기를 만들어 낼 수 있을 것이다. 오바마는 지미 카터, 조지 W. 부시와 비슷하게 러시아에 대해 선의를 갖고 시작한 관계를 파국으로 마감했는데, 다음 대통령은 이 패턴을 피하고 나토를 통해 유럽을 러시아 수정주의로부터 보호해야 할 것이다.[1]

(2) 우크라이나 위기의 근원

시카고 대학의 유명한 현실주의 국제정치 학자 존 머샤이머(John Mearsheimer)는 일반적 보수와는 달리 우크라이나 위기는 서방의 잘못에서 유래했다고 분석했다. 이것은 위에 논의한 애플바움과는 전혀 다른 색깔의 주장인데, 그는 다음과 같은 견해를 제시했다.

1) 서방의 공세와 러시아의 반격

1999년과 2004년 두 해 동안 10개 동유럽 및 발트국가들이 나토에 가입했고, 더 나아가 2008년 4월 부카레스트 나토 정상회담은 조지아, 우크라이나의 나토 가입 가능성을 확실하게 밝혔다. 모스크바는 처음부터 나토의 동유럽 진출 시도에 심한 불만을 가졌는데, 이미 옐친 대통령은 나토의 1995년 세르비아 공습 당시 이것은 "나토가 러시아 연방의 국경 바로 옆에 오게 될 때 나타날 수 있는 첫 번째 조짐이고, 전쟁의 불길이 유럽 전체에서 터져 나올 수 있다"고 말한 바 있다. 조지아와 우크라이나의 나토 가입시도는 조지 W. 부시 행정부가 밀어붙인 것으로, 처음에 반대하던 프랑스와 독일은 워싱턴의 의지를 넘어설 수 없었다. 그때 러시아 외교부는 "그것은 전략적 실수로 범유럽 안보에 가장 심각한 결과를 초래할 것"이라고 말했고, 푸틴은 만약 우크라이나가 나토에 가입하면 그 나라는 더 이상 존재하지 못할 것이라고 극단적으로 경고했다. 2008년 8월 조지아의 사카쉬빌리 대통령이 분리주의 남오세티야와 압하지야를 재통합하려 침공했을 때, 그가 나토 가입을 절실히 열망하는 것을 확실하게 인지하는 모스크바는 그에게 교훈을 주고 나토에 러시아의 의도를 알리기 위해 순식간에 트빌리시를 패배시키고 나토의 무기력을 입

---

1) Ibid., pp. 43–44.

증했다. 그럼에도 불구하고 나토는 조지아와 우크라이나를 동맹에 포함시키려는 의도를 한 번도 공개적으로 포기하지 않았고, 오히려 오바마 대통령 취임 첫해인 2009년 알바니아와 크로아티아를 나토에 추가로 가입시켰다. EU도 동진 목적으로 2008년 5월 '동부 파트너십'(Eastern Partnership) 프로그램을 시작했는데, 그것은 우크라이나와 같은 나라들을 EU 경제에 통합시키는 목적을 띠었다. 러시아는 EU의 동유럽으로의 확대를 나토확장의 선발조치로 인식했다. 서방은 또 우크라이나를 포함해 탈 소비에트 국가들을 러시아로부터 이탈시키고 서구 민주주의와 서방가치를 확산시키기 위해 그 나라들 내 친서방 개인, 조직에 엄청난 정치자금을 배포했다. 미국은 1991년 이후 우크라이나에 50억 달러 이상의 자금을 지원했는데, 그것은 미국의 비영리 '민주주의 재단'(NED: National Endowment for Democracy)을 통해 60개 이상의 우크라이나 민주화 프로젝트에 유입됐다. 2012년 2월 친러 정치인 빅토르 야누코비치가 대선에서 승리했을 때, NED는 야누코비치 반대파를 지원하면서 우크라이나의 자유민주주의 확산 노력에 박차를 가했다. 더 나아가 NED 총재 칼 거쉬만(Carl Gershman)은 2013년 9월 워싱턴포스트에 우크라이나의 EU 가입은 러시아의 제국주의 이념종식을 가속화할 것이며, 러시아 역시 EU에 가입할 수 있다는 글을 게재했다.[1]

그런 상태에서 2013년 11월 야누코비치는 EU와의 경제협상을 거부하고 러시아가 제공하는 150억 달러 지원 자금을 수용했다. 그에 반대해 우크라이나 친서방 세력이 3개월에 걸친 반정부 시위를 추진했는데, 그 과정에서 정부와 시위세력 충돌로 2014년 2월 중순까지 약 1백 명이 사망했다. 신변에 위협을 느낀 야누코비치는 2014년 2월 22일 그의 후견국인 러시아로 도피했다. 야누코비치 축출과정에서 워싱턴이 공식, 비공식 역할을

한 것은 분명했다. 미 국무차관보 빅토리아 눌랜드(Victoria Nuland)와 존 매케인(John McCain) 상원의원은 반정부 시위에 참여했고, 주 우크라이나 미국대사 제프리 파이아트(Geoffrey Pyatt)는 그 날이 우크라이나 역사의 새로운 날이라고 선포했다. 또 우크라이나 새 총리에 워싱턴이 지원하는 아르세니 야체뉴크(Arseniy Yatsenyuk)가 임명됐다. 그에 반대해 푸틴은 행동을 개시했다. 그 다음날인 2월 23일 그는 러시아 병력에 우크라이나로부터 크리미

_아르세니 야체뉴크

1) John J. Mearsheimer, "Why the Ukraine Crisis Is the West's Fault," Foreign Affairs, Vol. 93, No. 5 (September/October 2014), pp. 77, 79.

아를 탈취하도록 명령하고, 그 직후 크리미아를 러시아에 편입시켰다. 모든 작전은 순식간에 전광석화와 같이 전개됐는데, 그것은 이미 크리미아 세바스토폴 항구 해군기지에 주둔하던 수천 명의 러시아 병력이 신속하게 움직이고 또 크리미아 주민의 60%를 차지하는 러시아 소수민족이 러시아 편입을 지지해 쉽게 성공할 수 있었다. 그 다음 푸틴은 우크라이나가 서방에 편입되지 못하도록 새 정부에 압력을 가하고 동우크라이나 러시아 분리주의자들에게 자문단, 무기, 외교지원을 제공했다. 그는 우크라이나 국경에 거대한 규모의 병력을 결집시키면서 만약 키예프 정부가 반군을 일망타진하면 침공할 것이라고 위협했다. 그리고 그는 러시아가 우크라이나에 판매하는 천연가스 가격을 급격히 인상하고 지난 수출 미지급금에 대한 지불을 요구했다.[1]

2) 푸틴의 논리

푸틴의 행동을 이해하는 것은 간단하다. 역사적으로 나폴레옹의 프랑스, 나치 독일은 모두 러시아를 공격, 점령하기 위해 거대한 평야를 건너왔다. 우크라이나는 러시아에게 커다란 전략적 중요성을 가진 완충국가로 기능한다. 강대국들은 항상 자국영토 인근의 잠재적 위협에 민감하다. 결국 미국 역시 먼 곳의 어느 강대국이 서방 어느 곳에든, 특히 미국 국경에 큰 군사력을 배치하는 것을 용인하지 않을 것이다. 만약 중국이 캐나다, 멕시코와 군사동맹을 체결하고 그곳에 군사를 배치하려 한다면 미국은 결코 그것을 용인하지 않을 것이다. 모스크바는 나토가 조지아와 우크라이나를 영입하고 그 나라들을 러시아에 반대하는 국가로 전환시키는 것을 절대로 수용하지 않을 것이라는 의사를 수시로 전달했는데, 2008년 러시아-조지아 전쟁 역시 그런 분명한 메시지였다. 서방은 러시아가 나토의 동진을 우려할 필요가 없다고 말하지만, 위협을 판단하는 주체는 서방이 아니라 러시아이다. 서방은 2002년 나토-러시아 위원회(NRC)를 설립하면서 러시아를 감정적으로 순화시키기 위해 처음에는 체코나 폴란드 영토에 미사일을 배치하기보다는 2009년 유럽 해상에 MD를 배치할 것이라고 선언한 바 있지만, 러시아는 그런 유화 제스처를 신뢰하지 않았다. 미국과 서방은 모두 한동안 탈냉전 자유주의 질서의 우월성과 승리감에 도취되어 있는 상태에서도 다른 한편으로는 아직도 러시아가 봉쇄될 필요가 있다고 생각했지만, 그 나라는 포위되기에는 아직은 너무 취약한 국가였다. 많은 현실주의자들은 나토 확대에 반대했다. 1998년 소련 주재 전직 미 원로 외교관 조지 케넌(George

---

1) Ibid., p. 80.

Kennan)은 언론 인터뷰에서 나토 확대는 '전략적 실수'가 될 것이라며 그 시도에 반대했다. 그러나 자유주의에 심취한 이상주의자들은 2014년 3월 오바마 대통령의 우크라이나 관련 연설에서 나타나듯 계속해서 자유민주주의 이상향으로의 진전을 언급했다. 존 케리 국무장관도 마찬가지였다. 그렇게 단순히 서방과 러시아 양측은 서로 다른 가정에서 행동했을 뿐이다. 서방이 자유주의적이라면 러시아는 지정학적 현실주의를 신봉했고, 그 결과 미국과 동맹국들이 인지하지 못하는 사이 우크라이나에서 주요 위기가 촉발됐다.[1]

조지 케난은 그 인터뷰에서 서방이 나중에 러시아를 원래 그렇게 부도덕하고 고매한 이상이 없이 과거의 낡은 사고에 파묻혀 사는 나라라고 비난할 것으로 예측했다. 메르켈도 푸틴을 비이성적이고 동떨어진 세계에 사는 사람으로 간주했다. 또 어떤 사람들은 푸틴이 이제 크리미아 정복 이후 우크라이나와 그것을 넘어 이웃으로 돌진할 것이라고 말했다. 그러나 그는 현대판 히틀러가 아니라 그 반대로 일류 전략가로서 존경받을 가치가 있는 사람이다. 또 증거에 비추어 보면, 그는 처음부터 크리미아를 점령할 생각이 전혀 없었고 동우크라이나 점령은 더욱 더 그의 어젠다에 없었다. 그의 크리미아 관련 행동은 야누코비치 축출에서 발생한 즉흥적 반응이었던 것으로 보이고, 서방 역시 그의 갑작스런 행동에 놀랐을 것이다. 그리고 우크라이나 동부를 점령하려 해도 그 지역 우크라이나 인들의 저항, 점령 이후 제재 가능성, 그리고 그 이후 수반될 것으로 예측되는 수많은 장기적이고 부정적인 결과에 비추어 그것은 아마 어려운 결정이었을 것이다. 푸틴의 대응은 공격적인 것이 아니라 방어적인 것이었다.[2]

3) 현실주의 판단

우크라이나 위기 이후, 서방은 기존정책을 더 배가해서 러시아를 압박하지만 군사력 사용의 의도는 없었다. 서방의 대응은 경제제재를 동원해 러시아의 동우크라이나 반란지원을 종식시키는 것이었다. 2014년 7월 미국과 EU는 주로 러시아 정부와 일부 대표적 은행, 에너지 회사, 방위산업 회사에 긴밀하게 연결된 고위 개인을 목표로 제3차 제재를 시행했다. 또 그들은 러시아 경제 전체를 목표로 하는 다른 더 강력한 제재를 가할 것이라고 위협했다. 그러나 그런 조치는 효과를 보지 못할 것이다. 강력한 제재는 시행하기

1) Ibid., pp. 82−83.
2) Ibid., p. 85.

어려운데, 왜냐하면 프랑스, 독일을 포함해서 수많은 유럽 국가들이 러시아의 보복과 천연가스 공급중단으로 인한 경제피해를 우려하기 때문이다. 서방이 아무리 강한 제재를 부과해도 푸틴의 결정을 바꾸지는 못할 것이다. 역사는 국가들이 자기들의 핵심적 전략 이익을 보호하기 위해 엄청난 양의 처벌을 감수한다는 것을 보여준다.[1]

우크라이나 위기 이후, 미국과 EU는 계속해서 반러시아 정책, 그리고 우크라이나와의 관계 강화를 추진 중이다. 2014년 4월 부통령 조셉 바이든은 우크라이나 의회의원들에게 이것은 "오렌지 혁명이 원래 약속한 것의 두 번째 기회"라고 말하고, CIA 국장 존 브레넌(John Brennan)은 그 달 우크라이나 정부와 안보협력을 증진시킬 것이라고 말했다. 또 EU는 그러는 사이 '동부 파트너십'을 계속 밀어붙였다. 3월 유럽집행위원장(European Commission President) 호세 바로소(Jose Manuel Barroso)는 우크라이나에 대해 EU와 우크라이나는 가능한 한 서로 가깝게 지낼 것이고, EU는 우크라이나에 유대의 의무를 갖는다고 언급했다. 또 6월 27일, EU와 우크라이나는 야누코비치가 7개월 전 거부한 경제합의에 서명했다. 6월 나토 외교장관 회담은 비록 우크라이나를 직접 거론하지는 않았지만 나토는 새 회원국에 계속 개방되어 있을 것이라고 선언했다. 나토 사무총장 앤더스 라스무센(Anders Fogh Rasmussen)은 어느 제3국도 다른 나라의 나토가입을 비난, 방해할 권리가 없다고 선언했다. 나토 외교장관들은 또 우크라이나의 군사 지휘통제, 병참, 사이버방어를 포함하는 군사분야 증진 조치에 합의했다. 그러나 러시아 리더들은 그런 행동에 당연히 커다란 거부감을 나타냈다. 그 위기에 대한 서방의 신중하지 못한 대응은 단지 상황만을 더 악화시켰고, 만약 계속 그렇게 행동한다면 그 결과는 앞으로도 마찬가지일 것이다.[2]

우크라이나 위기의 해결책은 서방 사고방식의 전환을 요구한다. 서방은 우크라이나 서구민주화 전략을 포기하고 공개적으로 조지아, 우크라이나의 나토 가입을 배제해야 한다. 그러는 가운데 필요한 조치는 냉전시대 우크라이나와 비슷하게 우크라이나를 중립 완충국가로 전환시키는 것이다. 서방은 우크라이나가 모스크바에 결정적으로 중요한 나라라는 것을 인식해야 한다. 또 서방은 우크라이나를 나토에 가입시킬 필요가 없는데, 왜냐하면 그 나라는 나토에게 군사력을 사용해 방어할 정도로 전략적 중요성이 없기 때문

1) Ibid., p. 86.
2) Ibid., pp. 86－87.

이다. 미래 우크라이나 정부가 친러, 반 나토일 필요는 없다. 그 나라는 주권국가로서 어느 쪽에도 속하지 않으면 된다. 서방은 우크라이나 내에서 그 나라를 서구 민주주의로 전환시키기 위한 정치, 사회공학을 중지해야 하고, 또 다른 오렌지 혁명 시도를 중단해야 한다. 그럴 경우 미국의 신뢰가 떨어지겠지만, 현재 정책의 계속은 더 큰 대가를 치를 것이다. 서방은 우크라이나가 소수민족의 권리, 특히 러시아인들의 언어 권리를 침해하지 않도록 독려해야 한다. 논리, 이성적으로 우크라이나의 서방 가입은 그들의 권리이고 누구나 자기 권리를 갖고 있지만, '더럽고 위험한 강대국 정치'의 현실에서 민족자결의 추상적 권리는 의미가 없다. 그것은 군사, 경제적으로 아무 힘없는 약소국인 우크라이나의 대외정책 선택에서 위험한 방식이다. 서글픈 현실이지만, 강대국 정치가 작동할 때는 힘이 수시로 정의를 만든다. 쿠바는 냉전시기 소련과 군사동맹을 가질 권리가 있었나? 미국은 분명 그렇지 않다고 생각했고, 러시아인 역시 우크라이나의 서방가입에 대해 똑같이 생각한다. 그런 논리를 이해하고 더 강력한 이웃을 다룰 때 조심해서 행동하는 것이 우크라이나에게는 이익일 것이다. 어떤 사람은 러시아가 어쨌든 팽창할 것이기 때문에 서방은 현재 정책의 지속 이외에는 선택이 없다고 말한다. 그러나 그것은 잘못된 견해이다. 러시아는 하락하는 파워이고 시간이 가면서 계속 약화될 것이다. 비록 러시아가 부상하는 파워라도, 우크라이나를 나토에 흡수하는 것은 이치에 맞지 않는다. 우크라이나를 나토에 포함시키는 것은 서방과 러시아가 충돌의 길로 가는 것이다.[1]

(3) 미국의 시리아 옵션

시리아, 알제리아에서 대사를 역임한 미국 외교관 로버트 포드(Robert Stephen Ford)는 2017년 현재 시리아에서 미국의 목표인 IS 축출이 거의 끝나가는 상황에서 워싱턴은 더 이상 그 나라 문제에 개입해 관련 국가들과의 분쟁 등 불필요한 문제에 얽혀들지 말고 그 나라 주변을 떠도는 시리아 난민을 돕는 것이 최선의 정책이라는 의견을 다음과 같이 제시했다.

1) 아사드 승리의 요인

바샤르 아사드(Bashar al-Assad) 정부는 그동안 시리아 반군의 활동무대인 서부지역

---

1) Ibid., pp. 87-88.

전체를 장악하고 이란, 러시아의 도움을 받으면서 동부지역으로 진격하고 있다. 그동안 미군은 시리아 동부지역에서 IS 격파에 많은 노력을 기울였는데, 머지않아 그곳에서 동진하는 시리아 병력과 마주치게 되어 있다. 동부지역에 거점을 두고 활동한 IS가 시리아에서 거의 완전히 축출되면서 미국은 곧 철수할 것인지 등 제반문제에 관해 결정해야 할 것이다. 아사드 정부는 시리아 전체를 완전 장악하기로 결심했고 그 시도는 아마 성공할 것이다. 오래전부터 '아랍의 봄' 과정에서 워싱턴은 시리아 반군을 지원해 아사드를 제거하거나 개혁정부를 도입하겠다는 생각을 가졌는데, 그 목표는 현재 완전히 불가능하고 앞으로도 미국의 옵션에서 제외되어야 한다. 미국은 시리아를 자유민주주의로 전환시키겠다는 구상은 이제 포기해야 한다. 앞으로 미국이 할 수 있는 임무 중에서 가장 바람직한 것은 해외에 떠도는 수백 만 명의 시리아 난민을 돕는 것인데, 그 조치는 미국이 표방하는 인도주의 목표에 부합하고 동시에 반서방 테러리스트들이 그들을 포섭, 충원하는 것을 막을 것이다.[1]

아사드 정부가 어떻게 시리아 서부지역에서 반군을 완전히 제압할 수 있었는지 설명이 필요하다. 2016년이 흘러가면서 시리아는 서부 주요도시인 알레포(Aleppo), 홈스(Homs), 그리고 서부 남단의 다라야(Daraya)까지 전부 장악했다. 2017년 봄에는 바르제(Barzeh)와 카보운(Qaboun)도 탈환했는데, 시리아 반군의 실수가 아사드의 성공을 도왔다. 반군은 아사드에 대한 반독재를 외치면서도 리더십 내 권력투쟁으로 인한 내분으로 정교한 군사작전을 전개하지 못했고, 종교적 소수, 중산층 기업과 같은 자기들 목표에 공감할 수 있는 민주적 정치기반 확보에 실패했다. 또 반군은 알카에다와 연관된 극단주의 집단 알-누스라 전선(al-Nusra Front)과의 연계를 거부하지 못하고, 동시에 일반 민간인들의 공포를 자아낸 잔학행위를 저지른 전사를 처벌하지 않았다. 아사드 정부의 반군 진압 성공에 특별히 중요한 요인은 이란, 러시아의 도움이었다. 테헤란 정부는 이란, 이라크, 레바논, 아프가니스탄, 파키스탄으로부터 수만 명의 시아파 전사를 동원해 시리아로 파견했다. 러시아는 공중지원을 제공했다. 반면 반군을 위한 해외지원은 점차 사라졌다. 터키는 남쪽국경의 쿠르드족 독립을 우려해 아사

_알-누스라 전선

1) Robert S. Ford, "Keeping Out of Syria (The Least Bad Option)," Foreign Affairs, Vol. 96, No. 6 (November/December 2017), p. 16.

드에 대한 군사작전을 중단했고, 미국은 반군을 돕기 위한 CIA 프로그램을 종식시켰다. 미국의 반군지원 중단은 반군이 (알카에다와 연계된) 알-누스라 전선의 부속물로 변해가기 때문이었다.[1]

2) 최종 승리에 대한 집착

시리아 사태에서 러시아의 역할은 점점 더 커져가고 있다. 시리아 정부의 승리 가능성이 더 확실해지면서, 모스크바는 역내 정세 안정화에 개입한다. 모스크바는 시리아 내란과 관련이 있는 당사자인 아사드 정부, 반군그룹, 그리고 이란, 터키 대표를 카자흐스탄의 아스타나(Astana)로 초청해 휴전과 평화정착의 리더 역할을 수행한다. 2017년 5월 러시아, 이란, 터키는 이들립(Idlib) 북동부 지역과 시리아 서남부 요르단 국경지역 일부를 포함해 시리아 반군이 약간 남아 있는 서부지역 4곳에서 전투중지를 선언했다. 그러나 시리아 정부는 이들립 인근에서는 휴전을 지키면서도 다른 곳에서는 계속 반군을 공격했다. 아사드 정부가 러시아의 의지를 넘어 서부지역 서남부 일부에서 계속 군사작전을 전개하면서, 모스크바는 이번에는 요르단, 미국과 협력해 그 서남부에서 새로운 휴전협상을 도입했다. 그럼에도 불구하고 또 다시 휴전협상을 선별적으로 선택하면서, 아사드 정부군은 아직 몇몇 지역에 산발적으로 존재하는 반군을 계속 공격해 결국 군사적 승리를 최종 쟁취했다. 반군에 대한 승리의 필요성에 집착하는 만큼, 그 점령지역에서도 아사드 정부는 모든 집단의 독자적 정치활동을 일체 금지한다. 서부지역 남쪽 일부와 이들립 인근 일부 마을이 자치선거, 독립 지자체를 포함하는 정치, 경제활동을 시행하고 있지만, 아사드 정부는 이 모든 것을 거부한다. 유엔에 파견된 아사드 정부 특사들도 그곳에서 논의되는 모든 정치개혁안을 거부한다. 한편, 사우디아라비아, 카타르, 서방의 지원을 받는 반군 대표단이 계속 아사드의 하야를 주장하기 때문에 시리아 정부와 반군간의 협상은 타결되지 않을 것이다. 아사드는 결코 투명성이나 자유, 공정선거는 수용하지 않을 것이다. 화학무기를 사용하고, 배럴폭탄(barrel bombs)을 투하하며, 테러집단을 매수하고, 수만 명을 고문, 살해한 사악한 안보국가의 핵심요체는 그대로 남아 있을 것이다.[2]

1) Ibid., p. 17.
2) Ibid., pp. 17-18.

3) IS의 몰락과 미국의 옵션

IS는 어떻게 무너지게 됐나? 아사드가 서부에서 반군과 투쟁하는 동안, 동부에서는 미국이 지원하는 병력이 IS에 큰 승리를 기록했다. 오바마 대통령이 시리아 내전에 개입한

_쿠르드 민병대 YPG

_파르티야 쿠르디스탄(PKK)

지 수년이 지난 2017년 8월까지 미국이 지원하는 연합세력은 IS 영토의 60%를 재탈환했다. 미국은 그 과정에서 많은 대가를 치렀는데, 연합군 공습은 그 과정에서 수천 명 민간인을 살상하고 소수민족인 쿠르드(Kurd)족 지원은 미국-터키 관계에 피해를 주었다. 새로 집권한 미국 트럼프 행정부는 터키의 반대를 무릅쓰고 6월 IS와 싸우는 쿠르드 민병대(YPG: Yekineyen Parastina Gel)에 공개적으로 무기를 공급했는데, 앙카라가 그에 반대한 이유는 그들이 쿠르드 독립국가 건설을 추구하고, 또 쿠르드 노동자당(Kurdistan Workers' Party) 또는 '파르티야 쿠르디스탄'(PKK: Partiya Karkeren Kurdistan)이라고 불리는 터키 내 테러집단과 직접 연계돼 있기 때문이다. 그해 여름에 이르러 IS는 처음으로 러시아-이란, 그리고 미국이 지원하는 군대로부터 양방향 공격에 직면하게 됐다. 연말에도 쿠르드 민병대는 IS 수도 락까(Raqqa)를 재탈환하고 IS 마지막 요새인 동남부의 데르 에즈-조르(Deir ez-Zor)로 진격했다. 아사드 정부군이 시리아 동부로 진입하고 쿠르드 민병대가 동부에서 작전하면서, 이들의 충돌을 우려한 러시아와 미국은 양측 병력을 유프라테스 강 건너편에 각각 별도로 주둔시키기로 합의했다. 쿠르드족은 시리아 북동부에 로자바(Rojava)로 알려진 자치지역을 설립해 독립적 자치를 실시하는데, 시리아 정부는 그 정통성을 절대로 용인하지 않을 것이라고 계속 공언한다. 이란, 터키를 포함해 주변의 모든 국가들 역시 쿠르드 자치에 반대하는데, 그것은 누구도 자기들 영토분할을 전제로 다른 신생국이 탄생하기를 원치 않기 때문이다. 결국 시리아 내란은 아사드가 그의 전제정부를 개혁하라는 요구를 거부한 최초의 2011년으로 다시 돌아가고 있다.[1]

이제 미국은 어떤 정책을 추구해야 하나? 2017년 말 현재 시리아에는 약 1~2천명

1) Ibid., p. 19.

미군 병력과 소수 민간인들이 활동 중이다. 그동안 미국의 시리아 임무는 IS와 투쟁하는 쿠르드족을 지원하는 것이었는데, 지금에 와서는 정부군, 반군, 그리고 북부 시리아 도시 만비즈(Manbiz)에 주둔하는 터키 군인들 간 평화유지와 함께 초기 재건사업 수행을 돕는 것으로 확대됐다. 현 시점에서 미군에게 가장 중요한 것은 시리아 임무를 더 이상 크게 증폭시키지 않는 것인데, 특히 더 이상의 군사작전에 휘말리지 말아야 한다. 시리아 정부군과 쿠드르 병력이 로자바(Rojava) 자치권 문제로 투쟁할 때 미국은 개입하지 말아야 한다. 원래 미국의 임무는 IS를 격퇴하는 것이었고, 이제 그들이 다 축출된 상황에서 더 이상은 간섭할 필요가 없다. 만약 미국이 과거 잠시 동맹을 맺은 쿠르드를 위해 개입한다면, 그것은 큰 실수가 될 것이다. 그 지역 어느 누구도 소수민족인 쿠르드족을 도울 나라는 없다. 요르단, 이라크, 그리고 이라크 내 쿠르드족까지도 시리아 쿠르드를 돕지 않을 것이고, 터키 정부는 아사드 대통령의 시리아 쿠르드족 억압에 찬성할 것이다. 자국 내 쿠르드족 동요를 우려하는 이란은 시리아 정부를 지원할 것이고, 러시아는 서방의 간섭을 원치 않을 것이다. 미국 역시 시리아 쿠르드를 지원할 정치적 의지가 없고, 시리아는 미국의 국가안보에 중요한 적이 없었다. 시리아는 이란 팽창주의를 막을 장소도 아니다. 미국이 간섭하면 이란과 시리아 정부가 반발할 것인데, 그들은 지하드 전사들을 동원해 미국과 싸울 것이다. 미국은 미－이란 갈등에서 터키의 도움을 기대할 수 없을 것이다.[1]

....

1) 원래 근대 터키 공화국은 중도－우파 보수사회로서 건국 이후 중앙집권화, 세속주의 민족주의를 옹호하는 군부, 관료세력이 나라를 운영했다. 그러나 레제프 에르도안이 이끄는 정의개발당(AKP: Justic and Development Party)이 2002년 새로운 지역－중산층 세력을 기반으로 처음 총선에서 승리하고 오늘날까지 집권여당으로 기능하면서, 터키는 이슬람 종교의식을 강화하고 이슬람 이념을 공개 지지한다. 에르도안 정부는 터키 내 1,200~1.400만 명에 이르는 쿠르드 소수민족의 입장에 동정적이지만 반군그룹인 PKK에는 반대하고 전투도 한다. 대외관계에서 AKP가 이끄는 터키는 나토 회원국이면서도 친무슬림, 친러, 반미, 반서방 행태를 보인다. 이웃 무슬림과의 친화를 위해 터키는 중동외교에서 적극적 역할을 추구하는데, 2006년 레바논 헤즈볼라－이스라엘 전투와 2008~2009년 가자(Gaza) 위기 시의 중재, 그리고 시리아 내란 개입이 그런 것들이다. 터키는 이라크 미군 철수 당시 미군과 이라크 반군 간 대화를 주선하기도 했다. 터키는 또 러시아와 관계를 개선하는데, 러－조지아 5일 전쟁 당시 중재를 시도하고 나부코(Nabucco) 파이프라인 협정체결을 포함해 무역관계 확대를 시도한다. 반면 터키의 이슬람 중시 중동외교와 친러 외교는 서방과의 관계를 소원하게 만든다. AKP의 많은 행동은 전통적 동맹을 희생시키는 것으로 보인다. 2009년 초 다보스 포럼에서 에르도안이 이스라엘의 가자지구 군사작전을 비난한 것, (다르푸르 학살로 기소를 앞둔) 수단대통령을 여러 차례 앙카라로 초청한 것, 그리고 2009년 (선거부정으로 논란이 된) 이란 아마디네자드 대통령의 대선 승리를 축하한 것은 터키의 대표적인 반서방 행태로 간주된다. 비록 에르도안이 중국의 신장 위구르족 탄압을 대량학살이라고 비난하지만, 그의 많은 행동은 반서방적이고 터키는 점점 더 서방으로부터 독립적이 되어가는 것으로 보인다. 터키 국민들도 미국과 유럽을 불신하는데, 터키인의 78%가 미국을 싫어한다. 그런 맥락에서 터키의 EU 가입 가능성은 더 작아지는 것으로 평가된다. Morton Abramowitz and Henri J. Barkey, "Turkey's Transformers (The AKP Sees Big)," Foreign Affairs, Vol. 88, No. 6 (November/ December 2009), pp.

미국의 시리아 쿠르드 지원은 오히려 터키-이란 간 협력 잠재성만 높였는데, 그것은 그들 고위 관리들이 1979년 이후 처음으로 앙카라에서 회동한 것에서 입증된다. 미국이나 이스라엘은 러시아가 이란 팽창주의를 억제하기 바라지만, 그것도 잘못된 인식이다. 오히려 러시아-이란은 코카서스, 중앙아시아의 공유된 이익을 위해 협력할 것이다. 이란의 존재가 이스라엘을 위협하겠지만, 테헤란은 이스라엘의 생존에 영향을 미치지 못할 것이다. 이제 전체적으로 평가할 때, 시리아의 아사드 정부가 다시 복귀하면서 과거 전제주의 정치로의 회귀는 불 보듯 뻔하다. 이 상황에서 미국의 시리아 경제지원은 아사드의 개인 지갑만 불려주기 때문에 불필요하다. 러시아가 미국, 서방의 시리아 경제지원을 촉구하지만, 서방은 그런 요청을 수용하지 말아야 한다. 이제 미국의 가장 현명한 선택은 이집트, 요르단, 레바논, 그리고 터키를 포함해 해외에 떠도는 비참한 시리아 난민을 돕는 것이다. 그 나라 정부들은 난민을 이미 충분히 많이 도왔고, 그들은 미국의 지원을 환영할 것이다.[1]

(4) 오바마 행정부의 중동 철수

오바마 행정부 당시 중동, 아프리카 안보 관련 고위직을 역임한 두 명의 외교전문가 스티븐 사이먼(Steven Simon)과 조나단 스티븐슨(Jonathan Stevenson)은 미국이 중동에서 철수하는 것에 대해 많은 논란이 있지만 그것은 결국 옳은 결정이었다고 주장했다. 그들은 다음과 같은 분석을 제시했다.

1) 근본적 요인

오바마 행정부는 IS의 등장과 그에 대한 공중공습에도 불구하고 중동 안보에서 개입

118-128; 2019년 현재 EU-터키 관계는 더 나빠졌다. 가장 큰 이슈인 키프로스(Cyprus) 문제가 해결될 가능성이 없는 상태에서, 2019년 3월 이후 터키의 EU 가입 협상은 앙카라의 인권탄압과 법치 결여를 이유로 중단됐다. 그러는 가운데 터키는 키프로스 섬 인근에서 천연가스를 무단 시추했고, EU는 관련자를 대상으로 여행금지, 자산동결 등의 경제제재를 부과했다. 2019년 10월 터키가 시리아 북부의 쿠르드를 공격했을 때 EU는 또다시 앙카라를 비난했고, 에르도안 정부는 시리아 난민 360만 명을 유럽으로 방출할 것이라고 위협했다. 2019년 11월 터키는 또다시 유럽 출신 IS를 본국으로 송환할 것이라고 말했고, 영국, 독일, 네덜란드는 그에 반대했다. 2020년 현재 유럽 회원국들은 터키의 EU 가입에 반대하고 있다.

1) Ford, "Keeping Out of Syria," (November/December 2017), pp. 20-22.

범위를 축소시키면서 부분적으로 철수했다. 그 현실과 현상에 대해 전문가들은 다양한 견해를 제시하는데, 일부에서는 그것이 오바마 대통령의 개별지역 자주권을 인정하는 정치적 이념에서 비롯됐다고 말하고 또 다른 일부에서는 그것은 미국의 불안정한 국내경제 상황과 국방예산 축소의 필요성에 따른 것이라고 말한다. 그러나 실제 오바마 결정의 근본원인은 미국 국내문제보다는 중동의 정치, 경제상황 변화로 인해 워싱턴이 그 지역에 더 이상 개입할 여지가 축소됐기 때문이다. 핵심이익이 침해받지 않는 한 미국은 지금 시행 중인 부분적 철수정책을 그대로 유지해야 한다.[1]

1990년 이라크의 사담 후세인이 쿠웨이트를 침공하기 이전까지는 미국의 중동 군사전략은 최소한의 개입에 의존했다.[2] 그 당시 워싱턴은 직접적 군사간섭이 아니더라고 미국의 국익을 보호하는데 충분한 효과를 거두었는데, 미국과 사우디아라비아를 포함하는 걸프 아랍국가들의 오일 관련 협력, 1978년 캠프 데이비드 협정 이후 미-이집트-이스라엘 안보협력, 1979년 이란혁명 이후, 미-이스라엘-걸프 국가들의 이란 봉쇄협력이 모두 그런 것들이다. 9·11 이후에도 미-이스라엘-걸프국가들은 테러리즘과의 전쟁에서 공감대를 갖고 서로의 안보를 논의, 협력했다. 그러나 지난 10년 간 새로 등장한 몇몇 요인들이 미국과 중동의 관계를 약화시키는 원인으로 등장했다. 첫 번째는 미국에서 암석으로부터 석유를 추출하는 파쇄공법(hydraulic fracturing)이 개발된 것인데, 그로 인해 워싱턴은 과거 수준으로 중동의 석유를 중시할 필요가 없게 됐다.[3] 실제 미국의 오일 생산량은 곧 사우디를 넘어서게 되어 있다. 두 번째는 사우디아라비아와 걸프 아랍국들의 안보 우선순위가 알카에다와 지하드 확산을 막는 것으로부터 시리아 아사드 정권을 전복시키고 (아사드 지원국인) 이란과의 대결에서 승리하는 것으로 전환된 것이다. 그것은 미국의 안보이익에는 부정적 효과를 가져오는데, 왜냐하면 사우디와 걸프 아랍국들이 워싱턴의 반대에도 불구하고 시리아 내 수니파 극단주의 반군(Sunni extremist rebels)을 지원하기 때문이다. 그것은 미국과 걸프 동맹국 간 안보이익에 있어서 새로운 균열의 생성을 의

---

1) Steven Simon and Jonathan Stevenson, "The End of Pax Americana (Why Washington's Middle East Pullback Makes Sense)," Foreign Affairs, Vol. 94, No. 6 (November/December, 2015), p. 2.

2) 1948년 아랍-이스라엘 전쟁, 1956년 수에즈 위기, 1967년 6일 전쟁, 1973년 욤키퍼 전쟁(Yom Kippur War), 그리고 1980년대 이란-이라크 전쟁은 모두 그런 경우였다.

3) 셰일 가스 개발이 미국 경제 자체에 주는 도움은 GDP 2-4% 증가 또는 GDP를 3,800~6,900억 달러 증가시키고, 170만개의 영구 직업을 만들 수 있을 것으로 추정됐다. Robert D. Blackwill and Meghan L. O'Sullivan, "America's Energy Edge (The Geopolitical Consequence of the Shale Revolution)," Foreign Affairs, Vol. 93, No. 2 (March/April 2014), pp. 102-114.

미한다. 세 번째는 중동 전체에서 이슬람 급진
주의가 확산되고 범 이슬람 정체성이 강화되면
서 이전보다 서방의 역내 안보개입이 어려워졌
는데, 그 하나의 예는 아사드 정부와 전쟁 중
인 온건(moderate) 수니 시리아 반군이 이슬람
주의자들의 눈을 의식해 미국 및 유럽이 제공
하는 외교, 군사, 경제적 지원의 수용을 꺼리
는 것이다. 비슷한 맥락에서, 한때 친서방 엘
리트 그룹이던 중동의 군부세력, 관료집단, 오

_중동 지도, britannica.com

일회사들은 (아랍 민주화 여파로 인해) 그들의 국내 영향력이 흔들리면서 서방과의 유대 및
이익에 관한 관념격차가 더 커지는 것으로 인식한다. 예컨대 (아랍의 봄 민주화 과정에서 등
장한 무슬림형제단 정부를 전복하고) 쿠데타로 집권한 압델 엘시시(Abdel Fattal el-Sisi)의 이
집트 군부가 미국과 특별히 우호적 관계를 유지하는 것은 아니다.[1]

2) 미국 파워의 한계

그런 상황에서, 미국이 군사력을 수단으로 중동에서 주요 변화를 만들어 낼 수 있는
여지는 더 감소됐다. (IS와 알카에다를 포함해) 역내 전체로 이슬람 급진주의가 확대되면서
미국의 군사역량이 그 지역 최대 위협을 해결할 수 있는 능력은 더 축소됐다. 미군과 연
합군은 이라크 전쟁에서 '반 반군'(COIN) 전략으로 2007년 이후 승기를 잡았지만, 서방국
가들은 그곳에 뿌리를 내리고 잔류하거나, 또는 IS와 같은 지역 전체에 퍼진 사회적 움직
임(social movement)을 효율적으로 진압할 힘을 동원하는 것이 어렵다는 것을 발견했다.
외부세력에게 충실하게 협력하는 정통성을 가진 현지 파트너 정부가 없을 때, 그 임무의
수행은 더 어려웠다. 여러 나라를 가로지르고 중복적으로 발생하는 종교, 민족적 충돌의
상황에서, 워싱턴은 막강한 군사능력 하나만으로 그 지역의 사태를 주도적으로 운영할
수는 없었다. 문화적 차이, 인종적 반감, 문명의 이질성을 포함하는 여러 요소가 미국의
군사능력 발휘의 장애물로 기능했다. IS를 궤멸시킨 이후에도 미국은 그 이후 중동에서
계속 전략적 안정을 도울 헌신적이고 신뢰할 수 있는 동맹을 발견하기 어려울 것이다.
2003년의 이라크 침공, 2011년 리비아 공습이 모두 그런 경우였다. 심지어 드론(drone)

---

1) Simon and Stevenson, "The End of Pax Americana," (November/December, 2015), pp. 2-4.

공격과 특수부대 작전에 의존하는 IS에 대한 대테러 작전도 엄청난 위험을 수반할 것이다. 미군이 드론 공격을 가하는 과정에서 발생한 민간인 피해를 이유로 파키스탄 정부는 제한적 협력만을 제공했고, 2010년 미군의 드론 공격과 특수작전의 성과에도 불구하고 많은 민간인들이 피해를 이유로 탈레반에 가담했다.[1]

그런 여러 가지 복합적이고 중복적인 이유들이 미국이 중동의 갈등에서 주도권을 행사하려는 의지를 가로 막고, 그것이 오바마 행정부가 시리아에 더 깊숙이 개입하지 않는 이유이다. 시리아 사태에서 오바마 행정부는 2012~2013년 훨씬 더 우월한 군사력을 배경으로 비행금지 구역 및 완충지역 설정, 군사력에 의한 정권교체, 그리고 아사드 정권에 대한 보복공습을 포함하는 모든 옵션을 고려한 바 있다. 그러나 그 이후의 사태는 분명히 너무 많은 부작용을 초래할 것으로 예상됐다. 이란 공화국수비대와 레바논 시아파 민병대 헤즈볼라가 무력 개입하고, 그 전체 지역이 미국과 이란의 대리전으로 비화할 가능성이 높을 것으로 판단됐다. 미국이 시리아를 본격적으로 군사 공격했다면 이란은 아마 2015년 7월의 핵 협정을 거부했을 것이고, 시리아에서 이슬람 근본주의는 더 확산됐을 것이며, 유엔안보리에서 러시아와 중국은 미국의 전쟁을 규탄했을 것이다. 나토와 아랍 리그(Arab League)도 아마 그런 대규모 전쟁에 반대했을 것이다.[2]

_이란 공화국수비대

3) 중동에서의 임무

미국의 힘이 한계에 부딪치고 미국의 전략적 우선순위가 아태지역과 중국 안보문제로 전환되면서, 워싱턴이 중동 문제에 매몰되는 것은 현명한 전략이 아니다. 미국은 국제정치 이론가들이 해외균형자(offshore balancer)라고 부르는 역할을 수행해야 한다. 미국의 핵심적이고 근본적인 이익이 위협받지 않는 한, 미국은 중동에 대한 대규모 군사투입을 자제해야 한다. 일각에서는 미국의 중동으로부터의 군사적 후퇴는 이란이나 기타 반미, 반서방 적대국들의 힘을 더 성장하게 용인할 것이라고 말한다. 그러나 그것은 지나친

1) Ibid., p. 5.
2) Ibid., p. 6.

우려이다. 이라크에 대한 이란의 영향력 확대는 다소 불가피하지만, 바그다드가 IS를 막기 위해 미국 도움에 의존하는 한 워싱턴은 이라크 정부에 필수불가결한 적정수준의 압력을 행사할 수 있을 것이다. 이란 정부가 예멘의 후티 반군과 바레인 내 반체제 시아파를 돕지만, 그 영향력은 일시적인 것으로 그 한계로 인해 그 국가들 내의 원천적 세력균형에 변화는 없을 것이다. 테헤란의 이스라엘－팔레스타인 갈등에 대한 간섭은 큰 위협이 되지는 않을 것인데, 그것은 하마스가 이란이 제공한 재정지원을 이스라엘, 이집트, 팔레스타인 당국(PA: Palestinian Authority) 모두에 대한 지렛대로 제대로 활용하지 못하는 것이 그 증거이다. 테헤란의 지원을 받는 레바논과 시리아 내 이란 프락치들 역시 아사드 정권을 위한 시리아 사태 정상화에 별로 기여하지 못한다. 미－이란 핵협상은 핵무기가 완전히 제거되지 않을 가능성을 우려하는 이스라엘과 걸프 아랍 국가들을 다소 당황하게 만들었지만, 미국은 어떤 의미에서 불가분의 이익을 공유하는 그들과의 관계를 잘 운영하고 동시에 핵 협정을 파기하려는 이란의 어떤 불순한 움직임에도 신속하게 대응할 수 있을 것이다.1) 중동에서 미군은 IS에 대한 공습, 선별적 미군배치 형태로 가볍게 개입해

---

1) 브루킹스 연구소 중동 전문가 네이탄 삭스는 이스라엘의 네타냐후 정부가 왜 강경하게 JCPOA의 타당성을 거부하는지에 관해 다음과 같이 분석했다. 이스라엘 안보와 관련된 가장 중요한 두 개의 이슈는 팔레스타인 문제와 이란 핵문제이다. 네타냐후 정부는 2015년 타결된 JCPOA와 오바마의 서안지구 정착촌 확대 동결 요구에 반대하는데, 그 이유는 그들이 그 문제에 대해 워싱턴과 전혀 다른 생각을 갖고 있기 때문이다. 얼핏 보면 네타냐후는 (이스라엘 실존에 위협이 될 수 있는) 이란 핵문제, 그리고 팔레스타인과 관련해 아무 대안도 없이 무조건 반대하는 것으로 보이고, 그것은 국제공동체의 비난이 되고 있다. 그러나 네타냐후는 오히려 일시적 해결이 어리석은 행동이며, 그와 관련된 모든 갈등은 해결보다는 합리적 운영, 순연, 힘에 의한 억지(deterrence)가 필요한 것으로 인식한다. 그런 인식은 역사적 배경에서 유래한다. 1994년 오슬로 협정에서 이스라엘과 PLO는 두 개 국가의 평화공존을 약속했지만, PLO는 유태인의 국가건설 권리를 거부했다. 또 1996년 초 하마스 주도의 폭격 당시 아라파트(Yasser Arafat)는 그것을 막지 못했고, 그 현실은 이스라엘 사람들에게 오슬로 평화합의의 정당성에 의문을 갖게 만들었다. 2000년 7월 (빌 클린턴, 에후드 바라크, 야세르 아라파트 간의) 캠프 데이비드 정상회담 이후 이스라엘의 에후드 바라크(Ehud Barak) 총리의 양보로 이스라엘이 남부 레바논에서 일방 철수했지만, 또다시 실망스럽게도 그해 9월 이후 5년에 걸친 두 번째 인티파다(The Second Intifada 2000)가 발생했다. 2005년에도 아리엘 샤론 총리 하에서 이스라엘 군대와 주민이 가자 지구(Gaza Strip)로부터 일방적으로 완전 철수하고 서안지구는 (1967년 전쟁 이전의 국경과 거의 비슷한 곳까지 철수하면서) 일부만 남겨놓고 모두 PLO에게 이양했음에도 불구하고 이스라엘에 대한 공격은 중단되지 않았고, 오히려 가자 지구에는 하마스(Hamas)가 자리 잡았다. 샤론의 결정은 더 안전한 이스라엘을 원하고, 소수 유태인이 (PLO를 포함해) 더 많은 숫자의 아랍인을 통치하는 것이 바람직하지 않다는 인식, 오랜 마모성 전쟁(war of attrition)에서 영토 장악이 득보다는 실이 더 클 수 있다는 이해, 그리고 전 세계의 이목을 고려한 결과였다. 그 이후에도 여러 차례 이스라엘과 (아라파트 후계자) 마무드 압바스(Mahmoud Abbas) 간에 협상이 있었지만, 그 역시 평화정착에 실패했다. (더구나 2006년 7월 이스라엘－레바논 헤즈볼라 전쟁에서 비록 이스라엘이 승리했음에도 불구하고 헤즈볼라가 대전차 무기로 국경을 건너는 이스라엘의 탱크와 장갑차를 공격하고 큰 피해를 입히면서, 이스라엘은 큰 충격에 빠졌다.) 이제 이스라엘인들은 문제의 완전해결보다는 매순간 단기적 대응이 필요하다고 생각하게 됐다. 이란 핵문제에 관해

야 하는데, 대규모 지상개입을 피하면서 중동 국가 자신들이 자기들 안보를 책임지게 해야 한다.[1]

중동에서 미국은 군사간섭을 줄이는 동시에, 외교 우선순위를 재조정해야 한다. 2011년 '아랍의 봄' 이후 대부분의 중동사회는 자유민주주의를 수용할 준비가 되지 않았음을 보여주었는데, 워싱턴은 그 지역을 정치적으로 더 자유화시키려는 노력을 자제해야 한다. 미국은 장기적으로 이스라엘ー팔레스타인 평화를 항상 지원해야 하지만, 중기적으로는 이란 핵 협상에 근거해 미ー이란 관계개선에 나서고, 비록 당장은 어렵더라도 그를 토대로 이란ー사우디 관계개선을 시도해 볼 수도 있을 것이다. 미국의 시리아 반군 지원이나 러시아의 아사드 정부 지원 모두 국제적으로 문제시 되는 상황에서, 워싱턴은 관련 국들과의 협의를 통해 미국의 리더십을 복원하면서 시리아 평화를 이루도록 노력해야 한다. 미국의 중동 패권 시대는 지나가고 있다. 미국은 축소되는 지렛대를 감안하고 필요한 만큼 철수하면서 중동지역에서의 일차적 이익인 지역안정화를 도모해야 한다.[2]

....

서도 이스라엘은 그 문제가 또다시 위기를 초래할 것이고, 현 시점에서의 군사공격, 협상 모두 불필요하다고 생각했다. 2009년 오바마가 서안지구 이스라엘 정착촌 확대 동결을 요구했을 때, 그런 인식이 네타냐후 정부로 하여금 그 요구를 거부하게 만들었다. 한편 이스라엘 인식의 정확성을 입증하듯, 2010년 아랍의 봄 당시 테헤란은 (이란 프락치인) 헤즈볼라와 하마스를 지원했고, 이스라엘은 또다시 정상상태가 불능하다는 것을 재인식했다. 2014년에도 이스라엘과 하마스 간에 갈등이 또다시 발생했다. 이제 이스라엘은 시간이 가면서 하마스와 기타 민병대의 공격은 더 증가할 것이며 더 이상 평화에 대한 거대전략을 가질 필요가 없다고 판단했다. 모든 문제에 대한 단기간 해결은 없을 것이고 그 대신 작은 문제에서의 작은 진전이 더 나을 것 같은데, 이스라엘은 2국가 공존 구상이 파기되지 않도록 서안지구에서 예루살렘 인근의 정착촌 확대는 자제하고 반면 팔레스타인은 폭력을 중단하고 하마스를 배제한 팔레스타인 정부(PA: Palestinian Authority)를 구축해야 할 것이다. 미국은 향후 이스라엘ー팔레스타인 문제에 대해 너무 밀어붙이지 않는 것이 더 나을 것이다. Nathan Sachs, "Why Israel Waits (Anti-Solutionism as a Strategy)," Foreign Affairs, Vol. 94, No. 6 (November/December 2015), pp. 74-83; Barry Rubin, "Israel's New Strategy," Foreign Affairs, Vol. 85, No. 4 (July/August 2006), pp. 111-125; 한편, 이스라엘 국방장관을 지낸 모세 알룬 역시 비슷한 취지로 이스라엘이 1967년 6월 전쟁 이전의 국경으로 철수하고 또 서안지구 정착촌에서 철수하더라도 평화는 오지 않을 것이며, 팔레스타인이 진심으로 이스라엘과 유태인을 수용하지 않는 한 이스라엘ー팔레스타인 평화는 불가능하다고 주장했다. Moshe Yaalon, "How to Build Middle East Peace (Why Bottom-UP Is Better than Top-Down)," Foreign Affairs, Vol. 96, No. 1 (January/February 2017), pp. 73-84.

1) Simon and Stevenson, "The End of Pax Americana," (November/December, 2015), p. 7.
2) Ibid., pp. 8-10.

02 미·중 관계

_후진타오

오바마 시기 미·중 관계는 불협화음으로 장식된 미·러 관계와는 달리 상당 수준 원만하게 진행됐다. 대내외 안보환경이 어려운 상태에서 출범한 오바마 행정부는 국가목표를 달성하기 위해 세계 주요 국가들과의 협력, 특히 중국과의 협력이 중요하다고 판단했다. 오바마는 처음부터 중국 정치리더 후진타오와 우호적 관계를 유지해 역대 어느 양국 지도자들보다 여러 계기에 더 자주 만났다. 일부 의견 불일치에도 불구하고, 오바마의 협력을 추구하는 자세와 불가피한 핵심국익을 제외한 다른 공통이익에 관해서 협력한다는 후진타오의 방침은 양국관계의 순항을 이끌어 냈다. 그들은 지구적 차원의 안보이슈, 미·중이 공통으로 연계된 주요 국제, 지역현안, 그리고 두 나라만의 특별한 양자관계에 관해 논의하면서 견제와 협력을 반복했다. 비록 각 사안에 관해 인식, 견해가 약간씩 달랐지만, 양국은 가능하면 반목보다는 협력을 추구했다. 후진타오 시기 두 나라 관계에서 흥미있는 것은 서로가 객관적인 힘에 비례하는 상호주의 형태로 주고받으면서 각자의 이익을 확보한 것이다. 두 나라는 가능한 범위 내에서 협력하려 노력했고, 필요하면 상대방의 요구를 수용하려 한발씩 물러났으며, 핵심이익과 관련해서는 상대방을 무리하게 밀어붙이기보다는 적절하게 타협했다. 그러나 그러는 사이 중국의 힘과 능력은 새로운 궤도에 올라섰다. 미국이 중동, 아프가니스탄 전쟁을 수습하고 러시아와 극단적으로 대치하는 사이, 중국의 경제력과 군사력, 그리고 정치적 영향력은 세계가 놀라고 워싱턴이 우려할 정도로 급속히 성장했다.

_시진핑

시진핑 총서기 시대의 미·중 관계도 그리 나쁘지만은 않았다. 비록 시진핑 정부의 행동이 후진타오 당시보다 더 공격적 성향을 띠었지만, 오바마 행정부는 베이징의 일부 공세를 거시적 차원에서, 그리고 어떤 의미에서는 관용적으로 수용했다. 시진핑은 그의 전임자와 정책방향에서 크게 다르지 않았다. 후진타오의 평화발전이 중국의 기본노선임을 재확인하면서, 시진핑은 개혁을 추진하고 개방경제를 지향하며 더 많은 나라들과 교류를 확대할 것이라고 말했다. 그가 강대국들이 서로 내정간섭을 지양해야 한다는 '신형대국관계'를 제안했을 때, 오바마는 크게 마다하지 않았다. 원래 자국의 일을 각국이 처리할 권리를 갖고 있다고 생각하는 '민주적' 오바마는 베이징의 입장에 부분적으로만 반대했다. 그러는 사이 중국은 한 단계 더 높은 국가목표를 향해 질주했다. 그것은 시진핑이 제시한 수많은 구호와 사업에서 선명하게 드러났다. 중국몽, 중국민족의 부흥, 일대일로, 아시아 인프라 투자은행, '중국제조 2025'(Made in China 2025), 그리고 21세기 중반까지 세계 최고수준의 강군 건설이 모두 그런 것이었다.

(1) 미·중 관계의 흐름

1) 미국과 중국의 상호인식

오바마 행정부는 중국과의 협력을 확보하는 데 많은 노력을 기울였다. 힐러리 클린턴 미 국무장관 후보자는 상원 인사청문회에서 다음과 같이 말했다. 중국은 변화하는 지구적 안보지형에서 결정적으로 중요하다. 중국의 전반적 능력이 상승하는 것에 비추어 미·중 협력의 가치는 절대적이다. 세계시장은 중국 상품으로 가득 차 있고 미국 소비재 가격이 낮은 것도 부분적으로는 값싼 중국산 제품 수입의 결과이다. 대테러, 비확산, 지역안보와 안정, 기후문제, 지구적 재정시장 개혁에 있어서 베이징의 역할은 매우 긴요하다. 중국은 평화유지군 활동에 참여하고 한반도 핵문제 해결에 깊이 개입돼 있으며, 중·대만 양안관계의 안정적 운영을 위해서도 베이징의 협력은 더 없이 중요하다. 일부에서는 중국의 부상을 우려하지만, 미·중 양국은 서로 이익을 얻고 상대국가의 발전에 기여해야 한다.[1]

그러나 미국이 중국에 우호적 생각을 가진 것만은 아니었다. 미국 내 많은 전문가들은 베이징과의 협력이 중요하다는 것을 인정하면서도 중국이 그 크기나 중요도에 비추어 협력을 망치고 경쟁과 적대관계를 만들어 낼 수 있는 국가라는 사실을 강조했다.[2] 미·중은 서로 다른 정치적 신념과 이데올로기를 갖고 있고 문화배경이 다르다. 베이징이 앞으로 외부세계에 대해 어떻게 행동할 지에 대해 많은 의구심이 존재한다. 후진타오 시대 베이징은 평화발전, 화평굴기의 원칙을 되풀이해 말하지만 미국뿐 아니라 일본, 아세안 국가들, 한국을 포함하는 여러 나라들이 중국의 부상을 우려, 경계한다. 시진핑 정부는 미국의 지구적 영향력에 도전하려는 것으로 보이고, 세계 최고의 국가로 발돋움하기 위해

---

1) Hillary R. Clinton, "Senator Clinton's Opening Statement at Senate Confirmation Hearing," (January 30, 2009), http://www.american.gov/st/tettrans−english/2009/January/20090113174

2) John Ikenberry, "The Future of the Liberal World Order," Foreign Affairs, Vol. 90, No. 3 (May/June 2011), pp. 65−67.

경제력과 군사력 증강에 매진한다. 국내에서 자유주의적 요소는 억압받는다. 베이징은 수시로 남중국해 여러 섬에 대한 영유권을 주장하고, 중국의 해, 공군 발전은 눈부시다. 워싱턴은 중국이 주변국에 대해 해외야심을 보이지 않고 국제사회와 공존할 것이라는 확실한 증거를 보여주기 원하지만, 베이징의 원칙이 애매한 까닭에 계속 중국에 대한 전략적 재확인(strategic reassurance)이 요구된다.

후진타오 역시 미국의 국내외 안보환경과 국제질서 변화에 대해 잘 인지하고 있었다. 원래 중국은 지난 오랜 기간 세계가 미국의 절대적 영향력 하에 있었다는 사실을 현실로 인정했다. 정치적 영향력, 군사, 경제력, 국내 소비수준, 세계로부터 받는 존경에 있어서 베이징은 미국에 반감을 가지면서도 그 나라의 국력을 경외하지 않을 수 없었다. 그래서 중국의 대외적 행동은 적극적이기보다는 소극적이었고, 공세적이기보다는 방어적이었다. 조지 W. 부시 대통령 당시에도, 중국은 미국의 위용 앞에 겸손해야 했다. 워싱턴이 해외에서의 전쟁과 국제 테러리즘 진압의 필요로 인해 베이징과의 협력적 관계를 요청한 것은 오히려 중국에게는 관계증진의 계기였고, 중국은 핵심국익(national core interests)이 침해되지 않는 한 낮은 자세를 유지하고 미국에 도전하지 말아야 한다고 생각했다.

그러나 2009년 오바마가 대통령으로 취임할 즈음에 이르러 중국의 미국에 대한 인식은 많이 달라졌고, 그것은 후진타오 임기를 지나 시진핑 시대에 이르러 더 많이 변화했다. 미국에 대해 중국이 가진 인식은 한마디로 아직도 세계 최고의 영향력 국가 미국과의 협력은 중국의 번영에 필수적이지만, 미국의 힘은 과거에 비해 현저하게 하락하고 있다는 것이었다. 과거 미국의 지구적 위상이 도전받지 않는 국제적 주도권(unchallenged American international primacy)이었다면, 오늘날 미국의 힘은 빠르게 잠식되고 있다. 전체적 역량에서 미국은 아직 중국보다 우월하지만, 그 능력은 과거에 비해 현저히 제한된다. 그런 이중적 현상은 모든 분야에서 나타난다. 미국은 세계 최대의 GDP를 갖고 있고, 미국 농산물이 전 지구를 휩쓸며, 과학기술 수준 역시 세계 최고이다. 비록 미국경제가 중동, 아프가니스탄 전쟁, 경기 대침체 이후 과거에 비해 상대적으로 하락했지만, 그 나라 경제력의 기반이 되는 민간분야 창의성과 혁신역량은 다른 나라의 상상을 초월한다. 그럼에도 불구하고 해외 무역적자와 정부 재적정자는 축소될 기미가 보이지 않는다. 기축통화로서의 달러 위상은 위안화에 의해 도전받는다. 미국경제가 아직도 세계경제에서 핵심역할을 수행하는 것은 틀림없지만, 그것이 과거와 같은 압도적 경쟁력을 가진 것은 아니다. 구매력을 감안한 중국의 GDP, 세계 제1의 외환보유고, 유라시아, 남미, 아프리카 대륙과의 경제관계 심화는 중국경제의 경쟁력을 상징한다.

국제정치의 운영 역시 마찬가지이다. 미국은 서방의 이름으로 지난 수십년간 국제기구, 국제제도, 국제법을 통해 세계정치, 경제, 안보를 운영해 왔다. 전 세계 어느 국가도 미국과 같이 지구적 차원에서 전개되는 많은 일에 개입하지 못한다. 중국은 오늘날 아시아, 아프리카, 중동을 포함해서 세계 각지에서 많은 역할을 수행하지만, 그것이 미국의 영향력을 넘어서지는 못한다. 그럼에도 불구하고 미국의 외교적 영향력은 과거에 비해 눈에 띄게 축소됐다. 유엔안보리에서 미국의 입지는 많이 줄어들었고, 국제테러리즘 진압, 중동의 안정, 비확산, 기후변화, 지구경제, 지역안보를 포함하는 많은 이슈는 중국을 비롯한 다른 국가들의 우호적 협력을 필요로 한다. 아직 지구적 세력균형에서의 변화는 제한적이고, 미국의 상대적 위상에 대한 근본적 변화는 느리게 다가올 것이다. 그렇지만 동시에 경기 대침체와 재정위기는 미국의 경제역량을 약화시켰고, 이라크와 아프가니스탄 전쟁으로 인해 미국의 안보전선은 지나치게 확대됐다. 미국의 국제적 주도권 약화는 사실로 인정되고, 장기적으로 중국과 러시아의 양자 및 다자협력, 이슬람권의 문화적 반감, 브라질, 러시아, 중국, 인도, 남아프리카와 같은 브릭스(BRICS) 국가들의 부상은 국제질서를 다극체제로 전환시킬 것이다.[1]

중국은 미국에 대해 신중하면서도 현실적으로 행동해야 한다고 믿었다. 아직 미·중 협력은 중요하고 베이징이 워싱턴의 국제적 주도권에 도전하는 것은 시기상조이지만, 중국은 핵심 국가이익 확보에 대해서 더 적극적으로 타당성을 주장해야 한다. 그것은 견제와 협력의 병행이다. 공통의 이익이 있는 곳에서 협력하고 불가피하게 핵심국익이 어긋나는 곳에서 견제한다. 수많은 세계문제 해결에 중국은 큰 관심을 갖고 있고, 그곳에 중국의 이익이 걸려있다. 미국이 더 많이 개입하고 더 많은 군사를 파병하며 더 많은 비용을 사용하는 곳에 중국도 신축성 있게 협력을 제공하는 것이 미래번영에 더 유리하다. 특히 국제테러리즘 진압, 국제안정, 비확산에서 그렇다. 중국의 상대적 위상이 높아지면서 새로운 자신이 생겨나고 적극적이고 미래지향적 국제역할의 옹호는 점차 증가하지만, 베이징은 경거망동하지 말아야 한다.[2] 더 적극적으로 국제레짐 형성에 참여하고, 더 소신

----

1) B. S. Glaser and I. Morris, "Chinese Perception of U.S. decline and Power," China Brief, Vol. IX, No. 14, (2011), pp. 5−6; B. S. Glaser, "A Shifting Balance: Chinese Assessment of U.S. Power," Craig S. Cohen, ed. l, Capacity and Resolve: Foreign Assessments of U.S. Power, Washington D.C., CSIS

을 갖고 올바른 지위(rightful place)에 맞는 역할을 추구해야 하지만, 현재의 국제질서는 중국에 특별히 불리하지 않다. 미·중간의 협력이 견제보다 더 선호되어야 한다. 중국의 경제가 더 발전하고 궁극적으로 군사력이 강해지는 것이 더 적극적 국제역할의 전제조건이다.[1] 다극체제로의 전환은 더 오랜 시간이 걸리고, 일정기간 미국이 더 유리한 정치적 위상을 누릴 것이다. 중국은 많은 대내외 도전을 극복해야 하고, 미국을 따라 잡기 위해 더 많이 노력해야 한다. 특히 미국의 군사력은 아직도 중국에 비해 20년 앞서 있다. 그렇지만 미국에게 중국이 모든 것을 양보할 수는 없다. 티베트, 신장과 같은 국내 분리주의 문제, 인권을 포함하는 내정간섭, 그리고 인근지역인 대만, 한반도, 일본, 남중국해에 걸친 지역안보에 있어서 중국이 미국의 모든 요구를 수용할 수는 없다. 더 평등하고 효율적 국제질서 속에서 안보의 새로운 개념을 옹호하고 국제분쟁이 대화와 협력에 의해 해결될 것을 옹호해야 하지만, 핵심국익에 대해서는 타협하지 말아야 한다.[2]

2) 오바마 행정부의 안보논리

후진타오 시기 중국 대외정책의 원칙인 평화발전(Peaceful Development), 화평굴기(Peaceful Rise)는 시진핑 집권 이후 대미관계와 관련해서는 '신형대국관계'(New Model of Relations of the Major Powers)로 진화했다. 그 핵심 취지는 미국과 중국이 서로를 존중하고 서로 내정간섭을 자제해야 한다는 것으로, 그것은 중국의 증진된 국력과 국제위상을 반영한 선언이었다. 오바마는 두 개의 가장 강력한 G2 국가로서의 중국의 입장을 수용했다. 후진타오 집권기 이란 핵문제에 대한 이중적 태도, 아프가니스탄 반군으로의 중국무기 유입, 동·남중국해에서의 공격적 행동, 중국의 국방비 불투명성, 중국 군사력 증강의 목표, 국내의 권위주의 정부행태, 인권탄압, 티베트와 신장 문제, 그리고 베이징 당국의 중상주의적 경제운용에 대한 일부 불만과 우려가 있었지만, 그래도 오바마는 중국이 아프가니스탄 전쟁 관련 일정수준의 협력을 제공하고 미·중 경제관계에서 협력한 것에 긍정적 감정을 가졌다. 미·중 양자 경제관계에서 베이징의 기여에 관한 워싱턴의 우호적 인식은 여러 차례에 걸친 '전략 및 경제대화'(S&ED: Strategic and Economic Dialogue)에서 티모시 가이트너(Timothy Geithner) 미 재무장관과 힐러리 클린턴 국무장관이 계속 반복

2) R. Irvine, "Primacy and Responsibility: China's Perception of its International Future," China Security, Vol. 6, No. 3, (2010), p. 32.

1) Ibid., p. 30.

2) Glaser and Morris, "Chinese Perception of U.S.," p. 6; Irvine, "Primacy and Responsibility," p. 35.

한 감사 치사에 잘 나타나 있었다.

_전략 및 경제대화(S&ED)

오바마 행정부는 미국의 지나친 간섭은 오히려 베이징의 반발을 초래하고, 또 아직도 처리해야 할 대내외 과제가 산적한 현실에 비추어 중국과의 관계에서 자제해야 한다고 생각했다. 러시아와의 관계가 파국으로 치달을 때, 워싱턴은 중국과 그런 어려운 관계를 맺지 않기를 원했다. 러시아, 중국 모두와의 관계가 파탄나면, 그것은 미국에게 재앙으로 돌아올 것이다. 2011년 오사마 빈 라덴이 사살됐지만, 국제테러리즘은 아직 완전히 진압되지 않았다. IS와 기타 이슬람 국제테러조직은 이라크에서 밀려나고 있지만, 그와 동시에 예멘을 포함하는 다른 중동지역, 북아프리카, 아시아에서 새롭게 뿌리를 내린다. 아프가니스탄에서는 전쟁이 끝나가지만 그곳에서는 탈레반이 다시 복귀해 국토의 상당부분을 차지한다. '아랍의 봄' 이후 중동 국가들 간에 새로운 역학관계가 형성되는데, 그것은 시아파와 수니파 대결에서 이란과 사우디아라비아의 대치로 치닫고 있다. 이란은 러시아와 함께 시리아의 아사드 정부를 지원하면서 IS보다는 미국과 서방이 지원하는 반 아사드 병력을 주로 공격한다. 이스라엘과 팔레스타인 간의 협상은 그 미래를 알기 어렵다. 베네수엘라, 페루, 쿠바가 입증하듯 중남미에 존재하는 일부 반서방 경향은 미국이 처리해야 할 향후 과제이다. 미국과 문화, 전략적으로 가장 큰 유대를 맺고 있는 EU 국가들은 동유럽으로부터의 이민, 무슬림 대량유입, 또 영국의 EU 탈퇴로 내부적 혼란에 빠져 있다. 한반도의 북한 핵 프로그램은 해결하기 어렵다. 그것은 중국의 협력 없이는 해결이 어려운데, 여기서 베이징은 평양의 지나친 도발을 견제하면서도 그 나라의 안전을 위협하는 행위에는 기필코 반대한다. 극소수를 제외하면, 지난 수년간 전 세계에서 가장 많은 전쟁에 휘말린 미국이 한반도에서 또 다른 군사충돌을 일으키기를 원하는 사람은 없다.

3) 미·중 관계 추세

미·중 안보관계는 대테러, WMD 비확산, SCO, 남, 동중국해 해상 영토분쟁, 대만 관련 사안을 포함했다. 이슬람 국제테러리즘에 대항하기 위해 워싱턴과 베이징은 심도 깊은 정보를 공유했고, 미국은 중국이 우려하는 신장 분리주의 문제에 대해 대체로 베이징의 입장을 지지했다. 핵, 미사일 비확산과 관련해서 양국은 큰 틀에서 문제가 없었지만, 베이징은 다소 입장을 변경해 가면서 북한이나 이란을 옹호했다. 중앙아시아 관련 안보사안의 경우 베이징은 워싱턴의 그 지역 영향력 확대를 우려하는 경향이 있었고, 그런 인식은 중국과 러시아가 연합해 아프가니스탄 전쟁에서 미군이 활용하던 우즈베키스탄과 키르기스스탄 군사기지 사용을 방해하는 형태로 나타났다. 다른 한편 베이징은 간접방식으로 미국의 아프가니스탄 전쟁을 지원했는데, 그것은 아프가니스탄 군에 대한 물질적 지원과 그 나라 경제발전을 위한 재정지원 및 경제투자를 포함했다. 아프가니스탄 전쟁을 위한 미−파키스탄 협력도 실제로는 베이징이 워싱턴의 요청을 수용한 결과였다. 해상 영토분쟁은 중국이 동·남중국해에서 공격적으로 행동하는 형국이었지만, 미국이 베이징의 경거망동을 제어하는 형태로 진행됐다. 아세안 국가들과 일본에 대해 공세적 자세를 취하는 중국의 행동은 미국에게 주변국에 대한 전략적 우위를 누리려는 영향권 확장의 일환으로 간주됐고, 미국 전함은 '항해의 자유'를 주장하면서 중국 영해 인근 수역에 진입해 베이징을 견제했다. 대만문제에서는 워싱턴의 타이베이에 대한 무기판매를 제외하면 양국 간에 큰 이견은 없었다. 오히려 오바마 대통령 시기 중·대만은 획기적 관계개선을 달성했는데, 그것은 워싱턴과 베이징 양측의 협력과 합의 하에 진행된 일이었다.

미·중 양자관계에서도 중국 국방에 관한 약간의 이견을 제외하면 특별히 문제되는 것은 없었다. 두 나라 정상들의 개인적 관계는 나쁘지 않았고, 양국은 고위급 채널에서 서로의 관심사를 논의, 해결하려 노력했다. 양국 경제관계는 서로에 대한 일부 불만에도 불구하고 서로가 서로를 필요로 하는 일종의 상호의존 형식으로 진행됐다. 그들은 가끔은 서로 WTO에 제소하고 또 가끔은 타협하면서 견제와 협력을 병행했다. 미국이 베이징에 대해 가장 큰 불만을 가진 분야는 중국 군사문제와 관련됐다. 워싱턴은 중국 국방비 내역이 불확실하고 인민해방군(PLA: People's Liberation Army) 군사역량이 하루가 다르게 성장하는 것을 우려했다. PLA의 군사력 증강은 단순히 대만 견제와 동아시아 지역 세력 균형을 넘어 장기적으로 지구적 차원의 힘의 투사를 겨냥하는 것으로 보였다. 미국은 군사 고위급 대화에서 서로에 대한 투명성을 보장하기 원했지만, 베이징은 양국 군사대화에는 예외적으로 소극적이었다. 중국 행동의 저의에 대한 미국의 의심은 워싱턴으로 하여금 2011년 가을 대외정책의 재균형(rebalance), 아시아로의 피봇(pivot)전략을 선언하게 만들었다. 그러나 몇 년이 지나고 오바마 행정부 임기가 끝나갈 때 대부분의 전문가들은 피봇은 중국에 대한 실제 견제라기보다는 선언적 성격이 더 컸다고 분석했다. 그럼에도 그 당시 베이징의 반응은 피봇에 대해 큰 우려와 불만이 많았고, 중국 관리들은 과연 그 전략이 어떻게 추진될 것인지에 대한 계산으로 바빴다.

(2) 테러와의 전쟁 관련 협력

1) 대테러 협력

오바마 행정부 출범 이후 미국과 중국은 계속 대테러 협력을 이어갔다. 지난 수년간 조지 W. 부시 대통령 시기 미·중 양국은 대테러 목적으로 법 집행과 정보공유에서 협력을 시도했는데, 그를 위해 베이징이 주중 미국대사관에 FBI 담당관 상주를 허용하면서 양국 공조가 광범위하고 체계적으로 진행된 바 있다. 동일한 맥락에서 오바마 행정부 출범 초기, 테러리즘 정보공유와 관련해 양국 군사 정보책임자들이 워싱턴에서 만나 언론 유출을 포함해 정보 보안유지가 중요하다는 공감대를 구축했다.[1] 2009년 7월 워싱턴에서 개최된 제1차 '전략 및 경제대화'(S&ED)에서는 오바마와 힐러리 클린턴이 미·중 대테러 협력이 테러리스트들의 공격을 막고 아프가니스탄과 파키스탄에서의 안정을 도모하는 데 결정적으로 중요하다고 말했고, 중국 측 참석자 왕치산(Wang Qishan) 부총리와 다이 빙궈(Dai Bingguo) 국무위원은 지구적 차원과 중국 내 테러리스트 근절의 필요성을 강조했다.[2] 미·중 양국은 그렇게 정보공유, 사법협력, 테러집단 재정차단 시도를 포함해 대테러와 관련된 제반사항에서 협력을 이어갔다.[3]

중국이 대테러에서 가장 중시하는 신장 위구르족 문제에 관해서도 오바마 행정부는 부시 행정부와 마찬가지로 대체로 베이징의 입장을 존중했다.[4] 그 첫 번째 조치는 2009년 4월 '동터키스탄 이슬람운동'(ETIM: East Turkistan Islamic Movement) 리더 압둘 하크(Aka Abdul Haq)를 테러리스트로 지정한 것이었는데, 그 이유는 그가 2005년 당시 알카에다 슈라위원회(Shura Council) 멤버였고 또 2008년 1월 ETIM에 올림픽이 개최되기로

---

1) 그 당시 미 국방정보국(DIA: Defense Intelligence Agency) 국장 로널드 버게스(Ronald Burgess) 중장과 중국 인민해방군 정보수집 책임자 양훼이(Yang Hui) 장군이 워싱턴에서 만났다.

2) 오바마 행정부는 부시 행정부 시기 각각 별개로 진행되던 고위급 외교대화(Senior Dialogue)와 전략경제대화(SED: Strategic Economic Dialogue)를 하나로 통합해 '전략 및 경제대화'(S&ED)를 운영했다.

3) Shirley A. Kan, U.S.—China Counterterrorism Cooperation: Issues for U.S. Policy, CRS Report 7-5700, RL 33001, (July 15, 2010), p. 4.

4) 조지 W. 부시 행정부 시기 미·중 양국은 '동터키스탄 이슬람운동'(ETIM: East Turkistan Islamic Movement)과 몇몇 테러조직이 알카에다와 연계되어 있다는 데 동의한 상태에서 신장 관련 대테러 문제에 협력했다. 신장은 6개국과 국경을 접하고 있고, 그곳에는 중국 최대의 석탄 및 천연가스, 그리고 중국 내 전체 오일 매장량의 1/5이 존재한다.

_동터키스탄 이슬람운동(ETIM)　　　　　　　　　　　_2009 세계 위구르회의

되어 있는 도시를 공격하라고 명령했기 때문이다.[1] 한편 2009년 5월에는 레비야 카디르 (Rebiya Kadeer) 의장이 주재하는 제3차 '세계위구르회의'(WUC: World Uyghur Congress) 가 미 의회에서 개최됐고, 그때 미 상, 하원의원 7명은 베이징 당국이 위구르인 인권을 보호할 것을 촉구하는 결의안을 통과시켰다. 그렇지만 2009년 7월 우루무치에서 한족과 위구르족 충돌로 190명 이상이 사망하고 1천 7백 명이 부상당했을 때, 후진타오 정부는 그 소요는 테러리즘, 분리주의 목적으로 카디르가 워싱턴에서 조종한 것이라고 주장하면 서 미 의회 결의안과 관계없이 4천명 이상의 위구르인을 체포했다. 그해 11월 중국 공안 은 '반국가범죄 캠페인'(Strike Hard)을 벌였고, 신장법원은 26건의 사형선고와 수많은 구 속판결을 내렸으며, 베이징 당국은 무장봉기에 대비해 군대병력, 경찰, 준군사병력 주둔 을 확대했다.[2] 그에 반대해 ETIM을 돕는 알카에다는 위구르 무슬림이 동터키스탄에서

---

1) ETIM은 '동터키스탄 이슬람정당'(ETIP: East Turkistan Islamic Party)이라고도 불린다. 압둘 하크는 2003년 10월 하산 마섬이 파키스탄 군 당국에 의해 북 와지리스탄에서 사살된 이후 ETIM 리더가 됐다. 유엔안보리 역시 결의안 1267호 하에서 하크를 파키스탄에서 활동하는 ETIM 전체의 리더이고 알카에 다와 연계된 인물로 식별했다.

2) 중국은 신장 지역의 위구르 사태가 국제테러리즘과 연계됐다고 말하면서, 외국 여러 나라에 베이징을 도 와 달라는 메시지를 전했다. 그러나 터키를 포함하는 무슬림 국가들, 이슬람 회의기구(OCI: Organization of the islamic Conference), 이집트의 무슬림 형제단은 이슬람 국가들의 단결을 촉구했 으며, 인도네시아, 파키스탄, 호주의 이슬람 해방정당(Hizb ut-Tahrir, Party of Liberation)은 중국의 무슬림 억압과 영토점령을 비난, 시위했다. 외국의 비판세력들은 중국이 유엔협약, 국제법을 위반하면서 처형, 처벌 목적으로 여러 이슬람 국가들로부터 위구르 추방을 강요했다고 주장했다. 2009년 12월 캄보 디아는 2009년 7월 소요 당시 신장을 탈출한 20명 위구르인을 중국으로 송환하면서 비판의 대상이 됐다. 미 국무부는 캄보디아의 정치적 망명자 송환에 반대하고, 프놈펜에 압력을 가하기 위해 국방물자의 일부 인 200대 트럭과 트레일러 전달을 중단했다. 미얀마 역시 17명의 위구르인을 추방한 것으로 알려졌다.

침략자 중국에 대해 무장투쟁해야 한다고 선동했고, 알제리아의 알카에다 지부 아킴
(AQIM: Al Qaeda in the Islamic Maghreb)은 아프리카에서 중국에 보복할 것이라고 공언했
다. 2010년 1월에도 ETIM은 위구르 무슬림이 지하드를 전개해야 하며 전 세계 무슬림이
중국을 국제적 목표물로 싸워야 한다고 주장했다. 일부 ETIM 소속원들이 2010년 7월 노
르웨이, 두바이 등지에서 체포됐는데, 그들은 알카에다, 그리고 우즈베키스탄 이슬람 테
러조직(IMU)과 계속 접촉해 온 것으로 밝혀졌다.[1]

_신장 지도, washingtonpost.com

그 이후 2013~2015년 신장 안보
병력과 위구르인 사이에 충돌이 계속
증가했는데, 그에 대해 시진핑 정부는
후진타오 시기보다 더 강력하고 다양한
안보조치로 지역안정화를 추구했다. 베
이징 중앙정부에서 파견된 안보병력은
조금이라도 의심스러운 행동을 하는 위
구르인들을 국가안보에 위해를 가하는
테러범, 분리주의자 혐의로 체포했고,
그 숫자는 전에 비해 3배 증가했다. 신
장 지방정부는 종교에 관한 새로운 현
지 법률을 도입하고, '모스크 교정작업'(mosque rectification)의 이름으로 수천 개의 이슬
람 사원을 제거했으며, 주민을 선동하고 군중심리를 자극하는 극단주의 표현을 금지했
다.[2] 지방 당국은 또 위구르인을 한족 중심의 중국문화에 동화시키기 위해 복장, 할랄
(Halal)음식, 관혼상제 등의 전통문화 억압정책을 실시했다. 베이징의 압력에 의해 캄보디
아, 말레이시아, 태국은 2009~2015년 중국으로 약 150명의 위구르인을 송환했다. 티베
트 전 당서기였던 천취안궈(Chen Quanguo)가 2016년 신장 당서기로 부임하면서, 새로운
대테러 법이 제정되고 신장 지방정부의 안보조치는 한층 더 강화됐다. 그 지역에서 경찰
주둔과 감시, 생체학적 통계수집, 인터넷과 미디어 통제가 강화됐고, 위구르인들의 공산
당에 대한 충성심을 파악하기 위해 약 1백만 명의 한족이 위구르 가정에 하숙형태(home

----

1) Kan, U.S.-China Counterterrorism, (July 15, 2010), pp. 6, 11-13, 28.
2) 수천 명의 위구르인들이 종교박해를 피해 동남아시아를 거쳐 커다란 위구르 공동체가 존재하는 터키로
   이주했다.

stays)로 입주했다. 오바마 행정부는 중국이 테러 명목으로 위구르인을 탄압하지 말아야 한다는 원칙을 천명하면서도 베이징 당국의 과도한 조치에 다소 소극적으로 대처했고, 중국 정부의 위구르 테러진압에 '테러와의 전쟁'이라는 거시적 차원에서 협력했다. 비록 중국이 제시하는 증거가 일부 취약한 면이 있었지만, 2014년 오바마 행정부는 신장에서 발생한 3건의 폭력사태를 위구르 분리주의 집단의 테러행위로 인정했다. 약 100명의 해외 무슬림이 2013~2014년 IS를 돕기 위해 신장으로 진입했고, 2015~2016년 10명 이상의 위구르인이 태국과 인도네시아에서 테러활동에 개입한 것으로 알려졌다. 2016년 키르기스스탄 비슈케크의 중국 대사관 앞에서는 차량폭탄이 폭발했는데, 그것은 시리아에 근거지를 둔 위구르 무장세력이 자행한 테러였다.[1]

관타나모 수용소 관련 미국 내 논란　　　조지 W. 부시 행정부 말 22명 위구르인 모두가 제3국으로 송환된 이후에도 쿠바 (미 해군기지) 관타나모 수용소에는 아직 세계 각지에서 체포, 이송된 200명 이상의 테러 혐의자가 구속돼 있었다. 그러나 오바마는 처음부터 외국에 설치된 그 미국 감옥에 대해 부정적 생각을 갖고 있었다. 그는 대선 후보 시절 그 수용소가 미국 역사의 수치이고 폐쇄되어야 한다고 주장했고, 취임한 직후 그곳을 1년 내 폐쇄하는 행정명령에 서명했다. 그러나 그 이후 수감자 기소 여부와 관련된 사법절차, 국내외 수감자 이송국가 및 장소, 국내 수감 대체시설과 관련한 의회와의 대립 등으로 인해 결국 2016년 말 오바마 퇴임시까지 관타나모 수용소는 폐쇄되지 않았다. 그 과정에서 많은 에피소드가 있었는데, 예컨대 오바마는 수감자를 국가안보 목적상 제3국이 아닌 미국에서 기소해야 한다고 주장했고, 미 의회는 수감자의 미국 본토로의 이송 금지 법안을 통과시켰으며, 어느 예멘 출신 테러범은 외국으로 이송되기보다는 차라리 그 감옥에 수용되어 있는 것이 더 낫다고 말했다. 관타나모 감옥 폐쇄에 계속 반대한 것은 미국 의회였는데, 2016년 2월 오바마는 결국 의회가 그 폐쇄에 동의했다고 말했다. 2016년 8월 예멘 및 아프가니스탄 출신 테러 용의자 15명이 아랍 에미리트(UAE)로 이송된 이후 그해 말까지 수용소 수감인원은 245명에서 55명으로 줄었다. 그 중 5명은 9·11 테러 가담자였다. 그러나 새로 취임한 도널드 트럼프 대통령은 그 시설을 계속 유지하고, 그곳에 IS 지지자 등 테러 관련자를 구금할 것이라고 말했다. 그는 또 물고문도 부활할 수 있음을 내비쳤고, 2018년 1월 관타나모 감옥을 무기한 가동하는 행정명령에 서명했다.[2]

------

1) Thomas Lum, Uyghurs in China, CRS IN FOCUS, (Updated June 18, 2019), pp. 1-2.
2) 관타나모 수용소는 2002년 조지 W. 부시 행정부가 테러와의 전쟁 과정에서 설립했다. Connie Bruck, "Why Obama Has Failed to Close Guantanamo," (July 25, 2016), https://www.newyorker.co

(3) WMD 및 무기 비확산

1) 북핵 문제

미·중 양국은 북핵문제에 관해 오랫동안 협력해 왔다. 미국은 중국에 평양이 핵무기 개발을 중단하도록 가능한 한 많은 압력을 가할 것을 요청했고, 양국은 유엔안보리에서 공동으로 북핵 개발저지를 위한 여러 결의안을 통과시켰다. 베이징의 평양에 대한 영향력은 북한 석유 사용량의 90%를 중국이 제공하고 매년 수십만 톤에 이르는 식량 부족분 역시 베이징에 의해 지원되는 것에서 유래했다. 그러나 2011년 12월 김정일 사망 이후 북한 리더로 등장한 김정은은 2012년 4월과 12월 장거리 미사일 은하 3호 시험발사, 그리고 2013년 2월 제3차 핵실험을 강행했다. 김정은이 집권한 이후 북·중 관계는 많은 긴장과 갈등을 겪는 것으로 보였다. 북한은 핵실험과 미사일 발사 중단을 촉구하는 베이징의 요구를 묵살했고, 2012년 5월에는 북한 해군이 중국 어부들을 2주 이상 감금해 중국의 국민정서를 자극했다. 그해 말 중국의 신임 당 총서기로 취임하면서 시진핑은 계속 유엔안보리 결의안 통과에 찬성했는데, 북한의 미사일 발사를 규탄하는 2013년 1월의 결의안 2087호와 북한 핵실험에 대한 추가제재를 허용하는 2013년 3월 결의안 2094호가 그것이었다.[1]

한편 2013년 3월 미 안보 보좌관 토마스 도닐론(Thomas Donilon)은 아시아 관련 정책연설에서 중국을 포함해 국제사회가 WMD 도발을 계속하는 북한과 평상관계를 단절할 것을 촉구했는데, 그 다음 달 시진핑은 국제사회가 이웃을 위협하고 핵무기를 개발하는 북한과 정상관계를 유지하지 말 것을 촉구하는 경고성 메시지를 내보냈다. 그 이후 중국은 북한에 대해 계속 고강도 압력을 가했다. 2013년 5월 중국은행(Bank of China)이 북한 외환은행인 외국무역은행(Foreign Trade Bank)과 거래를 중단해 베이징의 북한에 대한 반감을 표시했고, 시진핑은 그 다음 달 늦게 한국의 박근혜 대통령을 초청해 평양의 경계심을 부추겼다. 중국 언론에 따르면, 시진핑은 박근혜 대통령과의 정상회담에서 국제평화

m〉 ...; Andrew Taylor, "Senate overwhelmingly votes against Obama's plan to move Guantanamo detainees, close prison," Associated Press, (May 20, 2009)

1) Susan V. Lawrence, U.S.-China Relations: An Overview of Policy Issues, CRS Report 7-5700, R41108, (August 1, 2013), p. 24; "China-U.S. Accord Sets UN Vote on North Korea Sanctions," www.bloomberg.com

와 안정이 중요하고 한반도 비핵화에 대한 베이징의 결의가 확고하다는 것을 재확인한 것으로 알려졌다. 오바마와 시진핑도 직접 만나는 기회에 북한 핵문제에 관해 논의했다. 2013년 6월 양국 정상회담과 7월 S&ED 회담에서 오바마와 시진핑 두 리더는 유엔안보리 결의안 이행과 북한 핵문제의 평화적 해결 중요성에 동의했다고 선언했다.[1] 그럼

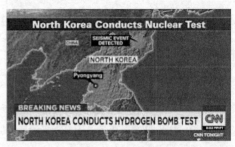

_북한 제4차 (수소폭탄) 핵실험, CNN

에도 불구하고 북한 핵문제에 대한 뚜렷한 해결책은 제시되지 않았다. 2016년 1월 북한은 제4차 핵실험에서 수소폭탄 개발 성공을 발표했고, 9월에는 5차 핵실험이 있었으며, 2017년 9월 제6차 핵실험에서는 ICBM 장착용 수소폭탄 실험이 있었다. 시진핑 취임 이후 한동안 베이징이 북한 도발에 안보리 결의안 통과로 워싱턴을 돕고 그런 가운데 북·중 관계가 원만하지 않은 것으로 알려졌지만, 결국 북한 핵문제 해결을 위한 베이징의 협력은 충분히 강력하지 못한 것으로 드러났다.

2) 이란 핵개발과 무기이전

미국, 유럽, 중국은 2006년 이후 이란 핵 개발 가능성과 관련된 문제를 해결하기 위한 다자협력에 공조해 왔다. 중국은 P5＋1 협상에 안보리 상임이사국 자격으로 참여했고, 또 안보리에서 수차례 이란 제재 결의안에 찬성표를 던졌다. 그럼에도 후진타오 정부는 러시아와 함께 대이란 제재는 민간경제나 국민들이 아니라 그 목표 대상을 더 좁게 잡아야 한다는 점을 강조했는데, 2010년 6월 통과된 안보리결의안 1929호 표결 당시에도 동일한 주장을 되풀이했다. 실제 대이란 관계에서 중국의 협력은 이중적이었다. 예를 들어 2011년 베이징 당국은 중국회사들이 미사일 부품을 이란, 파키스탄에 수출하는 것을 의도적으로 묵인했다. 안보리 결의안 1929호 통과 후 워싱턴이 다자제재를 넘어 이란의 에너지, 재정기관에 대해 추가적인 개별제재를 촉구했을 때, 중국은 서방의 시도를 비판, 거부했다. 그러나 동시에 베이징은 미국의 요청을 부분적으로 수용해 2012년 이란으로부터 수입하는 오일 양을 축소시켰다. 대이란 제재에서 베이징의 협력이 중요한 이유는 중국이 이란의 최대 무역국이고, 단일 최대 오일고객이며, 이란 에너지 및 기타 분야의 주요 투자자이기 때문이었다. 그런 가운데 2012년 6월부터 2013년 6월 약 1년 간, 오

---

1) Lawrence, U.S.－China Relations, (August 1, 2013), p. 25.

바마 행정부는 중국 일부 은행과 기업에 대한 제재를 해제하면서 이란과의 불법거래 명목으로 또 다른 기업들에 대해 제재를 부과했다. 2012년 7월 중국 쿤룬은행(Bank of Kunlun)이 미국의 제재를 받았는데, 그 이유는 그 은행이 제재대상으로 지목된 이란은행과 거래하고 그에 따른 서비스를 제공했기 때문이다.[1] 베이징은 분개해서 항의했는데, 그때 중국 외교부는 중·이란 거래는 이란 핵 프로그램과 아무 관련이 없고, 안보리 결의안이나 국제규범을 위반한 것이 아니며, 또 어느 제3자의 이익도 침해하지 않는다고 주장했다.[2] 한편 (앞에서 논의한 바와 같이) P5+1이 이란 핵문제를 해결하는 과정에서 중국은 러시아와 함께 미국과 서방의 시도에 동참했다. 이란 핵문제가 평화적으로 해결되는 것은 중국에게 아주 중요했는데, 왜냐하면 베이징과 테헤란은 경제뿐 아니라 무기교역 관계, 그리고 정치 이데올로기에서 비슷한 반서방 입장을 고수하기 때문이었다.

이란 핵문제의 평화적 해결을 주도한 오바마 행정부 역시 2015년 7월 JCPOA 체결로 이란 핵 문제가 원만히 해결되면서 크게 안도했고, 모스크바와 함께 그 문제에 협력한 시진핑 정부에 감사했다.[3] 그렇지만 중국의 이란에 대한 재래식무기 수출은 아직도 미국에게는 약간의 우려사항으로 남아 있었다. 조지 W. 부시 행정부 시기 미국은 중국제 무기가 이란이나 북한을 거쳐 아프가니스탄과 이라크의 이슬람 테러그룹으로 유입되는 것을 우려해 왔는데, 오바마 취임 이후에도 그 추세는 그대로였다. 2009년 3월 미 국방장관 로버트 게이츠는 의회에서 이란으로 유입되는 중국제 무기가 미군이 전쟁하고 있는 이라크와 아프가니스탄의 테러리스트 조직들에게로 이전되고 있다고 증언한 바 있었다. 부시 행정부 당시 중국의 무기이전을 시정해 달라는 워싱턴의 요청은 거부됐는데, 오바마 시기에도 미국이 할 수 있는 일은 기껏해야 상황파악이 전부였다. 전 세계 무기시장에서 가장 큰 지분을 차지하는 것이 미국이라는 것을 잘 아는 베이징은 워싱턴의 요청을 수용하려 하지 않았다. 베이징은 중국의 해외 무기판매에는 아무 법적, 윤리적

---

1) 미국의 제재대상이던 이란은행은 중국 국영오일회사(CNPC: China National Petroleum Corporation)와 연계돼 있었다.

2) 그래도 미국 관리들은 중국이 이란에서 다른 나라가 포기한 계약을 떠맡는 치졸한 행위를 하지 않는 것에 우호적 생각을 가졌는데, 그런 호감을 반영하듯 2011년 3월 미 국무부 비확산 및 군축 특별자문관 로버트 아인혼(Robert Einhorn)은 베이징이 이란과의 에너지 협력에서 신중하게 행동하고 있다는 견해를 밝혔다. Lawrence, U.S.–China Relations, (August 1, 2013), pp. 25–26.

3) Susan Lawrence, Caitlin Campbell, Rachel F. Fefer, Jane A. Leggett, Thomas Lum, Michael F. Martin, Andres B. Schwarzenberg, U.S.–China Relations, CRS Report, R45898, (August 29, 2019), p. 10.

문제가 없다고 주장했고, 중국제 무기는 계속 이란, 파키스탄 등을 거쳐 중동, 북아프리카, 동남아의 테러집단으로 흘러들어 갔다. 정상적 무기거래는 정규무역을 통해 이루어졌고, 경우에 따라 그 유입과정은 여러 복잡한 수송절차를 거치기도 했다. 예를 들어 2009년 이란으로 향하는 무기를 실은 북한 선박의 컨테이너들이 여러 항구를 거치면서 중국 국적 선박으로 이전되고 그것들이 또다시 호주 화물선으로 재선적됐는데, 그때 그 복잡한 과정에서 중국 무기들이 그 호주선박에 적재된 것이다.[1] 그 무기들 중에는 하마스와 헤즈볼라가 이스라엘로 발사한 122밀리미터 로켓 부품들이 포함돼 있었다. 그러나 오바마 행정부로서는 중국의 시도를 막을 뚜렷한 명분이나 확실한 지렛대를 확보하는데 한계가 있었다.[2]

(4) 주요 국제, 지역현안

1) 상하이 협력기구(SCO)

지난 수년간 미국은 SCO 내에서 중국이 영향력을 확대하고 SCO 회원국인 키르기스스탄, 우즈베키스탄이 자국 영토에서 미군 철수를 요구하는 것, 그리고 더 나아가 SCO가 이란을 옵서버로 초청한 것에 대해 우려와 비판의 목소리를 높여왔다. 그런 상황에서 미국은 아프가니스탄 전쟁과 관련해 베이징에 대안적 병참 공급루트를 요청했는데, 중국은 아프가니스탄과 57마일의 와칸 통로(Wakhan Corridor)를 보유하고 있음에도 불구하고 워싱턴의 요청에 미온적이었다. 그러나 그 문제는 2009년 4월 NRC에서 러시아가 미국의 '북부 공급망'(NDN) 요청을 수용하고 키르기스스탄이 미군 마나스(Manas) 공군기지 사용 중단 요구를 철회하면서 해결됐다. 오바마 행정부는 후진타오 정부의 협력이 불충분하다는 아쉬움을 느꼈다.

2009년 7월 중국 신장에서 한족과 위구르족 사이에 대규모 충돌이 발생한 직후 SCO는 또다시 '2009 평화임무'(Peace Mission) 군사훈련을 시작했다. SCO는 지속적으로 이슬람 극단주의, 분리주의에 반대하는 연합 군사훈련을 해왔는데, 그 당시 평화임무 작전은 러시아의 지원을 받는 중국이 절대로 ETIM 테러리즘, 신장 독립을 용인하지 않을

[1] 그때 북한산 무기는 미사일 부속품을 포함하고 있었는데, 그것들은 헤즈볼라, 하마스, 또는 이란 쿠드스(Kuds) 군에게로 흘러들어가는 것으로 의심받았다.
[2] Kan, U.S.−China Counterterrorism Cooperation, (July 15, 2010), p. 36.

것이라는 경고 성격을 띠었다. SCO의 최고 의사결정기구인 국가정상위원회(HSC; Heads of State Council)는 1년에 한번 회동하고 모든 주요 사안에 관한 지침을 제시했다. 군사훈련은 테러리즘과 분리주의 방지, 그리고 지역평화와 안정을 도모하고 회원국 간 협력을 증진하기 위해 정기적으로 시행됐다. 오바마 대통령 시기에도 SCO 정상회담과 군사훈련은 계속 진행됐고, 2016년 9월 키르기스스탄 SCO 연합 군사훈련에 이어 개최되는 2018년 8월 훈련에는 2017년 새로이 SCO 정식 회원국이 된 인도와 파키스탄이 처음 참여했다. 2018년 훈련은 러시아 우랄지역의 체바르쿨(Chebarkul)에서 진행됐는데, 러시아가 가장 많은 1천 7백 명, 그 다음 중국이 700명, 그리고 인도가 200명 병력을 파견했다. SCO 회원국들은 그 훈련이 제3자를 겨냥하는 것이 아니고 또 그것은 군사동맹이 아니라고 주장하지만, 미국과 서방은 그것이 나토에 반대하는 군사기구로 진화할 가능성을 배제하지 않았다.[1]

2) 해상 영토분쟁

남중국해 분쟁　　남중국해 영토분쟁은 적어도 수십년의 역사를 갖고 있는데, 그곳은 오일, 천연가스, 어업자원이 풍부하고 또 동시에 세계무역의 상당부분이 통과하는 전략적 요충지이다. 중국은 남중국해에서 구단선(nine dash line)이라는 애매한 개념을 내세우면서 그곳 80~90%가 자국 소유라고 주장했고, 그 바다와 해안선을 공유하는 대만, 필리핀, 베트남, 브루나이, 말레이시아 역시 그 분쟁에 개입해 있었다.[2] 그중에서도 가장 치열한 분쟁은 중국-베트남, 중국-필리핀 사이에 진행됐는데, 중국은 파라셀 군도, 그리고 스프래틀리 군도의 7개 암초를 지배했다. 남중국해 분쟁은 2005~2006년 이후 후

---

1) Zhihao Zhang, "SCO military drill seeks trust, stability," China Daily, (Updated; June 5, 2018); "About SCO," The Shanghai Cooperation Organization, eng.sectsco.org: "Opening Ceremony Exercise SCO Peace Mission 2018-PIB" https://pib.gov.in〉 PrintRelease; India and Pakistan take part for the first time in SCO military drill-The Economic Times, https://m.economictimes.com〉 ...

2) 중국은 아세안과 2002년 '남중국해 당사자 행동에 관한 선언'(Declaration on the Conduct of Parties in the South China Sea)에 합의한 바 있다. 그 선언은 구속력은 없지만 양측이 분쟁을 일으키는 행동에서 자제하고, 군사력의 사용이나 위협 없이 영토분쟁을 평화적 방법으로 해결하며, 공식 행동규칙(Code of Conduct)을 제정할 것을 규정했다. 그러나 아세안 10개국은 중국과의 협상에서 통일된 의견을 만들어 내지 못하고 있다. 브루나이, 말레이시아, 필리핀, 베트남이 중국과 분쟁을 겪는 반면, 캄보디아와 라오스는 아세안의 통일된 대응에 참여하기를 꺼려한다. Ben Dolven, The Association of Southeast Asian Nations (ASEAN), CRS IN FOCUS, (Updated may 22, 2019), p. 2.

진타오 치하에서 그 강도가 더 심해졌고, 그 지역이 중국 독무대가 되는 것을 막기 위해 2010년 힐러리 클린턴 미 국무장관은 '항해의 자유'는 미국의 국익이라고 선언했다. 그것은 중국이 다른 모든 나라를 제치고 그 지역을 독점하는 행위를 좌시하지 않겠다는 미국 의지의 표현이었다. 또 2012년 8월 파라셀 군도 동쪽의 스카보로 모래섬(Scarborough Shoal) 분쟁에서 중국이 필리핀을 몰아내고 그 지역을 장악했을 때에도, 오바마 행정부는 중국이 강압, 위협, 군사력을 사용하는 것에 단호히 반대한다고 말하면서 미국의 국익은 '국제법 준수, 항해의 자유, 평화와 안정의 유지, 해상에서 방해받지 않는 상업활동'이라고 강조했다. 남중국해를 포함해 모든 영토분쟁에 관한 워싱턴의 입장은 특정국가를 지지하지 않으면서 군사력의 사용과 위협 또는 억지 주장에 반대하고 국제법을 통해 평화적으로 갈등을 해결하는 것이었다.[1]

그러나 중국은 역내 국가들에게 군사대치와 경제지원 등 강온 양면전략을 쓰면서 자국 주장을 포기하려 하지 않았다. 남중국해 해상영토 권리에 관한 베이징의 주장은 시진핑 집권기에 더 강화됐다. 2013년 9월 이후 시진핑 정부는 스프래틀리 군도의 여러 암초(reefs)에 토지를 매립, 시설을 건립했는데, 그로 인해 과거 물속에 잠겨있던 암초가 새로운 토지 형태를 갖추고 일부 대지는 여러 배 규모로 확대됐다. 그곳은 필리핀, 베트남, 말레이시아, 대만 중 적어도 한 나라와 분쟁이 얽혀있는 지역이었다.[2] 중국은 또 그 지역의 배타적 경제수역(EEZ) 내에서 다른 국가들의 경제활동을 금지하는 한편, 분쟁에 대비해 그곳에 대함 순항

_남중국해, Wall Street Journal

1) Lawrence, U.S.-China Relations, (August 1, 2013), pp. 20-21; Ben Dolven, Mark E. Manyin, Shirley A. Kan, Maritime Territorial Disputes in East Asia; Issues for Congress, CRS Report 7-5700, R42930, (May 14, 2014), pp. 1-2.
2) 그 암초들은 큐라테론(Curateron), 파이어리 크로스(Fiery Cross Reef), 게이븐(Gaven Reef), 휴즈(Hughes Reef), 존슨 사우스(Johnson South Reef), 그리고 수비(Subi Reef) 암초이다. 그중에서 휴즈(Hughes Reef), 존슨 사우스(Johnson South Reef) 암초는 필리핀 소유 팔라완(Palawan) 섬으로부터 200마일 이내 배타적 경제수역에 위치한다.

미사일, 장거리 지대공미사일을 배치했다.[1] 2015년 5월 미 국방장관 애쉬턴 카터(Ashton Carter)는 지난 1년 반 기간 중국이 남중국해에서 2천 에이커의 토지를 생성하고 그곳에 항구, 레이더, 그리고 긴 활주로와 기타 민군 겸용시설을 건설했다고 말했다. 워싱턴은 베이징의 행위가 위협, 강압적이라고 비난하고, 그 구체적 사례로 중국 해양 당국의 분쟁지역에 대한 봉쇄, 조업금지 선언, 분쟁수역 에너지 발굴, 그리고 중국 통제지역 내 토지 매립과 인프라 건설을 지적했다. 그러나 베이징은 물러서지 않았다. 베이징은 중국이 그 각각의 지역에 주권을 갖고 있기 때문에 모든 행동은 법적으로 정당하다고 주장했다. 또 베이징은 베트남, 필리핀, 말레이시아, 대만을 포함해 다른 관련국들도 그 지역에서 토지를 매립, 시설을 건설했고, 특히 베트남이 스프래틀리에서 중국보다 더 많은 지역을 점령했으며, 다른 나라들 역시 그들 통제구역에 활주로를 건설하고 병력을 주둔시켰다고 주장했다.[2] 시진핑 정부는 중국의 작업은 '군사방위 필요'를 충족하기 위한 것이고 동시에 비군사 목적도 가진다고 말했다. 카터 미 국방장관은 "남중국해 활동과 더불어 중국은 아태지역 안보구조를 강조하는 국제규정과 규범, 외교를 선호하고 강압에 반대하는 지역합의 두 가지 모두와 맞지 않는다"고 비난하면서, 남중국해에서 중국의 급속한 도서구축(island-building) 중단을 촉구했다.[3] 또 미국은 남중국해에서 '항해의 자유 작전'(FONOPs: Freedom of Navigation Operations)을 실시하고 미 해군 함정배치를 통해 중국에게 군사 경고신호를 보냈다. 애쉬턴 카터는 의도적으로 미 군함에 승선해 중국 영해에 진입했던 것으로 알려졌다. 2016년에는 '유엔 해양법'(UNCLOS: U.N. Convention on the Law of the Sea) 중재재판소(arbitral tribunal)가 중국이 주장하는 '구단선'(nine-dash line)이 법적 근거가 없고, 스프래틀리 군도의 어느 섬도 12마일 영해 이외의 권리가 없으며, 또 중국이 필리핀 주권을 침해했다고 판시했지만, 시진핑 정부는 그 판결을 수용하지 않을 것이라고 선언했다. 2018년 5월 트럼프 행정부 하에서 미국은 림팩(RIMPAC) 해상훈련에 중국을 초청하지 않았다. 그러나 역내 대치가 격화되고 미국이 강경책을 구사하면서 중국은 또다시 외교수단을 동원하는 것으로 보였는데, 2018년 11월 중국 총리 리커창(Li Keqiang)은 2021년까지 아세안 국가들과 남중국해 행동규약 협상을 마무리할 것

---

1) 2013년 중국과 필리핀이 멀리 떨어진 산호초 '세컨드 토마스 모래섬'(Second Thomas Shoal)을 두고 대치했을 때 미국은 남중국해에서의 행동기준에 관한 역내 다자협상을 촉구했다. 그러나 중국은 워싱턴의 제안이 분쟁을 국제화시키려는 의도를 갖고 있다고 비난하면서 개별 당사국 간 협상을 고집했다.

2) Ben Dolven, Jennifer K. Elsea, Susan V. Lawrence, Ronald O'Rourke, Ian E. Rinehart, <u>Chinese Land Reclamation</u>, CRS Report 7-5700, R44072, (June 18, 2015), pp. 1-2.

3) "Defense secretary's warning to China: U.S. military won't change operations," The Washington Post, (May 27, 2015)

이라고 말했다.[1] 그러나 2019년 6월 중국 국방장관 웨이펑허(Wei Fenghe)는 일부 외부 세력이 남중국해에서 '항해의 자유'라는 이름으로 대규모 힘의 투사와 공세적 작전을 동원하는 것은 역내의 가장 심각한 불안정화 요인이라고 비난했다. 수십년에 걸친 베이징의 행동은 중국이 남중국해에서 기존 주장을 포기할 의도가 없음을 입증했다. 그것은 국제법, 타국 의사와 관계없이 중국의 군사, 경제력에 근거한 힘의 행사일 뿐이었다.[2]

동중국해 분쟁　　　　중국은 일본과 2000년대 중반을 전후해 동중국해 센카쿠 도서 인근에서 서로 자기들 영역을 주장하면서 오일 및 가스유전 시추를 추진했다.[3] 오키나와와 대만 사이에 위치한 무인도인 그 도서는 일본이 실효 지배해 왔지만, 중국과 대만도 그 영유권을 주장했다. 그 과정에 역사문제까지 겹치면서 중·일 양자관계가 상당히 악화됐지만, 두 나라는 외교를 통해 영토 관련 긴장을 해소해 나갔다. 그러나 2010년 9월 중일 간에 센카쿠 도서를 둘러싼 분쟁이 심하게 격화됐는데, 그 이유는 센카쿠 인근에서 조업하던 어선을 일본해경이 나포하고 그 선장인 잔치슝(Zhan Qixiong)을 구금한 것에 대해 중국이 크게 반발했기 때문이다. 베이징은 분노해 당장 중국 어선과 선장을 석방할 것을 요구했고, 그 요구가 받아들여지지 않으면 큰 분쟁을 마다하지 않을 것 같은 태도를 보였다. 중국인들은 본토에서 일장기와 일본 자동차를 불태우고 일본 상품 불매운동을 벌였으며, 후진타오 정부는 일본 자동차 산업에 필요한 희토류 수출을 금지할 의도를 시사했다. 그때 일본은 미국에게 도움을 청했는데, 오키나와 미군기지 이전을 둘러싸고 갈등을 겪던 워싱턴은 센카쿠가 미·일 동맹 관할이라는 의례적 발언을 하면서 민주당 간 나오토 정부를 위한 지원에 적극적으로 나서지 않았다. 워싱턴으로서는 과거 자민당 정권의 오랜 친미 관례를 벗어나 아시아 우선주의에 기초해 반미성향을 보이는 민주당 정권에 각별히 우호적인 인식을 갖지 않았다. 중국과 미국 사이에서 고립된 일본 정부는 차선책으로 잔치슝 선장을 석방하면서 그 사태를 일단락 짓는 것 이외에는 다른 옵션이 없었다.

....

1) 트럼프 시대에 남중국해에서 베이징의 인공섬 건설, 군사자산 배치, 그리고 미국의 항해의 자유를 둘러싼 미·중 대치는 그대로 계속될 것인데, 그 이유는 두 나라 모두 서로에게 자국 입장을 완전히 밀어붙일 수 없기 때문이다. 아시아의 작은 나라들은 예전과 비슷하게 미·중 강대국 경쟁의 장에서 세력균형에 유의하면서 그럭저럭 적응하는 형태로 살아갈 것이다. Bilahari Kausikan, "Asia in the Trump Era (From Pivot to Peril?)," Foreign Affairs, Vol. 96, No. 3 (May/June 2017), p. 152.

2) Lawrence, Campbell, Fefer, Leggett, Lum, Martin, Schwarzenberg, U.S.-China Relations, (August 29, 2019), pp. 29-31.

3) 대만도 동중국해 센카쿠 도서에 대한 영유권을 주장한다. 중국은 그 도서를 댜오위다오(Diaoyu Dao)라고 부르고 대만은 댜오위타이(Diaoyutai)라고 부른다.

그러나 한동안 잠잠하던 그 사건은 2012년 봄 극우 도쿄도 지사 이시하라 신타로가 센카쿠 열도 5개 중 3개를 개인 소유주로부터 매입하고 그곳에 시설을 건축하기 위해 2천만 달러 민간기금을 모았다고 선언하면서 다시 불붙기 시작했다. 2012년 8월 홍콩의 중국인 활동가가 센카쿠 도서 중 한 곳에 잠입했고, 그 다음 주에는 일본인 민족주의자가 맞불로 그 섬에 상륙했다. 9월 중순 관계는 더 악화됐는데, 그것은 일본 정부가 그 섬을 개인 소유주로부터 사들인다는 계획을 발표한 것에 따른 것이었다. 노다 요시히코 정부가 2천 6백만 달러의 국고로 그 3개 도서를 매입한다는 뉴스가 퍼지면서 그 사건은 통제하기 어려운 국제분쟁으로 비화했다. 노다 총리는 도쿄도 지사 이시하라 신타로가 지방정부 재원으로 그 섬들을 매입하는 것을 막기 위해 중앙정부가 그것을 사들였다고 해명했다. 이시하라는 도발적인 민족주의 행동으로 잘 알려져 있는 인물인데, 노다 총리는 이시하라가 그 섬들을 중국을 자극하는 데 이용할 것을 우려했다. 베이징 정부는 6척의 해양감시선을 도서 인근으로 파견했고, 중국 군사정찰기가 50년 만에 처음 일본영공을 침범했다. 양국 정부의 군사대치 가능성이 높아지면서 베이징은 일본에서 개최되는 IMF 회의에 참가하지 않을 것이라고 통보했고, 일본의 대중국 자동차 수출 격감과 더불어 양국 무역관계는 침체됐다. 중국 주요도시에서는 일본에 반대하는 대중시위가 더 격렬해졌고, 중국 민족주의자들은 일본 상품에 대한 보이콧을 촉구하면서 중국 내 일본 상점들을 습격했다. 일본이 중국이 보낸 드론을 격추할 것이라고 말했을 때, 베이징은 그 행위는 전쟁을 촉발할 것이라고 위협했다.[1]

그 당시 동아시아 안보 악화를 우려한 미국은 2년 전 센카쿠 사건 때보다는 더 적극적으로 대응했는데, 미 의회는 제3자(인 중국)의 일방적 행동은 미·일 동맹의 관할권에 아무 영향을 주지 않는다는 내용의 법안을 통과시켰다. 그 법안은 미·일 동맹 제5조의 공약준수 의무를 재확인했고, 오바마 대통령, 힐러리 클린턴 국무장관, 또 척 헤이글 국방장관 역시 동일한 취지로 발언했다. 그렇지만 거의 같은 시기 새로 취임한 시진핑과 아베 신조 치하에서 중국과 일본의 군사대치는 중단되지 않았다. 양국은 전투기를 비상출격 시켰고, 일본은 경고사격을 했으며, 중국 해군함정은 두 번에 걸쳐 일본 구축함과 헬리콥터에 사격 레이더를 조준했다. 2013년 4월 시진핑 정부는 민감한 주권문제에 관해

---

1) 2012년 9월 중국 당 중앙군사위원회 부주석 쉬차이허우(Xu Caihou)는 인민해방군에 전투 발생 가능성에 대비하라고 말한 것으로 알려졌다. "Japan protests Chinese plane entering their airspace," (December 13, 2012), www.telegraph.co.uk; Demetri Sevastopulo and Soble Soble, "China—Japan relations take turn for worse," The Financial Times, (October 28, 2013)

양보하지 않을 것이며, 댜오위다오 도서 영유권에 관한 중국의 '핵심이익'(core interests)을 포기하지 않을 것이라고 위협했다. 미국은 사태 진정을 위해 계속 개입하면서 영토분쟁과 관련된 기본원칙을 또다시 강조했다. 그것은 미국은 타국의 영토분쟁에 개입하지 않지만 센카쿠 도서는 미·일 동맹 제5조에 귀속된다는 것이었다. 동맹 의무를 준수할 것이라는 미국의 강도 높은 강조는 중국에게 진정 효과를 나타냈다.[1] 2013년 6월 오바마—시진핑 정상회담 이후 미국 안보보좌관 토마스 도닐론은 오바마 발언의 취지를 상기시키며, 미국은 그 도서 주권 여부에 대해서는 중립적이지만 분쟁 당사자들은 외교와 대화를 통해 문제를 해결해야 한다고 말했다.[2]

_중국 방공식별구역, globaltimes.cn

　　한편 2013년 11월 중·일 간에 센카쿠 분쟁의 여진이 아직 남은 상태에서 시진핑 정부가 방공식별구역(ADIZ: Air Defense Identification Zone)을 선포해 또다시 주변국과의 긴장이 발생했다. ADIZ 관할국가는 그 안에 진입하는 항공기의 국적, 위치, 그리고 공중 교통통제를 요구한다. 그러나 실제 ADIZ를 관장하는 구체적인 국제법은 없고 국제항공과 관련된 민간항공(Civil Aviation) 협약은 모든 나라는 민항기에 대해서는 군사력 사용을 자제해야 한다고 권고할 뿐이다. 미국과 관련국들은 중국의 갑작스러운 ADIZ 선포가 센카쿠 도서를 그 안에 포함시켜 영토분쟁의 정당성을 고양시키고 더 나아가 미국이 중국 인근에서 군사 정찰하는 것을 위축시키기 위한 목적을 띠는 것으로 추정했다. 중국은 ADIZ 선포 당시 이웃국가들과 사전논의, 통보가 없었는데, 그것은 일본, 대만, 한국의 ADIZ와 중복되기 때문에 분규 및 사고 발생 가능성을 내포했다. 미국은 비록 소련과의 냉전에 대비해 1950년 최초로 ADIZ를 설정했지만, 동아시아 국가들과 함께 베이징의 조치가 동중국해 영토분쟁 관련 긴장을 증가시키고 갈등을 촉발할 수 있다는 우려를 제기했다. 미국과 일본은 중국의 ADIZ를 인정하지 않을 것이라고 말했고, 미 전략폭격기 B-52와 일본 군용기는 중국에 사전통보 없이 그 ADIZ를 통과해 군사훈련을 실시했다.

---

1) 그 당시 중국 외교부는 미국 관리들의 발언을 거부하면서 그들이 옳고 그른 것을 구분하지 못한다고 비난했다.

2) Lawrence, U.S.—China Relations, (August 1, 2013), p. 22; Lawrence, Campbell, Fefer, Leggett, Lum, Martin, Schwarzenberg, U.S.—China Relations, (August 29, 2019), p. 29.

처음에 중국은 동중국해 ADIZ를 준수하지 않는 항공기들에게는 군사력을 사용할 수 있다는 분위기를 내비쳤지만, 그것을 무시한 경우에도 '방어적 비상조치'는 취하지 않았다. 그러나 미 연방항공청(FAA: Federal Aviation Administration)은 (만일의 불상사에 대비해) 미국 민항기들에게 중국의 요구를 수용하도록 조종사 규칙(NOTAMs: Notices to Airmen)을 배포했다. 일본, 대만, 한국은 각각 그들의 기존 ADIZ와 중복되는 중국의 동중국해 ADIZ 지정에 반대 목소리를 냈고, 그 지역에서 통상적 군사활동을 계속했다. 중국이 ADIZ 중복 수정 요구를 거부하면서, 한국은 2013년 12월 자국 ADIZ 경계선을 더 확대시켰다. 중국의 동기가 무엇이건 일단 센카쿠 일대에서 군사갈등이 발생하면 미국은 미·일 상호방위조약에 따라 대응할 것을 재천명했다.[1]

3) 대만 관련 미·중 관계

_마잉주

조지 W. 부시 대통령 퇴임 당시, 중국과 대만 국민들은 모두 양안 간 경제관계 심화가 서로에게 도움이 되고 대만의 독립은 어느 쪽에도 도움이 되지 않는다고 느끼는 상태에 있었다. 그것은 미국과 중국이 '하나의 중국' 원칙에 근거해 대만 천수이볜 정부의 유엔 가입 및 대만 독립 시도에 절대 반대한 결과였다. 이제 지난 8년간의 민진당 통치 이후 2008년 중·대만 관계강화를 선호하는 국민당의 마잉주가 대만 총통으로 당선되면서, 양안관계가 획기적으로 발전하기 시작했다. 2008년 6월 베이징에서 수년 만에 처음 중·대만 공식대화가 있었고, 그 때 양안 간 상주사무소 설치, 직항 항공로 개설, 그리고 우편업무, 식량안전, 상호투자에 관한 합의가 이루어졌다. 또 중국 정부는 천수이볜 총통 시절 대만의 유엔 산하기구 가입에 절대 반대했는데, 베이징에 우호적인 정부가 출범하면서 후진타오 정부는 조건부이긴 하지만 2009년 4월 처음으로 대만이 세계보건기구(WHO) 회의에 옵서버 자격으로 참가하는 것에 반대하지 않았다. 그 조건은 대만이 WHO와의 모든 관계발전과 관련해 중국 보건당국의 승인을 얻고, 또 동시에 대만의 공식명칭을 '중국 대만성'(Taiwan Province of China)으로 명기해야 한다는 것이었다.[2] 2010년 6월에는 중·대

1) Ian E. Rinehart and Bart Elias, <u>China's Air Defense Identification Zone (ADIZ)</u>, CRS Report 7-5700, R43894, (January 30, 2015), p. summary.

2) 그러나 2016년 대만 독립을 주장하는 민진당의 차이잉원 정부가 출범하고 2017년 집권한 미국 트럼프

만 간에 자유무역협정(ECFA: Economic Cooperation Framework Agreement)이 체결되어 양국 간 경제통합 가속화의 길이 열렸다. 2011년 1월 워싱턴 미·중 정상회담 당시 오바마와 후진타오는 ECFA가 중·대만 미래관계의 새로운 이정표를 마련했다는 데 동의했다. 대만은 이제 국제항공기구(ICAO: International Civil Aviation Organization)에 옵서버로 참여하는 두 번째 유엔 산하기구 자격 획득을 원했는데, 2012년 11월 새로 취임한 시진핑 총서기는 대만의 몇몇 조항 수용을 조건으로 그 시도에 반대하지 않았다. 그동안 미국은 민진당의 대만 독립시도를 막기 위해 대만인의 열망보다 지역안정 및 베이징과의 협력관계가 더 중요하다고 강조해 왔는데, 2012년 마잉주가 재선에 성공해 2016년 6월까지 총통으로 일하게 되면서 워싱턴은 일단 대만 관련 우려를 덜게 됐다.[1]

대만에 대한 무기판매　　　한편 미·중 간에는 대만에 대한 미국의 무기판매로 약간의 갈등이 존재했다. 중국은 오랫동안 미국의 대만에 대한 무기판매에 반대해 왔다. 그 이유로 베이징이 제시한 논리는 대만이 첨단무기로 무장할수록 민진당을 포함한 분리주의 분파세력의 독립 의지가 강해지고, 그 조치가 1982년 8월 미국이 대만에 대한 무기판매를 줄여나갈 것이라는 미·중 공동성명 합의를 위반한다는 것이었다. 그렇지만 미국의 생각은 약간 달랐다. 미국은 군사력을 동원해서라도 통일을 달성할 것이라고 늘 공언하는 중국으로부터 대만을 보호하기 위해 그 나라의 무기체계를 일정수준에서 유지할 필요를 느꼈다. 또 국내적으로도 워싱턴 당국은 1979년 미·대만 외교관계를 단절하면서 도입한 '대만관계법'(Taiwan Relations Act)에 따라 타이베이에 어느 일방의 강요가 아닌 대화를 통한 통일에 필요한 수준의 자위능력을 위해 일정량의 무기를 제공할 의무를 지녔다. 오바마 대통령 시절 미 펜타곤은 마잉주 총통 취임 이후 양안관계가 획기적으로 개선됐음에도 불구하고 베이징이 대만에 대한 압박수단, 또 일단 유사시 공격능력을 확보하기 위한 목적으로 양안 지역에 계속 무기체계를 강화시키고 있음을 지적했다.[2] 중국은 늘 그랬듯 대만의 위상이 미·중 관계에서 가장 민감하고 중요한 문제라고 주장했지만, 오바마 행정부는 중국이 무력통일을 포기하지 않는 한 대만에 대한 무기판매를 중단할 수 없다는 입장을 고수했다. 그렇게 양측이 팽팽한 신경전을 벌이는 가운데 2010년 1월 미국은 대만에 64억 달러 상당의 무기판매를 제안했고, 그에 대해 후진타오 정부는 대만

행정부가 극심한 반중국, 친대만 정책을 시행하면서, 시진핑 정부는 대만의 WHO 옵서버 자격 갱신을 거부했다.

1) Lawrence, U.S.-China Relations, (August 1, 2013), pp. 28-31.
2) 대만 건너편에 PLA는 1천 1백기가 넘는 미사일을 배치하고 언제든 공격할 준비를 갖추고 있다.

에 무기를 공급하는 미국회사에 제재를 부과하고 국제, 지역문제에 대한 협력을 유예할 것이라고 위협했다.[1] 그러나 2011년 10월 오바마 행정부가 미 의회에 145대의 F-16A/B 전투기, 조종사훈련 프로그램 연장, 무기부품을 포함하는 대만에 대한 58억 5천만 달러 군사패키지 판매를 통보했을 때 베이징은 항의하지 않았다. 그 이유는 그 판매에 중국 인민해방군이 절대로 반대하는 더 선진화된 첨단무기인 F-16C/D 전투기가 포함되지 않았기 때문인 것으로 추정됐다.[2]

　　　　트럼프 취임 이후의 변화　　　　2017년 트럼프가 대통령으로 취임한 이후 미국은 그 이전의 부시, 오바마 행정부와는 상당히 다른 뉘앙스의 대만, 중국관계를 시도했다. 처음 당선됐을 때 트럼프는 '하나의 중국' 원칙의 정당성에 의문을 제기했지만, 2017년 2월 시진핑과의 전화통화에서 그 원칙 준수를 약속했다. 그래도 트럼프 행정부의 2017년도 국가안보전략(NSS: National Security Strategy)은 '하나의 중국' 원칙 하에서 대만과의 강력한 관계유지를 강조했는데, 그것은 대만관계법 하에서 베이징의 강요를 막기 위해 대만 안보에 필요한 국방물자 제공을 포함한다고 명시했다. 2018년 트럼프는 또 '대만 여행법'(Taiwan Travel Act)에 서명했는데, 그것은 미국과 대만 관리들이 지위고하를 막론하고 누구나 양국에서 필요한 상대역과 회동할 수 있다는 내용의 법안이었다. 그것은 전례 없는 조치였는데, 그에 따라 2019년 5월 1979년 미·대만 공식 외교관계 단절 이후 처음으로 양국 국가안보보좌관 회동이 이루어지고 7월에는 대만 총통 차이잉원이 카리브 지역 국가들을 방문하는 과정에서 뉴욕시와 (콜로라도) 덴버시를 며칠 간 경유했다.[3] 트럼프 취임 이후 미국의 대만에 대한 무기판매는 2019년 말까지 117억 6천만 달러 규모로 11차례에 걸쳐 시행됐는데, 2019년 8월의 무기이전은 PLA가 크게 반대하는 F-16C/D Block 70대, 아브람스 탱크(Abrams tanks), 다양한 종류의 미사일, 잠수함 어뢰, 전자전 장비, 그리고 각종 무기운용 패키지를 포함했다. 또 펜타곤의 2019년 인도-태평양 전략 보고서는 대만을 하나의 독립적인 나라(country)라고 지칭하면서, 대만을 싱가포르, 뉴질랜드, 몽골과 함께 미국이 신뢰할 수 있는 자연적 파트너라고 불렀다.[4] 트럼프의 '대만

----

1) "China hits back at US over Taiwan weapons sale," BBC News, (January 30, 2010)

2) Lawrence, U.S.-China Relations, (August 1, 2013), pp. 28, 31.

3) 1995년 이후 미국의 정책은 대만 총통이 다른 나라를 방문하면서 미국을 일시 경유하는 것은 허락했다. 2019년 뉴욕 방문 당시 차이잉원은 컬럼비아 대학에서 비공개 연설을 하고 센트럴 파크를 둘러보았다.

4) 트럼프의 대중국 정책과 관련해 다음과 같은 조언이 제시됐다. 중국은 지난 수년 전부터 멋대로 행동하는 경향이 있는데, 그것은 그 나라의 증대하는 경제, 군사파워에서 유래한다. 중국은 남중국해에서 군사시설을 구축하고, 외국 어선을 괴롭히며, 미국이 옹호하는 '항해의 자유' 권리에 도전한다. 국내에서는

여행법' 서명, PLA가 극구 반대하는 첨단무기 이전, 그리고 대만 위상에 관한 미국 정부의 태도는 (그보다 훨씬 자극의 강도가 약했던) 1995년 리덩후이의 코넬대 방문 당시 중국의 세 차례에 걸친 대만 인근 미사일 훈련을 연상시켰다.[1] 그렇지만 시진핑 정부의 대응은 절제된 형태로 나타났는데, 주미 중국대사 추이톈카이(Cui Tiankai)가 트위터에서 "대만은 중국의 일부이다. 대만을 분리시키려는 어떤 시도도 결코 성공하지 못할 것이다. 불장난을 하는 자는 단지 화상을 입을 것"이라고 말했을 뿐이다. 중국 외교부도 "중국은 무기거래에 개입된 미국회사 제재를 포함해서 그 이익을 수호하기 위한 모든 필요조치를 취할 것"이라고 말했다.[2] 물론 베이징 당국의 대응이 조절된 수위였지만, 그것이 중국의 대만 독립에 대한 태도변화를 의미하는 것은 아니다. 또 대만이 본격적으로 독립을 추진하려 할 때 미국의 개입을 우려해 무대응으로 일관할 중국이 아니다. 대만 독립을 주장하는 차이잉원이 2020년 1월 재선에 성공하고, 또 2019년 홍콩의 반중국 민주시위와 관련해 대만 내에서 독립에 대한 선호도가 더 커졌지만, 그것을 대만이 독립할 수 있을 것으로 추정하는 것은 착각일 것이다.[3] 대만 내 정권의 변화와 관계없이 장기적으로 대만은 중국 주도 통일전략의 일부로 남아 있을 것이다.

_차이잉원

보호무역주의를 시행하면서 외국 기업에 기술이전을 강요하고 불공정한 규제를 부과한다. 비영리 단체의 폐쇄는 사회감시의 일환이다. 미국의 대응은 아시아 동맹국들과의 관계를 잘 유지하면서 중국이 해를 끼치는 행위를 할 때는 그에 대해 상응하는 조치(tit-for-tat, reciprocity)를 취해야 하지만, 동시에 서로에게서 증오를 이끌어 내는 일을 자제해야 한다. 미국은 미군 주둔을 통해 아시아에서 힘의 위상을 유지하면서 중국과의 대결로 이끄는 급격한 정책 변화로 일을 망치지 말아야 하는데, '하나의 중국' 원칙 폐기는 중국과의 모든 협력을 종식시키는 재앙으로 가는 큰 실수가 될 것이다. Susan Shirk, "Trump and China," Foreign Affairs, Vol. 96, No. 2 (March/April 2017), pp. 20-27.

1) 2020년 6월 17일 트럼프 행정부는 '2020 위구르 인권정책법'에 서명했는데, 그것은 신장 위구르족을 탄압하는 중국 정부관리와 기업인을 제재하는 법안이다.

2) Lawrence, Campbell, Fefer, Leggett, Lum, Martin, Schwarzenberg, U.S.-China Relations, (August 29, 2019), pp. 36-38.

3) 2020년 6월 초 중국 전인대는 홍콩 내 반정부 활동을 처벌하는 홍콩 국가보안법을 통과시켰다. 수천 명의 홍콩인들이 그 법안 통과를 전후해 수많은 시위를 벌이고 미국이 홍콩의 경제 관련 특별지위를 박탈하는 경제제재를 가할 것이라고 경고했지만, 베이징 당국은 물러서지 않았다. 홍콩 내에서 시위가 계속될 경우 베이징은 국제사회의 비난에도 불구하고 1989년의 천안문 사태 당시와 비슷한 강경모드로 전환할 가능성이 높다.

(5) 양자관계

오바마와 후진타오, 시진핑 시기 미·중 양자관계는 큰 불협화음 없이 진행됐다. 오바마는 중국의 군사, 경제적 문제점을 지적했고, 베이징은 워싱턴의 입장을 경청하면서 신중하고 방어적 방식으로 중국의 입장을 고수했다.[1]

1) 정상회담 및 고위급 대화

오바마와 후진타오는 서로 잘 통했다. 오바마는 대선 당선자 시절 후진타오와의 통화에서 미·중 관계발전이 양국 이익과 세계문제 해결에 중요한 함의를 갖는다는 데 동의했고, 양국 국민여론 차원에서도 두 나라 정부가 서로 협력해야 한다는 분위기가 존재했다. 그들은 유엔안보리, G-20, WTO, 유엔기후협약과 같은 다자회담과 상호 교환방문을 통해 2009년 한해에만 12번 회동했다.[2] 오바마와 시진핑 관계도 우호적이었다. 시진핑이 국가주석에 취임한 이후, 2013년 6월 캘리포니아 리버사이드 카운티 서니랜드 별장(Sunnylands Estate)에서 오바마와 시진핑의 첫 만남이 있었다. 그들은 미국의 대만에 대한 무기판매와 중국군의 미국 정부 및 기업 사이버 해킹에 관해서 약간의 이견을 노출했지만, 북한 비핵화, 기후변화 문제 해결 필요성을 포함해 다양한 이슈에 관한 공감대를 도출했다.[3] 오바마는 시진핑에게 미국은 '하나의 중국' 정책을 지지한다고 재확인했다. 그 이후에도 두 리더의 관계는 나쁘지 않았다. 2014년 오바마는 베이징이 티베트의 고유한 문화, 종교, 언어적 정체성을 존중할 것을 촉구하면서도, 미국은 티베트의 독립을 원치 않고 티베트를 중국의 일부로 간주한다는 말을 덧붙이기를 잊지 않았다. 2016년 3월

---

1) 조지 W. 부시 집권기 미·중 군사대화는 상호교차방문, 핫라인, 정보교환 등 몇몇 사안에 합의했지만 주로 PLA의 거부로 인해 제대로 시행된 것은 거의 없었다. 경제관계에서 중국의 신중상주의 행태와 지적재산권 침해 문제는 시정이 매우 느렸다. 그래도 위안화 저평가 문제에 있어서는 베이징은 워싱턴의 비판을 감안해 미국이 원하는 만큼 평가절상을 수용했고, 그것은 미 외교, 재무당국으로부터 감사한다는 의사표현을 이끌어냈다. 중국의 정치, 사회를 포함하는 내정에 관해서는 부시 행정부는 가능한 한 간섭하지 않기로 결정했다.

2) 오바마는 2009년 11월 처음 중국을 방문했고 후진타오 주석은 2011년 1월 미국을 국빈 방문했다. Boston Study Group on Middle East Peace, "Foreign Policy Association: Resources Library: Viewpoints: Moving the G-2 Forward," www.fpa.org

3) 그러나 이임하는 미 국가안보 보좌관 톰 도닐론(Tom Donilon)은 중국의 사이버 해킹 문제는 미·중 관계의 핵심에 있다고 지적했다. 그 이유는 그것이 현대전쟁에서 상대방 군사력을 무력화시키는 가장 중요한 수단 중 하나이기 때문이다.

말 오바마 대통령은 핵 안보정상회의(Nuclear Security Summit) 장외에서 또다시 시진핑과 다양한 국제, 양자문제에 관해 논의했다.[1]

오바마 대통령 시기 미·중 양국 간에는 90개 이상의 양자대화 메커니즘이 존재했는데, 미·중 고위급 대화의 대표적 제도는 '전략 및 경제대화'(S&ED: Strategic and Economic Dialogue)였다. S&ED는 2009년 4월 1일 오바마와 후진타오가 과거 부시-후진타오가 2005-2006년에 걸쳐 창설한 고위급 외교대화(Senior Dialogue)와 전략경제 대화(SED: Strategic Economic Dialogue)를 통합한 것인데, 그것은 일석이조 형태의 효율성 제고를 위한 조치였다. 그 대화채널에서 안보, 경제 관련 미국 측 대표는 힐러리 클린턴 미 국무장관과 티모시 가이트너(Timothy Geithner) 재무장관이었고, 중국에서는 왕치산(Wang Qishan) 부총리와 국무위원 다이빙궈(Dai Bingguo)가 참여했다.[2] 제1차 S&ED 회담은 (앞에 언급한 바와 같이) 2009년 7월 개최됐는데, 그때 양국은 대테러, 비확산, 인도주의 위기, 지구 온난화와 같은 이슈를 논의했지만 그 초점은 미국에서 시작된 지구적 경기 대침체 대응에 맞춰져 있었다.[3]

2) 미·중 군사관계

그러나 조지 W. 부시 시대와 비슷하게, 수많은 양자 군사접촉에도 불구하고 오바마 시대의 미·중 군사대화는 별 성과를 거두지 못했다. 오바마와 후진타오는 2009년, 2011

1) Fraser Cameron, China's Foreign Policy under the New Leadership—More Continuity than Change, (November 15, 2013), http://www.bub.ac.be/biccs/site/index.php?id=273, p. 3; Jackie Calmes and Steven lee Myers, "U.S. and China Move Closer on North Korea, but Not on Cyberespionage," The New York Times, (June 8 2013); "Remarks by President Obama and President Xi Jinping in Joint Press Conference," (November 12, 2014), obamawhitehouse.archives.gov

2) 또 다른 고위급대화 창구도 있는데, 그것은 2011년 S&ED 하에서 창설된 SSD(Strategic Security Dialogue)로서, 미 국무 부장관과 중국 외교부장이 공동의장이고, 미 국방 차관보와 중국 합참의장이 참석했다. 오바마 시대 새로 창설된 다른 고위급 대화로는 2010~2011년 도입된 미·중 인적교류대화(CPE: US—China Consultation on People—to—People Exchange)와 미·중 지사포럼(US—China Governors Forum)이 존재했다. 과거 부시 시기에 존재하던 것도 있었고, 아니면 몇몇은 통폐합되어 다른 명칭으로 존재했다.

3) 미국은 유엔해양법(UNCLOS: UN Convention on the Law of the Sea)을 비준하지는 않았지만, 중국에게 그 협정이 규정하는 '항해의 자유' 준수를 강력히 권고했다. "Economic Crisis, Looming Environmental Threats, And Growing Nuclear Weapons Worries—All In A Day's Work At The Strategic And Economic Dialogue," (July 29, 2009), china.usc.edu.

년 정상회담 당시 유기적 군사관계 증진에 대한 포부를 강조했다. 또 2012년 2월 아직 국가 부주석인 시진핑이 예외적으로 미국 펜타곤(Pentagon)을 방문했고, 그해 미 국방장 관 레온 파네타(Leon Panetta), 미 태평양사령부 사령관 새뮤얼 락크리어(Samuel J. Locklear) 해군제독이 중국을 방문했다. 2013년 시진핑 치하에서 잠시 양국 군부 간에 교 류가 활성화되는 듯 보였다. 2013년 4월 미 합참의장 마틴 뎀프시(Martin E. Dempsey)가 중국을 방문해 거의 2년 만에 미·중 최고위급 군사회담이 개최됐다. 그 대화는 북한 핵 미사일, 워싱턴의 아태지역 군사태세 강화, 중국의 동·남중국해 도발을 포함해 여러 문 제에 관한 일부 상호의심이 존재하는 가운데 진행됐다.[1] 그 당시 양국 간에는 사이버안 보가 갑작스런 긴장의 원천으로 등장했다.[2] 미국 군사대표들은 중국정부가 미국 컴퓨터 네트워크 해킹을 중단하고 사이버안보에 관한 국제기준 제정을 도울 것을 촉구했다. 중 국 측은 인민해방군(PLA)이 미국회사와 정부에 대한 사이버 공격의 배후에 있다는 주장 을 강하게 부인했다. 그래도 군사회담 이후 PLA 총참모장 팡펑훼이(Fang Fenghui)는 베 이징은 비록 진전은 느리지만 사이버안보 메커니즘을 설립할 것이라고 우호적으로 말했 다.[3] 뎀프시 장군 역시 실용적 태도로 호응했다. 그는 미국의 일본, 한국, 필리핀, 호주 와의 군사동맹 의무가 마찰을 일으킬 순간도 있을 수 있지만, 워싱턴은 중국과 더 좋고, 더 깊은 지속적 관계를 선호하고, 아시아의 피봇은 중국 봉쇄가 아니라 아태지역의 안정 과 번영을 위한 것이라고 우호적으로 말했다. 시진핑은 베이징을 방문하는 미국 군사대 표단과 만난 자리에서 미·중 양국 간의 호혜협력이 세계정세에 미치는 긍정적 영향을 강 조했다.[4]

1) 그 회담은 2011년 7월 마이크 뮬렌(Mike Mullen) 제독이 베이징에서 회담을 가진 이후 처음 열리는 3일 간의 군사회담이었다. 한편 2013년 펜타곤은 중국 국방장관 창완취안(Chang Wanquan), 해군사령 관 우셩리(Wu Shengli)를 포함해 중국의 여러 국방 고위관리들을 초청했다.
2) 재래식 전쟁 진화의 일부로서, 오늘날 사이버 전쟁은 감시, 사보타지, 데이터 절도, 심리전 등의 군사적 관행에 깊이 배어있다. Jarno Limnell, "Is Cyberwar Real? (Gauging the Threat)," Foreign Affairs, Vol. 93, No. 2 (March/ April 2014), pp. 166.
3) 팡펑훼이는 우호적으로 국가 대 국가 관계와 일치하는 새로운 양국 군사관계가 필요하다고 말하면서 동 시에 "태평양은 우리 두 나라를 잘 어울리게(accommodate) 하기에 충분히 광활하다"고 강조했다. 그 것은 시진핑이 2012년 2월 부주석으로 워싱턴을 방문했을 때 한 말이었다.
4) 팡펑훼이는 북한의 2013년 2월 핵실험 문제도 거론했다. 그는 "북한은 이미 세 번의 핵 실험을 했고, 네 번째 핵실험을 할 수도 있다"고 말했다. 그는 중국은 북한의 핵무기 개발에 반대한다고 반복적으로 말하면서 수년 전 중단된 6자회담 재개를 촉구했다. Jane Perlez, "U.S. and China Put Focus on Cybersecurity," (April 22, 2013), https://www.nytimes.com〉 asia

군 고위층 상호방문을 넘어 양국 간에 초보적 신뢰구축도 있었다. 2012년 9월 미·중 양국은 최초로 아덴만에서 해적소탕 연합훈련을 실시했다. 2013년 4월 PLA 고위간부들이 미-필리핀 발리카탄(Balikatan) 연합 군사훈련을 참관했고, 그 두 달 후 PLA는 미군과 함께 아세안 플러스(ASEAN PLUS)가 주관하는 인도적 지원, 재난구조 훈련에 참여했다. 2014년 여름 미군은 태평양지역 최대훈련인 '림팩'(RIMPAC)에 중국군을 초청했고, PLA는 그 제안을 수락했다.[1] 그러나 상호 군인사 방문, 신뢰구축에도 불구하고, 시진핑 집권 이후 활성화되는 듯하던 양국 군사협력은 더 이상 진척되지 않았다. 대테러 문제로 그들이 자주 만난 것은 그것이 양국의 첨예한 이익이 걸린 국제적 공통사안이었기 때문인 반면, 두 나라 군부는 군사문제 논의에서는 이상하리만큼 소통이 결여됐다. 특히 PLA가 펜타곤과의 군사대화를 회피하는 경향이 컸는데, 그들은 미국과의 의사소통이 워싱턴의 간섭을 유도하고 자국의 군사약점을 노출시킬 것이라고 우려하는 것으로 보였다.[2]

미국은 중국의 전력증강에 대해서도 의구심을 표시했다. 중국 국방비는 2003~2012년 기간 인플레이션을 조정한 수치로 연평균 9.7% 증가했고, 2013년 시진핑 집권 첫해 공식액수인 1,140억 달러는 실제로는 적어도 그 두 배에 가까운 2,150억 달러에 이를 것으로 추정됐다. 2011년 가을 오바마 행정부는 중동으로부터 아시아로의 피봇(pivot), 재균형(rebalance) 전략을 선언하면서 PLA의 군사현대화 목표, 정확한 국방비 규모를 포함해 중국군의 투명성이 증진돼야 한다고 주장했다. 펜타곤은 2013년 의회 보고에서 PLA 군사현대화의 단기적 목표는 대만을 포함하는 위기에 대비하는 것이지만 장기적으로는 우주능력, 전자전, 사이버전쟁을 포함해 '힘의 투사'를 추구한다고 분석했다. 펜타곤은 한 가지를 특히 강조했는데, 그것은 중국이 서태평양으로 진입하는 미 항공모함 전단에 대한 억지력 강화를 위해 '접근방지, 지역거부'(A2/AD: Anti-Access, Area-Denial) 능력을 개발한다는 것이었다. A2/AD의 핵심은 '항모 킬러' DF-21D 순항미사일인데, 그 미사일은 최대 마하 10의 속도로 미 항모를 공격할 수 있었다. PLA는 또 국내 생산된 제5세대 스텔스 전투기 원형인 J-20을 시험 비행했고, J-31로 임시 명명된 더 선진화된 전투기도 개발하고 있었다. 그런 항공기들 역시 미국의 아시아 군사기지를 포함해 지역 공군기지와 시설에 대한 엄청난 공격능력을 부여할 것이다. 또 PLA는 1998년 우크라이나

---

1) 또 미국과 중국은 처음으로 태평양 육군사령관 회의를 공동초청하기로 합의했다.
2) 미 군부관리들은 미·중 안보, 군사논의 결여를 매우 불만스럽게 느꼈는데, 그들은 베이징의 열의 부족으로 인해 실제에 있어서는 냉전시대 미·소 핵문제 논의보다도 대화가 더 소원하다고 말했다. Lawrence, U.S-China Relations, (August 1, 2013), pp. 15-16.

로부터 절반쯤 건조된 바랴그(Varyag) 항모를 수입, 완성시켜 2012년 9월 최초의 5만 톤급 항공모함 랴오닝(Liaoning)호를 진수시켰다.[1] 미국은 또 중국정부와 PLA가 미국의 핵전력, 미사일방어망, 재래식 무기체계 발전에 사용되는 첨단기술과 민감한 정보를 해킹한다고 비난했다.

그러나 2013년 6월 오바마와 정상회담 이후 시진핑은 "중국은 평화발전의 길에 확고히 헌신할 것"이라고 다시 한 번 강조했고, 중국 정부는 어떤 형태의 해킹에도 반대하며 미국과 사이버안보에 관해 대화할 준비가 되어 있다고 주장했다. 그럼에도 불구하고 베이징은 전략목표를 향해 질주했다. 중국은 남중국 해 도서 및 암초 장악과 군사기지 건설, 동중국해에서의 공세, 그리고 핵, 우주능력 발전, 미사일 및 재래식 전력증강을 통해 동아시아를 넘어 더 넓은 지역으로 세력을 확대해 나갔다. 베이징은 워싱턴의 중국 사이버 해킹 비난에 대해 미국이 더 많은 해킹을 한다고 반박하면서 계속 자기들 입장을 주장했고, 2014년 11월 오바마의 중국 방문 당시 미·중 양국이 군사적 신뢰구축을 위한 두 개의 양해각서에 서명했지만 양국 간 군사대화, 군사협력은 의미 있는 진전을 이루지 못했다.[2]

실제 지난 오랜 기간 중국은 군사현대화의 목표가 무엇이고 국방비의 실제 규모는 무엇이며 전력발전의 구체적 요소가 무엇인지에 대해 확실하게 밝힌 적이 거의 없었다. 그동안 장쩌민에서 후진타오에 이르는 사이 베이징은 중국 국방비는 인구수에 비해 일인당 최저수준이고, 전력발전은 지나치게 노후한 무기체계를 현대화하는 수준이라고 주장했다. 또 베이징은 계속 평화주의 슬로건을 제시하면서 모든 중국의 행동은 내정간섭의 지양, 주변국과의 안정된 관계를 추구한다고 강조했다. 베이징은 또 중국은 미국 주도의 기존 국제체제에 도전할 능력이나 의사가 없고, 미군병력의 아태 주둔을 수용하며, 미·중 간 협력을 위해 노력할 것이라고 말했다. 시진핑 집권 이후에도 중국은 계속 주변국과의 평화적 대외관계를 원한다고 말했지만, 워싱턴은 베이징의 의사결정과 PLA 행동에 비추어 그것을 모두 정치적 수사로 간주했다.

---

1) 그 항모는 2~4년 내에 작전효율성을 갖게 되고, 중국은 향후 15년에 걸쳐 여러 척의 항모를 더 건조할 것으로 예상됐다.
2) 첫 번째 MOU는 '공중 및 해상충돌의 안전을 위한 행동규칙'이었고, 두 번째 MOU는 주요 군사활동 통보에 관한 것이었다. Lawrence, U.S−China Relations, (August 1, 2013), pp. 17−18; Susan V. Lawrence, Jane A. Leggett, Wayne M. Morrison, President Obama's November 2014 Visit to China: The Bilateral Agreements, CRS Insights, (November 13, 2014), p. 2.

재균형 전략에 관한 논란 2011년 가을 워싱턴은 중국을 견제하고 아태지역 안정을 증진시킨다는 의미에서 대외정책의 재균형을 선언했다. 이라크 미군철수가 거의 완료되고 오사마 빈 라덴 사살로 국제 테러리즘과의 전쟁이 한고비를 넘어서면서, 워싱턴은 이제 중국의 부상에 대비해 아태지역으로 더 관심을 돌려야 할 필요를 인식했다. 오바마의 피봇전략은 아태지역에서 미군 순환배치를 증가시키는 방안을 고려했는데, 2012년 베이징은 워싱턴의 방위구상이 중국 고립을 염두에 둔 것이라고 비난했다.[1] 그들은 재균형 전략이 중국 봉쇄를 의도하는 것인지, 또 아태지역에서 미국의 동맹강화, MD 배치, 그리고 미 해·공군 합동전투 개념이 특히 중국이 추진하는 A2/AD를 겨냥하는 것인지에 관해 펜타곤의 확실한 답변을 원했다. 중국 관리들은 미국의 재균형 전략이 아세안과 관계를 심화시키고 중국과 영토분쟁을 겪는 일본, 필리핀, 베트남과 같은 나라들을 부추겨 아태 안보를 불안정화 시킨다고 비판했다. 아시아 재균형의 경제적 요소인 TPP에 대해서도, 베이징은 그것이 아태 지역경제에서 중국을 배제시켜 역내 무역 및 투자에 있어서 중국 리더십 역할을 제한하려는 시도라고 비난했다.[2] 중국 정부와 전문가 집단 내에서 미국의 아시아로의 전략적 재균형에 어떻게 대응해야 하는지에 관해 다양한 의견이 존재했다. 일부는 강력한 대응을, 또 다른 일부에서는 견제와 협력을 주장했지만, 대체로 그들은 미국과의 공개적 갈등은 피해야 한다는 공감대를 갖고 있었다.[3]

_환태평양 동반자협정(TPP), pennpoliticalreview.org

1) 2012년 2월 펜타곤을 방문하면서, 당시 부주석 시진핑은 중국은 아태지역에서 미국의 평화와 안정을 위한 건설적 역할을 환영하는 동시에 워싱턴이 중국을 포함해서 그 지역의 다른 나라들 이익과 우려를 존중해 주기를 희망한다고 말한 바 있는데, 그 이후 중국 관리들은 미국의 재균형 전략이 포함하는 범위가 어디까지인지에 관해서 수시로 의문을 제기했다. Hillary Clinton, "America's Pacific Century," Foreign Policy, (November 2011), http://us−global−trade.com/Hillary Clinton.Asia; Craig Whitlock, "Philippines may allow greater U.S. military presence in reaction to China's rise," The Washington Post, (January 25, 2012)

2) Lawrence, U.S.−China Relations, (August 1, 2013), p. 19.

3) Cameron, "China's Foreign Policy," (November 15, 2013), http://www.bub.ac.be/biccs/site/index.php?id=273, p. 3.

한편 2014년에 이르러 오히려 미국 전문가들이 아태지역으로의 재균형 전략이 많은 면에서 문제가 있다고 지적하기 시작했다. 오바마 행정부 피봇 전략의 핵심인물인 미 국무부 동아태 차관보 다니엘 러셀(Daniel Russel)이 워싱턴이 그 지역에 수십 년간 안보우산을 제공해 온 상태에서 이제 새롭게 그것을 거론하는 이유는 중국 영향력 증대의 시기에 과거 공약을 강화하기 위한 목적을 띤다고 말했을 때, 일각에서는 그 전략이 실질적 비전을 결여했다고 비판했다. 또 다른 일각에서는 일본, 한국, 베트남, 필리핀과의 안보 연계에 대한 새로운 강조는 긴장을 고조시킨다고 분석했는데, 정치학자 멜 거토프(Mel Gurtov)는 그것은 "미국인들이 냉전적 사고로 회귀했다고 말하는 중국인들을 고무시키는 봉쇄전략의 일부"일 뿐이라고 주장했다. 미국 언론인 사이먼 데니어(Simon Denyer)는 국제정세와 아태 안보의 객관적 현실은 재균형 전략이 추구하는 것과는 많은 다른 양상을 나타내고, 그 전략은 많은 단기적 문제를 노출시키고 있다고 분석했다. 실제 그 당시 현실은 비판자들의 분석에 무게를 실어주었다. 예를 들어 2013년 12월 중국은 센카쿠를 포함하는 지역에 방공식별구역(ADIZ)을 설정하면서 발표 바로 직전에 미국에 통보했다. 그것은 통보하지 않은 것과 다름없었다. 2013년 12월 아베는 사전에 미국에 아무 통보가 없는 상태로 야스쿠니 신사에 참배했다. 2014년 1월 중국은 또 남중국해에서 외국어선의 조업통제를 선언했는데, 오바마와 시진핑의 직통 핫라인 채널에도 불구하고 베이징은 자기들이 원하는 방식으로 모든 일을 처리했다. 사이먼 데니어는 전체적으로 미국의 노력은 아직 별 효과가 없고, 중국과 일본이 미국에게 신경이나 쓰는지도 확실치 않다고 냉소적으로 말했다.[1]

----

1) Simon Denyer, "Obama's Asia rebalancing turns into a big foreign policy headache," (January 28, 2014), https://www.theguardian.com〉 jan; 트럼프가 대선에서 승리한 직후 오바마의 재균형 전략과 관련해 다음과 같은 분석이 제기됐다. 2011년 11월 오바마가 호주 의회 연설에서 언급한 아시아로의 재균형 전략은 증대하는 중국의 힘을 견제해 주기 바라는 아시아 국가들의 열망과 미국 자신이 부상하는 중국을 제어하려는 목적에서 비롯됐다. 피봇, 재균형 전략은 정치, 군사 및 경제차원을 포함한다. 정치, 군사차원에서는 미국은 필리핀, 호주, 일본, 한국, 태국과 같은 기존 동맹국들과의 동맹을 더 강화하고, 인도네시아, 말레이시아, 싱가포르, 베트남을 포함하는 새로운 파트너들과의 유대를 더 강력하게 형성한다는 구상을 포함했다. 필리핀과는 방위협력 고양협정(EDCA: Enhanced Defense Cooperation Agreement)을 통한 협력 강화를 모색했다. 그러나 재균형 전략이 중국을 봉쇄하는 목표에 효과적이었는지는 의문이다. 헤이그 국제법정에서 베이징의 남중국해와 관련된 판결을 무시하는 중국의 전략은 잘 작동하는 것으로 보인다. 필리핀 대통령 로드리고 두테르테(Rodrigo Duterte)는 베이징과의 양자관계 강화를 위해 헤이그 중재결정을 제쳐둘 것으로 알려졌다. 다른 아시아 국가들 역시 베이징의 주장을 수용하려는 조짐이 보이고, 중국과 해상 주장이 겹치는 말레이시아와 베트남은 그 분쟁을 덜 중시하면서 경제를 위해 베이징과 더 나은 관계를 유지하려는 것으로 보인다. 경제적 차원에서는 미국 재균형 전략의 초석은 태평양 연안 12개 국가를 포함하는 TPP이다. 그 가장 큰 실제 목적은 다른 나라들이 미국의 규칙과 가치에 따라 움직이도록 미국이 아태지역의 무역규정을 보장하는 것이었다. 그러나 트럼프가

3) 미·중 경제관계

세계에서 제1, 2위의 규모를 차지하는 미국과 중국 경제는 서로 긴밀하게 얽혀있는 상태에서 한동안 많은 갈등을 겪어왔다. 2012년 통계에 따르면, 미국의 명목상 국내총생산(GDP)은 15.7조 달러로 중국 8.2조 달러의 약 2배에 달했다. 미국에게 중국은 캐나다 다음의 두 번째 큰 무역파트너로서 무역규모는 5,360억 달러에 달했다. 미국은 중국에 1,100억 달러 상당의 제품과 서비스를 수출하고 4,260억 달러 어치를 수입해 무역적자는 3,150억 달러였다. 중국에게 미국은 최대의 해외 수출시장이고, 미국에게 중국은 캐나다, 멕시코 다음의 세 번째 큰 수출시장이었다. 미국에게 중국으로부터의 수입은 모든 수입의 19%였고, 중국에 대한 수출은 모든 미국 수출의 7%를 차지했다. 2010년 말까지 미국 기업들이 중국에 투자한 총량은 605억 달러이고, 중국의 대미투자는 통계 주체에 따라 38~280억 달러 사이에 위치했다.[1]

미·중 경제관계는 여러 이슈와 관련됐는데, 흥미 있는 사실은 일부 사안에서는 중국이 분명히 미국의 이익을 침해했고, 다른 일부 사안에서는 두 나라 모두 똑같이 행동하는 가운데 미국이 중국을 일방적으로 비난했으며, 또 다른 사안에서는 미국이 근거 없이 중국을 비난한 것이다. 다른 사안에서는 베이징이 워싱턴의 모든 요구를 수용했지만, 미·중 경제관계는 미국에게 유리하게 진행되지 않았다. 양국 간 가장 큰 문제였던 미국 무역적자의 경우, 오바마 행정부는 베이징의 불공정 무역관행, 위안화 평가절하의 부당성을 거론하면서 중국의 거대한 대미 무역흑자 시정을 요구했다. 그러나 베이징 당국은 대미수출에 제3국 중간부품이 상당량을 차지하기 때문에 중국이 실제 거둬들이는 수익은 별로 크지 않다고 반박했는데, 일부 경제전문가들은 베이징 주장의 신빙성을 받아들여 중국의 현금계정 흑자가 2007년 GDP의 10.1%에서 2012년 2.3%로 하락한 것에 주목했다. 실제 오랫동안 많은 경제전문가들은 미국의 대중국 무역적자는 중국의 잘못이기보다는 근본적으로 미국이 투자보다 너무 소비가 많고 예금이 적은 것에서 유래한다

TPP를 거부하는 상황에서, 역내 국가들은 '역내 포괄적 경제동반자협정'(RCEP: Regional Comprehensive Economic Partnership)에 큰 관심을 갖는다. RCEP은 아세안 주도로 모든 아세안 10개국에 중국, 인도, 일본, 한국, 호주, 뉴질랜드를 포함하는 자유무역지대이지만, 미국은 배제됐다. TPP, RCEP 모두에서 미국이 제외되면, 그것은 미국의 경제이익에 큰 타격이 될 것이다. Uriel N. Galace, "In Retrospect: Assessing Obama's Asia Rebalancing Strategy," www.fsi.gov.ph〉in－retrospect－assessing－..., (December 2016)

1) Lawrence, U.S.－China Relations, (August 1, 2013), pp. 32－33.

고 지적했다.[1] 무역과 관련된 또 다른 주요 이슈는 중국 위안화 저평가 문제였는데, 그에 관해 베이징은 워싱턴의 요구를 충분히 수용했다. 미 재무부는 중국 런민비가 2010년 6월~2013년 4월까지 16.2%, 그리고 2005년 7월~2013년 4월까지 33.8% 평가 절상됐다고 시인했고, 워싱턴 당국은 여러 계기에 베이징의 협력에 감사한다는 메시지를 전했다. 그로 인해 중국은 런민비 평가절하가 미국의 대중국 무역적자의 중요한 원인이라는 워싱턴의 비난에서 벗어날 수 있었다. 실제 위안화의 지속적 평가절상에도 불구하고 미국의 대중국 무역적자는 전혀 축소되지 않았다. 해외투자의 경우에는 미·중 양측 모두 상대방의 투자를 환영했지만, 일부 영역에서는 두 나라 모두 상대방을 제한하려는 움직임을 보였다. 미국 의회는 2013년 중국의 샹후이 홀딩스(Shuanghui International Holdings)가 버지니아 식품회사 스미스 푸드(Smithfield Foods)를 47억 달러에 매입하려 했을 때 그 시도에 제동을 걸었고, 베이징은 미국이 대중국 투자에서 일부 산업과 서비스 분야를 제외해 주기를 원했다. 그 이유는 미국은 자국의 식품안전, 식품기술 및 지적재산권 보호를 포함하는 식량안보를 우려했기 때문이고, 중국의 입장은 자국 유치산업을 보호하기 위한 목적을 띠었다. 한걸음 더 나아가 두 나라는 무역, 투자를 포함하는 제반문제가 WTO 규정과 어떻게 연계되는가를 검토했는데, 그 결과 일부 사항에서는 서로 WTO에 제소했고, 타협이 가능한 기타 사안에서는 S&ED 등의 채널에서 협의해 타결해 나가기로 합의했다. 특히 미국은 베이징 정부가 WTO 규정과 어긋나게 직접 경제를 운영하고 국유기업에 대한 지원, 국가 전략산업 추진, 외국기업의 중국 시장 접근제한에서 나타나듯 경제주체로 행동하는 것에 큰 불만을 가졌지만, 사회주의 시장경제를 추구하는 중국은 워싱턴의 요구를 일부 수용하면서 자국 입장을 고수하는 정교한 전략을 지속했다.[2] 한편, 중국의 미국 채권 보유는 미국과 중국의 교역과 상호투자가 증가하고 거대한 세계경제가 운영되는 과정에서 발생한 또 다른 문제였다. 2012년 말 현재 중국은 3.3조 달러 가치의 외환을 보유하고 있었고 그 중 1.3조 달러는 미 재무부 채권이었는데, 그것은 외국 보유 미 재무부 채권의 23.3%, 그리고 모든 미국 해외채무의 7.9% 지분이었다. 워싱턴은 미국 재정적자를 충당하기 위해 발행하는 재무부 국채를 중국이 다량으로 매입해 미국 경제에 도움을 준다는 것을 잘 알고 있었지만, 다른 한편으로는 베이징이 그 채권을 일시에 매각하거나 그를 빌미로 미국 경제에 영향을 미칠 것을 우려했다. 실제 2008년 미국의 경기 대침체 시기 베이징은 오바마 행정부의 양적완화 정책이 중국이 보유한 미국 달러 가치 하락

....

1) 그 당시 베이징은 미국의 첨단기술 수출통제가 WTO 규정위반이라고 비난했다.
2) 2009~2012년 기간 워싱턴은 8개 사안을 WTO에 제소했고, 베이징은 오바마 행정부 취임 이후의 5개 사안을 제소했다.

으로 이어질 가능성을 거론한 적이 있었다. 그러나 미국은 중국의 금융체계 원칙에 따라 중국이 외화를 국내에서 소비할 수 없고, 따라서 현금계정 흑자를 외국, 특히 미국에 투자할 수밖에 없다는 것을 이해하고 다소 안도했다.[1]

미국이 특히 후진타오, 시진핑 정부에게 불만을 가진 것은 지적재산권(IPR: Intellectual Property Right) 침해와 사이버 해킹을 통한 상업정보 절취 문제였다. 미국의 IPR 관련 조사위원회와 미 무역대표부(USTR: US Trade Representative)는 시진핑 취임 첫해 기준으로 약 3천억 달러에 달하는 미국 지적재산권 침해의 50~80%가 중국에서 유래하는 것으로 분석했다. 그들은 베이징 정부와 기업 모두가 IPR을 절도하고 있다고 결론 내렸는데, USTR은 중국이 활용하는 방법은 합작투자, 이직 직원을 통한 불법 정보입수, 사이버 해킹을 포함한다고 말했다.[2] 그러나 시진핑 정부는 베이징 당국은 어떤 해킹도 지원한 적이 없다고 주장했고, PLA는 오히려 중국 군 당국의 온라인망에 가해지는 월평균 14만 회 이상 공격의 63%가 미국에서 오는 것이라고 반박했다. 그 맥락에서 양측은 S&ED 책임 하에 실무그룹을 구성해 그 문제를 해결하기로 합의했는데, 그때 발생한 미국 국가안보국(NSA: National Security Agency)의 에드워드 스노든 망명 사건은 워싱턴의 중국 비난을 무색하게 만들었다. 워싱턴은 세계차원에서 공익 목적의 정보수집과 상업 목적의 지적재산권 절도는 성격이 다르다고 변명했지만, 중국 신화통신은 스노든의 정보는 사이버안보에 관한 미국의 현실을 폭로하고, 미국이 사이버 공격의 희생자인척 하는 것이 현시대 최악의 위선이라고 비난했다.[3]

★ 전문가 분석

(1) 중국 봉쇄를 넘어서

오바마가 두 번째 임기를 새로 시작하고 후진타오의 퇴임과 더불어 시진핑이 새로이 중국 리더로 취임하던 2013년, 호주 총리로 활동한 케빈 러드(Kevin Rudd)는 중국의 부상에 대한 대응으로 설정된 피봇, 재균형 전략의 과제에 관한 그의 견해를 밝혔다. 그

1) Lawrence, U.S.—China Relations, (August 1, 2013), pp. 36－40.
2) 상업정보 해킹에 관해서 워싱턴 당국과 일부 사이버안보 전문가들은 중국과 러시아가 세계 최고의 경제 스파이라고 말하면서 PLA를 포함해 베이징 정부도 상업목적의 해킹에 가담했다고 비난했다.
3) Lawrence, U.S.—China Relations, (August 1, 2013), pp. 35, 41.

는 오바마 행정부의 피봇전략은 단순히 중국 봉쇄를 넘어 미·중 협력을 이끌어야 한다는
의견을 제시했다.

1) 불확실한 미래

지난 10년간 베이징의 외교, 안보행동은 과거에 비해 훨씬 대담해졌는데, 그것은 중
국의 경제가 놀라운 속도로 성장하면서 나타나는 현상이다. 중국의 경제성장 속도는 근
대역사에서 전례가 없을 정도로 빠른데, 그 경제는 세계 최빈국 중 하나에서 30년 만에
전 세계에서 2위 규모로 발전했다. 베이징이 동·남중국해 해상에서 제기하는 공세적 주
장, 두 자리 숫자로 증가하는 국방비와 그에 따른 전력강화, 그리고 핵심이익을 지키기
위한 중국의 결의는 많은 지역국가들의 경계심을 자극하고 워싱턴으로 하여금 피봇, 재
균형 전략으로 대응하게 만들었다. 향후 아시아에서 가장 중요한 과제는 미·중 간 대치
를 피하고 전략적 안정을 유지하도록 미·중뿐 아니라 역내 모든 국가들이 서로 협력을
모색하는 일이다. 이것은 어려운 일이지만 불가능한 임무는 아니다. 이것은 더 깊고 더
제도화된 관계를 요구하는데, 그것은 경쟁과 협력이 상호배타적 명제가 아니라는 사실을
수용하는 정치적 인식에 기초한다. 미국으로서는 아시아로의 재균형이 중국의 부상을 견
제하는 목적을 갖고 있지만, 베이징에 대한 단순한 견제로 역내의 모든 난제들이 해결되
는 것은 아니다. 오바마 행정부가 시도하는 피봇전략은 미·중이라는 강대국 갈등, 아시
아 내 지역분쟁, 동아시아, 남중국해의 영토 주장 등이 맞물려 아주 시급한 도전을 맞이
하게 될 것이다. 베이징이 현재의 성장을 성공적으로 지속해 나간다면 많은 국제기구와
전문가들이 예상하듯 중국은 머지않아 세계 최대경제가 되고, 그것은 비서방, 비민주국가
가 지구경제를 이끄는 첫 번째 사례가 될 것이다. 원하던 원치 않던 아시아가 세계사의
주역으로 등장하는 상황에서 중국의 강대국으로의 부상과 관련된 문제가 원만히 해결되
는 것은 그 지역의 미래안정, 발전, 안보와 직결되어 있다. 반면 미국의 재정, 경제적 어
려움은 오랫동안 유지되던 미국 주도 국제질서 틀의 지속성에 관한 의구심을 촉발했고,
많은 나라들은 불안해하면서 위험과 불확실성을 감소시키기 위해 다양한 방향에서 대응
책을 모색한다. 중국은 이 현실을 자기들 잣대로 측정하는데, 중국공산당(CCP: Chinese
Communist Party) 정치국 상무위원회는 자기들 책임을 강대국으로의 위상고양, 공산당의
권력유지, 군사현대화, (국내 분리주의 방지와 해외도서 영유권과 관련된) 영토통합, 경제성장
의 유지, 에너지 안보로 규정한다. 베이징은 중국이 유럽과는 달리 외국을 침략하고 식민
주의를 시행한 적이 거의 없고 또 아편전쟁 이후 외국 침략의 대상이 되었기 때문에, 다

른 나라들이 중국의 부상을 우려할 필요가 없다고 주장한다. 그러나 중국은 위협과 불확실성의 차이, 그리고 경쟁하는 국가 간의 불가피한 안보딜레마(security dilemma)를 간과한다. 지난 10여년 간 후진타오 정부는 공식적으로는 화평굴기, 평화발전, 조화로운 세계를 말해왔지만, 그것은 중국의 외교, 안보에 관해 아무 실질적 내용을 말하지 않았다. 그 주장의 실체는 개념적, 이론적이고, 구체성이 없는 대외목적의 정치구호 성격을 띤다. 핵심 질문은 미래와 관계된 것으로, 중국이 강대국 지위를 획득할 때 현재 서방이 주도하는 기존의 지구적 질서를 수용할 것인지 아니면 과거 천하와 조공을 논하던 자기들이 정점에 서는 새로운 질서를 모색, 구축할 것인지에 관한 것이다.[1]

2) 새로운 리더

수개월 전 시진핑이 중국 공산당 총서기로 새로 취임했는데, 그가 국가정책에 대해 결정적 영향력을 갖는 것은 당연하다. 그는 편안하게 리더십을 행사하는데, 일반적으로 그는 그의 조국에 대한 역사적 책임을 잘 이해하는 사람으로 알려져 있다. 그는 본능적으로 리더의 자질을 타고 났고, 덩샤오핑 이후 가장 막강한 권력을 행사할 것으로 보이며, 현상유지로 만족할 사람이 아닌 것으로 평가된다. 그는 이미 전례 없는 행보를 취했는데, 대담하게 부패가 청산되지 않으면 중국에서 '아랍의 봄'과 같은 현상이 나타날 것이라고 말하면서 당 리더십이 이해의 갈등으로 권력투쟁에 휘말리지 않도록 새롭고 투명한 규칙의 제정을 지시했다. 그는 또 효율적인 당 리더십을 위해 불필요한 회의를 축소시키고, 웹사이트와 간행물을 포함해서 정치적 문제를 야기하는 사회혼란의 진압을 지시했다. 그는 또 중국의 군사현대화 성과를 칭찬했으며, 특히 더 많은 경제개혁의 필요성을 강조했다. 그는 대외관계에 대해서는 특별한 견해를 보인 적이 별로 없는데, 일부 전문가들은 그가 2010~2012년 중앙군사위원회 부주석으로 역할을 할 당시 동·남중국해 영토분쟁이 강경일변도로 흐른 것에 비추어 그의 성향이 물러서지 않는 강경파일 것으로 추측했다. 다른 전문가들은 그가 2012년 국가 부주석 자격으로 미국을 방문하면서 신형대국관계를 거론한 것을 지적했는데, 그들은 그때 워싱턴이 그에 대해 묵묵부답으로 일관한 것에 의아해했다고 말했다. 비록 그가 처음부터 개혁을 강조했지만, 현재 상태에서 그의 개혁이 고르바초프의 소련식 글라스노스트와 같이 진행될 것으로 예상하는 것은 옳지 않

---

1) Kevin Rudd, "Beyond the Pivot (A New Road Map for US-Chinese Relations)," Foreign Affairs, Vol. 92, No. 2 (March/April 2013), pp. 9-10.

다. 그러나 시진핑과 그의 동지들이 경제 개혁자임에 비추어, 중국과의 몇몇 불협화음이 발생하더라도 그들은 경제발전을 위한 대외환경 안정을 추구할 것이다. 균형적으로 말해, 시진핑은 워싱턴이 매일매일의 작은 이슈가 아니라 더 광범위하고 장기적인 전략적 문제를 논의해야 할 중국의 상대 리더이다.[1]

3) 오바마의 과제

오바마 행정부는 무엇을 해야 하나? 재균형은 단순한 군사적 견제가 아니라, 그것을 넘어 더 광범위한 지역외교, 경제구상의 일환으로 추진되는 전략이다. 그것은 동아시아 정상회담(EAS: East Asia Summit)의 회원국을 확대하고, 미 - 인도 전략적 파트너십을 심화하며, 미얀마에 대한 문호를 개방하고, TPP 경제협력을 발전시키는 계획을 포괄하는 형태로 추진되어야 한다. 클라우제비츠, 모겐소의 책이 군사 교육기관의 필독서로 지정된 중국에서 피봇, 재균형 전략이 환영받을 수는 없을 것이다. 그 나라는 전략적 힘을 존경하고 혼란과 취약을 경멸하는 나라이다. 그러나 베이징의 반대에도 불구하고 다른 나라들은 재균형을 환영하는데, 그 이유는 그들이 반드시 중국의 위협에 반대해서라기보다는 베이징이 지배하는 아시아의 양상이 무엇일지 알 수 없는 불안감 때문이다. 오바마가 고려할 수 있는 선택은 3가지인데, 첫째는 중국과의 경쟁, 두 번째는 현상유지, 세 번째는 미·중 협력이다. 우선 미·중 경쟁은 아프가니스탄, 이라크 전쟁, 경제 대침체에 따른 미국의 재정에 비추어 불가능하고, 두 번째 옵션인 현상유지는 너무 수동적이고 근본적 개선이 불가능하며, 기껏해야 근시안적 이슈와 위기운영에 집중하게 만든다. 또 미·중 관계의 현상유지는 역내 국경분쟁, 영토분쟁, 역사논쟁, 이데올로기 충돌을 포함해 수많은 지역위기를 헤쳐 나갈 수 없다. 세 번째 옵션인 미·중 협력이 가장 바람직한데, 그 이유는 그것이 최선의 결과를 가져올 수 있기 때문이다. 미·중 협력은 두 나라의 전략적 경쟁을 인정하는 상태에서 공통의 이익 분야에서 서로 협력하는 것이다. 그 전략으로부터 모두 이익을 확보할 수 있고, 그것은 위험을 축소시키고 상호 우호적 미래관계를 창출할 것이다. 양국 협력을 제도화시키기 위해서 오바마와 시진핑은 정상회담을 정례화해야 한다. 상징성이 큰 두 정상의 만남은 후속회담으로 이어지고, 그것은 지구적, 지역적, 양자 문제를 해결하는 대화의 장을 마련할 것이다. 지구적 차원의 이슈로 두 나라는 2008년 이후 정체된 도하라운드 관련 무역이슈, 유엔에서 논의된 기후변화, 핵 비확산, 그리고

---

1) Ibid., pp. 11-12.

G-20의 미해결 어젠다를 논의할 수 있다. 지역적 차원에서는, 두 나라는 동아시아 정상회담과 아세안 국방장관 플러스 포럼을 활용해 그 지역 18개국 군대 간에 일련의 신뢰구축, 안보구축 조치를 마련할 수 있을 것이다. 양자 간 이슈로는 양국 국방장관, 합참의장 레벨에서 아프가니스탄, 파키스탄, 북한, 또는 사이버안보 관련 논의를 할

_제9차 동아시아 정상회담

수 있고, 경제와 관련해서는 TPP에 중국, 인도를 포함시키는 방안을 마련할 수 있을 것이다. 오바마의 두 번째 임기와 시진핑의 첫 번째 임기가 겹치는 이 시기는 미·중 관계를 더 나은 길로 인도하는 특별한 기회를 제시한다.[1]

(2) 미·중 관계의 재조정

트럼프 행정부가 출범하고 1년이 조금 지난 시점에 미국 고위직 외교관이었던 커트 캠벨(Kurt Campbell)과 일라이 래트너(Ely Ratner)는 지난 오랜 기간 미국이 중국을 자기들에게 유리하게 변화시키려 했지만, 이제는 그럴 때가 지났다고 말했다. 그들은 미국이 그동안, 특히 조지 W. 부시와 오바마 행정부에서 중국에 대해 얼마나 잘못 알고 또 희망적 사고(wishful thinking)에 의존해 어떻게 잘못된 정책을 시행했는지를 설명하면서, 이제 미국은 역사에서 최대 강적을 맞이하는 상황에서 중국을 고립, 약화시키기보다는 동맹 및 파트너 국가들과의 관계강화에 초점을 맞춰야 한다고 주장했다.

1) 자유주의 접근법의 실패

워싱턴은 옳던 그르던 오랫동안 미국이 중국의 미래 진로에 결정적 영향을 미칠 충분한 능력을 갖고 있다고 생각했다. 과거에도 그런 잘못된 상상은 자주 있었는데, 중국 내전 당시 미국의 중국 특사 역할을 한 조지 마셜, 마오쩌둥의 한국전쟁 개입을 막을 수 있다고 생각한 투르만 행정부, 그리고 중국이 베트남전쟁 개입을 자제할 것이라고 믿은 존슨 행정부가 모두 그런 경우였다. 미·중 관계에 대한 가장 큰 낙관은 닉슨과 키신저가

---

1) Ibid., pp. 12-15.

양국 관계정상화를 성사시키면서 그것이 중국에게 소련을 멀리하는 동시에 그 나라를 변화시키는 계기가 될 것이라는 인식이었다. 그 이후 거의 반세기가 지나면서 워싱턴은 이제 미국이 중국의 미래발전 경로에 미치는 영향은 생각보다 훨씬 취약하다는 것을 실감한다. 미·중 관계에 대한 모든 중도 우파성향의 구상은 빗나갔는데, 그동안 중국에 대한 외교, 상업적 개입, 아태지역 미군 군사배치, 자유주의 국제질서는 중국을 충분히 변화시키지 못했다. 이제 미국의 대중국 정책에 대한 발상의 전환이 필요한 시점이지만, 그럼에도 불구하고 아직도 미국 일각에서는 지난 오랜 기간 미·중 관계를 지배해 온 자유주의 무역과 사상주입을 통한 중국변화라는 정책기조를 바꾸기를 원치 않는다.[1]

   그동안 미국의 압도적인 대중국 접근법은 국제통상과 그를 통한 세계에 대한 노출이 중국을 자유주의, 민주주의로 이끌 것이라는 가정에 근거했다. 1990년대 빌 클린턴 정부 시절 중국에 대한 MFN 무역지위 부여, 조지 W. 부시 대통령 시절 2001년 중국의 WTO 가입 지지와 2006년 미·중 고위급 경제대화 창설, 그리고 버락 오바마 대통령 하에서 미·중 양자 투자협정 체결은 모두 그런 시도의 일환이었다. 미·중 상품무역은 폭발적으로 성장했는데, 인플레이션을 조정한 수치로 1986년 80억 달러 미만에서 2016년 5780억 달러로 30배 이상 증가했다. 그러나 2000년대 후진타오 시대에 진입하면서 중국의 경제자유화는 지연됐다. 중국의 국내외 상업활동이 더 활발해지고 국부가 축적되면서 일반시민 생활은 더 윤택해졌지만, 베이징 당국은 국가자본주의 모델을 더 강력하게 추진한다. 지속적 성장은 더 큰 개방에 힘을 보태기보다는 중국공산당과 국가가 이끄는 경제정책 정당화에 공헌했다. 중국은 세계적 추세를 거스르고 민영화가 아닌 국유기업 공고화를 추진하면서 항공우주, 바이오의약, 그리고 로봇공학을 포함하는 첨단산업 발전을 위한 산업정책을 추진하는데, 그것은 '중국제조 2025 계획'(Made in China 2025 Plan)이라고 불린다. 중국경제는 부채, 비효율에 비추어 개혁, 개방을 해야 할 것으로 보이지만, CCP는 그것을 거부하고 자국회사에 투자, 지원해 외국회사들에게 불공정 경쟁의 장을 펼친다. 또 CCP는 외국회사들로부터의 합작투자, 기술이전을 강요한다. 중국경제를 애써서 개방시키려는 노력은 대부분 실패했는데, 트럼프 행정부가 새로 내놓은 포괄적 경제대화(Comprehensive Economic Dialogue)도 성공이 쉽지 않다.[2]

....

1) Kurt M. Campbell and Ely Ratner, "The China Reckoning (How Beijing Defied American Expectation)," Foreign Affairs, Vol. 97, No. 2 (March/April 2018), p. 61.
2) Ibid., p. 62.

2) 기대에 어긋나는 중국

경제성장은 소련의 붕괴, 한국, 대만의 민주적 전환에 비추어 중국에서 정치자유화를 견인할 것으로 기대됐다. 1989년 천안문 사태에도 불구하고, 서방은 막연하면서도 다른 한편 중국에서 더 큰 언론의 자유, 시민사회 성장, 그리고 CCP와 지방에서 정치적 경쟁이 도래할 것으로 기대했다. 또 1990년대의 정보혁명은 그런 추세를 가속화시킬 것으로 기대됐다. 그러나 현실은 그와 정반대로 나타났다. 천안문 반란과 소련의 해체는 CCP로 하여금 반체제 인사들과 반정부 활동의 진압하고 그 가능성을 사전에 차단하면서 정치적 권위주의에 박차를 가하게 만들었다. 2013년의 CCP 제9호 내부문서(Document No. 9)는 서구민주주의와 서방이 옹호하는 보편적 가치가 중국을 약화, 불안정, 해체시킬 것이라고 경고했다. 오늘날, 언론인, 종교지도자, 학자, 사회 활동가, 그리고 인권변호사에 대한 지속적 일망타진은 줄어들 기미가 보이지 않는다. 2015년에만 300명 이상의 변호사, 법률보조원, 그리고 정치, 사회활동가가 구속됐다. 정보혁명 역시 서방에서 기대한 것과는 다른 효과를 내는데, CCP는 사이버안보, 검열을 통해 정보흐름을 통제하고, 시민행동을 모니터하며, 정치활동을 질식시킨다. 중국은 이제 사회신용체계(social credit system) 도입을 시도한다. 그것은 빅데이터와 인공지능을 융합해 모든 중국인을 감시, 처벌, 포상하는 체계이다.[1]

그동안 워싱턴은 외교, 군사력을 동원해 중국이 미국 주도 아시아 안보질서에 도전하지 못하도록 조치해 왔다. 그것은 개입과 견제를 합성한 접근법이었다. 한편 중국은 힘이 증가하고 있을 때에도 미국과 이웃을 안심시키는 전략을 사용했다. 후진타오 첫 번째 임기 중인 2005년 공산당 고위관리 정비지안(Zheng Bijian)은 포린 어페어즈(Foreign Affairs) 저널에 중국은 절대 지역패권을 추구하지 않고 화평굴기(peaceful rise)에 매진할 것이라는 에세이를 기고했다. 후진타오 두 번째 임기 중인 2011년 국무위원 다이빙궈(Dai Bingguo) 역시 중국은 평화발전에 모든 노력을 기울일 것이라고 말해 세계를 안심시켰다. 사실 2000년대 한동안 중국군은 전력, 무기체계, 국방비 모든 차원에서 미국군대에 도전할 수준이 되지 못했다. 그러나 다른 한편, 중국은 미국 주도의 아시아 안보질서에 도전하기 시작했다. 이제 중국은 아시아에서 미국 군사력 접근을 거부하는 능력을 개발하고, 동맹국 사이에 쐐기를 박고 있다. 시진핑은 인민해방군이 중국 해안을 넘어 더 치

---

1) Ibid., pp. 63-64.

_지부티 중국 해군기지

명적이고 군사력을 투사할 수 있도록 군사개혁 가속화를 밀어붙인다. 세 번째 항모건조를 추진하고 남중국해에 군사시설을 설치하며 지부티(Djibouti)에 최초 해외 군사기지를 설립하면서, 중국은 이제 소련 이후 미국에 대한 최대 경쟁자가 되고 있다. 중국 리더들은 더 이상 덩샤오핑의 도광양회를 외치지 않는다. 2017년 10월 시진핑은 "중국 국가는 이제 일어나서 부유해지고 강력해지고 있다"고 선언했다.[1]

조지 W. 부시 행정부 당시 미 국무부 고위관리 로버트 조엘릭(Robert Zoellick)은 베이징이 세계운영에 있어서 '책임 있는 당사자'(responsible stakeholder)가 될 것을 촉구했다. 워싱턴은 중국도 미국이 주도하는 국제체제에서 혜택을 누렸기 때문에 그 체제유지를 지지할 것이라고 판단했다. 사실 여러 경우, 중국은 그 체제 유지에 긍정적 관심이 있는 것으로 보였다. 예컨대 중국은 1991년 아태 경제협력기구(APEC), 1992년 핵 비확산협정, 2001년 WTO에 가입했고, 북한과 이란 핵문제를 다룰 6자회담과 P5＋1협상을 포함하는 주요 외교노력에 기꺼이 참여했다. 또 중국은 유엔 해적퇴치와 평화유지 작전의 주요 공헌국가로 자리매김했다. 그러나 동시에 중국은 이란, 북한과 같은 불량국가에 대한 다자제재를 약화시키기 바빴고, 서방의 오명을 받는 정권을 보호하며, 서방이 유엔안보리에서 추진하는 국제적 간섭을 러시아와 함께 저지했다. 그로 인해, 수단, 시리아, 베네수엘라, 짐바브웨, 그리고 기타 여러 다른 곳의 비민주적 정부들이 그로부터 혜택을 받았다. 이제 중국은 기존질서를 넘어 그 자신이 선호하는 지역, 국제제도를 건설하기 시작했다. 중국은 AIIB, BRICS 국가들과 함께하는 신개발은행(New Development Bank), 그리고 가장 대표적으로 육상, 해상루트를 통해 중국을 거대한 유라시아 대륙과 연결하는 시진핑의 비전인 일대일로 프로젝트를 진수시켰다. 중국은 자기들은 미국이나 유럽과는 달리 개도국에 대한 경제원조 조건으로 그 나라 체제전환, 국정운영 개혁을 요구하지 않는다고 주장한다. 그러는 사이 중국은 아주 조금씩 그리고 서서히 미국의 군사대응을 자극하지 않는 범위 내에서 지역 및 세계 안보균형 전환을 시도한다. 세계에서 가장 중요한 수역 중 하나인 남중국해에서, 베이징은 분쟁영토를 장악하고 인공섬을 군사화하며 해양

----

1) Ibid., pp. 66-67.

경찰 선박, 법적 전쟁, 경제적 강요와 같은 모든 가능한 수단을 동원해 중국 의지를 관철시키려 한다. 베이징은 2016년 여름 헤이그 국제법정이 내린 유엔 해양법 협약 하의 중국 패소 판결을 거부했다. 그 지역 국가들은 베이징의 주장에 반대하지 못하는데, 그 이유는 그들이 중국에 대한 경제의존, 또 미국의 공약 준수 여부 등을 우려하기 때문이다.[1]

3) 워싱턴의 정책전환

베이징 당국에 실망하면서도, 미국 국가안보기구의 모든 관심은 중국보다는 지하디스트 테러리즘에 맞춰져 있었다. 조지 W. 부시는 처음에 중국을 전략적 경쟁자로 간주했지만, 9·11 이후 2002년 국가안보전략에서 미국과 다른 "세계 강대국들은 테러폭력과 공통의 위험에 맞서 같은 편에 있다"고 말했다. 오바마 행정부 시기에도 이론적으로는 아시아로의 피봇, 재균형이 있었다. 그렇지만 오바마 집권 말기에도 현실적으로 예산과 인력은 계속 중동에 맞춰져 있었다. 예를 들어 중동문제를 다루는 국가안보위원회 요원 숫자는 동아시아와 동남아 전체를 합친 것보다 3배나 많았다. 그때 중국은 미국과 서방의 파워가 급속히 하락하고 있다고 인식하면서 자국의 파워증진에 더욱 매진했다. 중국인들은 그때 수년간의 지구적 재정위기, 아프가니스탄과 이라크에서의 값비싼 전쟁, 그리고 워싱턴의 심화되는 무기력을 보면서 중국에게 기회가 왔음을 확신했다. 시진핑이 21세기 중반까지 중국이 글로벌 리더가 되어야 한다고 촉구하는 것은 그런 인식 연장선상의 발로이다. 그는 또 중국의 국가자본주의 발전모델이 다른 나라의 발전모델이라고 계속 칭찬했다. 미국은 이제 현대 역사에서 가장 역동적이고 엄청난 경쟁자의 도전에 직면하고 있다. 워싱턴은 이제 중국에 대한 잘못된 희망적 사고(wishful thinking)를 버려야 한다. 트럼프 행정부의 첫 번째 국가안보전략은 미국 전략의 과거 가정(assumption)을 조사하면서 올바른 쪽으로 방향을 전환했다. 그러나 트럼프의 많은 조치는 워싱턴이 경쟁력 없는 상태에서 베이징과 대결하는 위험한 접근법을 채택했는데, 그것은 미·중 무역적자로 인한 치열한 분쟁, TPP를 포함하는 다자 무역협상의 포기, 나토와 아시아 동맹국들의 효용성과 가치에 대한 의심, 그리고 히스패닉을 둘러싼 보편적 인권과 외국 외교에 대한 폄하에서 두드러지게 나타난다. 그러는 사이, 베이징은 대결적 자세를 보이지 않으면서 은밀하게 더 공고한 경쟁력을 갖춰간다. 이제 미국은 더 이상 중국을 변형, 전환시킬 수 있다는 오만을 버리고 겸손한 생각을 가져야 한다. 중국을 고립, 약화시키고 미국에 더

---

1) Ibid., pp. 68-69.

유리하도록 변형시키려는 시도는 더 이상 미국 대외정책의 원칙이 되지 말아야 한다. 그 대신, 미국은 파워의 기반을 더 강화하고 동맹국들과의 관계를 더 긴밀히 하며, 중국과의 관계에서 미국 힘에 비례하는 현실적 정책을 구사해야 한다.[1]

03 미·일 관계

오바마 시기 미·일 관계는 처음에는 우려스러운 상태에서 출발했다. 그것은 일본에서 사상 처음 집권한 민주당(DPJ: Democratic Party of Japan) 정부의 하토야마 내각이 미국보다는 아시아 위주 정책을 구사하면서 워싱턴이 중시하는 안보사안에 이의를 제기했기 때문이다. 그것은 미국이 일본과의 관계에서 처음 겪는 현상이었다. 그러나 DPJ는 미·일 관계 약화의 상황에서 중국의 강력한 공세를 경험한 이후 워싱턴의 의사를 존중하는 방향으로 태도를 바꾸었고, 미·일 두 나라는 세계 각지에서 전개되는 다양한 안보문제에서 협력했다. 도쿄의 태도를 불쾌하게 여긴 미국 역시 처음에는 일본 정부의 대외역경을 방치했지만, DPJ의 태도 변화 이후 다시, 특히 중·일 관계와 관련해 일본을 도왔다. 민주당을 대체하고 새로 집권한 자민당의 아베 정부는 전통적 맹방으로서의 긴밀한 미·일 관계를 추구했고, 일본은 아시아의 영국으로 거론될 만큼 워싱턴에 철저히 협력했다. 비록양국 간에 아베 총리의 역사관으로 인해 약간의 불협화음이 발생했지만, 그것은 큰 문제를 야기하지 않았다. 미·일 두 나라는 국제 테러리즘, WMD 비확산, 중국의 부상과 공세, 북한의 핵개발에 공동대처했고, 양자 간에 존재하는 일부 경제문제는 지혜를 모아 합리적으로 해결했다.

(1) 미·일 관계 대강

1) 미국과 일본 민주당 내각

2009년 1월 오바마 취임 전 미·일 관계는 양호했다. 전임 부시 행정부 시기 두 나

---

1) Ibid., pp. 69-70.

라는 미·일 안보협의회(SCC: Security Consultative Committee, 2+2 meeting) 결의에 따라 연합 군사훈련, 정보공유, MD 공조, 방위비 분담에서 협력하고 오키나와 미군기지 이전에 합의했다. 비록 양국 간에 북한의 일본인 납치, 일본 정치리더들의 야스쿠니 신사참배, 그리고 경제 관련 약간의 이견이 있었지만, 그것은 두 나라 관계에서 크게 문제되지 않았다. 2009년 1월 새로이 임기를 시작한 오바마 행정부는 역동성 있고

_미·일 안보협의회

지속적 우호에 근거한 미·일 관계를 추구한다는 정책을 표방했다. 오바마는 동아시아의 북한 문제와 하루가 다르게 증대하는 중국파워에 관해서도 일본과의 협력이 필수적이라고 생각했다. 그렇지만 그것이 반드시 미·일 동맹을 통해 중국을 봉쇄하겠다는 생각은 아니었다. 국내 경제위기, 이라크, 아프가니스탄 전쟁으로 바쁜 오바마는 전임 부시대통령과 비슷하게 일본이 국제문제와 관련해 미국을 돕고 동시에 동아시아에서 역사문제로 중국 및 한국과 분쟁을 빚지 않기를 원했다.[1]

그러나 2009년 9월 일본에서 민주당(DPJ: Democratic Party of Japan)이 집권하면서 미·일 관계는 예기치 않은 불안정 국면으로 접어들었다. 새로 집권한 DPJ는 과거 공언하던 대로 아시아 중심적 대외정책을 옹호했고, 그 맥락에서 첫 번째 총리 하토야마 유키오(Yukio Hatoyama)는 전임 자민당 정부의 약속을 뒤집고 미 해병대가 주둔하는 오키나와 후텐마 공군기지를 일본 밖으로 이전시킬 수 있다고 선언했다.[2] 그것은 그 기지를 폐쇄시킨다는 의미였다. 미국 파워, 영향력, 이익에 대한 하토야마의

_하토야마 유키오

노골적 도전 앞에서 미국은 미·일 동맹의 현재와 미래를 우려했고, 미 국방장관 로버트 게이츠는 후텐마를 헤노코 지역으로 이전한다는 '2006년 미·일 로드맵'

1) 이전 챕터에 언급한 바와 같이, 오바마는 재균형, 피봇전략으로 중국의 부상을 견제하겠다는 제스처를 보였지만, 실제로는 국제, 지역문제, 또 미·중 양자 갈등 해결을 위해 베이징과의 협력을 더 중시했다. Emma Chanlett-Avery, The U.S.-Japan Alliance, CRS Report 7-5700, RL33740, (January 18, 2011), p. 4.

2) 처음부터 하토야마는 일본이 미·중 사이에 끼어 있다고 생각하면서 미·일 관계의 기본가정을 의문시했다. 하토야마는 미국보다는 아시아에 더 치중할 것이라고 공식적으로 밝혔는데, 그는 EU와 비슷한 아시아 경제블록 형성을 주장하고, 미국 대테러 작전을 위한 일본함정의 재급유에 반대하며, 미·일 SOFA 재협상을 촉구했다. Kim R. Holmes, "The end of an era in Japan," The Heritage Foundation, http://www.heritage.org/press/commentary/ed090409a.cfm?RenderforPrint=1, (September 4, 2009)

합의에 대한 어떤 변화도 수용하지 않을 것이라고 경고했다.[1] 그러는 사이 북한의 핵 도 발은 계속됐다. 2006년 10월 풍계리 제1차 핵실험 이후 북한 김정일 정권의 태도는 종잡 기 어려웠다. 한편으로는 미국의 유화책을 수용해 영변원자로를 폐쇄하고 냉각탑을 폭파 했지만, 평양은 2008년 9월 영변원자로 봉인을 해제하고 2009년 5월에는 제2차 핵실험 을 실시했다. 또 2009년 11월에는 사용 후 폐연료봉 8천개 재처리 완료를 선언했다.[2] 이웃 중국의 하루가 다르게 증대하는 경제, 군사력과 도전적 행동도 도쿄에는 큰 부담이 었다. 중국의 세계적 영향력은 점점 더 커져갔고, 도쿄의 새로운 친중국 정책에도 불구하 고 중·일 관계의 미래가 어떻게 펼쳐질 지에 대한 확신은 없었다. 동중국해에서 중·일 영토분쟁과 관련한 베이징의 입장은 변함이 없었고, 대만을 겨냥하는 미사일 숫자는 늘 어갔으며, 남중국해 도서와 암초를 지배하려는 베이징의 탐욕은 수그러들지 않았다. 북한 핵미사일에 대한 중국의 태도 역시 의심스러웠다. 결국 미국의 압력과 대내외 여러 안보 여건을 감안해, DPJ 정부는 궁극적으로 주일 미군기지가 일본 내에 잔류해야 하는 당위 성을 인정하면서 후텐마 기지를 폐쇄하겠다는 당초의 생각을 포기했다. 하토야마가 후텐 마 기지를 2006년 당시의 원래 약속대로 오키나와 헤노코 기지로 이전하는 것에 동의하 면서, 미·일 기지문제와 관련한 모든 논란은 일단 해결국면으로 접어들었다.[3]

2010년 9월 중·일 간에 영토분쟁 관련 사건이 또다시 발생했다. 그것은 (앞에서 논 의한 바와 같이) 센카쿠 인근에서 조업하던 중국 어선과 그 선장을 일본해경이 체포한 것 에서 비롯된 사건인데, 그때 도쿄는 중국의 거센 반발에 직면해 베이징의 요구대로 구속 선원 모두를 석방했다. 그 당시 오바마 행정부는 센카쿠가 미·일 동맹 관할 하에 있다는 사실은 언급했지만, 굳이 간 나오토(Naoto Kan) 정부를 도우려하지 않았다. 일각에서 워 싱턴의 미온적 태도는 하토야마 당시 오키나와 기지문제로 인한 신경전의 앙금이 남아있 던 결과로 해석했는데, 그 동기가 무엇이건 그때 도쿄는 미·일 동맹의 중요성을 재확인

---

1) The Sweeping Changes in Japanese Politics Since the 1990s,
   http://www.japanpolicyforum.jp/archives/politics/pt20110129105354.html. p. 8.

2) 2013년 2월에는 북한 김정은 정권의 제3차 핵실험이 있었고, 2016년 1월에는 수소폭탄 실험성공을 발 표했다. 북한 미사일의 경우는 1998년 대포동 1호 발사 이후 2006년 7월 대포동 2호 시험발사, 그리고 2009년 4월 광명성 2호라는 이름으로 ICBM급 장거리 미사일을 성공적으로 시험 발사했다.

3) 2010년 6월 하토야마는 총리 취임 후 9개월 만에 하차했다. 후텐마 기지를 이전한다는 총선공약을 지키 지 못하고, 또 DPJ 사무총장(Secretary General) 오자와 이치로(Ichiro Ozawa)가 정치자금 스캔들에 연루되면서, 하토야마의 지지율도 17%로 하락했다. 그는 그 다음 달로 예정된 참의원 선거에서 DPJ가 패배할 것을 우려해 총리직에서 사임했다. Hitoshi Tanaka, "Hatoyama's Resignation and Japan's Foreign Policy," East Asia Insights, Vol. 5, No. 3, (June 2010), p. 1.

했다는 것이 정설로 남았다. 그 사건은 DPJ 정부에게는 중요한 교훈의 시간이었다. 2011년 3월에는 도쿄 230마일 북부지역에서 9.0 규모의 지진이 발생했다. 그로 인해 일본은 쓰나미와 핵원자로 사고의 재앙을 겪었는데, 후쿠시마를 포함해 몇몇 현에서 2만 명이 사망, 실종되고 50만 명이 가옥을 잃었다. 후쿠시마 다이치(Dai–ichi) 핵발전소 단지의 원자로가 붕괴되면서, 간 나오토 정부는 비상사태를 선포하고 20Km 반경 내 8만 명 주민을 방사능 피해로부터 소개시켰

_2011년 일본 지진, 쓰나미

다. 일본정부는 사고 첫 주에 10만 명 이상의 자위대 병력을 피해지역에 신속하게 배치해 2만 명 이상을 구조했고, 지진 발생 두 번째 주에는 5만여 개 임시주택 건설을 시작했다. 지진 다발국가인 일본의 평상시 준비는 수많은 인명을 구했고, 일본시민들의 침착한 대응, 또 재난시 보통 발생하는 약탈이나 방화가 없는 점에 외국 논평자들은 감동을 표시했다.[1] 그 당시 미국은 일본에 많은 지원을 제공했다. 미 항모 로널드 레이건호는 일본 해상자위대와 해경 헬리콥터에 연료

_중·일 센카쿠 분쟁, economist.com

를 제공했고, 다른 미군함정들은 재난지역에 자위대 병력과 장비를 수송했다. 놀랍게도, 미군은 일본 자위대 지휘 하에서 지원작전을 수행했다. 또 미국은 FTA를 체결하지 않은 나라에게 LNG를 수출하지 않는 관례에 상관없이 에너지 부족에 시달리는 일본에 LNG를 수출했다.[2]

....

1) 핵 발전 역사에서 체르노빌 다음으로 참혹했던 후쿠시마 사고 이후, 일본 정부는 2040년까지 모든 핵 발전을 중단한다는 계획을 발표했다. 그러나 새로 집권한 아베 내각은 핵원자로 가동중단에 반대했고, 국민여론은 완전히 양분됐다. Fukushima Daiichi Accident–World Nuclear Association, https://www.world–nuclear.org〉 fuk...; Fukushima Accident/Summary, Effects, & Facts/ Britannica–Encyclopedia Britannica, https://www.britannica.com〉 event

2) 일본 국민들은 지진 및 쓰나미 당시 미국의 지원에 감사를 표시했다. 수년간의 양국 연합 군사훈련은 위기시 그 위력을 발생했다. 미국의 지원은 후텐마 기지 문제로 인한 양국 갈등해소에도 도움이 됐다. Emma Chanlett–Avery, Mark E. Manyin, William H. Cooper, Ian E. Rinehart, Japan–U.S. Relations: Issues for Congress, CRS Report for Congress 7–5700, RL33436, (February 15, 2013), pp. 9, 16–17.

민주당 집권기의 일본은 대내외적으로 계속 수난을 겪었다. 2012년 9월에는 노다 요시히코(Yoshihiko Noda) 총리 하에서 또다시 미·일 관계의 중요성을 되새기게 하는 사건이 발생했다. 그것 역시 센카쿠 열도 관련 중·일 영토분쟁에서 비롯됐다. 그때 중·일 양국은 2010년 9월 분쟁 당시보다 훨씬 더 강경하게 대치했는데, 동아시아 군사충돌을 우려한 오바마 행정부는 일본 편에서 사태진정을 도왔다. 워싱턴은 중일 간 영토분쟁이 당사자 간의 문제이지만, 센카쿠 열도 문제는 미·일 상호방위조약에 의거해 미국의 보호 범주에 속한다고 강력하게 선언했다. 베이징은 미국의 개입을 더 우려해 더 이상의 도발로 쉽게 갈 수 없었고, 도쿄는 다시 한 번 미·일 동맹의 중요성, 미국의 국제, 지역안보 관련 핵심적 역할에 대해 되돌아보지 않을 수 없었다. 그런 가운데 2012년 12월 16일 총선에서 승리하면서, 자민당 정권의 제2차 아베 내각이 출범했다. 일본 중의원 선거에서 자민당은 승리를 휩쓸었고, 아베신조는 2012년 12월 26일 총리로 복귀했다.[1]

2) 자민당 재집권과 제2차 아베 내각

2012년 말 자민당의 권력복귀는 일본정치를 안정시키고 미·일 협력의 가능성을 증대시켰다. 총리 취임 직후 아베 신조는 일본의 대외정책은 지구적 차원에서 자유민주주의를 강화하는 외교를 지향할 것이라고 선언했고, 오바마 행정부와 자민당 내각은 세계 각지에서 벌어지는 안보문제와 관련해 긴밀하게 협력해 나갈 것을 약속했다.[2] 2013년 아베는 미·일 군사동맹에 우선순위를 두면서 군사력과 경제력 향상을 원했다. 원래 LDP 성향대로 그는 일본 방위비를 10여년 만에 처음으로 약간 증가시켰고, 일본자위대 군사 능력을 고양하는 국방개혁을 추진했으며, 의회로부터 오키나와에 새로운 미군기지 건설을 허락하는 승인을 받아냈다. 미국 관리들은 아베의 움직임을 환영했고, 그의 행동은 아태지역에서 오바마 행정부의 재균형 전략을 지원했다.[3] 한편, 중국에서 새로 출범한 시

---

1) 자민당과 그 연정 파트너는 하원 480석 중 324석을 얻었는데, 그것은 과거 141석에서 획기적으로 늘어난 숫자였다. 얼마 전까지 여당이던 민주당 총 의석은 230석에서 57석으로 줄어들었다. 새로운 그룹인 일본 유신회(Japan Restoration Party)는 두 명의 논란이 있는 독특하고 매파 견해를 가진 인물이 이끌었는데, 54석을 얻어 일본의 제3당이 됐다. 전문가들은 그 선거를 국민들의 자민당 승인보다는 민주당 거부로 해석했다. Chanlett—Avery, Manyin, Cooper, Rinehart, Japan—U.S. Relations, (February 15, 2013), p. 1.

2) 비록 오키나와 군사기지 이슈는 몇몇 세부사항에서 더 합의가 필요했지만, 탄도미사일 방어협력을 포함하는 기타 안보문제는 민주당, 자민당 정부 모두에서 진전이 있었다. Shinzo Abe, Policy Speech, Diet of Japan, (January 28, 2013)

3) 포린 어페어즈 저널 편집위원 조나단 테퍼만(Jonathan Tepperman)과의 인터뷰에서 오바마 행정부 미

진핑 정부가 2013년 중·일 영토분쟁에서 강경책을 구사했을 때, 오바마 행정부는 일본 수호 의지를 확실히 밝히면서 아베 내각을 도왔다. 또 2013년 11월 시진핑 정부가 갑자기 방공식별구역을 선언해 동북아 안보정세를 혼란시켰을 때, 미국과 일본은 합심해서 베이징의 시도에 반격을 가했다. 그렇지만 워싱턴은 2013년 12월 아베가 워싱턴의 만류에도 불구하고 신사참배를 강행한 것에 대해 부정적 의사를 표시했다. 워싱턴은 아베의 행위가 동아시아 지역정세를 혼란시키고 더 나아가 그의 역사관이 과거 제2차 세계대전 당시 미국의 역할과 미국의 일본점령에 대한 부정적 인식을 부추길 가능성을 우려했다. 그 맥락에서 오바마 행정부의 대일정책은 미·일 동맹을 심화시키면서 동시에 원만한 미·중 관계와 동아시아 지역안정을 이룰 수 있도록 도쿄에 조용히 압력을 가하는 이중적 형태로 추진됐다. 큰 틀에서 미·일 안보협력에는 아무 문제가 없었다. 2014년 미·일 양국은 비확산으로부터 재난구조, 시리아 내전과 에볼라 사태 대처를 위한 국제공조에 이르기까지 여러 이슈에서 협력했다. 2015년 4월 아베는 일본총리로서는 처음으로 미국 상, 하원 합동의회에서 연설했다. 그 연설에서 아베는 미·일 관계를 '희망의 동맹'(Alliance of Hope)으로 지칭하면서 도쿄가 양국 군사협력에서 더 큰 역할을 할 것을 약속하고, TPP가 아태지역 경제뿐 아니라 안보에도 도움을 줄 것이라고 덧붙였다. 오바마는 '우정의 유대'를 환영한다고 화답했다.[1] 2016년 5월 오바마는 미국 대통령으로서는 처음으로 미군의 원폭 투하로 고통받은 도시 히로시마를 방문했고, 2016년 12월 아베는 일본 총리로서는 최초로 진주만의 제2차 세계대전 전쟁 기념관(USS Arizona Memorial)을 방문했다.[2]

_아베의 미 의회 연설

·일 관계에 대해 아베는 양국 관계를 100% 신뢰한다고 하면서 다음과 같이 말했다. "2011년 지진 이후 미국은 총 2만 명 군인을 파견해 일본을 도왔다. 어려운 상황에서도 미국은 일본 재건 노력에 협력했는데, 그것은 우리 관계의 진정한 반영이다. 우리는 완전히 미국의 아시아로의 전략적 재균형을 환영하고 지지한다. 그러나 동시에 일본은 또 그 책임을 다하려 한다. 지난 10년 간 일본은 국방비를 계속 삭감했다. 중국은 반면 지난 23년 간 군사지출을 30배 증가시켰다. 그래서 11년 만에 올해 처음으로 일본은 책임을 다하기 위해 약간의 국방예산 증액을 선택했다. 집단적 자위권 이슈와 관련해, 미국 함정이 공격받을 때 현재 헌법에서 일본 함정이 돕지 못하도록 되어 있는 것은 비정상(insane)이다." "Japan is Back (A Conversation with Shinzo Abe)," Foreign Affairs, Vol. 92, No. 4 (July/August 2013), p. 7.

1) Emma Chanlett-Avery, William H. Cooper, Mark E. Manyin, Ian E. Rinehart, Japan-U.S. Relations: Issues for Congress, CRS Report for Congress 7-5700, RL33436, (February 20, 2014), p. 5; "Obama welcomes Abe to White House with high ceremony," Associated Press, (April 28, 2015)

2) Emma Chanlett-Avery, Mark E. Manyin, Rebecca M. Nelson, Brock R. Williams, Taishu Yamakawa, Japan-U.S. Relations: Issues for Congress, CRS Report 7-5700, RL33436,

　　오바마 행정부는 아베와 보수적 자민당 협력의 긍정적 측면을 높이 평가했다. 아베 내각의 행동은 그 전의 DPJ 행태와 크게 대비됐다. 자민당 정부의 집권으로 일본정치가 안정되고 아베가 미국이 선호하는 정책을 시행하는 것은 미·일 협력의 견고한 기초를 제공했다. 아베는 오키나와 해병기지 이전에 관한 딜레마를 돌파했고, 동아시아에서 일본의 외교, 안보 존재감을 증대시켰으며, 중국을 배제하는 12개국 환태평양 동반자협정(TPP: Trans−Pacific Partnership)에 기꺼이 참여했다. 그는 또 '잃어버린 20년'에서 탈피하기 위해 아베노믹스(Abenomics)를 내걸고 다시 한 번 경제성장을 추구했다.[1]

(2) 주요 국제현안

1) 평화유지, 인도주의 협력

　　오바마 행정부는 전임 부시 행정부와 마찬가지로 일본의 다양한 해외활동을 지지했다. 비록 DPJ 집권기 미·일 양자관계에서 일부 불협화음이 존재했지만, 미국은 일본 자위대 병력의 평화유지, 인도주의 재건, 대해적 작전으로부터 많은 도움을 받았다. 이라크 전쟁 당시 일본 육상자위대의 사마와(Samawah) 지역 인도주의 지원, 2010년 아이티 지진구조, 그리고 세계 여러 지역으로의 유엔 임무 파병이 모두 그런 것이었다. 2009년 3월 이후 아소 다로 내각은 미국이 주도하는 소말리아 인근 대해적 임무를 지원하기 위해 아덴만에 해상자위대 함정을 배치하고 400명 규모 지상군과 해병을 파견했다. 일본 함정과 P−3C 초계기는 3천 6백 척의 상선 에스코트와 1천 3백회 이상의 감시비행을 실시했고, 펜타곤은 공중 및 해상자위대 병력이 지부티(Djibouti) 레모니어 미군기지(Camp Lemonier)에 주둔하도록 협력했다. 2010년 4월 하토야마 정부는 아덴만 작전을 위해 제2차 세계대전 이후 처음으로 지부티에 4천만 달러 상당의 일본 해외 군사기지 건설을 선언했고, 2011년 그 기지가 완공된 이후 최대 200명의 자위대 병력을 그곳에 주둔시켰다. 일본은 또 말라카 지역에서 대해적 작전의 일환으로 싱가포르 정보공유센터 설립을 주도했다.[2]

(February 16, 2017), p. 5.

1) Emma Chanlett−Avery, Mark E. Manyin, Ian E. Rinehart, Rebecca M. Nelson, Brock R. Williams, Japan−U.S. Relations: Issues for Congress, CRS Report 7−5700, RL33436, (September 29, 2015), p. 6.

2) 2004년 인도네시아 쓰나미 당시 일본 해상자위대는 함정, 헬리콥터, 수송기를 배치하면서 국제적 구조

2) WMD 비확산과 대이란 경제제재

일본은 미국의 WMD 비확산 노력을 지지하면서 테헤란의 핵개발과 관련한 워싱턴의 대이란 경제제재에 적극 동참했다. 일본은 그동안 연평균 사용량의 10% 원유를 이란으로부터 수입했는데, 민주당 간 나오토 내각, 노다 요시히코 정부, 그리고 제2차 아베 내각에 이르면서 그 수입량을 계속 감소시켰다. 2012년에는 그 전해에 비해 40%의 대폭 감축, 그리고 2013년에는 추가 6% 감축이 있었고, 그로 인해 그 기간 일본의 이란산 원유수입은 과거 10% 수준에서 1998년 이후 최저수준인 5%로 축소됐다.[1] 또 2013년 2월 오바마 행정부가 외국 금융기관 및 이란은행과의 거래 중단에 관한 제재를 발동했을 때, 제2기 아베 내각은 이란에 지불할 수십억 달러 규모의 오일대금을 보유하고 있었음에도 불구하고 이란 21개 은행에 제재를 가했다. 도요타 자동차회사와 일본 최대 에너지 컨소시엄 인펙스(Inpex)는 이란에서 사업을 중단했다. 일본은 지구적 차원에서 미국이 추진하는 핵 비확산 노력에 가장 적극적으로 협력하는 국가 중 하나였다. 일본은 2015년 7월 P5+1과 이란 간의 핵 협정(JCPOA: Joint Comprehensive Plan of Action) 체결과 IAEA의 이란 임무이행 확인 이후에야 비로소 테헤란과 무역대화를 재개했다.[2] 그러나 트럼프 행정부 출범 이후 미국이 JCPOA를 취소하면서 대이란 경제제재는 다시 재개됐다.

3) 아태지역 민주동맹

아베는 재집권한 직후 배포한 '아시아의 민주안보 다이아몬드'(Asia's Democratic Security Diamond)라는 문서에서 미국, 일본, 호주, 인도 4국 협력이 중요하다는 점을 부각시켰다. 그는 외형적으로는 베이징과의 대화를 위한 모든 문이 열려있다고 말했지만, 실제에서는 민주국가 협력을 통해 (공산주의를 고수하고 세계패권을 지향하는) 중국, 그리고 핵개발에 몰두하는 북한의 세력 확대 저지를 원했다. 민주국가 동맹은 과거 조지 W. 부시 대통령이 강조했던 내용으로, 오바마 대통령이 새로이 선포한 재균형, 피봇전략, 그리

작업에 참여했다. Chanlett-Avery, Rinehart, The U.S.-Japan Alliance, (February 9, 2016), p. 17.

1) 일본은 거의 모든 핵 발전 산업을 실질적으로 폐쇄해 오일수입 필요가 증가했음에도 불구하고 이란으로부터 오일수입을 줄였다.

2) 일본은 2015년 이란 핵 관련 국제합의가 이루어 진 이후 처음으로 이란에 5억 5천만 달러를 송금했고, 인펙스는 아자데간(Azadegan) 유전에서 다시 사업을 재개할 것으로 전망됐다. Chanlett-Avery, Manyin, Rinehart, Nelson, Williams, Japan-U.S. Relations, (September 29, 2015), pp. 13-14.

고 오늘날 거론되는 미국의 인도-태평양 전략과 거의 동일한 내용이었다. 그 전략의 핵심은 인도를 국제협력의 틀로 끌어들이는 것이었는데, 그것은 중국과 인도 두 나라가 일시적 협력에도 불구하고 국경분쟁을 포함해 역내 영향력 경쟁에서 자유로울 수 없다는 인식에 기초했다.

　　자유민주주의 기치 하에, 아베는 오바마와 함께 남중국해에서 '항해의 자유'를 옹호했다. 일본은 남중국해라는 중요한 전략적 요충지가 베이징에 의해 독점되는 것에 반대했다. 센카쿠 열도와 관련한 중국의 집요한 공격을 익히 인지하는 아베는 베이징 견제 목적으로 2012년 이후 도쿄가 추진해 오던 아세안 국가 해상능력 강화에 이전보다 더 많은 지원을 제공했다. 아세안 국가들은 동남아에서 일본의 적극적 역할과 경제협력을 지지했다. 일본은 2014년 호주의 토니 애보트(Tony Abbot) 정부와 경제파트너십을 체결했고, 아베는 일본총리로는 처음으로 그해 7월 호주의회에서 연설했다. 아베 정부는 또 민주국가 정체성에 근거해 캔버라와 안보협력을 추진하기로 했는데, 도쿄가 제공하는 고성능 무기, 부품, 기술은 호주의 방위능력을 증강시킬 것으로 기대됐다.[1] 일본과 인도 관계는 계속 진화했다. 비록 인도가 미국, 러시아, 중국 사이에서 독자적인 고난도 독자외교를 구사하고 있지만, 아베는 부시나 오바마 못지않게 인도와의 관계강화에 열정을 기울였다. 2014년 1월 아베는 일본 총리로서는 처음으로 뉴델리에서 개최되는 '공화국 기념일 퍼레이드'(Republic Day Parade)에 초청받았고, 그 3일 동안 그는 만모한 싱(Manmohan Singh) 총리와 국방, 안보이슈 협력, 그리고 에너지, 관광, 정보통신 관련 무역합의에 서명했다. 싱 총리 후임인 나렌드라 모디(Narendra Modi) 총리와 아베 관계는 개인적으로 더 각별했다. 그들은 모디가 구자라트(Gujarat) 주 수석장관일 당시부터 교분을 유지해왔는데,

_말라바르 연합 해군훈련

2014년 가을 모디가 도쿄를 방문했을 때 양국 간에 핵협력, 공동 해상훈련, 희토류 포함 경제협력의 필요성에 대한 재확인이 있었다. 2015년 12월 아베는 모디와의 회동에서 인도에 (자금을 대여하면서) 신칸센(Shinkansen) 테크놀로지와 비군사 핵기술을 판매하기로 결정했고, 그들은 미군을 포함하는 말라바르(Malabar) 연합 해군훈련 당시 두 나라 군대를 완전한

---

1) 그러나 호주는 일본 대신 프랑스로부터 잠수함을 도입하기로 결정했다. "Japan's PM offers sincere condolences for horrors of second world war," The Guardian, (July 8, 2014); "Abe offers Japan's help in maintaining regional security," Japan Herald, (May 31, 2014)

협력 파트너로 격상시키기로 합의했다. 그때 두 리더는 서로에 대해 가까운 관계를 과시했는데, 아베는 모디의 정책이 신칸센 같이 빠르고 신뢰할 수 있다고 말했고, 모디는 아베가 '최고의 리더'라고 치켜세웠다. 전문가들은 일본－인도 핵 협력이 중국을 견제하기 위한 포석일 것으로 분석했다.[1]

(3) 동아시아 관련 미·일 관계

동아시아 관련 미·일 관계는 중국 및 남북한과 관련된 문제이다. 동아시아에서 미·일 관계는 중국의 경우에는 역사 및 동중국해 영토분쟁, 한국과는 역사분쟁, 그리고 북한과는 평양의 WMD 개발과 관계됐다.

1) 역사문제

일본의 제2차 세계대전 전범행위와 그 이전의 중국 및 한반도 침략과 관련한 역사 이슈에서 오바마 대통령은 전임 부시 대통령과 마찬가지로 일본이 그 문제로 인해 동아시아에서 갈등을 야기하지 않기를 희망했다. 역내 역사문제에 관해 DPJ는 일본의 과거 침략행위에 대해 계속 사과하는 태도를 보였는데, 그것은 오히려 미국에게는 다행이었다. 하토야마 유키오와 간 나오토 총리는 처음부터 이구동성으로 야스쿠니 신사를 방문하지 않을 것을 서약했고, 그것은 중국, 한국과의 관계를 증진시켰다. 미국은 DPJ의 역사인식을 환영했는데, 그 이유는 과거 일본정부의 침략행위가 주변국에 엄청난 피해를 끼친 것이 사실인 동시에, 현실적으로 중국, 한국을 자극하지 않아야 미국이 한·미·일 안보 공동전선을 구축할 수 있고 또 북핵을 포함한 지구적, 지역적 문제에서 중국의 협력을 확보할 수 있기 때문이었다.

그러나 동아시아 역사문제는 제2기 아베 내각이 출범하면서 잠시 또 다시 갈등국면으로 들어가는 것으로 보였다. 예전 2006~2007년 제1차 총리 재임기간 아베는 신사참배, 교과서, 위안부 문제 등 역사관련 이슈에서 다소 온건한 입장을 취한 바 있는데, 그 이유는 전임 고이즈미의 지나친 우경화로 인해 일본의 대외관계, 특히 중·일 관계가 도

---

1) "Narendra Modi And Shinzo Abe Set To Sign Slew Of Agreements, between India and Japan," *International Business Times*, (September 1, 2014); "Shinzo Abe; Japan PM in India, bullet train deal on cards," *BBC News*, (December 11, 2015)

쿄가 감당하기 어려운 수준으로 악화됐기 때문이다. 그렇지만 그것이 일본의 역사와 전통을 옹호하는 아베의 본질적인 보수주의 우파 성향의 변화를 의미하지는 않았다. 그는 원래 일본제국의 영광을 그리워하는 집단과 교분이 깊었는데, 그들은 일본제국이 서구로부터 아시아를 해방시켰고, 난징 대학살은 과장되거나 날조됐으며, 1946~1948년 도쿄 전범재판은 서구제국에 의해 강제된 것이라는 견해를 가진 사람들이었다.[1] 두 번째 임기 중 아베는 원래 성향으로 돌아가 보수적 역사관을 옹호하는 것으로 보였다. 집권 5개월 후 2013년 4월 중의원에서 아베는 1993년 고노 요헤이(Yohei Kono) 관방장관, 1995년 무라야마 도미이치(Tomiichi Murayam) 총리 발언과 관련해 일본제국의 역사를 하나의 시각에서만 보는 것은 옳지 않다고 말했다.[2] 그때 미국과 동맹국 관계, 그리고 미·중 관계를 불안정화 시킬 것을 우려한 오바마 행정부와 미 의회는 동아시아 평화를 가져온 고노, 무라야마 담화의 준수를 요구했는데, 아베는 일본정부 대변인 스가 요시히데(Yoshihide Suga) 관방장관 성명을 통해 일제가 아시아에 큰 피해를 끼친 것을 깊이 뉘우친다고 말하면서 한발 물러섰다. 물론 미국뿐 아니라 중국, 남북한을 포함하는 이웃국가들은 그것이 외교 제스처라는 것을 인지했다.[3]

야스쿠니 신사참배　　　신사참배와 관련해서도 오바마 행정부는 아베 내각이 경거망동하지 않기를 바랐지만, 미·일 간에는 인식차이가 존재했다. 아베는 총선 전 2012년 10월 야스쿠니 신사에 야당대표로 참배했고, 또 과거 여러 계기에 일본인들이 센카쿠 열도에 정착해야 하고 '다케시마의 날' 제정이 바람직한 일이라고 말한 바 있다. 총리 취임 후 미국 및 주변국과의 관계를 고려해 한동안 자제하던 그는 2013년 12월 또다시 언론의

---

1) 니폰 카이기 교카이(Nippon Kaigi Kyokai)는 일본의 대표적 우익집단이다. "Tea Party Politics in Japan," New York Times, (September 13, 2014); Akai Ohi, "Two Kinds of Conservatives in Japanese Politics and Prime Minister Shinzo Abe's Tactics to Cope with Them," East—West Center, (June 13, 2019)

2) 중국, 한국 침략, 그리고 진주만 공격에 대해서, 아베는 그것이 침략이라고 말한 적이 없다고 강조했다. 그는 침략의 정의는 역사가의 몫이고, 현 세대의 임무는 미래에 만들어야 하는 세계에 관한 논의라고 말했다. 그래도 그는 일본총리로서 공식적으로 일본이 과거 다른 나라 국민들에게 끼친 엄청난 피해와 고통을 공유하고 깊이 후회한다고 의사표현을 했지만, 언론이 그런 것을 헤드라인에 실어주지 않는다고 변명했다. "Japan is Back," (July/August 2013), p. 5.

3) 고노 담화와 무라야마 담화는 일본 전시의 부당한 행동에 관한 가장 진실한 공식사과로 간주되는 일본정부의 성명이다. 그때 자민당이 분열되어 집권하지 못하면서 비자민 연립여당이 정부를 구성했기 때문에 그런 담화 발표가 가능했다. 한편 아베 내각은 총리 본인의 성향을 반영하듯 많은 극우 민족주의 인사들로 채워져 있었다. Chanlett—Avery, Manyin, Cooper, Rinehart, Japan—U.S. Relations, (February 15, 2013), pp. 4—5.

대대적 조명 아래 야스쿠니 신사에 참배했다.[1] 일본을 제외
한 모든 나라들은 그 행동을 비난했는데, 주일 미국대사관은
이례적으로 "미국은 일본 리더십이 이웃과의 긴장을 악화시
키는 행동에 실망했다"고 말했고, 미 국무성은 일본총리의 움
직임을 무책임한 행동으로 몰아세웠다. 한국의 박근혜 정부
는 신사참배는 한일 양국관계를 망칠 것이라고 말했고, 시진

_아베의 야스쿠니 신사참배

핑 정부는 군국주의를 찬양하는 아베의 무모한 행동은 시대착오적 인식의 소산이라고 비
난했다.[2] 그럼에도 불구하고 2014년 8월 15일 일본 패망일을 포함해 여러 기념일에 많
은 숫자의 자민당 의원들이 또다시 야스쿠니 신사에 참배했다. 그들은 호국영령을 위한
참배가 왜 문제가 되느냐고 반문했다. 미래 외교관계를 우려하는 일본 일각에서는 야스
쿠니 신사 대신 제2차 세계대전 당시 이름 없이 사라져 간 전몰장병이 묻힌 치도리가후
치(Chidorigafuchi) 국립묘지 참배를 대안으로 제시했는데, 국제적 비난 이후 아베는 주기
적으로 그곳에 참배했다.[3] 오바마 대통령은 아베의 야스쿠니 신사참배가 북한 및 중국문
제 조정을 위한 워싱턴의 노력에 찬물을 끼얹는다고 지적했고, 한일 관계와 관련해서는
양국갈등의 직접적 조정보다는 아베에게 한국 모욕을 중단할 것을, 그리고 한국 리더들
에게는 일본에 대한 비판을 넘어 실용적 관계를 고려할 것을 권고했다.[4]

위안부 문제   위안부(comfort women) 문제에서도 아베는 원래의 인식을 버리지
않았지만 외교목적상 한발 물러났다. 과거 아베는 위안부가 일본군에 의해 강제로 시행
된 제도가 아니라는 입장을 옹호했다. 제1기 총리로 재직 당시, 그는 위안부 희생자들에
대한 일본군 책임을 인정하고 공식 사과한 1993년 고노 요헤이의 성명이 진실에 근거한
것인지를 의문시했다. 그러나 미 하원이 "젊은 여성들을 군대 매춘에 강요한 것에 대해

1) 야스쿠니 신사참배와 관련해서 아베는 다음과 같은 취지로 말했다. 야스쿠니는 일본에 봉사하다가 죽은
   사람들의 영혼이 묻혀 있는 곳이다. 그것은 미국인들이 알링턴 국립묘지를 방문하는 것과 마찬가지이다.
   그 묘역에는 (노예제를 찬성한 남부) 연방군 군인들이 묻혀 있지만, 그곳을 방문하는 것이 노예제를 인
   정하는 것은 아니다. 야스쿠니가 13명 A급 전범을 묻었을 때 한동안, 중국, 한국은 그것을 문제 삼지 않
   았는데, 그들은 갑자기 그 방문을 반대하기 시작했다. 그곳에 갈지 아닐지에 대해 특별히 말할 필요가
   없다. "Japan is Back," (July/August 2013), pp. 5-6.
2) "South Korea and China angered by Japanese PM Shinzo Abe's visit to controversial shrine to
   war dead," Reuters, (December 26, 2013)
3) 2013년 10월 아베가 야스쿠니 신사에 참배했을 때, 미국의 존 케리 국무장관과 척 헤이글 미 국방장관
   은 치도리가후치 국립묘지에 참배했다.
4) Chanlett-Avery, Cooper, Manyin, Rinehart, Japan-U.S. Relations, (February 20, 2014), p. 1.

역사적 책임을 수용할 것”을 촉구하는 결의안을 통과시켰을 때, 그는 한걸음 물러나 고노담화를 수용한다는 입장을 표명했다. 2012년 말 총리 복귀 이후에도 아베는 고노담화 수정을 암시했지만, 미국의 압력 하에 스가 요시히데 관방장관은 제2기 아베정부의 공식 입장은 그 담화를 철저히 준수하는 것이라고 말했다. 그해 5월 언론과의 대화에서 아베는 “위안부 문제와 관련해 우리는 참을 수 없는 괴로움과 깊은 고통을 느낀다”고 말했다. 그러나 2015년 9월 샌프란시스코 교육청이 위안부 기념탑을 건립하기로 결정했을 때, 아베정부는 그 결정이 도쿄당국의 위안부 문제 인식과 배치된다고 말했다. 그것은 아베정부의 외교적 발언과 진심이 어떻게 다른지를 극명하게 보여주었다.[1]

2) 중·일 영토분쟁

일본은 동중국해에서 2010년, 2012년 두 번에 걸쳐 중국의 공세로 인한 안보위기를 경험했는데, 그때마다 미국의 지원은 정도의 차이는 있지만 일본에 커다란 도움을 제공했다. 2010년 9월 일본해경의 중국어선 나포로 인한 중·일 분쟁 발생 당시 도쿄정부는 외교, 심리적으로 어려운 상태에 처했는데, 상황이 더 복잡해진 것은 설상가상으로 그때 메드베데프 대통령이 쿠릴열도를 방문해 (일본이 영유권을 주장하는) 북방 4개 도서가 러시아 소유임을 재확인했기 때문이다. 그때 중국과의 분쟁에 전전긍긍하던 일본은 러시아의 행동에 속수무책으로 일관할 수밖에 없었는데, 비록 워싱턴의 지원이 일본은 미·일 동맹의 보호를 받는다는 외교발언에 불과했지만 그래도 그것은 사면초가에 빠진 도쿄를 베이징의 위협으로부터 보호하는 커다란 심리적 제어장치로 작동했다. 일본 민주당의 간 나오토 총리는 감사하는 마음으로 미·일 긴장관계가 더 해소되기를 원했고, 일본정부는 하토야마 당시 어렵게 원상복귀된 오키나와 주일미군 관련 미·일 합의를 지지한다고 재확인했다. 도쿄는 또 2011년 이후 5년 간 유효한 HNS 지속에 합의했다.[2]

2012년 9월의 두 번째 중·일 영토분쟁의 경우 미국의 역할은 더 적극적이었다. 그 당시 일본은 2010년 9월 갈등의 경우보다 더 어려운 입장에 처했는데, 왜냐하면 2년 전

1) 한국계 미국인들의 노력에 의해 뉴욕주 상원은 위안부 관련 결의안을 통과시켰고, 뉴욕시 퀸즈 구역 (Queens borough)에는 위안부 희생자를 기리는 거리이름이 있다. Chanlett—Avery, Manyin, Rinehart, Nelson, Williams, Japan—U.S. Relations, (September 29, 2015), p. 8.
2) The Sweeping Changes in Japanese Politics Since the 1990s, http://www.japanpolicyforum.jp/archives/politics/pt20110129105354.html. p. 8.

영토분쟁의 기억이 사라지기도 전에 또다시 베이징이 함정과 전투기를 동원하면서 군사 충돌의 가능성을 높여가는 위험한 전략을 채택했기 때문이다. 일본은 세력균형의 원칙에 근거해 마찬가지로 군사준비태세를 상향조정하면서 대비했지만, 그보다 더 중요했던 것은 2년 전 상황을 잘 이해하는 상태에서 이루어진 워싱턴의 개입이었다. 사태진정을 위한 미 의회의 법안 통과, 그리고 오바마 대통령을 위시해 미국 안보관련 각료들의 일본보호 선언은 한편으로는 베이징을 진정시키고 다른 한편으로는 도쿄의 투지를 고취시키는 강력한 힘을 발휘했다. 오키나와에 주둔하는 미군, 그리고 언제든 배치될 수 있는 미 태평양함대 전력은 워싱턴의 외교력을 뒷받침하는 든든한 군대였다. 시진핑이 물러나려 하지 않을 때 워싱턴은 계속 개입했는데, 결국 수개월이 지나면서 사태는 점차 진정되어 갔다. 2013년 11월 시진핑 정부가 주변국에 사전통보 없이 방공식별구역(ADIZ: Air Defense Identification Zone)을 선포했을 때에도, 동아시아 안정을 중시하는 미국은 베이징의 조치를 맹렬히 비난했다. 워싱턴은 ADIZ 내에서의 비행통보 제도가 비행의 자유를 침해하는 동시에 이웃과의 방공식별구역 중복으로 인해 불필요한 사고위험을 증대시킨다는 점을 강조했다. 미국과 일본은 중국의 ADIZ를 인정하지 않을 것이라고 선언하면서 ADIZ 관련 정찰활동을 증가시키기로 합의했다. 또 미 공군의 B-52 폭격기와 일본 군용기는 사전통보 없이 중국 ADIZ를 통과해 지나갔다. 미 상원 외교위원회는 주미 중국대사에게 중국 ADIZ의 문제점을 지적하는 서한을 발송했다.[1]

중·일 양측이 대치를 거듭하고 군사충돌의 가능성이 높아질 때마다 개입하는 세계 최고 강대국 미국의 역할은 중·일 두 나라 갈등을 진정시키고 동아시아 안정을 유지하는 데 필수불가결한 요소임을 입증했다. 2010년, 2012년 두 번의 사건, 그리고 계속 반복되는 중일 갈등에서 도쿄는 위축됐지만, 일본정부는 결국 워싱턴의 도움에 의해 그 위기를 무사히 넘겼다. 미국의 지원, 미·일 동맹에 의한 워싱턴의 보호가 아니었으면, 일본은 비록 그 군사능력이 탁월하다 할지라도 아마 매우 어려운 상황에 처했을 것이다. 국제정세의 냉혹한 현실을 실감한 일본은 민주당, 자민당을 막론하고 이제 미국이 얼마나 중요하고 필요한 우방인지를 새삼 깨달았다. 특히 현실감이 떨어져 3년 3개월 만의 집권에서

1) 그러나 워싱턴과 일본정부는 ADIZ에 관한 민항기 관련 정책은 서로 달랐는데, 미 국무부는 자국 상용 항공기들이 중국의 ADIZ 지시를 따를 것을 권고했고 도쿄는 일본 상용기들에게 중국 영공을 침범하지 않는 한 중국의 요청에 대응하지 말 것을 지시했다. 일본은 미국 민항기들이 중국 ADIZ 지시를 따르는 것에 불만을 표시했다. Chanlett-Avery, Cooper, Manyin, Rinehart, Japan-U.S. Relations, (February 20, 2014), p. 10.

물러난 DPJ에게 그것은 더 큰 교훈을 남겼다. 그래도 중·일 안보경쟁은 계속됐다. 1년 이상의 격렬한 대치 끝에 2014년 초 일본 인근 구역에 진입하거나 센카쿠 도서를 둘러싼 영해를 침범하는 중국함정의 숫자는 줄어들었지만, 양국 안보경쟁이 완전히 종식될 수는 없었다.1) 2014년 5월 러시아와 중국이 연합 군사훈련을 하는 동안 중국 전투기와 일본 정찰기가 동중국해 상공에서 거의 부딪칠 정도로 가까이 근접 비행했다. 중·일은 그 상공이 자기들의 방공식별구역의 일부라고 주장하면서 서로 상대방의 저돌적 행동을 비난했다. 2014년 9월 합의에 따라 설치된 군사충돌 방지를 위한 해상통신 메커니즘은 아무 순기능을 발휘하지 못했다. 2016년 중국은 그 ADIZ를 심하게 강요하지는 않았지만, 이웃국가 식별구역과의 중복은 위기촉발 가능성을 내포했다. 중·일 두 나라가 직접적 갈등에 휘말리면, 미국은 미·일 동맹으로 인해 자동적으로 개입할 것이다. 일찍이 2014년 4월 오바마는 일본방어에 대한 미국의 의지는 확고하다고 말한 바 있다. 그때 그는 다음과 같이 강조했다. "미국의 정책은 분명하다. 센카쿠 도서는 일본에 의해 통치되고 따라서 미·일 상호협력 및 안보협정 제5조의 범주에 속한다. 그리고 우리는 일본의 그 도서 통치를 잠식하는 어떤 일방적 시도에도 반대한다."2)

3) 한반도 문제

한일 관계   오바마가 첫 번째 임기를 수행하는 동안 일본에서는 거의 모든 기간 민주당(DPJ) 정권이 집권했고, 한국에서는 이명박 대통령이 정치리더의 역할을 수행했다. 그리고 오바마가 두 번째 임기를 수행하던 2013~2017년 기간 일본에서는 제2기 아베 내각이 성립됐고, 한국에서는 박근혜 대통령이 국정운영의 책임을 맡았다.

....

1) 중국과의 센카쿠 분쟁에 관해 아베는 다음과 같은 취지로 말했다. 일본은 센카쿠를 1895년에 국제법에 따라 합병했다. 중국은 76년 동안 조용히 있다가, 유엔이 그 인근 해저에 천연자원이 있다고 말한 후 1971년 갑자기 그 도서에 대한 영유권을 주장하기 시작했다. 2008년 이후 중국은 일본 영해에 해군함정을 파견, 침입했는데, 그 현상은 더 오래되고 더 깊은 뿌리가 있다. 그 문제는 전문적으로 해결되어야 하고 일본 정부는 침착하게 대응할 것이다. 중국은 센카쿠 문제에서 중·일 간에 합의가 존재하지 않는다는 현상유지를 인정할 것을 원하지만, 도쿄는 그 주장을 수용할 수 없다. 중국은 남중국해 도서를 통제하기 위해 베트남, 필리핀에게도 마찬가지로 요구한다. 센카쿠 열도 문제는 중국과 협상의 여지가 없다. 그러나 센카쿠 하나만의 이슈로 모든 중·일 관계를 닫아버리는 것은 잘못이다. 중·일은 특히 경제에서 불가분의 관계에 있다. 항상 대화의 문은 열려 있고 두 나라는 호혜적 관계로 돌아가야 한다. "Japan is Back," (July/August 2013), pp. 6−7.
2) 양국 어선, 해양감시선, 군사자산이 서로 뒤얽혀 있는 동중국해는 폭발의 잠재성을 갖고 있다. Chanlett−Avery, Rinehart, The U.S.−Japan Alliance, (February 9, 2016), p. 9.

'테러와의 전쟁을 포함해 국내외 수많은 현안을 가진 오바마 행정부는 조지 W. 부시 때와 마찬가지로 한일 우호협력을 원했고, 그것이 한·미·일 3자 안보협력으로 이어지기를 기대했다. 일본 DPJ와 이명박 대통령 당시 한일관계는 양호했다. 한국과 일본은 역사문제를 원만하게 운영하고 군사훈련 참관단을 교환하면서 북한도

_이명박 대통령

발에 공동 대응했다. 역사문제와 관련해 2010년 8월 간 나오토 총리가 일본의 과거 행동에 대해 진심으로 후회한다는 성명을 발표한 것이 양국관계 공고화의 계기가 됐다. 2009년 5월의 북한 핵실험은 한·미·일 3자 협력의 필요성을 증대시켰다. 2010년 일본은 한미 연합 군사훈련 옵서버로 참가했고, 한국은 2010년 11월 북한의 연평도 포격 사건 이후 처음으로 미·일 연합훈련에 군사참관단을 파견했다. 또 한일 양국은 평시작전을 위한 군수물자 및 서비스 교차합의에 서명할 것이라고 발표했다. 2012년 북한 김정은 정권의 지속적 미사일 실험과 군사도발에 직면해 한일 안보협력이 더 강화되면서, 두 나라는 거의 '군사정보공유'(GSOMIA: General Security of Military Information Agreement)와 '군사획득 교차서비스'(ACSA: Acquisition and Cross-Servicing Agreement) 협정을 체결할 상태에까지 다가갔다. 기밀로 분류된 군사정보 교환제도인 GSOMIA는 북한 핵미사일 프로그램과 같은 군사정보 공유를 통해 한일, 그리고 더 나아가 한·미·일 3국의 안보협력을 더 공고하게 만들 것으로 기대됐다. ACSA는 재난구조, 평화유지, 긴급사태를 포함하는 다양한 경우에 대비해 한일 양국이 병참 측면에서 공조하는 목적을 띠는데, 미국과 일본은 한반도 유사시에 대비해 1997년 미·일 가이드라인 수정 당시 그 조치를 포함시킨 바 있다. 그러나 2012년 한국에서 국민들이 한일 군사협력에 반대하면서, 워싱턴이 오랫동안 독려해 온 GSOMIA 합의는 취소됐다. 미국은 그 협정이 한·미·일 3국 협력을 한 단계 더 상향시킬 것으로 기대했는데, 워싱턴은 한일 안보협력과 한·미·일 3자 안보협력이 진전되지 못하는 것에 대해 큰 실망감을 표시했다.[1]

그러나 한일 양국에서 2012년 말 아베정부와 박근혜 정부가 비슷한 시기에 출범하면서 그동안 순항하던 서울-도쿄 유대는 완전히 냉각됐다. 2013년 2월 북한의 제2차 핵실험, 그리고 그해 4월의 영변 원자로 재가동 발표는 한·미·일 3국의 더 긴밀한 정책협력을 요구했지만, 그 가능성은 더 작아지는 것으로 보였다. 2013년 대부분 기간 한국

---

1) Chanlett-Avery, The U.S.-Japan Alliance, (January 18, 2011), p. 6; Chanlett-Avery, Rinehart, The U.S.-Japan Alliance, (February 9, 2016), p. 10.

_박근혜 대통령

과 일본은 역사문제로 갈등을 빚었다. 많은 우익인사가 포진한 아베 내각의 일련의 행동을 일본제국의 부정의를 옹호하는 것으로 이해하는 한국정부는 도쿄의 역사인식이 바뀌지 않는 한 양국 관계개선과 정상회담은 불가능하다고 말했다. 반면 많은 일본인들은 서울이 모든 형태의 사과, 사죄를 거부한다고 말하면서 '한국으로 인한 피로감'(Korea fatigue)을 주장했다. 2013년 가을에 이르러 워싱턴은 한국정부가 역사문제로 동아시아에서 미국의 이익을 침해하는 것으로 인식했지만, 그해 12월 아베가 또다시 신사에 참배하면서 워싱턴의 우려는 두 배로 증폭됐다. 2014년 초 아베와 한국 상대역인 박근혜 대통령은 아직 정상회담을 하지 않았고, 양측의 고위급 회동은 수시로 논쟁으로 이어졌다. 위안부 문제에 추가해서 일본 역사교과서와 독도를 둘러싼 양국 영토분쟁의 오랜 이슈들은 주기적으로 양국관계를 망쳤다. 지속적으로 긴장되는 한일 관계에 비추어, 2014년 3월 오바마 대통령은 헤이그 핵 안보정상회담(Nuclear Security Summit) 장외에서 한·미·일 3자 정상회담을 갖는다는 계획을 발표했다. 그 회담은 명목상으로 북한의 핵 도발에 대한 대처를 표방했지만, 실제에 있어서는 한일 양국의 관계개선이 더 중요한 목표였다. 그 이후 워싱턴의 중재로 한일 두 나라는 더 빈번한 고위급 회담개최를 포함해 관계증진을 지향하는 것으로 보였다. 2014년 늦게 미 국방부는 도쿄와 서울이 북한 핵, 미사일 위협에 관한 정보를 교환하는 3자 정보공유 합의에 서명하도록 밀어붙였다. 2015년 9월까지 아베와 박근혜 대통령의 양자회담은 아직 없었지만, 2015년 12월 한일 양국 간에 일부 역사문제와 관련된 대타협이 이루어졌다. 그것은 2015년 초 시작된 한일 일본군 위안부 관련 협상 타결에 따른 것으로, 양국관계의 새로운 출발점이 될 것으로 여겨졌다.[1] 2016년 11월 한일 간에 GSOMIA 협정도 체결됐다. 그러나 잠시 개선된 한일 관계는 2016년 12월 박근혜 대통령 탄핵소추안이 국회에서 가결되고 2017년 5월로 대선이 예정되면서 또다시 격랑에 휩쓸렸다. 오바마 행정부는 서울–도쿄의 역사 및 영토관련 분쟁이 북한과 중국 문제에 대한 한·미·일 3자 협력을 추구하는 미국의 이익에 부정적 영향을 미치고, 또 동시에 워싱턴이 지지하는 일본의 외교, 군사적 영향력 확대와 한·미·일 탄도미사일 연합방위체제 창출을 복잡하게 만드는 것으로 판단했다.[2]

....

1) "Japan and South Korea summit signals thaw in relations," The Guardian, (November 2, 2015)
2) 미국이 일본에게 방위능력을 상향시킬 것을 독려할 때, 한국의 대중정서는 보통 그것을 일본이 군국주의로 회귀하는 신호로 간주한다. Chanlett–Avery, Manyin, Rinehart, Nelson, Williams, Japan–U.S. Relations, (September 29, 2015), pp. 10–11.

북한문제　　　오바마 대통령은 북한과의 양자 정상회담을 포함해 북핵문제 해결에 상당한 열의를 갖고 집권했다. 그러나 그는 집권 초 2009년 5월 북한 김정일 정권이 제2차 핵실험을 강행한 것에 크게 실망하고, 시간이 가면서 '악의 축' 북한의 핵개발에 대해 '전략적 인내'(strategic patience)라는 이름으로 일방적 무시의 태도를 고수했다. 그럼에도 불구하고 2009년 이후 북한에 의한 일련의 도발은 한미·일 3국 안보당국의 유대를 증진시켰고, 제3차 핵실험을 포함해 2012~2013년 평양의 WMD 관련 지속적 도발은 3국 안보협력의 필요성에 대한 공감대를 더욱 확산시켰다. 특히 미·일은 북한문제에서 강력하게 단합했다. 핵미사일로 인해 평양의 직접적 군사위협에 노출된 일본은 유엔에서 가장 강력하게 대북제재를 주장했고, 도쿄는 유엔제재를 넘어 북한 선박의 일본 항구 기항금지를 포함해 철저한 독자 경제제재를 시행하면서 미국과 공동 MD 구축에 매진했다. 한편, 2014년 초 북핵 프로그램 관련 다자협상이 정체된 상태에서, 아베 총리는 과거 그가 중시하던 일본인 납치문제에 대해 대화를 재개함으로써 평양에 대한 접근을 시도하는 것으로 보였다. 그러나 2014년 5월 도쿄-평양 간 막후 협상채널에서 일본이 독자제재 일부를 완화하는 조건으로 북한이 자국 내 납치 생존자 현황을 조사한다는 합의가 이루어졌지만, 2015년 가을까지 평양의 약속이행은 없었고 양자관계 진전의 전망은 밝지 않았다.[1] 2016년 1월 북한 김정은 정권은 또다시 원자탄을 넘어 수소폭탄 실험에 성공했고, 미국 트럼프 행정부 출범 이후 2017년 9월에는 ICBM 장착용 수소폭탄 실험이 성공했다고 발표했다. 북한 핵전력이 원자폭탄, 수소폭탄, 그리고 ICBM을 포함해 다양한 사거리의 미사일을 구비하면서, 북한의 군사력은 주변국에 결정적 위해를 가할 수 있는 위험한 수준으로 진화했다.

(4) 미·일 양자관계

2010년 12월 민주당 정부의 간 나오토 내각은 새로운 국방가이드라인(NDPG: National Defense Program Guidelines)을 발표했다. 평화헌법 정신 및 2004년 고이즈미 총리 시기 작성된 NDPG와 동일선상에서, 그 국방정책은 공격이 아닌 방어 위주 정책을 중시하면서도 새로운 위협의 등장에 따라 미국과의 더 유기적, 통합적 형태의 안보전략 시행을 촉구했다. 비록 DPJ 정부가 처음에 친아시아, 친중국 정책을 표방했지만, 2010년

---

1) Chanlett-Avery, Manyin, Cooper, Rinehart, Japan-U.S. Relations, (February 15, 2013), p. 8; Chanlett-Avery, Manyin, Rinehart, Nelson, Williams, Japan-U.S. Relations, (September 29, 2015), p. 11.

국방정책은 중국 힘의 성장 및 도발을 일본에 대한 가장 큰 위협으로 식별했다. 그 정책은 베이징이 제기하는 위협억지를 위해 작전 준비태세를 강화하고, 무기체계에서 탱크와 야포 숫자는 축소시키면서 잠수함과 구축함을 추가 건조할 것을 촉구했다.[1]

　　제2기 아베 내각은 외교안보에서 더 적극적으로 움직였다. 2013년 11월 아베 정부는 안보정책을 더 잘 조정하기 위해 총리실에 '국가안전보장회의'(NSC: National Security Council)를 설치하고 야치 쇼타로(Shotaro Yachi)를 책임자로 임명했다. 그해 12월 일본정부는 중국과의 동중국해 영토분쟁에서 유래하는 안보위협을 반영하는 두 개의 새로운 NDPG 문서를 공개했다. 그 문서들은 중국의 지속적 영해침범 위협에 대응하기 위해 일본이 정보, 감시, 정찰(ISR) 능력을 증대시켜야 하고, 외국과의 연합 군사작전에서 자위대가 더 큰 역할을 해야 하며, 향후 5년에 걸쳐 더 고성능의 첨단무기를 구비해야 한다고 강조했다.[2] 아베는 그런 '적극적 평화주의'(Proactive Pacifism)가 일본을 그 자신이 스스로 방어할 수 있는 '정상국가'로 만들 것이라고 주장했다.[3] 같은 달, 일본 중의원은 아베 내각의 '특정비밀보호법안'(State Secrecy Law)을 승인했다. 그 법안은 내각에 국가기밀을 정의, 분류할 수 있는 권한을 부여하고, 기밀 유출자에게 최대 징역 10년 형, 또는 벌금 1천만 엔까지 처벌하도록 규정했다. 국내 반대자들이 그 법이 내각에 일방적 권한을 부여하고, 언론자유를 침해할 것이며, 국민의 알 권리를 저해한다고 주장했지만, 아베는 그 법은 오직 국가안보, 대테러, 공공안전을 위해서만 적용되고, 만약 그 법이 원칙에 어긋나게 사용되면 사임할 것이라고 말했다.[4] 2014년 7월 자민당 정부는 '집단자위권'(collective self-defense)에 관한 헌법 재해석을 이끌어 내 미국과의 동맹을 한 단계 더 심화시켰고, 그것은 2015년 일본의 역할 확대를 규정한 미·일 가이드라인 개정으로 이어졌다. 2015년 10월 아베는 자위대 최고사령관 자격으로 일본 구축함에서 도쿄가 '적극적 평화주의' 깃발을 높이 들고 세계평화와 안정에 기여할 것이라고 다시 한 번 강조했고, 그 두 달

....

1) 그 NDPG는 인민해방군의 군사현대화와 투명성 결여, 군사활동, 침투 가능성을 우려했다. Chanlett-Avery, The U.S.-Japan Alliance, (January 18, 2011), pp. 10-11.

2) "Japan moves to strengthen military," The New York Times, (December 17, 2013)

3) 적극적 평화주의는 어느 면에서는 미국의 영향력 감소를 염두에 둔 조치였다. Emma Chanlett-Avery, Mark E. Manyin, Rebecca M. Nelson, Brock R. Williams, Taishu Yamakawa, Japan-U.S. Relation: Issues for Congress, CRS Report 7-5700, RL33436, (February 16, 2017), p. 17.

4) 그 법안이 처음 통과됐을 때, 아베 내각의 지지율은 50% 이하로 떨어졌다. 그 법은 2014년 12월 발효됐다. "Japan's State Secrets Bill Polarizes Society," The Diplomat, (November 28, 2013); "Japan's Abe Secures Passage of Secrecy Law as Opposition Revolts," Bloomberg, (December 6, 2013)

후에는 총리실이 직접 지휘하는 '테러 정보수집 전담부서'(International Counterterrorism Intelligence Collection Unit)를 창설했다. 2015년 12월 아베 내각은 그 다음해를 위한 5.1조 엔에 달하는 역대 최대 방위예산을 책정하면서, 그것이 3대의 글로벌 호크(Global Hawk) 드론, 6대의 F-35 전투기, 그리고 보잉 KC-46A 공중급유기 구매를 위한 자금을 포함했다고 설명했다.[1]

1) 미·일 군사동맹

미·일 안보협의회　　　오바마 행정부는 조지 W. 부시 임기 중 고양됐던 미·일 안보협력 관계의 지속을 원했다. 부시 행정부 당시 미·일 양국은 '미·일 안보협의회'(SCC)를 중심으로 동맹 강화와 군사활동의 더 큰 유기적 연계를 추구했는데, 2010년 5월의 SCC는 미국에게는 특별히 중요했다.[2] 그 이유는 반미 성향의 DPJ 내각 하에서 그 SCC가 미·일 동맹이 일본안보에 결정적으로 중요하다는 사실, 그리고 후텐마 기지이전에 관한 '2006 기지이전 로드맵'(2006 Realignment Roadmap) 이행 약속을 재확인했기 때문이다. 그 이후의 SCC에서 양국은 계속 양자 공통안보이슈에 대해 논의, 결정했다.[3] 2011년 두 나라는 북한의 위협, 테러리즘, 사이버 안보에서의 협력을 약속했고, 주요의제가 주일미군기지 이전이었던 2012년 SCC는 미 해병의 해외이전과 후텐마 대체시설 건설을 엄격하게 연계시키지 않을 것이라고 선언했다. 자민당이 재집권한 이후 개최된 2013년 SCC에서는 미·일 동맹을 새로운 차원으로 상향조정하기 위한 미·일 가이드라인 개정 필요성에 관한 논의가 있었다. 그때 미국은 일본의 NSC 설립과 (미국을 위한) 집단안보 권리행

---

1) "US, Japan Agree to New Defense Guidelines," The Diplomat, (April 28, 2015); "Japan Cabinet OKs Record Defense Budget Amid China Concern," Associated Press, (December 24, 2015)

2) 부시 행정부 당시 양국 외교, 국방장관들은 대테러, 비확산, 평화유지, 탄도미사일방어, 해상안보활동, 인도주의 재난구조, 상호병참지원을 포함해 다양한 이슈를 논의했다. 과거에 합참은 특별히 3군 참여가 필요할 때만 일시적으로 승인됐는데, 고이즈미 정부는 2005년 7월 육, 해, 공군을 단일 사령부 하에 두는 합동참모본부를 설립했다.

3) 2010년 미·일은 확장억지(extended deterrence)에 대해 논의했다. 원래 미국의 핵전략은 선제불사용인데, 일본은 북한(과 중국)의 위협에 비추어 미국 핵의 유일한 목적이 핵 억지이며 또 동시에 미국이 핵 선제불사용 원칙을 고수한다고 선언하지 말 것을 당부한 것으로 알려졌다. 그것은 북한의 지나친 공격적 태도를 우려해 일본이 미국의 핵우산에 의해 확실하게 보장받고 있다는 것을 알리기 위한 행동이었던 것으로 분석됐다. 한편 트럼프 대통령이 일본의 핵개발에 반대하지 않는다고 말했을 때, 전문가들은 그것이 북한 비핵화에 부정적으로 작용하고 한국의 핵개발을 조장하며, 동맹의 파탄, 미국의 영향력 쇠퇴로 이어질 것이라고 지적했다. Chanlett-Avery, Manyin, Nelson, Williams, Yamakawa, Japan-U.S. Relations, (February 16, 2017), pp. 20-21, 25.

사에 관한 정치적 의지를 지지하면서, 수년 내 일본에 최첨단 군사체계를 배치할 것이라고 선언했다. 미국에 화답하고 미국과의 군사동맹 강화를 위해, 2014년 7월 아베는 미·일 동맹의 집단자위(collective self-defense) 권리에 관한 새로운 헌법해석을 이끌어냈다. 그때 중국 외교부는 일본의 평화의지가 의심스럽다고 비난했고, 국내 일각에서는 집단자위 개념 자체에 반대했다. 그러나 아베 총리는 그로 인해 일본이 불필요하게 외국과의 전쟁에 휘말릴 이유가 없고 오히려 억지를 통한 평화가 유지될 것이라고 반박하고, 더 나아가 그 헌법 재해석이 실질적 효력을 갖도록 2015년 5월 의회에 그를 뒷받침하는 11개 법안을 제출했다. 그 법안들은 자위대로 하여금 필요시 제한적으로 군사력을 확대하고, 미국이 공격받을 경우 미군을 도우며, 미군 주도 국제평화유지 지원범위를 확대하고, 미·일 동맹에서 일본에 더 큰 안보부담을 허용하는 목적을 띠었다.[1] 그 안보법안들은 중의원을 거쳐 참의원에서 148 대 90으로 승인돼 9월 19일 법으로 확정됐다. 그때 일부 의원들이 법안 상정을 막기 위해 물리적 충돌을 불사했지만, 아베는 그 입법이 전쟁을 억지하고 평화와 안보를 증진시킬 것이라고 설득했다.[2] 그 입법의 핵심은 한마디로 미국이 외국에 의해 공격받을 때 일정조건이 충족되면 도쿄가 워싱턴을 도울 수 있다는 것이었다. 비록 아직도 자위대 해외파병은 의회 승인을 요구했지만, 과거와 같이 각 임무 승인을 위한 특별입법은 필요하지 않았다. 아직 헌법 제9조의 제약에 의해 일본이 미국을 돕기 위해 완전히 군사력을 동원하는 것은 어렵겠지만, 최소한 그 법안들은 일본의 평화유지, 비전투 병참지원, 원거리 해상교통로 보호 임무수행을 용이하게 할 것으로 여겨졌다. 그 입법 패키지는 자위대 임무의 새로운 법적 틀을 제공했고, 그것은 적어도 일본 자위대가 집단자위에 대한 완전한 금지로부터 벗어났음을 의미했다.[3]

미·일 가이드라인 개정   2015년 4월 미·일은 2013년 말 시작된 '상호방위 가이드라인'(MDG; Mutual Defense Guideline) 개정작업을 완료했다. MDG는 평시 및 전시작

---

1) "China's response to Japan's constitutional reinterpretation," East Asia Forum, (July 27, 2014); "Japan's Controversial Security Bills Pass in the Upper House, Now What?" The Diplomat, (September 19, 2015)

2) Shinzo Abe, Press Conference by Prime Minister Shinzo Abe, (Speech) Kantei, Tokyo, (September 25, 2015)

3) 제2기 아베정부의 가장 논란이 됐던 안보개혁은 일본의 집단자위 참여 시도였다. Chanlett-Avery, Rinehart, The U.S.-Japan Alliance, (February 9, 2016), p. 13; Sheila A. Smith, "Reinterpreting Japan's Constitution," Council on Foreign Relations, (July 2, 2014); "Japan cabinet approves landmark military change," BBC News, (July 1, 2014)

전에서 양국의 상호협력과 업무분담을 규정하는 방위협력의 기본 틀인데, 개정된 MDG는 21세기의 안보위협, 미·일 군사상호운용성 증진, 그리고 군사 테크놀로지 발전의 전체적 방향에 관한 새로운 설명을 제시했다. 예컨대 그 MDG는 1997년 미·일 가이드라인 개정 당시에는 거론되지 않은 우주방위, BMD 방어, 사이버 관련 협력에 관해 자세히 규정했다. 그 MDG는 또 일본 인근 도서방위와 해상교통로 보호뿐 아니라 지역적으로 동아시아를 넘어서는 미군활동에 대한 일본의 공헌을 거론하면서, 1997년 당시에 비해 양국 안보협력의 지리적 범위를 더 확대시켰다. 그동안 전시에만 작동하던 '동맹조정 메커니즘'(ACM: Alliance Coordination Mechanism)은 평시에도 위기가 발생하면 소집될 수 있도록 개정됐다. 상시 가동되는 ACM에는 미·일 양국으로부터 필요한 모든 정부부처가 참여하는데, 그 개정된 MDG는 두 나라의 질적, 양적인 협력심화, 동맹의 진전을 의미했다.[1]

국방정책 검토구상 시행의 진전　　　2002년 12월 SCC에서 미·일은 국방정책검토구상(DPRI: Defense Policy Review Initiative)을 시작하고, 그 결과는 2005년 10월 SCC에서 공통의 전략적 목표, MD 협력, 기지 및 병력재편을 다룬 '미·일 동맹: 전환과 미래를 위한 재조정'(US-Japan Alliance: transformation and Realignment for the Future) 선언으로 이어진 바 있다. 그 이후 공동결정을 이행하려는 양측의 노력은 후텐마 기지이전 문제 해결이 지연된 것을 제외하면 많은 성과를 거두었다. 예를 들어, 아쓰기 해군 공군기지(Atsugi Naval Air base)의 미 항모공군 제5편대(U.S. Carrier Air Wing Five)는 작전차원의 위험과 소음공해를 줄이기 위해 이와쿠니(Iwakuni) 해병기지로 이전됐다.[2] 일본 항공자위대는 제2기 아베 내각 출범 이후 요코타(Yokota) 미 공군기지에 새 공중방위사령부 시설을 완공했는데, 그로 인해 데이터 공유를 포함해 2006년 이후 시행되던 미·일 미사일방어 협력이 더 활기를 띠게 됐다. 2010년 미 육군이 (도쿄 서남부 25마일 지점) 캠프 자마(Camp Zama)에 전진배치 작전본부(forward operational headquarter)를 설치하고 2013년 일본 지상자위대 중앙준비군(Central Readiness Force)도 그곳에 작전본부를 설치한 것은 양국 지상군 군사협력을 증진시켰다. 양국의 연합훈련 확대와 시설 공동사용으로 인해 미·일 동맹의 상호운용성(interoperability)이 더 증진됐다. 자위대는 2013년 6월 미 캘리포니아에서 미군과 함께 최초의 해외 대규모 수륙양용공격 훈련을 실시했고, 2009년 합의 이후

---

1) 일본정부는 2016년 1월의 북한 핵실험, 2016년 4월 일본 쿠마모토(Kumamoto) 인근 지지에 대응하기 위해 ACM을 소집했다. Chanlett-Avery, Manyin, Rinehart, Nelson, Williams, Japan-U.S. Relations, (September 29, 2015), p. 19.
2) 일본은 2012년 12월 이와쿠니 기지에 민간항공 목적으로 활주로를 새로 건설했다.

일본군은 괌과 북 마리아나제도에서 미군 훈련시설 사용이 가능해졌다. 방산협력과 관련한 진전도 있는데, 일본정부가 1960년대 이후 스스로 부과한 무기수출 제한을 완화하면서 미·일 방위산업 공동생산의 가능성이 더 커졌다.[1]

탄도미사일방어 협력

_일본본토 내 미군기지, economist.com

_이지스 함정

미·일 탄도미사일방어(BMD: Ballistic Missile Defense) 협력은 오랜 역사를 갖고 있다. 그것은 멀리는 1980년대 양국의 스타워즈(Star Wars) 기술개발 관련 협력, 그리고 가까이는 1999년 양국이 MD 기술 공동개발을 약속한 때로 거슬러 올라간다. 대체로 북한의 미사일 위협에 대비해 2003년 12월 고이즈미는 미·일 공동 MD 개발 및 배치 필요성을 선언했고, 2007년 12월 일본 구축함은 하와이 인근 미사일 시험발사에서 미사일을 성공적으로 요격했다.[2] 미국과의 협력에 기초한 일본의 MD 능력은 세계 2위 수준으로 간주되는데, 자위대는 일본국토 전체에 걸쳐 17개 PAC-3 체계, 그리고 인근해역에 4개 SM-3(Block IA) 요격기를 구비한 6척의 이지스(Aegis) 함정을 배치했다. 미군은 일본 내 기지와 해상에 PAC-3 부대와 탄도미사일방어 능력을 갖춘 이지스 함정을 배치하고, 일본의 레이더 능력을 보완하기 위해 2개의 AN/TPY X 밴드 레이더를 운영해왔다. 양국은 도쿄 외곽 요코타 공군기지의 '양자 공동작전 지휘센터'(Bilateral Joint Operating Command Center)가 공동작전을 위한 그림을 창출할 수 있도록 여러 다양한 센서(sensors)로부터 정보를 생산, 제공했다. 그 정보공유 작업은 두 나라 모두의 진입 미사일 식별, 추적, 요격기 발사 효율성을 증대시켰다. 외부의 경쟁 국가들은 미·일 미사일방어 협력체계가 두 나라 군에 의해 공동 운영되는 것으로 판단하는데, 미국은 미·일 MD 협력체계가 중국과의 전략적 균형을 해치지 않으면서 북한을 억지하는 수준이라고 말했

---

1) Chanlett-Avery, Rinehart, <u>The U.S.-Japan Alliance</u>, (February 9, 2016), p. 15.
2) 2010년 미국이 MD 제품, 부품, 기술을 해외에 판매하려 했을 때 도쿄는 일본이 협력한 부분에 대한 일본의 동의와 이익배분을 요구했는데, 그때 워싱턴은 약간 실망했다. Chanlett-Avery, <u>The U.S.-Japan Alliance</u>, (January 18, 2011), p. 11.

다. 2017년 2월 미·일 양국은 또다시 하와이 인근의 미사일 요격 실험에서 중거리 미사
일을 성공적으로 격추했다.[1]

주둔국 지원비용   주일미군을 위한 일본의 '주둔국 지원'(HNS: Host Nation
Support) 비용은 두 가지 항목으로 구성된다. 하나는 미군 기지를 운영하는 데 필요한 관
리비와 인건비, 그리고 인구 밀집지역을 떠나 원거리에서 실시하는 군사훈련 비용의 일
부를 지급하는 특별조치합의(SMA: Special Measures Agreements)이다. 양자 합의에 의한
각각의 SMA는 5년 간 유효하다. 다른 하나는 시설개선비(FIP: Facilities Improvement
Program)로, 그것은 주일미군 건물, 숙소를 포함해 장병이 사용하는 모든 시설을 수리하
는데 드는 비용이다. 그 액수는 양측 합의에 따라 일본 정부가 지원해야 하는 최소금액만
정해져 있고, 실제 금액은 도쿄가 자체적으로 판단한다. 주일미군을 위해 일본 정부는 대
략 연 20억 달러를 지원하는데, 주일미군은 일본 내 비인건비 항목에서 (일본정부 공헌 이
외에) 20억 달러를 추가 지원한다. 2010년 12월 미·일은 HNS에 합의했는데, 그때 간 나
오토 일본총리는 취약한 일본재정으로 인해 도쿄의 기여 축소를 원했다. 2013년 4월 미
상원보고서는 주일미군 비용이 서서히 증가하고 있다고 말했다. 2015년 12월 미·일은
2016－2020년 SMA를 연 16억 달러로 결정했다. FIP는 최소 1억 7천 5백만 달러로 합
의됐다. 전체적으로, 환율변동에 따라 일본의 HNS는 연 17~21억 달러 수준이다.[2]

추가 지원비용   주둔국 지원비용 이외에도 일본은 주일미군과 관련해 또 다른
비공식 비용을 지출한다. 예를 들어 일본은 기지가 존재하는 지역의 복지를 위해 연 12
억 달러를 지불하는데, 그것은 그곳에 주둔하는 미군으로 인한 소음, 환경공해, 범죄 등
에 대한 보상성격을 띤다. 그 지출이 미군을 위해 직접 사용되는 것은 아니지만, 일본
정부의 지역공동체에 대한 보상은 대체로 그 지역주민들의 희생과 반감을 완화시키기
위해 필요한 것으로 간주된다. 일본은 또 주일미군이 사용하는 군사기지 대지의 원소유
자에게 임대료(rent)를 지급하고, 미·일 상호방위조약에 근거해 일본 내 미군기지 이전
비용을 지불한다. 오키나와의 후텐마 대체시설을 위해 일본이 121억 달러를 지불하고,

---

1) 북한이 2009, 2012년 발사한 장거리 미사일은 미·일이 실제상황에서 그들의 BMD 시스템을 시험할 수
   있는 기회를 제공했다. Chanlett－Avery, Manyin, Nelson, Williams, Yamakawa, Japan－U.S.
   Relation, (February 16, 2017), p. 25.
2) FIP 중에서 어느 프로젝트에 지출할 것인가는 도쿄가 미군의 우선순위를 고려하면서 결정한다. 2017년
   미국은 비인건비 항목으로 27억 달러를 추가 지출했다. Chanlett－Avery, Rinehart, The U.S.－Japan
   Alliance, (February 9, 2016), p. 21.

이와쿠니 해병대 공군기지 건설비용 48억 달러 중 45억 달러, 그리고 오키나와로부터 4천 8백 명 해병이 이전할 괌 시설 건설비용의 약 1/3인 31억 달러를 지출한 것이 그런 경우이다.[1]

주일미군과 후텐마 기지문제 미국은 미·일 상호방위조약 하에서 5만 3천 명 미군을 일본에 주둔시키고 있고, 미군은 오키나와 포함 일본 전체에서 89개 시설을 사용한다. 일본 영토의 1% 이하 면적인 오키나와는 한반도, 대만해협, 동남아 위기를 포함해 인도－태평양 지역의 미군작전에 결정적으로 중요한 지역인데, 그곳에는 현재 일본 내 미군 병력 전체의 65%가 주둔해 있고 주일미군이 사용하는 시설의 약 25%가 존재한다.[2] 미·일 간에 계속 오키나와가 문제시되는 이유는 주일미군으로 인한 폭력, 소음, 환경침해, 기타 수많은 사고로 인해 그곳 주민들의 미군 주둔에 대한 인식이 대체로 부정적이기 때문이다. 미군 관련 사고는 미군병사들이 수시로 어린 일본인 여학생들을 성폭행하는 것에서부터 (2004년) 미군 헬리콥터가 인구 밀집지역 대학 캠퍼스에 충돌하는 것까지 다양했다. 미·일 양국은 오키나와 문제를 해결하려 노력하는 과정에서 2006년 후텐마 해병 공군기지(Marine Air Station)를 현재의 인구가 밀집한 기노완(Ginowan)시로부터 2014년까지 덜 붐비는 나고(Nago)시 헤노코만(Henoko Bay) 캠프 쉬와브(Camp Schwab)로 이전하기로 합의했다.[3] 그리고 헤노코 만으로

_오키나와 미군기지, libguides.gwu.edu

---

1) 일본은 미국으로부터 해외 군사장비의 90%를 수입한다. 그 가격은 대략 연 110억 달러에 달하는데, 최근의 주요 매입은 F－35 전투기, 보잉 KC－46 탱커, 노드롭 호크아이 조기경보기(Northrup Grumman E2D Hawkeye airborne early warning aircraft), 수륙양용 공격함정, 그리고 MV－2 오스프리(Boeing/Bell MV－22 Ospreys) 항공기를 포함했다. Chanlett－Avery, Manyin, Nelson, Williams, Yamakawa, Japan－U.S. Relations, (February 16, 2017), pp. 24－25.

2) Emma Chanlett－Avery & Christopher T. Mann, U.S Military Presence on Okinawa and Realignment to Guam, CRS, IN FOCUS, (June 14, 2017), p. 1.

3) 후텐마 기지 이전은 1996년 미·일 특별행동위원회(SACO: Special Action Committee on Okinawa) 합의에서 결정됐다. 그 당시 미국은 오키나와에서 미군이 사용하는 토지 전체 중 약 20%를 반환하기로 합의했는데, 후텐마 기지의 기능은 다른 지역에서 그대로 유지된다는 전제조건이 붙어 있었다. 그리고 그 계획은 2006년 로드맵에서 확정됐다. 그 당시 주일미군은 4만 7천명이었다.

해병병력이 모두 이동하면 그중 약 절반인 제3해병원정군(III MEF: Marine Expeditionary Force) 8~9천명 병력과 그 가족을 괌(Guam)으로 재배치하기로 결정했다. 2006년 합의 당시 일본은 103억 달러 추정비용 중 약 60%를 지불하기로 약속했다. 그러나 그 기지이전과 미군 재배치는 수많은 장애에 직면했는데, 왜냐하면 오키나와 지역 정치인들이 주민 뜻을 따라 오키나와로부터 미군철수 또는 획기적 감축을 원하고, 나고 시 정치인들 역시 새 기지건설에 반대했기 때문이다. 2009년 총선 당시 민주당도 후텐마 기지 폐쇄를 약속했다.[1]

DPJ 하토야마 총리는 2009년 9월 집권 이후 총선 공약대로 후텐마 기지를 폐쇄할 수 있다는 의견을 내비쳤다. 그러나 그는 2010년 5월 초 오키나와를 방문하면서 기지이전 관련 공약을 번복했다. 그는 다음과 같이 말했다. "미국과의 군사동맹 하에서 그 기지를 어떤 형태로든 유지하는 것이 국가안보를 위해 필요하다. 총선 공약을 지키지 못해 미안하지만, 그 논란 많은 미군 기지를 오키나와에서 완전히 이전시키는 것은 불가능하다. 국가안보 필요상 어쩔 수 없이 일본인들이 그 부담을 나눠서 짊어져야 한다. 그 기지를 국내 어디로 이전하든지, 아마 그 지역주민들은 비판적 목소리를 낼 것이다."[2] 그 이후 하토야마가 가고시마 현(Kagoshima Prefecture) 도쿠노시마(Tokunoshima)를 포함해 후텐마기지 대체지역 물색에 실패하면서, 미국과 일본은 2006년 로드맵 원래 계획대로 헤노코 지역 캠프 쉬와브로 재배치 시설을 이전할 것이라는 공동성명을 발표했다. 그때 미·일 두 나라는 "미·일 동맹은 일본의 방위뿐 아니라 아태지역의 평화, 안보, 번영에도 필수불가결하다. 최근의 동북아 안보환경은 동맹의 중요성을 재확인시킨다"고 선언했다. 하토야마는 그렇게 후텐마 기지를 오키나와에서 폐쇄하거나 외국으로 이전시킨다는 생각을 완전히 포기했다.[3]

1) 후텐마 기지이전과 해병 재배치로 인해 오키나와 주민들은 수만 에이커의 토지를 되돌려 받게 되어 있었다. Chanlett-Avery, The U.S.-Japan Alliance, (January 18, 2011), pp. 7-8.
2) 그 당시 오키나와 지사 나카이마 히로카즈(Hirokazu Nakaima)는 하토야마가 선거공약을 지켜야 한다고 주장했다. Japanese PM Yukio Hatoyama resigns amid Okinawa row-BBC News, https://www.bbc.com〉 news; Japan PM scraps plan to move US base from Okinawa, (May 4, 2010)
3) 그 당시 하토야마는 도쿠노시마 섬의 3명 시장에게 후텐마 시설이전에 협력할 수 있는지를 물었는데, 그때 그들은 그 요청을 거부했다. 하토야마가 그들을 만나기를 원했지만, 그들은 만남 자체를 거부했다. 사민당은 하토야마의 결정에 반대해 민주당과의 연립을 파기했고, 하토야마는 사민당(SDP) 출신 여성 장관 후쿠시마 미즈호(Mizuho Fukushima)를 해임했다. Japanese PM Yukio Hatoyama, https://www.bbc.com〉 news

그 이후 DPJ의 간 나오토, 노다 요시히코 내각은 하토야마 결정을 재확인했다. 그러나 오키나와 현지의 강력한 반대와 도쿄 당국의 정치적 무능력으로 인해 2006년 로드맵은 성사 불가능할 것으로 보였고, 오키나와 기지이전 문제는 미·일 동맹의 사기를 소진시키면서 계속 표류했다. 후텐마 기지의 헤노코 이전 가능성이 불확실한 상황에서, 2012년 4월 오바마 행정부와 노다 요시히코 내각은 후텐마 기지를 대대적으로 보수할 것이고, 또 후텐마 해병병력의 해외이전을 헤노코 새 기지건설과 연계시키지 않을 것이라고 선언했다. 그것은 후텐마 기지가 기노완 시에 그대로 잔류할 수 있고, 동시에 후텐마의 8~9천명 해병과 그 가족들이 헤노코 기지건설과 상관없이 일단 일본 밖으로 재배치될 것이라는 의미였다. 해병병력 해외이전과 헤노코 기지건설을 연계시키지 않는다는 합의는 부분적으로는 오키나와 현지주민의 좌절을 완화시키기 위한 성격을 띠었다.[1] 그러나 미 의회는 오바마 행정부의 불명확한 기지 및 해병 이전계획에 제동을 걸었고, 오키나와 대중과 정치인들도 또다시 반대하고 나섰다.[2] 오키나와 주민들이 반대한 이유는 미·일 당국의 후텐마 수리 발언이 그 해병기지가 무기한 잔류하고 그로 인해 주민피해가 계속될 것이라는 의심을 불러일으켰기 때문이다. 2012년 여름 MV-22 오스프리 항공기의 후텐마기지 배치는 주민불안을 고조시켰고, 그해 말 미군병사들이 저지른 여러 범죄는 현지 증오를 한층 더 증폭시켰다. 오키나와인들은 일본국민 전체가 미군 주둔으로 혜택을 보는 반면, 자기들이 주일미군과 관련해 지나치게 무거운 사회, 환경 부담을 져야 하는 사실에 분노했다.[3]

그러나 미 해병 공군기지 이전문제는 2012년 말 자민당의 아베 내각이 집권하면서 돌파구가 열렸다. 도쿄 당국은 기지이전의 필요성에 관해 오키나와 지사 나카이마 히로

---

1) 미·일 관리들은 미 해병의 괌, 하와이, 호주 등으로의 재배치는 아시아 미군병력을 지리적으로 분산시켜 작전상 유연하고 정치적으로 유지가능하게 만드는 목적을 띠었다고 말했다. 그 병력 중 4천명 이상이 괌, 2천 5백 명은 호주, 8백 명은 미국, 그리고 나머지는 하와이 등지로 이동하게 되어 있었다. 가장 많은 숫자의 해병이 재배치되는 괌에는 약 1만 명 병력이 주둔했는데, 미 국방부는 그곳 토지의 약 30%를 통제했다. 미군은 주로 북쪽 끝의 앤더슨 공군기지와 서쪽 해안의 괌 해군기지(Naval Station Guam)에 주둔했다. 괌 병력 재배치에 필요한 87억 달러 중 31억 달러는 일본이 지원하기로 되어 있었다.

2) 칼 레빈(Carl levin), 존 매케인(John McCain), 짐 웹(Jim Webb) 상원의원은 국방장관 레온 파네타(Leon Panetta)에게 모든 기지 관련 계획이 의회의 승인을 받아야 한다고 통보했다.

3) 미국이 일본 본토와 오키나와에 12대의 MV-22 오스프리를 도입했을 때 일본국민들이 반대한 이유는 그 항공기가 수개월 전 플로리다와 모로코 훈련 당시 추락해 안전성이 의심됐기 때문이다. 그러나 일본방위성은 안전에 문제가 없다고 결론짓고, 파일럿들에게 안전규칙 준수를 당부했다. Chanlett-Avery, Manyin, Cooper, Rinehart, Japan-U.S. Relations, (February 15, 2013), p. 15.

카즈(Hirokazu Nakaima)를 집중적으로 설득했고, 2013년 말 그는 후텐마 대체시설 건설을 위한 헤노코 해안 매립을 승인했다. 그것은 2006년 로드맵에 이어 오키나와 기지이전 문제해결의 두 번째 분수령이었다. 헤노코의 새 기지는 2022년까지 완공될 예정이었다. 그래도 그 문제가 완전히 해결된 것은 아니었다. 그 이유는 취약한 정치위상에도 불구하고 나고 시 시장이 헤노코의 새 시설 건설에 반대하고, 오키나와 대부분 주민의 반대 역시 줄어들지 않았기 때문이다.[1] 2014년 회계연도 국방수권법에서 오키나와, 괌 관련 자금을 동결하면서, 미 의회는 계속 오바마 행정부의 2012년 4월 계획에 반대했다.[2] 한편 2014년 일본 국내선거에서 후텐마 기지이전에 반대하는 정치인들이 중의원 오키나와 4개 지역구, 오키나와 지사, 나고 시 시장선거에서 당선되면서, 2015년 3월 오키나와 지사 오나가 다케시(Takeshi Onaga)가 중앙정부에 헤노코 기지건설 중단을 요구했다. 그해 10월, 그는 몇몇 위원회 검토를 거쳐 2년 전 나카이마가 승인한 토지매립을 취소한다고 선언했다. 2016년 3월 헤노코 대체시설 건설이 중단되면서 오키나와 지방정부와 일본 중앙정부는 법원결정에 따르기로 합의했는데, 2016년 12월 대법원은 오나가 지사의 결정이 무효라고 판시했다. 그것은 10년 이상을 끌어온 미·일 양국 기지이전 문제를 최종적으로 확정짓는 가장 중요한 결정이었다. 미국으로 하여금 결정을 번복하게 하려는 오나가의 노력과 일본 본토 및 오키나와 일부 진보단체들의 반대시위는 성공하지 못했다. 2017년 아베는 후텐마를 오키나와 주민에게 돌려주고 그 대신 헤노코 건설을 추진할 것이라고 다시 한 번 말했다. 헤노코 기지 완공일자가 2022년에서 2025년으로 연기됐지만, 그것은 큰 문제가 아니었다. 2017년 2월 트럼프 행정부의 국방장관 짐 매티스(Jim Mattis)와 아베 총리는 헤노코 건설이 예정대로 진행되고 있음을 재확인했고, 4월 미 태평양 사령관 해리 해리스(Harry Harris)는 2024~2028년 기간 오키나와 1만 9천 명 해병 중 4천명이 괌으로 이동하고, 오키나와 해병은 궁극적으로 1만 명 선에서 유지될 것이라고 말했다. 캠프 쉬와브 건설작업은 이미 시작됐고, 주요 토지작업은 2018년 시작됐으며, 2020년 현재 후텐마 기지이전은 계획대로 진행되고 있다.[3]

_해리 해리스

------

1) 아베정부는 주민시위에 대처할 준비가 되어 있다고 주장했지만, 오키나와 기지이전에 반대하는 시민단체들의 돌발적 행동이 어떤 형태를 띨지 알 수 없었다.

2) 해리 해리스는 2020년 현재 주한 미국대사로 근무한다. Chanlett-Avery, Cooper, Manyin, Rinehart, Japan-U.S. Relations, (February 20, 2014), p. 20.

3) 2017년 4월 괌 주지사 에디 캘보(Eddie Calvo)는 미국의 H-2B 비자 제한으로 인한 건설인력 부족이

2) 미·일 경제관계

오바마 행정부 출범 이후의 미·일 경제관계는 불규칙했다. 2009년 미·일 무역규모는 그 전해에 비해 축소됐고, 그것은 2009~2012년 증가, 그리고 2013~2014년 기간 또다시 축소의 등락을 반복했다. 지구적 경기불황, 2011년 3월 일본의 지진과 쓰나미로 인한 경제타격 등 여러 요인이 양국무역을 제한했다. 2012~2016년 미·일 두 나라 경제는 세계 1위 GDP와 제3위 규모로 지구적 GDP의 약 30%를 차지했다.[1] 그들 경제는 무역, 서비스, 해외투자에서 긴밀하게 연계돼 있고, 서로에게 필수불가결한 존재이다. 2014년 미국에게 일본은 수출, 수입을 포함해 4번째 무역상대국이고, 일본에게 미국은 두 번째 큰 규모의 무역 파트너였다.[2] 2015년 미국경제에 대한 일본의 위상은 더 낮아졌는데, 미국에게 일본은 (캐나다, 멕시코, 중국, 영국 다음의) 다섯 번째 큰 수출시장이고 (중국, 캐나다, 멕시코 다음으로) 미국 수입의 네 번째 큰 원천이었다. 반면 그해 일본에게 미국의 중요성은 그대로였다. 미국은 2015년 일본의 최대 수출시장이고 (중국 다음의) 두 번째 큰 상품수입 원천이었다.[3] 그래도 1990년대 중반 이후 양국 경제관계에서의 갈등은 축소됐는데, 그 중요한 두 가지 요인은 중국 경제의 부상으로 인한 미·중 경제관계 중요성 증대와 '잃어버린 20년'으로 일컬어지는 일본 경제성장의 정체였다.[4]

미·일 무역 양자현안   오바마 시기 미·일 무역현안은 새로 등장한 TPP 이슈를 제외하면 조지 W. 부시 시대와 동일한 사안을 중심으로 협상이 전개됐다. 우선 쇠고기 관련 미·일 협상에서는 상당한 진전이 있었다. 2003년 12월 고이즈미 정부가 광우병으로 인해 미국 쇠고기 수입을 제한한 이후 2013년 2월 제2기 아베 내각에 이르러 일본은 미국의 우육 수입제한을 완화했다. 그때 도쿄는 30개월 연령 이하 쇠고기 수입을 용인하

주 차원의 미군 재배치작업 지원을 약화시킬 것이라고 말했다. 그 다음 달 미 해병대 사령관 로버트 넬러(Robert Neller)는 해병 재배치는 재검토가 가능하다고 말했다. Chanlett−Avery & Mann, U.S. Military Presence, (June 14, 2017), p. 2.

1) 이 수치는 2008년 양국 통합 GDP가 세계 GDP의 40%를 차지하던 것에서 10% 가량 축소됐음을 보여준다.

2) 이 숫자는 미국의 대외무역에서 일본의 중요성을 과소평가하는데, 왜냐하면 일본은 중국이 미국으로 수출하는 완제품 제조에 사용되는 중간상품을 중국으로 수출하기 때문이다.

3) Chanlett−Avery, Manyin, Nelson, Williams, Yamakawa, Japan−U.S. Relation, (February 16, 2017), p. 26.

4) 미·일 양국이 분쟁시 서로 WTO에 제소하고 그 결정을 따르는 것도 경제갈등이 축소되는 또 다른 이유이다.

면서 다른 연령의 우육 수입 추가개방도 고려할 것이라고 선언했고, 워싱턴은 일본의 긍정적 태도에 큰 기대를 걸었다.[1] 그러나 두 번째 이슈인 미국의 일본 보험시장 접근은 별 진전을 이루지 못했다. 조지 W. 부시 시절 미국은 세계에서 두 번째로 큰 일본 보험시장에서 자국 회사들이 겪는 정보획득과 시장접근에 있어서의 불공정 처우가 시정되어야 한다고 주장했다. 그런 현실은 고이즈미 정부가 추진하는 '일본 우정공사'(Japan Post) 민영화 법안이 통과되고 2007년 10월 후쿠다 내각이 보험시장의 대주주인 일본 우정공사 관련 개혁을 시행하면서 일부 개선됐다. 그래도 미국 회사들은 계속 불공정 경쟁을 실감했는데, 왜냐하면 아직도 생명, 연금보험 시장접근이 어려운 상태에서 일본 우정공사가 다른 활동으로부터 벌어들이는 수익을 방계 보험 자회사 지원목적에 사용했기 때문이다. 정부는 또 그 자회사들에게 일본 국내외의 다른 일반 보험회사에 제공되지 않는 편파적인 규제 관련 특혜를 제공했다. 더 나아가 DPJ는 자민당 집권시절의 모든 개혁을 원상복귀시켰다. 2012년 4월 노다 요시히코 총리가 보험규제를 완화하는 입법을 통과시킨 것은 워싱턴에게 큰 실망이었는데, 왜냐하면 특히 그것이 민주당, 자민당, 공명당의 합의에 의한 결정이었기 때문이다.[2] 셋째, 조지 W. 부시 대통령 재직 당시 WTO 도하 라운드(Doha Round)에서 논의되던 농산물 수입장벽 관련 미·일 협상은 나중에 TPP 협상과 더불어 약간의 진전을 이룩했다. 과거 미국, 호주, 그리고 일부 농산물 국가들은 WTO 도하라운드에서 다른 나라들이 농축산물 수입장벽을 제거할 것을 요구했는데, 그때 일본과 EU는 그 제안에 완강하게 반대했다. 오바마의 두 번째 임기 동안에도 처음에는 미국과 일본의 주장 차이는 전혀 좁혀지지 않았다. 그것은 일본 내 농민단체의 반대가 너무 컸기 때문이다. 그러나 그것은 일본이 TPP 협상에 참여하고 그 회원국이 되기를 원하면서, 2016년 말 도쿄가 TPP 협상을 비준할 때에 이르러 비로소 약간의 진전을 이루었다.[3]

한편 미·일 간에는 TPP 구상이 새로운 협상 이슈로 떠올랐다. 원래 TPP는 싱가포르, 브루나이, 뉴질랜드, 칠레 4개국의 FTA로부터 시작됐다. 2013년 초에는 그 4개국과 미국, 캐나다, 멕시코, 페루 등이 가입협상에 참여했다. 그 다자 FTA는 오바마 행정부 아

---

1) Chanlett—Avery, Manyin, Cooper, Rinehart, Japan—U.S. Relations, (February 15, 2013), p. 22.

2) 미국은 일본이 TPP에 가입하려면 보험제도의 변화가 필요하다고 강조했다. Chanlett—Avery, Manyin, Rinehart, Nelson, Williams, Japan—U.S. Relations, (September 29, 2015), p. 24.

3) 부시 시절 WTO 도하라운드에서 일본과 일부 국가들은 오히려 미국이 반덤핑 법을 재검토, 시정해야 한다고 주장했는데, 미국은 그에 반대했다. 오바마 시기에도 일본은 처음에 그런 자세를 그대로 유지했다. Chanlett—Avery, Manyin, Rinehart, Nelson, Williams, Japan—U.S. Relations, (September 29, 2015), p. 25.

시아 피봇의 경제적 요소로 추진된 것이기 때문에, 중국은 의도적으로 배제됐다. 도쿄는 2013년 7월 협상에 참여했는데, 일본의 가입은 그 TPP가 세계 GDP에서 차지하는 비율을 30%에서 38% 수준으로 끌어올릴 것이었다. 오바마 행정부와 제2기 아베 내각은 일본의 TPP 가입을 위해 양자협상을 벌였다. 그때 양국 모두에서 대부분의 기업은 찬성했지만, 각국에서 상대국에 비해 경쟁력이 취약한 일부 분야는 반대했다. 미국에서는 자동차업계와 보험업계가 일본과의 경쟁에서 밀려날 것을 우려했고, 일본에서는 농민단체와 의료장비 생산업체가 TPP에 반대했다.[1] 미·일 양국은 서로의 입장차를 좁혀가면서 다른 나라들과의 다자협상을 동시에 진행시켰다. 그 12개국 대화는 NAFTA 회원국인 멕시코와 캐나다가 자동차 무역에 연관된 (부품 및 완제품) 원산지규정 문제를 제기하면서 약간의 진통을 겪었다. 한편 도쿄는 TPP 협상에만 안주하지 않고, 여러 국제 무역협상에 동시다발적으로 참여했다. 일본은 아세안 10개국, 중국, 한국, 호주, 뉴질랜드, 인도가 추진하는 '역내 포괄적 경제동반자협정'(RCEP: Regional Comprehensive Economic Partnership) 협상에 참여했고, 2013년 한국, 중국과 3자 FTA 협상을 시작했으며, 2015년 1월에는 호주와 경제파트너십 합의를 발효시켰다.[2] TPP는 미국, 일본, 그리고 아태 10개국의 서명을 거쳐 개별국가 비준을 기다리는 상태에 있었다. 국내경제 활성화를 추구하는 아베 내각은 농업분야에서 미국에 양보하면서 2016년 12월 국내비준을 마쳤다. 그러나 미국의 트럼프 행정부는 2017년 1월 출범 직후 TPP로부터의 탈퇴를 선언했다.[3]

★ 전문가 분석

(1) 아베의 현실주의 외교안보

2012년 12월 권력에 복귀한 이후 아베 신조 총리는 일본 외교, 안보를 강화하는 개혁을 밀어붙이기 시작했다. 중국의 파워가 급격히 신장하고 북한이 핵무장하는 현실에서,

---

1) 그 협상 당시 오바마는 아베에게 미국 자동차와 보험 산업의 일본시장 접근 용이성이 보장돼야 한다고 말했다. 쇠고기 이슈는 2013년 제한이 완화됐을 때 해결된 것으로 보였다.

2) RCEP은 TPP보다 더 포괄적이고 협상이 용이했다.

3) 아베가 TPP에 가입하게 된 동기의 기저에는 국내의 디플레이션과 고령화를 넘어설 성장원천을 개발해야 한다는 사명감, 그리고 대외적으로 급성장하는 중국이나 한국과 같은 중견국가에 비해 상대적인 정치, 경제적 세력균형이 기울어 가고 있다는 생각이 자리잡고 있었다. Chanlett—Avery, Cooper, Manyin, Rinehart, Japan—U.S. Relations, (February 20, 2014), pp. 29—31; Chanlett—Avery, Manyin, Nelson, Williams, Yamakawa, Japan—U.S. Relation, (February 16, 2017), p. 2.

그는 과거의 평화주의(pacifism)에 근거한 안보정책으로부터 새로운 방향으로 움직여야 한다고 생각했다. 스탠포드 대학 후버연구소의 아시아, 일본전문가 마이클 오슬린 (Michael Auslin)은 제2기 아베내각의 미·일 관계에 대해 다음과 같이 분석했다.

1) 일본 안보태세의 변화과정

일본인들이 전후 자기들의 정체성으로 인식하는 평화주의의 기원은 제2차 세계대전 직후로 거슬러 올라간다. 그것은 전후 일본을 점령한 미 군정당국이 마련한 헌법 초안을 도쿄가 그대로 수용한 것에서 유래한다. 1952년 미국은 일본 군정을 종식했는데, 사실 일본은 그 이후 안보를 계속 워싱턴에 맡긴 것과 다름없었다. 1972년 미국은 오키나와 섬 지배권을 일본에 이양했고, 도쿄는 계속해서 미국 주도의 자유주의 국제질서 속에서 움직였다. 그러나 냉전이 종식되면서 국제질서는 새로운 모습으로 재형성됐고, 그것은 한동안 불확실성의 세계로 간주됐다. 바르샤바 조약기구가 해체되고 지구적 군사관계에 많은 변화가 일어나면서 그동안 아태지역을 관리하던 미·일 동맹의 합리성, 그리고 서태평양 미군 주둔의 지속 가능성을 포함해 동아시아 안보질서의 미래에 관한 의구심이 생겨났다. 미국이 냉전이후 지구적 전략을 구상할 때, 미·일 동맹은 표류하고 부분적으로는 워싱턴의 그 지역에 대한 헌신에 관한 의문이 제기됐다. 그런 맥락에서 수많은 사건이 발생했다. 1990년 8월 이라크의 사담 후세인이 쿠웨이트를 침공했는데, 그때 미국은 그를 축출하기 위해 거대한 군사연합을 추진했다. 그러나 헌법제한으로 인해 병력 파견 대신 130억 달러를 제공한 일본은 막대한 재정지원에도 불구하고 세계의 조롱거리로 전락했고, 그 사건은 일본의 미래에 관한 논란을 불러일으켰다. 1998년에는 북한이 일본 본토 혼슈 섬 위로 탄도미사일을 발사했는데, 그것은 도쿄에 실존적 위협(existential threat)으로 받아들여졌다. 2000년대에는 중국의 부상이 급격히 진행되고 베이징의 지역지배가 눈앞의 도전으로 다가왔다. 그러는 가운데 일본은 점차 유엔을 포함해 국제제도와 평화주의에 대한 의존만으로는 자국의 안전을 보장할 수 없다는 생각을 갖게 됐고, 그에 대응해 도쿄는 더 강력한 안보와 적극적 대외정책의 필요성을 절감했다. 그 일련의 사건들은 도쿄에 강력한 군사력과 적극적 외교를 중시하는 고전적 현실주의에 근거한 새로운 세계관을 갖게 만드는 계기로 작용했다. 그 새로운 관점은 일본을 미국과 더 긴밀한 안보협력을 추구하게 만들었다. 9·11 이후 그 당시 총리 고이즈미 준이치로는 미국 주도의 '테러와의 전쟁'을 지지하고, 아프간 전쟁을 위해 인도양에 해상자위대를 파견했다. 그는 또 2004년 이라크에 재건병력을 파병하고, 이라크－쿠웨이트 간 물자수송을 위해 항공자위대를 파견했으며, 2002~2009년 기간 아프가니스탄 지원비용으로 14억 달러 제공을 서약했다. 2006년 고이즈미를 승계해 총리가 된 아베 신조는 의회에서 파트너 국가들과의 더 큰 안보협력 법안을 밀어붙였다. 그는 또 헌법의 해외파병 금지조항을 재검토하고, 국가안전보장회의(NSC), (미 CIA 형태의) 중앙정보기구 창설을 제안했다. 그러나 자민당이 참의원 선거에 참패하면서, 그는 승계 1년 만에 사임했다. 이제 일본에서 민주당(DPJ: Democratic Party of Japan)이 역사상 처음으로 2009년 중의원을 장악했는데, 그때 신임 총리 하토야먀 유키오는 친미보다는 친아시아 정책을 추진했다. 그는 일본의 미래가 미국이 아니라 아시아 국가들과의 관계에 달려 있다고 주장했다. 그는 오키나와 미군 해병기지 이전에 반대하면서 워싱턴에 대립각을 세웠지만, 중국, 한국에게는 우호적으로 행동했다. 그러나 그 역시 재임 1년 만에 사임했다. 그의 후계자 간 나오토(Naoto Kan)는 하토야마보다 특별히 나을 것이 없었는데, 그는 2011년 쓰나미와 그로 인한 후쿠시마 핵위기에 압도되어 2011년 9월 사임했다. 그 다음 민주당 총리 노다 요시히코는 대외정책에서 보수적 입장을 취했다. 중국, 북한을 일본의 주요 위협으로 식별하면서, 그는 미국으로부터 F-35 스텔스 전투기 구매에 합의하고 미·일 유대를 강화했다. 그는 또 1960년대 이후 시행되어 온 일본의 해외 무기수출 금지관행을 완화했다. 그는 워싱턴이 중국을 의도적으로 배제한 TPP를 지지했다. 가장 대표적으로 노다 총리는 중국, 대만이 영유권을 주장하는 센카쿠 열도의 3개 섬을 국유화했다. 일본이 1972년 미국으로부터 오키나와 통치권을 이양 받은 이후 도쿄 당국이 이 섬들을 통제해 왔는데, 2012년 9월 일본 정부는 우익 도쿄도 지사 이시하라 신타로가 그 섬을 매입하는 것을 막기 위해 국유화를 실시했다. 그때 중·일 관계는 극도로 악화됐다. 중국은 민간어선, 정부 순시선을 주기적으로 센카쿠 인근으로 보냈고, 그에 대항해 노다는 그 섬의 영유권과 관련해 경고했다. 그러나 일본은 중국의 증대하는 군사력, 동중국해 주둔 증가, 그리고 일본 본토 최남단의 큐슈부터 대만 인근까지 펼쳐지는 서남부 열도에 대한 베이징의 위협에 경악하지 않을 수 없었다. 2012년 총리직에 재취임한 아베의 최대 관심사는 이들 섬의 방어였다.[1]

2) 아베의 대전략

아베의 대전략은 어떤 성격을 띠는지 살펴볼 필요가 있다. 2013년 11월 의회에서

---

1) Michael Auslin, "Japan's New Realism: Abe Gets Tough," Foreign Affairs, Vol. 95, No. 2 (March/April 2016), pp. 125-129.

아베는 (위에 설명한 대로) NSC 창설을 밀어붙여 그 기구를 국가안보, 위기대응의 중추기관으로 만들었다. 아베는 그 기구 책임자로 측근 야치 쇼타로(Shotaro Yachi)를 임명하고 외교, 국방관리들이 실무를 담당하도록 조치했는데, 그 위원회에는 새로운 국가안보전략을 창안하고 5개년 국방 획득계획을 만드는 임무가 주어졌다. 그러나 아베의 광범위한 개혁은 일본 국내에서 큰 논란을 야기했다. 그는 해외에 대한 무기 수출금지를 완화하려 시도했다. 그동안 일본 방위산업은 많은 문제점을 내포했는데, 예컨대 그 분야는 해외시장, 해외 연구개발(R&D) 공동체로부터 단절되어 있었다. 또 일본 무기가격은 외국제품에 비해 50% 더 비쌌고, 2012년 국내 수주는 72억 5천만 달러에 불과했다. 결국 2014년 일본 의회는 해외에 판매하는 무기종류의 확대, 또 미국 포함 외국과의 국방기술 협력을 승인했다. 그 다음으로 아베는 해외 군사동원 법안을 통과시켰는데, 그것은 대중의 큰 반발을 불러왔다. 그동안 일본은 집단안보 금지로 인해 매번 특별법을 통해서만 해외에 병력을 배치할 수 있었는데, 2015년 9월 일본 의회는 해외 병력배치 법안을 통과시켰다. 그로써 반드시 자국이 직접 관련된 위기가 아니더라도 일본은 언제든지 동맹국 병력과 영토 보호, 병참지원을 위한 군사동원이 가능해졌다. 아베는 군사력 증강도 추진했다. 2014년 국방비는 2.9%, 2015년 국방비는 2.9% 증가했고, 2016년 국방비는 424억 달러에 달했다. 그것이 비록 중국의 2014년 국방비 1.320억 달러, 그리고 매년 두 자리 숫자로 증가하는 중국 국방예산에 비하면 초라한 수준이었지만, 그럼에도 불구하고 그것은 중요했다. 아베는 노다 총리의 F-35 42대 구매계획을 재확인하고, 오스프리(Osprey tilt-roto) 항공기 17대, 52척의 수륙양용 공격차량, 디젤잠수함의 최대 22척 증대, 2척 구축함 건조를 서약했다. 더 나아가 그는 3대의 최첨단 감시드론, 20대 해상순찰 항공기, 탄도미사일 경고시스템과 위성 획득을 선언했다. 2015년 현재 도쿄는 이미 센카쿠 남서부 열도에서 방어태세를 강화하고 있다. 일본은 대만 인근의 요나구니(Yonaguni) 섬에 레이더를 설치하고, 그 인근 3개 섬에 군사기지를 설치했다. 2020년까지 큐슈, 오키나와 사이의 최대 섬인 오시마 아마미(Amami Oshima)에 550명 병력을 배치한다는 계획도 수립됐다. 센카쿠 열도 인근 이시가키(Ishigaki)와 미야코(Miyako)에서는 군사기지 건설이 시작됐다. 전체적으로는 동중국해 도서에 대함, 대공 미사일과 함께 1만 병력이 배치될 것이다. 2015년 8월에는 두 번째 이즈모급(Izumo-class) 헬리콥터 항모가 작전에 투입됐다.[1]

---

1) Ibid., pp. 129-131.

3) 아시아 질서 재형성의 추구

아베의 외교는 어떤 모습인가? 2013년 이후 그는 40차례 해외순방에 나섰다. 그는 미국, 호주, 싱가포르를 방문해 일본의 대외정책 비전을 설명하고, 동시에 공격적 전쟁 (offensive war)은 하지 않을 것이라고 선언했다. 그는 해외개입에 있어서 비군사 외교를 큰 부분으로 채택했다. 아베 정부는 동아시아 정상회의(EAS: East Asia Summit), 아세안과 같은 다자기구에서 해상안보에 관해 일본 위상을 더 높였는데, 2015년 베이징의 반대에도 불구하고 EAS 공동선언에 남중국해 안정의 중요성을 포함시킨 것이 대표적 예다. 돌이켜 보면 일본은 냉전기간에는 미·일 동맹에만 의지하면서 고립된 것과 마찬가지 상태였다. 냉전 종식 이후 부분적으로는 중국, 한국과의 관계냉각으로 인해 일본은 아세안, 호주, 인도와 관계를 강화하게 됐다. 아베는 2007년 그가 처음 시작한 미국, 호주, 인도와의 정치, 안보대화를 부활시켰는데, 그것은 아시아 자유주의 공동체를 창설하는 기치의 일부이다. 그는 어느 전임자보다도 더 많이 외교, 경제관계에서 안보협력을 핵심요소로 취급했다. 아베의 일본은 아시아에서는 호주와 가장 긴밀하게 협력한다. 그 두 나라는 2014년 정보, 국방기술 공유협정에 서명했는데, 일본 관리들은 이것을 '준 동맹'이라고 불렀다. 2015년 11월에는 아베 정부는 호주 해군에 선진 잠수함 건조 지원을 제안했다. 아베는 인도와도 높은 수준의 협력을 유지한다. 아베 신조와 나렌드라 모디(Narendra Modi) 인도 총리의 관계는 양호하다. 양국은 '특별 전략 및 지구적 파트너십'(Special Strategic and Global Partnership)을 체결했다. 일본은 2015년 인도가 초청해 미국과 함께 진행하는 말라바(Malabar) 해상훈련에 참여했다. 도쿄와 뉴델리는 일본이 건조한 잠수함, 탐사구조 항공기를 인도가 구매하는 것에 관해 논의한다. 이것은 중국 함정이 수시로 출몰하는 동 인도양에서 인도 해군의 작전능력을 도울 것이다. 일본은 많은 국가들이 중국의 위협을 감지하는 동남아에서도 비슷하게 활동한다. 일본은 동남아에서 중국에 반대해 해상안보에서 항해의 자유와 같은 자유주의 국가들의 입장을 옹호한다. 2015년 일본은 인도네시아, 말레이시아, 필리핀, 베트남과 '전략적 동반자관계'에 서명했다. 베트남에 6척 해상순시선을 기증하고, 인도네시아에 3척 판매했다. 또 일본은 필리핀에 10척 해상순시선 구매비용을 대여하고, 필리핀 해군에 중고 감시항공기 대여를 선언했다. 2015년 5월, 일본은 필리핀과 처음으로 연합 군사훈련을 실시하고, 2015년 11월에는 베트남과의 연합 해군훈련에 합의했다. 아베는 유럽으로도 뻗어 나간다. 그는 일본을 유럽의 가장 중요한 아시아 파트너로서의 위상을 구축하려 시도 중이다. 2014년 그는 나토와 '개별 파트너십 및 협력 프로그램'(Individual Partnership and Cooperation Program)을 체결하면서 일본—

나토 유대를 공식화했고, 나토의 미사일방어 컨소시엄(consortium)에 참여의사를 전달했다. 아베는 프랑스, 영국과 군사장비, 기술이전 협력에 서명하면서 방위유대를 심화했다. 무엇보다도 일본은 가장 중요한 동맹인 미국과의 관계강화를 추진 중이다. 미·일은 1997년 이후 처음으로 2015년 4월 해상안보, 지역안정에 관한 유대를 격상시켰다. 이들은 다른 나라의 공식갈등이 아닌 애매한 안보상황에도 협력하기로 약속하고, 우주, 사이버 위협에도 공동대응 하기로 합의했다. 서서히 안보제한을 제거하고 미·일 관계를 심화시키며, 더 많이 자유주의 수사를 강조하면서, 아베의 일본은 아시아와 그 너머에서 반중국 세력으로 그 자신을 자리매김한다. 그래도 일본에는 아직 많은 제한이 존재한다. 아직도 일본사회는 해외위기에서 군대의 정상적 역할을 경계하는 분위기이고, 동맹으로 인해 분쟁에 얽히는 것을 경계한다. 그럼에도 불구하고 일본은 새로운 현실주의를 추구한다. 이런 추세는 중국, 북한의 위협이 증가하고, 미국의 관심이 중동, 우크라이나 등으로 분산되는 상황에서 나타나는 변화이다. 일본 각계에서는 더 강력하고 더 힘 있는 도쿄의 역할을 촉구한다. 세계가 더 불안정해지면서 일본의 지구적 역할은 경제위상에 맞춰 더 커질 것이다. 일본은 중·일 관계를 망치지 않으면서, 아시아 세력균형이 베이징 쪽으로 너무 기울지 않도록 막는 정교한 균형을 시도한다. 일본은 이제 아시아에서 다시 중요한 정치, 군사행위자로 등장하고 있다. 향후 수십 년 간 일본은 아시아의 자유주의 질서유지를 도울 것이다.[1]

---

1) Ibid., pp. 131-134.

제3장
메드베데프-푸틴의 러시아

2009년 1월 오바마가 공식임기를 시작하기 8개월 전인 2008년 5월 드미트리 메드베데프(Dmitri Medvedev)가 러시아 대통령으로 취임했다. 그 시기 러시아는 지난 8년간 전임 푸틴 치하의 경제성장과 대내외 정책조정을 통해 강대국 위치를 찾아가고 있었다. 메드베데프는 러시아를 한 단계 더 수준 높은 나라로 발전시키기를 원했다. 대외적으로 그는 새로이 출범한 미국 오바마 행정부와 나토 및 MD 문제를 해결하고, 구소련공화국들과의 관계를 증진시키며, 중국과의 관계를 더 유기적으로 발전시키려 노력했다. 국내에서 그의 가장 큰 관심사는 서방식 첨단 과학기술을 구비한 선진경제로의 도약이었고, 그것은 경제현대화라는 용어로 대표됐다. 그는 또 국방개혁에도 많은 노력을 기울였고, 그것은 군구조 개편, 무기체계 현대화, 인력제도 등의 여러 분야를 동시에 겨냥했다. 국내 정치와 관련해서 메드베데프는 상대적으로 자유, 민주적 통치, 법적 절차에 더 많은 관심을 가졌고, 사회적으로는 인권보호를 중시하고 부패척결을 추진했다. 퇴임시까지 메드베데프는 많은 업적을 달성했다. 그의 시대는 변혁기에 국가적 최종 목표인 세계 속의 올바른 위상(rightful place)을 찾아가는 러시아 역사의 중요한 한 시점을 장식했다.

한편 2012년 5월 세 번째 대통령 임기를 시작하면서, 푸틴은 경제현대화를 계속하면서 평생의 숙원인 러시아 강대국화에 다시 시동을 걸었다. 그의 가장 큰 임무는 미국과 EU의 세력 확대를 막는 일이었고, 그것은 나토의 동진, 동유럽 MD 설치, 그리고 중동에서 리비아에 이어 시리아를 자유주의체제로 전환시키려는 서방의 시도에 반대해 러시아의 크리미아 점령, 동우크라이나 친러세력 지원, 그리고 다마스커스 정부를 위한 직접적 군사개입으로 나타났다. 푸틴은 또 경제 지렛대를 활용해 EU 분열을 시도했고, 동시에 반서방 세력구축을 위해 구소련 공화국, 중국, 그리고 이란, 인도를 포함하는 기타 국가들과 관계를 강화했다. 국내에서 푸틴의 주 관심사는 언제나 그랬듯 경제력 및 국방력 강화, 정치적 중앙집권화의 공고화, 그리고 국민복지의 확대였다. 그리고 그 과정에서 오늘날 러시아는 강대국 위상을 되찾았고, 푸틴은 국민의 지지를 기반으로 2020년 헌법을 개정하고 또다시 2036년까지 국가 리더로 봉사할 수 있는 기회를 얻었다. 그의 집권기는 역사상 두 번째 긴 기간으로, 그것은 스탈린보다 길고 피터대제보다는 약간 짧을 것으로 알려졌다.[1]

01 러시아의 대외관계

(1) 대외관계 5원칙

메드베데프가 국가 리더로 등장하면서 러시아 대외정책이 큰 틀에서 바뀐 것은 없었다. 메드베데프는 전임자 푸틴의 큰 지침과 기본노선에 동의했다. 그는 러시아의 핵심 안보이익에서 물러설 생각은 전혀 없었고, 오히려 그것을 고수해야 한다는 생각이 철저했다. 다만 그는 러시아가 경제적으로 더 현대화되어야 한다고 생각했을 뿐이다. 2008년 8월 초 임기 시작 3개월 후 조지아가 본격적으로 남오세티야를 침공했을 때, 그는 그런 투철한 인식으로 무장한 상태에서 병력을 동원해 트빌리시의 공격을 저지했다. 그 며칠 후 압하지야와 남오세티야를 독립국으로 공식 인정하는 대통령 칙령도 일단 발생한 위기를 모스크바에 유리한 국면으로 전환시켜야 한다는 전략적 발상에서 비롯됐다.

2008년 8월 31일 메드베데프는 러시아 대외정책의 5개 원칙을 선언했다. 그것은 단지 그 혼자만의 생각이 아니라 푸틴 치하에서 러시아가 오랫동안 주장해 오던 것이었다. 제1의 원칙은 국제법의 근본원칙은 신성불가침(supreme)이라는 것으로, 그것은 미국과 서방이 이라크에서와 같이 자의적으로 전쟁하는 것에 대한 견제 의미를 띠었다. 두 번째 원칙은 세계질서는 다극(multipolar)구조를 갖는다는 것으로, 그것은 미국의 세계지배 시도에 대척점을 제시하는 성격을 띠었다. 세 번째 원칙은 러시아는 다른 나라와 대결을 추

---

1) 푸틴이 가장 존경하는 사람은 피터대제로 알려져 있는데, 1990년대 상트페테르부르크 부시장으로 재직할 당시 그의 사무실에는 늘 피터대제의 초상화가 걸려있었다. 동독 드레스덴(Dresden)에서 KGB 요원으로 근무한 푸틴이 국내에서 정치적으로 성장하고 대외적으로 러시아를 강대국으로 만들어 가는 과정에 대한 서방의 부정적 시각에 관해서는 Susan B. Glasser, "Putin the Great (Russia's Imperial Impostor)," Foreign Affairs, Vol. 98, No. 5 (September/October 2019), pp. 10-16을 참조할 것.

구하지 않는다는 것이었다. 그것 역시 한편으로는 나토의 동유럽 진출과 미사일방어망 설치, 그리고 '테러와의 전쟁' 이름으로 세계 곳곳에서 세력을 확장하는 미국과 서방을 비난하고, 다른 한편 러시아가 평화주의 국가라는 이미지를 제고하는 목적을 담았다. 네 번째 원칙은 러시아는 그 시민이 어디에 있건 그들을 보호할 것이라고 말했다. 그것은 러시아 국경 인근 국가에 거주하는 수많은 러시아 소수민족 보호를 위한 모스크바의 의지 표현이지만, 광범위한 의미에서는 러시아의 오랜 전통인 범슬라브주의(pan-Slavism)의 표방이었다. 다섯 번째로 메드베데프는 러시아는 우호 국가들과 유대를 발전시킬 것이라고 말했다. 그것은 투쟁하는 국제질서 속에서 적과 대결하기 위한 동맹 및 선린, 우호관계 설정 의도를 반영했다.[1]

또다시 복귀한 푸틴 역시 비슷한 취지로 말했다. 취임 두 달 후 2012년 7월 푸틴은 모스크바에서 러시아 대사들과 만나는 동안의 연설에서 다음과 같이 그의 소신을 밝혔다. "러시아 대외정책은 항상, 그리고 앞으로도 스스로 작동하고 독립적일 것이다. 그것은 일관되고, 계속적이고 수세기에 걸쳐 형성된 세계문제와 문명발전에 있어서 러시아의 독특한 역할을 대변한다. 그것은 고립주의나 대결과는 상관이 없고 지구적 과정으로의 통합을 제공한다. 우리는 계속 강력하게 유엔헌장을 현대 세계질서의 기초로 방어할 것이고, 우리는 모두가 오로지 유엔안보리만이 군사력 사용을 결정할 권한이 있다는 사실로부터 나아가도록 밀어붙일 것이다."[2]

(2) 미국 및 서방관계

1) 나토 확대에 대한 우려

메데베데프는 러시아 외교에서 주요 우선순위인 미국, 서방과의 관계에서 본질적으로 친근한 감정을 가질 수 없었다. 비록 러시아 미래발전의 중요성을 인식해 오바마가 추진하는 '양자관계 재설정'(reset)에 협력하려 노력했지만, 메드베데프는 지난 오랜 기간에

---

1) "Medvedev outlines five main points of future foreign policy," (August 31, 2008), http://en.rian.ru/world/20080831/116422749.html, En.rian.ru
2) Sputnik, "Proactive Diplomacy Defends State Interests-Putin/Sputnik International," (September 7, 2012), sputniknews.com, En.rian.ru

걸쳐 서서히, 또 은밀하게 다가오는 서방의 위협에 대해 잠시도 방심하지 않았다.[1]

실제 지난 10여 년 이상 나토－러시아 관계는 긴장의 연속이었다. 러시아인들은 서방이 소련 붕괴 후 러시아의 선의와 일시적 취약을 악용했다고 생각했다. 예컨대 1997년 5월 나토－러시아 위원회(NRC: NATO－Russia Council) 설립을 위한 입법이 서방과 러시아가 동등한 입장에서 모든 결정에 관여한다고 규정함에도 불구하고 나토는 1999년 동유럽 3개국 영입시 모스크바의 의견을 무시했고, 동시에 같은 해 OSCE 정상회담에서 수정(adapted), 합의된 CFE 협정을 비준하지 않아 러시아 안보와 유럽평화를 위협했다. 나토는 또한 OSCE 임무를 러시아 포함 구소련 국가들의 서방식 인권과 자유증진에 초점을 맞추도록 유도했다. 1999년 나토의 코소보 위기 개입도 마찬가지 경우이다. 그 당시 나토는 유엔안보리 승인 없이 세르비아를 폭격, 공격하면서 러시아의 영향권 세력약화를 기도했다. 2002년 5월 NRC가 공식 설립된 이후에도 나토의 행동은 변하지 않았다. 러시아는 나토 확대와 동유럽 MD 설치에 대해 계속 우려를 표시했지만, 2004년 나토의 7개국 영입이 입증하듯 서방은 모스크바의 의견에 전혀 개의치 않았다. 그 상황에서 2007년 12월 모스크바는 CFE 협정을 유예할 것이라고 발표했는데, 그것은 서방 국가들이 1999년 개정된 CFE 협정을 비준하지 않고 또 동시에 나토의 동진과 MD를 밀어붙이는 것에 대한 불가피한 전략 대응이었다. 2008년 8월 러시아는 서방의 비난에도 불구하고 조지아 사태에 군사 개입했는데, 그것 역시 장기적으로는 조지아와 우크라이나의 나토 가입을 막기 위한 의도에서 비롯됐다.[2]

그러나 나토에 대한 불신에도 불구하고, 러시아는 그 군사동맹의 위협을 조금이라도 더 줄이기 위해 노력했다. 2008년 8월의 러시아－조지아 전쟁을 전후해 메드베데프는 유럽－대서양의 더 나은 국제질서를 위해 새로운 안보구조가 필요하다고 주장했다. 그는 유럽에서 지나치게 큰 안보역할을 담당하는 나토에 비해 러시아가 아무 기능을 수행하지

---

1) 그것은 메드베데프의 임기가 계속되면서 지속적으로 나타난 나토와 동유럽 MD 설치에 대한 반대, OSCE를 중심으로 하는 새로운 유럽－대서양 안보구조 설립 요구, 그리고 이란 핵개발에 관한 입장번복에서 분명하게 드러났다. Steve Gutterman and Vladimir Isachenkov, "Medvedev: Russia to deploy missiles near Poland," Associated Press, (November 5, 2008)

2) 그러는 가운데 러시아는 조지아와 우크라이나의 나토 가입 가능성에 대해 소리 높여 반대했다. 러시아 관리들은 나토가 미사일방어 계획을 밀어붙이면 모스크바는 공격 핵전력을 개발할 것이라고 위협했다. Rousseau, "Russian Foreign Policy," (April 2015), p. 22; Nichol, Russian Political, (March 31, 2014), p. 27.

못하는 전략적 불균형이 시정되어야 한다고 강조했다. 그는 56개 회원국으로 구성된 OSCE 중심의 새로운 안보체제가 유럽－대서양 평화를 보장할 것이라고 설득했다. 2009년 4월 NRC가 재개된 이후 6월 OSCE 회의를 거쳐 11월까지 모스크바가 작성한 유럽 안보협정 초안이 공개됐다. 그 문서는 어느 한 나라의 안보가 위협받을 때 OSCE가 문제를 해결하고, OSCE 회원국 합의가 없이는 군사력 사용을 금지하는 방안을 제시했다. 그러나 모스크바의 제안은 장애에 부딪쳤다. 서방국가들은 유럽 안보문제 해결의 중요성은 인정하면서도 새 협정의 추가, 또는 새 제도, 새로운 메커니즘 창출에 동의하지 않았다. 서방은 OSCE 내에서 안보문제 논의 필요성은 시인하면서도, 그 기구가 에너지 공급을 포함해 더 많은 경제문제, 더 많은 개인의 자유와 인권을 다루어야 한다고 주장했다. 서방과 러시아의 새로운 유럽 안보구조에 대한 인식은 전혀 달랐다. 서방은 계속 미래 유럽 안보는 나토 중심으로 구축되어야 한다고 주장했고, 러시아는 제대로 기능하는 OSCE를 통해서만 균형적이고 공정한 유럽안보가 보장될 것으로 이해했다. 그러나 2010년 12월 초 아스타나(Astana) OSCE 정상회담에서 서방은 러시아의 새 안보구조 구상을 확실하게 거부했고, 모스크바는 더 이상 러시아 제안이 수용될 수 없다는 것을 확실하게 인지했다.[1]

 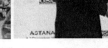

_2008 러-조지아 전쟁 _2010 OSCE 아스타나 정상회담

외형적으로 진행되는 정상회담이나 고위관리들의 회동과는 별개로, 속마음 깊이 나토와 러시아가 서로를 신뢰하지 않는 것이 분명하게 드러났다. 테러리즘, WMD 확산방지 같은 공통위협에 양측이 공동대처하는 현실을 계속 거론하면서, 서방은 나토가 러시아에 대한 위협이 아니라고 주장했다. 또 나토는 동유럽 MD가 러시아에 대한 위협이 아니라고 말하면서 모스크바가 유럽－대서양 영역에서 서방 중심의 MD 개발에 동참할 것을 제안했다. 그러나 모스크바는 비논리적 주장으로 일관하는 나토의 태도를 도저히 신뢰할 수 없었다. 나토의 안보역할이 계속 확대되고 동유럽 EPAA 설치가 가시화되는 현실에서, 모스크바는 나토가 먼저 MD를 포기하거나 또는 어떤 방식으로든 러시아에 대한

---

1) Nichol, <u>Russian Political,</u> (March 31, 2014), pp. 28－29; Rousseau, "Russian Foreign Policy," (April 2015), p. 23.

위협을 제한할 것을 요구했다. 일찍이 2007년 푸틴은 아제르바이잔의 구소련 MD 현대화, 공동운영, 또는 동유럽 대신 터키나 이라크에 MD 설치, 또는 서방 MD에 모든 국가가 참여해 공동운영할 것을 제안한 바 있었다.[1]

_앤더스 라스무센

한편, 모스크바는 2010년 11월 리스본 나토 정상회담에서 채택된 나토의 새로운 전략개념(Strategic Concept)을 면밀하게 검토했다. 그것은 1999년 워싱턴 나토 정상회담에서 채택된 과거 10년 간 유효한 전략개념을 대체하는 성격을 띠었다. 나토 사무총장 앤더스 라스무센은 "이것은 나토가 취할 구체적 조치를 분명하게 설명하는 행동계획"이라고 강조했다. 향후 10년 간 나토의 로드맵으로 작동할 그 개념은 또다시 어느 한 회원국에 대한 공격에 대비하는 나토의 헌신이 유럽-대서양 안보의 초석이라고 선언했다. 나토는 파트너 국가들에게 대화와 협력을 위한 더 많은 기회를 제공하고 러시아와의 협력을 강화할 것이다. 유럽 민주국가들을 위한 나토의 문은 활짝 열려 있다. 테러리즘과 사이버 공격 같은 최근의 도전을 시정하면서, 나토 회원국들은 탄도미사일 공격에 대비해 MD를 개발하고, 지역안정의 도모, 아프가니스탄 정부 지원, 또 해적퇴치와 같은 위기운영에서 적극적 역할을 수행할 준비가 되어 있어야 한다.[2]

새로운 길을 모색한다는 나토 선언과는 달리, 러시아에게 나토의 신 전략개념은 10년 전과 비교해 달라진 것이 전혀 없었다. 러시아가 십수년에 걸쳐 나토의 확대에 반대하고 2008년 러시아-조지아 전쟁에서 모스크바의 분노를 보였지만, 서방의 의지는 조금도 변하지 않았다. 유럽-대서양 안보의 초석이라는 선언과 더불어 나토확대와 MD 설치에 관한 서방의 결의는 모스크바에게 계속 실망으로 남았다. 나토의 러시아와의 협력 촉구는 외교수사에 불과했다. 메드베데프와 러시아 관리들은 리스본 나토 정상회담에서 겉으로는 서방의 외교적 제스처를 환영하고 서방과의 타협을 위해 MD 협력을 위한 모스크바의 방안을 제시했지만, 내부적으로는 서방행동을 전부 일방적 주장을 관철시키려는 음

---

1) 러시아는 또 우주의 비 무기화도 원했다. 그러나 나토는 2010년 2월 발표된 러시아 군사독트린이 서방이 추구하는 국제안보 질서에 대한 위협이라고 말했다.

2) NATO's New Strategic Concept, https://www.nato.int〉 strategic-concept; Official Texts-NATO 2010 Strategic Concept- NATO LibGuides at NATO, www.natolibguides.info〉 nsc〉 documents

모로 이해했다. 유럽에서의 안보가 불안한 러시아는 계속해서 핵심이슈에서 물러나지 말아야 하고, 더 나아가 상황변경을 통해 주권국가로서의 권리를 지켜야 한다고 재다짐하는 것 이외에 다른 옵션이 없었다.[1] 그 이후에도 (앞에서 언급한 바와 같이) 2011년 4월 NRC에서 나토와 러시아의 대테러 공동 행동계획 수립, 그리고 2개월 후 나토와 러시아 전투기의 협력적 공중구상(CAI: Cooperative Airspace Initiative) 프로그램에도 불구하고, 서방과 러시아 간에 나토확대 및 MD라는 핵심이슈에 대한 이견은 전혀 좁혀지지 않았다. 미국과 나토 국가들은 '관계 재설정' 구호를 되풀이하면서 서방의 핵심가치를 고수할 것임을 명백히 밝혔고, 러시아 역시 나토에 반대하는 정책을 더욱 굳혀 나갔다. 나토와 러시아 간의 대립은 점점 더 커져만 갔다.

지난 수년 간 정체를 면치 못하던 나토-러시아 관계는 푸틴 정부의 크리미아 합병 이후 결정적으로 악화됐다. 나토는 군사 준비태세를 강화하고 나토대응군(NRF; NATO Response Force) 병력을 1만 3천명에서 4만 명으로 늘리면서 그 제도 하에 즉각 배치가 가능한 5천명 규모의 새로운 신속대응 '연합 태스크포스'(VJTF: Very High Readiness Joint Task Force)를 창설했다. 나토는 또 전진배치 강화를 위해 1천~1천 2백명 병력으로 구성된 4개의 다국적 전투대대를 폴란드와 3개 발트국가에 배치하고, 중, 동부 유럽의 해, 공군 주둔을 강화하는 가운데 나토의 지휘통제능력을 점검했다.[2] 동유럽 억지의 주축인 미국은 '대서양 결의작전'(OAR; Operation Atlantic Resolve)의 이름으로 미 군사자산 순환배치와 군사훈련 증대를 선언했다. 워싱턴은 미군 병력과 우수한 무기의 이동, 순환배치가 미국의 동유럽 및 발트 국가 보호를 위한 군사적 결의를 입증한다고 말하면서, 나토 국가들과 연합 군사훈련을 실시했다.[3]

----

1) 리스본 나토 정상회담 4개월 전에도 앙겔라 메르켈(Angela Merkel) 독일 총리는 메드베데프에게 러시아가 트란스니스트리아에서의 병력철수를 시작으로 구소련 지역의 오랜 갈등 해결에 협력한다면, 모스크바의 일부 제안이 수용가능하다고 회유하려 시도한 바 있었다. 프랑스 대통령 사르코지는 2010년 10월 18~19일 메르켈과 함께 유럽-대서양 문제 해결을 위해 메드베데프를 도빌(Deauville)로 초청했고, 나토 미국대사 이보 달더(Ivo Daalder)는 회담 도중 워싱턴 조약 제10조에 근거해 러시아가 유럽국가로서 대서양 동맹에 참여할 권리가 있음을 상기시켰다. Rousseau, "Russian Foreign Policy," (April 2015), p. 23.

2) 2017년 초부터 작전에 들어간 그 4개 대대는 영국(에스토니아), 캐나다(라트비아), 독일(리투아니아), 그리고 미국(폴란드) 병력이었다. Cory Welt, Russia: Background and U.S. Policy, CRS Report 7-5700, R44757, (August 21, 2017), p. 27.

3) 그러나 6천 명 규모의 나토 훈련에 미국이 300명 병력만을 파견한 것은 일부 회원국들의 실망을 야기했다. Nichol, Russian Political, (March 31, 2014), pp. 42-43.

그러나 나토의 결의 앞에서, 푸틴의 러시아는 조금도 물러설 생각이 없었다. 러시아 국경 인근의 나토 군사훈련을 냉전의 회귀로 몰아붙이면서, 러시아 군 역시 여러 지역에서 다양한 훈련과 정찰활동으로 서방에 대한 결사항전 의지를 과시했다. 러시아 전투기들은 발트 국가 영공에 계속 침입해 군사위협을 가했고, 그 숫자는 2014~2016년 기간 120회에 달했다. 러시아 군용기가 여객기에 근접해 위협비행을 하는 경우도 다반사로 늘어났는데, 2014년 3월에는 러시아 정찰기가 교신장비를 켜지 않고 코펜하겐에서 출발하는 여객기에 100미터 이내로 접근하는 위험한 사건이 발생했다. 2014년 동안 러시아 전투기는 나토 정찰기 진로를 방해하기 위해 40회 이상 비상 출격했다. 러시아 해군은 흑해에서 활발하게 군사 활동을 전개했다. 그들은 지중해 가까이에서 나토 국가 동향을 살피고 공군 작전을 지원했다. 2014년에는 유독 러시아 공군의 활동이 많았는데, 그해 4월 흑해에서 러시아 전투기가 미 구축함(USS Donald Cook)에 저고도로 10차례 이상 위협 비행했고, 9월에도 러시아 전투기가 캐나다 프리깃함(HCMS Toronto)에 근접 비행했다. 원래 경쟁하는 국가들 사이에서는 그런 위협비행이 수시로 발생하는데, 어떤 경우에는 한 나라의 전투기가 다른 나라 전투기를 레이더로 조준해 위협을 가하는 경우가 있다. 또 다른 경우에는 전투기들이 상대국 해군함정에 근접하는 위협비행을 하고, 그에 대항해 함정이 그 전투기에 레이더를 조준해 위협을 가하기도 한다. 그 해 말까지 나토와 러시아 간 근접 군사충돌 가능성은 셀 수 없을 정도로 많았고, 그 경쟁은 거의 냉전수준으로 증가한 것으로 평가됐다.[1]

2014년 7월 러시아는 1987년의 INF 협정을 위반하고 이스캔더 미사일 계열(Iskander-K)의 순항미사일 R-500(SSC-7)을 또다시 시험 발사했다.[2] 모스크바는 서방

....

1) Welt, <u>Russia: Background</u>, (August 21, 2017), p. 28; Ewen MacAskill, "Close military encounters between Russia and the west at cold war levels," The Guardian, (November 09, 2014)

2) 2009년 처음 생산된 이후 재래식 탄두를 장착한 R-500 미사일은 2011년 처음 배치됐고, R-500 탄도 미사일과 순항미사일 모두를 발사할 수 있는 최초의 12개 이스캔더 시스템은 2013년 배치됐다. 2017년 이스캔더-K는 처음으로 핵탄두를 장착한 R-500 미사일을 발사하게 됐다. 9M728로도 알려져 있는 R-500 미사일은 전형적인 이스캔더 단거리 탄도 미사일 사거리인 400Km보다 더 긴 490Km 사거리를 갖고 있다. 그러나 탄두 중량을 줄일 경우 R-500은 1,500Km까지의 사거리를 가질 수 있는 것으로 알려졌다. 그 미사일은 500Kg 재래식 탄두 또는 10~50kT 용량의 핵탄두를 운반한다. R-500에 탑재되는 재래식 탄두는 클러스터, 연료-공기 폭발, 벙커 버스터를 포함한다. 펜타곤은 오랫동안 500Km 이상 사거리의 지상배치 미사일을 개발, 배치하는 것은 INF를 위반하는 것이라고 경고해 왔는데, 그것은 결국 미국의 INF로부터의 철수로 이어졌다. R-500 미사일의 주요 역할은 미국 미사일방어망 요소와 유럽의 나토 공중방어 체계를 공격하는 것이다. Russian Cruise Missiles Revisited- Arms Control Wonk, https://www.armscontrolwonk.com〉 ...; Iskander-K Cruise Missile/ Military-Today.com,

-러시아 관계에서 모든 문제를 야기하고 공세를 시작한 것은 미국이고, 러시아는 단지 그들의 공격을 막아내기 위해 방어적으로 행동하고 있을 뿐이라고 주장했다. 그동안 러시아는 줄곧 EPAA에 반대해 칼리닌그라드에 핵미사일을 배치할 것이라고 말해왔는데, 그 순항미사일은 동유럽 MD를 겨냥해 성능을 상향조정한 새로운 버전(version)으로 보였다. 2014년 현재 미국, 러시아 두 나라 모두는 2010년 뉴 스타트(New START)에서 합의한 상한선인 1,550개를 넘어서는 핵탄두를 배치하고 있었다.[1] 2015년에도 나토와 러시아의 군사 관련 신경전은 계속됐다. 러시아 국방부는 러시아의 장거리 폭격기가 세계 여러 지역으로 활동범위를 넓힐 것이라고 말했고, 크렘린 당국은 미·러 핵 군비경쟁에서 뒤지지 않기 위해 신형 다탄두 기술 (MIRV)이 장착된 초중량 핵융합 대륙간탄도미사일(super-heavy thermonuclear ICBM) RS-28 사르마트(Sarmat)를 생산할 것이라고 위협했다. 반면 나토는 2015년 6월 OAR에 따라 폴란드, 불가리아, 루마니아, 발트 국가에 탱크, 야포를 포함하는 중화기를 배치할 것이라고 선언했다.[2]

_이스캔더 R-500

2) 미사일방어체제와 러시아의 반격

원래 오래전 조지 W. 부시 행정부 당시 나토가 추진하던 '유럽능력'(EC: European Capability) 프로그램은 미·러 관계에 심각한 부정적 영향을 미쳤다. 서방과 러시아간에 MD 문제로 인한 반목은 2007년 2월 뮌헨 연례안보회의에서 확실하게 드러났는데, 그때 푸틴 대통령은 부시 행정부 방안을 비난하면서 MD의 동유럽 배치가 군비경쟁으로 이어질 것이라고 경고했다. 곧이어 푸틴은 1987년 체결된 INF 협정의 파기 의사와 CFE 유예를 선언했고, 2008년 8월 폴란드가 EC 설치에 합의했을 때 러시아 군부는 바르샤바가

www.military-today.com〉 missiles; Iskander Tactical Ballistic Missile System-Army Technology, https://www.army-technology.com〉 ...

1) 러시아는 2014년 말 개정된 국방, 군사전략에서 러시아 국경 인근의 나토 군사력 증강을 최고의 위협으로 묘사했다. "Russia's deployed nuclear capacity overtakes US for first time since 2000," (October 06, 2014), www.rt.com, RT

2) "Russian Program to Build World's Biggest Intercontinental Missile Delayed," The Moscow Times, (June 26, 2015); RS-28 Sarmat(SS-X-30 Satan II)는 현재 러시아가 개발 중인 액체연료 대륙간 탄도 미사일이다. 사르마트는 10톤 중량 탄두를 운반할 수 있고, 10개의 대형 탄두 또는 16개 소형 탄두를 탑재할 수 있으며, 2021년 배치될 것으로 알려졌다. RS-28 Sarmat/Missile Threat, https://missilethreat.csis.org〉 missile

러시아 핵공격의 목표가 될 수 있다고 강력하게 위협했다. 그 3개월 후 메드베데프 대통령은 동유럽에 EC가 배치될 경우 러시아는 (폴란드, 리투아니아와 접경하는 러시아 외부영토인) 칼리닌그라드에 이스캔더 핵미사일을 배치할 것이라고 말했다.[1]

2009년 나토와 러시아 간의 MD 관련 논의는 계속 비슷한 상태를 반복했다. 그것은 기본적으로 미국과 서방이 협상 가능성을 배제하지 않으면서 자기들 입장을 밀어붙이고, 러시아 역시 타협을 원하는 가운데 그 설치에 반대하는 본래 전략을 고수하는 형태로 진행됐다. 서방 의견은 2009년 2월 뮌헨 연례안보회의에서 바이든 부통령의 발언, 그리고 4월 런던 G-20 정상회담과 7월 모스크바 미·러 정상회담에서의 오바마 견해를 포함해 여러 계기에 표출됐는데, 그것은 모두 MD가 이란, 북한과 같은 불량국가들을 겨냥하는 필수불가결한 방어수단이고, 미국은 러시아와 그 문제에 관해 계속 논의한다는 것이었다.[2] 반면 모스크바의 입장은 여러 고위 외교 당국자와 군부 인사들의 발언에서 나타나듯, 미국과의 타협을 원하지만 워싱턴이 공격적 행동을 멈추지 않는 한 러시아 역시 핵능력 강화와 신형미사일 개발을 포함해 반대조치를 강화하지 않을 수 없다는 것이었다. 2009년 9월 미국이 EC를 취소하고 그 대신 PAA를 추진할 것이라고 말했을 때 미·러 간에 MD 협상을 둘러싼 일시적 낙관이 존재했지만, 그것은 10월 이후 나토 국가들이 또다시 EPAA를 환영하고 폴란드의 도널드 투스크(Donald Tusk) 대통령이 자국에 SM-3 및 기타 다양한 사거리의 미사일 배치에 찬성했을 때 모두 과거의 적대적 원상태로 회귀

_도널드 투스크

했다. 그 이후 모스크바는 계속해서 EPAA에 대한 비난을 쏟아냈다. 총리 역할을 수행하는 푸틴은 EPAA 논의는 START 재협상과 연계되어야 하고, 모스크바는 EPAA와 균형을 맞추기 위해 공격 핵무기 능력을 강화할 것이라고 위협했다. 반면 워싱턴은 공격 미사일과 미사일 방어능력의 연관성을 부정하지는 않으면서도, EPAA는 별도의 채널에서 논의되어야 하고 동시에 그에 대한 어떤 협상도 거부할 것이라는 입장을 고수했다.[3]

1) Nichol, <u>Russian Political</u>, (February 10, 2012), pp. 52~53.
2) 2009년 2월 뮌헨 연례안보회의에서 조셉 바이든은 이란이 테러리즘 지원과 핵개발을 포기하면 테헤란과 대화할 수 있지만 이란의 그런 정책변화 조짐은 없다고 말했다.
3) Nichol, <u>Russian Political</u>, (February 10, 2012), pp. 53~55.

2010년에 들어와서도 러시아는 EPAA에 반대했다. 그해 1~2월 폴란드, 루마니아, 불가리아가 SM－3를 포함해 EPAA 배치의사를 재확인했을 때, 모스크바는 그 무기체계가 이란뿐 아니라 러시아 핵전력을 겨냥하고 그 기술이 향상되면서 러시아의 ICBM이 분명히 더 위협에 처할 것이라는 우려를 제기했다. 4월 뉴 스타트 협정 체결 당시 공격 핵전력 감축과 EPAA를 연계시키자는 러시아의 제안이 거부됐을 때, 모스크바는 한번 더 실망했다. 7월에 미국과 폴란드가 SM－3 설치 협정에 서명하고 나토 사무총장 앤더스 라스무센이 또다시 러시아의 EPAA 참여의사를 타진했을 때, MD와 관련한 서방의 확고한 의지를 확인한 모스크바는 2009년 9월 이스캔더 미사일 철회 당시와 비슷하게 다시 한번 나토와의 타협을 시도하기로 결정했다. 2010년 11월 19~20일 리스본 나토 정상회담 NRC에서 메드베데프는 러시아 전문 기술자들이 MD 프로젝트에 참여해 미사일 위협을 공동으로 평가하고 EPAA 미래 발전계획안을 공동 기획할 것을 제안했다. 전체적으로 모스크바는 영역별(sectoral) 접근을 선호했는데, 그것은 러시아가 유럽으로 향하는 미사일을 러시아 영토 내에서 요격하고 나토 국가들이 러시아로 향하는 미사일을 자기들 영토에서 격추시키는 개념이었다. 또 모스크바는 나토가 EPAA 요격미사일이 러시아를 겨냥하지 않는다는 사실을 문서로 확인해 줄 것을 요구했다. 그해 11월 말 국정연설에서 메드베데프는 "미사일방어에 대해 합의하고 활짝 핀 공동협력 기제를 구성하거나 아니면 새로운 군비경쟁에서 새로운 공격수단 배치를 생각"해야 한다고 말하면서 양측 협상에 대한 커다란 기대를 표시했다. 러시아 외교장관 라브로프 역시 러시아의 나토 MD 계획 참여는 EPAA와 나토－러시아 관계진전에 결정적으로 중요하다고 말하면서 새로운 기대감에 부푼 듯 보였다. 그 상황에서 NRC는 모스크바의 협력을 독려할 목적으로 러시아의 EPAA 참여를 승인했다. 그것은 얼핏 보기에는 양측 간에 MD를 둘러싼 돌파구가 열릴 것으로도 보이는 순간이었다. 그러나 사실 러시아의 기대는 가능성이 없는 희망이었는데, 왜냐하면 이미 그 당시 미국과 서방은 러시아가 EPAA에 참여해도 모스크바의 어떤 제안도 수용하지 않는다는 입장을 갖고 있었기 때문이다. 라스무센 나토 사무총장은 모스크바의 제안은 수용불가하다고 말했다. 그는 다음과 같이 말했다. "나토와 러시아는 정보공유에서는 협력하지만 각각 독자적 요격체제를 유지해야 한다. 나토는 회원국 영토보존과 그들 인명안전의 책임이 있다. 그 책임은 어느 다른 누구에게도 이양될 수 없다." 결국 나토의 러시아 참여 독려는 미국과 서방의 의지를 관철시키는 형식적 수단에 불과했을 뿐이다.[1]

---

1) 폴란드, 루마니아, 불가리아가 EPAA를 수용한다고 발표했을 때, 러시아 외교장관 라브로프는 왜 그 나

그럼에도 불구하고 2011년 전반기 EPAA에 관한 미·러 협상은 계속됐고, 모스크바에게 아직 희망의 불씨는 남아 있는 것으로 보였다. 메드베데프, 푸틴은 오바마, 바이든과 만나고, 미·러 군부인사들 간에 계속 EPAA와 관련한 논의가 있었다. 그러나 어떤 해결책도 도출이 불가능하다는 것이 확인되면서, 2011년 5월 도빌 G-8 정상회담에서 메드베데프는 더 이상 서방과의 EPAA 논의는 의미가 없다고 시인했다. 그는 러시아는 EPAA에 반대한다고 확실하게 선언했다. 메드베데프는 EPAA 논의의 진전 결여와 서방의 시간끌기가 유감이라고 말했고, 러시아 국가두마 인사들 역시 EPAA는 모스크바의 많은 반대에 부딪칠 것이라고 경고했다. 그러나 2011년 후반기에 러시아는 또다시 EPAA 논의 지속을 원했다. 그것은 일찍이 모스크바가 제안한 2개의 주요 사안에 관한 것으로, 하나는 영역별(sectoral) 방어이고 다른 하나는 EPAA가 러시아를 겨냥하지 않는다는 서면보장이었다. 그러나 그 제안은 다시 한 번 나토에 의해 명확하게 거부됐다. 라스무센은 그 이유는 첫 번째 요구가 나토가 동맹국 방어를 비회원국인 러시아에게 의지하는 형태이고, 두 번째 요구는 그것을 수용할 경우 나토가 미래 군사전략 수립에서 구속받고 또 러시아에게 나토전략에 영향을 미치는 부당한 권한을 주기 때문이라고 설명했다. 모든

_칼리닌그라드, britannica.com

제안이 거부됐을 때, 러시아는 EPAA를 비난하면서 또다시 칼리닌그라드에 이스캔더 핵미사일 배치 필요를 언급했다. 2012년 3월 러시아에서 대선이 치러지는 가운데 메드베데프는 러시아는 EPAA 능력 향상에 비례해 단계적 핵전력을 채택할 것이라고 경고하면서, 모스크바는 대화의 문은 닫지 않지만 러시아를 준비시킬 의무가 있다고 말했다.[1]

2012년 5월 푸틴이 세 번째 대통령 임기를 시작하는 시점에 개최된 시카고 나토 정상회담에서, 서방 동맹국들은 EPAA가 2015년까지 초기 작동능력을 갖게 되고 2018년까

라들이 러시아로부터 위협을 느끼는지 이해할 수 없다고 말하면서 그 나라들에 EPAA가 설치되는 것이 어이없다는 태도를 취했다. Nichol, Russian Political, (February 10, 2012), pp. 55-59.

1) 2011년 12월 초 NRC 회의에서 나토 관리들은 EPAA 발전에 대한 확고한 의지를 계속 반복해 강조했다. 라스무센은 "러시아가 존재하지 않는 가상의 적에 반대해 반대조치에 심하게 투자하는 것은 비용 낭비가 될 것이고, 그 자금은 러시아인들의 직업창출과 현대화에 투자"하는 것이 바람직할 것이라고 말했다. Ibid., pp. 55-61.

지 그 능력이 상당한 수준에 도달할 것이라고 선언했다. 그 당시 러시아는 서방과 타협할 위치에 있지 않았음에도 불구하고 나토가 한발 물러설 것에 대한 희망을 버리지 않았다. 러시아 외교당국은 지속적으로 EPAA로부터 러시아가 안전하다는 법적 보장과 기술적 확인을 원했다. EPAA 문제가 교착상태에 빠진 현실에서도, 러시아 외교장관 라브로프, 그리고 심지어 푸틴 대통령도 또다시 그와 관련한 추가논의, 타협이 필요하다고 역설했다. 2013년 여름까지 러시아는 계속 미국과 대화, 타협을 원했다. 2013년 처음 몇 주 간 러시아 관리들은 MD에 관해 논의할 준비가 되어 있다고 말하면서 그 이전과 마찬가지로 나토와 미국으로부터 EPAA가 러시아의 핵전력을 억지하는 데 사용되지 않을 것이라는 법적보장을 요구했다. 2013년 3월 오바마 행정부는 EPAA 4단계를 일시 보류하고 알라스카 지상 미사일기지에 추가 요격기를 배치하는 계획을 선언했는데, 그때에도 러시아 국방장관 세르게이 쇼이구는 대화와 타협을 촉구했다. 러시아 국방부 부장관 아나톨리 안토노프(Anatoly Antonov)는 EPAA와 관련해 장황한 견해를 밝혔다. 그는 EPAA의 4단계 취소는 미국 의지의 실질적 변화가 아니고, 미국의 동남부 유럽 MD 배치 시도는 위장술로 가득 차 있으며, 미 행정부가 EPAA에서 러시아 방안을 수용하려 해도 아마 미국 국내정치의 특수성으로 인해 미 의회의 승인을 받기가 어려울 것이라고 말했다. 그럼에도 불구하고 그 역시 맨 마지막에는 미·러 간에 타협이 있어야 하고, EPAA가 러시아를 겨냥하지 않는다는 워싱턴의 문서 보장이 있어야 한다고 덧붙였다. 그러나 그해 10월 미국이 루마니아에 '이지스'(Aegis) 미사일 기지 건설을 시작하면서 러시아의 태도는 또다시 적대적으로 변했다. 푸틴 대통령은 나토와의 MD 협력 실무그룹을 모두 해체하고, MD 협상 특별대사 직위 자체를 제거했다. 그리고 러시아 군은 나토 EPAA를 공격할 수 있는 위치인 칼리닌그라드에 10기의 이스캔더 미사일 배치를 추진하는 것으로 보였다.[1]

2014년 2월 크리미아와 동우크라이나 일부지역을 점령하면서 푸틴은 또다시 나토와 EPAA의 목표가 러시아를 포위(encirclement)하는 것이라고 목소리를 높였다. 동시에 러시아는 2014년 다시 한 번 기존 미사일방어망을 피할 수 있는 대륙간 탄도미사일 RS-26 루베즈(Rubezh)를 시험 발사했는데, 그것

RS-26 루베즈

---

1) 2013년 3월 미 하원의원 모 브룩스(Mo Brooks)는 하원 결의안 1128을 제출한 바 있는데, 그것은 미 행정부가 미사일 방어능력 정보를 러시아와 공유하지 못하도록 규제하는 것이었다. 2013년 7월 24일 국방예산안 심의과정에서 하원은 브룩스 결의안을 수정해 미 행정부가 러시아와 합의된 미사일방어에 자금을 사용하지 못하도록 규정했다. Nichol, <u>Russian Political</u>, (March 31, 2014), pp. 69-72.

은 미국과 서방에 큰 우려가 됐다. 2015년 초 이후 러시아는 워싱턴의 경고에 아랑곳하지 않고 계속 나토 MD를 무력화시키는 핵전력 개발에 몰두했다.[1]

(3) 구소련 공화국 관계

구소련 공화국들과 러시아 연방과의 관계는 러시아 생성 초기부터 모스크바에게 최고로 중요한 과제였다. 그 관계는 푸틴이 처음 두 번 국가 리더로 재직하던 시기에도 중요했고, 메드베데프 시기에도 마찬가지였다. 2009년 5월 러시아 국가안보전략(National Security Strategy)은 구소련 공화국들과의 협력을 또다시 우선순위가 높은 정책으로 지목했다. 그 안보전략 문서는 '집단안보조약기구'(CSTO: Collective Security Treaty Organization)가 지역적 군사위협과 싸우는 데 있어서 주요 근간이 되는 수단이라고 선언했다.[2] 푸틴의 대통

_구소련 공화국, theguardian.com

령 복귀 이후 2013년 2월의 대외정책개념 역시 구소련 공화국들과의 협력에 높은 우선순위를 부여했다. 그 개념 역시 러시아가 주도하는 CSTO를 지역 군사위협에 대처하는 주요 수단으로 인식했고, 러시아는 그 동맹을 위해 모든 비용의 95%를 지출했다. 미국과 서유럽이 나토를 중심으로 다른 나라와 대치하는 것과 마찬가지로, 러시아가 일부 군사협력 국가를 필요로 하는 것은 당연했다.

1) 집단안보조약기구

CSTO는 푸틴의 첫 번째 대통령 임기 중인 2002년 모스크바에 본부를 둔 군사동맹으로 진화했다. 키르기스스탄의 칸트(Kant) 공군기지는 2002년 CSTO의 중앙아시아 신속

---

1) Nichol, Russian Political, (March 31, 2014), pp. 72–73; https://rg.ru/2014/11/27/mbr–site–anons.html, (December 27, 2014), Rossiyskaya Gazeta; http://tvzvezda.ru/news/forces/content/201503290853–78tu.htm, (April 27, 2015)
2) 2010년 2월 군사독트린은 군사, 정치, 경제협력의 우선순위는 벨로루스, CSTO, 그리고 CIS 순서라고 말했다.

대응군을 지원하는 거점으로 지정되었지만, 그곳에는 러시아 병력만이 주둔했다. 2009년 2월 메드베데프 대통령은 더 규모가 크고 더 효율적인 CSTO 신속대응군 구성을 촉구했는데, 그는 그것이 나토의 경쟁상대가 될 것이라고 주장했다. 그러나 타시켄트는 그 증강된 병력이 우즈베키스탄 내정간섭에 사용될 수 있다는 우려를 제기하면서, 6월 그 동맹의 조직 확대를 거부했다. 벨로루스도 10월까지 그 합의에 서명하기를 거

_칸트 공군기지

부했다. 그러나 동맹국 합의의 결여에도 불구하고 메드베데프 정부는 신속대응군 강화목적으로 칸트에 일방적으로 제98공중사단(Airborne Division)과 8천명 병력 규모의 제31공중 강습여단(Assault Brigade)을 증강, 배치했다. 그 신속대응군은 CSTO 외부로부터의 군사공세를 배척하고, 테러그룹, 초국가적 조직범죄, 자연재해, 마약유통과 싸우는 데 동원될 것으로 기대됐다. 그 병력은 유엔 권위 하에 CSTO 외부에서도 사용될 수 있었다. 신속대응군 동원은 회원국 정상들이 결정하도록 규정됐다.[1]

　　푸틴 복귀 이후 2012년 12월에도 CSTO와 관련해 진전이 있었다. 메드베데프 시기의 신속대응군 병력증강에 뒤이어 추가로 새로운 집단 안보병력 증강이 진행됐고, 새로운 특수작전과 비상시 위기대응 계획이 체계적으로 정비됐다. 푸틴정부는 CSTO 참모본부를 새로 창설했고, 알렉산더 스투데니킨(Alexander Studenikin) 중장을 그 책임자로 임명했다. 러시아가 CSTO 회원국 내에 설치한 군사시설은 아르메니아, 키르기스스탄, 타지키스탄의 군사기지와 벨로루스 및 카자흐스탄의 레이더 기지를 포함했다. 푸틴은 2014년 아프가니스탄으로부터의 ISAF 병력철수에 대비해 CSTO가 능력을 확충해야 한다고 강조했다. 그러나 메드베데프 시기에 그랬듯이 또다시 CSTO의 효율성에 대한 의문이 제기됐는데, 왜냐하면 아르메니아 대통령 세르지 사르키샨(Serge Sarkisian)이 나고르노-카라바흐 분쟁에 대비해 CSTO 병력파견이 가능한지 물었을 때 회원국들의 반응이 긍정적이지 않았기 때문이다. 그러나 물론 그 경우 CSTO와는 별개로 러시아는 강력한 군사지원에 나설 것인데, 그 이유는 지난 수십 년간 그 지역은 모스크바에게 중요한 전략거점이

---

1) 메드베데프 시기 CSTO의 효율성은 논란의 대상이 됐는데, 왜냐하면 그 기구가 국경보호나 내부 무질서 대처능력에서 효과적이지 못한 것으로 드러났기 때문이다. 예를 들어 2010년 6월 키르기스스탄 남부의 인종갈등을 진압하기 위해 비슈케크가 병력 파견을 요청했을 때, 여러 회원국들은 그에 무관심한 태도로 일관했다. Nichol, Russian Political, (February 10, 2012), pp. 31-32.

었기 때문이다.[1]

2) 경제통합의 진전

2000년 12월 '유라시아 경제공동체'(EAEC: Eurasian Economic Community), 2003년 9월 4개국 '단일경제구역'(SES: Single Economic Space) 창설에 이어 메드베데프 대통령 시기에도 러시아는 경제통합에서 많은 진전을 이루었다. 2009년 6월 푸틴 총리가 (WTO 가입 전) '유라시아 관세동맹'(ECU: Eurasian Customs Union) 도입의 필요성을 제기하면서, 2010년 1월 러시아는 벨로루스, 카자흐스탄과 함께 ECU를 창설하고 2011년 7월까지 회원국 관세를 모두 철폐했다. 2009년 11월에는 ECU를 추진하던 러시아, 벨로루스, 카자흐스탄이 (과거 2003년 9월 우크라이나도 참여해 함께 설립한) '단일경제구역'(SES)의 중요성을 재인식하고 그 활성화 협정에 서명했는데, 그에 따라 친서방으로 선회한 우크라이나를 제외한 상태에서 2012년 1월 SES가 재창립됐다. 한편 2011년 5월 ECU 회원국들은 2015년까지 '유라시아 경제연합'(EEU: Eurasian Economic Union)을 창설한다는 구상에 합의했고, 그해 10월 푸틴은 EEU 건설의 중요성에 관한 그의 소신을 밝혔다. EEU 창설 촉구 연설에서 푸틴은 그 기구를 '유럽연합'(EU)과 경쟁하는 초국가적 기구로 발전시키고 싶다는 포부를 내비쳤다. EEU는 CSTO, 벨로루스-러시아 연합국가, CIS, 그리고 EAEC와 2012년 초 재창립되는 SES의 구조와 기능을 통합하는 기구가 될 것이다. 구소련 계승국가들은 EU 못지않은 경쟁력을 갖출 수 있고, 그것은 과거 한 나라를 구성하던 여러 국가들이 새로운 기치로 다시 모이는 계기가 될 것이다. EEU는 EU와의 협력을 배제하지 않는다. 푸틴은 EEU 구상이 2002년 우크라이나의 쿠치마(Kuchma), 카자흐스탄의 나자르바예프(Nazarbayev), 벨로루스의 루카셴코(Lukashenko) 대통령과의 대화에서 유래했다고 말했다. 그는 다음과 같이 강조했다. 기술, 노동, 인프라, 수송, 에너지를 포함해 모든 경제영역에서 우호국가들 간의 능력을 합치면 그것은 급격한 경쟁력 증가를 유도할 것이다. 자본과 인적자원의 자유로운 이동을 보장하기 위해 국가 간의 불필요한 관료적 장애는 제거되어야 하고, 그것은 더 크고 효율적인 공유된 시장 형성에 기여할 것이다. 표준화된 경제규칙, 경제안보의 증진은 관련국들을 세계 속에 더 우뚝 서게 만들 것이다. 러시아는 소련의 부활을 추구하는 것이 아니고, 또 제국적 야심을 갖지 않을 것이다.[2]

---

1) Nichol, Russian Political, (March 31, 2014), p. 45.
2) Nichol, Russian Political, (February 10, 2012), p. 32; Nichol, Russian Political, (March 31, 2014), p. 45; "Russia, Belarus, Kazakhstan sign pact," UPI (November 19, 2011); Ukraine cannot get

푸틴이 대통령으로 복귀한 이후 경제통합 측면에서 획기적인 진전이 있었다. 2013년 모스크바는 구소련 계승국가들에게 '유럽연합'(EU: European Union)과 교류하기보다는 러시아가 주도하는 '유라시아 관세동맹'(ECU), 그리고 곧 창설될 '유라시아 경제연합'(EEU: Eurasian Economic Union)에 참여할 것을 촉구했다. 그는 지난 오랜 기간 러시아와 그 나라들이 쌓아온 유대, 오래되고 공유된 문화유산을 강조했다. 첫 번째 좋은 조짐은 2013년 9월 아르메니아가 ECU 가입을 서약한 것이었다. 2013년 11월에는 친러 대통령 빅토르 야누코비치가 우크라이나도 EU와의 대화를 유예하고 러시아와 경제협력을 강화시킬 것이라고 말했다. 그러나 잘 알려진 바와 같이 그 과정에서 유로마이단 위기가 발생하고 그것은 크리미아 사태로 이어졌다. 그 이후 우크라이나와 러시아는 외교관계가 단절되고 키예프는 러시아 경제권에서 이탈했다.[1]

한편 2015년 1월 1일 푸틴이 지난 수년 간 설립하려 그렇게 노력해오던 EEU가 드디어 탄생했다. EEU 전체 인구의 약 75%를 구성하고 EEU 전체 GDP의 85%를 생산하는 러시아는 그 초국가 기구가 유럽의 EU와 비슷한 형태로 발전하기를 원했다. 그 기구는 '유라시아 연합'(EAU: Eurasian Union)이라고도 불렸는데, 그것은 1억 8천 3백만 인구와 구매력

_유라시아 경제연합(EEU), brusselsdiplomatic.com

기준 4조 달러를 상회하는 GDP의 통합적 단일시장을 대표했다. ECU에 가입한 아르메니아, 그리고 키르기스스탄이 EEU에 참여하기로 결정했다. 그동안 러시아와 회원국들을 관장하던 ECU와 SES, 그리고 일찍이 창설된 '유라시아 경제공동체'(EAEC: Eurasian Economic Community)는 모두 더 크고 포괄적 기능을 수행하는 EEU로 흡수 통합됐다. 이제 EEU는 유럽의 EU와 마찬가지로 내부적으로는 경제활동을 구성하는 모든 요소의 자유로운 이동을 보장하고, 대외적으로는 공동 관세를 부과하는 자유무역 지대로 진화했다. EU와 경쟁관계에 있는 EEU는 역내 자본, 서비스, 상품, 인력 이동의 확대를 가져올 것이고, 대외무역, 투자, 에너지, 반독점을 포함하는 모든 경제규정에서 공동의 정책을

---

observer status at Eurasian Economic Union due to Association Agreement with EU, Russia, Interfax−Ukraine, (June 14, 2013)

1) Nichol, <u>Russian Political</u>, (March 31, 2014), p. 45.

추진할 것이다. 화폐 단위 통일을 포함해 미래를 지향하는 더 구체적인 조치들은 차차 논의될 것이다. EU와 비슷하게 그와 관련된 행정은 '유라시아 경제위원회'(Eurasian Economic Commission)가 담당할 것이다.[1]

3) 우호국가 관계

벨로루스 관계   푸틴의 처음 두 번 대통령 임기 기간 벨로루스와 러시아 관계는 군사동맹국임에도 불구하고 별로 좋은 편은 아니었는데, 메드베데프 임기 중반까지도 양국관계는 침체상태에 있었다. 예를 들어, 러시아—조지아 전쟁 이후 민스크는 모스크바가 원하는 압하지야와 남오세티야의 독립국 위상 인정을 거부했고, 반면 모스크바는 2010년 12월 알렉산드르 루카셴코(Alexander Lukashenko)가 4번째 대통령 임기에 출마하기 몇 달 전부터 그에 반대하는 캠페인을 내보냈다. 그러는 사이 메드베데프 정부는 벨로루스의 경제조건이 악화되는 상황에서 민스크를 모스크바 뜻대로 움직일 기회를 맞이했다. 취약한 민스크는 모스크바의 의도에 따라 움직이지 않을 수 없었는데, 그것은 주로 경제적 취약 때문이었다. 2011년 6월 벨로루스가 외환위기를 겪고 있을 때, 러시아 주도의 '유라시아 경제공동체'(EAEC; Eurasian Economic Community)가 벨로루스에 3년 거치 조건으로 30억 달러를 대여하는 대가로 민스크가 국가 소유 75억 달러 자산을 민영화하는 데 동의한 것이다. 그 과정에서 러시아 기업들은 벨로루스 국영 칼륨회사 벨로루스칼리(Belaruskali)와 금융분야 상당부분을 인수하고 벨트란스가스(Beltransgaz) 주식의 절반을 매입했다. 벨로루스 경제는 점점 더 러시아 주도의 관세동맹(ECU), 단일 경제구역(SES)에 통합, 잠식되어 갔고, 2015년 초 작동하게 된 러시아의 '유라시아 경제연합'(EEU)에 더욱더 귀속될 것으로 전망됐다.[2]

벨로루스는 러시아에 의존하는 것 이외에는 달리 방도가 없었는데, 왜냐하면 민스크의 서방과의 관계도 좋지 않았기 때문이다. 유럽연합(EU)은 오래전부터 자유와 인권을 탄압하는 루카셴코 정부의 권위주의를 비난해 왔고, 그런 이유로 그 나라를 다른 구소련 공화국들에게 제공한 '동부파트너십'(Eastern Partnership)에서 배제했다. 2010년 12월 대

1) "Kyrgyzstan, Armenia officially enter Eurasian Economic Union," (December 24, 2014), WorldBulletin.net
2) Nichol, <u>Russian Political,</u> (February 10, 2012), p. 33; Nichol, <u>Russian Political,</u> (March 31, 2014), p. 48.

선 당시에도 EU는 루카셴코의 부정선거를 심하게 규탄했다. 나중에 EU는 벨로루스를 자유주의로 이끌기 위해 다시 파트너십을 제공하기로 결정했지만, 그것은 모스크바에게는 수용 불가능한 옵션이었다. 그 이유는 벨로루스 영토는 러시아 군에게 조지아, 우크라이나 못지않게 나토에 대항하는 최전방 전선이었기 때문이다. 러시아 본토와 칼리닌그라드 사이에 위치해 있는 벨로루스가 친서방으로 돌아

_알렉산드르 루카셴코

선다면, 모스크바에게 그 타격은 상상을 초월할 것이다. 그런 논리는 모스크바에 강경책을 완화할 필요를 제기했고, 메드베데프 정부는 벨로루스 군사력 정비를 돕기 위해 루카셴코 정부와 32개 공동 군사 프로젝트를 진수시켰다.[1]

그러나 푸틴 집권 이후, 그리고 2014년 크리미아 사태 이후에도 루카셴코의 예측 불가능한 행동은 계속됐다. 예를 들어, 러시아의 크리미아 침공 당시 루카셴코는 한편으로는 그 반도가 러시아 연방의 일부분이라고 말하면서도, 다른 한편으로는 우크라이나는 분리되지 않은 하나의 정치적 통일체로 남아있어야 한다고 말했다. 그런 모순적 발언은 루카셴코가 러시아에 반감이 있으면서도 모스크바를 자극하지 않으려는 이중적 생각에서 비롯된 것으로 분석됐다.[2] 러시아가 동 우크라이나 지역에 군사간섭을 할 당시에 루카셴코는 또다시 벨로루스 언어의 사용, 러시아와 별개의 벨로루스 정체성을 강조하고, 국내의 공산주의 반체제 움직임을 용인하는 태도를 보였다. 그 모든 것은 루카셴코의 반러시아 정서를 반영하는 듯 했다. 그러나 정치, 경제적 대외 영향력 수단이 거의 전무한 벨로루스는 모스크바의 영향력을 거부하기 어려웠고, 2017년 9월 양국이 서방에 반대하는 공동 군사훈련을 재개한 이후 두 나라 관계는 다시 정상상태로 복귀했다. 벨로루스의 모든 행동은 러시아에게 도전할 수 없으면서도 저항하고 싶은 강대국 주변 약소국의 심리를 반영할 뿐이었다. 1995년 이후 존재했던 양국 국경을 둘러싼 분쟁은 거의 종식됐다. 민스크는 벨로루스가 차지했던 일부 지역을 러시아에 반환했고, 모스크바는 2017년 2월 스몰렌스크 오블라스트(Smolensk oblast)에 국경분쟁 방지를 위한 완충지대를 설정했다.[3]

1) Rousseau, "Russian Foreign Policy," (April 2015), p. 14.

2) Nichol, Russian Political, (March 31, 2014), p. 48.

3) "NATO Nervous As Russia, Belarus Team Up For Cold-War-Style War Games," (September 14, 2017), www.npr,org; "Russia and Belarus launch war games aimed at holding the line against the West," The Washington Post, (September 14, 2017)

키르기스스탄 　　　처음에 푸틴은 비록 키르기스스탄의 쿠르만베크 바키예프(Kurmanbek Bakiyev)가 2005년 튤립혁명을 통해 집권했지만, 그에게 특별히 반감을 갖지 않았다. 바키예프는 키르기스스탄 전력 부족을 완화하기 위해 중국으로부터 경제협력을 추진했고, 특별히 친서방적 성향을 보이지는 않았다. 2009년 대선에서 재선된 바키예프는 정치, 경제개혁을 추진할 것으로 예상됐는데, 왜냐하면 그 나라는 상당량의 에너지 자원을 보유한 상태에서도 계속 전력부족, 정전으로 고통 받는 상태에 있었기 때문이다. 새로 집권한 메드베데프 정부는 2009년 2월 동맹국인 키르기스스탄을 돕기 위해 1억 8천만 달러 부채를 탕감하는 합의에 서명하면서 20억 달러 추가 차관 제공, 그리고 캄바라틴스크 댐(Kambaratinsk Dam) 수력발전소 건설 지원에 합의했다. 그 대가로 바키예프는 중앙아시아 미군기지 중 하나인 키르기스스탄 마나스(Manas) 공군기지를 폐쇄할 것이라고 선언했다. 또 2010년 1월 바키예프는 경제관계 논의를 위해 중국에 사절단을 파견했고, 키르기스스탄의 국영 전력회사는 중국 테비안 전력(Tebian Electric)과 3억 4천만 달러 상당의 송전선 건설에 서명했다.[1]

　　그러나 바키예프 정권은 모스크바로부터 경제지원을 확보한 이후 마나스 공군기지에서 미군을 축출한다는 약속을 지키지 않았다. 바키예프의 배신에 분노한 메드베데프는 그 정권을 붕괴시키기로 결심했고, 그것은 2010년 4월 비슈케크에 대한 특별 할인가격의 오일 공급 중단으로 이어졌다. 러시아 언론은 연일 키르기스스탄의 비참한 일상을 보도하면서 바키예프의 무능을 비판했다. 키르기스스탄의 취약한 경제는 모스크바의 징벌적 경제제재를 견딜 수 없었다. 생필품, 연료, 전기 사용료 인상을 포함하는 물가고로 인해 전국에서 대중시위가 발생했는데, 그 당시 바키예프가 발포를 명령하면서 100여 명이 사망하고 수백 명 부상자가 속출하는 국가 위기사태가 발생했다. 대통령 대행 로자 오툰바예바(Roza Otunbayeva)는 모스크바에 도움을 요청했고, 러시아는 그녀의 의견을 수용해 남쪽 도시 오쉬(Osh)로 폭동 진압 병력을 파견했다.[2] 바키예프는 키르기스스탄 남부의 거점으로 피신해 잠시 권력복귀를 시도한 이후, 2010년 4월 중순 벨로루스로 도피했다. 러시아 총리 푸틴은 키르기스스탄의　시급한 재정문제 완화를 돕기 위해 5천만 달러를

----

1) Erica Marat, "Kyrgyzstan Boosts Cooperation With China," Eurasia Daily Monitor, The Heritage Foundation, (January 15, 2010); Kyrgyz Eviction Warnings Intensify Over U.S. Air Base, (February 4, 2009), rferl.org

2) 로자 오툰바예바는 키르기스스탄 전 외교장관이고 러시아에서 교육받은 소련 시대 외교관이었다. 그 당시 모스크바는 대통령제로부터 의회제로 선거제도를 변화시키는 키르기스스탄의 헌법 개정에 반대했는데, 왜냐하면 의원들의 합의가 중요한 그 제도는 더 큰 정치 불안정을 야기할 것으로 보였기 때문이다.

지원할 것이라고 선언했고, 부총리 이고르 세친(Igor Sechin)은 그 나라 겨울농사를 위해 충분한 연료를 공급할 것이라고 말했다. 2011년 새로 취임한 대통령 알마즈베크 아탐바 예프(Almazbek Atambayev)는 키르기스스탄이 러시아, 벨로루스, 카자흐스탄과 함께 '유라 시아 관세동맹'(ECU)에 참여하고 가까운 이웃과 좋은 관계를 유지할 것이라는 우호적 태도를 취했다.[1] 아탐바예프 정부가 출범하면서 키르기 스스탄과 러시아 관계는 정상궤도에 진입했다. 푸틴 제3 기에 들어와 러시아-키르기스스탄 관계는 다시 발전하 는 모습을 보였다. 2012년 9월 푸틴과 아탐바예프는 키 르기스스탄에 2017년부터 향후 15년간 공동 군사기지를 운영하기로 합의했다. 푸틴은 그 군사기지가 키르기스스 탄과 그 지역 전체에 안정을 유도하는 중요한 요인이 될 것이라고 말했다.[2]

_알마즈베크 아탐바예프

4) 분쟁국가 관계

몰도바　　　메드베데프는 러시아와 몰도바 간의 트란스니스트리아 문제를 현상유지 에 머물게 하는 정책을 구사했다. 아직도 러시아는 몰도바 정부의 뜻과는 반대로 1994년 의 병력철수 협정에 이어 CFE 협정 하의 약속을 위반하면서 트란스니스트리아에 병력을 주둔시키고 있었다. 2011년 부분적으로 독일의 요청에 의해 러시아는 트란스니스트리아 리더들에게 그 나라 미래에 관해 몰도바와 공식대화에 복귀하도록 압력을 가했다. 그때 베를린은 러시아가 트란스니스트리아 관련 대화 재개를 지원하는 조건으로 EU-러시아 정치·안보위원회 창설을 제안했다. 미국과 EU는 계속 러시아에게 몰도바로부터의 병력철 수를 촉구했지만, 메드베데프 정부는 과거와 마찬가지로 트란스니스트리아의 정치적 위 상이 해결되면 러시아의 병력철수가 가능하다고 말했다.[3]

1) Erica Marat, "Russian Mass media Attack Bakiyev," Eurasia Daily Monitor, The Heritage Foundation, (April 1, 2010); Rousseau, "Russian Foreign Policy," p. 15; "Kyrgyzstan profile," (July 30, 2014), https://www.bbc.co.um/news/world-asia-16187957
2) "Russia, Kyrgyzstan seal military base agreement," (September 20, 2012), RT, www.rt.com
3) 2011년 12월 예브게니 셰브추크(Yevgeny Shevchuk)가 트란스니스트리아 대통령으로 선출됐다. 전문 가들은 그가 무역, 교육 그리고 문화와 같은 실질적 이슈에서 그의 전임자 이고르 스미르노프(Igor Smirnov)보다는 몰도바 정부와의 대화에서 더 실용적일 수 있지만, 그 역시 트란스니스트리아 독립에 마찬가지로 헌신적이라고 믿는다. 모스크바와 트란스니스트리아의 새로운 리더십과의 관계는 해결되지

한편 모스크바는 트란스니스트리아 리더들이 그 나라를 독립국으로 인정해 달라는 요구는 수용하지 않았다. 오히려 모스크바는 트란스니스트리아 분리주의 친러 세력을 강화시키기 위해 경제혜택을 제공하면서, 다른 한편 그 나라 핵심산업 상당부분을 장악했다. 러시아가 현상유지를 선호하는 이유는 트란스니스트리아에 거주하는 러시아 소수민족에 대한 보호의무와 그 지역의 전략적 가치를 고려한 절충안인 것으로 추정됐다. 몰도바에서의 러시아 목표는 그 나라가 친서방으로 전환한 루마니아와 통합하는 것을 막고, 더 나아가 그 나라가 EU와 나토에 통합될 가능성을 방지하는 것으로 보였다.

모스크바는 그렇게 몰도바가 EU와 나토에 통합되는 것을 방지하는 것을 중요한 목표로 간주했는데, 2014년 친서방 통합을 선호하는 정당연합이 총선에서 승리하면서 그해 5월 키시나우(Chisinau)가 EU와 유대합의(Association Agreement) 형태의 주요 무역협정을 체결하는 사태가 발생했다. 그에 대응해 푸틴정부는 러시아 지원에 의존하는 몰도바 경제에 압력을 가했다.[1] 반면 2014년 트란스니스트리아는 주민투표를 통해 곧 창설될 '유라시아 경제연합'(EEU: Eurasian Economic Union)에 가입하기로 결정했고, 그 분리주의 지역에 대한 러시아의 영향력은 그대로 유지됐다.[2] 모스크바는 몰도바의 친서방 편향을 막지 못했지만 아직 몰도바가 완전히 EU와 NATO 회원국으로 가입한 것은 아니며, 동시에 트란스니스트리아 관련 최소한의 이익은 그대로 보존한 것으로 평가됐다. 그러나 2016년 12월 이고르 도돈(Igor Dodon)이 대통령으로 당선되고 친러 정책을 모색하면서 몰도바와 러시아 관계는 안정되는 모습이다. 도돈은 집권 이후 2019년까지 러시아를 10번 이상 공식 방문하고 아직 모스크바와 긴밀한 유대를 유지하고 있다.[3]

···

않았다. 셰브추크는 투표에서 모스크바가 선호하는 후보를 물리쳤다. 선거 이후, 러시아는 트란스니스트리아에 지원을 유예했는데, 그것은 그 지역의 심각한 경제상황을 더 악화시켰다. Nichol, Russian Political, (February 10, 2012), p. 33.

1) Laurence Peter, "Guide to the EU deals with Georgia, Moldova and Ukraine," (June 27, 2014), https://www.bbc.com/news/world－europe－28038725; Simon Ciochina, "Moldovan migrants denied re－entry to Russia," (December 21, 2014), http://www.dw.de/moldovan－migrants－denied－re－entry－to－russia/a－18144394

2) Mark Mackinnon, "The New Cold War: Pro－Russian influence extends beyond Ukraine," (December 1, 2014), https://www.theglobeandmail.com/news/world/the－new－cold－war－pro－russian－influence－extends－beyond－ukraine/article21840836,Toronto

3) 2014년 러시아가 우크라이나 국경에 병력을 구축할 당시, 나토 사령관 필립 브리드러브 장군은 러시아 연방이 몰도바를 공격하고 트란스니스트리아를 합병할 가능성을 우려한 바 있다. Carol Morello and Karen DeYoung, "NATO general warns of further Russian aggression," (March 24, 2014), https://www.washingtonpost.com/world/nato－general－warns－of－further－russian－aggression

아르메니아-아제르바이잔   모스크바는 오랜 기간 아르메니아와 아제르바이잔이 관련된 나고르노-카라바흐(NK: Nagorno-Karabakh) 갈등을 이용해 그 두 나라 모두에게 압력을 가해왔다. 모스크바는 주로 그 문제를 아르메니아가 동맹국으로 남아 있게 하거나, 또는 남 코카서스 지역에 대한 영향력을 행사하는 목적에 활용했다. 그래도 메드베데프 대통령은 NK 문제 해결을 도우려 노력했다. 2008년 11월 메드베데프의 중재로 아르메니아 대통령 세르지 사르키샨과 아제르바이잔 대통령 일함 알리예프(Ilham Aliyev)가 모스크바에서 공동선언에 서명했고, 그때 그들은 (과거와 동일하게 비폭력과 자결권의) 마드리드 원칙에 기초한 협상이 유일한 갈등 해결책이라고 강조했다. 그 당시 3가지 합의가 이루어졌다. 그것은 NK 최종위상 결정을 연기하고, 아르메니아가 아제르바이잔에게 자국이 통제하는 7개 아제르바이잔 구역을 반환하며, 아제르바이잔이 NK에 더 큰 자주적 권리를 부여한다는 것이었다.[1] 그렇지만 그 합의 이후에도 양측 간에 매해 수차례 국경 지역에서 군사충돌이 있었다.[2]

푸틴 복귀 이후에도 아르메니아와 아제르바이잔 간에 NK를 둘러싼 진전은 전혀 없었다. 2012년 6월 아르메니아-아제르바이잔 국경을 넘는 총격전이 있었고, 양측은 그 이후에도 가끔 군사적으로 충돌했다.[3] 그러나 다른 한편, 러시아-아르메니아 관계는 상당부분 모스크바의 뜻대로 흘러갔다. 원래 서로 오랜 경쟁 상대이고 NK 문제로 분쟁을 겪어온 두 코카서스 국가인 아르메니아와 아제르바이잔은 서방과 러시아 경쟁의 일부였다. 러시아는 아르메니아와 더 가까운 유대를 가졌고, 반면 아제르바이잔은 나토 회원국인 미국 및 터키와 더 가까운 관계였다. 그러나 동시에 아르메니아는 나토의 코소보 전투와 아프가니스탄 작전에 병력을 파견했고, 아르메니아와 아제르바이잔 모두 한 때 나토의 잠재 회원국으로 간주된 적도 있었다. 그런 상태에서 2013년 9월 세르지 사르키샨은 모스크바에서 푸틴 대통령과의 대화 이후 아르메니아가 EU와 유대합의(AA) 계획을 취소하고 러시아 주도 '유라시아 관세동맹'(ECU)에 참여할 것이라고 말했다. 2014년 말 아르메니아는 또 2015년 1월 출범하는 '유라시아 경제연합'(EEU)에 가입하기로 결정했다. 사르키샨과 아르메니아 관리들은 러시아와의 관계를 불가분의 성격으로 규정했다. 1백만

/2014/03/23/2ff63bb6-b269-11e3-8020-b2d790b3c9e1_story.html

1) 아르메니아는 라친 회랑(Lachin Corridor)을 반환하지 않는데, 왜냐하면 그 지역이 아르메니아를 나고르노-카라바흐와 연결시키기 때문이다. Rousseau, "Russian Foreign Policy," p. 11.

2) Ibid., p. 12.

3) Nagorno-Karabakh fighting: Azerbaijan 'calls truce', BBC News, (April 3, 2016)

명 이상의 아르메니아 이주 노동자들이 러시아에서 일하고, 에너지 분야를 포함해서 그 나라 경제는 사실상 러시아의 지배하에 있었다. 아르메니아는 안보도 모스크바의 보호에 의존했다.[1]

조지아 관계

_미하일 사카쉬빌리

메드베데프가 취임한 지 3개월 후 2008년 8월, 러시아-조지아 전쟁이 발발했다. 그 전쟁은 직접적으로는 남오세티야 분리주의자들이 조지아 마을에 폭탄 테러를 가하고, 그에 대항해 조지아 대통령 미하일 사카쉬빌리(Mikheil Saakashvilli)가 독립을 시도하는 남오세티야, 압하지야를 공격해 그들을 자국 통치권 하에 불러오려 시도한 것에서 비롯됐다. 유엔과 국제사회는 남오세티야와 압하지야를 조지아의 일부로 간주하지만, 그 두 지역은 소련 붕괴 이후 계속 러시아의 지원을 받으면서 조지아로부터 분리를 모색해 왔다. 러시아-조지아 전쟁이 발발했을 때 그 지역에 오래전부터 주둔해 오던 러시아 병력은 조지아군의 남오세티야 수도 츠힌발리(Tskhinvali) 장악을 막기 위해 그 지역 사람들과 함께 싸웠다. 그때 메드베데프 대통령은 러시아 정규군을 남오세티야, 압하지야, 조지아 본토로 진군시켰고, 5일 간의 군사공격으로 트빌리시의 시도를 무산시켰다. 8월 26일 메드베데프는 압하지야와 남오세티야를 독립국으로 인정하는 대통령 칙령을 발표했고, 그것은 G7의 심한 비난의 대상이 됐다.[2] 그 당시 푸틴 총리는 사카쉬빌리를 축출하려는 의도를 내비치면서 거친 언사로 그를 그냥 방치하지 않겠다고 말했다.[3] 그는 모든 사태가 사카쉬빌리 정부의 잘못된 정책에 의해 야기된 것으로, 조지아는 러시아가 적이 아니라 친구라는 것을 알고 양국관계가 회복되기를 바란다고 덧붙였다.[4] 한걸음 더 나아가 2008년 9월 모스크바는 그 두 지

---

1) Nichol, <u>Russian Political,</u> (March 31, 2014), p. 48.

2) "Russia and Eurasia," (May 28, 2009), http://www.heritage.org/research/RussiaandEurasia/wm2017.cfm; "Day-by-day: Georgia-Russia crisis," (August 21, 2008), http://news.bbc.co.uk/2/hi/europe/7551576.stm

3) 2009년 푸틴은 트빌리시가 남오세티야와 압하지야 주민들의 정당한 권리를 인정하지 않았기 때문에 조지아가 그 지역들을 그 나라 영토로 유지할 수 없었다고 말했다. Ian Spartks, "Putin planned to topple the president of Georgia and 'hang him by the balls' says Nicolas Sarkozy's chief adviser," (November 14, 2008), http://www.dailymail.co.uk/news/article-1085468/putin-planned-topple-president-Georgia-hang-b---saysNicolas-Sarkozys-chief-adviser.html

4) 러시아 군은 조지아의 여러 형태의 내전에 간섭하고 1993년 11월 셰바르드나제(Shevardnadze) 정부를 최종적으로 지지한 바 있다. 그러나 그 지지는 조지아 정부가 CIS에 참여하고 러시아 군 기지를 그 나라에 허용한다는 조건에 합의한 이후에 이루어졌다. Stuart D. Goldman, <u>Russian Political,</u>

역 군사기지에 3천 7백 명 병력의 2개 육군 여단을 배치할 것이라고 선언했다. 흑해함대의 일부 전함도 압하지야에 재배치됐다. 미국과 서방 국가들은 러시아가 병력배치를 취소하고 그 두 지역 독립승인을 포기할 것을 촉구했다.[1]

러시아와 조지아는 2008년 8월 군사갈등 이후 외교 단절상태에 진입했는데, 2011년 스위스가 러시아－조지아 대화를 중재했다. 그 목적은 러시아가 WTO에 가입하는데 조지아가 반대하지 않도록 유도하기 위해서였다. 트빌리시는 러시아의 WTO 가입 지지 조건으로 모스크바가 조지아의 러시아 및 분리주의 지역 국경 세관통제를 방해하지 않을 것을 제안했고, 그해 11월 메드베데프는 조지아 정부의 양측 국경과 무역 전자 모니터링을 허용했다. 푸틴의 대통령 복귀 후, 2012년 10월 조지아 신임총리 비드지나 이바니쉬빌리(Bidzina Ivanishvili)가 모스크바와의 정치, 경제 우호관계 회복을 희망하면서 과거에 제한됐던 무역관계가 부분적으로 회복됐지만, 두 분리주의 지역문제는 계속 미해결 현안으로 남아 있었다.[2] 2014년 11월 러시아와 압하지야는 우호조약을 체결했는데, 조지아와 서방은 모스크바를 비난했다. 서방은 러시아가 크리미아를 합병한 방식으로 압하지야를 흡수할 것을 우려했다.[3] 반면 아프가니스탄, 이라크 전쟁에서 나토의 가까운 비동맹 파트너였던 조지아는 서방과의 통합을 계속 선호했지만, 그 나라는 나토 가입이 불가능한 상태에 처하게 됐다. 그 이유는 러시아의 격렬한 반대 앞에서 모스크바의 군사, 경제적 지렛대 사용을 우려하는 많은 서방국가들이 조지아의 나토 가입을 원치 않았기 때문이다.[4] 2008년 8월 러시아－조지아 5일 전쟁 당시 모스크바가 얼마나 조지아의 나토 가입에 반대하는지 확실하게 인지한 서방국가들은 또다시 유럽 전체에 큰 파장을 몰고올 소용돌이에 빠져들기를 원치 않았다.[5]

....

Economic, and Security Issues and U.S Interests, CRS Report, RL33407, (July 28, 2008), p. 14.
1) 그 여단들은 예산문제로 인해 2009년 중반 각각 1,700~1,800명 수준으로 축소된 것으로 알려졌다. Nichol, Russian Political, (March 31, 2014), p. 48.
2) Ibid., p. 49.
3) Daniel McLaughlin, "West backs Georgia as Russia stokes new annexation fears," (November 25, 2014), http://www.irishtimes.com/news/world/europe/west－backs－georgia－as－russia－stokes－new－annexation－fears－1.2014756
4) Yochi Dreazen "Look West, Young Man: Georgia's 31－Year－Old Prime Minister Turns To Europe, Not Russia," (February 26, 2014), https://foreignpolicy.com/2014/02/26/look－west－young－man－georgias－31－year－old－prime－minister－turns－to－europe－not－russia, Foreign Policy.com
5) 그래도 EU는 조지아를 중요한 국가로 인식하는데, 왜냐하면 EU가 러시아 천연가스 파이프라인에 덜 의

우크라이나 관계

_빅토르 유시첸코

2005년부터 2010년 초까지 빅토르 유시첸코(Viktor Yushchenko) 대통령 임기 동안 러시아-우크라이나 관계는 수시로 긴장됐는데, 그 이유는 다양한 문제에서 양국 간의 좁히기 어려운 차이 때문이었다. 그 문제들은 우크라이나 파이프라인을 통과하는 러시아 에너지 관련 분쟁과 크리미아 지역 러시아 흑해함대와 같은 사안을 포함했지만, 긴장의 근원은 키예프의 나토 가입 시도였다. 2008년 8월 러시아-조지아 전쟁 이후 우크라이나의 나토 가입 가능성이 현저히 줄어들고 2010년 우크라이나 의회가 나토에 가입하지 않을 것이라는 법안을 통과시켰을 때 모스크바는 잠시 안도했지만, 2008년 12월 나토가 우크라이나와 조지아의 MAP 가입 요청을 재검토하기로 했던 결정에 비추어 메드베데프 정부에서 그 문제는 계속 현안으로 존재했다.1) 그러는 가운데 2010년 2월 친러 성향의 빅토르 야누코비치(Viktor Yanukovych)가 대통령으로 집권하면서 우크라이나-러시아 관계는 증진되기 시작했다. 야누코비치 시기 러시아-우크라이나 관계는 많은 무역협정을 체결하면서 협력적으로 반전됐다. 메드베데프는 우크라이나를 2010년 4월 처음 방문했는데, 그때 야누코비치는 유시첸코가 추진하던 나토 가입시도를 중단하고 우크라이나가 모든 군사블록 밖에 남아 있을 것이라고 선언했다. 또 야누코비치는 원래 2017년까지 철수하게 되어 있던 크리미아 세바스토폴 흑해 함대 주둔기간을 2042년까지로 연장시켰다.2) 그 대가로, 러시아는 우크라이나에 10년간 30% 할인 가격으로 천연가스를 제공하기로 결정했고, 그것은 400억 달러에 달하는 경제혜택이었다.3)

그러나 (앞에서 논의한 바와 같이) 야누코비치가 친EU 정책을 포기하고, 그 이후 일련의 연쇄반응으로 인해 러시아가 크리미아를 점령하고 동 우크라이나에 군사 개입하는 사태까지 발생했다. 서방은 러시아의 행동을 극단적으로 비난했지만, 모스크바는 그에 개의치 않았다. 오히려 푸틴 정부는 그것이 러시아의 지정학적 이익을 지키고 서방의 패권주

존하려면 그 나라를 통해 아제르바이잔 및 중앙아시아 에너지 자원에 접근해야 하기 때문이다. Laurence Peter, "Guide to the EU deals with Georgia, Moldova and Ukraine," (June 27, 2014), https://www.bbc.com/news/world-europe-28038725

1) Ukraine's parliament votes to abandon NATO ambitions, (June 3, 2010), http://news.bbc.co.uk/2/hi/europe/10229626.stm
2) 메드베데프는 우크라이나를 2010년 5월에 두 번째 방문했다.
3) "After Russian invasion of Georgia, Putin's words stir fears about Ukraine," Kyiv Post, (November 30, 2010); Nichol, Russian Political, (February 10, 2012), p. 34.

의를 막는 정당한 행동으로 인식했다. 아마 러시아는 이제야 비로소 자국의 올바른 위상을 찾았다고 생각했을 것이다. 실제 러시아와 우크라이나는 여러 면에서 매우 밀접한 관계에 있었다. 두 나라 사이에는 많은 사회, 문화, 종교, 역사적 유대가 존재했다. 러시아와 우크라이나 시민 수백만 명이 두 나라 사이를 여행하는데, 그들은 서로에게 단지 관광객이 아니었다. 그 두 나라는 일반적으로 공통된 언어를 갖고 있고 키예프는 동 슬라브 문명의 요람으로 간주됐다. 8백만 러시아인이 우크라이나에 거주하고 약 3백만 우크라이나인이 러시아에 살았다. 러시아와 우크라이나 관계는 밀접하고 상호 호혜적이었다. 그들의 무역규모는 한 해 300~350억 달러에 달하고 경제협력은 산업, 에너지, 농업 분야를 포함했다. '노드 스트림'(Nord Stream) 파이프라인 작동 전 유럽으로 가는 러시아 가스의 80%가 우크라이나를 통과하게 되어 있었다. 그 두 나라는 대체로 비슷한 항공기, 우주 및 방위산업을 갖고 있고, 우크라이나는 오일과 전기 공급을 거의 러시아에 의존했다.[1]

(4) 중국관계

중국과 러시아는 옐친시대부터 푸틴, 메드베데프 시기를 거쳐 오늘날 제3~4기 푸틴 정부에 이르기까지 오랜 기간 협력해 왔다. 그들의 공조는 미국의 세계패권에 대한 반대, 국경선 안정, 군사교류, 중앙아시아에서 상하이협력기구(SCO)를 중심으로 하는 정치, 군사유대, 그리고 에너지를 포함하는 경제협력의 성격을 띠었다.

1) 미국 패권에 대한 반대

세계에서 무소불위로 행동하는 미국과 서방을 견제하기 위해 두 나라는 국제무대에서 긴밀하게 공조했다.[2] 2009년 6월 후진타오는 SCO 정상회담을 위해 모스크바를 방문하면서 메드베데프와 5개항에 관한 공동성명을 발표했다. 그것은 양국이 국제안보, 국내경제, 재정위기에 공동 대응할 것이라는 내용이었다. 그때 메드베데프는 중·러 관계가 역사상 최상의 상태에 있다고 말하면서 티베트와 대만이 중국의 일부임을 강조했고, 후진타오는 코카서스 지역의 이슬람 분리주의를 위한 테러리즘은 용납하지 않을 것이라고

---

1) Rousseau, "Russian Foreign Policy," (April 2015), p. 13.
2) 러시아와 중국은 두 나라가 새로운 민주적이고 공정한 세계질서를 창출해야 하는 임무를 갖고 있다는데 공감대를 갖고 있었다. Igor Rogachev, "Russia and China's Collaboration in the International Arena," Far Eastern Affairs, Vol. 36, No. 1, (2008), p. 13.

화답했다.[1] 러시아와 중국 리더들은 유엔안보리에서 비토권을 행사하면서 미국과 서방이 추진하는 결의안에 반대하거나 아니면 그 강도를 희석시켰다. 그런 행동은 이란 제재와 북한 핵개발에 대한 애매한 태도, 그리고 2012년 2월 시리아 내란 관련 유엔안보리 결의안 거부를 포함해 여러 경우에 표출됐다. 그들은 또 메드베데프, 푸틴 시기를 막론하고 G20, SCO, 브릭스(BRICS) 같은 지역기구 내에서도 공동보조를 맞추기 위해 수시로 논의, 협상했다. 그 모든 것은 세계와 지역차원에서 양국의 이익이 서로 긴밀하게 연계돼 있음을 입증했다.[2]

2) 국경선, 군사, SCO 관련 협력

_2008 중·러 국경선 협정

국경선 문제의 경우, 2008년 7월 러시아는 하바로프스크 인근의 아무르(우수리)강 유역 일부지역을 중국에 돌려주면서 양국의 국경선 안정에 관한 협정에 서명했다. 그 지역은 1929년 소련이 점령한 것들이지만, 모스크바는 중국의 부상을 고려하고 미래의 우호적 중·러 관계를 기대해 그렇게 결정했다.[3]

양국 군사협력은 그동안 주로 군 인사교류, 군비통제, 그리고 군사기술 및 무기이전을 중심으로 진행됐다. 무기체계에서 비록 중국의 군사기술과 부품수준이 하루가 다르게 발전했지만, 러시아는 아직도 중국에 대한 최대 무기 공급국으로 기능했다. 푸틴 재집권 이후 중·러 군사관계는 계속 진화했다. 러시아와 중국은 지중해, 일본 근해, 남중국해, 그리고 발트 해에서 양자 연합 해군훈련을 실시하면서 공동훈련의 지리적 범위를 확대해 나갔다. 지중해와 발트 해는 러시아에게 더 중요하고 일본과 남중국해가 중국에게 상대적으로 더 중요한 상황에서, 중·러 두 나라가 서로가 중

---

1) "China, Russia sign five-point joint statement_English_Xinhua," (June 18, 2009), https://www.chinaview.cn

2) 원래 브라질, 러시아, 인도, 중국 4개국은 브릭(BRIC) 그룹으로 존재했으나 2010년 12월 남아프리카 공화국(South Africa)이 그 그룹에 참여하면서 브릭스(BRICS)가 됐다. 브릭스는 2014년에 브릭스 개발은행을 설립했는데, 그것은 신개발은행(NDB: New Development Bank)이라고도 불린다. 그 은행의 목적은 회원국의 인프라, 지속가능발전 프로젝트를 돕고 다른 지구적, 지역적 발전기구와 파트너십을 설정하는 것이다

3) "The cockerel's cropped crest," The Economist, (July 24, 2008), amp.economist.com

시하는 지역에서 연합 군사훈련을 한다는 사실은 그들이 서로의 영향권을 관리하는 데 있어서 상호 협조한다는 것을 의미했다. 그것은 실제에 있어서는 중·러 양국이 미국과 서방의 영향권을 잠식하는 것인데, 전문가들은 그들이 상대방의 영향권에서 함께 훈련하는 이유는 미국에 대항하는 결의를 보이는 목적을 띤다고 말했다.[1]

　　중·러 두 나라는 SCO에서 긴밀하게 협력했다. 2008년 5월 SCO는 유엔안보리 승인 없이 이라크에서 전쟁하는 미국을 겨냥한 듯 국제법을 어기고 다른 나라 안보를 훼손하는 일은 국제사회에서 사라져야 한다는 내용의 공동성명을 발표했다. 중·러 두 나라는 SCO에서 안보회의, 정보교환, 연합 군사훈련, 대테러 및 국경안전 관련 조치에 계속 협력했다. SCO 연합 군사훈련은 오랜 역사를 갖고 있다. SCO는 2018년 6월 현재까지 총 24회의 양자 및 다자 대테러 군사훈련을 실시했는데, 그중 8번은 해군훈련이었고 2번은 사이버 테러와 연관된 군사훈련이었다. 최초의 양자 대테러 훈련은 2002년 10월 중국－키르기스스탄 국경에서 있었고, 그것은 중국이 이웃국가와 처음으로 국경을 건너 훈련을 실시한 경우였다. 최초의 다자 대테러 훈련은 '2003 연합'(Coalition 2003)이라는 명칭으로 2003년 8월 러시아, 중국, 카자흐스탄, 키르기스스탄, 타지키스탄이 참여해 개최됐고, 그 5개국은 그 이후 2010년부터 매 2년마다 개최되는 2012, 2014, 2016 '평화임무'(Peace Mission) 훈련에 참여했다. 2007년 8월의 '평화임무 2007'(Peace Mission 2007)은 우즈베키스탄을 포함해 그 당시 6개 회원국 모두가 참여한 최초의 대테러 훈련이었다. 러시아와 중국은 '2005 평화임무'(Peace Mission 2005), '2009 평화임무' 훈련에서 팀을 이뤄 대규모 군사훈련을 진행했고, 2012년 이후에는 해상훈련을 포함해 적어도 1년에 한 차례 대규모 양자 군사훈련을 실시했다. 2014년 연합 해군훈련 시작을 알리는 행사에는 푸틴과 시진핑이 참석했다.[2] 그러나 중국은 아직은 SCO가 러시아가 원하는 수준의 군사기구로 확대되는 것에는 덜 동조하는 것으로 보였다. 중국은 SCO의 정치, 군사역할 못지않게 경제역할에 관심을 보였다. 중국은 SCO를 중앙아시아에서 영향력 증대의 수단으로 사용하는데, 베이징은 그 지역에서 역내안정의 지전략적 차원과 에너지 공급이라는 경제차원 모두를 고려하는 것으로 분석됐다. 메드베데프 대통령 시절 중국은 중앙아시아 국가들에게 100억 달러 경제자금을 제공하고 또 러시아의 희망과는 달리 압하지야와 남오

1) Welt, Russia: Background, (August 21, 2017), p. 31.
2) A quick guide to SCO and its military cooperation/english.scio.gov.cn, (June 5, 2018), english.scio.gov.cn〉 infographics

세티야를 독립국으로 인정하지 않았는데, 그것은 베이징이 안보, 경제 두 차원 모두를 고려하고 있음을 입증했다.[1]

한편, SCO와 관련해 주목할 것은 2017년 인도와 파키스탄이 그 기구에 회원국으로 가입한 것으로, 그것은 러시아와 중국에게 큰 외교적 승리로 간주됐다. 그 이유는 그 조치가 중러 두 나라에게 중앙아시아를 넘어 남아시아, 서남아시아라는 거대한 지역에서 안보이익을 확대할 기회를 부여하고, 또 동시에 미국이 인도-태평양 전략 목적으로 그토록 강화하기를 원하는 워싱턴-뉴델리 외교관계를 희석시키는 성격을 띠기 때문이었다. 미국은 SCO에 벨로루스, 아프가니스탄, 몽골뿐만 아니라 테러를 지원하고 핵무기를 개발하는 것으로 의심받는 이란이 옵서버로 참여하고 있는 것에 큰 불만을 갖고 있는데, 중러 양국은 워싱턴의 의지와 상관없이 계속 SCO의 활동과 역할을 확대해 나갔다.[2] 2018년 8월에는 인도와 파키스탄이 처음으로 SCO 연합 군사훈련에 참가했다.[3] 2019년

_2019 SCO 정상회담

6월 비슈케크(Bishkek)에서 제19차 SCO 정상회담이 개최됐을 때 그 분위기는 과거와 다름없이 화기애애했고, 푸틴, 시진핑을 포함해 각국 수뇌들은 앞으로도 변함없는 대테러, 안보, 경제협력을 약속했다. 비록 아직 중국과 인도 간에 국경 분쟁이 완전히 해결된 것은 아니지만, 두 나라는 더 자주 만나고 더 넓은 세계에서 더 큰 목표를 향해 전진하면서 양국 간 분쟁 사안을 더 현명하게 처리해 나갈 것으로 기대됐다.

3) 경제협력

무역 및 투자 메드베데프와 푸틴 시기에 걸쳐 중·러 경제협력은 계속됐다. 2009년은 모스크바와 베이징의 외교관계 수립 60주년 기념 해였는데, 그해 6월 양국은 모스크바에서 40여 개 사업을 위한 30억 달러 계약에 서명했다. 양측 기업인 600여 명이 참석한 자리에서 러시아 경제발전부 부장관 안드레이 슬레프네프(Andrei Slepnev)는 지구

---

1) Rousseau, "Russian Foreign Policy," p. 26.

2) Welt, <u>Russia: Background</u>, (August 21, 2017), p. 31.

3) SCO joint military exercise concludes in Russia; India, Pakistan participate for…, https://www.firstpost.com〉 world

적 경기 대침체 동안 위축된 양자무역과 투자는 양국의 오일, 가스, 핵발전 협력에 비추어 곧 정상궤도로 진입할 것이라고 말했다.[1] 2011년 중·러 무역규모는 793억 달러였는데, 그것은 푸틴 제1기 집권 초 2000년의 57억 2천만 달러에 비해 14배 증가한 수치였다.[2] 러시아 극동지역과 중국의 국경무역량은 2000년 11억 달러에서 2011년 80억 달러로, 그리고 같은 기간 러시아와 헤이룽장 성 간 국경무역은 14억 달러에서 190억 달러로 증가했다. 양국 간 무역은 계속 성장세를 보였고, 2010년의 경우 중국은 러시아의 두 번째 큰 무역파트너로 독일 다음에 위치했다. 그러나 푸틴 3기 중·러 무역은 규모에서 축소됐고 또 약간의 부침을 겪었다. 2015년 양자 무역액은 636억 달러였는데, 러시아는 그해 대중국 수출이 286억 달러, 수입이 359억 달러로 73억 달러 적자를 기록했다. 그해 러시아 전체 수출입에서 중국이 차지하는 비율은 12.1%였다. 2016년 양국 무역총액은 661억 달러로 증가했는데, 러시아의 대중국 수출이 280억 달러, 수입이 381억 달러로 러시아는 또 다시 101억 달러 적자를 기록했다. 그해 러시아 수출입에서 중국이 차지하는 비율은 14.1%였다. 그래도 중·러 두 나라는 일시적인 무역량의 부침과 적자, 흑자를 넘어 2020년까지 양자 무역규모 2천억 달러를 달성한다는 목표를 내세웠다.[3] 해외투자의 경우, 2004년 러시아의 대중국 투자는 4억 5천만 달러, 그리고 중국의 대러시아 투자는 6억 8천만 달러로 합계 11억 3천만 달러였는데, 그것은 2011년까지 3배 이상 증가해 총 합계 36억 달러에 달했다. 양국의 누적 상호투자는 푸틴 3기 집권 4년차인 2016년 99억 5천만 달러로 증가해 2.8배 성장했다. 중·러 상호투자에서 문제가 되는 것은 양측의 투자 액수가 너무 큰 차이를 보이는 것인데, 예를 들어 2016년 중국이 러시아에 90억 달러를 투자한 반면 러시아는 중국에 9억 5천만 달러만을 투자했을 뿐이다. 그 불균형은 중국이 러시아 산업, 특히 에너지 분야에 관심이 많은 것에서 유래했다.[4]

....

1) "Russian, Chinese business people sign 40 contracts worth $3 bln," (June 16, 2009), Sputnik International, sputniknews.com

2) 2005년 중러 무역규모는 291억 달러였는데, 그것은 2004년에 비해 37.1% 증가한 수치였다. "Trade between China and Russia could exceed $40 bln in 2007," The Voice of Russia, (August 2, 2007)

3) 2007년 13억 7천만 달러, 2008~2009년 22억 4천만 달러였던 중국의 대러시아 투자는 2011년 26억 달러로 증가했고, 2020년까지 120억 달러에 달할 것으로 예상됐다. Interfax, FBIS SOV, (March 22, 2010); Victor Larin, "Russia and China: New Trends in Bilateral Relations and Political Cooperation," Chapter Fourteen, https://apcss.org/wp−content/uploads/2012/09/chapter14.pdf, pp. 180−183.

4) 한편 중국의 러시아 에너지산업에 대한 지나친 관심은 모스크바에게 러시아 오일, 천연가스, 그리고 기타 지하자원 관련 사업에 대한 베이징의 투자를 가끔, 또 부분적으로 제한하게 만드는 동기가 됐다. 그

에너지 협력　　　두 나라는 서로 인접한 지리적 이점과 외교, 경제적 필요를 감안해 에너지 분야에서 더 긴밀하게 협력했다. 중국과 러시아는 2004년 동 시베리아-태평양 오일 파이프라인 설치에 합의하고 2006년 그 프로젝트에 착수한 바 있는데, 중국개발은행(CDB: China Development Bank)은 그 공정의 더 철저하고 신속한 진전을 위해 2009년 2월 러시아 에너지회사 로스네프트(Rosneft)와 트란스네프트(Transneft)에 2천 5백만 달러 자금을 추가로 지원했다. 그것은 중국 국영석유회사(CNPC: China National Petroleum Corporation)가 2006년 트란스네프트에 4억 달러 자금을 지원한 이후 베이징으로부터의 사업 가속화를 위한 또 다른 금융지원이었는데, 양측의 순조로운 협력의 결과 2010년 9월 메드베데프 치하에서 러시아 아무르 주의 스코보로디노(Skovorodino)로부터 중국 헤이룽장 성 모허(Mohe)로 연결되는 1천 킬로미터의 송유관이 개통됐다.[1] 그에 때맞춰 메드베데프가 베이징을 방문했고, 그때 중·러 두 나라는 12개 에너지 관련 사업을 포함해 15개 경제협력 프로젝트에 합의했다. 그 당시 방문의 주요목적인 동 시베리아-중국 오일 파이프라인 관련 협정체결 이외에도 그들이 서명한 합의는 다음 사항을 포함했다. 러시아의 가스프롬과 중국 CNPC는 천연가스 가격, 공급량과 관련한 현재의 이견을 원만하게 해결할 것이다. 러시아 국영 핵에너지 회사 로스아톰(Rosatom)은 2012년 후반기부터 중국 상하이 북쪽 장쑤성 핵발전소를 위한 두 개 원자로 건설을 시작할 것이다. 중·러 양국은 석탄 관련 협력을 추진하는데, 러시아는 향후 25년간 최소 1천 5백만 톤 동 시베리아 석탄을 공급하고, 그를 위해 중국은 60억 달러 자금을 대여할 것이다. 중국은 러시아 도시 야로슬라블(Yaroslavl)에 50억 달러 상당의 전기 스팀발전기를 건설할 것이다. 자동차 사업에서는 러시아 자동차회사(VAZ: Avtomobilny Zavod)와 중국 국영기업(FAW Group Corporation)이 트럭의 생산, 유통을 위해 러시아 우랄지역에 합작공장을 건설할 것이다.[2]

래도 양국 상호투자는 계속 증대될 것으로 예상됐고, 2020년까지 중국의 대러시아 투자액은 120억 달러에 이를 것으로 전망됐다. "Russia-Chinese Relations," (May 26, 2016), TASS

[1] China, Russia mark completion of crude oil pipeline, (September 27, 2010), www.Chinadaily.com.cn; Russia and China sign series of energy agreements, (September 27, 2010), www.bbc.com

[2] 그 밖에도 두 나라는 외교안보와 관련해서도 협력한다는 공동성명을 발표했는데, 중국은 러시아의 OSCE를 중심으로 하는 유럽-대서양 신 안보구조 구상과 북 코카서스의 영토통합을 지지했고, 러시아는 대만, 티베트, 신장에 관한 중국의 권리를 인정했다. Rousseau, "Russian Foreign Policy," pp. 24-26.

_시베리아 파워 프로젝트, gazprom.com

　　푸틴의 세 번째 집권기에 에너지 협상은 양국 경제관계에서 과거보다 더 중요한 역할을 했는데, 모스크바의 크리미아 점령과 동 우크라이나 장악으로 인해 서방─러시아 관계가 나빠진 이후 더욱 그런 양상을 띠었다. 러시아로부터 천연가스와 오일을 필요로 하는 베이징은 자국 수요의 14%를 차지하는 러시아 원유를 확보하기 위해 자금을 대여하면서 러시아 에너지에 접근했고, 오일가격 하락과 서방 제재의 부작용에서 벗어나기를 원하는 모스크바는 중국의 시도를 마다하지 않았다. 2014년 양국은 두 나라를 직접 연결하는 주요 천연가스 파이프라인 건설에 합의했다. 그 '시베리아 파워'(Power of Siberia) 프로젝트에 따라 러시아는 2019년 말 이후 파이프라인을 통해 중국에 베이징이 필요로 하는 충분한 천연가스를 전달하기로 약속했다.[1] 에너지 협력은 두 나라 모두에게 큰 이익인데, 그것은 러시아에게는 유럽시장에 대한 의존도를 낮추면서 수출시장을 다변화하고, 중국에게는 에너지의 안정적 확보를 통해 경제안보를 강화하는 효과를 가져오기 때문이다.

　　기타 협력　　중·러 간에는 금융거래도 활발히 추진됐다. 2008~2009년 전 세계적으로 미국 발 경기 대침체(Great Recession)가 확산되고 있을 때 모스크바는 높은 수준의 외환 보유로 인해 그 어려움에서 상대적으로 쉽게 벗어났다. 그럼에도 불구하고 지구

---

1) 중국과 러시아는 또 다른 추가 가스 파이프라인 건설도 논의해 왔지만, 그 건설계획은 계속 연기됐다. Welt, <u>Russia: Background</u>, (August 21, 2017), p. 31.

적 차원의 재정위기에서 러시아는 더 많은 자본을 필요로 했고, 오일가격 부침이 심해지고 2014년 이후 서방의 대러시아 경제제재가 실시되면서 모스크바가 베이징 자금을 빌리는 현상은 더 증가했다. 두 나라는 상호호혜 목적으로 250억 달러 규모의 통화교환 (swap) 협정을 체결했는데, 그 조치는 루블과 위안화, 그리고 역내재정을 안정화시키고 그로 인해 상호투자가 용이해지는 효과를 가져왔다. 중국은 훨씬 더 간편하고 손쉽게 러시아와의 무역, 투자에 접근할 수 있었고, 국제통화로서의 런민비(위안화) 사용증대라는 외교, 국제재정 목적에 한걸음 더 다가갔다.[1]

중·러는 또 지구적 차원의 국제경제 사업에서 협력했다. 2013년 베이징 정부는 일대일로(BRI: Belt and Road Initiative) 사업개시를 발표했는데, 그것은 전 세계 수많은 나라들의 인프라 발전과 투자촉진을 통해 그들과의 경제유대 및 협력강화 목적으로 시작됐다. 중국이 주도하는 그 세계 발전전략은 큰 틀에서 두 방향으로 펼쳐지는데, 하나는 미얀마를 포함해 남쪽 해상지역을 통해 아프리카, 유럽으로 향하는 것이고, 다른 하나는 몽골, 러시아, 중앙아시아를 거쳐 유럽으로 진입하는 것이다. 그 거대한 프로젝트의 자금과 재정을 관리, 운영할 목적으로 '아시아 인프라투자은행'(AIIB: Asia Infrastructure Investment Bank)이 설립됐는데, 러시아는 기꺼이 그 기구에 가입해 중국의 지구적 경제활동을 지원하고 공동운영하는데 참여하기로 결정했다. 그것은 물론 중국의 프로젝트로 러시아의 역할은 외부 조력자에 불과했지만, 모스크바는 그런 주도권 다툼에 연연하지 않았고 또 그럴 필요도 없었다. 그것은 모두 중국의 의지와 자본에 의한 시도로, 모스크바는 베이징을 돕는 역할에 만족을 표시했다. 러시아가 그런 결정을 내린 배경에는 여러 이유가 있었는데, 그 중 하나는 지난 수년 간 진행된 양국 국경에서의 인프라 건설 협력이었다. 수많은 인구와 저렴한 노동력에 기초한 중국의 인프라 사업은 러시아 국경지대 발전에 큰 도움을 주었고, 모스크바는 여러 여건을 감안해 베이징의 시도에 순응했다. 아시아와 유럽을 연결하는 '충칭-신장-유럽' 철도, '중국 서부-서유럽' 도로는 모두 베이징과 모스크바의 협력 하에 진행됐다. 러시아 극동과 중국 북동부 여러 곳에서는 교량, 도로, 의료시설 건설을 비롯해 다양한 인프라 사업이 추진됐다. 두 나라는 양국 공동발전 프로그램을 전

---

1) 통화 스왑의 체결은 지불을 용이하게 하는데, 그 이유는 그것이 자국 통화와 비슷하게 신속한 거래와 환전비용을 최소화하기 때문이다. Indra Overland and Gulaikhan Kubayeva, "Did China Bankroll Russia's Annexation of Crimea? The Role of Sino-Russian Energy Relations," (January 01, 2018), www.researchgate.net; "China's Yuan Falls to Seven-Month Low," (January 26, 2015), www.wsj.com

세계로 확장시킨다는 야심찬 계획을 갖고 있고, 모스크바는 2015년 1월 창설된 EEU가 중국을 포함하는 더 큰 자유무역지대로 발전하기를 희망한다고 말했다.[1]

_2014 상하이 중·러 정상회담　　　　　　　　_2018 RIC 3국 정상회담

2014년 5월 상하이에서는 중·러 정상회담이 개최됐는데, 그때 푸틴과 시진핑은 그해 7월의 '브릭스 개발은행'(BRICS Development Bank) 설립을 포함해 BRICS의 역할을 지리적, 기능적으로 더 확대시켜야 한다는 구상에 합의했다. 그들은 그 기구를 더 광범위한 지구적 차원에서 재정, 경제뿐 아니라 안보문제까지도 논의하는 포괄적 조직으로 발전시켜야 한다는 제안에 공감하는 것으로 보였다. 그들은 그런 시도가 더 공정하고 개방된 세계경제의 형성, 신흥시장 국가들의 국제적 대표성 증진, 그리고 지역갈등을 포함하는 대외정책 분야에서의 협력심화를 의미한다고 강조했다.[2] 2018년 12월에는 부에노스아이레스 G-20 정상회담 장외에서 러시아의 푸틴 대통령, 중국의 시진핑 주석, 인도의 나렌드라 모디 총리 간에 두 번째 러시아-인도-중국(RIC: Russia-India-China) 3국 정상회담이 개최됐다.[3] 푸틴은 그때 다음과 같은 취지로 말했다. RIC 3국은 상호존중, 평등의 원칙 위에 우호관계를 유지해 나갈 것이다. RIC 3국간의 협력은 세 나라의 양자협력, BRICS 내에서의 다자협력을 더 가속화시킬 것이다. 세 나라의 GDP가 구매력 기준으로

1) Sebastien Peyrouse, "Building a New Silk Road? Central Asia in the New World Order," (July 2009), http://origins.osu.edu/article/building-new-silk-road-central-asia-new-world-order/page/0/2

2) M. Titarenko, "Russian-Chinese summit-2014: a new stage of the interaction strategy," publications of IIA RAS-2014, (May 23, 2014)

3) 제1차 러시아-인도-중국 3국 정상회담은 2006년 상트페테르부르크에서 개최됐고, 그때 BRICS 설립에 관한 논의가 있었다. 중국 내의 어느 싱크탱크는 RIC은 대결하지 않고, 블록을 만들지 않고, 제3국을 겨냥하지 않는 3가지 원칙에 기초한다고 말했다. 그들은 RIC은 강요정책을 거부하고 대화를 통한 국제정치의 불균형 제거와 투쟁완화에 헌신한다고 주장했다. ICS-Institute of Chinese studies; Russia-India-China Trilateral (RIC), https://www.icsin.org〉 russia-india-china...

세계 GDP의 30%를 차지하는 상황에서, 3국은 정치적 동기에 의한 보호주의에 반대하고 공정한 경쟁, 무역 및 재정질서, 그리고 개방되고 자유로운 국제경제 형성을 지향한다. 러시아, 인도, 중국 3국은 EEU, 중국의 일대일로, 그리고 인도의 여러 거대한 사업구상이 서로 연계되도록 더욱 노력할 것이다. SCO와 아세안 10개국 간 관계도 더 강화되는데, RIC 3국은 그들과의 관계발전에 관해 긍정적 전망을 갖고 있다.[1]

4) 중·러 관계 현황 평가

세계가 주목하는 가운데 중·러 관계는 상기와 같이 나날이 발전하는 양상이다. 그러나 두 나라 관계에 전혀 문제가 없는 것은 아니다. 그들은 양국관계는 군사동맹 관계가 아니고 앞으로도 특정한 적을 대상으로 하는 군사관계는 맺지 않을 것이라고 말한다. 또 그들은 서로에 대해 약간의 입장, 견해 차이를 갖고 있는데, 예컨대 중국은 러시아의 무기 및 군사기술이 첨단수준이 아닌 것에 불만을 갖고 있고 러시아는 중국이 지적재산권 관련 약속을 어겼다는 이유로 첨단 전투기 SU−35과 전폭기 TU−22M의 대중국 수출을 금지한 바 있다. 러시아는 또 중국이 수출하는 소비재의 질이 충분히 좋지 않은 것에 불만을 갖고 있고, 또 동시에 러시아 고위관리들이 여러 차례 언급했듯이 중국의 불법 이민자들이 러시아 극동지역에 진출해 그곳을 장악할 것을 우려한다. 전문가들은 오늘날 중국경제가 활성화되면서 오히려 러시아로부터 중국으로의 역이민이 더 많을 수 있다고 말하지만, 중국 이민유입에 대한 모스크바의 우려는 줄어들지 않았다. 경제 측면에서 양국 관계의 진전 역시 최상의 상태에 있는 것은 아니다. 러시아에게 중국과의 개별무역은 중요하지만 동시에 무역 전체규모에서는 EU 국가들이 훨씬 더 중요한데, 왜냐하면 그들과의 무역이 그 나라 전체무역의 거의 절반을 차지하기 때문이다. 중국 역시 러시아보다는 미국 및 EU 시장을 더 중시한다. 일시적 현상이지만 수년에 걸쳐 두 나라 무역량은 부침을 반복했다.[2]

그럼에도 불구하고 중국과 러시아 관계는 큰 틀에서 전혀 문제가 없다. 메드베데프는 대통령 시절 중·러 관계는 역사상 최고의 수준에 도달했다고 말했는데, 푸틴 3기에도

---

1) "Russia−India−China meeting, president of ...," (December 1, 2018), en.kiremlin.ru〉 events〉 president〉 news; India, Russia, China hold 2nd trilateral meeting after 12 years−The economic..., (December 1, 2018), https://economictimes.com〉 ...

2) Welt, <u>Russia: Background</u>, (August 21, 2017), p. 30.

그 관계에는 변함이 없다. 그들은 반미, 반서방에서 변함이 없고 군사협력에서도 큰 문제가 없다. 상품, 에너지를 포함하는 경제협력에 있어서도 그들은 서로에게 점점 더, 그리고 가장 중요한 파트너가 되어간다. 중앙아시아에서의 테러진압, 국경선 안전에서 그들은 순항한다. 그들은 러시아의 군사력과 중국의 경제력을 합친 서방에 도전하는 거대한 세력으로 등장하고 있다. 그들은 양국관계가 군사동맹을 지향하는 것은 아니라고 말하지만 그들의 단합적 행동은 낮은 수준의 군사동맹과 비슷한 형태로 작동하고, 시간이 가면서 아마도 그 두 나라가 동맹을 맺을 가능성을 배제할 수는 없을 것이다.

(5) 일본관계

1) 쿠릴열도

쿠릴열도 문제는 지난 옐친 시대에 이어 메드베데프 집권 당시에도 아무런 진전을 이루지 못했다. 오히려 그 문제는 메드베데프 시기에 어느 면에서는 일순간 더 격화됐다. 처음에 2008년 7월 일본 후쿠다 내각 말, 메드베데프는 러·일 양국이 도서분쟁에 관한 합의에 이르는 것이 바람직하다는 말했는데, 그것은 1956년 관계정상화에도 불구하고 아직 평화조약을 체결하지 못하고 있는 양국관계의 진전을 위한 언급이었다. 그러나 어떤 작은 국익 손실에도 반대하는 러시아 민족주의 세력은 그의 발언을 심하게 비난했다.[1] 2009년에도 메드베데프는 일본 신임총리 아소 다로와 사할린 섬에서 만났고, 총리 푸틴은 도쿄에서 아소 다로와 회동했다. 그들은 외교안보, 경제와 관련한 광범위한 사안을 논의하기 위해 만났지만, 쿠릴열도 문제의 돌파구가 열릴 가능성은 없었다. 나중에 아소 총리가 중의원 예산위원회에서 러시아의 북방 4개 도서 점령이 불법이라고 발언한 것에 대해 러시아 국민들이 또다시 반발했다. 그렇게 국가 간 외교는 국민정서의 지뢰밭을 넘지 못했고, 영토분쟁은 계속 미해결로 남았다.[2]

2010년 양국 영토분쟁은 더 격화됐다. 그해 9월 메드베데프는 쿠릴열도가 러시아

---

1) 메드베데프는 2008년 2월 일본 총리 후쿠다 야스오와 사할린 섬에서 만났는데, 그것은 양국 리더가 한때 일본 영토였던 러시아 지역에서 만난 첫 번째 경우였다. http://factsanddetails.com/Japan/cat22/sub149/item821.html

2) Holttinen Simo Santeri, "Post−Cold War Japan's National Security History Under the LDP and the DPJ," (March 2013), pp. 87−91.

안보와 경제에 아주 중요한 지역이라고 말했고, 그 다음 달 그 분쟁도서를 방문했다. 지열(geothermal) 에너지 공장을 방문하면서, 그는 그 도서를 방문한 최초의 러시아 대통령이 됐다. 일본정부는 일전에 메드베데프에게 북방 4개 도서 문제와 관련한 경솔한 행동이 양국 관계를 해친다고 경고한 바 있는데, 도쿄는 주일 러시아 대사를 초치해 메드베데프 방문에 대해 공식 항의했다. 그 수일 후 간 나오토(Naoto Kan) 일본총리는 메드베데프의 도서방문은 '용서할 수 없는 모욕'이라 말했고, 그에 대응해 메드베데프는 러시아는 그 지역에 군사력을 강화할 것이며 도쿄의 모든 경제협력 제안을 거부할 것이라고 반박했다. 12월 메드베데프는 도쿄의 반대에 구애받지 않고 또 다시 모든 쿠릴열도가 러시아의 절대적 주권 하 영토라고 강조했다. 일본 언론은 모스크바가 아마도 국내정치 목적상 러시아 주장이 견고하다는 것을 입증하기를 원하고, 극동 사할린의 오일과 천연가스 개발이 비교적 잘 진행되기 때문에 북방 4개 도서 개발에 더 이상 도쿄의 지원을 필요로 하지 않는 것으로 보인다고 분석했다. 2011년에도 영토분쟁 이슈는 가라앉지 않았다. 2011년 5월 러시아 군부는 분쟁도서 2곳에 대함 순항미사일과 이동미사일 발사대를 설치할 것이라고 선언했고, 그에 대항해 일본 민족주의자들은 도쿄 러시아 대사관 앞에서 러시아 국기를 불태웠다. 일본은 러시아가 소련 붕괴 이후 자립하려 시도하던 당시 모스크바에 대해 약간의 지렛대를 갖고 있었지만, 이제 높은 에너지 가격으로 인해 러시아 경제 사정이 나아지면서 도쿄의 모스크바에 대한 영향력은 더욱 감소하는 것으로 보였다.[1]

　　푸틴이 세 번째 대통령 임기를 시작한지 두 달 후인 2012년 7월 모스크바는 메드베데프가 장관들을 대동하고 쿠릴열도를 방문할 것이라고 발표했다. 그에 대해 일본 내각 관방장관은 러시아 정부 고위관리의 북방 4개 도서 방문은 영토문제에 관한 도쿄 입장에 위배된다는 성명을 발표했다. 그는 그 4개 섬들은 제2차 세계대전 말 소련군이 장악한 것으로, 그 도서 관련 분쟁은 일·러 관계의 가장 아픈 상처이고 평화조약 체결을 방해하는 가장 중요한 이슈라고 덧붙였다. 일본 지지통신은 그와 관련해 다음과 같이 보도했다. "러시아 총리 드미트리 메드베데프는 도쿄의 자제 촉구에도 불구하고 홋카이도 외각의 러시아가 장악한 4개 섬 중 하나인 쿠나시리를 방문했다. 이것은 그가 그 섬들에 발을 들

---

[1] 2011년 2월 일본 교토뉴스는 중국과 러시아 회사들이 홋카이도 동북 해안 인근 4개 도서 중 한곳에서 해삼양식 공동사업에 합의했다고 보도했다. 그러나 러시아 외교부는 그 보도를 부인했다. 중국 외교부는 "4개 북방 도서에 관한 이슈는 라·일 간 양자이슈이고, 우리는 양측이 대화를 통해 그 이슈를 적절히 다루기를 희망한다"고 말했다. http://factsanddetails.com/Japan/cat22/sub149/item821.html

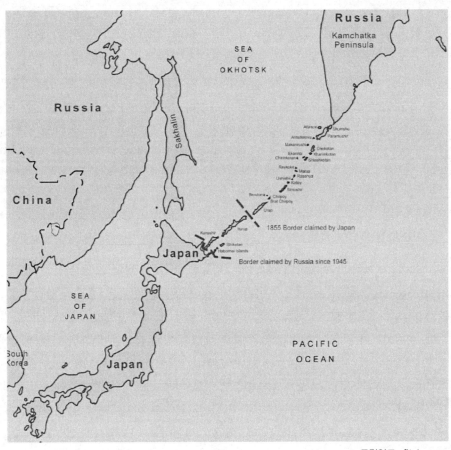

_쿠릴열도, flickr.com

여놓은 첫 번째 크렘린 리더가 된 2010년 11월 방문 이후 두 번째 북방영토 방문이다. 최근의 방문은 그 4개 도서에 대한 러시아의 효율적 통치를 강화하고, 수십 년 된 일본의 주장에 대항하기 위한 목적을 가진 것으로 보인다."[1]

2) 러시아의 공격적 군사행동

2010년 1월 하토야마 유키오 일본 총리 당시, 러시아 항공기가 두 척의 일본 어선에 영해 침범을 이유로 발포하는 사건이 있었다. 15명의 선원 중 부상자는 없었지만, 러시아 당국은 경고탄 발사에도 불구하고 그 어선들이 정선명령을 따르지 않았기 때문에

---

[1] http://factsanddetails.com/Japan/cat22/sub149/item821.html

총격을 가할 수밖에 없었다고 주장했다. 2011년 9월에는 블라디보스토크에 본부를 둔 러시아 태평양함대가 20여 척의 함정과 1만 명 병사를 동원해 유사시 기동능력을 측정하는 대규모 군사훈련을 시행했다. 또 두 대의 러시아 전투폭격기가 북방 4개 도서 인근에서 재급유 받으면서 캄차카 반도에서 순항미사일 사격훈련을 실시했다. 그 전폭기들은 정찰비행 명목으로 일본영공에 아주 가깝게 접근했다. 러시아 군 당국은 전폭기 활동은 통상적 훈련일 뿐이라고 말했지만, 일본 방위 전문가들은 그것을 수일 전 새로 출범한 노다 요시히코(Yoshihiko Noda) 내각의 북방 4개 도서 관련 반응을 보기 위한 모스크바의 의도적 도발일 것으로 추정했다.[1]

3) 러·일 에너지 관계

러·일 관계에서 러시아의 에너지는 중요한 역할을 했다. 그 이유는 러시아는 에너지 시장을 다변화하기 원하고, 천연자원이 절대 부족한 일본은 지리적 인접성을 고려해 러시아로부터 안정적으로 에너지를 공급받기 원하기 때문이었다. 시베리아에는 거대한 오일, 천연가스가 묻혀있고, 사할린 인근의 에너지 자원은 일본에 하루 25만 배럴의 오일을 공급할 수 있는 충분한 양이다. 러시아로부터 일본으로의 오일 수출은 엑슨 모빌의 자회사(Exxon Neftegas Limited)가 최대주주로 있고 일본 컨소시엄이 30%의 지분을 갖고 있는 사할린-1 프로젝트로부터 2006년 처음 성사됐다.[2] 러시아에서 일본으로의 천연가스의 수출은 가스프롬이 최대지분을 갖고 있고 미쓰이와 미쓰비시가 22.5% 지분을 갖고 있는 사할린-2 프로젝트로부터 2009년 4월 LNG 형태로 처음 이루어졌다.[3] 사할린-2에서 생산되는 천연가스의 약 60%는 일본을 위해 할당됐고, 나머지는 대부분 미국과 한국으로 수출됐다. 일본 국내수요에 요구되는 가스 필요량의 최대 10%를 공급하는 사할린-2는 2009년부터 일본에 향후 25년 간 매년 5백만 톤을 공급하게 되어 있었다.[4] 일

---

1) Ibid.
2) 사할린-1 프로젝트의 잠재 매장량은 3.07억 톤의 오일과 4,850억 큐빅 미터의 천연가스로 추정된다. "Sakhalin-1 project homepage, Exxon Neftegas Limited," (August 18, 2016), www.sakhalin-1.com; "ExxonMobil, CNPC negotiate on Sakhalin-1," (February 19, 2008), www.yuzno.com
3) LNG(액화천연가스)를 사할린으로부터 일본으로 수송하는 데는 3~4일 걸리는데, 이것은 중동으로부터의 수송에 비하면 훨씬 시간이 적게 든다. "A Tale of Three Thefts; China, Russia, and the U.S.," (October 22, 2016), www.forbes.com; "Russia likes to control world's gas prices," (December 27, 2008), www.telegraph.co.uk
4) 사할린-1, 사할린-2 프로젝트는 일본의 중동 에너지에 대한 불안한 의존을 축소시키는 아주 중요한 메커니즘이다.

본은 계속 러시아 에너지에 접근하기를 원했다. 일본은 시베리아 오일을 더 확보하고 싶어 했는데, 그 이유는 수송비용이 중동으로부터 운송되는 배럴당 1.5달러의 1/3인 0.5 달러에 불과하기 때문이었다. 일본 미쓰이(Mitsui)는 또 러시아의 가스프롬과 미래수요에 대비해 동시베리아뿐 아니라 러시아 서부 바렌츠 해(Barents Sea)에 위치한 몇몇 세계 최대 가스지대(gas field) 개발에 관한 협상도 진행했다. 2010년 12월 러·일 양국은 가스 관련 협상에서 큰 성과를 올렸는데, 그것은 2017년 가동을 목표로 블라디보스토크에 연간 5백만 톤 이상의 LNG 생산시설 건설에 합의한 것이다. 그 거래에서 양측은 모두 이익을 얻었다. 모스크바는 많은 수익금을 벌어들이는 이외에 일본의 첨단 공학기술을 획득할 수 있었고, 도쿄는 러시아로부터 안정적으로 가스를 공급받을 수 있었다. 그러나 상호 경제 이익의 진전에도 불구하고 일본이 그로부터 북방 4개 도서 문제해결에 도움을 받을 가능성은 전혀 없었다.[1]

러·일 관계에서 에너지 공급 확대를 원하는 것은 일본이나 러시아나 마찬가지였다. 지난 수년간 러시아는 일본 에너지시장 침투에 많은 노력을 기울였다. 2010년 러시아가 일본에 공급하는 원유는 일본 전체 수입량의 7%에 달했고 가스는 8.6%를 차지했다. 2012년 1월 말 일본 언론은 다음과 같이 보도했다. 지구상에서 가장 춥고 야쿠티아(Yakutia)로 알려진 동시베리아의 사하공화국(Republic of Sakha)에 위치한 차얀다(Chayanda) 가스지대는 일본이 13년 동안 사용할 수 있는 1.24조 큐빅 미터의 가스 매장량을 보유한다. 2012년에 차얀다로부터 러시아 극동의 블라디보스토크를 잇는 3천km 파이프라인 연결 프로젝트가 시작됐는데, 그 사업이 완성되면 러시아는 일본, 중국, 한국의 모든 가스 수요를 충족시킬 수 있을 것이다. 블라디보스토크의 LNG 시설은 아시아 전체를 위한 공급센터로 기능할 것이다. 그 프로젝트는 메드베데프 정부의 푸틴 총리가 아시아 전략의 주요사업으로 추진하는 국가계획이다. 러시아와 일본 간의 에너지 관계는 도쿄에게 중요하다. 그러나 에너지 가격을 무기로 수시로 파워를 행사하는 러시아의 유럽에서의 행태에 비추어, 러시아에 대한 지나친 에너지 의존은 일본경제와 안보에 위험을 초래할 수 있다.[2]

1) 도쿄가 러시아 가스에 관심을 가진 또 다른 이유는 일본에 대한 최대 가스 공급국인 인도네시아의 천연가스가 고갈될 가능성이 높기 때문이었다. http://factsanddetails.com/Japan/cat22/sub149/item821.html
2) 일본 내 의견은 나뉘어 있는데, 일부에서는 중동에 대한 과도한 의존에서 탈피하기 위해 러시아와 더 많은 협력이 있어야 한다고 주장하고 다른 일부에서는 러시아로부터의 에너지 수입은 필요량의 15%를 넘지 말아야 한다는 의견을 제시한다. http://factsanddetails.com/Japan/cat22/sub149/item821.html

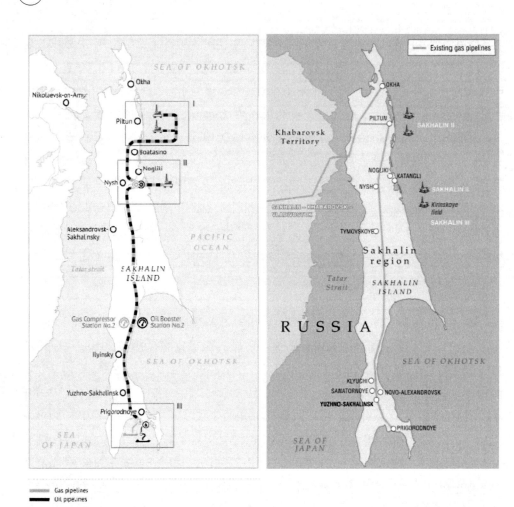

_사할린 가스 파이프라인 　　　　　_사할린-2 프로젝트, gazprom.com

4) 최근 러·일 동향

아랍의 봄, 시리아 내란, 나토 및 MD 확대, 중국의 부상, 북핵 문제가 국제사회의
주요이슈로 등장한 상황에서, 러시아와 일본은 외교대화를 진행했다. 그때 양국은 긴박하
게 움직이는 세계정치 현실에 비추어 쿠릴열도보다는 국제안보에 관한 의견교환과 미래
의제 논의에 더 몰두했다. 특히 우크라이나의 움직임이 심상치 않은 상황에서, 러시아가
일본과 쿠릴 열도에 관해 논의하기를 원치 않았던 것으로 보인다.1) 2017년은 미국에서

----

1) "First diplomatic talks between Japan, Russia result in strengthened security cooperation," The

트럼프가 대통령으로 취임한 해였는데, 그해 9월 푸틴과 두 번째 총리직을 수행하는 아베가 블라디보스토크 동방경제포럼(Eastern Economic Forum)에서 만났다. 그때 그들은 과거와는 달리 쿠릴열도에 대해 다소 이완된 태도를 취하면서 그 (인근)지역에서의 공동사업으로 관광, 온실작물 재배, 폐기물 감축을 포함하는 5개 프로젝트 추진에 합의했다. 12월 중반에는 러시아군 참모총장 발레리 게라시모프(Valery Gerasimov)가 도쿄에서 일본 상대역과 회동했는데, 그들은 2018년 러·일 간에 연합 군사훈련을 실시하는 계획에 관해 논의했다고 말했다. (게라시모프는 또 일본 방위상 오노데라 이쓰노리(Itsunori Onodera)에게 한반도 인근에서의 미·일 연합 군사훈련이 북핵문제 해결에 도움이 되지 않을 것이라고 조언했고, 오노데라는 모스크바가 평양의 군사도발을 적극 제어해 줄 것을 당부했다.) 중국의 힘이 예상치 못한 정도로 커지고 북한 핵능력 증강이 일본의 안보를 크게 위협한다는 판단 하에, 도쿄 당국은 북방 4개 도서보다는 동북아 안보문제가 더 시급한 과제라고 판단하는 것으로 보였다.[1] 그러나 다소 누그러진 일본의 태도가 북방 4개 도서에 관한 도쿄 의지의 변화를 의미하는 것은 아니었다. 2018년 제13차 싱가포르 동아시아 정상회담에서 푸틴이 그해 말까지 전제조건 없이 평화조약을 체결하자고 제안했을 때, 아베는 나중에 그에 대한 소신을 밝혔다. 아베는 북방 4개 도서에 관한 도쿄의 입장은 과거와 변한 것이 없다고 말했는데, 결국 푸틴과 아베는 단지 러·일 평화조약 체결 시 모스크바가 하보마이와 시코탄 도서를 일본에 반환한다는 1956년의 일·소 합의가 아직도 유효하다는 사실에만 합의했을 뿐이었다.[2]

_2017 푸틴-아베 회담

Japan Daily Press, (November 4, 2013)

1) James D. J. Brown, "Japan woos Russia for its own security," Nikkei Asian Review, (December 11, 2017); Russian military chief warns Japan over U.S. exercises near Korean Peninsula, (December 11, 2017), www.japantimes.co.jp

2) "Japan Rejects Putin's Offer to Abe of Peace Treaty by Year−End," Bloomberg, (September 12, 2018)

(6) 기타 관련국 관계

1) 이란

러시아-이란 관계에서 중요한 것은 테헤란의 핵개발 가능성과 관련된 이슈였다. 2002년 문제시된 이후 2006년 이란의 핵개발 가능성이 유엔안보리에서 주요의제로 등장했을 때, 러시아는 그 해결과정에 깊이 개입했다. 모스크바는 원래 이란 핵시설이 반드시 핵개발을 위한 것은 아니라고 인식하면서 대화를 통한 해결을 주장했지만, 러시아-이란 대화가 정체되면서 2006~2008년 미국 및 서방의 방안을 수용해 안보리에서 3차례 이란 제재에 찬성했다. 이란 핵 인프라와 몇몇 이란 인사 및 단체의 자산을 동결하는 그 제재는 강도가 심한 것은 아니었다. 그러나 유럽에서 MD 관련 미·러 관계가 극도로 악화되는 상황에서, 2007년 10월 푸틴은 테헤란을 방문하면서 러시아는 이란 핵시설 건설을 돕고 핵연료를 전달할 것이라고 선언했다. 이란 핵문제에 관해 러시아는 그렇게 계속 입장을 번복했고, 오히려 나중에는 이란의 핵시설 건설을 도왔다.

2009년 이후 이란 핵문제에 관한 모스크바의 입장 역시 애매했다. 그것은 이란의 핵개발에 반드시 찬성하는 것은 아니었지만 궁극적으로 이란의 핵시설 건설에 반대하는 것도 아니었다. 예를 들어, (앞에서 논의한 바와 같이) 메드베데프는 2009년 4월 런던 G20 정상회담에서 이란 핵개발 저지에 동의한다는 입장을 내세웠지만, 그해 9월 힐러리 클린턴이 이란에 제재를 거론했을 때 러시아 외교장관 라브로프는 이란 핵관련 제재에 반대했다. 이란 핵문제에서 모스크바가 애매한 입장을 취했던 이유 중 하나는 그 이슈에 러시아의 경제이익이 걸려 있기 때문이었다. 이란의 핵시설 건설에는 러시아와 중국이 결정적으로 기여했다. 이란의 주요 핵시설은 여러 지역에 분산돼 있는데, 그들은 핵물질 생산에 필요한 서로 다른 공정을 담당했다. 그중 마지막 미완성 시설이 1천 메가와트 용량의 부셰르(Busher) 핵발전소였다.[1] 한편 2009년 10월 미국, 영국, 프랑스, 독일, 러시아, 중국은 공동으로 테헤란 정부에 이란 우라늄을 러시아와 프랑스에서 농축해 이란 핵개발 의혹을 제거하자고 제안했다. 그러나 이란 대통령 마무드 아마디네자드(Mahmud Ahmadinezad, 2005. 8~2013. 8)가 그 제안을 거부하고 부셰르 원자로와 (이란 중부 이스파한과 카샨 사이에

---

[1] 러시아 지원을 받는 부셰르 핵발전소는 원래 2007년 가동될 수 있었지만, 그 발전소는 국제사회의 제재, 여러 차례의 러시아 기술지원 지연으로 인해 2011년 9월 완공됐다. Rousseau, "Russian Foreign Policy," pp. 30−31.

위치한) 나탄즈 공장을 위해 20% 우라늄을 농축할 것이
라고 선언하면서, 러시아는 2010년 6월 또다시 이란에
군수물자와 무기판매를 금지하고 무역, 재정거래를 제한
하는 유엔안보리의 네 번째 이란 제재에 동참했다. 모스
크바는 3개월 후 그 제재안을 공식 승인했는데, 그때 메
드베데프는 한발 더 나아가 과거 2007년 합의한
S-300 대공미사일의 대이란 판매를 금지하고 기타 공
중방어체계, 전투기, 장갑차, 헬리콥터와 전함 판매까지

_마무드 아마디네자드

유예했다. 이란 정부는 모스크바의 결정을 무겁게 받아들이면서도 러시아의 계약파기를
비난했다. 그렇지만 그 이후 아랍의 봄 사태에서 서방의 공세가 격화되고 동유럽 MD 문
제가 원점으로 회귀하면서 러시아는 원래 2007년 푸틴의 약속대로 부셰르 핵발전소 건
설을 도왔고, 그것은 2011년 9월 완공됐다.[1]

　　그러나 미국이 이란 핵개발 가능성을 차단하기 원하면서 푸틴 정부는 또다시 서방
과 협력했고, 그것은 2015년 '이란 핵 프로그램' 제한(JCPOA) 합의로 귀결됐다. 그것은
서방, 이란, 러시아 모두가 서로 혜택을 보는 해결책이었다. 그 당시 모스크바 역시 자기
들 나름대로 이익을 계산했다. 러시아와 이란이 우호관계를 유지하는 이유는 그들이 서
로를 필요로 하기 때문인데, 그들은 카스피해 지역에서 오일수송로 보호, 남코카서스 지
역에서 나토확대 방지, 그리고 중앙아시아 안전보장에 공통의 이익을 보유했다. 또 모스
크바는 이란이 서방으로 기울지 않고 동시에 북코카서스에서 이슬람 반군을 지원해 러시
아 이익을 망치기를 원치 않았다. 러시아에게 이란은 계속 중요할 것인데, 왜냐하면 그
나라는 지정학적으로 중동으로의 관문(entry point)이기 때문이다.[2] 러시아는 기본적으로
다른 P5 국가들 및 독일과 이란 핵 프로그램 동결 시도에 관해 공통의 이익을 보유했다.
모스크바는 러시아 국경선에서 또 다른 핵무장 세력이 등장하지 않는 것을 중요한 국익
으로 간주했고, 동시에 핵 대화가 실패할 경우 미국 및 일부 동맹국들이 군사행동을 취하
고 그것이 지역안보에 불안정화 영향을 끼칠 것을 우려했다.[3] 그러나 알려진 바와 같이

1) Iran's Nuclear Program Timeline and History/ NTI, https://www.nti.org〉 countries〉 iran; "Iran
   launches Bushehr nuclear power plant," RIA Novosti, (September 12, 2011)
2) 이란은 남코카서스와 같은 전략적으로 중요한 지역에서 영토와 영향력 통제를 위해 러시아와 경쟁한 오
   랜 역사를 갖고 있다.
3) "Russia's Stake in Iran Nuclear Deal," VOA, (July 18, 2015)

그 모든 노력은 2018년 5월 미국의 트럼프 대통령이 JCPOA 합의를 파기하면서 모두 수포로 돌아갔다. 그럼에도 불구하고 앞으로도 만약 이란이 군사적 위험에 처하면, 모스크바는 언제든지 도움의 손길을 내밀 것이다. 최근의 현실에 비추어 보아도, 나토, MD, 크리미아, 우크라이나 사태로 서방과 관계가 악화되는 가운데 러시아가 반서방 경향을 가진 이란과 우호관계를 맺는 것은 당연한 귀결이다. 그들은 러시아가 가장 중요시하는 반미, 반서방이라는 기치에서 공감한다. 그것은 시리아 내란에서 러시아, 시아파 이란, 이라크, 레바논 모두가 아사드 정부를 돕는 데서 잘 나타난다.[1]

---

1) 트럼프 행정부의 이란 정책이 잘못됐다는 취지의 다음과 같은 분석과 조언이 제기됐다. 미국과 중동 일부 국가들은 중동의 혼란이 이란에 의해 부추겨진 것으로 인식한다. 트럼프는 이란 핵합의가 역대 최악의 협상이라고 말하면서 그것을 파기했고, 사우디 외교장관은 이란이 미쳐 날뛰고 있다고 비난했다. 그러나 비록 이란이 중동에서 미국 이익에 위협이 되지만, 테헤란은 이슬람 혁명을 수출하려는 생각보다는 핵 프로그램 타협에서 나타나듯 국익의 냉철한 실용주의적 계산, 민족주의에 의해 움직인다. 이란은 혁명적 파워가 아니라 수정주의 파워이다. 이란은 미국이 아프가니스탄과 이라크를 침공하면서 이란 국경선에 수십만 병력을 배치한 것에 위협받았다. 이란은 아랍 세계로부터의 위협에도 민감한데, 1980년대 이라크-이란 전쟁에서 이라크는 미사일 공격, 화학무기 사용, 이란 영토합병으로 테헤란을 위협했고 또 중동 전체의 수니-시아파 긴장, 이라크와 시리아 내의 쿠르드 분리주의 역시 큰 우려를 제기한다. 또 이란 국방비는 아주 적다. 사우디가 GDP의 10%, 이스라엘이 6%, 이라크가 5%, 요르단이 4%를 지출하는 반면, 이란은 GDP의 3%만을 사용한다. 절대치에서도 사우디가 지출하는 국방비 637억 달러는 이란 127억 달러의 5배에 달한다. 테헤란은 전진방어(forward defense)로 그런 약점을 보완하기를 원하는데, 이란 혁명수비대(IRGC: Islamic Revolutionary Guard Corps)의 일부인 엘리트 쿠드스(Quds) 군이 하마스와 (2000년, 2006년 남부 레바논에서 이스라엘과 성공적으로 전투한) 헤즈볼라를 포함해 중동에서 민병대와 반군을 지원하고, 또 이란이 미사일을 개발하는 것이 모두 그런 것들이다. 사실 미국이 2003년 이라크를 침공하고 중동 전체의 질서가 깨지면서, 이란은 혼란으로 둘러 쌓여있다. 이라크 전쟁 중에 시아-수니 분파 투쟁이 발생하고, 아랍의 봄에서 리비아, 시리아, 예멘에서 내란이 발생한 것이 오히려 이란이 중동에서 강자로 부상하는 계기로 작용했다. 이라크에서 시아파 세력 및 쿠르드와 협력하고, 시리아에서 아사드 정권이 우위를 차지하며, 예멘에서 친사우디 정부와 싸우는 후티 반군을 지원하고, 또 헤즈볼라, 하마스, 시아파 지원자를 통합해 군대로 사용하면서, 이란의 힘은 급격히 더 성장하고 수니파 아랍 국가들은 아마 더 이상 중동을 운영하지 못할 것이다. 오바마 행정부는 이라크 (및 아프가니스탄)에서 철수하고 시리아 내전에서 자제하면서 테헤란과의 핵협상으로 중동의 위협을 낮추려 시도한 반면, 트럼프는 미-이란 핵 합의를 파기하고 사우디를 중심으로 이란을 견제하기 위해 미-아랍 동맹을 강화하면서 완전히 반대 방향으로 선회했다. 그러나 미국이 중동에서 철수해 있고 (이집트, 사우디와 함께 아랍 질서의 주춧돌인) 이라크와 시리아가 이란과 친밀한 상태에서, 미-아랍 동맹의 이란 봉쇄는 성공하지 못할 것이다. 또 중동에 많은 것을 쏟아 붓는 한 미국은 북한 핵, 중국과 러시아의 부상 등 다른 시급한 문제해결에 신경쓸 수가 없을 것이다. 사우디 역시 이란 견제에 한계가 있는데, 그것은 이란 약화를 위해 카타르, 터키와 함께 (친 이란) 시리아 아사드 정부를 굴복시키려 한 리야드의 노력이 오히려 그들과의 의견충돌로 무산된 것에서 입증된다. 사우디는 예멘에서 이란이 지원하는 후티 반군도 진압하지 못할 것이다. 사우디 왕세자 무하마드 빈 살만(Mohammed bin Salman)이 이란을 약화시키기 위해 여러 시도를 추진하지만, 그것도 잘 되기는 어려울 것이다. 사우디는 카타르가 이란에 우호적이고, 또 수니 이슬람, 무슬림형제단을 지원한 것과 관련해 카타르를 고립시키려 했는데, 그것은 오히려 카타르를 이란에 더 가깝게 가도록 만들었고 이제 테헤란은 오히려 도하(Doha)를 통해

2) 인도

아시아에서 러시아는 인도를 중시했다. 러시아－인도 관계는 오랜 역사적 성격을 띠었다. 냉전시대에 그들은 미국과 서방에 반대하는 공감대를 갖고 있었고, 인도－파키스탄의 경쟁적 관계는 중국과의 경쟁을 의식하는 소련을 인도에 접근하게 만들었다. 그러나 냉전이후 시대에 들어와 아시아에서 인도가 글로벌 국가로 발돋움하고 뉴델리(New Delhi)가 여러 나라와 중립적이면서도 우호관계를 설정하고 싶다는 포부를 밝히면서, 인도－러시아 관계는 더 가까워졌다. 모스크바에게 그것은 조지 W. 부시 행정부가 뉴델리에 핵관련 기술을 이전하면서 미국, 일본, 호주, 인도 간 아태 민주국가 협력 체제를 구성하는 노력을 희석시키는 성격도 띠었다. 이미 러시아는 푸틴 대통령 처음 집권 시기 인도와 많은 경제협력을 추진한 바 있다. 그 당시 그들은 다양한 원자재와 제조품 분야에서 교역했다. 메드베데프 대통령 시기에도 러시아－인도 관계는 계속 발전했다. 2010년 3월 푸틴 총리는 인도를 방문하고 광범위한 합의에 서명했다. 푸틴은 세계 최대 규모의 러시아 국영 원자력 기업 로스아톰(Rosatom)이 인도에 12개 원자로, 핵연료 생산시설, 그리고 1천MW 용량의 두 개 핵발전소 건설을 지원할 것이라고 선언했다. 국방분야에서도 러시아는 인도에 다양한 지원을 제공하기로 합의했는데, 그것은 인도 항모 고르샤코프 호(Admiral Gorshakov) 현대화, 수십 대의 Mig－29, Mig－35 전투기 판매, 그리고 그와 관련된 기술이전을 포함했다. 그는 또 2013년까지 러시아 연방우주국(Roskosmos)이 두 개의 우주선(spacecraft)과 지구항법위성시스템(GLONASS)을 제작해 인도에 전달할 것이라고 말했다.[1]

페르샤만 남부에 전략기지(beachhead)를 확보했다. 또 미－사우디 협력은 지역패권의 야심을 가진 터키를 이란, 러시아와 협력하게 만들었다. 이제 러시아는 이란, 이라크, 시리아를 넘어 중동의 모든 나라와 대화할 수 있는 파워 브로커가 됐다. 러시아는 이란과 함께 아프가니스탄, 중앙아시아, 코카서스에서 미국을 견제하기 위해 함께 일하고, 두 나라는 경제, 군사에서 협력한다. 러시아, 이란 두 나라는 심지어 군사동맹으로까지 갈 수 있다. 워싱턴은 이란 봉쇄가 아니라 이란을 포함하는 중동의 비전을 구상해야 한다. 미국은 시리아와 예멘 문제로부터 시작하면서 이란과 사우디가 지역위기 해결을 위해 협력하도록 독려해야 한다. 미국은 오바마 행정부가 실패한 것을 해야 하는데, 그것은 갈등을 종식하고 평화와 안정의 새 틀을 만드는 국제적 외교노력을 이끄는 것이다. 그런 노력은 워싱턴이 핵협상을 파기했기 때문에 어려울 것이지만, 이란과의 대치는 중동을 더 깊은 혼란으로 몰고 갈 것이다. Vali Nasr, "Iran Among the Ruins (Tehran's Advantage in a Turbulent Middle East)," Foreign Affairs, Vol. 97, No. 2 (March/April 2018), pp. 108－118.

1) Rousseau, "Russian Foreign Policy," p. 35.

_만모한 싱

인도의 국제적 위상과 양국 간 미래협력 필요성을 중시하는 푸틴은 2012년 뉴델리를 또다시 방문했다. 그때 인도의 만모한 싱(Manmohan Singh) 총리는 두해 전 양국 핵 및 군사협력 협정 체결에서 푸틴이 얼마나 큰 역할을 했으며, 양국 우호친선을 그가 얼마나 소망하는지에 관해 찬사를 늘어놓았다. 싱 총리는 푸틴 대통령으로 인해 러시아-인도 우호관계가 한 단계 더 승격했으며, 그가 양국관계를 전략적 레벨로 올려놓았다고 말했다. 러시아와 인도는 유엔, G20, 브릭스(BRICS) 같은 국제, 다자기구에서 긴밀하게 협력하는데, 뉴델리와의 협력관계를 더 넓히기 원하는 모스크바는 인도가 SCO에 가입할 것을 강력히 촉구했다. 그 조치는 SCO의 활동영역을 훨씬 더 넓힐 것인데, 그동안 옵서버 위상을 유지하던 인도는 결국 2017년 그 기구에 정식 회원국으로 위상을 전환했다. 현재 테헤란이 SCO의 회원자격을 신청한 것으로 알려져 있는데, 만약 이란까지 정식 가입한다면 그 기구의 영향력은 놀라울 정도로 확대될 것이다. 또 뉴델리가 계속 더 큰 역할을 수행하기를 바라는 모스크바는 인도가 안보리 상임이사국으로 진출할 것을 지지한다. 그것은 미국이 독일과 일본이 안보리 상임이사국에 진출하는 것을 지지하는 것과 비슷한 이치이다. 더 나아가 러시아는 인도가 세계 핵물질 문제에서 더 적극적 역할을 수행하도록 핵 공급그룹(NSG: Nuclear Suppliers Group)에 가입하고, 그 나라 경제발전과 아태지역의 신속한 경제성장을 위해 APEC에 가입할 것을 강력 권고한다. 러시아와 인도는 세계 안보문제를 논의하고 국방협력을 증진시키기 위해 현재 장관급 연례 국방검토회의를 진행하고 있다.[1]

....

1) Rajeev Sharma, "Top Indian diplomat explains Russia's importance to India: Russia & India Report," (November 28, 2012), Indrus.in; 인도는 미국, 러시아, 중국 사이에서 모두와 실용적 우호관계를 유지한다. 조지 W. 부시와 오바마 시기 미국은 인도와 민간 핵합의를 협상했고, 군사유대를 강화했으며, 무역 및 투자 확대를 이루어냈다. 또 두 나라는 탈레반에 반대해서 아프가니스탄 정부를 지원했고, 일본의 파트너십을 포함해 그들의 국방유대는 계속 강화되고 있다. 동시에 인도는 러시아, 중국과 정치, 군사, 경제에서 다양하게 협력한다. 그러나 전반적으로 인도는 미국을 거만한 수퍼파워, 경쟁자로 간주하는 경향이 있고, 비록 워싱턴이 호주, 일본과 함께 인도가 아태지역 4자 전략대화(Quadrilateral Security Dialogue)에서 깊이 협력하기를 원하지만, 뉴델리는 그런 대화에 상대적으로 덜 관심을 갖는다. 뉴델리는 미국 주도의 인도양 테러리즘 및 해적행위와 싸우려는 연합 해군임무단 작전에 불참했고, 아프가니스탄 발전지원 제공에도 불구하고 국제안보지원군(ISAF) 참여를 거부했다. 미국 및 서방에 반대해 인도는 유엔총회 인권결의안에 반대투표하고, 유엔의 리비아 및 시리아 내전과 같은 위기 개입을 공개 비판했다. 워싱턴이 아태지역, 남아시아 안정을 위해 인도와 협력하기를 원하지만, 뉴델리는 내심 깊숙이 미국을 위협으로 간주할 수 있다. Robert Boggs, "Friends Without Benefit (Is the U.S.-Indian Relationship Built to Last?)," Foreign Affairs, Vol. 94, No. 1 (January/ February

3) 유럽국가 관계

나토와 미국 주도 미사일방어망이 러시아 국경으로 다가오는 것에 대항해 모스크바는 조지아와의 5일 전쟁, 크리미아 점령 및 우크라이나 동부지역 장악으로 맞섰다. 또 러시아 천연가스에 압도적으로 의존하는 EU에 대해서는 그 공급량과 가격을 외교, 안보, 경제 지렛대로 활용했다. 그리고 그 작전은 프랑스, 독일을 포함해 많은 EU 회원국들로 하여금 조지아와 우크라이나의 나토 가입에 반대하도록 유도하고 러시아와의 반목을 주저하게 만들었다. 서방의 공세에 대처해 모스크바는 오히려 그렇게 EU의 분열을 획책했다. 그러나 모스크바의 전략은 거기에 그치지 않았다. EU의 동유럽으로의 확대과정에서 서유럽, 동유럽 모두 불만이 쌓이고, 영국이 EU에서 탈퇴하며, 또 '아랍의 봄' 과정에서 수많은 중동, 북아프리카 난민과 불법 이민자가 유럽으로 몰려와 그 대륙에서 반EU 정서가 확대될 때, 모스크바는 그 사회적 혼란과 정치적 공백의 약점을 재빨리 포착했다. 그것은 유럽에서 새로이 생겨나는 반EU 정서에 기반한 각국 극우, 극좌 민족주의 정당에 대한 영향력을 확대해 EU를 분열시키는 고도의 정치, 심리전이었다. 모스크바는 그렇게 새로이 성장하는 헝가리의 요비크(Jobbik), 오스트리아의 자유당(Freedom Party), 불가리아의 아타카(Ataka), 그리스의 독립 그리스(Independent Greeks), 이탈리아의 북부연합(Northern League), 프랑스의 국민전선(National Front)을 직, 간접적으로 지원했다. 헝가리 총리 빅토르 오르반(Viktor Orban)은 비밀리에 모스크바의 재정지원을 추구했고, 러시아 회사와 모든 에너지 수입 및 원자력 발전 사업을 계약했다.[1] 2014년 5월 유럽선거에서 이들 정당들은 크게 약진했는데, 그것은 EU 의회 내에 새로운 반서방, 친러 그룹이 생성되고 모스크바의 영향력이 EU 내에서 급격히 확대되고 있음을 의미했다. 2014년 11월 독일은 공개적으로 러시아가 동유럽을 넘어 서유럽에 영향력을 확대하고 있다고 경고했고, 그것이 EU의 분열을 초래할 것을 우려했다.[2]

_빅토르 오르반

2015), pp. 165-168.

1) 2015년 1월 초 헝가리에서는 총리 빅토르 오르반(Viktor Orban)이 지나친 친러 행보를 하는 것에 반대하는 대중시위가 발생했다.

2) "Far-Right Europe has a Crush on Moscow," The Moscow Times, (November 25, 2014); Ian Traynor, "European leaders fear growth of Russian influence abroad," The Guardian, (November 17, 2014)

02 국내정치와 사회현실

(1) 2008년 대선과 메드베데프의 등장

메드베데프가 대통령 선거에 출마한 것은 푸틴의 권유에 따른 것이었다. 헌법규정에 의해 푸틴은 세 번째 대통령 임기에 도전할 수 없었는데, 그 대신 그는 총리였던 드미트리 메드베데프를 차기 대선후보로 지지한다고 선언했다. 2008년 3월 차기 대통령을 선출하기 위한 대선이 치러졌는데, 흥미롭게도 메드베데프는 당선되면 푸틴을 총리로 임명할 것이라고 말했다.[1] 물론 그런 형태의 직책 교체는 흔한 일이 아니지만, 그것은 독특한 정치문화를 가진 러시아였기 때문에 가능했다. 선거 캠페인 과정에서, 메드베데프는 러시아 국민의 건강, 교육, 주택, 농업을 증진시키기 위해 2005년 푸틴이 시작한 '국가 우선 프로젝트'(National Priority Projects)에 추가로 2천 6백억 루블을 투입할 것이라고 말하면서, 동시에 러시아의 경제현대화 필요성을 역설했다. 그는 다양한 개혁 프로그램에 관해 설명했다. "러시아 경제는 제도(institution), 인프라(infrastructure), 혁신(innovation), 투자(investment)라는 4개의 I를 필요로 한다. 러시아에는 더 많은 표현의 자유, 경제적 자유가 주어져야 하고, 부패가 사라져야 하며, 사법체계의 독립성이 더 증진되어야 한다."[2] 2008년 대선에서 메드베데프는 3명의 후보와 경쟁해 70%의 득표율로 당선됐다. 경쟁자인 겐나디 주가노프(Gennady Zyuganov) 공산당 당수는 17.7%, 블라디미르 지리노프스키

_블라디미르 지리노프스키

(Vladimir Zhiriovsky) 극우 자유민주당 당수는 9.4%를 득표했는데, 메드베데프의 압승은 유능한 전임 대통령 푸틴의 지지가 결정적 요인이었고 러시아 당국의 음성적 선거지원 역시 큰 도움을 주었다. OSCE는 국제기구 활동에 제약을 가하는 모스크바 당국의 불공정 선거에 대한 항의표시로 선거감시단을 파견하지 않았다.[3] 세간에서는 새 당선자 메드베데프와 새로이 총리직을 맡은 전임 대통령 푸틴과의

---

1) 대선 전 레바다 센터(Levada Center) 여론조사에서 응답자의 79%는 메드베데프를 찍을 것이라고 말했고, 다른 주요 경쟁자들의 지지도는 10% 미만이었다. Poll says Putin's protege more popular than president, Russian News & Information Agency, (December 27, 2007)

2) Corey Flintoff, "Focus Shifts to How Medvedev Will Run Russia," (March 4, 2008), NPR, www.npr.org

3) Nichol, <u>Russian Political</u>, (March 31, 2014), p. 6.

관계를 '쌍두통치'(tandem rule)라고 불렀다. 비록 메드베데프가 공식 직함에서 서열은 더 높지만 그가 푸틴의 의견을 배제할 수 있다고 생각하는 사람은 없었다. 사람들은 메드베데프와 푸틴 두 사람이 공동으로 러시아 국정을 운영하는 것으로 이해했다.[1]

1) 임기 첫해의 난관

러시아-조지아 전쟁 (앞에서 잠시 거론했듯이) 지난 오랜 기간 잠재해 있던 조지아와 (분리주의 지역) 남오세티야 및 압하지야 간의 갈등은 2008년 여름 더 격화됐다. 8월 7일 두 개의 분리주의 지역을 흡수해 영토통합을 원하는 조지아의 사카쉬빌리 대통령이 1만 명 병력과 75대 탱크를 동원해 남오세티야를 침공했다. 그 과정에서 그곳에 주둔하던 일부 러시아 평화유지병력과 러시아 시민권을 보유한 남오세티야 인들이 살해되면서, 8월 8일 메드베데프는 사태수습을 위해 러시아군의 직접개입을 결정했다. 5일 간의 전투에서 조지아 병력은 퇴각했고, 8월 12일 모스크바는 군사작전 종식을 선언했다. 조지아군과 경찰은 184명이 사망했고, 러시아 군 희생자는 48명이었다. 곧이어 프랑스 대통령 니콜라스 사르코지의 중재에 의해 평화협정이 서명됐고, 8월 26일 메드베데프는 러시아 국가두마에서 그 분리주의 두 지역을 독립국으로 인정하는 칙령에 서명했다. 러시아인들은 그 전쟁을 전적으로 지지했고, 그 이후 메드베데프는 그가 이끌어 갈 러시아의 대외정책을 발표했다. 9월 30일 EU의 조지아전쟁 조사위원회는 트빌리시가 부당한 전쟁을 벌였다고 결론 내렸다.[2]

2008년 경기침체 2007년 말 미국에서 금융기관의 주택담보 부실대출에 의한 위기가 발생하고 그 여파가 EU로 퍼져 지구적 차원에서 재정위기가 닥쳤을 때, 러시아는 크게 걱정하지 않았다. 그 이유는 거시경제에서 별 문제가 없었고 또 그동안 고유가로 인해 상당량의 외환을 보유하고 있기 때문이었다. 그럼에도 불구하고 러시아도 일부 부정적 영향에 노출됐다. 2009년에 이르러 GDP가 7.9% 하락하고 경기가 침체되면서 자금의 회전이 둔화됐고, 많은 금융기관과 회사의 안전이 도전받았다. 그때 모스크바 당국은 경제에 직접 개입하면서 대출회수가 어려운 일부 은행과 재정건전성이 문제되는 회사들에

---

1) Daniel Treisman, <u>The Return: Russia's Journey from Gorbachev to Medvedev</u>, (2011), (New York: Free Press), pp. 123–163.

2) 그 전쟁으로 인해 메드베데프에 대한 국민 지지도는 60%에서 70%로 상승했다. "Georgia started unjustified war," BBC News, (September 30, 2009)

900억 달러 이상의 자금을 지원했다. 2009년 10월 경기는 회복되기 시작하고, 그 다음 해에는 또다시 경제가 성장할 수 있었다.[1]

2) 정치현실

정치발전의 두 측면　메드베데프는 이론적 차원에서 자유, 민주적 경향과 권위주의 성향을 복합적으로 가진 사람이었다. 실제에 있어서도 그는 자유와 민주를 옹호하는 정책을 시행하면서 다른 한편으로는 권위주의적 발언과 정책을 이어갔다. 그러나 전체 현실을 놓고 볼 때, 그의 성향은 러시아 역사, 정치, 문화의 특성을 반영하듯 권위주의 쪽으로 더 기울어지는 것으로 보였다. 단지 그는 권위주의 독재사회에서 더 많은 자유, 민주가 필요하다고 생각했던 것으로 보인다. 그의 그런 특성은 집권기간 정치현실에서 뚜렷이 나타났다.

2009년 내내 메드데베프는 자유화, 민주화의 중요성에 대해 강조했다. 그해 봄 국가 두마와 지방선거가 동시에 진행됐는데, 그때 그는 정부와 여당이 많은 탈법을 동원한 관권선거를 진행한 것에 대해 중앙선관위에 공정한 선거관리를 촉구했다. 그해 후반기에도 그는 여당인 '통합러시아당'(United Russia)의 압도적 정치위상이 러시아 정치발전에 걸림돌이 되고 있는데, 그런 총체적 지배는 폐지되어야 하고 러시아 민주주의는 개선되고 있다고 말했다. 과거 소련시대 스탈린 독재와 관련해서, 그는 인간의 생명보다 더 소중한 것은 없다고 말했고, 국민의 기본권 신장을 위해 과거 불법시위로 기소된 사람들의 반정부 시위를 제한하는 두마법안을 거부했다. 그의 그런 자세는 실제 선거 관련법 개정으로 이어졌는데, 정당이 국가두마에 의석을 갖기 위한 (과거 푸틴정부 시절 도입한) 최소 득표율이 7%에서 5%로 하향 조정됐고, 2011년 선거부터 두마의 무의석 정당이 후보를 배출하는데 필요한 서명인 수가 20만 명에서 15만 명으로 축소됐으며, 선거후보의 공탁금 제도가 폐지됐다.[2]

....

1) Anders Aslund, Sergei Guriev, and Andrew C. Kuchins, Russia After the Global Economic Crisis, Peterson Institute for International Economics, (2010), pp. 9−39; "Dmitry Medvedev's three years in office: achievements, results, and influence," RIA Novosti, (May 11, 2011)

2) 그 당시 통합러시아당, 러시아연방 공산당, 러시아 자유민주당, 러시아 정의당만이 국가두마 의석을 보유했는데, 정당 최소득표율 하향조정으로 인해 5~6% 득표 정당도 1자리 의석을 배정받게 되고 6~7% 득표 정당은 2자리 두마의석을 보장받았다. "Medvedev vetoes law restricting protests: Kremlin Russian News/ Expatica Moscow," (November 6, 2010), www.expatica.com; Duma Election

그러나 동시에 자유, 민주와 상반되는 권위주의 현상이 나타났다. 2008년 11월 첫 국정연설에서 메드베데프는 국가발전과 사회안정을 위해 대통령의 3선 출마를 허용하고, 대통령 임기를 4년에서 6년으로 연장하며, 두마 임기 역시 4년에서 5년으로 연장하는 방안을 고려하겠다고 선언했다. 그 제안은 2009년 봄 통합러시아당이 압도적 위상을 차지하는 국가두마에서 법으로 확정됐다. 사법부와 관련해서도 법 개정이 있었다. 과거에 헌법재판관은 헌법재판소장과 판사들에 의해 선출됐는데, 그 방식은 대통령이 의회에 명단을 제출하고 의회가 승인하는 형태로 변경됐다. 그것은 결국 대통령의 헌법재판관 임명, 그리고 대통령(과 의회 다수당)의 사법부 지배를 의미했다. 2009년 9월에는 또 연방구성체 수장이 시장을 해임하는 권한을 갖도록 법이 개정됐다. 푸틴 시대 대통령의 연방구성체 수장 임명권 확보에 이어 이제는 시장까지 대통령이 임명하게 된 것이다. 서방은 그 모든 것을 권력 엘리트들의 정치생명을 연장시키는 퇴행적 행위로 보았다.[1]

탈법정치와 국민의 반대 메드베데프의 정치선진화와 자유, 민주에 대한 신념과 강조에도 불구하고 현실은 다르게 나타났다. 2009년 10월 지방의회 선거가 있었는데, 그 때 정부, 여당은 지역 행정기관을 동원하고 지역 언론과의 유대를 토대로 여당 후보를 편향적으로 지원하면서 비밀리에 막대한 선거자금을 살포했다. 그로 인해 통합러시아당이 전국적으로 66%를 획득했는데, 야당인 공산당, 자유민주당, 정의당 의원들은 의회에서 집단 퇴장하면서 거세게 반발했다.[2] 2011년 9월에는 총리 푸틴이 통합러시아당 전당대회에서 2012년 3월 대통령 선거에 출마할 것이라고 선언했다. 그때 그는 본인이 당선되면 메드베데프를 또다시 총리로 임명할 것이라고 말했고, 메드베데프는 푸틴의 제안을 수용한다는 입장을 밝혔다. 서방과 자유세계에서는 좀처럼 보기 드문 현상이지만, 러시아 현실은 그렇게 흘러갔다.

2011년 12월 4일 국가두마 선거가 있었다. 그 당시 정부, 여당은 수많은 탈법을 자행했는데, 선관위와 친정부 미디어 동원, 일부 정당의 등록거부, 투표함 바꿔치기, 개표

Law: Details, (July 19, 2009), www.russiavotes.org; Nichol, Russian Political, (March 31, 2014), p. 7.

1) Nichol, Russian Political, (March 31, 2014), p. 6.
2) 그때 메드베데프는 러시아 정치는 여야가 평화롭게 공존하면서 경쟁하는 선진화를 이루어야 한다고 말하면서 러시아 민주주의는 개선되고 있다고 말했다. Kremlin warns against wrecking Russia with democracy, (October 26, 2009), www.kyivpost.com

_2011 국가두마 선거

조작이 모두 그런 것이었다. OSCE 선거감시단이나 러시아의 비정부 감시기구 골로스(Golos: Voice)의 역할은 극도로 제한받았다. 그들은 그 선거에서 감시는 불가능했고, 그 선거는 불공정 선거였다고 단언했다.[1] 탈법선거는 전국에서 국민들의 반감을 자극했고, 그 후 수개월간 전국에서 항의와 시위가 벌어졌다. 선거 직후 5천 명 시위대가 모스크바 중심부에서 시위했고, 그 밖의 60개 도시에서도 불공정 선거에 반대하는 시위가 계속됐다. 그것들은 일찍이 푸틴이 국가 리더로 등장한 이후 최대 시위였는데, 그 과정에서 '푸틴 없는 러시아'라는 구호도 등장했다.[2] 2012년에도 시위는 계속됐고, '공정선거를 위하여'(For Fair Elections) 그룹은 모스크바와 기타 수많은 도시에서 시위를 조직하면서 정치범 석방을 요구했다. 그들이 조직한 시위는 참여자가 많을 경우 15만 명을 넘어섰다. 그 시위에 반대하는 맞불시위도 등장했다. 친여 성향의 러시아 애국당(Patriots for Russia Party)과 '러시아 공동체회의'(Congress of Russian Communities Group)는 (2004년 우크라이나의 민주시위에 반대하던 반 오렌지 시위 비슷한) 반민주 시위를 진행했다. 그들은 '공정선거를 위하여' 사람들이 배후에서 미국에 의해 조종당하고 있으며, 러시아의 번영을 원치 않는다고 주장했다. 한편 시위대에 대한 유화책으로 메드베데프는 또다시 몇몇 민주 개혁안을 제시했다. 그것은 신생정당 등록시 필요한 서명인 숫자를 4만 명에서 5백 명으로 축소시켜 소수정당과 단체의 정치참여를 확대하고, 두마 무의석 정당 후보가 출마할 경우 일정 수 국민의 서명을 받아야 하는 제도를 폐지하며, 푸틴 대통령 시절 폐지됐던 연방구성체 수장 선거를 부활시키는 것이었다. 그 개혁안은 2012년 4~5월에 걸쳐 시행되도록 규정됐다.[3]

2012년 3월 4일 대선이 치러졌다. 그 당시 푸틴을 포함해 주가노프, 지리노프스키, 정의당의 세르게이 미로노프(Sergey Mironov), 그리고 단독후보 미하일 프로호로프(Mikhail Prokhorov) 5명이 출마했다. 야블로코당(Yabloko Party)의 그리고리 야블린스키(Grigory Yavlinsky)는 출마를 위한 서명집계 중 5% 이상이 무효로 밝혀져 중앙선관위에

1) OSCE는 정부와 집권당의 긴밀한 관계, 선관위 기능의 무력화, 미디어의 편파보도, 그리고 기타 득표 관련 조작은 그 선거를 불공정 선거로 이끌어 갔다고 말했다.
2) Russian election protests—follow live updates, The Guardian, (December 10, 2011)
3) Nichol, <u>Russian Political</u>, (March 31, 2014), pp. 7-8; "Putin Supporters fill Moscow Stadium," Sputnik, (February 23, 2012)

서 실격 처리됐다. 그 대선에서 푸틴은 7,180만 명 유권자 중 63.6%를 획득했는데, 반정부 그룹들은 푸틴과 통합러시아당이 부정을 저질렀다고 비난했다. 수많은 반푸틴 시위가 대선을 전후해 발생했고, 그 중에서 2012년 2월 21일 모스크바 교회에서 반푸틴, 반교회 퍼포먼스(performance)를 한 '푸시 소동'(Pussy Riot)(과 그 이후 그들을 처벌한 재판)이 가장 널리 알려졌다.[1] 푸틴의 세 번째 임기 시작 하루 전날인 5월 6일에는 8천 명 시위자들이 모스크바에 집결했는데, 그

_푸시 소동

당시 경찰에 의해 500명 이상이 체포되고 80명이 부상당했다.[2] OSCE 감시단은 그 선거의 전체적인 과정에 큰 문제는 없었지만 일부 문제는 존재했다고 평가했다. 그것은 미디어의 친푸틴 편향, 지방에서 정부 영향력의 행사, 그리고 아직도 존재하는 일부 선거 법조항 위반과 개표부정 같은 것들이었다.[3]

3) 사회발전의 양면성

반부패 캠페인과 경찰개혁　　　사회발전을 위한 메드베데프의 복안은 반부패 운동과 경찰개혁을 포함했다. 메드베데프는 러시아에 만연하고 최고의 사회적 골칫거리가 되어버린 부패척결에 높은 우선순위를 부여했다. 그는 러시아 사회에서 부패가 추방되지 않으면 중앙과 지방관리, 군대와 경찰, 국영기업이나 중소 상공인, 소매상, 일반시민 할 것 없이 모두 손해보는 사회에서 살게 될 것이라고 경고했다. 2008년 5월 대통령 취임 직후 그는 '반부패 위원회'(Anti-Corruption Council)를 창설하면서 경제, 사회생활을 병들게 하는 온갖 종류의 부패척결을 시도했는데, 그 해 12월에는 부패방지법이 제정되고 2009년 4월 구체적 수단을 제시한 대통령 시행령은 징벌적 벌금, 다양한 각도에서의 중앙감시를

---

1) '푸시 소동'은 러시아의 페미니스트 펑크록 그룹에 의한 시위이다. 그들은 2011년 8월 조직된 이후 게릴라식의 도발적 불법시위를 하고 그 활동을 뮤직 비디오 형태로 인터넷에 게시했다. 그들은 페미니즘, 동성애자의 권리를 옹호하고 푸틴을 독재자라고 주장했다. Charles Clover, "Pussy Riot dig claws into Putin," Financial Times, (March 16, 2012); Miriam Elder, "Pussy Riot sentenced to two years in prison colony over anti-Putin protest," The Guardian, (August 17, 2012)

2) Alissa de Carbonnel, Maria Tsvetkova, "Russian police battle anti-Putin protests," Reuters, (May 6, 2012)

3) Nichol, Russian Political, (March 31, 2014), p. 9; "Russia's presidential election marked by unequal campaign conditions, active citizens' engagement, international observers say," OSCE, (March 5, 2012); "Putin Hails Vote Victory, Opponents Cry Foul," RIA Novosti, (April 3, 2012)

규정했다. 2011년 5월 추가로 제정된 '러시아연방 범죄조항과 행정부정 개선에 관한 연방법'(Federal Law On Amendments to the Criminal Code and the Code of Administrative Offences of the Russian Federation to Improve State Anti-Corruption Management)은 뇌물의 100배까지 벌금을 늘리고, 최대벌금은 1,800만 달러까지로 규정했다. 경찰개혁은 부패방지와 밀접하게 연계돼 있었는데, 왜냐하면 경찰은 그 성격상 경제, 사회, 범죄, 지역갈등, 시민생활의 모든 면에 깊숙이 개입해 있는 엄청난 권력을 가진 핵심적 국가보안기구이기 때문이었다. 경찰개혁은 푸틴도 많은 관심을 갖고 도왔다. 메드베데프의 경찰개혁은 2009년 12월 그의 개혁 지시를 시작으로 2010년 10월 국가두마에 초안제출, 그리고 2011년 1월 법안승인으로 제도적 장치를 마련했다. 그 개혁안은 경찰에 관한 중앙으로부터의 감시강화, 내무부 직원 숫자의 감축, 그리고 특권집단의 경제적 부패를 방지하기 위한 경찰관 임금의 30% 인상을 포함했다.[1]

인권남용과 마그니츠키 사건 인권개선은 사회발전의 중요한 요소이지만, 메드베데프 시기에 국제사회에 잘 알려진 인권 남용 사례가 발생했다. 그것은 11개월 동안 구금된 민간투자회사 허미티지 펀드(Hermitage Fund) 변호사 세르게이 마그니츠키(Sergey Magnitsky)가 2009년 11월 구치소에서 사망한 사건이다. 마그니츠키는 경찰과 기타 정부관리들이 불법으로 허미티지를 급습했다고 주장한 이후 세금포탈 혐의로 구금됐다. 2011년 7월 대통령 인권자문관들은 그의 체포가 불법이고, 구금 당시 고문, 폭행당했으며, 필

요한 의료지원을 받지 못했다는 보고서를 발표했다. 2011년 9월 메드베데프 대통령의 명을 받은 조사관들이 구치소 부소장과 담당의사의 직무유기로 결론 내렸지만, 마그니츠키 가족들은 추가 형사재판 심리 권리를 행사하지 못했다. 구치소 부소장과 의사는 기소됐지만, 그 의사는 고의적 의료방치는 없었다는 이유로 무죄판결을 받았다. 2012년 2월 인권 NGO인 모스크바 헬싱키 위원회가 마그니츠키 사례는 러시아 정의의 완전한 추락이라고 비난했지만, 세금포탈의 죄가 있다고

_세르게이 마그니츠키

심리, 판결한 판사는 승진했다.[2]

---

1) National Anti-Corruption Plan, Website of the President of Russia, (July 31, 2008); Medvedev signs landmark anti-corruption law, RIA Novosti, (May 3, 2011)
2) Nichol, <u>Russian Political,</u> (March 31, 2014), pp. 13-14.

(2) 푸틴의 재집권

권위주의 정치환경에서, 푸틴이 또 다시 대통령으로 복귀했다. 세 번째 임기를 시작하면서 푸틴은 국민복지를 위한 여러 정책을 발표했다. 그는 국민건강과 교육을 위한 정부예산을 더 늘리고, 정부 근로자의 임금을 상승시키며, 주택과 관리비 서비스를 증진시킬 것이라고 말했다. 그것은 푸틴이 2005년 처음 시행하고 메드베데프 대통령이 이어받아 계속한 '국가 우선프로젝트'의 연장선상에서 취해진 조치였다. 푸틴은 이미 2002년에 퇴직자의 빈곤축소를 위해 연금 관련 대책을 시행한 바 있었다. 그것은 연금펀드의 수준을 높이는 동시에 연금에 관한 책임을 정부로부터 기업으로 넘겨 사업주가 더 큰 책임을 맡고, 그로써 정부, 민간 모두 다 연금에 대한 책임성을 강화하는 정책이었다. 2005년에는 국민을 위한 정책을 한 단계 더 강화시켜 교육비 지출, 건강보험 증진, 주택보급 확대를 위한 범위가 더 광대한 국가 프로젝트를 추진했는데, 그것은 모두 국민의 현재와 미래 생활증진을 겨냥한 조치였다. 이번에 세 번째 집권기 정책에서는 특별히 다자녀 가구에 대한 재정지원을 강조했는데, 그것은 1990년대 초 소련 붕괴이후 러시아가 사망률 증가와 출산저하로 인해 인구정체에서 벗어나지 못하고, 실제로는 인구가 감소하는 현실에 대응하는 성격을 띠었다.[1]

1) 정치 관련 입법

그러나 국민복지 확대와는 별개로 푸틴 정부는 광범위한 범위의 법률을 통과시켰는데, 그것들은 대부분 대통령의 정치, 사회적 권한을 확대시키고 반면 연방 자치지역과 시민사회의 권한을 위축시키는 것들이었다.[2] 우선 정치적으로, 푸틴은 자치공화국과 자치

1) Nichol, Russian Political, (March 31, 2014), p. 10; William H. Cooper, Russia's Economic Performance and Policies and Their Implications for the United States, CRS Report 7-5700, RL 34512, (June 29, 2009), pp. 5-7; Russia's economy under Vladimir Putin: achievements and failures, RIA Novosti, (June 22, 2013)
2) 프린스턴 대학 역사학자 스테펜 코트킨은 러시아라는 나라의 성격에 대해 다음과 같이 분석한다. 러시아에는 이제 소련 공산당과는 다른 형태의 새로운 권위주의가 자리 잡아간다. 사유재산과 자유에도 불구하고, 러시아는 푸틴이라는 개인이 지배하는 사회와 국가의 성격을 띤다. 정당, 군대, 경찰, 오일 및 가스 산업, 매스미디어 모두 푸틴의 압도적 지배하에 귀속돼 있고, 그의 지시를 충실히 따르는 핵심 수하(underlings)들이 경제를 포함해 사회 각 분야의 모든 실무를 처리한다. 푸틴의 권력 장악은 강력한 카리스마, 애국심, 그리고 실업과 빈곤의 추방, 중산층 형성을 포함하는 경제성장에 의해 가능했다. "푸틴 없이는 러시아도 없다"는 어구는 그런 현실을 가장 적나라하게 반영한다. Stephen Kotkin, "The

지역에서 행정수반 직선제에 변화를 추구했다. 과거에는 각 지역에서 주민들이 공화국 수반을 직접 선출했는데, 이제 새로이 제정된 법은 지역의회에 진출한 정당들이 대통령과 상의해 후보명단을 제시하면 대통령이 그중에서 3명을 지정하고 지역의회가 그들 중 하나를 행정지사로 선출하도록 규정했다. 푸틴 정부는 새 입법이 과거 선거제도로 인해 북 코카서스 지역에서 소수인종의 권익이 침해되는 것을 막기 위한 조치라고 설명했고, 그에 따라 2013년 12월 북 코카서스 연방관구 대통령 전권대표가 모든 그 지역공화국들의 직접선거 폐지를 촉구했다. 그 조치로 푸틴은 과거 오랜 분리주의 투쟁으로 점철된 북 코카서스에서 모스크바에 더 순응하는 지사를 임명할 수 있을 것으로 보였다.[1] 푸틴은 또 러시아 각 연방구성체에서 2명씩 선출하는 연방상원의원 선거제도에 변화를 가했다. 새로운 법률은 지방선거에 출마하는 주지사 후보가 3명의 상원의원 후보를 선정해 선거용지에 병기하고, 당선된 후보가 그 중 한명을 지역 추천 상원의원으로 지정하도록 규정했다. 나머지 1명은 지역의회가 선출하도록 했다. 푸틴은 그것이 주민들로 하여금 직접선거에 참여하고 민주주의를 신장시키는 조치라고 주장했다. 그러나 비판자들은 그것이 기껏해야 간접선거에 불과하고, 실제에 있어서는 여당인 통합러시아당이 지사 후보를 선정하는데 압도적 영향력을 발휘하도록 만들었다고 비판했다.[2]

2) 사회입법

푸틴은 사회 관련 수많은 법률에서도 변화를 추구했다. 그것들은 대부분 반체제, 반정부 세력을 억압하는 것으로 그중 일부는 반미, 반서방의 목적을 띠었다. 우선 정부는 승인받지 않은 시위에 3만 달러의 벌금을 부과했다. 정부 비승인 시위를 처벌하는 사례는 어느 나라에나 있지만, 푸틴 정부가 부과하는 벌금의 수준이 너무 높은 것은 그것이 반정부 시위를 막는 특수목적을 띠었다는 의구심을 부추겼다. 실제 지난 수년간 러시아에서는 수시로 시위가 발생했는데, 그것들은 대부분 선거부정을 포함해 정부의 탈법, 부당행위에 반대하는 것들이었다. 2009년 10월 지방의회선거에서 탈법이 자행된 것에 항의해 야당이 집단항의하면서 시위했고, 2011년 12월에는 국가두마 선거에서의 선거부정에 반대해 수개월 간 러시아 전국에서 시위가 벌어졌으며, 푸틴의 세 번째 대통령 취임

Resistable Rise of Vladimir Putin (Russia's Nightmare Dressed Like a Daydream)," Foreign Affairs, Vol. 94, No. 5 (September/October 2015), pp. 140－147.

1) 2005년 푸틴에 의해 금지된 연방구성체 수장 선거제도는 2012년 메드베데프 대통령 시절 부활했다.
2) Nichol, Russian Political, (March 31, 2014), pp. 11－12.

하루 전 2012년 5월 6일에도 보리스 넴초프(Boris Nemtsov)를
포함해 야당 정치인들이 주도하는 8천 명 규모의 반정부 시위가
발생했다. 그 법조항은 메드베데프 대통령 시절의 민주화와 인
권의 상대적 강조 추세에 역행하는 것으로 보였고, 서방은 그것
을 집회의 자유에 대한 제한으로 보았다. 둘째, 정부는 외국의
재정지원을 받는 비정부기구(NGO)를 외국기관(foreign agent)으
로 등록하고 미등록 NGO에 부과하는 벌금을 최대 1만 6천 달

_보리스 넴초프

러로 책정했다.1) 그 법안은 새로이 해석범위를 확대한 반역죄 법과 일맥상통했는데, 그
새로운 법률 하에서 러시아 NGO와 개인들은 외국이나 국제기구와 공모해 러시아 국익
을 훼손할 경우 과거보다 더 심하게 처벌받도록 규정됐다. 그것은 모두 그 당시 미국과
서방의 재정지원을 받는 수많은 NGO와 개인들이 러시아 내에서 자유주의 민주화 운동
을 벌이는 것에 반대하는 성격을 띠었다. 그동안 푸틴은 수시로 서방이 러시아 내정에 간
섭한다고 불평해 왔는데, 그런 그의 인식이 새로운 대통령 임기에 법률로 확정된 것이다.
하나의 예로 조 바이든 부통령이 2012년 대선 전 러시아를 방문해 메드베데프가 재선에
나설 것을 독려하면서 푸틴이 또다시 대통령에 나서는 것에 반대한다고 말하고, 또 힐러
리 클린턴 국무장관 역시 러시아 시민단체 대표들을 만나 미국은 러시아 민주화를 계속
지원할 것이라고 강조했는데, 그런 것들이 모두 그런 경우에 속했다. 사실 미국은 이미
오래 전부터 자유민주주의 확산을 대외정책의 주요 수단 중 하나로 간주해 왔는데, 빌 클
린턴 대통령 당시 대외정책의 초점이 민주주의 확산과 '민주적 평화'(democratic peace)에
맞춰져 있던 것이 대표적 경우였다. 푸틴은 그렇게 그 모든 것을 외국의 내정간섭으로 여
겼는데, 여기서 문제가 되는 것은 과연 어디까지가 외국과의 내통에 포함되는지에 관한
것이었다. 그리고 그 현실은 모든 판단 권한이 정부 영향력 하의 검찰과 사법부에 있는
것으로, 그것은 사실상 대통령으로의 권력집중, 권위주의 강화를 의미했다. 서방에서는
그 법률들이 시민사회 발전을 저해할 가능성, 그리고 그 법조항의 모호하고 광범위한 자
의적 해석 범위를 우려했다. 셋째, 정부는 과거 폐지됐던 명예훼손죄를 부분적으로 부활
시켰다. 과거에 명예훼손죄가 폐지된 이유는 그로 인해 소송이 지나치게 늘어나 러시아
사회가 통제하기 어려웠기 때문인데, 이제 그 법의 새로운 효력발생은 미디어의 정부 부
당행위 보도와 시민들의 정부 상대 불만표출을 억압할 것으로 여겨졌다.2)

....

1) 알려지기로는 약 7천개의 NGO가 그 법조문 하에서 조사받았다.
2) 인권과 관련된 다른 입법도 있었다. 예를 들어 정부는 동성애자와 관련 조직들의 행동을 제한하도록 법
   을 개정했다. 그와 관련해 동성 커플의 아동입양이 금지됐고, 성소수자(LGBT: lesbian, gay, bisexual,

미국의 조치에 항의, 반대하는 목적의 법률도 제정됐다. 미국은 마그니츠키 사망사건과 관련해 여러 인권차원의 법률을 제정하면서 2012년 12월 러시아 경찰, 판사를 포함해 관련 인사 18명의 비자 금지와 자산동결을 선언했는데, 러시아 의회는 그에 반대해 디마 야코블레프(Dima Yakovlev) 법안을 통과시켰다. 러시아 정부는 또 지난 20년 간 미국에 입양된 러시아 어린이 중 20명이 사망했다고 말하면서 미·러 입양협정을 파기한다고 선언했다.[1] 러시아 당국은 미국문화는 어린이를 방에 가두고 어린이 폭행을 용인하는 폭력적이고 인종차별적 문화를 갖고 있기 때문에 유엔 아동협약을 비준하지 않았다고 비난하면서, 새 법이 발효되기 전 약속한 230명 러시아 아동의 입양을 거부했다. 그러나 러시아 인권단체인 모스크바 헬싱키 그룹(Moscow Helsinki Group)은 러시아 가정이 입양한 (러시아) 어린이 중 지난 20년간 사망한 숫자는 (미국에서 사망한 러시아 어린이들보다 훨씬 더 많은) 2,200명이라고 밝혔다. 한편 러시아 당국은 미국의 러시아인 18명 제재에 대한 맞대응으로 미국시민 18명의 제재명단을 발표했다. 그 중에는 조지 W. 부시 행정부 당시 관타나모 기지 지휘관들, 그리고 러시아 조직범죄를 기소한 검사와 판사가 포함됐다.[2]

3) 반정부 활동 진압

푸틴 제3기 임기동안 몇 차례의 대표적인 반정부 및 반체제 억압, 처벌 사례가 있었다.[3] 가장 유명했던 것은 '푸시 소동'(pussy riot)에 가담했던 가수들 중 3명이 2012년 8

and transgender) 개인과 조직들은 내국인, 외국인을 막론하고 2014년 소치 동계 올림픽에 참석하지 못하게 됐다. 그 밖에도 푸틴 정부는 정교회 성직자들이 푸틴을 지지했다는 이유로 러시아 교회에서 시위한 '푸시 소동'에 비추어 러시아 정교의 원칙을 침해하는 행위에 대해 최대 3년까지 구금 형벌을 선고할 수 있게 했으며, 반정부 인터넷 사이트 블랙리스트를 작성했다. 그것들은 모두 미디어, 시민, NGO 활동을 억압하는 성격을 띠었다. Nichol, Russian Political, (March 31, 2014), pp. 10-12.

1) 그 당시 푸틴은 그 자체의 인권문제로 가득 차 있는 미국에 러시아 어린이를 입양시키는 것은 어리석은 일이라고 주장했다.

2) Nichol, Russian Political, (March 31, 2014), pp. 15-18.

3) 푸틴 치하 러시아 정치와 사회의 특성에 관해 러시아 역사학자 니키타 페트로프는 다음과 같이 분석했다. 흥미 있는 현상은 지난 수년간 매년 봄 스탈린 초상화로 치장한 버스들이 러시아 도시 거리에 나타나는 것인데, 그것은 나치독일에 대한 승리에서 스탈린의 역할을 상기시키는 목적을 띤 것으로 보인다. 고르바초프는 스탈린이 '엄청나고 용서받지 못할' 범죄를 저지른 것으로 묘사했지만, 푸틴 정부의 공식 입장은 그 당시 소련이 나치독일을 패배시킨 승리를 가져온 반면 소련에는 비밀경찰이 부농(Kulak)을 포함해 70만 명을 살해한 1937~1938년 테러의 비극이 동시에 존재했다는 것이다. 그러나 푸틴이 집권한 오늘날 러시아는 점차 과거 소련시대 스탈린의 행적을 미화하는 교육을 강화하고 대중의 의식 속에 강력한 정부에 관한 신앙을 심어 놓으려 시도하는데, 그 모든 것은 모스크바 당국이 국내억압과 해외팽창을 정당화하는 데 이용하려는 것이다. 오늘날 대부분의 러시아인들은 스탈린의 1937~1938년 테러를

월 정교회 교회에서 반 푸틴, 반 성직자 노래를 부른 것을 빌미로 법원이 종교증오와 페미니스트 극단주의에 심취한 건달패(hooliganism) 죄목으로 그들을 구속한 일이었다. 그들 중 한명은 2년 집행유예를 받았고, 2명은 시베리아 노동수용소로 보내진 후 2013년 12월 사면됐다. 2012~2013년 기간 반정부 정치세력을 응징하려는 정치탄압 시도도 있었다. 우크라이나에서 망명 목적으로 유엔 고등판무관을 만나던 러시아 야당인 정의당 행동가(activist) 레오니드 라자보즈하예프(Leonid Razavozzhayev)가 볼로트냐 광장 폭력개입 등 대중선동, 정부전복 혐의로 구속됐다. 또 다른 야당 '좌파전선'(Left Front) 연합 리더 세르게이 우달초프(Sergey Udaltsov) 역시 볼로트냐 광장 폭력 당시 대중선동, 정부전복 혐의로 (가택연금 이후) 재판에 넘겨졌다. 정치 활동가 알렉세이 나발니(Alexey Navalny)는 국영회사 비품 절도죄로 5년 형을 선고받은 후 집행유예로 풀려났고, 모스크바 시장 선거에서 2위를 했음에도 불구하고 변호사 자격이 정지됐다. 그가 주도하는 인민동맹당(People's Alliance Party)은 등록이 거부됐다. 그들은 2014년 2월 소치올림픽이 끝난 바로 다음날 최대 4년까지 징역형을 받았다. 한편 외국첩자로 의심받는 수백 개의 NGO에 대한 대대적인 조사가 진행됐다. 그 조사에는 국제사면위원회 모스크바 지부(Moscow Office of Amnesty International), 휴먼

_알렉세이 나발니

라이츠 워치(Human Rights Watch), 국제투명성기구(Transparency International), 모스크바 헬싱키그룹(Moscow Helsinki Group), 골로스(Golos) 등 러시아의 대표적 NGO들이 포함됐는데, 미 국무부는 그 조사를 마녀사냥으로 폄하하면서 러시아 NGO에 계속 자금을 지원할 것이라고 말했다.[1] 러시아 외교부는 워싱턴의 발언과 태도가 러시아에 대한 도발적 내정간섭이라고 강력히 비난했다. 그러나 많은 NGO들은 외국기관으로 등록하기를 거부했는데, 러시아 법무당국은 2011년 11월 이후 (법이 시행되기 시작한) 2013년 4월까지 10억 달러 상당의 외국 재정지원을 받은 2,226개 NGO 중에서 1억 8천만 달러 이상을 수혜한 215개 NGO를 외국기관으로 지정했다. 휴먼라이츠 워치를 포함해 상당수 NGO는 활동금지 명령을 받았는데, 2013년 7월 푸틴이 인권 NGO를 위한 연방자금 지원 칙령을 발표한 이후 그해 말까지 골로스, 모스크바 헬싱키 그룹을 포함해 124개 NGO가

정치억압의 범죄이기보다는 자연재앙 비슷한 것으로 인식한다. 러시아는 그렇게 점점 더 권위주의, 독재로 흘러간다. Nikita Petrov, "Don't Speak Memory," Foreign Affairs, Vol. 97, No. 1 (January/February 2017), pp. 16–21.

1) 푸틴은 2013년 4월 독일 방문 당시 앙겔라 메르켈 독일총리와의 대화 중 NGO 조사는 정당한 것이라고 주장했다.

러시아 정부로부터 6백만 달러 자금을 지원받았다.[1]

03 경제발전

(1) 경제전략

1) 경기침체 탈피와 경제 현대화

메드베데프가 대통령으로 취임한 2008년 지구적 재정위기는 러시아에 부정적 영향을 미쳤다. 미국과 EU의 수많은 은행, 기업이 도산하면서 원유가격은 2008년 7월 배럴당 138달러에서 2009년 1월까지 34달러로 하락했고, 서방 금융권과 재정관계를 유지하던 러시아 회사들은 자금 관련 심한 압박에 처했다. 그에 따라 2008년 4사분기부터 GDP 성장이 멈췄고, 제조업, 건설, 교통수송 분야가 상대적으로 큰 타격을 입으면서 2009년 GDP는 7.9% 하락했다.[2] 경제난에서 탈피하기 위해 메드베데프 정부는 몇몇 경제 활성화 방안을 추진했다. 가장 우선적으로 경제당국은 GDP의 6% 재정적자를 감수하는 정부지출로 경기를 되살리려 시도했다. 정부의 재정적자 운영은 나중에 국민세금 부담으로 이어지지만 우선 더 급한 것은 경기침체를 막아 경제를 살리고 시민들의 일자리를 보전하는 일이었다. 당국은 부실대출과 자본잠식으로 문제시되는 금융기관에 수백억 달러를 직접 지원했고, 경기침체에서 헤어나지 못하지만 경쟁력 있는 대기업에도 수백억 달러 자금을 지원했다. 러시아 은행들은 정부와 중앙은행이 선제적으로 시기적절하게 대응한 덕에 지구적 금융위기로부터 큰 타격을 입지는 않았다.[3] 당국은 또 교육, 도시화, 복지를 포함해 정부지원을 필요로 하는 사회 각 분야에 대한 지출을 늘렸다. 그러나 그 지원규모는 수조 달러에 이르는 서방의 각국 금융기관 및 산업 재정지원에 비하면 훨씬 미미한 수준으로 기껏해야 1천억 달러를 넘어서지 않았다. 그것은 객관적으로 작은 액수는 아니지만, 그래도 지구적 재정위기로부터 러시아가 받는 타격이 상대적으로 작다는

---

1) 골로스는 외국기관 등록을 거부해 1만 2천 달러 벌금을 물고 활동이 금지됐는데, 나중에 시민단체로 재등록했다. Nichol, Russian Political, (March 31, 2014), pp. 19-21.
2) 2008년 러시아 GDP는 5.2% 성장을 기록했다.
3) Angela Balakrishnan, "Financial crisis: action taken by central banks and governments," The Guardian, (October 21, 2008)

것을 의미했다. 또 경제당국은 중앙은행의 기준금리를 인하하고 외환보유고 방출로 루블화 환율을 방어했다. 여러 신속한 조치로 인해 러시아는 늦지 않은 시기에 경기침체로부터 벗어났다. GDP는 2009년 한 해에만 마이너스 성장을 기록했고, 2010년에는 4.5%, 그리고 2011년에는 4.3% 증가세를 보였다. 그때에 이르러 미국과 EU의 최소 2.5조 달러를 넘는 통화이완이 서방경제 활성화로 이어지면서, 러시아가 중시하는 에너지 가격이 또다시 상승하기 시작했고 러시아 경제도 불황에서 탈출하기 시작했다.[1]

한편, 메드베데프 정부의 경제대책은 단기처방을 넘어 러시아 경제의 구조적 전환을 추구했다. 지난 오랜 기간 러시아 경제의 최대약점이 제조업, 서비스 산업보다는 천연자원과 1차 상품 수출에 지나치게 의존한다는 것은 널리 알려진 사실이었다. 비록 푸틴의 처음 두 차례 집권 시기 그와 관련된 약간의 노력이 있었지만, 러시아는 아직 지구적 경제기준에서 선진국 형태의 경제발전과는 거리가 멀었다. 메드베데프는 러시아 경제와 사회를 현대화시킬 목적으로 경제현대화 프로그램을 진수했다. 그의 가장 중요한 과제는 천연자원 수출에 대한 의존을 줄이고 하이텍 기술과 혁신에 근거한 다변화된 경제를 창출하는 것이었다.[2] 2009년 5월 그는 경제현대화를 담당할 핵심기관으로 '러시아 경제 현대화와 기술발전에 관한 대통령위원회'(Presidential Commission on Modernization and Technological Development of the Russian Economy)를 창설했다. 그 위원회는 정부, 학계, 업계의 주요 리더들을 총망라했는데, 그는 그 조직을 매달 한차례 주재할 것이라고 말했다. 그 위원회의 최대 관심사와 우선순위는 테크놀로지 발전을 위한 5개 분야에 맞춰졌다. 그것은 정보통신과 정보관련 테크놀로지, 의학 테크놀로지와 의약품, 핵 테크놀로지, 우주 테크놀로지, 그리고 에너지의 효율적 사용이었다. 메드베데프는 기술혁신에 필요한 예산을 지출할 준비가 되어 있었고, 세계 각국의 첨단기술을 보유한 국가군 명단을 작성했으며, 그들이 러시아에 투자하도록 초청했다. 2009년 8월 그는 하이텍 혁신을 이루고 국내외 투자를 유도하기 위해 국내 특혜기업에 대한 조사를 명령했다. 그것은 세금탈루, 지하경제를 방지하고 공정한 경쟁을 통해 기업 및 경제발전을 이룬다는 가정에서 취해진 조치였다. 그는 일전에도 민간 대기업이 혁신에 투자하지 않는 것이 러시아의 기술혁신이 느리고 국제적 경쟁력이 부족한 원인이라고 지적한 바 있다. 2010년 2월 대통령 위원회에서 메드베데프는 모스크바 외곽 스콜코보(Skolkovo) 지역에 첨단기술 도입을 위한

---

1) Nichol, <u>Russian Political</u>, (March 31, 2012), pp. 18−22; Welt, Russia: Background, (August 21, 2017), p. 13.
2) "Russia Profile Weekly Experts Panel: 2009−Russia's Year," Russia Profile, (December 31, 2009)

연구센터를 설립할 것이라고 말했고, 그 성과 달성을 위한 세금감면 조치가 확정됐으며, 2011년 그 센터 건설이 시작됐다. 2010년 6월 메드베데프는 첨단 기술혁신과 지식기반 산업에 대해 일차적으로 경험하고 기업투자를 유치하기 위해 미국 캘리포니아주 실리콘밸리를 방문했고, 그해 11월 연방 상원연설에서 또다시 경제현대화의 필요성을 강조했다. 그는 기술혁신과 테크놀로지 발전을 위해 연방과 지역정부들이 불필요한 국가자산을 민영화시켜야 하고, 그로부터 유래하는 자금은 경제현대화에 사용되어야 한다고 강조했다.[1]

2) 경제성장의 신념

푸틴이 복귀한 이후 러시아 경제는 한동안 부침을 거듭했다. 2012년 GDP 성장률은 3.4%였는데, 오일과 가스 분야는 GDP의 16%, 연방예산의 52%, 그리고 전체 수출의 70% 이상을 차지했다.[2] 2013년 IBRD가 러시아를 고소득군에 속하는 경제로 지정했지만, 그해 GDP 성장률은 1.3%로 낮아졌다. 그해 러시아 무기 수출액은 157억 달러에 달했는데, 그것은 미국 다음의 2위 수출규모였다.[3] 그러나 러시아 경제는 2014년 이후 더 큰 난관에 부딪쳤는데, 그해 GDP 성장률은 0.7%로 둔화되고 급기야 2015년에는 2.8% 마이너스 성장을 기록했다. 그동안 러시아 리더들은 메드베데프가 강조했듯이 혁신을 통한 첨단과학 진흥, 경제현대화, 산업 다변화를 추구했지만, 그 성과는 아직 제한적이었다.[4] 2014~2015년 전반적인 경제지표는 러시아 경제상황이 어떻게 악화됐는지 자세히 보여주었다. 2014년 무역액은 31% 감소했고, 2015년에는 그 전해보다 5% 더 작아져 36% 감소했다. 2014년 순수 민간자본 유출은 1,520억 달러로 2013년의 600억 달러에 비해 920억 달러 더 늘어났다. 예산적자는 2013년 GDP의 1.2% 수준에서 2015년 GDP의 3.4% 규모로 확대됐다. 2014년 6월부터 12월 사이 50% 이상 하락한 루블화 가치를

1) Presidential Commission on the modernization and technological development of the Russia economy, Official Site; "Medvedev says giant state corporations to go private," RIA Novosti, (June 5, 2009); "Medvedev orders look at activity of Russian state−run businesses/ Russia/," RIA Novosti, En.rian.ru, (September 28, 2010)
2) "Russia−Analysis," EIA, (March 12, 2014); "World Development Indicators: Contribution of natural resources to gross domestic product," World Bank, (October 22, 2014), web.archive.org
3) 러시아는 제5세대 전투기, 핵잠수함, 함정, 탄도미사일, 공중방어시스템을 포함해 다양한 첨단 군사장비를 생산한다. "GDP growth (annual%)," data.worldbank.org; "Putin says Russia must boost arms export; RIA news agency," (July 7, 2014), reuters.com
4) Andrew Kramer, "Economic Reforms Likely to Continue Under Putin," The New York Times, (September 22, 2011)

방어하기 위해 정부는 기존의 외환을 방출했고, 그 과정에서 외환보유고는 2014년 1월 약 5천억 달러에서 2015년 4월까지 3,560억 달러로 감소했다. 2014~2015년 기간 러시아의 경제적 어려움은 두 가지 요인에 근거했는데, 그 중 하나는 크리미아 사태로 인한 서방의 제재이고 다른 하나는 유가의 50% 이상 급격한 하락이었다. 러시아 경제의 불확실성을 야기하는 기타 요인으로는 (2008년 지구적 경제침체 이후) EU의 경기불황, 러시아 추가적 산업능력의 취약, 인구감소, 그리고 이웃 우크라이나의 정치혼란이 지적됐다. 그 사건들이 투자자의 신뢰상실, 그리고 차례로 자본유출, GDP 하락, 인플레이션 증가, 러시아 루블화 타격의 악순환 고리를 만들어낸 것이었다.[1]

2014년 말 러시아 재정당국은 미국, EU, 캐나다, 일본의 러시아 재정, 에너지, 방위산업에 대한 경제제재가 러시아 GDP의 2%인 400억 달러 손실을 초래했고, 유가하락으로 인한 손실이 그 두 배인 GDP 4~5%에 달하는 900~1,000억 달러 수준이라고 말했다. 러시아 경제 관련 일부 전문가들은 서방제재로 인한 러시아의 손실이 GDP의 2.4% 수준이라고 말했고, 또 다른 전문가들은 그것이 6%에까지 이를 수 있다고 주장했다.[2] 2015년 중반까지 러시아는 경제가 위축되면서 그 1년 전 동기에 비해 GDP가 4.6% 감소했는데, IMF는 서방의 제재와 그에 대한 보복 차원에서 시행된 러시아의 서방 농산물 수입금지가 러시아 산출량을 1~1.5% 감소시키는 요인이었다고 분석했다. 그 당시 러시아는 미국과 EU로부터의 농산물 수입을 1년 동안 완전히 금지한 바 있다. IMF는 또 서방제재가 중기적 차원에서 러시아의 자본축적, 기술이전을 감소시키고 생산성을 하락시켜 산업산출을 9%까지 축소시킬 것으로 전망했다. 그럼에도 불구하고 2016년 러시아 경제는 반등하기 시작하고 경기불황은 종식됐다. 계속되는 서방의 제재에도 불구하고 2016년 GDP는 0.3% 성장했고, 인플레이션은 7%로 절반 이상 축소됐으며, 외환보유고는 다시 증가해 2017년 1월 3,910억 달러가 됐다. 순수 민간자본 유출 액수는 2014년 1,520억 달러에서 2016년 198억 달러로 줄어들었고, 또 러시아 정부는 2016년 5월 국제 자본시장에서 신규채권을 성공적으로 발행했다.[3]

....

1) Welt, <u>Russia: Background</u>, (August 21, 2017), p. 13; Mike Dorning, Ian Katz, "U.S. Won't Ease sanctions to Stem Russia's Economic Crisis," Bloomberg, (December 16, 2014); Kathrin Hille, "Moscow says ruble is over," The Financial Times, (December 25, 2014)

2) Scott Johnson, "Prospects for Russia's Sanctions−Bruised Economy Are Dim," (November 16, 2018), www.bloomberg.com

3) 그 이후 (2014년 말 중단된) 해외직접투자 유입이 재개됐는데, 예컨대 카타르 투자 국영펀드(QIA: Qatar Investment Authority)와 스위스 무역회사 글렌코어(Glencore)가 로스네프트의 19.5% 지분을

IMF는 러시아 경제의 중, 단기 전망에 관해 다음과 같은 복합적 견해를 제시했다. 2017년 러시아 GDP 성장치는 1.4%로 예상된다. 여러 지표가 호전되는 것에 비추어 경기는 분명히 그 전해에 비해 나아질 것이지만, 아직은 오일가격이 상대적으로 낮은 상태에 머물고 여러 내재적 약점으로 인해 경제가 충분히 궤도에 오르기까지는 더 오랜 시간이 걸릴 것이다. 그래도 정부 예산적자는 줄어들 전망인데, 2016년 GDP의 3.7%에 해당하던 예산적자는 2017년에는 1.9%로 축소될 것이다.[1] 장기적 차원에서 러시아 경제의 문제점은 구조적인 것이다. 그것은 가장 대표적으로 국가의 지나친 관료주의적 경제통제와 그로 인해 경제현대화, 경제 다변화가 늦어지고 따라서 러시아 경제가 계속 오일, 천연가스에 의존하는 상태에서 벗어나지 못하는 것이다. 그러면 2018년 러시아 경제현실은 어땠을까? 2018년 현재 러시아 경제는 양호했다. GDP는 명목상으로는 1.7조 달러로 세계 11위 규모였지만, 구매력을 감안하면 4.2조 달러로 세계 6위에 위치했다. 2018년 GDP 성장률은 2.3%로 증가했다. 구매력을 감안한 2018년 일인당 GDP는 2만 9천 달러에 근접했다.[2] 서방의 제재와 그에 대한 모스크바의 경제보복이라는 악순환에도 불구하고 러시아 경제는 순항했다. 중국, 인도, 브라질 같은 브릭스 국가들은 러시아와의 특수관계를 감안해 러시아 제재를 철회했다. 러시아와의 갈등에도 불구하고 EU는 계속 러시아의 최대 무역파트너로 남았다. 2016년의 경우 러시아 상품수출의 47%, 수입의 38%가 EU와 이루어졌고, 국가별 러시아의 최대 수출 종착지는 네덜란드(10%), 중국(10%), 독일(7%) 순이었으며 3대 최대 수입원은 중국(21%), 독일(11%), 미국(6%)이었다.[3]

2019년 11월 현재 러시아의 경제현실에 관해 분석가들은 여러 차원에서 조명했다. 러시아 경제는 2019년 2사분기에는 0.9% 성장했고, 3사분기에 1.7% 성장했다. 농업과 산업분야는 각각 연 5.1%와 2.9%의 강력한 성장을 기록했는데, 그것은 인플레이션이 하락하는 상황에서 이루어진 성과이다. 광물자원과 천연가스 무역도 3분기 성장에 기여했다. 정부의 통화이완은 지난 수년간 감소한 가계소득으로 인해 위축된 소비자 수요를 다시 살려냈다. 러시아 정부의 목표치는 1.3%인데, 그 목표에 도달하기 위해서 러시아 4분

106억 달러에 매입했다.

1) 예산 부족분을 충당하기 위한 조치 중 하나로 러시아 정부는 국영자산인 '예비펀드'(Reserve Fund)에 저축된 자금을 사용했다. 그 재원은 2008년 1,5430억 달러에서 2016년 160억 달러로 감소했다.

2) Report for Selected Countries and Subjects, <u>World Economic Outlook Database</u>, (October 15, 2019), IMF.org.

3) Welt, <u>Russia: Background</u>, (August 21, 2017), pp. 14-16.

기 경제는 1.9% 성장이 필요하다. 국가의 의도적 재정자극이 없이는 추가 경제성장은 제한적일 것이다. 수년이 걸리는 인프라 프로젝트는 느리게 진행되는데, 그것은 2020년에는 경제성장에 크게 공헌할 것이다. 공식통계는 러시아 GDP 성장이 가속화되고 있지만 정부의 목표치를 달성하기에는 약간 부족한 상태임을 보여준다. IMF와 IBRD는 2019년 GDP 성장률을 1%로 하향 전망했다. 그러나 전체적으로 러시아 경제는 진전하고 있으며 앞으로도 큰 문제는 없을 것이다. 대대적 혁신에 근거한 경제전반에서의 첨단 과학기술, 지식기반 산업도 점차 자리를 잡아갈 것이다.[1] 이러한 전망은 2019년 말 발생한 전세계적인 코로나 바이러스 사태가 조기에 종식될 것이라는 가정을 전제로 할 때 가능하다.

(2) 에너지 정책

1) 천연가스와 오일 매장량

러시아의 천연가스와 오일 매장량은 세계 최고수준이다. 러시아의 천연가스 보유 순위는 세계 1위로 전 세계 매장량의 18%를 차지하고, 오일은 세계 7위로 전 세계 매장량의 5%에 달한다. 그 자원의 운영에 관한 권한은 푸틴 제1~2기 집권기 전략산업 재국유화 정책에 의해 모두 국영 에너지기업에 주어졌는데, 그것은 결과적으로 그 모두가 모스크바 당국의 직접통제 하에 있음을 의미했다. 러시아 천연가스와 오일은 모스크바에게 엄청난 이익을 가져다주는데, 실제 푸틴의 처음 두 번 집권기 경제성장 자체가 푸틴의 경제개혁, 발전전략과 더불어 에너지 수출에서 비롯됐다. 2010년 통계로 정부 세수확보의 거의 절반이 오일과 천연가스 수출에서 유래했고 그런 추세는 그 이후에도 계속됐다. 또 그 에너지 자원은 러시아에게 엄청난 정치, 경제적 지렛대를 제공하고 모스크바 당국 역시 그 사실을 잘 인지하고 있는데, 그것은 러시아의 국가안보전략 자체가 그 자원이 세계 영향력을 제공하고 있음을 확인하는 데서 역력히 드러났다.[2]

---

1) Artyom Geodakyan, "Russian Economic Growth Accelerates," (November, 13, 2019), https://www.themoscowtimes.com〉 ...; Anna Andrianova, "Russian Economic Growth Nearly Doubles After Bout of Easing," (November 13, 2019), bloomberg.com

2) Nichol, Russian Political, (March 31, 2014), p. 36.

2) 에너지 관계

러시아의 에너지는 전 세계를 상대로 하는 엄청난 외교자산이다. 러시아는 특히 유럽 에너지 수급과 관련해 막대한 영향력을 행사해 왔다. 유럽은 매년 필요로 하는 천연가스의 최소 1/3 이상을 러시아로부터 공급받고, 대부분의 중·동부 유럽 국가들은 현실적으로 러시아의 천연가스(와 오일)의 영향력에서 벗어나기 어렵다. 2011년 통계로 러시아 국영 가스회사 가스프롬 수출의 53%는 EU로 갔고, 30%는 구소련공화국 국가들, 그리고 나머지가 아시아를 포함해 기타 지역으로 공급됐다.[1] 러시아-유럽의 에너지 관계에서 문제가 되는 것은 외교, 경제, 군사분쟁이 발생할 때 모스크바가 가스 수급을 일방적으로 조절하고 또 가끔은 가격과 관련해 강압적으로 새로운 협상안을 제안하는 것이었다. 이미 그런 경우가 여러 번 있었다. (앞에서 논의했듯이) 2009년 가스프롬이 대금 미지불 및 가격문제로 우크라이나에 3주간 가스공급을 중단했는데, 그 당시 유럽으로 가는 가스의 80%가 우크라이나 파이프라인을 통과하는 이유로 유럽은 극심한 가스 부족에 시달렸다. 2006년 초에도 러시아-우크라이나 분쟁으로 인해 유럽으로 가는 가스가 중단된 바 있다. 러시아-우크라이나 두 나라 사이의 가스분쟁은 2014년에도 존재했는데, 그것은 유로마이단 사태로 의해 친러 대통령 빅토르 야누코비치가 우크라이나에서 축출된 이후 푸틴 3기 정부가 새로 발족한 키예프 친서방 정부에 가스공급 중단을 위협했던 때이다. 2010~2011년 러시아-벨로루스 분쟁 역시 벨로루스와 그 이웃 몇몇 나라에 대한 일시적 천연가스 및 오일 공급중단으로 이어졌다. 불규칙한 에너지 수급문제가 수시로 반복되면서 러시아와 유럽 국가들은 양측 모두 안정적 가스 공급을 원했고, 모스크바와 베를린이 발트해 해저를 통과해 직접 서로 연결하는 첫 번째 '노드 스트림'(Nord Stream) 가스관을 건설하면서 2011년 11월 러시아 가스가 처음으로 독일에 직접 도달했다. 2012년 10월에는 독일로 연결되는 두 번째 노드 스트림 파이프라인이 개통됐는데, 그 두 개의 가스관을 통해서 유럽에 도달하는 가스 총량은 연간 550억 큐빅 미터였다. 러시아 공급업체 가스프롬은 노드 스트림이 유럽 소비자에게 아주 신뢰 높게 가스공급을 보장할 것이라고 말했다.[2]

---

1) 러시아로부터 천연가스를 공급받는 CIS 국가들 중 상당수는 그것을 특별할인 가격으로 공급받거나 아니면 제대로 가격을 지불하지 못하는 경우도 많았다.
2) 원래 유럽 집행위원회(EU Commission)는 2000년 12월 Nord Stream을 유럽 횡단 에너지 사업으로 지정했고 그 위상은 2006년 재확인됐다. 그 후 러시아의 유럽 가스공급이 정치, 경제적 이유로 수시로 중단되면서, Nord Stream 건설사업이 2010년 4월 발트해에서 처음 시작됐고, 2011년 11월 처음 개통됐다. Nord Stream-Gazprom, https://www.gazprom.com〉 projects

한편 많은 EU 국가들은 러시아에 대한 과도한 에너지 의존을 우려했다. 그것은 경제뿐 아니라 외교, 안보와도 연결된 문제였다. 모스크바의 강력한 정책수단에 대한 대응 측면에서, EU 국가들은 러시아 영토를 우회해 아제르바이잔과 중앙아시아 가스를 수입하는 '서던 코리도'(Southern Corridor) 가스관 프로젝트(TAP)를 시도했다. 그러나 2019년 완공을 목표로 아제르바이잔, 터키, 그리스, 알바니아, 이탈리아를 거치고 연간 최대 200억 큐빅 미터만을 공급하는 그 사업(Shah Deniz 2 Project)은 유럽에 필요한 충분한 양을 제공하지 못할 것으로 예상됐다.[1]

_노드 스트림 프로젝트, gazprom.com

유럽은 또 다른 루트의 '서던 코리도'(Southern Corridor) 개통을 시도했는데, 그것은 카스피해를 가로질러 투르크메니스탄과 기타 (거대 매장량의) 중앙아시아 천연가스를 유럽으로 연결하는 프로젝트(TCP: Trans-Caspian Pipeline)였다. 그러나 TCP 프로젝트는 러시아의 강력한 반대에 부딪쳤다. 러시아는 나름대로 다양한 수단을 동원하면서 자국의 천연가스 지렛대 유지를 추구했다. 예를 들어 우크라이나 가스관을 통제하는 과정에서, 모스크바는 연간 1,400억 큐빅 미터에 달하는 공급능력에도 불구하고 2013년 유럽에 860억 큐빅 미터만을 수송했다. 벨로루스에서는 2011년 가스가격의 획기적 저하를 빌미로 그 나라 가스 인프라를 완전히 장악했다. 그러는 가운데 가스프롬은 또다시 유럽에 직접 도달하는 가스관 개설을 추진했는데, 그것은 이탈리아 에너지회사 ENI와의 '사우스 스트림'(South Stream) 건설 프로젝트 합의였다. 그 사업은 러시아 가스가 흑해 해저를 통해 불가리아, 그리스, 오스트리아를 거쳐 이탈리아로 향하는 파이프라인을 설치하는 작업인데, 세르비아, 슬로베니아, 헝가리도 그 계획에 참여의사를 밝혔다. 결과적으로 '사우스 스트림' 사업에는 상당수의 발칸 및 동유럽 국가들이 참여하는 것인데, 2013년 시작해 2015년 완공을 추진하는 그 가스관을 통한 공급량은 630억 큐빅 미터에 달할 것으로 추정됐다.[2] 그러나 EU 집행위원회가 EU 독과점법 조항을 이유로 그 프로젝트의 문제점을 지적하면서, 그 사업은 2014년 취소됐다. 러시아는 또 중국, 일본, 한국을 포함하는 아시아 국가

---

1) Southern Corridor에 추가 가스관이 건설될 전망도 불확실했다.
2) 러시아는 그 South Stream 사업에 서유럽 대기업들이 참여할 것을 독려했다.

들에 대한 수출증대도 시도했다. 아시아에 대한 러시아의 가스공급은 2010년 현재 러시아 전체 수출의 7%를 차지했는데, 모스크바는 2030년까지 그 양이 20%에 달하기를 희망했다.[1]

　　푸틴 제3~4기 집권기에도 에너지와 관련된 모스크바 당국의 시도는 계속됐다. 2011~2012년 '노드 스트림'(Nord Stream) 2개 파이프라인 개설 성공에 힘입어, 푸틴 시대에는 그 연장선상에서 추가 파이프라인을 건설하는 '노드 스트림 2'(Nord Stream 2) 사업을 시도했다. 모스크바는 다음과 같이 말했다. '노드 스트림 2'를 건설하려는 결정은 지난번 건설과 운영의 성공적 경험에 기초한다. 이미 작동중인 것과 마찬가지로 그 새 파이프라인은 가스프롬과 유럽 소비자를 직접 연결할 것이다. 그 가스관은 '노드 스트림'과 마찬가지로 유럽에 아주 신뢰성 있게 러시아 가스를 공급할 것이다. 이 프로젝트는 이제 특히 중요한데, 왜냐하면 유럽에서는 국내가스 생산이 줄어들고 수입가스에 대한 수요가 더 커지고 있기 때문이다. '노드 스트림 2' 가스관은 레닌그라드 지역의 우스트루가(Ust Luga)에서 시작해 발트 해를 지나 노드 스트림의 종착지와 지리적으로 가까운 그라이프스발트(Greifswald) 지역으로 향한다. 가스관의 총길이는 1,200킬로미터인데, 두 개 관을 통한 운송총량은 연간 550억 큐빅 미터이다. 그 두 종류 노드 스트림을 통한 연간 가스공급총량은 1,100억 큐빅 미터가 될 것이다. 2012년 10월 이후 '노드 스트림' 주주들은 제3, 4가스관의 경제, 기술 타당성에 관해 조사했는데, 그때 그들은 그 건설이 합리적이라고 결론 내렸다. 나중에 그 제3, 4의 가스관은 '노드 스트림 2'로 알려졌다.[2]

　　그러나 그 프로젝트는 핀란드, 스웨덴, 덴마크 수역을 통과하기 때문에 그 정부들의 허락을 필요로 했고, EU 역시 '사우스 스트림'(South Stream) 건설 당시와 비슷하게 그 사업이 독과점 방지를 포함해 다양한 EU 규정을 어기지는 않는지를 검토할 것이라고 말했다. 발트 국가들과 우크라이나, 폴란드, 그리고 미국 의회 일부에서는 그 사업에 반대했는데, 그 이유는 '노드 스트림 2'가 러시아에 대한 유럽의 의존을 더 심화시킬 것이기 때문이었다. 특히 모스크바와 대립관계에 있는 키예프는 우크라이나를 우회해 동유럽으로

1) 러시아 전문가 짐 니콜(Jim Nichol)은 러시아의 천연가스 지렛대를 약화시킬 수 있는 방안으로 신기술을 통해 세계 각지에 분포되어 있는 셰일가스를 추출해 가스공급을 다변화하고 가스가격 인하를 협상할 것을 제안했다. 그는 또 유럽의 액화천연가스(LNG) 인프라 확대가 공급 다변화를 가능케 하고 가격협상에서 지렛대를 부여할 것으로 전망했다. Nichol, <u>Russian Political</u>, (March 31, 2014), pp. 36－38.
2) Nord Stream2－ Gazprom, https://www.gazprom.com〉 projects

가는 그 파이프라인이 자국뿐 아니라 중, 동부 유럽을 러시아 에너지 압박에 더 취약하게 만들 것이라고 주장했다. 또 그 사업은 유럽의 에너지 공급원을 다양화해야 한다는 몇몇 유럽 국가들의 인식과 배치됐다. 그러나 여러 우려와 반대에도 불구하고 2017년 4월 프로젝트 주관사인 '노드 스트림 2 AG'(Nord Stream 2 AG)는 로열 더치 쉘(Royal Dutch Shell)을 포함해 5개 유럽 에너지 회사와 재정합의에 서명했고, 그들은 전체 프로젝트의 50%에 해당하는 장기 재정을 제공하기로 약속했다. 2018년 9월 발트해에 파이프라인을 설치하는 공사가 시작됐다.[1]

한편 흑해 해저, 동유럽을 통해 이탈리아로 향하는 2014년에 취소된 '사우스 스트림'(South Stream) 프로젝트는 '투르크 스트림'(Turk Stream) 프로젝트로 대체됐다. 처음에 시리아, 이라크, 이란, 그리고 쿠르드족을 포함하는 중동사태와 관련해 러시아-터키 관계가 불안정한 이유로 그 사업이 잠시 주춤했지만, 모스크바는 흑해를 통해 비슷한 루트를 거쳐 터키-그리스 국경까지 이어지는 그 프로젝트 건설에서 진전을 이루었다. 가스프롬은 파이프라인 건설을 포함해서 그 프로젝트 일부계약에 서명했다. 2020년 1월 푸틴은 시리아에서 알-아사드 대통령과 만나 중동정세를 논의하고 곧바로 레제프 에르도안 대통령이 이끄는 터키를 방문해 그 투르크 스트림 개통식에 참석했다. (앞에서 논의한 대로) 2014년 5월 러시아는 중국과도 새로운 천연가스 관련 협정을 체결했다. 상하이를 방문하면서 푸틴 대통령은 중·러 양국이 공동자금을 제공하는 770억 달러 상당의 가스 파이프라인 건설에 서명했다. 4~6년 내에 완공될 예정인 그 파이프라인은 가스프롬으로부터 중국 CNPC로 30년에 걸쳐 4천억 달러 수준의 천연가스를 전달하기로 합의됐다.[2] 러시아는 그렇게 에너지 강국으로서의 지위를 확실하게 굳혔다. 러시아 천연가스는 유라시아 대륙에서 엄청난 영향력을 행사한다. 러시아 오일 역시 큰 영향력을 갖지만 천연가스만큼의 지렛대는 갖고 있지 못하다. 2015년 현재 발트, 동유럽, 발칸의 12개 국가들이 러시아 가스에 100% 의존했다.[3] 6개국은 총 에너지 소비의 20% 이상을 러시아 가스에 의존하는데, 아르메니아, 벨로루스, 몰도바가 그들 중 일부였다. 다른 20개국은 전체 가스 소비량의 절반 이상을 러시아에 의존했고, 독일은 그들 중 하나이다. 프랑스는 가스 총소비량의 22%를 러시아에 의존했다. 2016년 러시아의 오일 생산량은 미국, 사우디아라

1) Ibid., 그 회사들은 ENGIE, OMV, Uniper, Wintershall 이다.
2) "China and Russia sign $400 billion 30-year gas deal," (May 22, 2014), www.russiaherald.com
3) 그 나라들은 에스토니아, 라트비아, 벨로루스, 몰도바, 헝가리, 루마니아, 불가리아, 세르비아, 슬로베니아, 마케도니아, 보스니아-헤르체고비나, 핀란드이다.

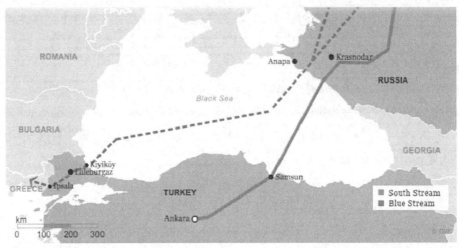

_투르크 스트림 프로젝트, dw.com

비아 다음의 세계 3위에 위치했다. 천연가스 생산량은 미국 다음의 2위이고 석탄생산은 세계 6위였다. 핵 발전도 러시아 에너지의 중요한 한 측면이다. 2014년까지 러시아는 핵 발전소와 산업발전을 위해 427억 달러의 연방예산을 할당했고, 국영기업 로스아톰 (Rosatom)은 많은 핵발전소와 시설을 러시아를 넘어 해외에 수출, 건설했다. 2012년부터 해상 핵발전소 건설은 러시아 북극 해안도시와 가스단지에 전력을 공급하는 목적을 띠었 다. 러시아의 북극 관련 에너지 정책은 (2012년 초 이후 생산이 가능하고) 세계 최초의 빙설 저항, 해상 북극 오일기지(platform)인 페초라 해(Pechora Sea) 해상유전 건설을 포함했다. 2011년 8월 러시아 오일회사 로스네프트는 북극 오일생산을 위해 엑슨 모빌과 계약을 체결한 바 있다.[1]

---

1) Welt, <u>Russia: Background</u>, (August 21, 2017), pp. 18－19; Russia builds nuclear power stations all over the world, m.amur.kp.ru; Andrew Kramer, "Exxon Reaches Arctic Oil Deal With Russians," The New York Times, (August 30, 2011)

04 국방정책과 군사현대화

(1) 국방의 우선순위와 국방개혁

메드베데프가 대통령으로 집권할 당시 러시아군은 아직 제대로 정비되지 않은 상태에 있었다. 그 이전 푸틴 집권기 군의 능력을 더 향상시키기 위한 몇몇 개혁방안이 추진됐지만 그것은 하루아침에 원하는 성과를 거두기에는 역부족이었다. 상승하는 오일 및 천연가스 가격으로 인해 국방비 인상속도는 느리지 않았지만 아직 재래식 전력증강은 원하는 수준에 이르지 못했고, 무기를 제조하는 방위산업체 기술은 서방에 비해 낙후를 면치 못했으며, 전투 효율성을 높이기 위한 군 구조개편은 이루어지지 않았다. 병력충원의 어려움과 효율적인 직업군대의 필요성을 감안해 시행한 계약직 병사를 고용하는 모병제는 많은 문제점을 노출하면서 아직 정착되지 않았고, 군 기강 약화는 군인들의 사기를 떨어뜨렸다. 2007년 2월 아나톨리 세르듀코프를 신임 국방장관으로 임명하면서 푸틴은 더 광범위하고 체계적인 국방개혁의 의지를 드러냈지만, 그의 개혁구상은 아직 본격적으로 시행되지 않고 있었다.

메드베데프는 전임자 푸틴의 구상, 러시아의 국방현실을 잘 인지하는 상태에서 집권했는데, 그가 집권한 지 3개월 만에 발발한 러시아-조지아 전쟁은 모스크바 당국을 포함해 모든 러시아인들에게 국방개혁, 군사현대화의 필요성을 더욱 실감케 했다. 그 이유는 비록 그때 러시아가 5일간 전개된 전쟁에서 승리했지만, 그 전투과정이 러시아군의 취약한 능력과 부실한 준비태세의 현실을 적나라하게 보여주었기 때문이다. 그 당시 서방 전문가들은 다음과 같이 말했다. 러시아군의 전투능력은 많은 문제점을 갖고 있다. 러시아가 약소국 조지아에 비해 우월한 전력을 갖고 있음은 두말할 나위가 없다. 그러나 서방의 기준에서 볼 때, 그들은 지휘 명령체계에서 일관성 부족을 드러냈고, 적의 움직임에 대한 정보, 감시, 정찰능력이 취약했으며, 전체 전쟁구도 설정과 각 부대 간 통합작전에 비효율적이었다. 공군은 조지아 방공망체계에 대해 제대로 파악하고 있지 못했고, 지휘통제를 위한 전술통신 확보에서도 문제가 있었다. 러시아군의 조지아 침공은 일사분란하지 않았고, 그 군대가 대외, 안보정책 목표를 달성할 충분한 수단과 능력을 갖고 있는지 의구심을 갖게 만들었다. 서방군대의 첨단무기 및 전문적 능력과 비교해 볼 때, 그 군대는 특별한 노력이 없는 한 미래에 신뢰할 만한 방어능력을 제공하기 어려울 것이다.[1] 러시아

---

1) Nichol, <u>Russian Military Reform</u>, (August 24, 2011), p. 5.

─조지아 전쟁이 끝나고 2개월이 지난 2008년 10월 메드베데프는 '러시아 연방군대의 미래전망과 2009─2020년 기간 그 달성을 위한 우선순위'(The Future Outlook of the Russian Federation Armed Forces and Priorities for its Creation for the Period of 2009─2020)라는 러시아 국방정책의 우선과제를 발표했다. 그 구상은 여러 차원의 사안을 망라하는 포괄적 성격을 띠었는데, 그는 러시아군을 세계에서 일류군대로 만들기 위해서는 전략 로켓군, 우주방위군, 지휘통제능력, 군사준비태세, 신속대응전력, 군사훈련을 포함하는 모든 국방분야에서 끊임없는 발전노력이 필요하다고 강조했다. 그는 의회연설에서 그가 광범위하고 다양한 세부요소를 포함하는 군사력 정비를 촉구하는 이유는 가깝게는 러시아─조지아 전쟁과 체첸전쟁에서 노출된 군사적 약점을 치유하고, 멀리는 미국이 주도하는 나토확대, 지구적 미사일방어망 건설, 러시아에 대한 서방의 군사적 포위를 막아내기 위해서라고 말했다.[1] 메드베데프의 국방 우선과제 선언에 발맞추어 세르듀코프는 (2007년 2월 국방장관 취임 이후 계획하던) 국방개혁을 본격적으로 추진할 것이라고 말하면서, 그 방향과 세부방안에 관해 다시 한 번 설명했다. 중앙지휘체계는 군관구(military district)─군(army)─사단(division)─연대(regiment)의 4단계를 신속성과 효율성을 위해 (원래는 군단─여단의 2단계를 구상했으나) 전략사령부─전술사령부─여단의 3단계로 축소될 것이다.[2] 현재 120만 명 병력은 2012년까지 100만 이하로 감축되고, 장교 숫자는 현재의 35만에서 15만으로 줄어들 것이다. 장교 숫자를 줄이는 이유는 대령, 중령급의 고위 장교가 초급장교보다 너무 많고, 장교와 병사 비율이 갈수록 나빠지기 때문이다. 14만 명의 부사관은 새로이 훈련된 7만 8천 명 부사관으로 대체될 것이다. 장교훈련은 65개 학교에서 10개의 체계적 군사훈련센터로 전환된다. 일단 유사시 동원되는 200만 명 규모의 예비군 제도는 더 체계적으로 정비될 것이다. 지상군은 여단체계, 공군은 연대(regiment) 대신 공군기지 중심으로 재편된다.[3]

_아나톨리 세르듀코프

1) Nichol, <u>Russian Political</u>, (March 31, 2014), p. 30; Nichol, <u>Russian Military Reform</u>, (August 24, 2011), p. 5.

2) 과거의 병력 동원방식은 간부와 사병이 부분적으로만 충원된 수많은 사단과 위기시 예비군 동원에 의존하는 형태였다.

3) Nichol, <u>Russian Political</u>, (March 31, 2014), p. 30; "Russia's top brass gather in Moscow to discuss military reform," En.rian.ru, (September 2, 2009); 그러나 2013년 러시아 회계, 감사당국의 봉급표에 나타난 군인 숫자는 76만 6천 명이었고, 원래 병력수의 거의 1/4은 비어있었다. "766,055," RIA Novosti, (October 31, 2013); 2016년 12월 러시아 국방부는 군 병력숫자는 규정량의 93%까지 증가했다고 보고했다.

1) 군사전략

2009년 5월 모스크바 당국은 (2009-2020) 국가안보전략을 발표했는데, 그 문서는 작금의 국제상황과 러시아 대외·국방정책 방향에 관해 설명했다. 미국이 주도하는 세계화(globalization)는 모든 국가들을 자원전쟁에 휘말리게 하고, 국내에서는 일부 계층의 빈곤을 포함해 사회적 불평등을 야기했다. 군사우위를 달성하기 위한 나토의 확대는 러시아의 안보를 위협하고 지구적 군사갈등을 촉발시킨다. 러시아는 미국과 협력을 통해 지구적 안정을 유지해야 하지만, 동시에 러시아 위상에 걸맞는 영향력을 재확보해야 한다. 구소련 공화국들과의 군사동맹인 CSTO의 역할은 더 확대돼야 하고 미·러 공격 핵전력에서 균형을 잃지 말아야 한다. 대외관계에서 만전을 기하기 위해 전략핵무기, 재래식 전력증강, 방위산업 활성화가 이루어져야 하고, 대내적으로는 초국가범죄, 테러리즘, 국경에서의 분쟁에 대비해야 한다. 2010년 2월에는 나토의 러시아 국경으로의 확대, MD, 서방의 정밀타격 첨단무기를 위협으로 식별하는 러시아 국방부의 군사전략이 발표됐다.[1] 전쟁이 발발할 경우 군사운용을 설명하는 그 군사전략에서 러시아 군 당국은 적의 공격이 러시아와 동맹국의 '실존'(very existence)을 위협할 경우에만 핵무기를 사용하도록 의무화했다. 그 전략은 2000년 군사전략에 비해 핵무기 사용의 조건을 더 엄격하게 규정했지만, 그럼에도 불구하고 그것은 지속적 갈등상황에서는 핵무기를 사용할 수 있음을 의미했다.[2]

(2) 국방개혁의 성과와 계획변경

2009~2010년 기간 국방개혁에서 상당한 성과가 있었다. 6개 군관구는 서부, 남부, 중부, 동부 군관구 4개 체제로 개편됐고, (2010년 중반) 군관구와 해군함대가 4개 전략사령부로 통합되면서 4개 연합전략사령부(Joint Strategic Command) 체제가 생성됐다.[3] 육, 해, 공군은 연합전략사령부에 분산 배치됐다. 그렇게 해서 지휘체계는 전략사령부-전술

---

1) 국가안보전략이 오바마의 리셋 접근법을 감안해 미국과의 협력가능성을 배제하지 않은 것과는 대조적으로, 국방에 초점을 맞추는 그 군사전략은 더 공격적 성격을 띠었다.

2) 2000년 군사전략은 재래식 전력이 열악한 상황에서 핵무기 사용을 강조했다. Nichol, <u>Russian Military Reform</u>, (August 24, 2011), pp. 2-6.

3) 과거의 6개 관구는 모스크바, 레닌그라드, 북 코카서스, 프리볼즈스크-우랄(Privolzhsk-Ural), 시베리아, 그리고 극동관구였다.

사령부-여단의 3단계로 정착됐다. 2011년 7월에는 별도로 미사일-우주방위 전술전략 사령부(Operational-Strategic Command of Missile-Space Defense)가 창설됐고, 2014년에는 러시아 북부함대가 '연합전략사령부-북부함대'(Joint Strategic Command-Northen Fleet)로 재편됐다. 칼리닌그라드에서는 발틱 함대사령부 지휘 하에 지상군, 해안경비대가 작전을 맡았고, 이스캔더 핵 탄도미사일과 수호이 27(SU-27 Flanker) 전투기가 배치됐다.[1] 병력숫자는 120만 명에서 100만 명으로 감축됐는데, 지상군은 40만 명에서 27만 명으로 규모가 줄어들었다.[2] 그동안 항시 병력부족으로 문제시되던 203개에 달하는 사단은 병력, 준비태세, 기동성이 향상된 85개 여단으로 전환됐고, 2백만 명 예비군 동원체제도 더 조직화됐다. 2010년 3월 메드베데프 대통령은 군사 재구조화는 성공적으로 완성되고 인력은 계획대로 축소됐다고 말했다. 그는 2010년 이후에 군대가 가장 중시하는 사업은 전투 준비태세 증진과 무기체계 현대화가 될 것이라고 말했다.[3]

그러나 개혁이 모두 원래의 구상대로만 진행되지는 않았는데, 그것은 장교 규모, 계약직 군대, 또 신설 여단 무기 및 기타 군사장비 공급에 관한 것이었다. 우선, 장교 규모 축소계획은 번복됐다. 군대의 근간인 장교를 축소하는 것은 논리에 맞지 않는다고 주장하는 상당수 장교들의 주장을 수용해, 2011년 3월 중순 메드베데프는 2012년까지 장교 숫자를 15만 명에서 22만 명으로 증원시킬 것이라고 선언했다.[4] 둘째, 모병제 계약직 병사 축소계획도 원래 구상대로 진행되지 않았다. 원래 모병제는 소련 붕괴 이후 인구감소로 인한 입대자원 부족, 청년들의 건강기준 미달, 또 뇌물을 통한 입영회피 등 여러 이유로 2003년 처음 실시됐고, 2005년 말 군 병력의 30%는 계약제 병사로 채워졌다. 그러나 징병제, 모병제 병사들이 서로 화합하지 못하고 또 낮은 월급수준으로 인해 계약직 병사들의 질이 기대에 미치지 못하면서, 군 당국은 모병제 충원을 축소할 계획이었다. 예를 들어 2010년 2월 마카로프 참모총장은 계약직 군대로의 전환은 대체로 실패했고, 미래계약은 (병사가 아닌) 직업 부사관에 초점을 맞출 것이며, 징병제가 활성화될 것이라고 말했

---

1) Alexander Golts, "3 heads are worse than one," The Moscow Times, (July 20, 2010); "Russia sets up four strategic commands," RIA Novosti, (July 14, 2010)

2) 2019년 현재 러시아 현역 병력 수는 90만 명이다. IISS, The Military Balance 2019, (February 15, 2019)

3) 국방개혁에서 해, 공군에 대한 영향은 적었지만, 해군은 본부가 상트페테르부르크로 이전되는 가운데 함정과 잠수함 획득에 대한 강조가 있었다. Nichol, Russian Military Reform, (August 24, 2011), p. 6.

4) 세르듀코프는 증원된 7만 명 장교 중 4만 명은 새로 창설된 우주방위 사령부에 흡수되고 나머지는 (2개) 전략 미사일군 산하 미사일부대, 또는 기타 공중방위연대에 배치될 것이라고 말했다.

다.[1] 그러나 많은 군 간부들이 기술을 가진 계약직 인력확보의 중요성을 옹호하면서 2011년 3월 메드베데프 대통령은 2017년까지 계약직을 42만 5천명으로 증원시킬 것이라고 발표했다. 마카로프 역시 군 간부들의 청원에 따라 계약직에 대한 입장을 완전히 바꾸었다.[2] 물론 아직도 징병제는 중요한 제도였다. 그러나 불충분한 징집인력, 군대 내 선임병사의 후임자 괴롭힘 등의 문제를 해결하기 위한 고육지책으로 24개월 징병제 복무기간은 2007년 3월 18개월, 그리고 2008년 1월에 1년으로 단축됐다.[3] 현역병사 징병은 18~33세 청년이 그 대상이고, 일부는 군 입대를 연기하거나 군복무를 면제받을 수 있게 됐다. 특별한 사정이 있는 사람들은 입대를 연기할 수 있는데, 그 대상은 대학생, 대학원생, 독자가 가족을 부양할 경우, 2명 이상 자녀의 부모, 그리고 국방관련 기업 종사자들이다. 박사학위 취득자와 군복무 중 사망한 군인 자녀들은 군 복무를 면제받을 수 있었다. 앞으로도 계속해서 군 인력은 징병제와 모병제의 혼합형으로 운영될 것이지만, 2015년 4월 국방장관 세르게이 쇼이구(Sergei Shoigu)는 사상 처음으로 이제 모병제 병사가 징병제 병사보다 더 많아졌다고 말했다. 그래도 징집 관련 현실은 점점 더 개선돼 갔는데, 2012년 이후 징집 기피는 60% 이상 감소했고 2018년 이후 징집된 청년 80%의 건강은 군복무에 문제없는 수준이었다. 2019년 3월 현재 군에 근무하는 계약제 병사 숫자는 40만 명에 달했고, 군 전체에는 136개 전술 모병대대 그룹이 존재했다.[4] 국방개혁과 관련해 제대로 이루어지지 않은 세 번째 사항은 새로 창설된 여단에 대한 무기 및 장비 지급이었다. 실제 그 부대에 원래 계획대로 충분한 무기와 장비가 지급됐는지는 불확실하다. 2011년 3월 세르듀코프는 여단 창설, 전

_세르게이 쇼이구

1) 그 당시 11만 명의 계약직 병사가 해고된 것으로 알려졌다. 마카로프는 계약직을 위한 자금은 부족하며, 그에 필요한 자금은 그 대신 무기획득과 잔류 계약자 봉급 인상을 위해 사용될 것이라고 말했다.

2) 2011년 3월 마카로프는 과거의 입장을 번복하면서 42만 5천명 계약직은 개혁의 시작이고 러시아 군대의 궁극적 목표는 체코 군대와 비슷하게 병사의 10~15%를 징병으로 충원하는 것이라고 말했다. 그는 지난번 방출된 계약직은 설득, 강요, 위협에 의해 계약한 사람들이었고, 6개월 근무한 이후 3년 계약을 무시하고 떠났다고 말했다. 새로운 계약직 충원과정은 전망 있는 사람들을 훈련하고 그들에게 계약제를 제안할 것이라고 했다.

3) 2011년 11월 마카로프는 징집기간을 축소한 것은 징병인력이 불충분했던 것이 큰 원인이라고 말했다.

4) 또 2003년 국가두마는 인구감소 상황에서 병력유지를 위해 CIS 국가 비 러시아인의 러시아 군 입대를 허용했는데, 그들은 군 복무 후 일정기간이 지나면 러시아 시민권을 받을 수 있다. 예를 들어 그 계획은 아제르바이잔에서 매우 인기가 있었다. CIA, The World Fact Book: Russia, (July 3, 2015); "Russian Army: Contract Soldiers Outnumber Conscripts First Time in History," Sputniknews.com, (April 28, 2015); http://tass.com/defense/1048138

투 준비태세와 훈련, 첨단무기 지급, 병참증진을 포함해 개혁의 어려운 부분은 완성됐다고 말했지만, 그 세부 내역에 관해서는 공개하지 않았다. 모스크바 당국의 군 관련 비밀주의로 인해 외부 관찰자들이 러시아의 내밀하고 중요한 군사상황을 파악하는 데는 상당한 한계가 존재했다.[1]

(3) 국방예산

오일과 천연가스 가격이 상승하고 푸틴이 군사비 지출을 계속 늘리면서 2000년대 대부분 기간 러시아 국방비는 연평균 30% 상승했고 2008년 지구적 재정위기 이후에도 약간 증가했다. 2005년 러시아 공식 국방비는 324억 달러였고, 러시아 재정장관 알렉세이 쿠드린(Alexei Kudrin)은 2010년까지 그 추세가 그대로 이어질 것이라고 말했다. 그러나 러시아 국방예산에 관한 해외 전문가, 전문기관의 측정은 현실과 상당한 차이를 나타냈는데, 왜냐하면 국내정치 특성상 통계를 자의적으로 변경시킬 수 있는 러시아 당국의 비밀적 관행으로 인해 외부에서 그 정확한 규모를 알기 어렵기 때문이었다.[2] 예를 들어 모스크바 당국이 2005년 국방비가 324억 달러라고 말한 반면, 서방에서는 그보다 2년이 지난 2007년 러시아 국방예산은 오히려 8억 달러가 적은 316억 달러라고 말했다.[3] 러시아 재정장관이 연평균 군사비 지출이 30%씩 상승한다고 시인하는 상황에서 서방이 측정한 국방비가 러시아가 발표한 국방비보다 더 적게 산정된 것은 그만큼 그 정확한 액수를 알기 어렵다는 것을 의미했다. 비슷하게 서방에서는 2008년 러시아 국방비가 700억 달러 수준일 것으로 예상했지만, 2008년 9월 푸틴총리는 그것이 500억 달러라고 말했다. 그러나 실제 2009년 한해에 걸쳐 러시아 국방부 부장관, 두마 국방위원회, 제1 부총리가 발표한 국방예산은 340~415억 달러 사이에서 서로 차이를 보였다. 2010년 러시아 정부가 공식 보고한 국방비 지출은 339억 달러였는데, 그것은 준군사력 비용을 위한 45억 달러는 제외한 수치였다. 2010년 12월 메드베데프는 2011~2020년 국방비는 GDP 2.8% 수준에서 유지될 것이라고 말했다. 그렇지만 GDP 2.8% 이내에 머물 것이라는 그 전망은 2011~2020년 무기획득 비용에서 첫해 540억 달러를 사용하게 되어 있는 사실에 비추어

1) Nichol, Russian Military Reform, (August 24, 2011), pp. 4, 7-8.
2) 국방비의 일부항목은 국가두마의 지침에 의해 비밀로 분류되고 어떻게 예산이 분배되는지를 파악하기 어렵다. 또 공식 발표치보다 보통 2배 이상 큰 중국 국방예산과 비슷하게, 러시아에는 공식 국방예산에 포함되지 않은 상당량의 군사자금이 존재한다.
3) Goldman, Russian Political, (July 28, 2008), p. 18.

진실과는 차이가 있는 것으로 보였다. 러시아 당국의 발표마저 혼선을 빚는 상황에서, 전
문가들은 러시아 국방비에 대한 합리적 인식 방법은 그들이 발표하는 대강의 범위를 아는
것이라고 말했다. 그것은 서방에서 중국의 국방비를 평가할 때, 그 실제 액수가 베이징 정
부가 발표하는 수치의 적어도 2배는 넘는다고 이해하는 것과 비슷한 이치이다. 스톡홀름
국제평화연구소(SIPRI)와 국제전략문제연구소(IISS: International Institute for Strategic
Studies)는 2011년 러시아 국방비 지출이 미국, 중국, 프랑스에 이어 세계 6위 수준이라
고 평가했다.[1]

한편 2011년 7월 푸틴 총리는 2012~2014년 임시 국방예산을 공개했는데, 2012년
666억 달러, 2013년 839억 달러, 그리고 2014년 990억 달러가 책정됐다. 그는 증액예산
의 대부분은 무기체계 현대화에 사용되고 그 이외에 군인 봉급과 연금이 실질적으로 상
승할 것이라고 말했다.[2] 그러나 2014년 러시아 정부가 발표한 그해 실제 국방비는 693
억 달러였다. 그것은 미국, 중국, 사우디아라비아 다음의 4번째 국방지출 규모였다. 그것
은 유럽 어느 나라 국방비보다 더 큰 규모였고, 미국 군사비 지출의 14%에 해당했다.[3]
2015년 국방비는 공식적으로는 837억 달러로 책정됐지만, 루블화 하락으로 인해 실제
가치로는 520억 달러로 축소됐다. 2017년 푸틴 대통령의 요청에 의해 러시아 국방비는
20% 삭감되어 세계 순위 4위의 663억 달러였는데, 그는 그 여유자금을 국민의 건강, 교
육에 지출하기 위해 그렇게 제안한 것으로 알려졌다. 2018년 SIPRI가 산정한 러시아 국
방비는 미국의 6,490억 달러, 중국 2,500억 달러, 사우디아라비아 676억 달러, 인도 665
억 달러, 프랑스 638억 달러에 이어 6위인 614억 달러였다.[4] IISS는 2019년 러시아 국
방비를 548억 달러로 발표했는데, 그것은 미국 6,846억 달러, 중국, 1,811억 달러, 사우
디아라비아 784억 달러에 이은 네 번째 규모였고, 그 다음이 인도 605억 달러, 영국 548

1) 영국의 IISS는 얼핏 보기에도 러시아 군이나 군산복합체 규모에 비추어 모스크바가 발표하는 공식 국방
비는 너무 적다는 의구심을 불러일으킨다는 의견을 피력했다. IISS, Military Balance, (2006); "Russian
defense budget may rise 25% in 2009," Associated Press, (September 19, 2008); Nichol, Russian
Military Reform, (August 24, 2011), p. 31.
2) IISS는 2013년 러시아 국방비는 682억 달러라고 말했다. "Russian military regains its clout," Reuters,
(March 4, 2014)
3) Sergey Kazak, "Russia to Up Nuclear Weapons Spending 50% by 2016," RIA Novosti, (October
8, 2013)
4) 2018년 국방비 7위는 영국으로 500억 달러, 8위는 독일 495억 달러, 9위는 일본 466억 달러, 10위는
한국 431억 달러, 11위는 이탈리아 278억 달러였다. "Data for all countries from 1988－2018 in
constant (2017) US$ m., 1988－2018," SIPRI, (2019)

억 달러, 프랑스 523억 달러, 일본 486억 달러였다. 러시아 정부 발표, 그리고 각 기관이 산정한 수치에서 차이가 많이 나는 상황에서, 러시아 국방비의 정확한 규모에 대해서는 많은 논란이 존재했다.[1]

(4) 무기체계 현대화

2008년 러시아 – 조지아 전쟁에서 자국의 취약한 군사능력의 현주소에 대해 확실하게 인지한 러시아 정부는 무기체계 현대화를 추진해야 하는 당위성에 대해 재인식했다. 전쟁 직후 모스크바 당국은 연방획득청을 포함해 국방부 산하에 무기와 기타 군사장비 구매를 책임질 각종 기관과 위원회를 설치했다. 그 기구들에게는 당국이 어느 무기, 장비를 매입하고, 어떤 기술을 획득해야 러시아 군대의 무기체계를 넘어 군사력 전체가 더 큰 능력을 구비할 수 있는가를 연구, 조정, 시행하는 책임이 주어졌다. 그 결과, 러시아 군부는 첨단무기, 현대무기를 구매하고, 무기체계 관련 기술의 수준을 더 높여야 한다는 결론에 이르렀다. 물론 그런 인식은 그 당시에만 있었던 것은 아니고 이미 수년 전부터, 또는 그 이전부터 오래 계속되어 온 생각이었지만, 러시아 – 조지아 전쟁에서 확실하게 증거가 드러나고 또 천연자원 수출로 인해 경제능력이 상승하는 상황에서 이제 무기체계 현대화를 본격적으로 시행할 때가 됐다고 인식한 것이다. 그 상황에서 2010년 12월 푸틴 총리는 2011~2020년 기간 무기체계 현대화 프로그램을 추진할 것이라고 선언했다. 원래 일찍이 세르듀코프 국방개혁의 일환이었던 그 프로젝트는 '국가무장 프로그램'(SAP: State Armament Program)이라고 불렸는데, 그것은 7천억 달러 자금으로 2015년까지 전체 무기체계의 30%, 그리고 2020년까지 70%를 현대화한다는 목표를 표방했다.[2] 그 무기체계 현대화는 각 군의 수요충족에 최선을 다할 것인데, 전략로켓군을 위해서는 핵탄두와 운반수단 현대화, 그리고 공군은 5세대 전투기, 해군을 위해서는 잠수함, 수상함, 공중방어체계, 디지털 통신수단, 정보능력 현대화가 계획됐다. 군

_국가무장 프로그램

---

1) 2019년 국방비 9위는 독일 485억 달러였고, 10위는 한국 398억 달러, 11위는 브라질 275억 달러였다. "Defence spending; top 15 in 2019 US$bn," IISS Military Balance 2020

2) 2011년 초에 마카로프 참모총장은 러시아군은 비록 최신 첨단무기가 아니더라도 최소한 현대적인 무기로 무장해야 한다고 말했다. Boris Egorov, "A farewell to traditional arms; Russia develops weapons for the future," RBTH, (July 12, 2017)

당국이 설정한 10년 기간의 구체적 계획에 포함되는 각 군 무기는 400기 이상의 첨단 지상, 해상배치 장거리 탄도미사일, 8척 SLBM 잠수함, 50척 이상의 구축함, 프리깃함, 콜벳함(corvettes), 600대 이상의 현대식 전투기, 약 1백 개 군사위성, 28개 연대에 배치되는 S-400 공중방어시스템, 수십 개 대대와 여단에 배치되는 비티아즈(Vityaz) 및 이스캔더-M 미사일, 2,300대 이상의 현대식 탱크, 2천문의 자동 야포시스템과 차량, 그리고 1만 7천대 이상의 군사차량과 같은 것들이었다.[1]

그러나 문제가 되는 것은 과연 러시아 방산업체들이 현대화 기준에 맞는 무기를 생산해 낼 능력이 있는가 하는 것이었다. 원래 러시아는 과거 소련시대부터 모든 무기의 국내생산을 선호했다. 그것은 서방과 대립하는 과정에서 공산주의적 사고방식인 자급자족원칙에 의한 것이었다. 더구나 소련이 붕괴되고 러시아 정치체제가 바뀐 이후에도 서방이 중요한 무기나 군사기술 수출에 제한을 가하는 상황에서, 러시아 군사 과학기술은 크게 발전하지 못했다. 2000년대 푸틴이 처음 집권할 당시 러시아 방위산업은 전망이 어두웠는데, 그 이유는 생산되는 무기가 구소련 시대 것과 비슷하고, 생산시설과 기술의 낙후, 또 부패로 전체산업의 1/3 가량이 도산상태에 있기 때문이었다. 러시아 방위산업은 300만 명을 고용하고, 최고 20대 그룹의 수입은 200억 달러에 불과했다. 그 상태에서 첨단기술의 개발이나 현격한 기술발전을 기대하기는 어려웠다. 그래도 푸틴이 2000년대 전략산업 국유화, 관련 산업 통폐합을 통해 규모의 경제, 국가 기간산업 발전에 노력을 기울인 결과 군사과학시설, 방위산업이 조금씩 발전하고 있었다. 푸틴은 지주회사를 설립하고 그 통제 하에 생산라인에 따라 방산업체를 체계적으로 관리했다. 2007년 12월 푸틴은 관련 산업 통폐합 조치의 일환으로 '로스테크놀로지 국영회사'(Rostekhnologi State Corporation)를 설립했는데, 2010년 초까지 그 아래에 580개 회사와 78만 명 근로자가 통폐합됐다. 그것은 첨단기술 개발, 그리고 국내외 투자유도와 제품판매를 목적으로 취해진 조치였다. 러시아에서 무기체계

_로스테크놀로지 국영회사

---

1) 그러나 전략로켓군 사령관 세르게이 카라카예프(Sergey Karakayev) 중장은 2011년 초 무기현대화의 최우선순위는 핵무기 보호에 있다고 말한 바 있는데, 그는 그 이유는 재래식 전력이 개선되는 기간 핵전력이 러시아 국방에 가장 중요한 요소이기 때문이라고 말했다. 그 발언은 전문가들에게 대부분의 예산은 전략핵으로 투입되고 재래식 전력 현대화는 자금부족에 처할 가능성이 있는 것으로 추측하게 만들었다. Welt, Russia: Background, (August 21, 2017), p. 35; Nichol, Russian Military Reform, (August 24, 2011), p. 22.

현대화는 그렇듯 방위산업의 부활을 요구했다.[1]

2012년 5월 대통령으로 복귀하면서, 푸틴은 군사현대화와 관련한 몇몇 구상을 발표했다. 그는 국가의 안전을 보장하고 해외에서 국익을 증진시키기 위해 군인들의 급여를 인상하고, 그들에 대한 연금, 주택 등 가능한 모든 복지혜택을 상향조정할 것이라고 선언했다. 그는 또 2020년까지 사용할 무기현대화 7천억 달러 중 890억 달러는 방위산업 분야 현대화, 방산업체 근무자들의 임금인상, 교육확대를 포함한 인센티브 제공에 할당되어 있다고 덧붙였다. 메드베데프 시기 러시아가 해외에서 무기와 군사기술을 수입한 것과는 대조적으로, 푸틴은 장기적 미래를 위해서 러시아는 앞으로 더 첨단무기를 생산하고 군사기술 수준을 높일 수 있는 자체 능력을 개발, 강화해야 한다고 강조했다. 메드베데프에 비해 푸틴은 군부와 방산업체 관계자들의 견해를 더 많이 존중하는 것으로 보였다. 새로이 임명된 국방장관 세르게이 쇼이구(Sergey Shoygu), 참모총장 발레리 게라시모프(Valery Gerasimov), 그리고 무기획득 담당 부총리 드미트리 로고진(Dmitry Rogozin) 모두 무기 디자인에서부터 생산까지 국내 군사기술 수준 증진의 필요성에 동의했다.[2] 2013년 3월 로고진은 국내 방산능력 증진을 위해 해외로부터 무기 및 군사기술 전문가를 초청하고 그들에게 시민권을 포함해 모든 사회, 경제적 특혜를 제공할 것이라고 말했다.[3]

일단 '국가무장 프로그램'이 진수된 이후 재래식 전력증강을 포함해 무기체계 현대화는 놀라운 속도로 진행됐다. 2014년 크리미아 점령과 동 우크라이나 군사개입으로 인한 경제제재에 직면해서도, 푸틴은 러시아의 무기체계 선진화 계획은 차질 없이 진행되고 있다고 말했다. 그는 2015년까지 러시아 군 전체의 30%가 현대식 무기체계를 갖춘 능력 있는 새로운 부대로 재탄생하는데 아무 문제가 없다고 주장했다. 2015년 러시아가 시리아 내전에 본격적으로 개입하고 경제성장률이 마이너스 2.8%를 기록하면서 2016~2015년 기간의 새로운 5천억 달러 SAP 승인이 2018년까지 연기됐지만, 러시아의 무기체계 현대화는 지속적으로 추진됐다. 그러나 서방이 반신반의하는 가운데 결국 러시아의 군사현대화는 미국과 유럽 군사당국이 놀랄 정도의 큰 성과를 이루었는데, 그것은

---

1) Nichol, <u>Russian Military Reform</u>, (August 24, 2011), p. 18.

2) 세르듀코프 해임에 관련해서 가장 설득력 있는 세간의 분석은 그가 군부, 방산업체와 많은 마찰을 빚었기 때문이라는 것이었다. 새로이 임명된 세르게이 쇼이구는 육군 대장 출신으로 과거 위기관리 장관, 모스크바 지사로 일했고, 드미트리 로고진은 나토 대사로 재직한 바 있다.

3) Nichol, <u>Russian Political</u>, (March 31, 2014), pp. 30−31.

2014년 우크라이나 사태, 그리고 2015년 러시아군의 시리아 군사개입에서 확연하게 드러났다. 2014년 2월 이후 크리미아 전쟁과 동 우크라이나 갈등개입에서 러시아군은 그 지역 분리주의 세력을 비밀리에 지원하면서 대외목적의 정보전과 선전전을 치밀하게 진행하는 하이브리드 전쟁(hybrid warfare) 능력을 입증했다. 시리아 내란 개입 당시, 러시아군은 수니 반군(과 가끔은 IS)에 대한 공중폭격과 카스피해 해군함정으로부터의 미사일 공격을 병행했고, 동시에 첨단 미사일시스템의 중복적 공중방어버블(air defense bubble)을 동원해 지역거부(area denial) 능력을 입증했다.[1]

2015년 중반, 러시아 국방부는 각 군의 상당 숫자 부대가 계획을 앞질러 이미 60% 이상의 현대무기로 무장되어 있다고 말했다.[2] 2012~2017년 기간 러시아군은 3만개 이상의 신형무기와 장비를 획득했는데 그 중에는 50척 이상의 전함, 1천대 이상 항공기, 그리고 탱크와 장갑차 4천대 이상이 포함됐다.[3] 러시아는 또 위성유도 무기, 드론, 그리고 그 방어에 쓰이는 전자전(EW: Electronic Warfare)시스템, 무인비행기(UAV; unmanned vehicles), 그리고 군사로봇과 기타 장비를 생산했다. 2018년 이후에도 러시아 군 당국은 계속 신형무기와 군사장비를 획득했는데, 특히 눈길을 끄는 첨단장비는 전자전 장비, 공중방어 관련 무기, 그리고 병참지원 통제에 필요한 (YeSU TZ: Yedinaya Sistema Upravleniya Takticheskogo Zvena) 전장운영 시스템이었다. 러시아군은 또 빅 데이터 의사결정 테크놀로지를 도입했다.[4] 2011~2019년 러시아의 군사, 무기체계 현대화는 큰 성과를 달성했다. 수많은 항공연대(aviation regiments)가 SU-30SM, SU-34, SU-35S 전투기로 전력을 향상시켰다. 다양한 형태의 미사일 부대들이 RS-24 Yars 장거리미사일, 신형 이스캔더 중거리 미사일, S-400 지대공 미사일시스템으로 재무장했고, 가장 대표적인 신형미사일은 서방 MD를 돌파할 수 있는 신형 토폴-M(RT-2PM2 Topol-M/SS-27)이었다. 그 미사일은 EPAA의 반대조치(countermeasures) 유인체를 피하기 위해

---

1) Welt, <u>Russia: Background</u>, (August 21, 2017), pp. 35-36.

2) "Share of Modern, Advanced Weapons Over 60% in Some Russian Branches," (July 31, 2015), Sputniknews.com

3) 푸틴 제3기 집권기의 신무기와 장비 확보는 메드베데프 시기와 크게 대비됐는데, 2007~2011년 러시아군은 단지 2척의 전함, 151대 항공기, 217대 탱크만을 획득했기 때문이다. "Russian Forces Receive 40 Arms Carriers, 180 Long-Range Cruise Missiles in 2016," (May 24, 2017), Sputniknews.com; http://tass.com/defense/1037685

4) https://www.janes.com/article/85501/russian-mod-procures-yhesu-tz-battlefield-management-system; https://www.armyrecognition.com/weapons_defence_industry_military_technology_uk/russian_military_introduce_big_data_decision-making_technology.html

공중에서 진로변경이 가능하고, 지상의 이동발사대에서 발사될 수 있었다.[1]

한편 러시아의 무기체계 현대화 노력은 국산 무기획득에 그치지 않았다. 모스크바는 군사장비의 국내생산이 어렵거나 또는 선진기술을 획득할 필요가 있을 경우 해외 기술선진국으로부터 필요한 공급을 모색했다. 모스크바는 무기 자체 수입보다는 군사과학기술 도입을 더 중시했는데, 러시아가 해외협력에서 내걸은 조건은 러시아 영토에서 생산하고 러시아로 기술을 이전해야 한다는 것이었다. 러시아가 그런 입장을 고수한 이유는 그것이 장기적으로 무기체계 및 군사장비 발전으로 이어지기 때문이었다. 극단적으로 대립하는 미국, 영국 등이 러시아에 기술을 이전할 이유가 없는 상황에서, 러시아는 유럽 내에서 다소 독립적 자세를 유지하는 프랑스, 미국과의 특수관계에도 불구하고 독자성을 강조하면서 외교 다변화와 달러 획득을 위해 부분적으로 기술수출을 허용하는 이스라엘, 그리고 오랜 기간 친분을 유지해 온 인도로부터 무기와 군사 관련 기술을 도입했다. 주로 메드베데프 대통령 시기, 러시아의 방산업체 로소보로넥스포트(Rosoboroneksport)가 프랑스 방산업체들과 100대의 T-90 탱크용 열화상 카메라(Catherine FC thermal imager) 구매, 그리고 미그기 및 수호이 전투기에 필요한 관성항법체계 합작생산에 합의했다.[2] 러시아는 또 프랑스와 2척의 미스트랄급(Mistral-class) 전함을 공동생산하기로 합의했는데, 기술이전 사항에는 전투 통신시스템과 그에 필요한 컴퓨터 기본코드가 포함됐다. 그것은 나토 회원국이 러시아에 처음으로 주요무기를 판매한 경우였다.[3] 이스라엘은 러시아에 5천 3백만 달러에 3종류 무인정찰기(UAV) 12대를 판매하기로 합의하고 50명의 러시아 조종사에게 관련 교육을 실시했다. 동시에 두 나라는 중고도(medium altitude)에서 작동하는 무인정찰기 헤론(UAV Heron)을 러시아 내에서 공동 조립하는 협상에 합의했다. 그것은 3년에 걸친 4억 달러 규모의 합작 조립생산 거래였다. 로소보로넥스포트는 또 인도 항공회사(Hindustan Aeronautics Limited)와 5세대 전투기 합작개발에 합의했다. 그것은 10년간의 개발단계를 거쳐 300대의 5세대 전투기(FGFA: Fifth Generation Fighter Aircraft)를 생산하는 프로젝트였다.[4]

....

1) 몇몇 육군 항공여단과 헬리콥터연대는 Mi-28N과 Ka-52 전투헬리콥터로 재무장했다. htps://www.janes.com/article/87201/shoigu-details-russian-rearmament
2) 그때 러시아는 합작생산의 51% 지분을 확보했다.
3) 러시아는 또 프랑스로부터 보병군복도 구매했는데, 그것은 첨단 전자장치가 부착된 전투복이었다. 그것은 미래 전장에서 활동하는 데 필요한 최첨단 복장이었다.
4) Nichol, Russian Military Reform, (August 24, 2011), pp. 23-25.

러시아는 무기와 기술을 수입하는 동시에 해외로 무기를 수출했다. 러시아의 해외 무기수출은 어제, 오늘의 일이 아니었는데, 왜냐하면 그것은 멀리 소련시대로 거슬러 올라가는 전통이고 또 오일, 천연가스 같은 에너지와는 별개로 무기 이외에는 수출할 만한 제품이 없었기 때문이다. 해외 무기수출은 러시아 국방부의 승인을 거치는 사안이었는데, 러시아 방산업체들은 제품은 좋으면서 가격이 저렴하다는 사실을 장점으로 홍보했다. 그것은 성능을 떠나 값이 비싼 서방 무기와의 경쟁을 고려한 마케팅 전략이었다. 러시아 무기의 주요고객은 중국과 인도였고, 이란, 베네수엘라, 예멘, 베트남을 포함해 70여 개 국가가 러시아 무기를 구매했다. 동맹국인 CSTO 국가들에는 특별히 할인된 가격으로 무기를 제공했는데, 그것은 국제정치에서의 경쟁, 무기체계의 상호운용성(inter-operability)을 고려한 조치였다. 2005~2009년 기간 미국이 전 세계 무기시장의 1/3을 장악할 때, 러시아는 1/4을 차지했다. 러시아의 군사장비 해외수출액은 2006년 60억 달러, 2010년 100억 달러에 달했다. 중국에 판매한 무기는 SU-30 전투기, 소브레메니급(Sovremenny-class) 구축함, 킬로급 디젤잠수함을 포함했고, 군사기술 이전은 SU-27 생산면허를 허용했다. 인도에는 전투기, 탱크를 판매했고, SU-30 전투기, T-90 탱크는 공동생산을 허용했다. 중·러 두 나라는 또 합작투자로 브라모스(BrahMos) 단거리 초음속 순항미사일을 공동 생산했다. 러시아는 또 2004년에 항모 고르시코프호(Admiral Gorshkov)를 15억 달러에 인도로 수출하기로 합의했는데, 그것은 성능을 향상시키고 항공기, 헬리콥터를 포함하는 조건으로 2013년까지 23억 달러에 수출하기로 재합의됐다. 러시아의 해외 무기수출에서 한 가지 특기할 사항은 2011년 5월 러시아가 미국에 무기를 수출하기로 합의한 사실이다. 그것은 (앞에 논의한 바와 같이) 오바마 대통령 시기 세르듀코프 러시아 국방장관이 워싱턴을 방문하면서 체결한 계약으로, 러시아가 아프가니스탄에서 전쟁하는 미군용으로 21대의 Mi-17 헬리콥터를 수출하기로 한 것이다. 그것은 오바마 대통령의 리셋 정책으로 미·러 관계가 약간 개선되는 상황에서 아프가니스탄 전쟁을 위해 러시아가 '북부공급망'(NDN)을 개설한 것에 대해 워싱턴이 모스크바에 선의를 표시하기 위한 외교적 결정이었던 것으로 보인다.[1]

(5) 전략적 군사재배치

새로운 군사역량을 확보한 러시아는 국내외 여러 지역에서 작전능력 확대를 겨냥해

---

1) Ibid., p. 27.

병력 재배치를 추진했다. 2014년 12월 북극 연합전략사령부(Arctic Joint Strategic Command)를 설립하면서 러시아군은 북극지역에 2개 여단을 신설하고 공중, 해상순찰과 군사훈련을 진행했다. 2016년 5월에는 서쪽 방향의 유럽을 관장하는 서부 연합전략사령부에 2만 병력을 추가로 배치했고, 이스캔더 미사일이 배치되고 인근지역에 대한 '접근방지, 지역거부'(A2/AD: Anti−Access, Area−Denial) 역할을 수행하는 칼리닌그라드 발틱함대와 2개 공군기지에는 중무장 병력을 배치했다. 그것은 모두 미국과 나토와의 대결을 염두에 둔 조치였다. 같은 시기 코카서스, 흑해, 카스피해를 관할하는 남부 연합전략사령부에는 1만 병력이 새로이 배치됐는데, 그것은 일부 이슬람 자치공화국의 분리주의를 경계하는 동시에 지중해에서의 작전, 유럽과의 대치에 대한 전략적 대비를 의미했다. 새로이 확보된 영토와 해외에서도 러시아는 군사능력 강화를 추진했다. 크리미아에는 과거의 두 배에 달하는 추가배치를 통해 약 3만 병력을 유지했고, 친러 공화국 도네츠크와 루한스크에는 4~6천명 병력을 주둔시켰다. 아르메니아 정부와는 공동 공중방어체계를 설립

하고 5천 명 병력을 유지하는 가운데 두 나라 병력을 통합운영하기로 합의했고, 조지아의 분리주의 공화국 압하지야와 남오세티야와도 마찬가지로 병력 통합운영에 합의했다. 몰도바의 친러 분리주의 공화국인 트란스니스트리아에는 기존의 1천 5백~2천 명 규모의 병력을 그대로 유지시키기로 결정했다.[1]

러시아 연합전략사령부, twitter.com

★ 전문가 분석

메드베데프와 푸틴 재집권기에 관해 많은 전문가들이 탁월한 견해를 제시했다.

---

1) Welt, <u>Russia: Background</u>, (August 21, 2017), pp. 37−38.

(1) 러시아-조지아 5일 전쟁

조지타운 대학의 국제정치 전문가 찰스 킹(Charles King)은 2008년 8월 메드베데프가 취임한 지 3개월 만에 발생한 러시아-조지아 5일 전쟁에 관해 설명했다. 그는 러시아의 조지아 침공 이유, 서방의 대응, 그리고 전쟁에 관한 현지주민들의 인식을 포함해 그 갈등의 결과에 관한 탁월하고 객관적인 분석을 제시했다.

1) 침공의 목적과 의미

베이징에서 올림픽이 개최되고 있던 2008년 8월 8일 러시아가 조지아를 침공해 5일 전쟁이 발생했다. 그 전날 조지아는 남오세티야를 공격하면서 그 분리주의 자치공화국의 러시아 소수민족과 구소련 시대부터 주둔하던 갈 곳 없는 러시아 병사 여러 명을 살해했는데, 이에 분개한 모스크바는 자국 출신 소수민족을 보호하고 남오세티야가 조지아에 합병되는 것을 막는다는 명목으로 그 전쟁을 시작했다. 모스크바는 전투기, 탱크를 동원해 전면전 형태로 조지아를 공격했고, 또 다른 분리주의 자치공화국인 압하지야에서도 러시아 군사력을 증강시켰다. 조지아는 과거에도 여러 차례 남오세티야와 압하지야를 군사 공격했는데, 그 합병시도들은 모두 현지 전사들과 러시아 병사들의 반격에 의해 실패했고, 그 이후 그 두 자치공화국은 독자의회, 군대, 경제를 유지하면서 조지아의 독재에 대한 승리를 자랑스러워했다. 8월 26일 모스크바는 압하지야, 남오세티야를 독립국가로 인정했으나 러시아에 동조하는 국가는 벨로루시, 니카라과뿐이었다. 8월 말 러시아는 또 SCO에서 이들의 독립승인을 요청했지만 큰 성과는 없었다. 그럼에도 불구하고 압하지야, 남오세티야는 결코 조지아 통제 하에 속하지 않을 것이다. 그것은 그 주민들의 소망과 러시아 정부의 역할 때문이다. 러시아 병력은 이들을 철통보호하고 두 지역 주민들은 러시아 군대를 환영한다. 구소련에서 분리된 신생 공화국 내의 갈등은 모두 조지아와 비슷하게 인종, 종교정체성, 영토에 관한 투쟁이었다. 아제르바이잔의 나고르노-카라바흐, 몰도바의 트란스니스트리아, 체첸, 그리고 타지키스탄의 지역파벌 내란이 모두 그런 경우였다.[1]

---

[1] 남오세티야는 미국의 로드 아일랜드만한 작은 지역으로 7만 명 인구를 갖고 있고, 압하지야, 남오세티야는 조지아 전체 면적의 1/5을 차지한다. 조지아는 1991~1992년에는 남오세티야, 1993년에는 압하지야, 2003년 장미혁명 이후 또 다시 남오세티야를 군사 공격했다. 반면 러시아는 지난 15년 간 조지아 동의 하에 남오세티야, 압하지야에 평화유지병력(peacekeepers)을 배치하면서, 그 두 지역의 분리주의와 자

수백 명이 사망하고 수천 명의 난민이 발생한 5일 전쟁 이후 미·러 관계는 최악의 상태에 빠졌다. 서방은 메드베데프 대통령, 푸틴총리가 이끄는 모스크바 당국을 불량정부로 지칭하면서 그들을 민주주의를 파괴하고 유라시아 오일과 가스를 독점하려는 세력으로 규정했다. 서방언론들은 그 침공을 브레즈네프의 프라하 점령, 히틀러의 체코슬로바키아 수데텐(Sudeten) 합병과 마찬가지라고 보도했다. 그러나 서방언론의 보도는 완전히 잘못된 역사적 유추이다. 오히려 여기서 작동하는 것은 19세기 이후 원초적 파워를 행사해 다른 나라를 이용하거나 자기들 멋대로 해체하려는 이기적 강대국정치로부터 냉소적이고 내향적 민족주의로 돌아섰던 당시의 러시아 국제관계의 패턴이다. 궁극적으로 러시아가 유럽을 멀리하고 고립으로 돌아선 것은 1853~1856년 크리미아 전쟁이었다. 그 전쟁 당시 러시아는 오토만 영토 내 정교회 기독교인(Orthodox Christians)을 보호하기 위해 오토만 제국을 공격했는데, 영국과 프랑스는 오토만 술탄을 도와 러시아 짜르에게 치욕스런 패배를 안겼다. 지난 200년 간 이런 형태의 서방－러시아 관계는 냉전 당시를 포함해 그 두 세력 사이의 주요 갈등에서는 언제나 반복되어 왔고, 그 속에서 러시아는 승자가 아니었다. 그러나 중요한 것은 오늘날에는 많은 다른 나라들이 러시아의 세계질서 견해를 공유한다는 것이다. 미국이 세계 영토분쟁에 수시로 개입하고 또 민주주의, 테러리즘, 불량국가라는 명칭을 멋대로 사용하는 것에 러시아만이 반대하는 것이 아니다. 중국, 베네수엘라, 이란, 시리아는 러시아의 세계질서 견해를 공유하고, 인도와 터키를 포함해 다른 나라들은 적어도 러시아 입장을 이해한다.[1]

2) 전쟁의 정당성

조지아 5일 전쟁은 러시아가 유엔안보리, OSCE의 승인 없이 군사력을 휘두르는 간섭을 시작했다는 사실에서 중요한 의미를 갖는다. 그것은 또 러시아 리더들이 다자기구들을 미국과 유럽 동맹국들의 이익을 대변하는 것으로 이해하고 있음을 의미한다. 그 당시 미국은 약간의 군사장비 제공과 함께 비난 성명 발표 이외에는 아무것도 할 수 없었고, 러시아는 국제사회 내에서는 하드 파워(hard power)만이 진정한 힘이라고 믿었다. 그것은 19세기 국제관계에서의 치욕 이후 러시아가 수백 년에 걸쳐 얻은 역사적 교훈이다.

치공화국 위상유지를 지지, 지원해 왔다. Charles King, "The Five－Day War (Managing Moscow after the Georgia Crisis)," Foreign Affairs, Vol. 87, No. 6, (September/ October, 2008), pp. 2, 4－6.

1) Ibid., p. 3.

그 사건은 미국과 나토의 1999년 코소보 간섭 당시와는 여러 면에서 다르다. 그 당시 폭력은 조지아 전쟁보다 훨씬 강했는데, 78일 간의 공중공습은 세르비아의 교량, 전기시설, 베오그라드 시내의 빌딩들을 엄청나게 파괴했다. 또 그것은 어느 한 나라의 단독공격이 아니라 서방정부 연합세력의 공격이었다. 공격 전 수개월 간 세르비아 입장을 바꾸기 위한 설득 대화가 있었고 공격 이후에는 러시아군도 참여하는 유엔 평화유지군이 안정화 임무에 투입됐다. 그리고 코소보 독립 선포 후 6개월 내에 50개국의 승인이 있었다. 그러나 조지아 5일 전쟁에서는 모스크바가 국제적 지지 없이 단독으로 움직였다. 조지아 대통령 사카쉬빌리는 선전 목적으로 CNN 생방송에 출현해 서방의 도움을 호소했으나, 모스크바는 전 세계 이목에 관계없이 언론 브리핑도 하지 않은 채 러시아 목표를 위해 행동했다. 그 후 모스크바는 프랑스 대통령 사르코지를 통해 휴전을 시행하고 간섭 1개월 내에 러시아 병력 대부분을 압하지야, 남오세티야로 복귀시켰다. 처음에 러시아 제재에 찬성했던 EU 국가들은 나중에는 모스크바의 사태진정 노력을 환영했다. 러시아 사람들은 자국의 조지아 군사간섭에 환호했는데, 국민 80%가 그것을 승인했다. 그들은 조지아의 선제공격과 미국의 흑해, 코카서스 지배야욕이 전쟁의 근원이라고 믿었다. 러시아로부터의 분리를 원하는 체첸이 속해 있는 북코카서스에서도, 사람들은 그 전쟁을 코카서스 원주민 형제들을 조지아 독재로부터 구해 낸 것으로 환영했다. 조지아에 대한 열렬한 지지자인 친서방 유시첸코가 대통령으로 재직하는 우크라이나에서도 그 국민의 50%는 중립, 25%는 친 조지아, 그리고 나머지 25%는 친 분리주의 지역을 지지했다. 서방은 러시아를 비난했지만, 러시아와 그 인근지역에서는 모스크바 행동을 정당한 것으로 인식했다. 그들은 그 전쟁을 러시아 제국건설을 위한 사악한 행동이 아니라 정당한 간섭으로 인식했다. 그것은 미국의 민주주의, 민족자결, 흑해에서의 역할에 대한 그들의 의심을 반영했다. 서방은 그 전쟁을 전제주의 러시아의 제국주의적 승리라고 비난했지만, 그곳과 세계 여러 곳의 인식은 달랐다. 과거 1974년 터키가 키프로스(Cyprus)를 침공한 것도 비슷한 이유에서였는데, 그 때 앙카라는 키프로스 터키 소수민족이 그리스 민족주의자들로부터 받는 위협으로부터 보호하기 위해 침공한다고 말했다. 또 앙카라는 그리스의 키프로스 합병을 막기 위해 침공했는데, 그 당시 그에 대한 비난은 상대적으로 적었다. 러시아도 마찬가지로 러시아 소수민족을 보호하고 남오세티야 합병을 막기 위해 실용적으로 행동한 것뿐이다. 다음 미국 대통령의 임무는 러시아가 서방에 대한 대안으로 부상하는 것에 대응하는 것이다. 러시아는 요사이 모스크바 나름대로의 인식을 토대로 세련되게 안정, 인도주의, 번영 등의 용어를 구사한다. 그들은 서방의 방식이 전부 옳은 것이 아니라고 생각하면서 자기들 방식을 밀어붙인다. 주권민주주의라는 개념도 그

중 중요한 일부이다. 미국은 너무 자주 과거와의 잘못된 비유를 통해 모든 것을 나쁘게 보는데, 그것보다는 실질적인 현실분석이 더 중요하다. 미국은 현실을 인정하고 현실적으로 대처해야 한다.[1]

(2) 중·러 협력의 현주소

러시아의 중국과의 관계는 옐친집권 후반기부터 진행되어 20년 이상의 역사를 갖고 있고, 그것은 미국이 주도하는 서방에 대한 강력한 견제의 뿌리이다. 중·러 두 나라는 군사, 경제 협력에서 약간의 의견불일치를 경험하지만, 그것은 지구적 차원의 패권을 염두에 둔 국제정치 운영이라는 큰 틀에서는 전혀 문제가 되지 않는 수준이다. 러시아 과학 아카데미 극동연구소(Institute of Far Eastern Studies, Russian Academy of Sciences) 부소장 블라디미르 포르티아코프(Vladimir Portyakov)는 양국관계의 우호적 현실에 관한 분석을 제시했다.

1) 우호적 양국관계

중국과의 광범위한 국제, 정치, 경제, 인도주의 문제에 관한 전략적 파트너십은 러시아 대외정책의 주요 성취 가운데 하나이다. 중국은 러시아 대외정책의 유럽-대서양(Euro-Atlantic) 구조에 있어서 꼭 필요한 지원세력이고, 러시아가 미국 및 EU와의 관계에서 난관을 극복하는 데 있어서 중요한 보완역할을 넘어 반드시 필요한 존재이다. 2007년 8~9월 중국사회과학원(Institute of Russia, Central Asia and East Europe of the Academy of Social Sciences of China)이 수행한 여론조사는 중국시민의 71%가 현재의 중·러 관계를 매우 우호적인 것으로 본다는 결과를 제시했다. 전체적으로 중·러 관계는 매우 양호하고 시간이 가면서 더 상향곡선을 그릴 것이다. 2008년 초 베이징의 칭화(Qinghua) 대학교 국제문제연구소 역시 중·러 관계의 우호성에 대해 최고점인 8점을 주었는데, 그것은 프랑스-중국의 6.3점, 인도-중국의 5.4점, 그리고 미·중 관계의 -1.1 점에 비추어 큰 상징성을 갖는다. 그러나 러시아와 중국이 더 깊은 전략적 파트너십을 발전시키는 데 있어서 아직도 약간의 의구심을 갖고 있는데, 두 나라는 과거로부터 물려받은 상호불신을 극복하고 국가적 이익의 차이와 세계정치 및 경제에서의 위상차이로 인한 양자관계에

1) Ibid., pp. 7-11.

서의 마찰과 긴장을 더 축소, 제거해야 한다.[1]

2) 메드베데프의 베이징 방문

대선 승리 직후 2008년 5월 23일 메드베데프 대통령은 이틀간 일정으로 베이징을 방문하고 후진타오 총서기와 정상회담을 가졌다. 그 회담에서 두 정상은 '중·러 우호와 협력에 관한 협정'의 정신에 대한 헌신을 표시했다. 그들은 세대를 물려가면서 평화로운 우정의 존속, 그리고 장기적 상호 전략적 파트너십과 협력에 관한 의지를 재확인했다. 정상회담 중 메드베데프는 후진타오와 함께 주요 국제문제에 관한 공동선언에 서명했다. 그것은 중·러 양국이 채택한 일련의 문서 중 가장 최근의 것으로, 그것은 시급하고 근본적인 국제, 지역 이슈에 관한 공통적 접근법과 입장을 재확인했다. 그들은 4개 핵심 사안에 관한 문서에 서명했다. 그 내용은 양국이 필요로 하는 외교안보, 경제, 사회문화를 망라해 여러 관심사를 균형적으로 포괄했다. 첫째, 중·러 양국은 주권, 영토통합, 안정, 발전에 관해 더 큰 정치적 신뢰와 상호지원을 추구한다. 그것은 서방의 공격적 행동에 대한 그들의 방어적 심리가 일치하고 있음을 보여주었다. 둘째, 양국은 양자무역, 오일 및 천연가스, 과학 및 엔지니어링에서 실질적 협력의 수준을 높인다. 그 과정에서 메드베데프는 베이징의 핵 발전시설 건설을 돕기로 약속했는데, 그것은 중국의 우라늄 농축을 위한 원심분리기 공장 건설을 포함했다. 메드베데프는 또 교통 인프라, 금융 분야 협력강화, 그리고 심지어 노동이민에 관한 협력도 약속했다. 셋째, 양국은 WMD 확산방지, 테러방지, 미사일방어문제, 블록(bloc)문제를 포함해 지구적 도전에 대처하기 위해 국제사회에서 협력을 강화한다. 그것은 두 나라 모두 공통적으로 경험하는 국내 분리주의와 군사력 균형을 염두에 둔 것으로 그동안 양국이 서로의 문제에 대해 우호적으로 행동한 것을 다시 문서화하는 성격을 띠었다. 넷째, 그들은 인도주의 협력을 증대시킬 것에 합의했다. 이번 공동선언은 과거 두개의 비슷한 문서에 이은 3번째 선언으로, 첫 번째 것은 '다극세계와 신세계질서 형성에 관한 공동선언'(Joint Declaration of the Multipolar World and the Formation of A New World Order, 1997. 4. 23)이고 두 번째 것은 '21세기 세계질서에 관한 공동선언'(Joint Declaration of the World Order in the 21st Century, 2005. 7. 1)이었다.[2]

----

1) Vladimir Portyakov, "Russian—Chinese Relations in 2008," Far Eastern Affairs, Vol. 37, No. 1 (2009), pp. 1−2.

2) Russian—Chinese high—level talks took place in Beijing, en.kremlin.ru〉 president〉 news; Press Statements following Russian—Chinese Talks, en.krmelin.ru

다극세계와 세계 공동체 내 문명, 문화의 다양성 촉진의 필요성을 강조하면서, 2008년 두 정상의 선언은 두 나라의 시급한 국내외 문제를 해결하는 데 있어서 비슷한 접근법을 재강조했다. 그들은 다음과 같이 말했다. 기후변화와 교토 협정에 관한 유엔협약(Framework Convention of the UN)의 추진은 지속되어야 한다. 러시아와 중국은 인도와 함께 3국간 협력을 더 증진시켜야 하는데, 그것은 세 나라간의 복잡한 문제해결을 돕고 지역안정과 지구적 평화에 도움을 줄 것이다. 브릭(BRIC: Brazil－Russia－India－China)도 중요한데, 왜냐하면 그곳에 브라질이 참여하는 것은 에너지 협력뿐 아니라 지역적 배분과 신흥국 참여라는 상징성을 띠기 때문이다. 후진타오는 또 러시아가 동아시아 지역에 통합되도록 도울 것이라고 선언했다. 그들은 비토 사안에 있어서도 상당한 공감대를 유지했다. 그 두 정상은 지구적, 지역적 MD가 오히려 강대국 간 군사력 균형을 잠식하는 것으로 식별했고, 동시에 인권문제가 내정간섭의 도구로 이용되는 것에 반대했다. 그것은 모두 미국, EU, 또는 미·일 동맹이 추진하는 광범위한 군사력 강화에 대한 반대였고, 서방의 잘못된 자유민주주의 우월감에 대한 거부였다.[1]

3) 양국 협력의 양상

오래 전에 시작된 중·러 양국의 협력은 약간의 의견불일치에도 불구하고 다차원적으로 전개됐고, 최근에는 더 공고화되는 것으로 보인다. 국제적 차원에서 그 두 나라의 협력은 서방에 반대하는 양상을 띤다. 유엔안보리 회의에서 러시아와 중국은 2008년 봄 허리케인 나르기스(Nargis) 이후 인도주의 지원과 관련해 서방국가들이 공동으로 제안한 미얀마(Myanmar) 결의안을 무산시켰고, 대선과 관련해 서방이 제출한 짐바브웨 결의안 역시 거부했다. SCO에서의 협력도 지속되는데, 2008년 8월 두샨베 정상회담에서 각국 정상들은 여러 문서에 서명하면서 러시아가 조지아 남오세티야 문제에서 평화를 진전시킬 것을 지지했다.[2] 2008년 9월에는 SCO 회원국 무역, 경제장관 회담이 열려서 기구 참여국 간 경제협력에 관해 논의했다. 2008년 러시아, 인도, 중국 3국 외교장관 회담에서는 국경, 지정학, 국제, 경제교류 문제가 논의됐다. 중국은 러시아의 조지아 전쟁, 남오세티야와 압하지야 독립 승인에 대해 공개적으로 승인하지 않았지만, 적어도 서방의 러시아 군사력 사용에 대한 비난에는 동조하지 않았다. 티베트 폭동과 관련해 베이징을

1) Portyakov, "Russian－Chinese Relations," pp. 3－4.
2) The Shanghai Cooperation Organization summit was held in Dushanbe-president..., en.kremlin.rue〉 president〉 news

비난하는 서방과는 달리 모스크바 역시 그 사안에 대해 침묵을 지켰고, 베이징은 체첸 관련 모스크바 작전이 러시아의 사활적 이익에 따른 불가피한 행동이라는 것에 이해를 표시했다.[1]

양국 간에는 많은 양자협력이 추진됐다. 1969년 중·소 국경분쟁으로 기원이 거슬러 올라가는 양국 분쟁의 근원이었던 아무르강 유역 국경선에 관해 큰 진전이 있었다. 러시아는 하바로프스크(Khabarovsk) 인근 아무르강 여러 섬들의 국경선을 확정했고, 더 나아가 두 나라 외교장관들은 2008년 7월 동쪽국경에서 양국 국경선에 관한 추가협정에 서명했다. 중국 방문 당시 메드베데프가 양국 간 우호협력 조약을 더 구체화시키기 위한 2009~2012년 행동계획(Action Plan)에 서명한 것은 두 나라 우의에 관한 모스크바 당국의 의지를 한층 더 짙게 했다. 양국 무역은 다소 문제를 갖고 있지만, 모스크바는 150개 이상의 신기술을 중국으로 수출했다. 중국 무역액 2.5조 달러에서 러시아가 차지하는 비율은 2.2%에 불과하고 2008년 양국 무역규모는 600억 달러에 못 미치지만, 그래도 천연가스, 오일 관련 협력 사업은 꾸준히 진전되고 양국은 무역에서 자국통화 사용범위를 확대하기로 합의했다. 중국은 군사, 기술협력 분야에서 러시아에 다소 불만을 갖고 있는데, 그것은 러시아가 군사물자 공급에서 기일을 맞추지 못한 것, 제공된 무기와 장비의 질이 부적절한 것, 그리고 중국이 러시아 지적재산권을 침해한 것을 포함해 여러 요소들이 복합적으로 작용한 결과이다. 그래도 2008년 말 양국 군부는 협력을 증진하기로 약속했다. 2008년 12월 양국 합참의장이 전화통화를 한 이후 군사기술 협력을 위한 양자회담이 베이징에서 개최됐다. 러시아는 솔선해서 지적재산권 문제에 관한 긴장을 완화시킬 것을 약속했고, 중국 국방장관 량광례(Liang Guanglie)는 2009년 대테러 연합훈련을 제안했다.[2]

(3) 메드베데프 시대 러시아 외교

러시아 외교전문가이며 러시아에서 발간되는 학술저널 'Russia in Global Affairs'의 편집자 표도르 루키아노프(Fyodor Lukyanov)는 메드베데프 시기 러시아 대외정책 전반에 관해 간단하게 그의 의견을 제시했다. 그는 러시아를 옹호하면서 메드베데프 임기 중 최

---

1) Portyakov, "Russian−Chinese Relations," pp. 5−7.
2) Ibid., pp. 8−12.

고업적은 조지아 전쟁이었다고 주장했다. 그는 또 메드베데프 집권기는 대외관계 안정화를 추구하는 휴지기(interlude) 성격을 갖고 있다고 말했는데, 다음은 러시아 지식인으로서의 그의 견해이다.

1) 전반적 업적

메드베데프 집권기 그의 최고 업적은 취임한 지 한 달 후 2008년 6월 독일을 방문할 당시 시작한 새로운 유럽안보구상(European Security Architecture) 제안, 그 해 8월 조지아와의 5일 전쟁과 그에 따르는 배타적 영향권(sphere of privileged interests) 선언, 그리고 남오세티야와 압하지야의 독립국 지위를 승인한 것이다. 2009년 친서방 유시첸코 대통령이 이끄는 우크라이나와의 천연가스 전쟁은 일부 유럽에 한겨울 난방중단을 야기했지만, 메드베데프는 크리미아에 러시아 흑해 함대 배치를 연장시키는 것에 대한 보답으로 새로 취임한 친러 대통령 야누코비치와 함께 '함대를 위한 천연가스(Gas for Fleet)'에 서명했다. 러시아는 또 아르메니아에서 러시아 군사배치 연장을 확보했고, 영토분쟁지역인 나고르노-카라바흐 해결을 위해 많은 노력을 기울였다. 벨로루스 리더 알렉산드르 루카셴코(Alexandr Lukashenko)와는 언론전쟁을 벌였지만 나중에는 대화를 통해 관계를 개선했다. 미국과의 관계에서는, 양자관계 재조정(reset)을 추구하는 오바마 행정부 노력에 동참해 전략핵무기 축소를 위한 뉴 스타트(New START) 협정에 서명했다. 메드베데프는 러시아 방위산업과 이란 간 협력이 제대로 이루어지지 않은 이유로 이란에 S-300 공중방어 미사일체계를 전달하는 계약을 취소했는데, 그 이유가 무엇이든 그 당시 워싱턴은 그것을 WMD 비확산 방지노력에 모스크바가 협력한 것으로 인식했다. 그의 간접적인 대외관계 업적은 러시아, 벨로루스, 카자흐스탄 간 관세동맹(Customs Union)과 폴란드와의 관계진전을 포함하는데, 그 사안들에 대해서는 푸틴의 공헌이 더 크다. 2008년 봄부터 2011년 가을까지의 모든 러시아 대외행동은 메드베데프 혼자만의 결정에 의한 것이 아니다. 비록 푸틴은 대부분 장막 뒤에 있었지만, 그 모든 것은 러시아를 함께 통치하던 그 두 사람 공동노력의 결과이다.[1]

---

[1] Fyodor Lukyanov, "Medvedev's Foreign Policy: Period of Stabilization," Council on Foreign and Defense Policy, http://eng.globalaffairs.ru/redcol/Medvedevs-Foreign-Policy-Period-of-Stabilization-15453, p. 1.

메드베데프의 다른 정치적 업적은 중국 및 기타 아시아 국가들과의 더 세련된 관계 설정 및 주요 에너지 프로젝트 시도를 포함한다. 러시아는 아시아에서 성공적이었고, 러시아 극동지역 개발과 더불어 아태 지역에서 그 위상을 회복하는 포괄적인 전략을 시행했다. 남북한 가스 파이프라인 프로젝트는 근본적으로 새로운 패러다임의 일부이고, 메드베데프의 쿠릴열도 방문은 러시아가 아시아에서 그 위상을 포기하지 않을 것임을 암시하는 것으로 일본보다는 현재 최고의 밀월상태를 누리는 중국과의 관계를 염두에 둔 조치이다. '아랍의 봄'에서 발생한 리비아 사태와 관련해 메드베데프는 나토의 군사개입을 승인했지만, 나중에 모스크바는 그것은 실수였다고 정정했다.

2) 서방과의 반목

흥미로운 것은 메드베데프 대외정책의 업적을 더 자세히 들여다보면 그것이 역설적 결론에 도달하는 것이다. 메드베데프는 미국과 유럽이 선호하는 그의 친절한 미소와 친 현대화 수사로 인해 친 서방적인 것으로 보였다. 그러나 러시아는 서방과는 별로 가까워지지 않은 반면, 반 서방 또는 대안적 정책방향에서 훨씬 더 성공적이었다. 유일한 예외는 아주 제한된 범위 내에서 성공적이었던 미국과의 관계 재설정(reset)이었다. 그 목표는 조지 W. 부시의 두 번 임기 동안 완전히 막다른 골목에 봉착한 미·러 관계를 정상화하는 것이었다. 오바마와 메드베데프 두 사람 노력의 결과로 아프가니스탄 전쟁협력, 이란 제재, New START 협정, 그리고 러시아의 WTO 가입이 이루어졌고, 그것들은 미·러 관계 회복이라는 목표달성을 도왔다. 그러나 오바마의 미·러 관계 재설정 정책은 양자관계에서 근본적으로 새로운 모델을 창출하려 하지 않았고 동시에 기적도 없었다. 차기 미국과 러시아 행정부들은 아주 바닥부터는 아니더라도 적어도 미·러 관계를 새로이 시작해야 할 것이다. 나토와 러시아 관계, 특히 EU와 러시아 관계는 별로 성공적이지 못했다. 메드베데프가 제안한 유럽안보구상(European Security Architecture)은 유럽에서의 끝없는 파워게임의 작은 요소인데, 유럽은 오늘날 아주 빠르게 세계차원에서 전략적 주변으로 밀려나고 있다.[1] 비효율적인 현대화 파트너십(Partnership for Modernization)과 유럽의 탄도미사일 방어체계 논의는 한걸음도 진전하지 못했다. 반면 EU와 나토 소속 유럽 국가들은 그들의 재정문제로 인해 MD 관련 대규모 프로젝트를 실시할 상황에 있지 못하다. 메

---

1) 서방은 모스크바와 수년 간 유럽안보구조에 관한 대화는 이어가면서도 OSCE를 중심으로 유럽안보구조를 재구조화하자는 메드베데프의 제안을 거부했다.

드베데프 임기가 끝나가는 무렵에도 EU-러시아 관계는 전혀 중립적(neutral)이지 못한데, 이것은 EU 국가들이 가스프롬을 공동으로 공격하는 것, 그리고 파이프라인 프로젝트 관련 경쟁심화와 시리아에 관한 정책적 차이에서 여실히 드러난다. 서방과 러시아 관계에서 가장 성공적 행동은 비록 서방의 가장 치열한 비판 대상이 되었지만 남오세티야 전쟁인 것으로 판명됐다. 서방의 초기충격과 고립위협에도 불구하고, 모스크바가 그렇게 신속하게 군사력을 휘두를 수 있는 능력은 서방 국가들에게 자기들이 잘났다는 몽상에서 깨어나게 하는 효과를 주었고, 심지어 몇몇 양자 프로젝트 취소를 방지하게 했다. 뒤돌아보면, 비록 그의 공공 이미지와는 반대되지만 조지아와의 전쟁은 메드베데프 최대의 대외정책 업적으로 간주될 수 있을 것이다.[1]

3) 대외관계 안정화

메드베데프는 푸틴 하에서도 지속될 정책을 펼쳤다. 그것은 지역적 초점을 갖고 러시아를 변화시키는 것인데, 여기서 그 지역은 지구적 차원을 추가하는 유라시아이다. 그런 범주에 속하는 행동은 구소련 공화국들에 대한 배타적 이익 지대(zone of privileged interests) 선언, 리비아에 관한 초연한 입장, 관세동맹(Customs Union), 집단안보조약기구(Collective Security Treaty Organization), 그리고 CIS 자유무역 지대와 같은 탈 소비에트 통합조직을 활성화하는 노력이다. 러시아는 다른 모든 이슈를 협상 칩으로 사용하면서 그 국경선을 따라 우선순위를 제한해 왔다. 그 정책은 시작한지 얼마 되지 않았지만 그 효과는 이미 느껴지고 있다. 조지아 전쟁 이후의 시기는 기껏해야 대외관계 안정화로 묘사될 수 있을 것이다. 그것은 논리적으로는 휴지기인데, 소련 붕괴 이후 2008년 가을까지 회복을 위한 모든 기회를 모색한 이후 러시아는 이제 그 성과를 검토해 새로운 목표를 설정하는 시간을 필요로 하기 때문이다. 그 과정은 아직 다 지나가지 않았고, 푸틴은 더 보태서 새롭게 더 나은 것을 완성해야 할 것이다. 유라시아 연합(EEU: Eurasian Union)을 제외하면, 대선후보로서 푸틴은 아직 다른 대외정책 목표를 언급하지 않았다. 최근 푸틴의 정치 분석가들과의 회동은 그가 아직 미국과의 관계에 대해 매우 감정적이라는 것을 보여준다. 러시아 대외정책에 책임이 있던 4년간의 메드베데프 시절 푸틴은 조용하게 행동했지만, 워싱턴의 '지시와 거만'에 관한 그의 분노의 감정은 누그러지지 않았다. 그의

---

1) 메드베데프가 원하는 '경제현대화 파트너십'은 실제 진전은 없었고, 유럽배치 MD에 관해서도 서방은 러시아의 모든 제안을 거부했다.

감정적이고 개인적인 요소는 미·러 어젠다에 심각한 영향을 미칠 것인데, 푸틴은 미국과의 상호호혜 관계를 위해 많은 것을 했지만 워싱턴은 러시아를 동등한 파트너로 인정하려 하지 않았다. 그 개인적 불만요소로 인해, 미국은 전체적으로 더 실용적이고 신중한 푸틴의 대외정책과 어울리지 않는 것으로 보인다.[1]

(4) 우크라이나 사태에 관한 러시아 인식

2014년 러시아가 크리미아를 점령하고 우크라이나 동부까지 접수하는 서방－러시아 관계 최악의 상황에서, 러시아 국제문제 전문가 알렉산더 루킨(Alexander Lukin)은 모스크바의 우크라이나 점령에 관해 푸틴정부가 갖고 있는 생각을 자세히 설명했다. 미국과 서방을 러시아 이익을 침해하고 위선적으로 행동하는 부당한 세력으로 규정하면서, 루킨은 모스크바의 입장을 옹호하는 다음과 같은 분석을 제시했다.

1) 서방의 위선

수개월 전 모스크바가 크리미아를 점령하면서 서방－러시아 관계는 최악의 상태에 진입했다. 물론 그 전에도 러－조지아 전쟁, 리비아, 시리아 문제를 포함해 서방과 러시아는 사사건건 대립했다. 그러나 우크라이나의 일부인 크리미아에 대한 러시아의 점령은 서방에 의해 그것이 타국의 주권을 훼손하는 사태라고 최대치로 비난받는다. 그렇지만 모스크바는 자기들 행동을 거둬들일 생각이 조금도 없다. 오히려 모스크바는 러시아의 행동을 외부세력의 침해로부터 자국의 사활적 이익을 보호하기 위한 정당한 주권방어 행위로 인식한다. 러시아는 서방의 규칙을 결정적으로 거부했고, 이제 서방은 자기들만의 사고방식과 주장을 철회해야 할 것이다. 미국, EU와 러시아의 생각은 전혀 다른데, 우크라이나 사태를 어떻게 이해해야 할까? 그에 관한 깊은 이해를 위해서는 지난 오랜 기간 서방과 러시아 관계에 관한 전반적 고찰이 필요하다.

소련이 붕괴된 이후 서방은 서방의 지원을 필요로 하고 아무 힘없는 러시아가 자기들을 따를 것으로 생각하면서 모든 문제를 편향적으로 처리했다. 그들은 구 유고(Former Yugoslavia), 이라크, 이란에 대한 모스크바의 의견불일치를 거세게 비난했다. 실제에 있

---

1) Lukyanov, "Medvedev's Foreign Policy," http://eng.globalaffairs.ru/redcol/Medvedevs－Foreign－Policy－Period－of－Stabilization－15453, p. 2.

어서 서방은 러시아를 서방 체제에 동화시키려 하기보다는 조각조각 찢는 방법을 선택했다. 그들은 러시아에 대한 적대적 접근법은 모스크바를 서방으로부터 멀어지게 할 것이라는 조지 케넌(George Kennan)과 러시아 자유주의자들의 조언을 무시했다. 겉으로는 러시아를 민주주의와 시장경제에 접목시켜 서방의 일원을 만들 것이라는 온건한 언어를 사용했지만, 그들의 실제 행동은 그와 정반대였다. 그들은 러시아를 진정한 친구로 생각한 적이 없었다. 독일 통일 이후 고르바초프에게 한 약속을 잊고, 이미 오래전 옐친집권 시기 빌 클린턴에서 시작해 그 뒤를 이은 조지 W. 부시는 나토를 계속 동쪽으로 확대시켰다. 1999년에 시작되어 2004년까지 구소련 국가 일부를 포함해 12개국이 그 군사동맹에 새로이 추가됐고, 그것은 러시아의 안보를 직접적으로 위협했다. 미국과 나토는 발트 3국과 폴란드, 루마니아에 새롭게 배치된 서방 병력은 모스크바에 대한 위협이 아니라고 강변했다. 그들은 일찍이 러시아 외교장관 안드레이 코지레프가 말한 '핑크빛 탱크도 탱크'라는 간절한 호소에 전혀 귀를 기울이지 않았다. EU 역시 팽창했는데, 같은 기간 16개의 새로운 회원국을 추가시켰다. 그것은 서방의 제도, 가치, 규칙을 서서히 구소련 영향권으로 침투시키는 은밀한 공작이었다. 모스크바의 친서방 노력에도 불구하고 서방은 그렇게 제로섬 경쟁을 추구했고, 러시아는 무방비로 일관했다. 러시아는 자기들 몫을 했다고 생각했고, 비록 국가이익을 포기한 것은 아니지만 가능하면 기존의 서방 질서에 편입되기 위해 희생하려 한다는 의사를 표시했다. 서방이 잘해주었을 경우 러시아의 미래행동에 대해 확실하게 단언할 수는 없지만, 서방의 시도는 모스크바로 하여금 돌아서서 반서방 경쟁체제를 만들게 유도했음을 부인하기 어렵다.[1]

오늘날 서방의 동유럽으로의 전진은 러시아 국경의 나라들을 조각내고 있다. 서방은 몰도바와 조지아를 문화적으로 분열시켰고, 우크라이나 역시 바로 눈앞에서 조각나려 하고 있다. 이들 구소련 공화국에서 서방의 친서방 민족주의자들에 대한 편향적 지원은 그들로 하여금 러시아어를 말하는 소수민족을 탄압하게 하는 동기를 유발시켰다. 에스토니아 인구의 6% 이상과 라트비아 인구의 12% 이상은 러시아인인데, 이들은 아직도 투표권, 러시아 학교등록, 또 러시아 미디어 접근에서 시민으로서의 권리를 박탈당하고 있다. EU는 겉으로는 세계 인권에 대해 말하지만, 러시아 출신 소수민족이 당하는 억압에 대해서는 일체 언급이 없다. 서방은 우크라이나에 대해서도 마찬가지로 행동했는데, 더구나

----

1) Alexander Lukin, "What the Kremlin is Thinking (Putin's Vision for Eurasia)," Foreign Affairs, Vol. 93, No. 4 (July/August 2014), pp. 85–86.

서방이 그 나라를 나토에 포함시키려 했을 때 모스크바는 무대책으로 일관할 수는 없었다. 러시아의 크리미아 합병은 그 주민 대다수의 열망을 반영하고 러시아 해군을 흑해로부터 밀어내려는 나토의 시도에 대한 정당한 대응이었다. 나토는 냉전시대에나 냉전이후시대에나 단 한 번도 반소련, 반러의 태도를 바꾼 적이 없다. 러시아가 서방의 포위(encirclement)에 격렬하게 대응하는 것은 단지 시간문제였을 뿐이다. 푸틴 정부는 우크라이나 사태와 관련한 러시아에 대한 비방을 서방의 위선으로 간주한다. 서방은 늘 자기들에게 유리한 것은 지지하고 불리한 것은 비난, 비방하는 이상한 습관을 갖고 있다. 서방은 1995년 스스로 독립을 선포한 세르비아 크라지나(Serbian Krajina) 공화국에서 싸우는 크로아티아인들을 지원하고, 또 1997~1998년 코소보에서 민족주의자들을 지원한 바 있다. 서방은 자기들에게 유리하도록 러시아 영향권인 구 유고지역, 친러 세르비아 내에서 독립하려는 세력을 모두 지원했다. 이것은 아직도 서방이 러시아를 적으로 보고 있고, 그 체제를 무너뜨리기 위해 벌이는 행동으로 밖에 보이지 않는다. 서방의 위선은 거기서 끝나지 않는다. 워싱턴은 주기적으로 러시아가 우크라이나 국경의 신성함(sanctity)을 위반하는 것으로 질책하지만, 영토통합 문제로 오면 서방은 할 말이 없다. 결국, 2008년 코소보의 일방적 독립선언이 국제법을 위반하는 것이 아니라는 2010년 국제사법재판소 판결을 지지한 것은 러시아가 아니라 서방이다. 실제 러시아는 계속해서 서방의 코소보, 세르비아, 이라크, 그리고 리비아 같은 곳에서의 군사간섭은 국제법, 그리고 1975년 헬싱키 협정에 새겨진 주권의 원칙에 관한 위반이라고 주장해 왔다. 서방의 이중 잣대에도 불구하고, 그러나 러시아는 우크라이나 사태 해결을 위한 대안을 제시했다. 그것은 우크라이나 동부와 남부의 이익을 보장하는 연립정부의 설립, 우크라이나의 연방화, 또 러시아 언어에 대한 특별위상 부여를 포함하는 다양한 방안을 제시했으나, 그것들은 모두 서방에 의해 거부됐다. 자기들이 원하는 대로 모든 것을 독단적으로 결정하려 한다면, 서방은 성공하지 못할 것이다.[1]

2) 러시아 중심의 자발적 연합체제

서방-러시아 양측의 완전히 다른 접근방식에 비추어, 그들이 우크라이나에서 충돌하는 것은 시간문제였다. 우크라이나 사태는 맨 처음 국내 양대 파벌간의 투쟁에서 유래했다. 한쪽은 친서방, 친EU이고, 다른 한쪽은 친러 및 러시아 관세동맹 가입을 옹호하는

---

1) Ibid., pp. 87-88.

세력이었다. 그 와중에 서방은 야누코비치가 EU 가입을 연기하고 친러 방향으로 선회하는 것을 적대적으로 인식했다. 그러나 다극세계에서 러시아와 친러 국가들은 자발적 연합(association)의 권리를 갖는다. 사실 구소련 공화국의 많은 엘리트들은 오랜 기간 자기들의 모임, 연합 재창출을 원했다. 1991년의 CIS가 그런 경우로, 15개 구소련 국가 중 발트 3국을 제외하면 다른 나라들은 대부분 CIS가 어떤 긍정적 역할을 해야 하는지에 관한 합의에 도달하려 노력했다.[1] 러시아와 일부 구소련공화국들은 새로운 형태의 통합을 선호했는데, 유라시안 경제공동체(Eurasian Economic Community)가 그런 것이다.[2] 조지아, 투르크메니스탄, 우크라이나와 같은 몇몇 국가들은 CIS 내에서 러시아에 지배받지 않는 상태에서 협력하기를 희망했다. 또 조지아와 몰도바의 소수민족들은 그들 나라의 민족주의를 두려워하고 모스크바의 도움을 희망했다. 벨로루스와 우크라이나를 포함하는 일부 국가에서는, 상당수 주민들이 러시아와 아주 긴밀한 경제, 문화, 심지어 가족 유대까지 갖고 있어 급격한 관계단절은 상상할 수 없는 일이다. 2010년 이후 러시아는 벨로루스, 카자흐스탄과 함께 관세동맹(customs union)을 출범시켰다. 그것은 탈 소비에트 국가 간의 첫 번째 의미 있는 경제협력이었다. 그 목적은 회원국 간 공통관세를 적용하고, 비회원국에게는 공통의 규제조치를 적용하기 위한 것이었다. 현재 아르메니아, 키르기스스탄, 그리고 타지키스탄이 가입을 협상 중이다. 또 러시아는 구소련 공화국들과 안보협력을 도입했는데, 집단안보기구(CSTO: Collective Security Treaty organization)는 나토와 마찬가지로 러시아, 벨로루스, 카자흐스탄, 키르기스스탄, 타지키스탄, 아르메니아를 포함해 회원국을 공동 보호하는 목적을 갖는다. CSTO에 특별한 가치를 부여하는 많은 유라시아 국가들은 종교적 극단주의나 테러분자로부터의 진정한 위협의 경우 러시아만이 도움이 된다는 사실에 신뢰를 보낸다.[3]

성공적 경제협력에 힘입어, 관세동맹 국가들은 유라시아 정치연합(Eurasian political union)을 논의 중이다. 2011년 푸틴은 러시아 신문 이즈베스티야(Izvestiya)에서 러시아는 EU, 아세안(ASEAN), 나프타(NAFTA)와 경쟁이 아니라 협력을 원한다는 의견을 제시했다.

---

1) 그러나 저자의 주장은 사실이 아니다. 만약 이것이 사실이라면 왜 푸틴이 2000년대 말 CIS는 이혼 직전 상태에 있다고 말했는지를 설명할 수 있어야 한다. 또 소련 붕괴 후 많은 나라들은 단지 몇 나라만 제외하면 과거 종주국 러시아와 연합하기를 원치 않았다.

2) EEU 회원국은 러시아, 벨로루스, 카자흐스탄, 키르기스스탄, 타지키스탄이다. 우즈베키스탄은 2008년 회원자격을 유예했다.

3) Lukin, "What the Kremlin," (July/August 2014), p. 89.

그러나 유라시아 정치연합은 유럽이 옹호하는 자유민주주의, 인권, 시장에 기초한 경제협력과는 다른 가치를 표방한다. 러시아와 유라시아연합 옹호자들은 유럽 사회와의 근본적 차이를 인식하면서 자기들 역사, 철학, 사상, 이념에 기초한 특별한 가치를 추구한다. 유라시아주의자들은(Eurasianists) 러시아, 중앙아시아 스텝지역의 터키어를 말하는 사람들, 또는 투란 사람들(Turanians)의 역사적 전통에서 유래하는 권위주의를 선호한다. 그들은 서방이 중시하는 과도한 시장원칙을 거부하면서, 그 지역의 전통적 종교인 정교회(Orthodoxy), 이슬람, 유대교, 불교의 긍정적 역할을 선호하는 특성을 갖고 있다. 이 경향은 이제 러시아 상당부분뿐 아니라 투란인들의 후손이 거주하는 카자흐스탄, 키르기스스탄, 또 다른 중앙아시아 국가들에서 광범위한 인기를 향유한다. 유라시아 연합을 설립하려는 계획은 다소 인위적으로 보일 수 있지만, 그것은 억지가 아니다. 러시아와 구소련 공화국들의 문화와 가치는 서방과는 진정 다르다. 서방에서 자유주의적 세속주의를 신봉하는 것과는 달리, 구소련 공화국들에서는 위에 언급한 모든 주요 종교들이 부활을 경험하고 있다. 이 종교들은 서로와 많은 차이점을 갖고 있지만, 그들은 모두 서방가치의 세계지배를 거부하고 동시에 도덕적 상대주의도 거부한다. 그 종교들은 서방의 가치는 신(God)으로부터의 권위에 의해 승인되지 않거나 또는 명백하게 금지된 것으로 인식한다. 또 러시아와 많은 구소련 공화국들은 서방이 자기들 견해를 후진적이고 보수반동(reactionary)으로 폄하하는 것을 증오한다. 사람은 누구나 다른 방식으로 역사와 문명의 진전을 인식한다. 종교적 신념이 강한 러시아와 구소련 공화국 유라시아주의자들은 서구 사회는 불완전을 넘어 죄악의 한가운데 있다고 인식한다. 러시아, 벨로루스, 우크라이나, 몰도바의 정교회 크리스천(Orthodox Christians), 또 기타 중앙아시아의 많은 사람들은 그런 생각을 공유한다. 서방의 간섭은 이들의 결속을 더욱 부채질할 뿐이다.[1]

3) 외교의 필요성

현재 우크라이나는 긴장 상태에 처해 있다. 잘못될 경우, 그 나라는 몰도바와 같이 두 개로 갈라질 수 있다. 서방은 모스크바와의 대화를 거부하는데, 러시아는 물러나지 않을 것이다. 사태가 더 악화되면, 심지어 즉각적 전쟁으로 격화될 수도 있을 것이다. 유일한 해결책은 서방이 자기들 입장을 대치에서 건설적 개입으로 변화시키는 것이다. 우크라이나의 위기해결은 아직도 가능하다. 심지어 냉전 당시에도, 모스크바와 서방은 오스트

---

1) Ibid., pp. 90−92.

리아와 핀란드의 중립국 위상에 관한 합의에 도달했다. 그 합의는 이들 나라들이 일반적유럽 경향을 추구하는 것을 전혀 방해하지 않았다. 오히려 그들의 중립국화는 그들의 경제와 국제적 명성에 도움을 주었다. 핀란드가 헬싱키협정으로 가는 대화를 이끈 것 역시그 나라가 중립국으로서 서방, 러시아 모두와 강력한 유대를 가졌기 때문이다. 현재 위기의 해결은 우크라이나의 중립적 위상, 또 러시아어를 사용하는 사람들에 대한 국제적 보장에 달려 있다. 외교타협이 불가능하면 우크라이나는 깨질 수 있고, 서방과의 대치는 오랫동안 계속될 것이다.[1]

(5) 푸틴의 지구적 위상 추구

2016년 미·러 관계가 과거의 역학을 넘어 완전히 서로 다른 궤도에서 작동할 때(앞에서 메드베데프 시대 러시아 외교의 의미를 설명한) 표도르 루키아노프(Fyodor Lukyanov)는 푸틴의 대외정책은 러시아의 올바른 지구적 위상을 찾아가는 목적을 띠었다고 말했다. 그는 러시아는 수십 년에 걸친 미국과 서방의 오만과 독선으로부터 이제 비로소 벗어나고 있지만 아직 뚜렷한 자신만의 영역과 대안은 확보하지 못했다고 말했는데, 다음은(메드베데프에 이어) 푸틴의 정책에 관한 그의 분석이다.

1) 다극적 세계질서

2016년 2월 워싱턴과 모스크바는 공동성명에서 시리아 내의 적대중단을 촉구하며그 나라를 지원할 것이라고 선언했다. 미국, 러시아, 주요 지역행위자, 기타 관련국 모두휴전 촉구성명에 참여했는데, 최근 미·러 상호비난에 비추어 그것은 획기적인 공동기치였다. 그것은 2013년 바샤르 알−아사드(Bashar al−Assad) 동의하에 미·러가 시리아 화학무기를 제거하기로 한 합의 이후 두 번째 성공적 합의였다. 그리고 그 다음 달 2016년3월 러시아는 시리아로부터 군대철수 의사를 선언했다. 이것들은 지난 25년 간 세계질서가 인식할 수 없을 정도로 크게 변화하고 또 더 이상 두 개의 슈퍼 파워 경쟁에 의해 지배되지 않음에도 불구하고, 첨예한 국제위기가 발생할 때에는 수시로 미국과 러시아 두나라만이 그것을 해결할 수 있다는 사실을 입증한다. 국제기구, 지역기구, 부상하는 중국파워에도 불구하고, 복잡하게 얽힌 국제문제의 해결에는 미국과 러시아의 역할이 필수적

------

1) Ibid., p. 93.

이다. 그래도 그것이 미·러 관계의 전반적 양상을 변화시키는 것은 아니다. 크리미아 점령 이후, 그런 미·러 합의에도 불구하고 아직도 서방의 대러 경제제재는 계속되고 있고, 미 재무성 관계자는 푸틴의 개인적 부패를 공개적으로 비난했다. 그렇지만 워싱턴은 1991년 시작된 미국 지배의 단극적 순간은 이제 사라지고 있다는 것을 인식하고, 모든 것을 미국 의사대로 진행시키기 원하는 행동방식을 바꿔야 한다. 불확실성이 더 많이 증가하는 오늘날의 새로운 다극세계(multipolar world)에서 미국과 러시아 둘 다 자기 역할 찾기에 허덕이고 있음에도 불구하고, 워싱턴이 미국만 유일 초강대국으로 세계를 지배할 권리가 있다고 믿는 것은 잘못이다. 러시아인들은 사태를 전혀 다르게 인식한다. 그들은 모스크바의 종속적 위상은 러시아를 지속적으로 억누르고 러시아의 올바른 위상 모색을 계속 방해하는 미국의 끊임없는 공작의 부당한 결과라고 생각한다. 2005년 푸틴은 소련의 붕괴가 '주요 지정학적 재앙'(major geopolitical disaster)이라고 말했는데, 많은 러시아인들은 그 말에 공감했다. 서방은 러시아에서 새로이 민주주의가 시작되는 것을 러시아에서 체제가 변화하고 그 나라가 향후 종속적 역할에 만족하는 계기로 간주했지만, 푸틴과 많은 러시아 인들은 전혀 다르게 생각했다. 2014년 러시아가 크리미아를 점령하고 2015년 시리아에 직접 군사 개입했을 때 서방은 그것을 냉전이후 국제질서에 관한 합의 변경을 추구하는 러시아의 수정주의로 조롱했지만, 모스크바는 러시아가 그동안 서방의 영속화 시도 패권공작을 관망하면서 단지 그에 그럭저럭 대응했을 뿐이라고 믿었다. 그 진실은 20세기 말에는 어떤 진정한 세계질서도 존재하지 않았고, 미국 패권을 강요하려는 시도는 세력균형, 주권의 존중, 타국 내정에 대한 불간섭, 그리고 군사력 사용 이전에 유엔안보리 승인을 얻어야 하는 과거 국제질서의 원칙을 서서히 잠식했다는 것이다. 모스크바가 크리미아와 시리아에서 군사행동을 취한 것은 러시아가 국제사회에서 주요 국제행위자로서의 올바른 위상(rightful place)을 회복하기 위한 조치였다.[1]

2) 미국과 서방의 독선

1992년 1월 미국 대통령 조지 H. W. 부시는 국정연설에서 냉전은 종식된 것이 아니라 미국이 쟁취해 승리한 것이라고 강조했고, 그런 인식은 1990년대 미국의 세계패권 강요로 이어졌고. 그것은 냉전의 마지막 날들에 러시아인들이 예상했던 것과는 너무 달

---

1) Fyodor Lukyanov, "Putin's Foreign Policy (The Quest to Restore Russia's Rightful Place)," *Foreign Affairs*, Vol. 95, No. 3 (May/June 2016), pp. 30－31.

랐다. 1980년대 후반 미하일 고르바초프(Mikhail Gorbachev)와 개혁주의자들은 군비경쟁의 종식, 독일통일, 새로운 유럽을 추구하는 파리헌장의 채택을 통해 냉전 최악의 결과를 방지하고 더 나은 세계의 도래를 기대했지만, 신세계질서(New World Order)는 바람직한 지구적 거버넌스를 위한 새로운 규칙보다는 단지 서양의 원칙과 영향력의 승리만을 환호했다. 서방의 원칙을 따르지 않는 나라는 처벌받았는데, 1990~1991년 사담 후세인의 이라크에 대한 제1차 걸프전이 그런 경우였다. 신세계 질서는 미국의 세계패권과 서방가치의 확산을 의미했고, 설 자리가 없이 낙관적 미래만을 그리던 러시아는 서방과의 불평등 관계에 직면했다. 서방은 세계의 많은 지역을 클린턴이 늘 말하듯 '역사의 올바른 편'(right side of the history)에 귀속시키기를 원했는데, 그 프로젝트는 유럽에서 EU의 확대와 나토의 동진을 통해 우선적으로 진행됐다. 그러나 그 행동은 러시아의 '전략적 후방'(strategic depth)을 파괴했고, 수세기 동안 침략받은 역사를 기억하는 러시아는 나토와 EU의 확대에 큰 위협을 느꼈다. 러시아가 반발할 수 없었던 것은 단지 옐친시대의 자유주의에 대한 더 많은 노력의 필요성, 그리고 정치, 경제, 군사적 무기력에 의한 것이었다. 서방은 마치 러시아가 워싱턴과 서방 주도의 질서를 지지, 지원하는 것으로 보았지만, 그것은 착각이었다. 일찍이 1994년부터 옐친과 러시아는 서방의 오만과 독선에 대한 불만을 계속 표시했다. 그러나 옐친의 항의를 무시하면서, 서방은 오히려 그것은 모스크바가 과거 소비에트 제국의 향수를 그리워하기 때문이고, 또 그것은 국내용이라고 폄하했다. 러시아의 입장에서 결정적 전환점은 1999년 서방의 코소보 공격이었다. 코소보 전쟁에서 나토는 모스크바와 가까운 관계를 유지하는 세르비아를 폭격했는데, 그것은 코소보 분리주의자가 승리하도록 세르비아를 굴복시키기 위한 목적을 띤 행동이었다. 그것은 세르비아 리더 밀로셰비치의 몰락으로 이어졌는데, 그 공격의 결과는 새로운 선례와 새로운 국제관계 모델(template)을 설정하는 것으로 보였다. 그 후 2001년부터 나토는 전 세계에서 군사작전을 전개했고, 그것은 아프가니스탄, 이라크, 리비아를 포함해 수많은 국가의 정권교체와 이들의 국가적 쇠퇴(deterioration)로 이어졌다. 더 문제가 된 것은 나토의 목표가 방위가 아닌 공격으로 전환된 것이었다. 나토는 이제 냉전시대와 같은 방어적 성격이 아니라 공격적으로 전쟁하는 그룹으로 변모했다.[1]

미국이 주먹을 휘두르고 나토가 무시무시한 조직으로 변했을 때, 러시아는 어색한

---

1) Ibid., pp. 31-33.

위치에 있는 것을 발견했다. 비록 수퍼 파워의 계승자이고 소련의 거의 모든 요소를 물려받았지만, 동시에 러시아는 과거 적의 동정과 재정적 지원에 의지하면서 체제의 하락을 극복해야 하는 초라한 입장에 있었다. 처음 십수년 간 서방은 러시아가 더 넓은 유럽(wider Europe)의 일부가 됨으로써 그 역경에 대처할 것으로 가정했다. 그것은 EU와 나토가 그 핵심에 있지만, 동시에 그 기구의 일원이 아닌 나라들이 자발적으로 서방의 규범과 규정을 수용해 그 일부가 되도록 노력해야 하는 것을 의미했다. 유럽의 확대되는 구조 속에서 러시아에게는 제한적 공간(limited niche)만이 주어졌다. 그것은 원래 소련 개혁자들의 희망과는 달리 러시아가 유럽 신질서의 공동 설계자가 아니고, 그 대신 지구적 야망을 포기하면서 서방이 만든 규칙을 무조건적으로 수용해야 하는 수동적 개체로의 전락이었다. 2002년 EU 집행위원장 로마노 프로디(Romano Prodi)는 그 현실을 한마디로 표현했다. 그는 "러시아는 EU와 제도만 빼고 모든 것을 공유"한다고 말했다. 그것은 러시아는 서방의 규칙을 그냥 따르기만 하고 EU에 영향력은 미칠 수 없다는 것을 의미했다. 한동안 모스크바는 그런 입장을 받아들이면서 생존해야 했지만, 내심 깊이 모스크바의 엘리트, 일반대중 누구도 러시아가 단지 수동적 지역파워 역할만 해야 한다는 이미지를 수용한 사람은 없었다.[1]

3) 푸틴의 정책

이제 푸틴이 등장하면서 많은 것이 바뀌기 시작했는데, 그것은 오일가격의 상승에 따른 경제회복, 푸틴의 성공적 국가체제 정비, 그리고 그에 수반된 국제적 영향력 증대에서 비롯됐다. 러시아는 더 이상 구걸하는 국가가 아니었고, 오히려 신흥시장, 글로벌 성장의 엔진으로 각광받기 시작했다. 그러는 사이, 구소련 영역에서 색깔혁명(color revolution)이 발생해 소련시대에 뿌리를 두고 있고 모스크바와 좋은 관계를 유지하는 국가들을 잠식할 때, 러시아는 서구 자유주의 질서 구축을 더 이상 수용할 수 없었다. 러시아의 눈에, 서방은 도덕적이고 정치적 승자로서 세계질서뿐 아니라 다른 나라 내부질서도 바꾸려는 나라로 각인되어 있었다. 조지 W. 부시가 즐겨 사용한 '민주주의 진흥'(democracy promotion), '전환을 위한 외교'(transformational diplomacy)는 모두 그런 의미를 담고 있었고, 그것은 모든 것을 워싱턴이 원하는 방식으로 바꾸겠다는 의지의 표현이었다. 그러나 9·11 직후 한동안 워싱턴 방식은 잘 작동했지만, 이제 그 질서는 최근

---

1) Ibid., pp. 33-34.

수년째 심한 긴장에 처해있다. 미국, 서방의 중동에서의 많은 실패, 2008년 세계 금융위기와 그 이후의 경기침체, EU의 증대하는 경제, 정치위기, 그리고 중국의 새로운 파워로의 부상이라는 새로운 환경에서, 러시아는 과거보다 더 많이 서구질서를 거부할 명분을 발견했다. 미국과 서방은 쇠퇴하고 있었고, 러시아는 강대국이 되지 못할 이유가 없었다. 그럼에도 불구하고, 서방은 세력확대를 멈추려 하지 않았다. 쌓여가는 문제와 침체에도 불구하고, EU는 우크라이나가 EU와 연계되도록 유도했다. 러시아는 이제 서방의 팽창은 어느 러시아 전문가가 말하듯 '철권'(iron fist)이 아니고서는 역전시키기 어렵다는 결론에 도달했다. 2014년 2월 친서방 세력에 의한 야누코비치의 축출은 어느 면에서는 모든 것을 무너뜨리는 '마지막 지푸라기'(final straw) 행위였다. 크리미아 합병은 나토와 EU의 동진에 대한 러시아의 단호한 대응이고, 그것은 러시아가 자국의 힘에 비례하는 올바른 위치를 찾아가는 과정이었다. 이제 러시아의 개입과 간섭으로 인해 우크라이나의 EU, 나토 가입 가능성은 더 멀어졌다. 마찬가지로 러시아의 시리아 간섭은 아사드 보호뿐 아니라 미국과 서방이 러시아를 동등한 파트너로 인정하게 하려는 의도도 있었다. 2016년 3월, 미·러의 시리아 철수합의는 러시아 전략이 옳았음을 입증했다. 러시아는 그 군사적 위용을 입증했고 시리아 진흙탕에 빠지지 않으면서도 갈등의 역학을 변화시켰다.[1]

4) 러시아의 향후 과제

지난 수년 간 러시아는 국제적 위상을 재확보하는 데 있어서 일부 성공했다. 그러나 모스크바는 향후 다극질서에 걸맞은 역할을 찾아야 하는데, 현재의 경제위기는 장기적 도전을 제기하는 문제이다. 그것은 경제력에 뒷받침되지 않는 군사력은 잠깐만 생명력을 유지하기 때문이다. 이제 세계는 변하고 있다. 미·러 관계는 30년 전과 같이 국제관계에서 더 이상 가장 중요한 이슈가 아니고, EU는 러시아 영향력과는 관계없이 고통스러운 전환을 모색해야 할 것이다. 텃밭이던 중앙아시아에서의 러시아 영향력도 흔들리고 있다. 러시아는 과거에 그 지역 일대에서 거대한 게임의 주요행위자였지만, 최근 중국이 일대일로 인프라 프로젝트에 어마어마한 자금을 퍼부으면서 그 지역 최대 행위자로 부상했다. 더 넓은 유럽이 아니라 더 넓은 광역 유라시아(wider Eurasia)에서 러시아는 자국에 걸맞은 역할과 위상을 찾아야 한다. 어떤 의미에서 러시아는 지금 정체성 위기에 처해 있다. 러시아는 서방에 완전히 편입된 것도 아니고 그 자신의 뚜렷한 영역과 대안을 확보한

---

1) Ibid., pp. 34-35.

것도 아니다. 그래서 공산주의 이데올로기는 멀리하면서도 서방과 대치해 핵심 안보영역
에서 일부 소비에트 군사 모델을 채택한 것이다. 고르바초프의 페레스트로이카, 개혁이
소비에트 붕괴를 촉진했다고 믿는 푸틴과 현재 리더십은 국내 불안정을 우려하고 그래서
적어도 다음 대선이 예정되어 있는 2018년까지는 개혁을 시도하지 않을 것이다. 특히 통
제할 수 없는 불안정, 개혁은 금물이다. 오늘날 러시아는 크리미아를 재장악하고, 국제위
상을 고양시켰으며, 대외관계에서 자신감을 느낀다. 이제 남은 과제는 경제발전이다.[1]

(6) 러시아 재부상에 대한 대응

나토 주재 미국대사였던 이보 달더(Ivo H. Daalder)는 푸틴 등장 이후 러시아가 어떻
게 다시 군사, 정치 강대국으로 변화해 가는지를 자세하게 설명했다. 그는 미국과 나토
국가들이 단합해서 나토능력을 증강해야만 러시아의 위협을 막을 수 있다고 주장했는데,
다음은 그의 통찰력 있는 분석이다.

1) 푸틴의 강경기조

오늘날 러시아는 다양한 위협을 제기한다. 사람들은 2016년 모스크바의 미 대선개
입을 주로 거론하지만, 진정한 위협은 러시아가 나토를 잠식하고 EU 회원국들 간의 유대
를 약화시키는 것을 넘어 지구정치의 중심에 서려는 것이다. 러시아 리더 블라디미르 푸
틴의 군사현대화는 서방에 위협이 될 정도로 진행되고, 그는 이미 조지아, 우크라이나로
부터 중동 시리아에서까지 노골적으로 군사력을 사용했다. 푸틴의 공세에 나토 역시 강
력 대응해 동유럽과 발트 국가에서 전력을 증강시켰다. 그렇지만 미국과 EU의 의견불일
치, EU 국가 내의 이견은 모스크바가 그 틈새를 파고들게 하는 허점을 노출했다. 앞으로
중요한 것은 나토가 억지력 강화를 위해 모스크바의 팽창을 용인하지 않을 것이라는 확
실한 메시지를 보내야 하지만, 동시에 대화와 소통을 통해 전쟁으로 가는 계산착오를 피
하는 것이다.

푸틴이 아직 국가적 리더로 등장하기 전 러시아는 많은 위기를 겪고 있었다. 가장
두드러진 것은 경제침체였는데, 옐친정부가 도입한 '충격요법'(shock therapy)은 경제적

---

1) Ibid., pp. 35-37.

번영을 이루어내지 못했고 재정위기는 사람들에게 심각한 대가를 부과했다. 1990년대 말까지 러시아 사람들의 사기는 아주 저조했는데, 그때 대중은 혼란의 종식과 안정으로의 회귀를 약속하면서 혜성과 같이 나타난 푸틴을 환영했다. 그는 관료제를 장악하고 오일과 가스 가격 상승에 힘입어 경제를 부활시키면서 국민과의 약속을 지켰다. 그 당시 그의 가장 큰 관심은 정치, 사회불안, 경제침체와 같은 국내 사안이었지만, 자신감과 부가 증대하면서 모스크바의 관심은 점차 외부로 향했다. 푸틴은 처음에는 미국과 대테러 협력을 모색했지만, 중, 동부유럽과 구소련 영역 국가들의 나토, EU 가입, 그리고 2003년 미국의 일방적 이라크 전쟁을 보면서 점차 워싱턴과의 협력 가능성을 포기했다. 2007년 뮌헨 안보회의에서 그의 그런 인식은 명확하게 나타났다. 그는 그때 미국이 단극체제를 형성하면서 다른 나라 주권을 짓밟고 있고, 미국은 "하나의 주인, 하나의 주권국만이 있는 세계"를 구축하고 있다고 비난했다. 그 해 러시아는 에스토니아 러시아 소수민족 문제를 빌미로 에스토니아 정부, 미디어, 금융체계에 사이버 공격을 실시했다. 그 다음 해인 2008년에는 조지아를 무력 침공했다. 그 전쟁은 겉으로는 두 개의 분리주의 지역의 독립을 표방했지만, 실제 목적은 조지아의 나토가입 의지에 대한 경고였다. 그러나 그 전쟁은 러시아 군의 약점을 노출시켰다. 지휘통제체제(C3I)는 제대로 작동하지 않았고, 작전 중 60~70%의 탱크와 장갑차들은 고장 났으며, 투입된 병력의 훈련이 부족했다는 것이 여실히 드러났다.[1] 비록 그 전쟁은 러시아 군대의 허세를 드러냈지만 다른 한편 그 군대가 환골탈태하는 계기를 마련했다. 푸틴은 즉시 국방개혁, 군사현대화에 돌입했는데, 2007~2016년 기간 연간 군사비 지출은 거의 두 배로 증가했고, 2011년 선언된 10년 기간의 현대화 프로그램은 전반적 구조개혁, 훈련 프로그램 개편, 그리고 국방획득에 3,600억 달러를 포함시켰다. 그 효과는 6년 후 크리미아 전쟁에서 확연하게 드러났다. 러시아 군의 크리미아 점령은 순식간에 이루어졌다. 눈치 채지 못하는 사이에 특수부대는 우크라이나 중요지점을 모두 장악했고, 사이버 작전과 가짜 뉴스(disinformation)는 사람들을 혼란시켰다. 일부 군인들은 비정규 군복을 입고 키예프 정부에 반대해 러시아와의 통합을 원하는 세력이라고 위장전술을 사용했다. 그것은 전통적 전쟁이기보다는 하이브리드 전쟁(hybrid warfare)으로 사태가 파악되기도 전에 모든 것이 끝났다. 러시아군의 동 우크라이나 작전도 비슷했다. 러시아 소수민족이 압도적으로 많이 거주하고 동부지역 중공업 중심지인 도네츠크와 루한스크에 고문단, 군사 장비, 수천 명의 병력이 배치되어 키예프

---

1) 군사장비에서도 트빌리시(Tbilisi)가 배치한 중(heavy) 장갑차는 러시아 군이 보유한 것보다 훨씬 현대적이었다.

정부군이 그곳을 장악하지 못하도록 조치했다. 동 우크라이나로의 진격은 푸틴의 각본 (playbook)에서 나온 것이지만, 크리미아 작전은 모스크바가 자기가 원하는 것을 확보하려는 야심을 의미했다. 푸틴은 처음부터 크리미아는 원래 러시아 것이고 모스크바는 그 것을 되찾을 충분한 권리가 있다고 말했다. 그는 러시아 민족주의에 기초한 주장으로 크리미아 침공과 합병을 정당화했다. 나중에 푸틴은 어느 곳에서든 러시아인 보호를 목적으로 하는 새로운 방침을 선언했다. 크리미아는 단지 침공 당한 것이 아니라 부당하고 속임수(rigged)에 의한 투표로 합병되어 러시아연방에 통합된 것이다. 1991년 소련이 붕괴됐을 때 모스크바는 모든 구소련 공화국의 영토적 통합을 존중할 것에 합의하고, 또 분명히 그 약속을 법적으로 구속력 있는 우크라이나, 미국, 영국과의 1994년 양해각서에서 반복했지만, 푸틴은 후르시초프가 (부당하게) 우크라이나에게 준 러시아의 선물을 되돌려 받기를 원했다. 그 크리미아 전쟁은 전쟁 이후(postwar) 유럽 역사에서 처음으로 한 나라가 다른 나라로부터 힘으로 영토를 합병한 경우였다.[1]

2) 러시아의 군사적 위용

그러나 우크라이나 침공은 러시아 거대한 군사전략의 작은 일부분이다. 모스크바는 북극해 인근에 과거 사용하던 군사기지를 재개설했고, 북해항구로부터 대서양까지 탄도미사일로 무장한 핵잠수함을 배치했다. 러시아 영토 내 서쪽방면에서는 북쪽의 노르웨이 국경에서부터 우크라이나 국경까지 군사주둔을 확대했으며, 남쪽 우크라이나 국경에는 3개의 새로운 사단을 창설했다. 리투아니아와 폴란드 사이의 러시아 해외영토(exclave) 칼리닌그라드(Kaliningrad)에는 30만 명 이상의 병력, 탱크, 장갑차, 단거리 핵미사일을 배치했고, 크리미아에는 3만 병력과 함께 30척의 전함, 5척의 잠수함, 100기 이상의 전투기, 50대 이상의 전투 헬리콥터, 그리고 장거리 대함 및 대공 미사일과 레이더시스템을 배치해 흑해지역 지배에 만전을 기했다. 러시아는 또 수천 명 병력을 동 우크라이나, 조지아, 그리고 몰도바 점령지역에 배치했다. 아르메니아에는 5천 5백 명 병력을 배치했는데, 그들은 그곳에서 분쟁지역인 나고르노-카라바흐(Nagorno-Karabakh)에 대한 주장을 지원한다. 마지막으로, 러시아는 시리아에 해·공군 주둔을 확대시켜 아사드 정권을 지원

1) 우크라이나 전투는 많은 사상자를 냈다. 2014년 중반 이후 1만 명 이상의 사람들이 사망하고, 거의 2만 5천 명이 부상당했으며, 약 160만 명의 우크라이나인들이 집을 잃었다. Ivo H. Daalder, "Responding to Russia's Resurgence (Not Quiet on the Eastern Front)," Foreign Affairs, Vol. 96, No. 6 (November/December 2017), pp. 30-33.

하고 수에즈 운하를 포함해 전략적으로 중요한 지역인 동 지중해에 대한 나토의 압도적 통치를 효율적으로 종식시켰다. 전문가들은 러시아 군사 위협과 관련해 보통 발트 국가의 안전을 우려하지만 실제 더 위험한 곳은 러시아 해군함정 미사일이 유럽을 위협하는 지중해이다.[1]

러시아의 군사작전 역시 대담하다. 시리아에서 아사드 정권지지를 위한 군사작전 속도는 매우 빨랐고, 지중해와 카스피해의 해군함정은 장거리 미사일로 유럽뿐 아니라 중동, 중앙아시아 어느 곳이든 공격이 가능하다. 전투기와 전투 폭격기는 나토회원국 또는 다른 유럽국가 영공 인근을 순찰하고, 수시로 교신기(transponders)를 꺼둔 채 비행하며, 의도적으로 긴급 통신채널을 모니터하지 않는다. 공중, 해상활동에서는 나토 함정과 항공기에 수시로 버저(buzzer)를 울린다. 군사훈련 규모와 범위도 증가했는데, 2014년 우크라이나 침공 수일 전 긴급(snap) 훈련에는 15만 병력이 동원됐고, 2017년 9월 4년에 한번 시행하는 자파드(Zapad) 훈련에서는 10만 병력, 4천대 탱크와 장갑차가 동원됐다. 또 러시아는 미국과 핵전력 균형을 맞추기 위해 핵무기 세 기둥(nuclear triad)을 현대화하기 위해 장거리 신형미사일, 잠수함, 폭격기를 증강하고 있다.[2]

3) 나토의 대응

러시아의 전력증강과 군사 준비태세는 펜타곤에서 우려를 야기했는데, 그것은 2015년 '러시아는 미국 국가안보에 대한 최대위협'이라고 말한 합참의장 조셉 던포드(Joseph Dunford) 장군의 평가에서 재확인됐다. 미국과 유럽 동맹국들은 어떻게 이 위협에 대응해야 하나? 수년 간, 나토 동맹들은 러시아에 대한 견해에서 분열되어 있었는데, 폴란드와 발트 국가들이 러시아는 아직도 위협이라고 말하는 반면 프랑스, 독일, 이탈리아는 모스크바와의 전략적 파트너십 모색을 주장했다. 그러나 이 논란은 러시아의 우크라이나 침공 이후 대부분 종식됐다. 그 이후 나토는 48~72시간 내에 배치 가능한 연합 태스크포스(Joint task force)를 창설했고, 폴란드와 발트 국가에 4개의 다국적 전투대대(battalions)를 파견했으며, 폴란드와 루마니아의 새로운 다국적 본부를 포함해서 모든 동유럽 회원국에 지휘통제(command-and-control) 본부를 설치했다. 나토는 또 중부 및

---

1) Ibid. pp. 34-35.
2) Ibid., p. 36.

동유럽에서 훈련 실시 횟수를 늘렸고, 추가병력이 목적지에 더 빨리 도착할 수 있도록 인프라 투자를 증가시켰으며, 발트 해와 흑해에 해군 및 공군 주둔을 강화했다. 나토의 가장 강력하고 가장 중요한 동맹으로서, 미국은 이 활동에서 솔선수범했다. 미국은 미군 순환병력을 유럽에 배치하기로 했고, 2017년 나토 동쪽지역에 탱크와 기타 중무기를 추가배치하기로 했다. 나토 방위비는 2년 전 연 10억 달러 이하에서 다음 해에 50억 달러로 증액하기로 했다. 2000년 유럽 나토동맹국의 국방비는 GDP 대비 평균 2%에서 2014년까지 1.45%로 줄었는데, 이제 2024년까지 2% 수준을 맞추기로 합의했다. 그럼에도 불구하고 이 모든 조치는 아직도 충분치 않다. 나토 군사력의 전반적 능력은 더 증진되어야 하고, 동맹국들은 동유럽 전력을 강화할 수 있도록 지상, 해상, 공중 인프라에 더 많이 투자해야 한다.[1]

4) 추가 고려사항

러시아 총리 메드베데프는 2016년 "우리는 새로운 냉전으로 다시 들어왔다"고 탄식한 것으로 알려져 있다. 그러나 현재의 대치는 냉전시대에 비해 핵무기의 숫자와 배치상태, 국방비 지출 수준, 또는 이념 대결의 강도에서 크게 다르다. 오늘날 더 큰 위협은 의도적 전쟁이기보다는 오해에 의한 갈등 가능성이다. 한 가지 우려는 러시아가 나토의 방어의지를 의심할 수 있는 것으로, 그 때문에 나토 회원국, 특히 미국의 헌신에 대한 선언이 중요하다. 트럼프 대통령이 2017년 4월과 6월, 과거 발언을 번복하고 나토의 집단방위 제5조에 대한 헌신을 재확인한 것은 다행이다. 또 다른 위험은 나토와 러시아가 서로의 진정한 동기와 의도를 제대로 파악하지 못하는 것에서 비롯될 수 있다. 대규모 병력의 국경인근 동원, 긴급 군사훈련, 배치의 투명성 결여는 상대방의 오판을 불러올 수 있는데, 모두가 공유하는 하나의 공통이익은 누구도 원치 않는 대규모 전쟁을 피하는 것이다. 그것을 위해서는 정치, 군사레벨에서의 직접적 대화가 가장 우선적으로 필요하다. 모스크바는 나토-러시아 위원회를 불신하지만, 그것을 제대로 운영하면 큰 도움이 될 것이다. 미국과 유럽 동맹국들이 단합해서 나토의 방위능력을 증강시키지 못하면 유럽의 미래안전과 안보는 위험에 처할 것이다.[2]

---

1) Ibid., pp. 36-37.
2) Ibid., p. 38.

(7) 반체제 탄압과 국민의 지지

2000년부터 8년간 대통령으로 집권하고 4년 간 메드베데프 시기를 거쳐 2012년 6년 임기로 재집권한 푸틴은 러시아 국민들로부터 엄청난 지지를 받는 정치리더이다. 그를 지지하거나 아니거나는 그 국민들의 몫이지만, 러시아 카네기센터(Carnegie Moscow Center)에서 발행되는 출판물 'Pro et Contra' 편집장으로 재직하고 워싱턴 포스트(Washington Post)에 러시아 국내문제에 관해 10년 이상 기고한 러시아 전문가 마리아 리프만(Maria Lipman)은 푸틴이 어떻게 반체제를 억압하는지에 관해 자세히 설명한다. 그녀의 분석은 푸틴이 크렘린 통치에 반대하는 세력을 다루는 방식과 그 양상을 설명하는 데 주안점을 두고 있지만, 그럼에도 불구하고 국민들이 왜 푸틴을 압도적으로 지지하는지에 대해서도 설명한다.

1) 푸틴의 정치와 사회장악

2016년 봄 현재, 러시아 국내현실은 차마 눈뜨고 볼 수 없을 정도이다. 바로 몇 달 전 2015년 12월 부패폭로 전문가 알렉세이 나발니(Alexey Navalny)는 다큐멘터리를 통해 러시아 검찰총장 유리 차이카(Yuri Chaika)의 아들 아르템(Artem)이 그리스에 5성급 호텔을 소유하고, 차이카의 부인은 러시아 조직폭력 부인들과 사업유대를 갖고 있다고 폭로했다. 그때 460만 명이 그 필름을 시청하고, 러시아의 유일한 반 푸틴 연방의원 드미트리 구드코프(Dmitri Gudkov)가 러시아 수사기관에 조사를 요청했다. 그러나 오히려 나발니는 수개월 가택연금 후 집행유예를 받았고, 그와 협력하는 사람들은 러시아에서 도피해야 할 입장에 처해있다. 검찰총장 유리 차이카는 나발니의 행동을 미국 기업인들이 사주한 정치공세로 일축했고, 국영 TV는 그런 사건에 관심을 보이지 않았으며, 크렘린 대변인은 그것은 본인이 아니라 그 아들 개인의 일로 그런 "사적인 일에 관심 없다"고 말했다.[1]

오늘날 러시아가 어떻게 이런 상태에 처했는지를 알기 위해서는 푸틴이 처음 등장했을 때부터 그의 행적을 살펴보아야 한다. 돌이켜 보면 2000년 5월 대통령으로 취임했을 당시부터 푸틴은 이미 본인 통치에 대한 도전을 사전에 차단해야 한다고 생각했다. 그

---

1) Maria Lipman, "How Putin Silences dissent (Inside the Kremlin's Crackdown)," Foreign Affairs, Vol. 95, No. 3 (May/ June 2016), p. 38.

것은 그가 1990년대 말 옐친이 어떻게 간신히 탄핵을 피하고, 또 친 크렘린 정당이 어떻게 의회선거에서 간신히 승리했는지 잘 목격했기 때문이다. 크렘린은 처음부터 연방구성체 수장들의 부패를 문제 삼아 그들을 기소하겠다고 위협하는 방식으로 충성을 유도했다. 정부기구와 경제분야 장악을 위해서는, 관료와 기업 사이의 담합을 처벌위협의 수단으로 활용했다. 많은 TV 채널들은 국가통제 하로 들어왔고, 연방하원 내 파벌은 친 크렘린 당에 흡수됐다. 공산당은 크렘린과 타협했다. 푸틴의 행동은 공격적이었지만, 지난 10년 간 옐친정부와 올리가키, 그리고 사회전체에 만연한 정치, 사회 부패를 혐오하던 국민들은 그에 반대하지 않았다. 모스크바 당국은 잠재 도전자들에게 폭력이나 노골적 박해보다는 그들의 약점을 파고드는 정교한 방식을 사용했는데, 미하일 호도로프스키가 예외였던 이유는 그가 끝까지 푸틴에 반대해 야당에 자금지원하면서 정치활동을 중단하지 않았기 때문이다. 그가 대선에 출마하려한 것이 푸틴의 분노를 야기했다는 것은 정설로 되어 있다.[1]

오일가격 상승과 국내정치 안정화에 의해 2004년 대선에서 푸틴은 압도적으로 재선에 성공했다. 그의 철저한 정치장악은 자유주의자들과 반 푸틴 감정을 가진 사람들의 시위를 촉발했지만, 2005~2008년 기간 발생한 시위들은 기껏해야 수천 명 규모였고 더구나 시간이 가면서 수백 명 수준으로 더 축소됐다. 그 당시는 정치적 안정, 번영의 시기로, 푸틴의 두 번째 임기 말까지 그에 대한 지지율은 80%를 넘었다. 푸틴의 두 번에 걸친 임기만료 후 2008년 등장한 메드베데프는 개혁을 추진하는 것은 아니었지만, 더 젊고, 부드러운 사람으로 "자유는 비자유보다 낫다"는 신선한 이미지를 제시했다. 그래도 확대되는 자유와 인터넷확산, 그리고 경제번영의 상황에서, 더 젊은 전문직 종사자들은 크렘린의 권위주의에 반대했고 2010년에 시민활동은 더 활발해졌다. 그들은 인터넷, 유튜브, 셀폰을 사용해 푸틴을 비방하고, 정부의 권력남용을 비판했으며, 환경, 교통, 범죄를 포함하는 사회 문제점을 지적했다. 2011년 의회선거 당시 선거감시 NGO가 투표함 바꿔치기, 사기몰표, 선거명부 조작, 중복투표를 포함하는 정부의 거대한 선거사기를 발견하면서 그 해 말부터 2012년 초에 걸쳐 모스크바와 여러 대도시에서 거대한 시위가 발생했다. 그때 푸틴은 세 번째 대통령 임기에 도전할 의사를 비쳤는데, 푸틴세력의 정치장악에 반대하는 자유주의자들은 '푸틴 없는 러시아'(Russia without Putin)라는 구호를 내걸고 그의 장기집권에 반대했다. 2012년 푸틴 대선 전 '푸시 소동'(Pussy Riot)이 발생했는데, 그

---

1) Ibid., pp. 39−40.

것은 페미니스트들이 모스크바 성당에 모여 반 푸틴 움직임을 기도한 사건이었다. 그러나 그런 반대는 푸틴의 세 번째 승리를 막지 못했다. 2012년 3월 4일 치러진 대선에서 푸틴은 63.4%의 득표로 당당하게 승리했는데, 그에 대한 반대 움직임은 구심점을 찾을 수 없었고 '푸틴 없는 러시아'는 단지 슬로건으로 끝났다. 2012년 5월 푸틴이 세 번째 임기에 취임하기 전날인 5월 6일에도 시위가 발생했지만 그것은 경찰에 의해 진압됐다. 국영 TV는 시위자들을 친서방, 부도덕한 사람들로 폄하했고, 서방을 악으로, 그리고 해외 자금을 받는 자유주의자들을 러시아 전복을 기도하는 서방첩자로 몰아붙였다. 자경단은 이들 시위자와 반 푸틴 지지자들을 핍박했다. 그러나 그런 시위나 반대는 의미 있는 움직임으로 확대되지 않았고, 그들이 푸틴 이외의 대안이 있었던 것도 아니다. 푸틴을 지지하는 보수층 숫자는 압도적으로 많았고, 그래서 보수적 다수의 지지를 받아 푸틴은 또다시 쉽게 집권할 수 있었다.[1]

2) 세 번째 임기

2012년 5월 세 번째 임기 시작 이후 푸틴은 허락받지 않은 많은 시위는 일망타진하는 공격성을 보였다. 그래도 그는 부패폭로 전문가 알렉세이 나발니(Alexey Navalny)를 체포하지는 않았는데, 흥미롭게도 나발니는 많은 시민운동가들이 그렇듯 2013년 다음 대통령 선거에 출마의사를 표명했다. 그러나 우선 모스크바 시장직에 도전한 나발니는 수만 명의 자원봉사자 지원에도 불구하고 27% 득표로 친 크렘린 현역시장에게 패배했고, 그 다음 날 횡령혐의로 기소됐다. 2013년까지 푸틴은 외국으로부터 자금을 지원받는 많은 NGO를 무력화시켰다. 그는 NGO가 정치행위에 개입하면 '외국 스파이'로 간주하는 법률을 제정했고, 그 후 10여 개의 NGO가 자금부족으로 폐쇄됐다. 그 전까지 상대적으로 자유를 누리던 자유주의 언론도 억압됐다. 2012년 세 번째 집권기에 들어와, 푸틴은 정치, 시민활동을 더 탄압하는 모습을 보였다. 그러나 그 방식은 처음 두 번의 임기 때와 비슷하게 직접적 폭력 사용보다는 조작, 협박에 더 의존하는 '신 권위주의'(new authoritarianism) 형태를 띠었다. 2016년 현재까지 그 방식은 잘 작동한다. 오일가격 하락과 서방의 제재 앞에서 생활수준 저하, 실업증가를 포함해 경제가 흔들리지만, 푸틴에 대한 신뢰가 얼마나 도전받을지는 의문이다.[2]

....

1) Ibid., pp. 40−42.
2) Ibid., p. 43.

2012년 이후 정부는 인터넷도 점점 더 억압해 왔다. 비록 러시아에 중국과 같은 방화벽(Firewall)이 없어 대중이 인터넷에서 다소 자유롭게 의견을 교환하지만, 정부는 간섭을 늘이고, 웹 사용을 감시하며, 블랙리스트를 작성하면서 감시를 강화했다. 또 친 푸틴 온라인은 반미, 반우크라이나 메시지를 내보낸다. 그럼에도 불구하고 2014년 크리미아 점령 이후 푸틴의 지지율은 하늘을 찌른다. 그 이후 2016년 2월까지 약 2년 간 그의 지지율은 80% 이상 지속됐다. 러시아 국민들은 동 우크라이나 작전, 시리아 작전, 반 터키 긴장을 옹호한다. 미래경제가 나빠질 수 있다는 가능성을 인지하는 상황에서도, 러시아 국민들은 자국의 군사력, 지구적 영향력을 자랑스럽게 생각한다. 그들은 서방과의 대립을 지지하고, 현재의 경제위기는 서방 음모의 결과라고 비난한다. 그들은 푸틴이 유일한 정치대안이라고 생각하고, 나발니를 포함해 다른 정치인은 전혀 대안으로 고려하지 않는다. 의회선거에서 모스크바 당국은 최근의 민족주의 정서를 많이 활용할 것이다. 선거는 아직도 불공정하다. 러시아 선거제도는 두마 450명 중 절반은 정당명부제로 뽑고 나머지 225명은 개별 선거구에서 선출하는데, 크렘린은 다양한 방식으로 경쟁 정당들을 약화시킨다. 당국은 선거 캠페인을 문제 삼아 상대 후보를 탈락시키고, 반 푸틴 정치인이 지역 주민과 만날 때는 민족주의 조직을 동원해 괴롭히며, 선거 모니터링 추가제한을 통해 반대파의 세력 확대를 억지한다. 자유주의 선거구의 성향을 희석시키기 위해서는 보수적인 이웃 시골지역과 선거구 통합도 시도한다.[1]

3) 푸틴 없는 러시아

2015년 2월 유명한 자유주의 정치인 보리스 넴초프(Boris Nemtsov)가 모스크바 시내에서 4발의 총을 맞고 암살됐지만 그에 대한 수사는 미진하다.[2] 그는 푸틴의 동 우크라이나 전쟁에 반대하는 시민시위를 주장한 후 사망했는데, 러시아 내에는 크렘린에 반대하는 사람들을 살해하려는 세력이 존재한다.[3] 그의 살해 직후, 수만 명이 넴초프를 위한 추모행진을 했고 2016년 2월 1주기 때에는 2만 4천명이 행진했다. 시 당국은 두 추모 이

---

1) Ibid., pp. 43－45.

2) 2017년 6월, 5명의 체첸인이 약 25만 달러를 받고 그를 살해한 것으로 유죄판결을 받았는데, 그들을 고용한 사람의 신원이나 행방은 알려진 것이 없다. 넴초프는 살해되기 수주 전, 푸틴이 그를 살해할 것을 우려했다. "Russia opposition politician Boris Nemtsove shot dead," BBC News, (February 27, 2015)

3) Julia Loffe, "After Boris Nemtsov' Assassination, There Are No Longer Any Limits," The New York Times, (February 28, 2015)

벤트를 모두 승인했지만, 그들은 동시에 살인현장의 임시 기념물을 파괴했다. 아직도 존재하는 몇몇 시민행동은 크라우드 펀딩(crowd funding)에 의존할 정도로 약화됐고, 당국은 그런 사소한 행위에는 관심조차 없다. 이 순간까지, 크렘린의 '신 권위주의' 관행은 상당히 효율적이다. 수만 명 사람들이 '푸틴 없는 러시아'를 외쳤지만, 푸틴의 파워는 흔들림이 없다. 러시아에 푸틴에 대한 이런 저런 반대가 존재하지만, 진정한 의미의 정치적 반대는 없다. 오늘날, 러시아인의 관심사는 안정이고, 그들은 푸틴을 옹호하면서 낮아진 생활수준에 적응하는 중이다. 일부 여론조사는 경제우려와 값비싼 대외정책의 결과 푸틴 정권의 몰락을 예상하지만, 그의 뒤에는 서구식 자유민주주의 개념에 동요되지 않는 압도적 숫자의 대중이 존재한다. 사회경제 시위는 아직도 발생하지만, 그것들은 모두 한 그룹, 한 지역으로 축소된 제한적 성격이다. 러시아 엘리트는 내부전쟁으로 분열되어 있지만, 대부분 대중은 푸틴에 대한 충성서약의 중요성에 일체감을 느낀다.[1]

---

1) Lipman, "How Putin Silences dissent," pp. 45-46.

제4장
후진타오-시진핑의 중국

오바마가 미국에서 대통령으로 취임한 2009년 초 후진타오는 10년에 걸친 그의 임기 절반을 향하고 있었다. 그는 지난 20여 년간 추진된 개혁, 개방을 지속하고 중국의 발전을 더 가속화시키기 위해 안전한 안보환경과 원만한 대외관계 설정을 원했다. 급격히 성장하는 중국 국력에 대한 주변의 따가운 시선을 의식해, 그는 중국이 강대국으로 발전해도 타국의 이익을 침해하지 않는다는 '평화발전'을 대외정책의 슬로건으로 내걸고 경제, 군사력 발전의 국력 증진에 매진했다. 그러나 동시에 그는 중국의 핵심이익이 걸려 있다고 생각될 때에는 무력시위를 포함해 외국과 대치를 불사했는데, 중국의 대외정책이 공격적으로 변해가는 것은 사실이었지만 그 공세가 실제 무력갈등으로까지는 가지 않도록 조심했다. 그의 치하에서 중국의 힘은 일취월장했다. 경제력은 2011년 일본을 넘어 세계 제2위에 자리매김했고, 군사력은 서태평양에서 미국 항모를 순항미사일로 견제하는 '접근방지, 지역거부' 및 C4ISR 개발과 더불어 미국과의 격차에서 20년 이내로 줄어들었으며, 4억 명의 국민이 빈곤에서 벗어났다.

2012년 11월 중국 공산당(CCP: Chinese Communist Party) 총서기직을 맡고 2013년 3월 국가 주석직에 취임한 시진핑은 중국의 능력과 국제적 위상을 한 단계 더 높이고 중국을 일류국가로 탈바꿈시키기를 원했다. 여러 면에서 전임자의 정책을 계승했음에도 불구하고, 그는 이전보다 더 광범위한 목표를 지향하고 민족주의를 더 많이 강조하면서 더 공세적 형태로 행동했다. 그는 2013년 9~10월 '일대일로'(BRI: Belt and Road Initiative) 프로젝트를 선언하고 2014년 '아시아 인프라투자은행'(AIIB: Asian Infrastructure Investment Bank)을 설립하면서, 유라시아와 아프리카 대륙에 걸쳐 중국 중심의 경제 네트워크 확대 작업을 시작했다. 그것은 서방이 산업혁명 이후 전 세계로 자본주의 경제망을 확장시키는 것과 비슷한 이치에서 비롯됐는데, 한편으로는 현재의 개방적 세계경제를 옹호하면서도 장기적으로는 서구중심 국제경제 질서에 도전하는 성격을 띠었다. 2015년에는 '중국제조 2025'(Made in China 2025) 사업을 시작했는데, 그것은 부품 국산화를 통해 외국에 대한 경제, 기술의존을 줄이는 동시에 10개 분야 국가 전략산업(national champion)이 세계 최고수준으로 발전하도록 국가재원을 전략적으로 투입하는 사업이었다. 그것은 푸틴의 러시아가 전략산업 재국유화와 유사산업 통폐합으로 규모의 경제를 이룩하고 산업현대화를 통해 경쟁력을 강화하는 것과 성격상 비슷했다. 2017년 시진핑은 중국 군대가 21세기 중반까지 '세계수준'의 군대로 전환되어야 한다고 선언했다.1) 한편, 그는 국내에서는 공산주의 역사상 가장 광범위한 규모로 부패를 척결하면서 당 총서기 중심의 중앙집권화를 추진했고, 군사력과 경제력 증진에 모든 노력을 기울였다. 그러나 그의 국내정책은 덩샤오핑 이후 추진해 오던 것과는 다른 양상을 띠었는데, 특히 지난 오랜 기간 유지되어 오던 당 중심의 집단지도체제보다는 개인권력을 강화하는 것으로 보였다. 또 국내에서 후진타오 시기 권력분산, 시민에 대한 자유가 다소 확대된 반면, 태자당 출신 민족주의자 시진핑은 국내에서 언론과 인권을 탄압하고 신장의 분리주의 방지를 위해 더 강압적 조치를 동원했다. 2017년 그는 신장 분리주의 테러를 막는다는 명분으로 1백만 명 이상의 위구르인들을 수용소에 강제 억류했다. 외국에서는 시진핑 통치가 독재로 흐르는 것으로 인식했는데, 그의 상징적 슬로건은 '치욕의 세기' 이후 과거 중화제국의 영광, 그리고 세계 속에서 정당한 위상(rightful place)을 찾고 '중국의 정신'을 통해 중국인의 문명을 이루어 나가는 '중국몽'(Chinese Dream)으로 대표됐다.2)

_제19차 중국 공산당 전국대표대회

2017년 10월 제2차 집권기를 시작하는 제19차 중국 공산당 전국대표대회를 개최하면서, 시진핑은 2천명의 대의원 앞에서 3시간에 걸쳐 '정치보고'를 발표했다.3) 그 문서는 여러 현실과 이상을 복합적으로 표현했는데, 그것은 과거로부터 현재를 거쳐 미래로 가는 중국 대외정책

1) 베이징 당국은 일대일로에 참여하는 국가가 120개국 이상이라고 말했다. 한편, 미국에서는 미·중을 둘러싸고 점차 세계가 양분되는 것으로 보인다는 의견이 제시됐다. 한편에서는 미국을 위주로 자유민주주의 국제질서를 옹호하는 세력이 뭉치고 다른 한편에서는 중국에 동조해 일대일로와 화웨이 기기를 사용하는 세력이 결집하는 것이 그것이었다. Lawrence, Campbell, Fefer, Leggett, Lum, Martin, and Schwarzenberg, U.S.–China Relations, (August 29, 2019), p. summary.
2) 중국인들은 자기들이 한족이라고 말하는데, 그것은 유방이 건국한 한나라부터 역사기술의 연속성이 이어진 것에서 유래한다.
3) 그 문서가 중요한 이유는 그것이 지난 5년간의 성과, 그리고 대외정책을 포함해 향후 5년간의 정책적 우선순위와 주요 정책이슈에 대한 당 노선을 제시하기 때문이다.

의 조심스러운 이정표를 제시했다. 그는 다음과 같은 취지로 말했다. 중국은 대외정책에서 '평화발전'의 길을 따르고, 개혁, 개방을 지속할 것이며, BRI와 AIIB는 지구적 평화와 번영에 공헌할 것이다. 소비, 서비스, 시장과 연계된 '새로운 정상'(new normal)은 개혁, 개방의 질과 수준을 증진시키는 새로운 구조이다. 베이징은 기존 국제질서를 방어하고, 다자무역 체제를 지지하며, 기후변화 문제해결에 앞장설 것이다. 중국은 정당한 권리와 이익을 포기하지 않을 것이다. 인민해방군은 2020년까지 기계화되고, 2035년까지 현대화되며, 2050년까지 세계수준의 군대로 재탄생할 것이다. '중국민족의 위대한 부흥'은 '치욕의 세기'를 넘어 중국을 2049년까지 강대국으로 만들 것이다. 그러나 중국은 결코 패권을 추구하지 않을 것이다. 어떤 나라도 인류의 도전에 홀로 대응할 수 없고, 또 어떤 나라도 스스로 고립된 섬으로 돌아갈 수 없다. '인류운명공동체'를 추구하는 중국식 정치발전은 다른 나라에 새로운 발전모델을 제시할 것이다.[1] 시진핑은 그렇게 정치보고서에서 중국이 기존의 정치, 경제발전 방식을 고수하는 가운데 더 미래지향적 리더십을 발휘해 세계의 중심부로 진입하고, 그 과정에서 중국민족의 부흥을 이루고 주변국에 그 정치발전 모델을 수출할 것이라는 메시지를 던졌다. 그것은 중국이 현재의 국제질서를 거부하고 당장 미국에 도전하지는 않지만, 장기적이고 이념적 차원에서 미국 주도의 국제질서를 넘어 중국 중심의 새로운 세계질서를 만들어 나갈 것이라는 거시적이고 단호한 의지를 담고 있었다.

세계를 바라보는 베이징의 시각은 2018년 3월 전국인민대표대회(전인대) 폐막연설에서 다시 한 번 나타났다. 시진핑은 '중국 인민'을 85번 거론하면서 14억 인민을 태운 선박이 강력한 동풍(east wind)을 타고 약속된 내일을 향해 전속력으로 항해해야 한다고 말했다.[2] "중국을 분열시키려는 모든 행동과 술수(trick)는 실패할 운명이고 인민에 의해 비난받고 역사에 의해 처벌받을 것이다. 중국인민은 위대한 조국영토의 단 1인치라도 중국으로부터 분리될 수 없다는 공통적 믿음을 공유한다." 중국은 세계무대에서 미국을 대체할(displace) 의도가 없다. "다른 나라를 위협하는 일에 익숙한 나라들만이 모두를 (서

---

1) Rush Doshi, "Xi Jinping just made it clear where China's foreign policy is headed," (October 25, 2017), https://www.washingtonpost.com⟩ ...; Neil Thomas, "Chinese foreign policy under Xi Jinping," (October 21, 2018), www.eastasiaforum.org; 시진핑이 그 보고서에서 사용한 3개 용어인 중국민족의 위대한 부흥, 공동운명의 지구적 공동체, 그리고 일대일로 3개 용어는 중국 공산당 헌장에 색인됐다. Xie Tao, (November 20, 2017): Chinese Foreign Policy With Xi Jinping Characteristics, https://carnegieendowment.org⟩ chinese−...

2) 중소 분쟁 초기에 마오쩌둥은 동풍이 서풍을 제압할 것이라고 말했다.

로) 위협으로 바라볼 것이다." 중국인들은 원하는 것을 얻기 위해 투쟁해야 한다. 시진핑 연설 이후 기자회견에서 리커창 총리 역시 트럼프 대통령이 벌이는 미·중 무역전쟁을 자국 이익만 고수하는 편협한 처사라고 비난했다. 중국이 거대한 규모의 미국정부 채권을 보유한다는 사실을 상기시키면서, 리커창은 베이징 정부는 시장원칙을 고수하고 해외에서 무역과 투자가 활성화되고 국제경제가 원활하게 작동하도록 책임 있는 자세로 일관할 것이라고 강조했다.[1]

01 대외관계

(1) 미국관계

후진타오 정부는 조지 W. 부시 행정부 시기 유지되던 미·중 관계를 오바마 시기에도 그대로 이어가기를 원했다. '평화발전'의 슬로건을 내걸은 후진타오의 중국은 테러와의 전쟁, 국제 및 지역현안에 대해 미국과 다양한 차원에서 협력했다. 그것은 (앞에서 논의된 바와 같이) 대테러, WMD 확산방지, 그리고 SCO, 해상영토 분쟁, 대만문제에서의 협력을 포함했다. 그 과정에서 미·중 사이에 약간의 견해차가 발생하는 경우가 있었는데, SCO 관련 사안에서 중국이 워싱턴의 요청을 거부한 것, 그리고 중국의 남, 동중국해에서의 해상 영토분쟁과 대만에 대한 미국의 무기판매와 관련된 분쟁이 그런 것들이었다. 그때 베이징은 미국의 개입에 저항해 자국 이익을 고수하는 태도를 보였지만, 다른 한편으로는 워싱턴의 경고에 귀를 기울이면서 그 갈등이 너무 심한 수준으로 비화되지 않도록 신중하게 행동했다.

대미관계 행동에서 시진핑은 후진타오와 크게 다르지 않았다. 그는 대테러, WMD 비확산에서 일정수준 미국에 협력했고, 기타 지역문제에서도 비슷했다. 특히 그는 이란 핵문제 타결 당시 워싱턴의 시도에 적극 협력했는데, 오바마 행정부는 시진핑 정부의 협력을 높이 평가했다. 그렇지만 그의 정책은 시간이 가면서 점점 더 공세적으로 변했다.

---

1) Charles Clover, Lucy Hornby, Sherry Fei Ju and Xinning Liu, "Xi Jinping promises more assertive Chinese foreign policy," (March 20, 2018), https://www.ft.com〉 content

가장 먼저 주목할 것은 시진핑이 전체적으로는 후진타오의 '평화발전'을 이어갈 것을 암시하면서도, 동시에 미국과 서로 내정간섭을 자제하고 상대방의 입장을 존중하자는 '신형대국관계'를 대미관계의 원칙으로 제시한 사실이다. 구체적인 정책실행에서도 시진핑 정부는 후진타오 시기보다 더 공세적이었다.[1] 신장에서 베이징은 워싱턴의 의지와는 별개로 그 이전에 비해 훨씬 많은 숫자의 위구르인들을 체포했고, 생체정보 수집, 그리고 감시와 동화 목적으로 위구르인 가정에 한족을 하숙시키는 것은 새로운 형태의 인권탄압이었다. SCO에서 후진타오 정부가 러시아와 함께 미국의 군사기지 철수를 시도한 반면, 시진핑 정부는 2017년 미국이 인도—태평양 전략의 핵심으로 여기는 인도를 회원국으로 영입해 워싱턴의 안보구상에 제동을 걸었다. 남중국해 분쟁에서는 그 지역에 해상 군사기지를 추가 건설하면서 유엔중재재판소 판결을 거부했고, 동중국해 분쟁에서는 동아시아 안보균형을 불안정화 시키면서 군사력 사용 위협을 통해 자국 이익을 수호하려 시도했다. 그럼에도 불구하고 시진핑 중국의 도전 역시 미국의 거대한 힘을 고려하는 상태에서 행해진 것으로, 베이징은 미·중 간 힘의 격차를 충분히 인지하는 상태에서 조심스럽고 신중하게 정책을 추진해 나갔다.[2]

---

1) 그래도 시진핑 체제가 출범한 지 수개월이 지난 시점에 주미 중국대사 추이톈카이(Cui Tiankai)는 중국이 구상하는 대외관계 전반에 대해 다음과 같이 방어적으로 말했다. 신형대국관계는 베이징의 장기적 목표이다. 제로섬 갈등은 전쟁으로 갈 수 있고, 미·중은 그런 역사를 되풀이하지 말아야 한다. 미국은 아직도 기득권 국가이고, 중국은 경제, 군사, 과학기술 모두에서 미국에 훨씬 뒤져 있다. 미국의 힘은 하락하고 있지 않으며, 다만 중국과 인도가 성장하고 있을 뿐이다. 중국은 (미국 주도의) 기존 국제질서에 편입됐고, 그 체제 내에서 약간의 개혁과 조정을 원하지만 그것을 전복하거나 새로운 질서를 설립할 의도는 없다. 중동에서 시리아 문제와 관련해서는, 외세는 그 나라 문제에 개입하지 말아야 한다. 서방에서는 아사드 정부의 자국 국민 대량학살을 막기 위해 국제사회가 간섭해야 한다고 말하지만, 미국 주도로 인권보호와 WMD 제거의 논리를 내세운 이라크 전쟁은 결국 엄청난 논란의 대상이 됐다. 아시아에서, 미국 고위관리들은 계속 피봇이 중국을 봉쇄하는 것이 아니라고 설명하는데, 베이징은 워싱턴의 실제 행동을 지켜볼 것이다. 미국은 PLA까지 개입해 중국이 미국에 사이버 공격을 한다고 주장하는데, 오히려 중국에 대한 엄청난 공격이 미국으로부터 유래한다. 사이버 안보는 국제사회의 새로운 이슈로서, 국제공동체는 그에 관한 새로운 규정을 필요로 한다. 중·일 관계와 관련해서, 아베는 민족주의 성향을 갖고 있지만, 그가 제1차 총리일 당시 야스쿠니 신사참배를 자제한 것은 잘한 일이다. 센카쿠는 19세기 말 중·일 전쟁 전 원래 중국 영토였으며, 베이징은 도쿄의 센카쿠 국유화를 통한 현상변경을 수용하지 않을 것이다. 일본 방위문제와 관련해 미·중은 서로 협력, 타협해야 한다. 중국의 화평굴기는 방어적이고 다른 나라가 공격적으로 행동하는데 대해 단지 방어할 뿐이다. 북한 핵은 안정, 평화적 방법으로 비핵화 시켜야 하고, 상황을 더 악화시켜 가면서 비핵화 하는 것에는 반대한다. "Beijing's Brand Ambassador (A Conversation with Cui Tiankai)," Foreign Affairs, Vol. 92, No. 4 (Ju.y/August 2013), pp. 10–17.

2) 미래 국제질서의 양상과 미·중 관계의 향방에 대해 다양한 의견이 존재하는 상태에서, 칭화대의 얜쉐통 교수는 지구적 자유주의 경제체제 유지를 원하고 미·중 양국의 상호확증파괴(MAD) 능력을 인식하는 베이징은 앞으로도 오랜 기간 대미관계에서 조심, 자제할 것이며, 그로 인해 양국 간에 빈발하는 긴장과

(2) 러시아 관계

중·러 관계는 후진타오에서 시진핑을 거치는 동안 항상 양호했다. 후진타오 시기 중·러 협력은 유엔안보리 협력, 국경선 안정, SCO 연합 군사훈련, 경제협력을 포함해 다양한 차원에서 전개됐고, 그것은 역사상 최고의 상태에 있었다. 후진타오는 미국의 일방적인 이라크 전쟁을 비판하고, 과거 오랜 기간 분쟁대상이던 우수리 강 도서를 반환하며, 중앙아시아에서 미국의 영향력 확대를 저지하는 모스크바의 시도를 환영했다. 중·러 경제협력은 상호 호혜적이었는데, 그것은 베이징에게는 자국 공산품 수출을 넘어 특히 중국이 필요로 하는 에너지 공급측면에서 큰 도움이 됐다. 후진타오는 2010년 9월 러시아 아무르 지역으로부터 중국 헤이룽장 성으로 직접 운송되는 원유를 위한 러시아 송유관 개설을 본인의 커다란 업적으로 간주했고, 그런 상호협조는 베이징으로 하여금 러시아와 추가 경제협력에 더 열의를 보이게 만들었다. 러시아의 중국 원자로 건설협력, 석탄 공급협정, 그리고 중·러 자동차 합작사업이 모두 그런 것들이었다.

시진핑 시대에도 중·러 관계는 지난 10여 년과 마찬가지로 최상의 상태에 있었다. 후진타오 정부에서 부주석과 당 정치국 상무위원으로 오래 재직한 시진핑은 미국이 주도하는 세계정세에 밝았고, 그 가운데 그는 미국의 패권을 견제할 중러 협력의 필요성을 잘 알고 있었다. 미국과 러시아 관계가 나토확대와 미국의 동유럽 미사일방어망 설치로 인해 계속 악화되는 상황에서, 시진핑의 2013년 주석 취임 이후 최초 해외순방 기착지는 3월 22일 모스크바였다. 그는 남아프리카 더반(Durban)에서 개최되는 BRICS 정상회담에 참석하는 길에 모스크바에 들렀는데, 그것은 그가 러시아를 얼마나 중시하는지를 명확히 보여주었다. 그때 시진핑과 푸틴은 여러 국제안보 문제를 논의하는 가운데 양국 간 현안 중 하나인 무역 및 에너지 이슈에 관해 자세하게 상의했다. 그들은 러시아 경제 활성화를 위한 중국의 지원을 거론했고, 푸틴은 중국이 필요로 하는 에너지 자원에 대한 충분한 협력을 약속했다.

러시아와 중국이 특히 긴밀하게 움직이는 것은 지난 오랜 기간에 걸쳐 형성된 공감

경쟁에도 불구하고 미국과 더불어 중국이 작은 슈퍼파워(junior superpower)로 기능하는 미래의 국제질서는 극도의 혼란과 파탄보다는 미, 중 두 나라 사이의 불편한 평화의 시기가 될 것이라고 주장했다. Yan Xuetong, "The Age of Uneasy Peace (Chinese Power in a Divided World)," Foreign Affairs, Vol. 98, No. 1 (January/February 2019), pp. 40−46.

대를 기반으로 한 것으로, 그들은 모두 미국과 서방이 세계를 지배하고, 군사간섭을 시도하며, 동시에 러시아 및 중국의 인권을 비난하는 것을 공통적으로 혐오했다. 푸틴은 서방의 미사일방어망 설치와 조지아 및 우크라이나에 대한 나토가입 시도 지속을 방관할 의도가 없었고, 오바마 행정부의 아시아로의 피봇이 중국 견제를 위한 조치라는 인식에 동의했다. 시진핑 역시 지난 수십 년 간 워싱턴의 국제적 주도권 행사에 대해 반감을 갖고 있었고, 가까운 우방인 러시아를 새롭게 봉쇄하려는 워싱턴의 시도를 반길 이유가 없었다. 그들은 지난 10년과 마찬가지로 앞으로도 유엔안보리, G-20, BRICS, SCO를 넘어 필요한 경우 양자 회담을 계기로 수많은 기회에 만나고 협력할 것을 약속했다. 국제안보에 관한 중·러 두 나라의 공감대는 확고했다. 그들은 오늘날 안보현안으로 존재하는 시리아, 북한, 이란 문제와 관련해, 그 정권들의 붕괴 방지에 공통의 이익을 공유했다. 그 나라들은 기본적으로 모두 중·러와 마찬가지로 반서방 국가들이고, 그들은 서방과의 투쟁에서 궁극적으로 중·러를 지원할 것이다.

러시아가 중국에 판매하는 군사기술, 무기체계의 수준, 러시아가 중국에 공급하는 오일 및 천연가스의 양과 가격, 그리고 중국인들의 러시아 극동으로의 이주와 중국 기업의 중앙아시아로의 진출을 포함하는 몇몇 이슈가 양국 간 현안으로 존재했지만, 그것은 세계정치, 유럽 및 아태 지역안보, 그리고 중·러 양국의 미래 국익에 비추어 지나치게 집착할 문제가 아니었다. 서방의 내정간섭, 미·일 안보협력, 러·일 영토분쟁, 중·일 영토분쟁, 그리고 궁극적으로 세계안보에 대한 함의에 비추어 어떤 사소한 경제문제도 중·러 안보협력의 중추성을 훼손하면 안된다는 인식은 양국 리더들에게 뚜렷하게 각인되어 있었다. 비록 베이징이 러시아 에너지에 최고가격을 지불하려 하지 않지만, 모스크바는 현재 중국이 필요로 하는 전체 에너지의 8% 이상을 공급하는 데 아무 불만이 없었다. 러시아는 또 베이징이 최신형 군사기술 공급을 요구하는 데 불만을 품고 군사판매를 축소시킨 바 있지만, 그것 역시 시간이 가면서 해결될 문제였다. 중국도 더 안전한 안보환경 구축에 필요한 러시아 협력을 확보하기 위한 추가 에너지 가격 부담에 별 불만이 없었다. 푸틴과 시진핑은 양국 무역이 약간의 부침을 겪는 것에 마다하지 않고, 2020년까지 그 규모를 2천억 달러로 증대시킨다는 데 의기투합했다. 베이징은 앞으로도 수많은 국내외 난제에 직면할 것이다. 중·러 간의 경제협력 규모는 계속 성장하고, 에너지 협력은 더 강화되고 있으며, 새로이 시도하는 일대일로와 AIIB의 성공을 위해서 러시아에

_아시아 인프라투자은행(AIIB)

치르는 비용은 거시적 목표를 위한 작은 대가에 불과할 것이다. 아프리카로의 경제, 군사 진출, 중동에서의 안정, 남미국가들과의 협력, 동, 남중국해 영토분쟁에서의 모스크바의 우호적 입장을 위해 베이징은 작은 대가를 마다하지 않을 것이다. 러시아와의 협력은 궁극적으로 시진핑의 '중국몽' 실현을 도울 것이며, 베이징이 주장하는 '신형대국관계' 역시 러시아의 지원을 필요로 할 것이다.

(3) 일본관계

후진타오와 시진핑 시기 중·일 관계는 분란의 연속이었다. 후진타오는 처음 집권했을 때 일본 고이즈미 총리의 우경화에 반대했다. 그 이유는 자민당 정부의 행동이 과거 일본 제국주의에 대한 도쿄의 향수를 상징했기 때문이다. 민족주의 성향이 강한 고이즈미는 중국 파워의 부상과 영향력 확대, 북한의 핵무장에 반대해 일본이 하나로 단합해야 한다고 생각했고, 그것은 제2차 세계대전 당시 13명의 A급 전범을 포함해 과거 전쟁영웅들이 묻혀 있는 야스쿠니 신사참배로 이어졌다. 중국의 입장에서는 고이즈미 내각의 행태를 도저히 용납할 수 없었는데, 그것은 특히 자민당 정부가 일본교과서에서 제2차 세계대전에 관해 감추거나 미화하고, 더 나아가 난징대학살, 위안부, 전쟁범죄를 부인했기 때문이다. 더구나 그 당시 중·일 양국은 동중국해에서 유전개발 권한과 센카쿠 열도 영유권을 놓고 충돌했고, 그들은 그때 서로 경쟁적으로 해군함정, 잠수함을 파견하면서 강경하게 대치했다. 그러나 고이즈미 퇴임 이후 새로 총리로 취임한 아베 신조, 그리고 그의 뒤를 이어 각각 1년씩 총리직을 역임한 후쿠다 야스오, 아소 다로는 지난 수년간의 중·일 간 극단적 대치에서 벗어나야할 필요를 느꼈고, 그것은 양국의 화해를 유도했다. 그렇게 중국과 일본의 최고 리더인 후진타오, 원자바오, 그리고 아베, 후쿠다, 아소가 서로 양국을 교차방문하면서 두 나라는 화해의 길로 접어들었고, 수십 년 만에 처음으로 양국 해군함정이 상대국을 방문하기도 했다. 그러나 관계개선이 오래 지속되기를 바라는 그들의 열망과 달리, 수면 하에서 동중국해 영토 관련 분쟁은 수그러들지 않았다. 비록 그들이 동중국해 유전 공동개발에 합의했지만, 실제에서는 양측 모두 자국에 유리한 논리를 내세우면서 서로 유전개발 주도권을 장악하려 시도했다. 더구나 센카쿠를 둘러싼 영유권 갈등은 또 다시 두 나라를 분쟁에 휩싸이게 했는데, 그것은 증대하는 파워를 가진 베이징의 과거로부터의 입장변경, 중국의 파워와 강대국으로의 부상을 의미했다.

그래도 한동안 중·일 관계는 원만했다. 2009년에는 일본에서 민주당이 사상 처음으로 자민당을 제치고 총선에서 승리해 집권했는데, 중도좌파 성향을 가진 그 정당은 반미, 친아시아, 친중국을 표방했다. 그 첫 번째 총리 하토야마 유키오는 자민당과 달리 난징대학살, 위안부 등의 전쟁범죄를 포함해 일본의 과거 역사에 대해 사죄했고, 후진타오 정부는 친중국을 표방하는 일본 민주당 내각에 우호적 감정을 가졌다. 아이러니컬하게도 지난 수십 년간 긴밀한 협력을 해오던 자민당이 야당으로 밀려나면서 오히려 미국이 오키나와 미군기지 이전 반대 등 반미성향을 가진 민주당 내각의 동향을 우려하는 상태에 있었다. 그러나 일본의 친중국 성향에도 불구하고 하토야마 유키오를 승계한 간 나오토 총리 치하에서 (앞에서 논의한 바와 같이) 2010년 9월 또다시 동중국해 센카쿠 열도를 둘러싼 분쟁이 발생했다. 이제 막강한 경제력과 하루가 다르게 성장하는 군사력을 보유한 중국은 지난 수십 년간 일본이 센카쿠를 지배해 온 현상유지를 인정하려 하지 않았다. 일본해경이 센카쿠 인근에서 조업하던 중국 트롤어선과 잔치승 선장을 체포, 구금했을 때 후진타오 정부가 경제제재와 국민들의 반일운동을 토대로 강경하고 공격적으로 대응할 수 있었던 것은 그 배후에 그만큼 강력한 경제력과 군사력이 자리잡고 있었기 때문이다. 지난 수년 간 자민당의 아베, 후쿠다, 아소 내각의 관계개선 시도, 그리고 친중국을 표방하고 전쟁범죄에 대해 진실하게 사과하는 민주당의 입장은 영토분쟁 앞에서 아무 의미가 없었다. 일본 민주당 집권 이후 미·일 갈등은 후진타오 정부의 대일 강경자세에 더 자신감을 심어주었는데, 왜냐하면 베이징은 평화헌법 제9조에 의해 군사력 사용에서 제한받고 미국의 외교적 지원을 받지 못하는 일본이 불리한 입장에 있다는 사실을 잘 알고 있었기 때문이다.

중국의 자신감은 다시 한 번 그 진면목을 드러냈는데, 그것은 민주당 마지막 내각인 노다 요시히코 정부에서 또다시 센카쿠를 둘러싼 갈등이 발생했을 때였다. 2012년 8월 일본의 민주당 정부가 센카쿠 5개 섬 중 3개를 그 도서 소유자로부터 구매해 국유화했는데, 그것은 극우 민족주의 도쿄도 지사 이시하라 신타로에게 그 도서가 넘어가는 것을 막기 위해서였다. 그때 베이징은 그 조치를 현상을 변경하는 국유화로 인식하면서 센카쿠 인근에 함정을 배치하고 군사대치를 주저하지 않았는데, 그 역시 중국의 군사적 자신감, 그리고 그 군사를 지탱하는 경제력에 대한 자신감이 없이는 불가능했을 것이다. 더구나 미·일 관계가 취약한 상태에서 하루가 다르게 강화되는 세계 굴지의 군사강국 러시아와의 외교, 군사유대는 모든 면에서 베이징에 유리하게 작동했다. 중·일 영토분쟁이 극에 달한 상황에서 중국 공산당 총서기로 취임한 시진핑은 그 대치에서 물러나려 하지 않았다. 그는 아마 그럴 수도 없었을 것인데, 왜냐하면 국내의 엄청난 반일 민족주의 정서가 베이징의 양보에 반대했을 것이기 때문이다. 시진핑 등장 이후 계속 센카쿠를 둘러싼 대결이 지속되는 가운데 중국은 강경책으로 일관했고, 어떤 경우 PLA 해군은 수차례에 걸쳐 일본 구축함과 항공기에 사격 목적의 레이더 조준으로 군사적 긴장을 고조시켰다. 일촉즉발의 상황이 수시로 발생하면서 2014년 11월 시진핑 정부와 제2차 아베 내각은 동중국해 군비통제 목적상 해상통신망 설치를 위한 대화를 추진했지만, 그 시도는 아무 결실을 맺지 못했다. 2014~2015년 일본영해를 침범하는 중국 선박 숫자는 한동안 감소했지만, 그 수는 2016년에 이르러 또다시 증가했다. 동중국해를 정찰하는 중국 해, 공군의 활동은 매년 증가했고, 일본 항공자위대 전투기 출격횟수도 그에 비례해 늘어났다. 센카쿠, 동중국해에서 중국은 일본에 계속 압박을 가했고, 그것은 도쿄에 커다란 안보위협으로 다가왔다. 그때 일본과 동맹을 맺고 있는 미국이 개입한 것은 도쿄에 더할 나위 없이 도움이 됐다. 제2기 아베내각에서 일본은 또다시 과거의 친밀했던 미·일 관계로 복귀했고, 그것은 오바마 행정부와 미 의회로 하여금 도쿄를 도와야 할 충분한 명분을 제공했다. 원래 미국은 중·일 영토분쟁을 포함해 모든 나라의 영토 관련 갈등에 관해서 원칙적으로 중립을 표방하지만, 일단 유사시 일본을 돕지 않을 수 없었다. 그 이유는 미·일 군사동맹 제5조가 그렇게 규정하고, 센카쿠가 일본에 의해 실효 지배되는 이유로 미·일 동맹의 관할권에 귀속되기 때문이다. 만약 일본이 중국과 실제 군사충돌의 상황에 마주치면 미국은 당연히 일본 편에서 군사 개입할 것이고, 시진핑은 미국과의 공개적 군사대치를 원하지 않을 것이다.[1]

중국의 방공식별구역(ADIZ) 선포도 마찬가지였다. 베이징은 센카쿠 영유권 주장을 강화하기 위해 의도적으로 그 조치를 취했다. ADIZ는 많은 문제를 드러냈는데, 기존의 일본 및 대만 ADIZ와의 중복, 그리고 한국의 ADIZ 선포를 포함해 불필요한 긴장을 고조시켰고, 의도치 않은 사고 가능성을 내포했다. 중국 ADIZ를 통과하는 항공기에 대해 베이징 당국이 언제 어떻게 자의적 규율을 강요할지 알 수 없었고, 또 그것은 국제규범을 넘어서고 통행의 자유를 침해했다. 더구나 베이징은 주변국과의 사전 논의나 통보가 없었는데, 그 모든 행동은 중국이 주변국의 시선과 갈등소지에 연연하고 있지 않음을 시사

---

1) 미 의회는 2013년도 '국가방위 승인법'(National Defense Authorization Act)에 일본이 센카쿠 도서와 관련해 군사분쟁에 휩쓸리면 미국이 개입할 것이라는 취지의 결의문을 포함시켰다. Emma Chanlett—Avery, (et.al), Japan—U.S. Relations: Issues for Congress, (February 16, 2017), pp. 8, 11; Emma Chanlett—Avery, Mark E. Manyin, William H. Cooper, and Ian E. Rinehart, Japan—U.S. Relations: Issues for Congress, CRS Report, (September 29, 2015), p. 9.

했다. 중국의 일방주의 행동에 반대해 미·일 두 나라 정부가 중국 ADIZ를 인정하지 않는다고 선언한 것은 베이징의 갈수록 심해지는 강대국적 횡포에 제약을 가하는 세력균형 조치였다. 다른 한편 무소불위 행동에도 불구하고 중국의 ADIZ 선포가 미국과 일본에 의해 무시당한 것은 오히려 중국 힘의 한계를 입증했다. 중국은 아직 미국의 힘을 넘어설 수 없는 위치에 있음이 증명됐다.

(4) 기타 지역관계

1) 남아시아

남아시아에서 후진타오 시기 중국과 인도는 핵 협력, 전략대화, 경제협력을 추구했고, 그것은 1996년 장쩌민의 인도 방문 이후 개선된 양국관계에 있어서의 새로운 진전을 의미했다. 그 당시 양국은 해상 재난구조를 위한 연합훈련을 실시했고, 2010년 중국은 인도의 최대 무역파트너가 됐다. 중·인 핵협력은 미−인도 핵 협력을 견제하기 위해 취해진 조치였다. 그래도 양국 간에는 원초적 갈등요인이 존재했는데, (1962년 처음 발생한) 국경분쟁, 인도와 불편한 관계에 있는 파키스탄의 중국과의 유대, 그리고 중국에 반대해 새로이 구축되어 가는 미−인도 협력이 그런 것들이었다.[1]

새로이 출범한 시진핑 정부는 인도와의 우호관계를 계속 이어가기를 원했다. 해외순방의 첫 번째 상대국으로 인도를 선택한 중국 리커창 총리는 2013년 5월 인도 국민회의당 만모한 싱(Manmohan Singh) 총리와의 회담에서 양국의 이해관계 차이를 좁히고 더 긴밀한 관계를 구축한다는 비전에 합의했다.[2] 2014년 9월에는 시진핑 주석이 남아시아 3개국 3일 순방일정의 하나로 인도를 방문하면서 새로 집권한 인도국민당의 나렌드라 모

---

1) 1962년 국경분쟁 당시 중국은 1개월 지속된 인도와의 전투에서 대승을 거두었고, 베이징은 악사이 친(Aksai Chin)으로 알려진 국경 서쪽영역의 광대한 지역을 흡수했다. 그 전쟁 이전 1959년에는 중국통치에 반대하는 티베트의 반란이 있었고, 그때 티베트의 정신적 지도자 달라이라마는 인도로 망명했다. 중국은 달라이라마의 망명을 허용한 인도에 반감을 가졌다. 중국은 또 아루나찰 프라데쉬(Arunachal Pradesh) 내 중국−인도 국경 동쪽영역의 광대한 영토 영유권도 주장했다. 베이징은 아루나찰을 남 티베트라고 불렀다.

2) 리커창의 인도 방문 직전 '달라트 베그 올디'(Daulat Beg Oldie) 사건이 있었는데, 그것은 중국과 인도 병력이 3주간 대치한 국경분쟁 사건이다. 시진핑의 인도 방문 직전에도 카시미르의 인도병력은 국경 통제선을 넘은 200명의 중국 PLA 병력과 대치했다.

_나렌드라 모디

디(Narendra Modi) 총리와 중·인 정상회담을 가졌다. 그때 그들 역시 양국관계의 지속적 발전을 위한 광범위한 의제에 합의했다. 그것은 중국 주석의 방문으로는 8년 만에 처음 있는 일이었다. 힌두(Hindu) 신문에 기고한 "번영의 아시아 세기를 향해서"라는 제목의 칼럼에서 시진핑은 중·인 경제관계를 세계의 공장과 세계의 사령탑(back office)이 통합된 것으로 묘사했는데, 그것은 중국의 제조업과 인도의 서비스 산업이 합쳐질 경우 생성될 거대한 경제이익을 의미했다. 인도의 대중국 300억 달러 무역적자를 인지하는 시진핑은 그 불균형 시정을 위해 중국시장의 개방을 제안했다. 시진핑은 1천억 달러 이상을 인도에 투자할 것으로 알려졌는데, 그것은 일본이 인도에 제안한 340억 달러 패키지와는 비교도 안 되게 큰 규모였다. 두 리더는 전략이슈에 관해서도 논의했는데, 나토와 미군의 2014년 말

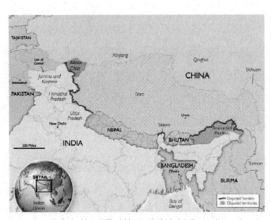

_악사이 친, 아루나찰 프라데쉬 분쟁, indiatoday.in

아프가니스탄 철수 이후의 중앙아시아 안보는 그 의제 중 하나였다. 그러나 뉴델리는 중국과의 관계에서 두 곳 영토분쟁과 관련된 전략적 불신을 완전히 분리시킬 수 없었다. 그동안 베이징과 뉴델리는 카시미르 인근의 중국이 통제하는 악사이 친(Aksai Chin)과 (인도가 장악하고 중국이 영유권을 주장하는) 아루나찰 프라데쉬(Arunachal Pradesh)에서 계속 갈등을 빚어왔다. 그럼에도 불구하고, 양국은 현실적 경제협력의 기초 위에 미래지향적 관계지속을 약속했다.[1]

2017년 6월 또다시 중·인 국경분쟁과 관련한 약간의 긴장이 발생했다. 그 사건은 중국이 양국 완충지역으로 작용하는 부탄(Bhutan)과의 국경에 위치한 '도칼 라'(Doka La) 고원의 비포장도로를 확대한 것에서 비롯됐다. 부탄과 우호협정을 맺고 있는 인도는 인도와 부탄 두 나라가 '도칼 라' 사태에 깊이 우려하면서 계속 논의하고 있다고 말했다. 뉴

1) 2014년 여름, 중국은 인도가 APEC 무역그룹 정상회담에 참석하고 일대일로에도 참여할 것을 초청했다. Xi—Modi Summit Begins With Broad Agenda—The Diplomat; https://thediplomat.com〉 2014/09; India—China; Why is Modi meeting Xi now?—BBC News—BBC.com, https://www.bbc.com〉 news

델리가 그 문제에 관심을 가진 이유는 중국이 그 지역을 장악할 경우 인도 중심부와 자국 7개 동북부 주를 연결하는 '실리구리 통로'(Siliguri Corridor)가 영향받을 것을 우려했기 때문이다.[1] 그때 베이징은 월경한 인도병력을 즉각적이고 무조건적으로 철수시킬 것을 촉구했다. 그 당시 일부 전문가들은 중·인 분쟁이 더 격화될지 모른다는 의구심을 가졌는데, 그해 인도는 예상과는 달리 (경쟁관계에 있는) 파키스탄과 함께 대테러, 신뢰 및 우호증진, 안보, 경제협력을 추구하는 SCO에 공식 가입해 러시아, 중국과 함께 연합 군사훈련을 실시했다. 인도와 중국은 국경관련 불신이 존재하는 상태에서 더 장기적이고 거시적인 목표를 위해 협력을 선택한 것으로 보였다.[2]

2) 중동 및 아프리카

후진타오 시기 창설되고 여러 차례에 걸쳐 개최된 중—아랍 협력포럼(CASCF: China—Arab States Cooperation Forum)은 중국과 아랍국가 간 교류협력의 중요한 기제였다. 중국은 4억 인구의 중동국가들과 정치적 평등과 상호 존중의 기초 위에 꾸준히 경제, 문화, 정치관계 외교를 전개했다. 보수적인 6개 걸프협력위원회 국가들과는 에너지를 중심으로 활발한 무역활동을 벌였고, 이란, 이라크, 시리아, 리비아를 포함하는 반서방 국가들에게는 약간의 군

_중-아랍 협력포럼

사기술과 군사장비가 이전됐다. 시진핑 시기 중국 역시 중동 국가들과 원만한 정치, 경제 관계를 유지했고, 그것은 상호 국빈방문, 협력 메커니즘 유지, 상호지원 제공의 더 유기적이고 체계적인 관계로 발전했다.[3] 지난 10여 년간 중동에서 경제 발자취를 증대시키

---

1) 인도는 중국이 그 통로에 영향을 줄 때 그 7개 지역에 거주하는 4천 5백만 인도인이 고립되고, 더 나아가 인도가 장악한 중인 완충지역인 시킴(Sikkim)의 위상이 위협받을 것을 우려했다.

2) 어느 측면에서는 '도칼 라' 국경대치는 단지 국경문제가 아니라 더 광범위한 중·인 관계에서의 변화조짐으로 보였다. 인도 '핵공급그룹'(NSG: Nuclear Suppliers Groups) 참여에 대한 반대, 카시미르 일부분을 통과하는 중—파키스탄 경제통로(China—Pakistan Economic Corridor) 개발, 유엔제재로부터 파키스탄 거점 테러분자의 보호, 그리고 인도양에 전략주둔을 추진하는 베이징의 노력은 뉴델리에게는 중국에 대한 의심을 더 증가시켰다. 반면 중국에게 일대일로에 참여하지 않을 것이라는 2017년 5월 인도의 결정, 달라이라마의 아루나찰 프라데쉬 방문 허용, 그리고 미—인도 유대의 지속적 발전은 중국의 경계심을 자극했다. Bruce Vaughn, "China—India Border Tensions at Doka La," CRS INSIGHT, (August 9, 2017), (IN10748)

3) "Xi seeks greater Sino—Arab relations—Chinadaily.com.cn," www.chinadaily.com.cn; "China

면서 중국은 그 지역 여러 나라들에 대한 최대 무역파트너와 외부 투자자가 됐다.[1] 2018년 베이징에서 개최된 CASCF 제7차 장관급 회의 당시 시진핑은 중동의 안정을 일대일로(BRI: Belt and Road Initiative) 성공과 연계시키면서 230억 달러 발전자금 대여 패키지를 선언했다. 그 개막식 연설에서 그는 아랍 국가들은 일대일로 협력의 중요한 파트너라고 말하면서 그 지역의 안정과 평화, 협력안보를 촉구했다.

중동의 외교, 군사갈등과 관련해서 베이징은 덜 개입하는 입장을 취했는데, 그 이유는 그 지역이 지리적으로 떨어져 있고 미국, 유럽, 러시아가 더 적극적으로 관련되어 있기 때문이었다. 그래도 세계화가 진행되고 무역, 경제관계가 진행되면서, 그리고 또 유엔 안보리 상임이사국으로의 지구적 책임을 수행해야 하는 상황에서 중국은 자연적으로 특정한 정치적 입장을 취할 필요가 있었는데, 아랍의 봄 당시 러시아 메드베데프 정부와 함께 유엔안보리의 리비아 제재 결의안에 찬성한 것이 그런 것이었다. 나중에 베이징은 또다시 모스크바와 함께 카다피 정부에 반대해 나토 개입을 승인하는 유엔안보리 결의안에 찬성했고, 그것은 베네수엘라, 쿠바, 북한이 카다피 정권을 지지한 것과는 큰 대조를 이루었다. 아랍의 봄 과정에서 또 다른 내란에 휩싸인 시리아와 관련해서, 후진타오 정부는 2012년 유엔안보리의 아사드 정권 비판 결의안에 러시아와 함께 반대표를 던졌다. 한편 시진핑 정부는 2013년 5월 팔레스타인의 마무드 압바스(Mahmoud Abbas) 대통령과 이스라엘 총리 벤저민 네타냐후(Benjamin Netanyahu)를 동시에 초청했다. 중국이 그렇게 직접 나서는 것은 흔치 않은 경우인데, 시진핑 주석은 두 나라 해결책을 위한 4개 요지의 계획을 발표했다. 그것은 국제공동체 지원을 토대로 양측이 '평화의 땅'(land of peace)을 포함해 서로 협상해야 한다는 것이었다. 그 제안은 (앞에서 설명한 바와 같이) 미·소 데탕트 이후 빌 클린턴 이후 오바마 대통령에 이르기까지 수십 년간 워싱턴이 지지해 오던 방안으로 국제적으로 환영받는 협상안이었다.[2] 시리아에 대해서는 시진핑 정부는 2013년 9월

Focus: China, Arab states to forge strategic partnership—Xinhua/English.news.cn," www.xinhuanet.com

1) China's great game in the Middle East/European Council on Foreign Relations, https://www.ecfr.eu〉summary〉ch...

2) 그러나 주지하듯이 오늘날 트럼프 대통령은 그 방안에 반대해 반 팔레스타인 정책을 추구한다. 그는 주 이스라엘 미국 대사관을 예루살렘으로 이전했고, 벤저민 네타냐후의 서안지구 이스라엘 정착촌 확장도 지지한다. Fraser Cameron, "China's Foreign Policy under the New Leadership— More Continuity than Change," (November 15, 2013), http://www.bub.ac.be/biccs/site/index.php?id=273, p. 5; 많은 전문가들은 지나치게 친 이스라엘, 반 팔레스타인 성격을 띤 트럼프의 정책에 반대한다. 해리 트루만 이후 오바마까지 미국은 이스라엘의 팔레스타인 및 아랍과의 평화를 추구했다. 린든 존슨 이후에는

푸틴 정부와 함께 시리아 화학무기 폐기를 위한 유엔안보리 결의안 통과를 지지했다. 이란의 경우에는 익히 알려진 바와 같이 서방의 대이란 제재에 부분적으로 협력하면서 중－이란 경제관계, 반서방 공동가치 등을 감안해 러시아와 함께 그 수위를 조절하는 정치적 기민성을 발휘했다. 그러나 오바마 행정부가 이란과의 협상에 나서 JCPOA를 성사시킬 때, 그것을 최고 옵션으로 생각하는 베이징 정부는 그에 적극 협력했다. 결과적으로 중국의 대중동 외교, 안보관련 결정은 가까운 우방이며 국제정치의 중요한 파트너인 러시아와 의견이 일치하는 것으로 보였다. 중동에서 러시아와 같은 수준의 영향력 발휘가 어려운 상태에서, 또 반서방 기치에서 협력하는 중·러 두 나라가 서로의 영향권을 존중해

....

워싱턴은 제3차 중동전쟁에서 점령한 땅에 유대인들이 정착촌을 건설하는 것에 반대했으며, 빌 클린턴과 조지 W. 부시는 두 국가 성립을 통한 평화공존을 모색했다. 그러나 트럼프는 별종 대통령이다. 그는 이스라엘 극우파 벤저민 네타냐후와 동일한 생각을 갖고 있는데, 그들은 이스라엘－팔레스타인 두 국가 설립에 부정적이다. 그러나 그런 구상은 이스라엘 영토에 대한 아랍의 침입 가능성, 그를 막기 위한 군사배치의 비용, 국제적 비난에 따른 이스라엘 위상에 대한 피해, 그리고 (이스라엘 헌법과는 달리) 팔레스타인 사람들의 시민적 권리를 박탈하는 문제점을 내포한다. 한편 오바마는 2009년 이스라엘이 서안지구와 동예루살렘에 정착촌을 계속 확대하는 것을 중단할 것을 요구했다. 그러나 오바마가 이스라엘 미사일방어망을 포함해 안보지원을 제공했음에도 불구하고, 중동지역에서 그가 취한 몇몇 입장에 불만이 제기되면서 미－이스라엘 간에 불협화음이 발생했다. 첫 번째로 이스라엘은 오바마가 (아랍의 봄 과정에서) 무르시가 이끄는 이슬람 형제단과 협력해 무바라크을 퇴진시킨 것, 그리고 더 나아가 무르시가 쿠데타에 의해 축출된 것에 관심을 보이지 않은 것을 혐오했다. 두 번째는 시리아 아사드 정권이 화학무기를 사용하면 미국이 공습할 것이라고 오바마가 엄포를 놓았지만, 워싱턴이 그 레드라인(redline)을 시행하지 않은 것이다. 세 번째는 오바마가 2015년 이란과 핵협상을 한 것에 대해 그 협정의 타당성을 부정할 수 없던 이스라엘의 네타냐후 극우정권이 워싱턴이 이란의 역내 공격성에 침묵한다고 극도로 비난한 것이다. 그 모든 것의 결과로 오바마 행정부는 중동평화와 관련해 아무 진전을 이루지 못했고, 미－이스라엘 갈등의 골은 깊어졌다. 미국은 유엔안보리의 이스라엘 정착촌 비난 결의안을 비토하지 않았고, 네타냐후는 오바마의 행동을 이스라엘에 대한 '전쟁의 선포'라고 비난했다. 트럼프 행정부는 오바마－네타냐후 잡음이 미국과 이스라엘 두 나라 간의 정치, 사회적 차이를 반영한다는 것을 인식해야 하고, 민주적 가치를 중심으로 도덕적 유대를 강화하고 전략적 차이를 최소화해야 한다. 그러나 다른 한편 미국과 이스라엘의 상호 전략적 이해는 동맹을 유지하기에 충분하지 않을 수 있다. 냉전이후 시대에 미국은 이스라엘의 궁극적 안보 보장자이지만, 이스라엘이 아랍 지역에서 미국을 위해 해줄 수 있는 일은 그리 많지 않다. 조지 H. W. 부시가 사담 후세인과 전쟁할 때에도 미국은 이스라엘이 낮은 자세를 유지해 아랍 전체의 반서방 정서를 자극하지 않기를 원했고, 미국의 아프가니스탄, 이라크 전쟁 당시에도 미－이스라엘 관계는 미국의 아랍 정부들과이 협력에 짐이 됐다. 오늘날에도 미국과 이스라엘은 급진 이슬람과의 전쟁에서 서로 다른 목표를 겨냥한다. 미국은 알카에다와 IS를 추적하지만, 이스라엘은 (미국에 테러를 가하는 집단이기보다는 이스라엘에 적대적인) 하마스, 헤즈볼라, 팔레스타인 이슬람 지하드를 공격한다. '미－이스라엘 동맹의 전망이 너무 어두운' 이 상황에서 트럼프 행정부에게 필요한 것은 이스라엘 정착촌 확대에 반대하고, 이스라엘－팔레스타인 두 개 국가 설립을 계속 추진하는 것이다. 트럼프의 생각은 미국, 이스라엘 모두에게 위험하다. 텔아비브에서 예루살렘으로의 미국 대사관 이전은 팔레스타인 사람들의 폭력적 시위를 야기할 것이고, JCPOA 파기는 이란의 핵무장으로 이어질 것이며, 미국의 이란 공격은 끝없는 전쟁을 부를 것이다. Dana H. Allin and Steven N. Simon, "Trump and the Holy Land," Foreign Affairs, Vol. 96, No. 2 (March/April 2017), pp. 37－45.

야 하는 상황에서, 베이징의 최선의 전략은 모스크바의 판단과 전략에 동참하는 것이었다.

_중-아프리카 협력포럼

아프리카에서 중국은 어떤 행보를 펼쳤을까? 후진타오는 2000년 설립된 중국─아프리카 협력포럼(CACF: China─Africa Cooperation Forum)을 초석으로 그 대륙과의 관계를 계속 발전시켜 나갔다. 세계에서 두 번째로 광활한 대륙인 아프리카에서 중국이 우선적으로 추구한 것은 중동에서와 비슷하게 에너지를 포함하는 천연자원 확보 및 경제관계 확대였다. 중국─아프리카 경제관계는 후진타오 집권기에 획기적으로 진전됐다. 2009년 중국은 미국을 제치고 그 대륙 최대 무역파트너가 됐고, 2000년 100억 달러에 불과하던 양측 무역규모는 2011년 1,663억 달러로 증가했다. 후진타오 정부는 인프라 부족과 빈곤, 질병으로 시달리는 아프리카 국가들에게 100억 달러 이상의 부채를 탕감해 주었고, 인권, 민주제도 설립 등 정치적 조건이 붙지 않는 자금대여, 그리고 서방에 비해 상대적으로 저렴한 대출이자는 중국의 아프리카 대륙과의 무역, 투자확대에 유리하게 작용했다.

중국은 주로 에너지, 인프라, 금융 분야에 투자했다. 에너지 산업에서 후진타오 정부는 장쩌민 시기 개척한 수단(Sudan)과 나이지리아(Nigeria)의 오일시설을 더 확대했고, 가봉(Gabon)에서는 유전개발 협정을 체결했다. 그러나 아프리카 오일산업에서 베이징의 시도가 항상 성공적인 것은 아니었다. 2006년 추진한 르완다 오일사업은 효과에 비해 비용이 너무 컸고, 중국 에너지기업, CNPC, CNOOC가 사용하는 테크놀로지는 기니(Guinean)의 기존기술과 융합되기 어려웠다. 오일생산량은 크게 확대되지 않았는데, 중국 오일회사들의 채굴실적은 엑슨 모빌의 1/3, 그리고 아프리카 전체 오일 매장량의 2%에 불과했다. 또 중국은 인권남용과 부패로 널리 알려진 수단, 앙골라와 같은 나라들과의 우호적 경제, 정치관계로 인해 비난받으면서 에너지 관련 행동에서 제한받았다. 그래도 중국 전체 해외 오일수입의 절반 이상이 중동, 아프리카에서 조달되는 상황에서, 베이징은 아프리카에서 계속 에너지 사업 투자를 모색했다.[1] 한편 후진타오 정부는 아프리카에서

----

1) 수단, 앙골라와의 관계로 인해 비난받으면서, 중국은 에너지 사업에서 니제르 델타(Niger Delta) 같은 위기지역은 회피했다. 아프리카에서 에너지 사업이 부진할 때 중국은 오일 부족을 국제시장에서 공급받아 해결해야 했는데, 그 과정에서 베이징은 국제 오일가격을 증대시키는 주범으로 간주됐다. CIA World Fact Book, (May 12, 2012)

약간의 군사활동에 개입했다. 예를 들어 베이징은 테러리즘 억지와 해적소탕을 위해 1천 5백 명 PKO 병력을 파견하고 14개 국가에 무관을 배치했다. 그리고 일부국가에 군사장비, 군사교육과 훈련을 제공했다. 그러나 2007~2008년 중국이 인권 탄압국가인 짐바브웨에 전투기 포함 군사장비를 제공한 것에 대해 서방으로부터 비판이 제기됐을 때, 베이징은 모든 지원을 중단하고 무가베 대통령에게 인권기준 강화를 촉구했다. 반면 2008년 여름 올림픽 당시 서방이 수단정부에 대한 중국의 소형무기 판매를 비판했을 때, 베이징은 다르푸르(Darfur) 문제는 그 나라 내정으로 '내정 불간섭' 원칙을 존중하는 중국은 비난받을 이유가 없다고 반박했다. 중국이 아프리카에서 그렇게 일부 군사활동을 추진한 것은 사실이지만, 그것은 미국, 서유럽, 러시아에 비해 훨씬 미약한 수준의 움직임으로 실제 아프리카에서 베이징 관심의 주요 초점은 경제에 맞춰져 있었다.[1]

시진핑은 중국－아프리카 관계를 더욱 확대, 심화시켰다. 2010년 1,140억 달러이던 양측 무역규모는 2014년 2,200억 달러로 증가했다. 그것은 4년 만에 거의 100% 교역량 증가였다. 아프리카 40여 개 국가에서 중국회사들은 수많은 제품을 판매했다. 아프리카는 중국에게 광범위한 시장을 제공했는데, 그 이유는 한편으로는 아프리카에 아직 제조업이 발달하지 않았고 다른 한편 선진산업국 제품가격이 너무 비쌌기 때문이다. 아직 구매력이 부족한 아프리카 사람들은 상대적으로 저렴하면서 질이 나쁘지 않은 중국제품에 환호했고, 값싼 노동력에 기초한 중국 상품은 아프리카 현지시장을 휩

_아프리카 지도, pinterest.com

쓸었다. 중국은 의류, 신발, 기계, 전자제품 등을 수출했고, 아프리카로부터 철광석, 석유, 그리고 커피, 코코아 같은 농산물을 수입했다. 그 과정에서 몇몇 부작용이 나타났는데, 중국이 제조품을 수출하고 아프리카가 원자재를 수출하면서 무역불균형이 초래된 것이다. 또 다른 부작용은 아프리카 제조업 성장이 제한되는 것이었는데, 대표적 경우는 개도국 산업화 과정에서 보통 가장 먼저 도입되는 섬

1) David Beresford, "Chinese ship carries arms cargo to Mugabe regime," (April 18, 2008), guardian.co.uk; "The United Nations and Darfur," Human Rights Watch, (March 14, 2009)

유산업이었다. 한마디로 아프리카 직물산업은 중국제품의 시장침투로 인해 제대로 성장하지 못했다.[1] 그래도 아프리카는 중국과의 교역을 상대적으로 선호했는데, 그 이유는 (앞에서 논의한 바와 같이) 중국이 무역, 투자에서 유럽, 미국보다 더 우호적 조건을 제시했기 때문이다. 큰 틀에서 중국－아프리카 무역은 세계경제이론(world economy theory), 종속이론(dependency theory)이 말하는 것과 비슷하게 과거 선진산업국들이 제3세계에서 교역, 투자하는 양상을 띠었다. 그것은 중심부와 주변부 간의 교역으로, 중국이 아프리카 시장을 장악해 기업을 설립하고 이익을 취하는 동안 아프리카가 고용창출, 기술이전을 통해 산업을 육성하는 형태였다. 아프리카 기업은 중국뿐 아니라 유럽, 미국, 일본을 포함해 전 세계를 대상으로 수출상품을 제조했는데, 그 회사들은 중국인이 운영했고 아프리카인들은 노동력만 제공하는 경우가 많았다. 그것은 중국 중심의 세계경제로 과거 서유럽 및 미국의 방식을 모방한 또 다른 세계경제였다. 그것은 미국 중심의 세계경제 일부가 중국에 의해 침범당한 것으로, 중국이 세계경제의 중심부에서 미국과 경쟁하고 있음을 의미했다. 그리고 주변부에서 준 주변부(semi－periphery)로 올라선 나라들과 마찬가지로, 아마 아프리카 국가들은 언제가 산업국가가 될 수 있다는 희망을 가졌을 것이다.[2]

....

1) Sam Piranty, "Seven surprising numbers form China－Africa trade," (December 5, 2015), BBC.com

2) 중국이 아프리카에서 경제 위주의 정책을 펼치면서 그 대륙으로의 진출을 시도할 때 미국 오바마 행정부의 아프리카 정책의 초점은 무엇이었을까? 코넬대학의 왈레 교수는 오바마 행정부의 사하라 이남 아프리카 정책에 관해 다음과 같이 설명했다. 오바마 시기의 미국은 조지 W. 부시 시기에 비해 오히려 아프리카에 대한 지원을 수십억 달러 삭감했는데, 그것은 2008년 경기 대침체로 인한 예산압력이 주요 원인이었다. 전체적으로 워싱턴은 아프리카에 대해 장기적 목표보다는 지엽적 개선, 또 직접 개입보다는 동맹국 및 현지 프락치를 통해 개입하기를 더 선호했다. 그것은 1993년 소말리아에서 블랙호크 격추(Black Hawk down) 에피소드 이후 강화된 오랜 경향이었다. 아프리카에 미군 주둔이 확대됐을 때에도, 그 지역 미국 대사관 직책의 1/4은 항상 공석이었고 비군사 지출을 위한 연방예산 비율은 1960년대 5%에서 1%로 축소됐다. 7천만 인구의 나이지리아 북부에는 미국 외교 주둔이 결여됐고, 중앙아프리카 공화국 미 대사관은 2012년 이후 폐쇄됐으며, 2013~2014년 니제르(Niger) 미 대사 직책은 공석이었다. 미국의 대테러 전략에서 가장 중요한 지역은 사헬(Sahel)인데, 그곳은 사하라 사막 남쪽의 서부 세네갈에서부터 동부 소말리아에 이르는 지역이다. 그곳은 아프리카에서 가장 안보가 불안하고 경제적으로 취약한 지역으로, 조지 W. 부시 행정부는 2007년 특히 소말리아, 에티오피아(Horn of Africa) 인근의 이슬람 근본주의에 대처해 그곳에 아프리카 사령부(AFRICOM: Africa Command)를 설치했다. 오바마 행정부 시기 펜타곤은 아라비아 반도와 소말리아 작전을 위해 지부티와 에티오피아에 드론 기지를 확대하고, 2013년에는 말리(Mali)와 나이지리아(Nigeria) 작전을 위해 니제르(Niger)에 새로운 군사기지를 건설했다. 그러나 미군의 드론 공격으로 인한 소말리아 남부 거의 모두를 장악한 이슬람 급진주의 민병대 알샤바브(Al Shabab) 핵심 간부 다수 사살에도 불구하고, 그곳의 이슬람 세력이 약화됐는지는 불분명하다. 오바마 행정부는 미군 숫자는 최소한으로 유지하면서 (주요 파트너 국가인 케냐, 에티오피아, 나이지리아를 포함해) 사헬 정부들과 군사협력을 확대했지만, 미국의 파트너들과의 협력은 너무 취약했다. 북 나이지리아에서 보코 하람(Boko Haram)이 거점을 장악하고 276명 여학생을 납치했을 때 미국이

중국의 아프리카 투자 기본 메커니즘은 무역과 비슷했다. 아프리카 국가들은 개도국 발전의 필수요소인 인프라 발전을 위해 베이징의 경제협력을 촉구했고, 오일, 천연가스, 구리, 목재 수요가 계속 증가하는 중국은 13억 인구를 가진 천연자원의 보고 아프리카 대륙에서 그 가능성을 모색했다.[1] 중국은 무역, 투자협정 체결을 용이하게 할 목적으로 상당수준의 무상지원을 제공했다.[2] 2000~2011년 베이징은 아프리카 대륙의 수송교통 (transportation), 저장시설, 에너지 구상을 위한 원조 및 발전 프로젝트에 750억 달러를 기여했고, 2013년 3월 시진핑은 탄자니아를 방문하는 과정에서 아프리카에 대한 추가 재정지원 확대, 장학금 제도를 통한 교육지원, 기술이전을 선언했다. 시진핑 시기에 이르러 중국은 아프리카의 주요 원조 공여국으로 확실하게 자리 잡았다.[3] 중국은 수많은 나라에서 저리 자금을 융자해주면서 대규모 프로젝트를 추진했다. 그 사업들은 도로, 철로, 항만 같은 인프라 건설과 천연자원 및 에너지 자원 개발을 겨냥했는데, 그것 역시 시진핑이

....

나이지리아 정부에 정보를 제공했지만, 그들은 펜타곤과의 협력을 단순히 무시했다. 말리에서도 비슷하게 지난 10년 간의 미국 지원에도 불구하고 부패로 들끓는 그 나라 군대는 투아레그 민병대(Tuareg militia)와 알카에다가 말리 북부 절반을 장악하는 것을 막지 못했고, 미군은 결국 10년 만에 새로 진입한 프랑스군과 차드(Chad) 병력의 도움으로 간신히 이슬람주의자를 패퇴시켰다. 그 지역에서 미국은 나이지리아를 제외하면 의존할 만한 파트너가 없지만 워싱턴은 나이지리아를 신뢰하기 어렵고, 동시에 군사독재이면서 극도로 부패한 군대를 가진 차드가 미국 파트너가 될 가능성도 낮다. 결국, 미국은 프랑스와의 협력을 중시해야 할 것이다. 한편 아프리카 중심부인 중앙아프리카의 거대호수 지역에서 워싱턴은 수단의 다르푸르(Darfur), 남수단, 그리고 콩고 민주공화국에서 수백만 명이 살해당한 내란을 시정하는 인도주의 정책에 초점을 맞췄다. 전임자들과 마찬가지로 오바마 행정부는 그 지역에서 유엔 평화유지 작전과 경제 원조를 계속했다. 미국은 수단, 남수단에서 연평균 약 20억 달러를 지출하고, 콩코를 위해서는 (문제가 있지만 르완다, 우간다를 통해) 인도주의를 추구하면서 2만 명 유엔 평화유지군과 난민 캠프를 포함하는 대외원조를 위해 최대 10억 달러를 지원했다. 그러나 미국 노력이 제한된 상태에서 그곳 인도주의 위기는 앞으로도 계속될 것이다. 아프리카의 나머지 세 번째 지역은 경제가 성장하고 중국의 존재가 더 커지는 곳으로, 그곳에서 오바마 행정부는 전통적인 대외원조와 안보를 넘어 무역과 민간 투자증진을 추구하고 (6천만 가구와 기업을 위한 획기적 전기 생산을 추구하는) 파워 아프리카(Power Africa)를 선언하면서 민관 파트너십으로 5년 기간 70억 달러를 지원할 것을 약속했다. Nicolas van de Walle, "Obama and Africa (Lots of Hope, Not Much Change)," Foreign Affairs, Vol. 94, No. 5 (September/ October 2015), pp. 54−61.

1) 2020년 7월 현재 아프리카 인구는 13억 4,240만 명으로 전 세계 인구의 16.7%를 차지한다. Population of Africa (2020)−Worldometer, https://www.worldometers.info〉 afr...

2) 아프리카 연합(African Union) 본부는 완전히 중국정부 자금에 의해 건설됐다. 후진타오 정부는 아프리카 보건, 위생을 위해 2007년 약 7억 달러 예산을 지출했다. 그해 9월 중국은 콩고 민주공화국에 30개 병원과 150개 보건소 건설 프로젝트를 시작했다. Wang Linyan, "New headquarters shows partnership entering era of hope; Ethiopia PM," China Daily, (July 16, 2019)

3) Cameron, "China's Foreign Policy," (November 15, 2013), http://www.bub.ac.be/biccs/site/index. php?id=273, p. 5.

추진하는 일대일로 사업과 연계된 것으로 보였다.[1] 끝없이 증가하는 에너지 수요를 충당하고 수입노선 다변화를 위해 러시아, 남미, 중동에서 그랬듯이, 중국은 아프리카에서 에너지 산업에 이끌렸다.[2] 시진핑은 과거 장쩌민, 후진타오 시기를 이어온 아프리카 에너지 사업의 시설확대 및 운영에 만전을 기했고, 그의 핵심 프로젝트인 일대일로를 위한 인프라 투자, 그리고 제조업에 대한 투자를 늘려나갔다. 2011~2015년 중국의 아프리카로의 해외직접투자는 160억 달러에서 350억 달러로 두 배 이상 증가했다. 그 기간 아프리카에서 일하는 중국인 공식 숫자는 18만 명에서 26만 4천 명으로 늘었지만, 비공식 전체 중국인 숫자 추정치는 100만~120만 명에 달했다.[3] 2015년 12월 남아프리카 요하네스버그 CACF 회담 당시, 시진핑은 아프리카 대륙에 자금 대여와 경제지원을 합쳐 3년에 걸친 600억 달러 지원을 서약했다.[4] 그것은 도로, 항구 등의 인프라뿐 아니라 아프리카의 수출품 제조공장을 지원하는 목적을 띠었고, 수많은 현지 국가들은 베이징의 기치를 환영했다.[5]

중국－아프리카 군사관계는 후진타오 시기와 크게 다르지 않았다. 2015년 CACF 회담동안 시진핑은 "아프리카는 아프리카인들에게 속하고, 아프리카 문제는 아프리카인들에 의해 해결되어야 한다"고 말했다. 비록 북아프리카에서 리비아의 경우가 그렇듯 아직 내전이 진행 중이고, 수단, 짐바브웨를 포함해 광범위한 독재가 존재하며, 또 비록 중국이 2014년 남수단 내란에서 중재를 시도했지만, 그는 아프리카 국내정치, 사회문제에 대

---

1) 중국의 국유기업이 인프라 건설을 돕는 대신 아프리카 국가들은 수시로 철광석, 오일, 천연가스와 같은 천연자원을 그 대가로 제공했다.

2) 2005년 통계로 아프리카는 전 세계 오일생산량의 12%를 담당했고, 그 중 절반은 유럽과 긴밀하게 연계된 북아프리카가 차지했다. 사하라 이남에서는 나이지리아(Nigeria), 앙골라, 수단, 기니(Guinea), 콩고, 차드가 주요 오일 생산국이었다. 아프리카의 해외 오일 수출은 EU(35%), 미국(32%), 중국(10%) 순이었다. 그래도 2007년까지 중국은 오일 필요량의 30%를 아프리카로부터 수입하고, 그 중 1/3은 수단이 공급했다. CIA World Fact Book, (May 12, 2012)

3) 또 2017년까지 아프리카와 중동으로부터 선박을 통해 중국으로 수출되는 원유 양은 중국 전체 원유수입의 62%를 차지하면서 하루에 525만 배럴로 증가했다. Jerry Becker and Erica Downs, CNA, "China's Djibouti military base the first of many," (June 27, 2018), www.eastasiaforum.org

4) Xi's quotable quotes on China－Africa relations－Xinhua/English.news.cn, (June 28, 2019), www.xihuanet.com> english; China－African Relations in the Xi Jinping Era－The China Africa Project, (April 7, 2018), https://chinaafricaproject.com> pod...

5) Neil Thomas, "Chinese foreign policy under Xijinping," (October 21, 2018), www.eastasiaforum.org; "China's Xi cheers African leaders with pledge of $60 billion for development," Reuters, (December 4, 2015)

한 '내정 불간섭' 원칙을 선호했다.[1] 아마 그것은 과거 서방 제국주의에 의한 19세기의 치욕, 그리고 세계를 자유민주주의로 전환시키려는 서방의 내정간섭에 대한 반감의 표현이었을 것이다. 실제에 있어서 중국의 아프리카 군사개입은 소말리아, 에티오피아, 그리고 사하라 벨트의 이슬람 급진주의 테러리즘을 억지하기 위한 것이고, 아프리카 내에서 군사적 영향력 확대를 추구하는 것은 아니었다. 2017년 8월 중국은 아프리카 지부티(Djibouti)에 최초로 해외 군사기지를 공식 설립했는데, 그것 역시 (아덴만) 해적소탕, 대테러 평화유지 활동의 목적에서 비롯됐다.[2] 아프리카에서 수많은 중국제 드론이 이집트, 리비아, 알제리아, 나이지리아에서 수천 번의 공격을 가하고, 중국이 콩고민주공화국(DRC; Democratic Republic of the Congo) 군대에 소형함정을 제공하고 탄자니아에 군사교육기관을 설립하며, 점점 더 많은 숫자의 아프리카 국가들이 군사공급 원천을 러시아로부터 중국으로 바꾸었지만, 아직 베이징의 아프리카 군사전략은 광범위한 군사적 영향력 확대를 추구하는 것으로는 보이지 않았다.[3]

....

1) 그래도 포린 폴리시(Foreign Policy) 저널의 대외정책 통신원 키이스 존슨은 중국이 2014년 남수단 내란에서 정부군과 반군 간 전쟁을 중재하려 적극 시도한 것이 베이징의 '내정 불간섭' 정책의 변화를 예고하는 조짐일 수 있다는 점을 강조했다. Keith Johnson, "China's African Adventure," (April 24, 2014), www.foreignpolicy.com; 한편 후투족의 투치족 공격으로 80만 명의 투치족이 사망하고 투치족 반군(RPF: Rwandan Patriotic Front)이 1994년 7월 다시 나라를 장악해 그 부족 리더인 폴 카가미(Paul Kagame)가 대통령이 된 르완다는 다행스럽게도 오늘날 두 부족 간에 (많은 사람들이 생각했던 것보다) 훨씬 더 잘 상생, 화해, 협력의 길을 열고 공존하고 있다. 그러나 그 공존이 바람직한 것임에도 불구하고, 후투, 투치족 모두 좁은 국토에서 가해자와 피해자가 함께 공생하는 것이 어려움을 수반한다고 말한다. Phil Clark, "Rwanda's Recovery," Foreign Affairs, Vol. 97, No. 1 (January/February 2018), pp. 35–41.
2) 2015년 5월 말 PLA는 지부티 군사기지에 추가 접안(pier)시설을 건설하고 있었는데, 베이징 군사당국은 그 시설이 대해적 작전을 포함하는 국제적 책임을 더 잘 수행하고 아프리카와 세계의 평화, 안전 유지를 도울 것이라고 말했다. 그 기지 내 접안시설은 그 지역에서 PLA 해군에게 선박에 재급유하는 안전한 시설을 갖게 만들 것이다. 그러나 동시에 지부티의 중국 군사기지는 아시아와 유럽을 연결하는 핵심 검문소(checkpoint)로 역할하면서 PLA 해군의 중국 해외이익 보호능력을 크게 개선할 것이다. 아프리카의 많은 중국인들은 케냐, 소말리아, 수단을 포함해 심각한 테러 위협에 직면하는 나라에서 살면서 일하는데, 지부티 중국기지는 아프리카에서의 중국 자산과 인력보호에도 사용될 것이다. Becker and Downs, "China's Djibouti military base," (June 27, 2018), www.eastasiaforum.org
3) 2015년 국방백서에서 베이징은 해외 최초의 지부티 군사기지를 전쟁 목적이 아닌 유엔 PKO, 인도주의 임무와 같은 제한적 임무를 시행하는 병참시설(logistical facility)로 구분했다. 베이징이 그런 입장을 취한 이유는 미국, 서방, 아프리카, 그리고 세계 각국에 중국이 군사팽창을 추구하는 것이 아니라는 의도를 재확인시키기 위한 목적을 띤다. 지부티에는 7개 외국군대가 주둔하는데, 미군은 4,500명, 프랑스는 1,450명, 이탈리아는 80명, 일본은 180명을 배치했고, 중국병력은 최소 2천명을 넘는 것으로 알려져 있다. Jean–Pierre Cabestan, "China's Djibout naval base increasing its power," (May 16, 2020), https://www.eastasiaforum.org〉chi...; 한편 아프리카 국가들이 러시아제보다 중국 무기를 선호하는 경향이 커지는 이유는 그것이 질은 다소 떨어지지만 가격이 훨씬 더 저렴하기 때문이다. Sebastien

시진핑 시대의 중국은 그렇게 중동, 아프리카에서 군사시도를 덜 중시했다. 2018년 CASCF 회담 당시, 시진핑은 유라시아 여러 지역을 연결시키고 일대일로 성공에 핵심 지전략적 허브인 중동, 아프리카가 왜 전쟁을 피하고 안정을 이루어야 하는지에 관해 설명했다. CASCF 중국대표 리청원(Li Chengwen)은 "중동의 근본적 문제는 발전에 있고 그래서 유일한 해결책 역시 발전"이라고 말했다.[1] 중동, 아프리카에서의 중국접근은 파트너십 외교에 근거했다. 베이징은 값비싸고 전쟁에 휘말릴 수 있는 동맹의 체결보다는 다소 애매하게 규정된 전략적 파트너십을 선호했는데, 그 중 가장 단계가 높은 것은 '포괄적 전략파트너십'(comprehensive strategic partnership)이다. 2018년 7월 아부다비 방문 당시 시진핑은 UAE와 포괄적 전략파트너십을 체결했고, 2016년 1월 사우디아라비아, 이란, 이집트 방문 당시에도 그 비슷한 수준의 협정에 서명했다. 그렇듯 그 지역에서 중국의 군사행적은 해군함정 방문, PKO 작전, 소형무기 판매 및 연합 군사훈련을 포함해 아직은 최소한이었다. 그것은 외국 국내정치에 대한 비간섭 원칙과 합쳐져 서방의 정치개혁 요구에 시달리는 그 지역 리더들에게 중국을 매력적으로 보이게 만들었다.[2]

3) EU 및 중남미

장쩌민 시대 중국－EU 관계는 정치, 안보는 경직되고 경제는 협력을 추구하는 두 갈래 양상으로 전개됐다. 정치적 긴장이 완화되지 않은 것은 천안문 사태 이후 EU가 미국 리더십을 따라 무기금수 조치를 부과했기 때문이다. 그러나 일반교역은 큰 문제없이 진행됐는데, 그것은 모두 EU가 중국에서 생산되는 저렴한 제조품 수입을 원하고 중국은 새로운 상품이 수출되기를 원한 결과였다. 실제 중국은 이미 1993년 EU의 네 번째 큰 무역파트너였고, 1994년 무역규모는 456억 달러에 달했다.[3] 1996년 신아시아 전략, 1998년 EU－중국 정상회담 이후 경제파트너십 강화 시도를 포함해 EU는 여러 차례 중

Roblin, "Chinese Drones Are Going to War All Over the Middle East and Africa," National Interest, (September 29, 2019); "Russian, Chinese weapons compete in Africa," (March 14, 2009), upiasia.com

1) Ambassador for China－Arab States Cooperation Forum (CASCF) Affairs of ..., (October 19, 2018), me.chinesembassy.org〉 wjbxw

2) Jonathan Fulton, "China's power in the Middle East is rising," The Washington Post, (August 9, 2018), https://www.washingtonpost.com〉 ...

3) Robert Sutter, <u>Chinese Foreign Relations</u>, Maryland; Rowman & Littlefield Publishers, (2008), pp. 340－342.

국과의 경제관계 촉진을 추구했고, 중국은 EU의 시도를 환영했다. EU의 영국, 프랑스, 이탈리아는 무기금수 해제를 원했지만, 그 시도는 미국, 일본, 독일의 반대에 가로막혀 실현되지 않았다.1)

후진타오는 중국-EU 관계를 더 진전시키기를 원했다. 2005년 11월 후진타오의 서유럽 방문 이후 EU는 중국과의 교류확대에 더 높은 우선순위를 부여했고, 2007년 5월 양측 간에 무역 및 투자 관련 이슈를 논의하는 최초의 장관급 회담이 개최됐다. 중국의 EU 수출이 증가하고 유럽의 직물산업이 타격을 입으면서 약간의 갈등이 표출됐지만, 그것은 2006년 베이징의 양보로 문제없이 마무리됐다. 유럽에서 독자노선을 선호하는 프랑스는 (러시아와 더불어) 중국과 전략적 파트너십을 체결했다. 비록 프랑스 대통령 사르코지 (Nicolas Sarkozy)의 달라이라마 접견계획에 따라 2008년 11월 중국-EU 연례 정상회담이 취소되고 양측 관계가 약간 냉각됐지만, 그것은 곧 정상으로 복귀했다.2) 2009년 유럽에서 미국 경기 대침체(Great Recession)와 동일한 형태의 재정위기가 발생했을 때, 중국은 수십억 유로를 매입하면서 유럽중앙은행(ECB: European Central Bank)과 함께 남유럽, 아일랜드, 이탈리아의 재정위기 극복을 도왔다. 독일의 앙겔라 메르켈(Angela Merkel) 총리는 EU 전체가 중국과의 관계를 더 증진시킬 것을 촉구하면서 독일-중국 양자 경제관계를 옹호했고, 중국과 공격적으로 긴밀한 경제 유대를 추구했다. 2012년 EU는 중국수출의 17%를 차지했는데, 그것은 유럽의 경제난관으로 인해 과거에 비해 축소된 수치였다. 후진타오 시기 중국과 EU 경제관계에서 가장 큰 이슈는 베이징의 WTO 규정준수 문제였다. 2001년 중국이 WTO에 가입했을 때 베이징은 주요 경제부분을 개혁, 자유화할 것에 합의했지만, 아직도 여러 사안이 문제로 남아 있었다. 그것은 중국경제의 투명성 결여, 외국회사를 차별하는 산업정책과 비관세 장벽, 정부의 경영개입으로 인한 국영기업의 압도적 위상, 재정지원과 저렴한 금융에 대한 불공정한 접근, 그리고 지적재산권에 대한 취약한 보호를 포함했다.3) 한 가지 예로 EU는 중국철강이 덤핑으로 수입된다고 지적했다. 그러나 그 역시 큰 문제가 되지 않았는데, 왜냐하면 이미 EU는 세계 2위로 성장한 중국경제로부터 수출입, 투자, 그리고 재정지원에서 많은 도움을 받았고, 또 일부 사안에 대해서는 베이징이 논리적 방어와 함께 개선을 약속했기 때문이다.

1) "Japan concerned by call to lift China embargo—official," Forbes, (November 27, 2008); Andrew Willis, "Japan: Ashton was wrong on China arms ban," EU Observer, (May 19, 2011)
2) Business fears over Chinese—French rift, Financial Times, (November 30, 2008)
3) Countries and regions China, An Official EU website, ec.europa.eu

EU는 중국의 최대 수출시장이 됐고, 시진핑 정부는 EU와의 관계를 주요 우선순위 중 하나로 간주한다고 말했다. 2013년 EU가 특별히 저렴한 가격으로 태양광 패널(solar panels)을 판매하려는 중국에 관세를 부과하려 했을 때, 메르켈은 EU−중국 경제관계 심화를 중시해 그에 반대했다. 그해 EU와 중국은 '2020 전략적 협력 어젠다'(2020 Strategic Agenda for Cooperation)를 채택했는데, 그것은 투자협정을 양자관계 핵심으로 간주했다. 그것은 투자자들이 EU와 중국시장에 접근하는 것을 돕고 그들을 보호하면서 예측 가능성을 높이기 위한 목적을 띠었다. 중국은 EU의 최대 수입원이고 두 번째 큰 수출시장이었으며, 중국−EU 무역규모는 하루 평균 10억 유로에 달했다. EU는 중국으로부터 산업 및 소비자 상품, 기계류, 신발 및 의류를 수입했고, 중국은 EU로부터 주로 항공기, 자동차, 기계, 화학제품을 수입했다. 서비스분야 EU−중국 무역은 전체 무역의 10% 이상을 차지했고, EU의 서비스 수출은 EU 전체 수출의 19%를 구성했다. 독일은 유럽에서 중국의 선도적 무역파트너가 됐고, EU 내에서 아일랜드, 핀란드와 함께 대중국 무역에서 흑자를 기록하는 3개국 중 하나가 됐다.[1] EU는 대중국 무역에서 적자를 기록했지만 다른 지역 수출에서 보상받으면서 중국과의 무역을 긍정적으로 인식했다. 2016년에 이르러 양측 상품무역이 5,148억 유로로 증가하면서, EU는 '중국에 관한 신 EU 전략'(New EU Strategy on China)을 채택했다. 그 전략은 중국과의 향후 5년 관계를 다룰 EU 진로를 논의했다. 그 전략은 무역의제와 시장접근 기회증진을 포함하는 모든 협력분야에서 상호주의, 공정경쟁을 옹호했다.[2]

그렇지만 인프라 건설을 기치로 세계경제에서 중심적 역할을 의도하는 BRI, 그리고 하이텍 제조업과 첨단 테크놀로지 우위를 추구하는 '중국제조 2025' 계획이 선포되면서, EU 내에서 중국의 유럽경제 침투와 장악에 관한 우려가 증대하기 시작했다. 2014년 중국과 '포괄적 전략 파트너십'을 체결했지만, 독일은 2018년 중국 회사가 자동차, 우주, 핵 산업용 금속 생산회사인 라이펠트 메탈(Leifeld Metal)을 합병하지 못하도록 조치했다. 독일은 또 국가안보 차원에서 비유럽 투자자가 미디어 회사를 포함해 독일기업 지분의

---

1) 약 5,200개의 독일 회사가 중국에서 활동하고 1백만 명 이상의 중국인을 고용했다. 2017년까지 폭스바겐이 판매하는 차의 40%가 중국에서 판매됐다. 2017년 독일의 최대 무역파트너는 미국에서 중국으로 교체됐다. Julianne Smith and Torrey Taussig, "The Old World and the Middle Kingdom (Europe Wakes up to China's Rise)," Foreign Affairs, Vol. 98, No. 5 (September/October 2019), p. 113.

2) EU−China relations, fact sheet, (June 1, 2017), European External Action Service; "China−EU−international trade in goods statistics−Statistics Explained," ec.europa.eu. (March, 2019)

10% 이상을 확보하지 못하게 규제하는 새로운 법률을 제정했다.[1] 2019년 시진핑의 파리 방문동안, 에마뉘엘 마크롱(Emmanuel Macron) 프랑스 대통령은 중국의 유럽 경제침투와 정치적 영향력 확대에 대한 경계심을 내보이고, 중－프랑스 정상회담에 메르켈과 EU 집행위원장 장 클라우드 융커(Jean－Claude Juncker)를 초청해 EU가 단합되어 있다는 이미지를 연출하려 시도했다. 비슷하게, 2014년 중국을 위한 유럽의 관문(gateway)이 될 것이라고 선언한 체코 공화국은 중국 회사들이 그 나라의 미디어, 교통, 수송관련 기업, 스포츠클럽을 포함해 모든 종류의 기업사냥에 나서면서 베이징의 정치, 경제의도에 대해 새로운 의심을 갖게 됐다. 그러나 EU는 중국과의 경제관계에 대해 일치된 의견을 제시할 수 없는데, 왜냐하면 브뤼셀 EU 본부로부터의 경제지원 획득이 어려운 상태에서 이탈리아, 그리고 그리스, 헝가리, 포르투갈과 같은 BRI로부터 도움을 받는 작은 나라들이 계속 중국과의 밀접한 경제관계를 강력하게 지지했기 때문이다. EU는 중국이 제기하는 도전에 관한 인식에서 분열돼 있었고, 그것은 중국의 어떤 변화도 유도해 내지 못했다.[2] 그러는 가운데 협력을 도모하고 분쟁을 해결하기 위한 양측대화는 여러 차원에서 진행됐다. 연례 중국－EU 정상회담, 중국－EU 고위급 경제 및 무역대화, 연례 장관회담인 무역관련 연합위원회, 책임자급(Director－General) 무역 및 투자정책 대화, 그리고 실무전문가 회담인 경제 및 무역실무그룹이 모두 그런 것들이었다.[3]

한편, 초보적 단계에서 대외 및 안보정책에 관한 중국－EU 협력도 진행됐다. 중국이 서방의 무기금수 조치 해제를 요구하면서 2010년 EU 고위대표(High Representative) 캐서린 애쉬턴(Catherine Ashton)은 그 철회가 필요하다는 의견을 제시했다. 그러나 미국의 막강한 영향력과 일본 및 몇몇 나라의 반대에 가로막혀 그 제안은 실현되지 못했다. 2013년 7월에는 캐서린 애쉬턴과 양제츠가 '고위급 전략대화'에서 이란, 시리아, 리비아를 포함하는 중동문제, 북한의 핵개발, 그리고 남중국해 안보문제에 관한 의견을 교환했다. 중국은 대외정책, 외교안보에서 더 개방적인 자세를 취했고, 애쉬턴은 만족을 표시했다. 2018년 10월에는 지부티 중국 군사기지에서 PLA 해군과 EU 해군이 사상 처음으로 대테러, 해적소탕을 위한 연합 군사훈련을 실시했고, 그것은 계획대로 순조롭게 진행됐다.[4]

....

1) 과거에 독일은 비유럽 투자자에게 자국 기업의 25%까지의 지분 확보를 용인했다. 또 독일 사이버 안보국은 자국 회사들에게 중국의 사이버 스파이 행위 위험에 관해 경고했다.

2) Smith and Taussig, "The Old World and the Middle Kingdom," pp. 112, 114－124.

3) Countries and regions China, An Official EU website, ec.europa.eu

4) Cameron, "China's Foreign Policy," (November 15, 2013), http://www.bub.ac.be/biccs/site/inde

중국－중남미 관계 역시 계속 발전하고 시간이 갈수록 더 중요해졌다. 2004년 후진타오가 남미를 방문해 1천억 달러 투자를 선언한 이후, 브라질, 베네수엘라, 쿠바와 오일, 천연가스 관련 협정, 그리고 2006년에는 칠레와 남미대륙 최초로 자유무역협정이 체결됐다.[1] 2008년 정책보고서에서 베이징이 중남미와 상호신뢰에 근거한 교류, 협력의 중요성을 강조한 이후 양측무역은 더 증가했고, 2009년 중국은 브라질, 칠레, 페루의 최대 수출시장으로 올라섰다. 그해 중국－남미 교역규모는 1,300억 달러였고, 중국 수출의 5%가 남미로, 그리고 남미 수출의 7%가 중국으로 향했다. 중국과 가장 많이 무역한 국가는 브라질, 멕시코, 칠레, 베네수엘라, 아르헨티나 순이었고, 중국－브라질 경제협력은 BRICS 틀 내에서 계속 증진됐다.[2] 중국 수출품의 대부분이 산업제품이고 중남미의 90% 이상 수출항목이 원유, 철광석, 농산품 등 1차 상품인 상황에서 중국－아프리카 무역 비슷하게 부가가치 차이로 인한 무역불균형이 초래됐지만, 베이징으로부터의 압도적 수요에 따른 1차 상품 가격 상승으로 중남미 경제는 활성화됐다. 베이징은 해외투자의 85%, 그리고 자금대여의 60% 이상을 주로 오일, 천연가스, 철광석 등 채굴산업을 겨냥했고, 그것은 본국의 성장하는 제조업을 위한 원료조달의 목적을 띠었다. 2011년 중국－중남미 무역규모는 2,415억 달러였고, 그로써 중국은 미국에 뒤이어 중남미 대륙 제2의 무역 파트너 지위를 확보했다. 놀랍게도 양측의 교역은 그렇게 2년 만에 거의 두 배로 증가했다. 그런 급속한 무역의 성장은 양측이 서로에게서 필요한 것을 발견했기 때문인데, 중국이 상대방으로부터 상품시장과 더불어 에너지, 철광석의 원자재를 원하고, 중남미가 중국의 저렴한 제조품과 거대한 외환보유고에 기초한 해외투자를 환영했기 때문이다.[3] 후진타오의 업적을 더욱 발전시키려는 시도에서, 시진핑 주석은 2013년 5월 트리니다드－토바고(Trinidad & Tobago), 멕시코, 코스타리카를 방문했다. 그는 중남미와 경제관계 및 소통강화를 표방했지만, 전문가들은 그것이 오바마의 아시아로의 피봇과 TPP로부터의 중국 배제 충격을 만회하려는 성격을 띤 것이라고 분석했다. 2015년 6월 이후 수개월에 걸

---

x.php?id＝273, p. 3; Zoe Stanley－Lockman, "A First: China, EU Launch New Combined Military Exercise," The Diplomat, (November 01, 2018)

1) Kerry Dumbaugh, China－U.S. Relations: Current Issues, CRS Report, RL 33877, (Updated Mach 17, 2008), pp. 22－25.

2) 중국은 아르헨티나, 코스타리카, 쿠바에게 두 번째 큰 수출시장이었다.

3) Fitch: China's Economic Rise provided Mixed Benefits for Latin America, (May 9, 2012), http://newamericamedia.org/2011/01/latin－america－divided－over－ties－with－china－growing－suspicions－over－chinese－presence－in－latin－america.php

쳐 중국 주식시장이 부침을 경험하면서 니카라과 운하의 경우와 같이 중남미 일부 프로

젝트가 취소되거나 연기됐지만, 그해 중국 GDP가
6.9% 성장을 기록하면서 양측 관계는 다시 정상을
되찾았다. 중국의 주식시장이 잠시 타격을 입은 것은
그 경제의 기본에 문제가 있기 때문이기보다는 베이
징이 제조업으로부터 서비스 산업으로 이동해 가는
과정의 일시적 부작용으로 이해됐다. 2017년 1월까
지 상하이 주식지수는 3천 포인트에서 안정됐고, 시
진핑 하에서 중국-중남미 경제교류는 계속됐다.[1]

_중남미 국가, ontheworldmap.com

중국-중남미 정치, 군사관계도 과거보다 훨씬
진전했다. 전문가들은 중남미에서 중국이 미국의 영
향력을 잠식하고 있다고 분석했다. 중남미 국가들의
중국에 대한 인식이 서로 다른 가운데, 후진타오 정부는 베네수엘라, 볼리비아, 쿠바, 칠
레와 군인사 교환, 해군함정 기항 등의 교류를 진행했고, 베네수엘라, 볼리비아, 에콰도
르, 페루, 아르헨티나에 무기를 판매했다.[2] 2011년 중남미 지역블록인 '남미-카리브 국
가공동체'(CELAC: Community of Latin American and Caribbean States)가 결성됐을 때, 후
진타오는 새로운 지역블록 출범을 축하했다.[3] 그해 중국은 칠레와 군사협력에 합의했다.

---

1) Cameron, "China's Foreign Policy," (November 15, 2013), http://www.bub.ac.be/biccs/site/index.php?id=273, p. 5; htps://www.bloomberg.com/quote/SHCOMP:IND

2) 페루는 중국의 122mm 90 type 다연장(multi-barrel) 로켓발사대를 구매했는데, 그것은 최대 30킬로미터 이내 적의 사령탑, 미사일기지, 공항, 항구, 인프라를 공격하는 데 사용된다. 아르헨티나, 볼리비아, 에콰도르 역시 중국 무기를 구매한다. 남미 군대서열은 브라질, 칠레가 군사장비에서 가장 우수하고, 그 다음은 베네수엘라이며, 페루와 콜롬비아는 중간수준, 그리고 에콰도르와 볼리비아가 상대적으로 취약하다. The United States is Losing America to China/ The National Interest, (August 15, 2019), https://nationalinterest.org〉 feature; Brian Wang, "China selling more military equipment to South American countries," (July 26, 2015), nextbigfuture.com; China-Latin America- Atlantic Council, htps://www.atlanticcouncil.org〉 chi...;

3) CELAC은 미주지역 32개 국가로 구성되는데, 남미와 카리브 국가들에 대한 초점으로 인해 브라질, 미국, 캐나다는 포함되지 않는다. 그 기구는 중남미 통합을 심화시키고 부분적으로는 미국의 영향력을 축소시키기 위해 창설됐다. 그 기구는 미국과 기타 21개 남미 국가들이 원래 소련 침투를 막기 위해 설립한 미주기구(OAS: Organization of American States)에 대한 대안으로 간주된다. CELAC은 리오그룹(Rio Group)과 '통합과 발전을 위한 남미-카리브 정상회담'(CALC)을 승계했다. 2010년 CELAC은 베네수엘라 차베스(Hugo Chavez) 대통령과 칠레의 세바스찬 피녜라(Sebastian Pinera) 대통령을 포럼

베이징은 대만이 중남미에서 경제지원, 군사교류를 통해 일부 국가들과 외교관계를 유지하는 것을 우려했는데, 중국의 경제력이 월등히 성장하면서 2008년까지 타이베이의 시도는 거의 중단됐다. 시진핑은 후진타오의 업적을 계속 발전시켰다. 2015년 1월 중국에서 제1차 중국－CELAC 포럼 장관급 회담이 개최됐을 때, 시진핑은 개막식 연설에서 새로운 기회를 계기로 두 지역이 협력해 확고한 파트너십의 새로운 챕터를 써나가야 한다고 강조했다.[1] 같은 해 시진핑과 아르헨티나의 크리스티나 키르치너(Cristina Fernandez de Kirchner) 대통령은 다목적 전투기, 순찰함정 등의 무기판매를 포함하는 국방협력에 합의했다.[2] 부에노스아이레스에서 마르시(Mauricio Marci) 정부가 출범하면서 중국－아르헨티나 무기거래는 취소됐지만, 두 나라는 아르헨티나 내 위성추적 시설 건설, PLA 전략지원군의 군기지 운영에 합의했다. 또 베이징과 산티아고는 남극 킹조지 아일랜드(King George Island)에서 칠레 군사시설 공동사용에 합의했다.[3] 2019년 미국이 베네수엘라의 후안 과이도(Juan Guaido)를 지지했을 때, 시진핑 정부는 그것을 미국의 내정간섭으로 비난하면서 니콜라스 마두로(Nicolas Maduro)를 지지한다는 성명을 발표했다.[4]

공동의장으로 선출했다. "Mexico gives birth to the Community of Latinamerican and Caribbean States," (February 24, 2010), En.mercopress.com; "China's Ambitious Rail Projects Crash Into Harsh Realities in Latin America," Russia Today, (December 4, 2011), www.rt.com

1) "First Ministerial Meeting of China－CELAC Forum Grandly Opens in Beijing Xi Jinping Attends Opening Ceremony and Delivers Important Speech," (January 08, 2015), Ministry of Foreign Affairs of the People's Republic of China, www.fmprc.gov.cn

2) "China's Military Agreement with Argentina: A Potential New Phase in China－Latin America Defense Relations," US－China Economic and Security Review Commission, (May 11, 2015), uscc.gov

3) Ernesto Londono, "From a Space Station in Argentina, China Expands Its Reach in Latin America," The New York Times, (July 28, 2019)

4) "China, Russia side with Maduro as US backs Venezuela challenger," (January 26, 2019), AFP.com

02 정치, 사회현실

(1) 후진타오 시기 정치발전

대외관계 업무를 충실히 이행해 나가듯, 후진타오와 시진핑은 국내정치와 사회문제에서도 도약적 발전을 추구했다. 칭화대 공학도 출신으로 최연소 당 정치국 상무위원, 부주석을 역임하고 2002년 11월 제16차 공산당(CCP: Chinese Communist Party) 대회에서 총서기에 오른 후진타오는 '과학발전관'에 의거한 '사회주의 조화사회' 건설을 그의 임기 중 추진해야 할 가장 큰 임무로 간주했다. 그것은 중국이 사회주의 시장경제를 도입한 이후 경제가 발전하고 부가 축적되면서 더 많은 사회, 경제적 불평등과 부패가 생겨나는 현실을 시정해야 한다는 의무감에서 비롯된 발상이었다. 2004년 과학발전관 개념을 소개하면서, 그는 마르크스주의를 창조적으로 적용하는 과학적 사회주의 이론이 중국을 부의 분배가 이루어지고 부패가 근절되는 정의로운 조화사회로 인도할 것이라는 비전을 제시했다. 그는 또 부의 부작용이 해소되는 조화사회 속에서 인민들은 법치, 평등, 중국식 민주주의를 누릴 것이라고 덧붙였다.[1]

과학적 이론으로 무장한 후진타오 총서기, 원자바오 총리는 당, 정부, 사회의 모든 차원에서 개혁을 추진했다. 당, 정치개혁과 관련해 후진타오는 공산주의 이론에 따라 당이 모든 정치, 경제, 사회발전의 중심이 되어야 한다고 강조했다. 당 개혁은 여러 방향에서 추진됐는데, 당 기율 강화를 위해 사치, 허례허식 성격의 행사가 축소되고 당 원로들이 모여 논의하는 베이다허 회의가 금지됐다. 당내 민주주의 발전을 위해서는 과학적, 민주적 의사결정이 중시됐고, 후진타오는 당 정치국 회의에서 위원 모두가 평등하게 의사결정에 참여할 것을 독려했다. 정치국 회의 의사결정의 기준은 생활수준 증진, 사회평등과 정의, 사회통합을 포함해 인민의 이익 증대로 규정됐다. 원자바오 총리는 정부차원의 개혁을 지휘했다. 당의 지침에 발맞추어 원자바오는 정부 행동의 투명성, 정부개방 확대를 추진했다. 정부 회의내용이 공개됐고, 중앙으로부터 지방으로의 권한분산이 강조됐으며, 낙후된 지방문제 해소방안에 대한 더 많은 논의가 진행됐다. 전인대는 의제를 사전에 공개하고, 과거보다 더 많이 회의내용을 설명했으며, 기자회견을 확대해 제도적 투명성

---

1) John Tkacik, Joseph Fewsmith, and Maryanne Kivlehan, "Who's Hu? Assessing China's Heir Apparent, Hu Jintao," (April 19, 2002), http://heritage.org/Research/Lecture/Who's—Hu; Full text of Hu Jintao's Report at 18th Party Congress, People's Daily, (November 19, 2012)

강화를 시도했다. 당, 정부의 사회개혁은 소득불균형 및 빈부격차 해소, 부패, 물질주의, 속임수 척결 등을 겨냥했다. 인민 복지를 위해 주택보급과 건강보험이 확대됐다. 도시 근로자를 위해서는 최저임금이 시행됐고, 농민을 위해서는 농업세가 폐지됐으며, 해안과 내륙지방의 균형발전이 추진됐다. 정부는 그 광범위한 조치들이 인민 생활수준을 증진시키고 사회평등을 이루어 중산층이 잘사는 '소강사회', 정의로운 인민민주주의, 조화사회를 이루는 길이라고 재차 강조했다. 부패척결을 위해서는 권력기관인 당, 정, 군, 경찰, 법원의 권력남용에 대한 처벌이 진행됐다. 더 나아가 편안한 선진사회로 진입하기 위한 조치의 일환으로 여러 차원에서 사회통제에 대한 이완이 있었다. 소셜 네트워크 서비스(SNS: Social Network Service) 사용의 확대, 종교의 자유 확대, 인권증진 시도가 그런 범주에 속했다.[1]

후진타오 정부의 다양한 노력은 많은 성과를 거두었고, 중국인들은 그 정부의 노력을 긍정적으로 평가했다. 그 결과 놀랍게도 2011년 국민의 당, 정부 지지도는 최소 80%, 그리고 최대 95%에 달했다.[2] 물론 그것은 서방의 기준에서는 아직 많은 문제를 내포했고, 어느 면에서는 수용불가 수준이었다. 무엇보다도 민주주의에 대해 전혀 다른 기준을 가진 서방은 인민민주주의 개념에 동의할 수 없었고, 비록 중국의 국가로서의 정치적 권리를 인정한다 할지라도 CCP가 실제로 정치권력을 분산시켰다고 볼 수는 없었다. 당과 정부의 세부적 의사결정도 마찬가지였는데, 왜냐하면 국가 상층부의 모든 주요결정은 당에서 이루어졌기 때문이다. 국민의 정치, 사회적 권리 확대도 마찬가지였다. 통치자를 선출하는 선거는 최하위 단위에서만 이루어졌고, 모든 고위직은 당으로부터의 지침에 의해 선발됐으며, 전인대는 인민생활과 관련된 권한 확대에도 불구하고 주요사안에서는 아직 고무도장이었다. 언론, SNS, 종교의 자유, 인권의 보장 역시 서방과는 비교할 바 못됐다. 서방은 당의 정책, 체제불안을 유발하지 않는 한에서만 용인되는 자유의 개념에 동의하지 않았다. 구체적 차원에서도 그 개혁은 미진했다. 문화, 역사적 이유로 인해 아직도 상당한 정부, 사회부패가 존재했는데, 그것은 국제기준으로는 브라질, 인도 수준의 부패였다. 사회복지 증진 노력에도 불구하고 가장 많이 사용되는 국제적 기준인 지니계수(Gini Index)에 따르면 중국의 빈부격차는 남미수준에 남아 있었다. 시민자유의 확대는 필요시

1) China Under Hu Jintao, http://factsanddetails.com; Kerry Brown, "What did Hu Jintao and Wen Jiabao do for China?" http://www.bbc.com/news/world－asia－china－21669780; Dumbaugh, China－U.S. Relations, (Updated March 17, 2008), pp. 30, 32－33.
2) "A Point of View: Is China more legitimate than the West?" BBC News, (November 2, 2012)

에는 언제나 정부가 회수할 수 있는 것으로 아직 제도화되지 않았다. 그러나 후진타오 정부와 중국인들은 서방의 비난, 비판에 연연해하지 않았다.[1]

(2) 시진핑의 리더십

시진핑 역시 국내정치와 사회문제에 관한 인식에서 후진타오와 크게 다르지 않았다. 그는 중국식 사회주의가 더 발전하기를 원하는데, 그의 가장 큰 소망은 경제, 군사력 발전, 국제적 영향력 확대를 통해 중국민족이 과거 중화제국(Middle Kingdom)의 영광을 되찾는 '중국몽'이었다.[2] 그러나 중국을 더 강한 국가, 더 번영하는 국가로 만드는 그의 방식은 후진타오, 또는 그 이전의 중국 리더들과 많이 달랐는데, 그것은 시진핑이 총서기 개인을 중심으로 당의 제도적 권력을 강화시키고, 국내에서 자유주의 확산을 막고 중국인 민족의식을 고취시키기 위해 (검열강화, 인권탄압을 포함하는) 강압적 방법을 더 많이 동원하는 것이었다. 그의 부패척결 시도 역시 전례가 없을 정도로 강력했다. 외국의 관찰자

<hr>

[1] '19세기의 치욕'을 기억하는 중국인들에게 서방의 잣대는 서방의 것일 뿐이며, 중국은 러시아, 중동, 중앙아시아, 북아프리카 이슬람 국가, 중남미와 아프리카 국가들을 포함하는 어느 반서방 국가들과 마찬가지로 자기들의 정치적 미래를 스스로 결정할 권한이 있다고 생각할 뿐이었다. 그들은 푸틴이 지적했듯이 중국이 문제가 많으면 미국 역시 많은 문제를 갖고 있는 것으로 이해했다.

[2] 조지 워싱턴 대학의 널리 알려진 중국 전문가 데이비드 샴보우는 다음과 같이 말했다. 중국은 과거 중화제국의 영광을 되찾고 국제적 영향력을 확대시키기 위해 경제, 군사력을 넘어 해외에 중국의 소프트파워를 확산시키는 정책을 시행한다. 후진타오 정부가 2007년 급격하게 대외선전을 시작한 이후, 2011년 제17차 CCP 중앙위원회는 베이징의 목표는 중국을 '사회주의 문화 수퍼파워'로 만드는 것이라고 선언했다. 더 나아가 2014년 시진핑은 중국은 "소프트파워를 증대시키고 세계에 더 좋은 중국 이야기를 들려줘야 한다"고 강조했다. '국가위원회 정보국'(SCIO: State Council Information Office)은 전시회, 출판물, 해외 '중국의 해' 페스티벌을 포함해 중국의 모든 대내외 홍보활동의 지침을 전달한다. 베이징은 해외로의 소프트파워 확대를 위해 다양한 수단을 동원한다. 3천명 기자 중 400명이 170개 해외지국에 주둔하면서 AP(Associated Press), CNN, BBC, 로이터, 블룸버그 등 서방 미디어와 경쟁하는 신화통신, CCTV International, China Radio International은 중국의 경제발전, 미술, 음악, 영화를 포함하는 모든 긍정적 측면을 세계에 알린다. 2015년 현재 미 국무성이 공공외교에 6.6억 달러를 지출하는 반면, 중국은 연 100억 달러를 사용한다. 120개국 475개 센터에 설치돼 있는 중국의 공자학원은 중국어와 중국문화를 전파하는 목적을 띤다. 공산주의 국가인 중국이 봉건시대 이념인 유교를 강조하는 것은 마르크스 이념 차원에서는 완전한 모순이지만, 베이징이 근래 새롭게 유교사상을 거론하는 이유는 (유교왕정과 CCP 형태) 위계질서 내에서 자비로운 국정운영을 강조하기 위한 목적을 띤다. 30만 명에 이르는 외국 유학생을 받아들이고 그들 중 2만 명에게 매년 장학금을 지급하는 이유는 그들을 중국 사회주의 사상으로 세뇌시키기 위한 것이다. 외국인사, 기관 초청, 군부 및 외교부 싱크탱크 교류를 포함해 모든 정부 연계 프로그램 역시 마찬가지 목적을 띠고, 특히 베이징은 친중국이 아닌 외국 언론인 학자들에게는 블랙리스트를 만들어 비자를 거부한다. David Shambaugh, "China's Soft−Power Push (The Search for Respect)," Foreign Affairs, Vol. 94, No. 4 (July/August 2015), pp. 99−107.

들은 시진핑의 시대에 중국이 덩샤오핑 이후 줄곧 추진하던 당내 민주화, 집단지도체제, 부분적 사회통제 이완보다는 중국식 권위주의, 독재를 지향하는 것으로 판단했다.[1]

2012년 11월 15일 제18차 당 대회(party congress)에서 시진핑은 당 총서기와 당 중앙군사위원회 주석으로, 그리고 2013년 3월에는 전국인민대표대회(전인대)에서 국가주석으로 선출되어 명실상부한 중국 최고 리더가 됐다. 제4세대 정치 리더인 후진타오에 이어 제5세대 리더로 간주되는 시진핑은 (마오쩌둥의 동지이며 부총리였던 그의 부친 시중쉰(Xi Zhongxun)이 문화혁명 당시 숙청당하면서) 1969년 샨시(Shaanxi)성으로 보내져 그곳 인민공사에서 6년간 농장근로자로 일했다.[2] 그는 1974년에는 CCP에 가입했고, 1975년 이후에는 칭화대에서 화학공학을 전공했으며, 졸업 후 1979년부터 베이징에서 부총리 겸 국방부장 경뱌오(Geng Biao)의 비서로 3년 간 재직했다. 또 1982년에는 허베이(Hebei)성 부당서기로 임명됐고, 1985~1995년 기간 푸젠(Fujian)성 샤먼(Xiamen)시 당 위원, 부시장,

_근로자 시절 시진핑

부 당서기로 승진했다. 1999~2002년 그는 푸젠성 성장 대행으로 일하면서 환경보호, 대만과의 협력에 많은 관심을 가졌고, 2003~2007년 저장(Jhejiang)성 당서기, 그리고 2007년 10월~2012년 3월 기간 CCP 당 정치국 9인 상무위원 중 한 명으로 활동했다. 2008~2013년 그는 국가 부주석이었고, 2010~2012년 기간 당 중앙군사위원회 부주석이었다.[3]

---

1) 외국에서는 중국에서 그동안 지켜져 오던 당의 집단지도체제 대신 마오쩌둥 시대와 비슷한 개인독재 시대가 열리는 것으로 보았다. 시진핑의 유년기, 개인적 특수성, 공산주의에 대한 굳은 신념, 그리고 집권 이후 반부패 사정을 포함하는 다양한 정책양상에 관해 Richard McGregor, "Party Man (Xi Jinping's Quest to Dominate China)," Foreign Affairs, Vol. 98, No. 5 (September/October 2019), pp. 18–25를 참조할 것

2) 그 때 그는 현지 농민들과 특별히 좋은 관계를 유지했는데, 그것은 시진핑이 공산당 위계질서 속에서 부상하는데 큰 도움이 됐다.

3) 푸젠성에 거주하는 동안 시진핑은 가수 펑리안(Peng Liyua)과 결혼했고, 저장성에 근무하는 동안에는 그 지역의 유지가능 발전을 위해 산업 인프라 재구조화에 많은 노력을 기울였다. 2007년 초 이후에는 잠시 상하이시의 시 당서기 임무를 수행했는데, 그때 그는 그 도시의 재정 이미지 회복을 중시했다. 그는 개혁 성향의 부친과는 대조적으로 신중하고 당 노선을 따르는 것으로 알려져 있다. Xi Jinping/ Biography & Facts/Britannica.com, https://www.britannica.com〉 biography

당 총서기로 등장하면서 시진핑은 어느 리더나 그렇듯 많은 사안에 관해 정치인으로서의 견해를 밝혔다. 그는 경제개혁, 사법개혁, 군사력 강화, 대외관계에 관한 그의 소신에 관해 말했고, 일반인들의 소망에 관해서 그들은 더 나은 교육, 수입, 의료혜택, 사회안전을 포함해 더 나은 생활조건을 원하는 소박한 꿈을 갖고 있다는 의견을 피력했다. 그는 특히 중국 내에 만연한 부패척결에 대한 강력한 의지를 표명했다. 그는 부패가 당의 생존을 위협한다고 말하면서 그 제거의 중요성을 강조했다. 제18차 당 대회 당시 이임연설에서 후진타오 역시 부패가 가져올 당과 사회에 대한 파괴적 영향을 거론한 바 있었다.[1]

1) 중국몽

시진핑의 국정운영 구상 중에서 가장 대표적인 용어는 '중국몽'으로, 그것은 그의 국가관, 미래비전을 대표하는 상징적 어구(signature phrase)가 됐다. 그는 총서기 취임 이후 그 개념을 여러 번 사용했는데, 그것은 시진핑 리더십 치하 정치 이데올로기 구현을 위해 광범위하게 사용됐다.[2] 그는 어느 공식석상에서 중국의 꿈과 미국의 꿈이 어떻게 다른지를 설명했다. 그때 그는 '중국의 꿈'은 미국의 꿈과 달리 개인의 번영이 아닌 국가의 번영과 영광을 위한 것이고, 중국은 다른 나라의 재능을 활용하는 것이 아니라 그 꿈을 스스로 실현해야 하며, 또 중국의 꿈은 짧은 기간이 아닌 깊은 역사를 갖고 있다고 강조했다. 시진핑은 청년들은 "꿈을 꾸고, 그 꿈을 이루기 위해 열심히 일하고 민족의 부활을 위해 공헌"해야 한다고 덧붙였다.[3]

중국 국영 미디어는 시진핑의 중국몽을 극찬했고, 그 용어는 언론에 수없이 등장했

---

1) "Full text: China's new party chief Xi Jinping's speech," BBC, (November 15, 2012)

2) 프린스턴 대학의 페리 링크 교수는 중국몽과 관련해 다음과 같이 분석했다. 시진핑의 중국몽은 중국이 지난 수천 년간 누려온 정치, 경제적 중심위상, 그리고 세계에서 존경받던 유교적 도덕, 정치 모델 문명으로서의 지위에 대한 향수를 반영한다. 그런 역사, 문화적 맥락에서 중국몽은 부, 국가적 자존심, 그리고 유교적 위계질서 형태로 통치하는 CCP 권위에 대한 복종을 강조한다. 미디어와 학교에서는 CCP 사랑을 애국심과 동일시한다. 민주주의, 인권, 근대화 같은 개념들에는 중국식이라는 수식어가 붙는데, 그것은 중국식 특색을 가진 것으로 각색된다. 그 모든 것은 중국의 세계 중심으로의 복귀 희망을 의미한다. Perry Link, "What It Means to Be Chinese (Nationalism and Identity in Xi's China)," Foreign Affairs, Vol. 94, No. 3 (May/June 2015), pp. 27−28.

3) Yuzhi Shi, "Seven ways to distinguish Chinese Dream from the American Dream," Central Committee of the Communist Party of China, (May 20, 2013); Yang Yi, "Youth urged to contribute to realization of Chinese Dream," Xinhuanet English.news.cn, (May 4, 2013)

다. '중국몽'은 실제로 무엇을 의미하는가? 2013년 3월 전인대 연설에서 시진핑은 "우리는 끈질기게 노력하고, 불굴의 의지를 갖고 밀고 나가야 하며, 중국식 사회주의의 위대한 가치를 계속 밀어붙여야 하고, 중국민족의 위대한 부흥의 꿈을 달성하도록 열망해야 한다"고 말했다. 그는 중국의 길을 실현하기 위해 중국의 정신을 펼쳐야 하는데, 그것은 민족의 기상을 애국심, 그리고 시대정신을 개혁, 혁신과 합쳐야 한다고 덧붙였다. 시진핑은 어떻게 그 꿈을 실현할 지에 대해서는 구체적으로 설명하지 않았지만, 많은 사람들은 그 것이 중국을 세계의 지배적 파워로 만드는 것이라고 생각했다. '중국몽'은 큰 호소력을 가졌는데, 그것은 오히려 그 용어가 거의 모든 것을 뜻하도록 느슨하게 정의됐기 때문이었을 것이다. 어느 학생은 그것은 열심히 공부하는 것이라고 말했고, 다른 사람은 그것은 국가를 위해 일하는 것으로, 그 개념의 핵심은 모두 동일하다고 말했다. 그러나 그 꿈은 법치, 사법부 독립, 다당제 민주주의라는 자유주의적 가치를 담고 있지 않았다.[1]

(3) 정치권력 공고화

시진핑은 처음부터 총서기를 중심으로 하는 권력집중을 신속하게 추진했다. 정치 리더로서 시진핑의 당과 정부에 대한 장악력은 후진타오 시대에 비해 훨씬 더 커졌다. 그는 더 이상 덩샤오핑 이래 시행되던 집단지도체제에 구속받지 않는 것으로 보였다. CCP의

---

1) What does Xi Jinping's China Dream mean? — BBC News, (June 6, 2013), https://www.bbc.com〉 news〉 worl...; Malcolm Moore, "Xi Jinping calls for a Chinese dream," (March 17, 2013) www.telegraph.co.uk; 중국 전문가 엘리자베스 이코노미는 시진핑 시대의 중국이 어떻게 국내외에서 반자유주의, 반서방 성향으로 흐르는지, 또 미국이 그에 대해 어떻게 강경하게 대응해야 하는지에 관해 다음과 같은 의견을 제시했다. 시진핑의 처음 5년 집권기 중국의 국내외 실적은 양호했다. 시진핑은 국내부패를 성공적으로 처벌했고, 공기오염을 크게 개선시켰으며, 남중국해와 홍콩자치와 관련해 베이징의 입장을 관철시켰고, BRI를 포함해 중국 경제를 계속 발전시켰다. 그러나 그의 야망은 근본적으로 더 원대하다. 국내에서는 IT 기술과 사회신용(social credit) 시스템을 활용해 국내통치를 더 강화하고 경제적으로는 국유기업에 경제발전의 선도적 역할을 부여한다. 대외적으로는, 해외로부터의 영향력 침투를 제한하기 위한 다양한 사회, 경제조치를 취하고, 더 나아가 BRI를 토대로 외국과의 IT 사업 및 군사협력을 강화한다. 시진핑의 모든 행위는 국내에서 독재를 강화하고 해외로는 중국의 반자유주의 정치, 경제 거버넌스 모델을 수출하는데, 미국은 자유주의 국제질서가 침해되지 않고 자유민주주의 가치가 잠식되지 않도록 모든 외교, 군사, 경제, 사회문화적 방법을 동원해 반격해야 한다. 인도-태평양 파트너십 강화, 중국의 지적재산권 침해와 불공정 무역에 대한 규제, 동, 남중국해 항해의 자유 작전과 대만지원, TPP 논의 재개, BRI와의 경쟁을 위한 개도국과의 스마트 도시(smart city) 공동계획, 지구적 민주주의 확산을 위한 비정부기구 지원, 그리고 국내에서의 과학, 기술에 대한 추가 투자가 그런 것들이다. 미국은 상호주의(reciprocity) 개념에 입각해 중국이 하는 그대로 동일하게 돌려주어야 한다. Elizabeth C. Economy, "China's New Revolution," Foreign Affairs, Vol. 97, No. 3 (May/June 2018), pp. 60-74.

모든 실질업무를 총괄하는 당 정치국 상무위원회 위원 수가 9명에서 7명으로 축소되는 가운데, 시진핑과 그의 직계 리커창 만이 유임되고 나머지는 모두 새로운 인사로 채워졌다. 시진핑은 본인이 수장으로 지휘하는 4개의 새로운 '영도소조'(Leading Group)와 국가안보위원회(National Security Commission)를 창설했는데, 그 기구들은 당내에서 그가 중심이 되어 작동하는 실무위원회 성격을 띠었다. 정부기관과의 관계에서는 그 소조들은 관료부서에 총서기의 의지를 더 확실하게 전달하고 그 시행을 감시하는 역할을 했다. 그중에서 가장 중추적 역할은 '전면심화개혁 중앙 영도소조'(Central Leading Group for Comprehensively Deepening Reforms, 2013－2018)가 담당했는데, 그 기구는 (총리가 주도하는 국가위원회 기능을 일부 흡수하면서) 정치, 경제, 사회를 포괄하는 국가차원 개혁상황 전체를 관할했다. 경제와 관련해서 그 소조는 현재의 경제 상태와 새로운 정책방향에 관한 거시적 틀을 제시, 논의했고, 사회개혁 차원에서 인권 탄압 사례의 하나로 비난받던 노동교화 체계를 폐지했다. 한 가구 한 자녀 정책도 폐지되고 2016년 1월부로 두 자녀 정책이 시행됐다. '재정 및 경제문제 영도소조'(Leading Group for Financial and Economic Affairs, 2013~2018)는 경제와 관련한 구체적 문제를 담당했다. 그 그룹은 시장경제로의 진전, 더 자율적인 외국 및 국내기업의 경제활동 보장, 그리고 경쟁력 증진 목적으로 국유기업 재구조화를 선언했다.[1]

_전면심화개혁 중앙 영도소조

'인터넷 안보 및 정보 영도소조'(Leading Group for Internet Security and Information)는 서방과의 정보경쟁에 뒤지지 않고 동시에 국내에서 SNS를 통한 자유주의 확산을 방지할 목적으로 사이버 안보에 관한 모든 활동을 통제했다. 그 기구는 인터넷 주권이라는 대의명분을 내세워 시민사회 활동을 감시하고 인터넷 검열을 강화했다.[2] '국방 및 군사 개혁 영도소조'(Leading Group for Defense and Military Reform)는 PLA를 더 강하고 효율

---

1) Arthur R. Kroeber, "Xi Jinping's Ambitious Agenda for Economic Reform in China," Brookings Institution, (November 17, 2013); "Top legislature amends law to allow all couples to have two children," Xinhua News Agency, (December 27, 2015)

2) 인터넷 주권은 각국이 그 국내 인터넷 영역을 통제할 권리를 가진다는 생각이다. 그 개념은 2010년 '중국 내 인터넷'이라는 2010년 백서에서 처음 제기된 생각을 새롭게 조명, 부활시킨 것으로, 중국 영토 내에서 활동하는 모든 사람과 조직은 중국의 법률과 규정을 따라야 한다는 내용이다. Shannon Tiezzi, "China's Sovereign Internet," The Diplomat (June 24, 2014); Peter Ford, "On Internet freedoms, China tells the world, 'leave us alone'," The Christian Science Monitor, (December 18, 2015)

적인 군대로 발전시키고 당의 군 통수권을 강화할 목적으로 창설됐다. 2014년 창설된 그 그룹은 대부분의 공산주의에서 혁명군(revolutionary army)의 이름으로 용인되는 군부의 특혜를 규제하고, 부정부패, 태만을 척결하며, 합리적인 국방비 사용, 무기획득의 효율성, 그리고 신속한 전력증강을 지향했다. 세계적 강군을 추구하면서 시진핑은 PLA를 더 확실하게 당의 의지대로 통제하기를 원했다. 그해 그는 당의 군에 대한 통제권을 강조했고, 2016년에는 새로이 창설된 '합동작전 지휘센터'의 최고사령관으로 취임했다. 그것은 실제 전쟁 시 그가 군사전략, 전술 차원에서 병력의 이동을 포함해 군대를 지휘한다는 것으로, 그 조치는 시진핑이 군사행정뿐 아니라 실제 세세한 군사작전에 대한 통제권을 확보했음을 의미했다. 2013년 창설된 국가안보위원회(National Security Commission)는 대내외의 모든 안보 관련 주요사안을 책임지도록 규정됐다. 그로써 시진핑은 외교, 국방뿐 아니라 국내정치, 법률문제, 그리고 국내 담당 부서가 처리하는 대중시위와 같은 세세한 국내문제까지 대내안보의 명목으로 통제하게 됐다. 한편, 시진핑은 2018년 영도소조 체제를 일부 개편했다. '재정 및 경제문제 영도소조' 임무는 '중앙 재정 및 경제문제 위원회'로 이관됐고, '대외관계 영도소조(2012~2018)'와 '인터넷 안보 및 정보 영도소조' 임무는 각각 '중앙 대외관계위원회'와 '중앙 인터넷 위원회'에 맡겨졌다. '전면심화개혁 영도소조'는 '전면심화개혁 위원회'로 재조직됐다.[1]

2016년 10월 시진핑은 CCP로부터 과거 마오쩌둥, 덩샤오핑, 장쩌민이 획득한 '핵심 리더'(core leader)라는 칭호를 받았고, 그것은 그의 정치적 위상을 한층 더 높였다. 더 나아가 (중국식 사회주의에 관한) 시진핑 사상은 2017년 10월 제19차 당 대회에서 당 헌장에 새겨졌는데, 그것은 과거 마오쩌둥 한 사람에게만 주어진 영광이었다. 2018년 3월 전인대(NPC: National People's Congress)는 시진핑 사상을 헌법에 색인하기로 결정했고, 동시에 그의 두 번째 주석직 임명을 승인하면서 주석과 부주석 임기를 폐지하는 결정을 내렸다. 그 전인대 회기에 시진핑은 그의 지지자들을 당과 정부 최고지위에 오르게 함으로써 파워를 더 공고히 했다. 반부패 작업 책임자이고 시진핑의 오랜 측근인 왕치산은 부주석으로 임명됐고, 리커창은 두 번째 총리 임기를 보장받았다. 리잔수(Li Zhanshu)는 전인대

1) Chris Buckley and Steven Lee Myers, "Xi Jinping Presses Military Overhaul, and Two Generals Disappear," (October 11, 2017), www.nytimes.com; Lewis Kayleigh, "Chinese President Xi Jinping named as military's 'commander-in-chief,'" (April 23, 2016), www.independent.co.uk; 신화통신은 시진핑이 언론과 함께 인민해방군의 연합전투사령부를 방문하고 병사들에게 절대적으로 충성하고 용맹하며 전쟁에서 승리할 수 있어야 한다고 말했다. Desiree Sison, "President Xi jinping is new Commander-in-Chief of the Military," (April 22, 2016), www.chinatopix.com

의장이 되어 중국의 지속적 법적 개혁을 추구하도록 임무가 주
어졌고, 시진핑의 핵심 경제자문인 류허(Liu He)는 리커창 아래
4명의 부총리 중 하나로 승격했다. 쉬치량(Xu Qiliang)과 장여
우샤(Zhang Youxia)는 당 중앙군사위원회 부주석으로 선출됐
다. 그동안 당 총서기, 중앙군사위원회 주석은 임기제한이 없
었는데, 국가 주석직 임기제한이 폐지되면서 이제 시진핑 주석

_왕치산과 시진핑

이 두 번째 임기가 종료되는 2023년을 넘어 더 오래 집권하는
데 있어서의 제도적 장애는 모두 사라졌다. 그는 마오쩌둥 이후 가장 강력한 중국 리더로
인식됐다. 2019년 12월 당 정치국은 시진핑에게 공식적으로 '인민영수'(People's Leader)
라는 호칭을 부여했는데, 그것 역시 마오쩌둥에게만 주어진 명칭이었다.[1]

　흥미로운 것은 시진핑 개인의 파워가 증가하면서 그를 중심으로 작동하는 당의 파
워 역시 강화된 것이다. 얼핏보면 시진핑의 권력만 커지고 당은 과거 그대로일 것으로
보이지만, 실제에서는 정부 관료제와 시민사회를 대상으로 활동하는 당 자체의 파워 역
시 증가했다. 시진핑이 각각의 개혁에서 지휘하던 당의 사이버안보, 재정 및 경제문제,
그리고 대외정책 관련 4개 '영도소조'는 더 큰 권위를 가진 위원회로 상향조정되고, 그것
은 핵심 이슈에 대한 당의 리더십을 제도적으로 더 강화시켰다. 오늘날 당은 예전보다
더 많은 정부기관을 직접 통제한다. 당의 통일전선부(United Front Work Department)는
정부의 종교 및 해외 중국교민 업무를 감독하고, 당 중앙조직부(Central Organization
Department)는 정부 관료제를 더 철저히 통제하며, 당 중앙위원회의 중앙선전부(Central
Publicity Department)는 CCTV(China Central TV), CNR(China National Radio), CRI(China
Radio International)를 통합한 '중국의 소리'(Voice of China)라 불리는 거대한 방송을 통
제한다.[2]

1) Xi Jinping/Biography & Facts/Britannica.com, https://www.britannica.com〉 biography
2) 그 회기에 전인대는 증가하는 재정부정을 막기 위해 금융 및 보험 감독기구들을 '금융 및 보험규제위원
　회'(China Banking and Insurance Regulatory Commission) 하나의 기구로 통합시키고, 그 파워를
　약화시켰다. 실제 금융 및 증권 관련 규제 틀을 설정하는 임무는 친 시장주의자인 이강(Yi Gang)이 대
　표하는 중앙은행으로 이관됐다. Dandan Wan, "President Xi cements control," infor@eu-
　asiacentre.eu, EU-ASIA Centre, (March 29, 2018)

(4) 정치, 사회개혁

1) 부패척결

중국식 사회주의의 성공과 번영, 그리고 중국의 미래를 위해 시진핑이 중시했던 가장 큰 관심사 중 하나는 부패척결이었다. 그 이유는 중국사회의 가장 심각한 문제는 소득 불균형에 따른 빈부격차와 더불어 부패증가가 가장 큰 문제였기 때문이다. 시진핑은 제18차 당 대회 연설에서 부패척결에 관해 단호하게 서약했고, 그를 뒷받침하기 위해 총리 리커창(Li Keqiang)은 당 및 정부관료 부패 및 낭비제거의 구체적 방안과 관련해 한 시간 이상 설명했다.[1]

부패척결은 제18차 당 대회 직후 시작됐다. 그것은 중국 공산주의 통치 역사상 가장 큰 규모의 반부패 척결시도였다. 총서기로 등장하자마자 시진핑은 '호랑이와 파리' 모두를 일망타진할 것이라고 서약했는데, 그것은 중앙과 지방의 고위직이나 하위직 관료나 잘못을 저지른 자는 모두 처벌한다는 뜻이었다. 시진핑의 사정의지를 시행할 신임 기율서기로 왕치산(Wang Qishan)이 선정됐고, 그는 중앙에서 파견되는 사찰팀 '중앙순시조'를 결성해 전국을 대상으로 엄격한 감사, 사찰활동을 벌였다. 그 결과 처음 2년여 간 몇몇 유명한 당 관리, 1백 명 이상의 성장, 장관급 인사, 20명 이상의 고위직 군사관리, 상당수 국유기업 고위직, 그리고 20만 명 이상의 일반직 관리들이 처벌받았다. 고위직은 그 책임에 비추어 더 가중 처벌돼 수감됐고, 하위직 관리들은 부패 정도에 따라 강등, 경고, 벌금, 해임, 수감 등 다양하게 처리됐다. 가장 널리 알려진 사건은 전 당 정치국 상무위

_저우융캉

원이며 중앙 정치, 법률위원회 서기인 저우융캉(Zhou Yongkang)과 관련된 것이었는데, 그는 2014년 7월 뇌물, 권력남용, 국가기밀 유출 등의 혐의로 당에서 축출되고 무기징역형을 선고받았다. 후진타오의 수석보좌역 링지화(Ling Jihua)와 쑨정차이(Sun Zhengcai)는 당 기율위반, 상업이익 절취, 뇌물 등 혐의로 당에서 축출되고 무기징역에 처해졌다.[2] 전 중앙군사위원회 부주석

---

1) 리커창은 부패금지는 각 개인으로부터 출발해야 하고, 공직자는 재산축적에 관심을 가지면 안 된다고 강조했다. 그는 불필요한 비용낭비와 해외여행을 줄이고, 건설사업을 통해 부정자산을 취득하는 관행을 반드시 없앨 것이라고 말했다.

2) 링지화는 인민정치협상회의 부의장, 당 통일전선부장(Head of the United Front Work Department)

으로 재직한 궈보슝(Guo Boxiong)은 뇌물수수로 장군직 박탈, 당으로부터의 축출 후 무기징역에 처해졌고, 마찬가지로 전 중앙군사위원회 부주석으로 활동한 쉬차이허우(Xu Caihou)는 장군직 박탈 후 선고가 내려지기 전 사망했다. 2017년 말까지 처벌받은 총 인원은 1백만 명 이상이었는데, 그것은 마오쩌둥 이후 최대의 사정, 부패처벌로 기록됐다. 그 부패 캠페인은 당, 정부를 포함해 중국 내 모든 부패를 척결하고 새 출발을 기약한다는 의미를 띠었다. 그것은 중국몽과 더불어 시진핑 정치의 또 다른 상징적 양상이 됐는데, 전문가들은 부패척결 작업이 시진핑의 권력 공고화를 도왔다고 말했다.[1]

2) 사법개혁

2014년 10월 제18차 당대회 제4차 전원회의(plenum)에서 당 중앙위원회는 중국이 공정한 법질서를 유지하고 법치에 기반해 작동하는 선진 '의법치국'(law-based governance)으로 전진하기 위해서는 사법체계 개선이 필요하다는 성명을 발표했다. 시진핑 치하에서, 당은 중국식 사회주의와 함께 '법에 의한 통치'를 국정운영 전략의 주춧돌로 삼았다. 정치-법 작동에서 당의 절대적 리더십과 '중국식 사회주의' 헌법질서의 중요성을 강조하면서, 당은 국가 법제도가 더 많은 책임을 지고 시민들의 복잡한 일상생활 문제를 공정하고 전문적, 효율적으로 처리하기를 원했다. 그 맥락에서 헌법해석에 관한 전인대의 역할강화, 법적 절차의 투명성, 법조인력 전문화 촉구가 있었다. 사법개혁은 부분적으로 부패척결과도 관련되어 있었는데, 왜냐하면 많은 정치, 재정수단을 가진 행정부가 사법부와의 유착을 통하거나 또는 압력을 가해 불공정 재판, 사법관련 부패가 계속 발생하는 것으로 알려졌기 때문이다. 법조 비리현상은 전국에서 목격됐지만, 중앙정부는 일반시민들에게 가장 큰 영향을 미치는 지방 기초단위(local) 레벨에서 그 오류를 시정하려 시도했다. 그 일환으로 베이징 당국은 성(province) 정부가 기초단위 현지법원의 예산 및 인사권을 갖도록 제도를 개편했다. 그것은 외형적으로는 중앙집권화로 보일 수 있지만 원래 취지는

을 지냈고, 쉬차이허우는 당서기, 충칭시 당서기로 재직했다.

1) 장시성, 간수성 당 서기를 지낸 쑤룽(Su Rong)은 권력남용, 매관매직, 1천 7백만 달러 부정축재로 당에서 축출되고 무기징역형을 받았다. 2014년 6월 현재 산시(Shanxi)성은 성 최고위직 4명이 모두 해임, 구속되면서 당 기구를 새로 조직해야 할 처지에 이르렀다. Andrew Jacobs, "Elite in China Face Austerity Under Xi's Rule," The New York Times, (March 27, 2013); China's anti-corruption drive also powerful political tool for President Xi.-The..., (October 22, 2018), https://www.washingtonpost.com〉 ...

현지정부의 권력남용, 부패를 막고, 시민의 이익과 권리를 보장하는 공정한 사법행정 증진의 목적을 띠었다.[1] 대법원은 당의 사법개혁 리더십을 따랐다. 2015년 대법원은 전국의 판사들에게 당과 행정부서의 간섭을 모두 기록해 두라고 지시했다. 사법부는 피고인 권리증진을 위해 재판 전 구속수사를 줄이고 과도한 기소로 인한 피해자를 줄이기 위해 더 많은 재심판결을 실시했다. 또 순회 법률재판소를 제도화했다. 그러나 중앙정부의 파워는 계속 사법부 권한 밖에 위치했고, 2017년 1월 대법원장 저우치앙(Zhou Chiang)은 공개적으로 서구식 사법부 독립의 개념에 반대한다는 입장을 밝혔다.[2] 결과적으로 시진핑 치하의 사법개혁은 두 가지로 해석될 수 있을 것이다. 중앙 당국은 그것을 중국식 사회주의 헌법에 따른 엄격한 법집행으로 볼 것이고, 반면 국내외의 자유주의자들은 그것을 당이 대다수 인민을 점차 더 정교해지는 법과 법적제도의 보호를 받게 하는 한편 당ー국가에 대한 위험으로 간주되는 것들은 법 테두리 밖에서 처리하는 이중적 국가 법체계 운영으로 볼 것이다.[3]

(5) 사회통제 강화

1) 사회안정화 입법

2014년 10월 제18차 당대회 제4차 전원회의(plenum) 이후 전인대는 수년에 걸쳐 많은 법률을 통과시켰는데, 그 중 일부는 국가안보의 이름으로 당ー국가체제와 정부의 사회통제를 강화하는 내용이었다. 2015년 7월 통과된 국가보안법은 당국은 문화질서를 파괴하는 행동을 규제하고, 국내 종교에 간섭하는 외국의 영향을 배제하며, 인종갈등을 유발하는 행위를 처벌할 권리를 갖는다고 규정했다.[4] 비판가들은 그 법에 포함된 포괄적 범위의 용어가 인권탄압에 이용될 것을 우려했다. 2015년 12월에는 새로운 대테러법이 통과됐다. 그 법의 제3조는 테러리즘은 사회공포를 조장하거나 공공안전을 위험에 빠뜨

---

1) Jerome Doyon and Hugo Winckler, "The Fourth Plenum, Party Officials and Local Courts," China Brief, Vol. 14, No. 22, (November 20, 2014), p. 54.
2) Thomas Lum, Human Rights in China and U.S. Policy: Issues for the 115th Congress, CRS Report 7-5700, R44897, (July 17, 2017), p. 21.
3) Jamie P. Horsley, "Party leadership and rule of law in the Xi Jining era," Brookings Institution, (September 30, 2019)
4) 국가보안법 제25조는 인터넷 안보를 위해 네트워크 공격, 사이버 절도, 그리고 유해하거나 불법정보의 전파를 금지한다고 말했다.

리고, 인명과 재산을 침해하는 말, 제안, 행동을 뜻한다고 규정했다. 제19조는 미디어의 테러사건 보도를 제한하고 테러나 급진주의 내용을 담은 정보를 전파할 수 없도록 규정했다. 그 법은 특히 위구르 무슬림에게 불리하게 적용될 수 있었다. 2016년 11월에는 사이버안보법이 제정됐다. 그 법은 온라인상에서 국가안보, 국가적 명예와 이익에 대한 위해, 국가존엄성 및 사회체제의 전복, 분리주의, 테러리즘과 극단주의 옹호, 가짜정보 전파를 통한 경제 및 사회질서 파괴를 금지한다고 규정했다. 그 법 역시 정부가 당국에 유리하게 해석해 적용하고 표현의 자유를 억압할 가능성이 있었다. 2017년 1월에는 '해외 비정부기구'(Overseas NGO)법이 발효됐다. 그 법 제47조는 NGO가 국가안보를 위험하게 하거나 국가이익을 해치는 행위를 할 수 없고, 동시에 정치나 종교활동에 개입할 수 없다고 규정했다. 그 법은 또 NGO 등록시 민간 관료부서가 아닌 공안부의 심사를 받고 NGO를 재정지원하고 감독할 정부 부처를 선정하도록 강제했다. 그로 인해 일부 외국 NGO들은 활동을 중단했고, 국내 NGO들은 외국자금 수혜를 포기했다.[1]

2) 자유주의 반체제 억압

시진핑은 자유주의 확산 움직임을 극도로 경계했고, 그에 대한 진압은 그의 임기 첫해에 시작됐다. 2013년 5월 시진핑은 당내에 '제9호 문서'(Document No. 9)를 회람시켰다. 그것은 자유주의 확산방지를 지시하는 문서로서, 그 주요내용은 사회 내에서 보편적 가치, 입헌민주주의, 시민사회, 시민의 권리, 언론의 자유, 독립적 사법부, CCP 비판의 7개 사항이 공개 논의되지 말아야 한다는 것이었다. 그는 당 간부들에게 자유민주주의, 권력의 분산, 다당제, 보통선거의 4대 원칙과 같은 서구개념의 확산을 경계해야 한다고 주지시켰다. 그에 발맞춰 교육과정에서는 서방식 개념이 배제됐으며, 사회 구석구석에서는 CCP 통치와 중국식 사회주의 정치발전의 정당성이 더 강조됐다. 시진핑은 특히 당과 정부정책을 비판하는 독립적 언론에 적대적이었고, 그의 총서기 취임 이후 신문, 잡지, '소셜 네트워크 서비스'(SNS: Social Network Service)에 대한 검열이 전례 없이 강화됐다.[2] 동시에 중국 내에서 반체제 일망타진과 시민사회에 대한 강도 높은 억압이 시작됐다. 수많은 인권변호사, 언론인, 블로거, 소수민족 옹호자, 반체제 인사들이 감시, 체포됐다. 가

---

1) Lum, <u>Human Rights in China</u>, (July 17, 2017), pp. 16-18.
2) 시진핑 이전에 인터넷은 시민들 간에 활발히 사용됐지만, 오늘날 중국은 세계에서 가장 정교한 온라인 검열체계를 유지한다. Elizabeth Economy, "The great firewall of China: Xi Jinping's internet shutdown," The Guardian, (June 29, 2018)

장 유명한 사건은 2015년 7월 9일의 '7-09' 사건이었다. 그때 정부는 250명 이상의 인권변호사와 운동가들을 구금, 가택연금 등의 다양한 방법으로 억압했고, 몇몇은 심한 처벌을 받았다. 위구르 인권을 옹호하는 베이징의 로펌(law firm) 변호사들은 고문, 접견불허, 강제자백을 강요당했고, 그 가족들은 이동제한, 은행계좌 동결에 처해졌다. 변호사 대부분은 석방됐지만, 약 30명은 가택연금, 감옥형의 처벌을 받았다. 몇몇 반체제 인사들은 행방불명됐다. 2016년에는 자유주의 정치개혁의 선봉에 섰던 저널 '얀황춘치우'(Yanhuang Chunqiu)가 폐간됐고, 2017년 초에는 자유주의 싱크탱크가 운영하는 2개 웹사이트가 사법부 독립에 반대하는 대법원 판사를 비판한 이유로 폐쇄됐다.[1]

3) 미디어 및 비정부기구 억압

그동안 미디어에 대한 중국정부의 입장은 양면성을 띠었다. 하나는 정치, 사회개혁 차원에서 가능하면 자유와 시민적 권리를 늘리는 것이고, 다른 하나는 그것이 중국식 사회주의와 국익에 반하지 말아야 하고 당과 정부의 정통성을 부인하지 말아야 한다는 것이었다. 그런 차원에서 전체적으로 장쩌민, 후진타오 시대에 정부의 감시와 통제가 상존하는 가운데 점진적으로 신문, 잡지, 인터넷을 포함하는 미디어에 대한 제한이 완화되어 왔다. 필요한 경우 정부는 언제든 새로운 규정을 만들어 가면서 언론, 표현의 자유에 간섭할 수 있었고, 사용자들의 소셜 미디어 테크놀로지가 진전하는 것에 비례해 당국의 기술적 통제방법도 발전했다.[2]

그러나 시진핑 정부는 중국에서 인터넷 사용자 수가 세계 최대 규모인 7억 5천만 명을 넘어서고 반체제, 자유주의 선호세력의 활동이 다양한 SNS를 통해 확산되는 현실을 경계했다. 2014년 정부는 세계에서 가장 많이 이용되는 170개 이상의 웹사이트, 소셜 네트워크 사이트, 파일 공유사이트 접근을 막았고, 그 중에는 '자유라디오 아시아'(Radio Free Asia), (중국어판) '미국의 소리'(VOA: Voice of America), (티베트, 파룬궁이 포함되는) 국제인권웹사이트, 대만뉴스 사이트, 페이스북, 트위터, 유튜브가 포함됐다.[3] 당국은 민감

---

1) Lum, <u>Human Rights in China</u>, (July 17, 2017), pp. 11-12; John Sudworth, "Wang Quanzhang: The lawyer who simply vanished," BBC News, (May 22, 2017)
2) Dumbaugh, <u>China-U.S. Relations</u>, (Updated March 17, 2008), p. 30.
3) 워싱턴 포스트, (영어판) '미국의 소리', 야후(Yahoo) 홈페이지는 수시로 검열의 대상이고, 뉴욕타임스와 블룸버그 웹사이트는 2012년 이후 접근이 금지됐다.

한 주제를 논의하는 국내뉴스도 차단했고, 어떤 지역에서는 거의 완전히 인터넷을 폐쇄했으며, 지역을 선별해 계속 같은 정책을 시행했다.[1) 웨이보(Weibo) 역시 억압의 대상이 됐다. 트위터와 비슷한 웨이보는 2009~2012년 중국에서 가장 인기 있는 소통수단이었지만, 네티즌들이 뉴스와 논평을 게시하면서 당국의 심한 규제대상이 됐다. 그 대신 개별 계정을 가진 소수가 사용하고 상대적으로 안전한 위챗(WeChat)이 한동안 인기를 끌었지만, 그 역시 민감한 주제를 다루거나 팔로워가 (100만 명 이상으로) 늘어나면서 정부의 경계대상이 됐다. 2012년 12월 시진핑 정부는 새 입법을 통해 인터넷, 모바일서비스, SNS 계정을 신청하는 사람들에게 실명사용을 강제했다. 2013년 대법원은 불순내용을 500회 이상 게시하면 최대 3년 징역형에 처할 수 있다고 선포했고, 그 이후 수많은 위챗 계정이 폐쇄되고 온라인 평론가들이 체포됐다. 2014년 또 다른 입법은 규제를 더 강화했고, 중국은 세계에서 가장 정교한 SNS 감시, 통제체제를 운영했다. 2016년 40여 명의 언론인과 수십 명의 네티즌이 투옥됐고, 2017년 '국경 없는 기자단'(RSF: Reporters Sans Frontieres)은 연례보고서에서 중국을 '언론인에 대한 세계 최대의 감옥'이라고 부르면서 중국의 언론자유를 180개국 중 176위로 평가했다. 언론자유에서 중국보다 못한 나라는 투르크메니스탄, 에리트리아, 북한뿐이었다.[2) 2018년 4월 사이버통제 관련 회의를 주재하면서, 시진핑은 해킹, 인터넷 사기와 유언비어 배포, 당과 정부에 대한 근거 없는 비방, 시민 사생활 침해를 일망타진하라고 지시했다. 시진핑 정부의 인터넷 활동 제한은 역대 어느 정부보다도 더 엄격하다. 중국 정부는 모든 종류 언론에 대한 감시를 강화하고, 인터넷 주권이라는 이름으로 모든 소셜 미디어를 검열한다. '국가 인터넷정보부'(State Internet Information Department)는 영향력 있는 사이버 활동가들을 소환해 반국가적 담론, 정치, 당에 관해 불필요한 이야기를 전하지 말라고 경고한다.[3)

비정부기구(NGO: Non-governmental Organization) 역시 비슷한 입장에 처해있다.

1) 흔하게 차단되는 키워드는 티베트 정책, 천안문 일망타진, 파룬궁, 정치리더, 반체제 인사, 민주주의와 같은 정치적으로 민감한 용어들이다.
2) Particia Moloney Figliola, Internet Freedom in China: U.S. Government Activity, Private Sector Initiatives, and Issues of Congressional Interests, CRS Report 7-5700, R45200, (May 18, 2018), p. summary; Lum, Human Rights in China, (July 17, 2017), pp. 28-30.
3) 웨이보와 위챗 사용자는 과거에는 개인 글 삭제와 계정회수를 염려했지만 이제는 잘못된 의사표시로 인한 당국의 체포를 우려해야 했다. "Xi outlines blueprint to develop China's strength in cyberspace," Xinhua News Agency, (April 21, 2018); Tom Phillips, "It's getting worse: China's liberal academics fear growing censorship," The Guardian, (August 6, 2015)

오늘날 중국에는 지방발전, 교육, 환경 등, 정치, 사회적으로 중요한 역할을 하는 65만 개 이상의 등록 NGO와 최대 7백만 개의 미등록 NGO가 존재한다. 2016년 현재 중국에서 활동하는 외국 NGO는 약 7천개에 달하는데, 그중에서 1천개 단체의 활동은 제도화되어 있고 다른 6천개는 단기 프로젝트를 추진한다. 지난 정부 당시에도 당국은 NGO에 대한 감시를 게을리 하지 않았지만, 민족주의적 성향이 강한 시진핑 정부는 미디어의 경우와 비슷하게 NGO를 커다란 잠재위협으로 간주한다. 시진핑 시대의 NGO는 과거보다 더 큰 제약의 대상이 됐고, 특히 미국에 기반을 두거나 정치, 사회적으로 민감한 이슈에 개입해 있는 외국 NGO는 서방의 중국문화 침투 전위대로 간주돼 세밀한 감시대상이다. 오늘날 당국은 계속 새로운 규정을 만들어 제약을 강화하고, NGO 활동은 계속 위축되고 있다.[1]

4) 종교 탄압

중국에서는 3억 5천만 명이 5개의 공인된 종교인 불교, 도교, 기독교, 가톨릭, 이슬람교 중 하나를 믿는다. 그중에서 불교 신자가 가장 많고, 그 다음이 공식적으로는 6천~9천만 명에 이르는 기독교인이다.[2] 중국에서 종교의 자유는 헌법 제10조에 의해 보장되지만, 당국은 CCP의 정통성, 중국의 국익, 공공질서를 파괴하는 종교에 대한 보호의무는 없다고 말한다. 파룬궁이나 산반 푸런파이(Three Grades of Servants Church) 같은 불법 종교는 엄한 처벌이 가해지고, 당국은 가정교회를 포함해 지하 종교그룹이 당국에

---

1) Lum, Human Rights in China, (July 17, 2017), p. 15.

2) 중국 전문가 이안 존슨은 다음과 같이 말했다. 1949년 처음 집권했을 때 CCP는 많은 통제에도 불구하고 종교를 금지하지 않았고, 그래서 5개 종교인 불교, 도교, 이슬람, 가톨릭, 개신교가 허용됐다. 그러나 마오쩌둥 시기 1950년대 말부터, 특히 문화혁명 시작과 더불어 중국은 종교의 자유를 불허했다. 그렇지만 1980년대 초 온건파가 집권하면서 또다시 동일한 5가지 종교를 용인했다. 그래도 중국에서 종교활동이 자유롭게 펼쳐지는 것은 아닌데, 예컨대 공적 영역에서 종교의 역할은 거의 없고 성직자들은 언론에서 국내외의 주요이슈에 대한 코멘트가 금지돼 있다. 종교라는 단어는 아직도 민감한 용어로 간주되고, 각 개인은 각자의 종교에 대해 거의 이야기하지 않는다. 2005년 통계에 따르면 중국 국민의 31%는 신앙을 갖고 있고, 불교는 1억 8천 5백만 명, 도교는 (2천만 명이 믿는다고 말하지만 실제로는) 1억 7천 3백만 명, 기독교도는 2천만 명이 등록돼 있지만 지하교회, 가정교회를 포함해 대체로 6천~9천만 명으로 추산됐다. 가장 빨리 성장하는 종교는 기독교이고, 가장 영향력 없는 종교는 최대 1천 2백만 명으로 인구 1% 이하가 믿는 가톨릭이다. 지하활동은 아직 불법이고 해외교회, 해외불교, 이슬람과 관련된 종교활동은 강력한 탄압대상인데, 그 이유는 티베트 불교는 달라이라마, 이슬람은 급진 이슬람을 초래하기 때문이다. 중국 정부는 불교, 도교에 다소 우호적인데, 왜냐하면 그 민속신앙이 상대적으로 운용이 용이하기 때문이다. Ian Johnson, "China's Great Awakening," Foreign Affairs, Vol. 96, No. 2 (March/April 2017), pp. 83−92.

등록할 것을 강요한다.[1] 당국은 불교, 도교를 상대적으로 선호하지만 19세기 이후 서양 교회의 중국 내 활동을 기억해 기독교에 대해서는 어떤 반감을 갖고 있는 것으로 보인 다.[2] 후진타오 시기에도 당국은 종교에 대한 경계를 늦추지 않았는데, 시진핑 정부는 과 거에 존재하던 비공식 제한을 법제화하면서 종교제한의 강도를 한층 더 높였다.[3] 2014 년 저장성 지방정부는 교회 소유 토지와 건물의 '지나친' 확장에 반대하면서, 1,000개 이 상의 교회로부터 십자가 제거를 명령하고 무허가 건축을 이유로 20개 교회의 구조물을 철거했다. 2016년 종교 관련 회의에서 시진핑은 당국은 종교의 자유, 권리를 보장하지만 해외로부터의 종교적 영향이나 급진이념의 확산은 용납하지 않는다고 강조했다. 정부는 새 종교규정을 선포했는데, 그것은 해외 종교조직과의 접촉을 제한하고 종교학교, 웹사이 트는 정부 승인을 받아야 한다는 것이었다. 공교롭게도 그해에 300명의 기독교인이 투옥 됐다.[4] 2018년 AP(Associated Press)통신은 "시진핑은 1982년 중국헌법에 종교의 자유가 쓰인 이후 최악의 체계적인 기독교 억압"을 자행한다고 보도했다. AP는 그 탄압은 십자 가를 파괴하고, 성경을 불태우며, 교회를 폐쇄하고, 신자들에게 신념을 거부하는 문서에 서명하라는 명령을 포함한다고 전했다.[5] 한편, 중국의 가톨릭은 독특한 상황에 처해 있 다. 중국내 가톨릭은 교황을 인정하는 세력과 그의 권위를 불인정하면서 정부를 따르는 가톨릭 애국협회(CCPA: Chinese Catholic Patriotic Association)로 나뉘어 있다. 바티칸은 대

---

1) 기독교인 중 절반은 등록, 나머지 절반은 미등록 교회에 다닌다.

2) 1945~1948년 중국내 교회활동은 William Hinton, Fanshen: A Documentary of Revolution in a Chinese Village, Monthly Review Press, (1966)를 참조할 것.

3) 지난 수년간 특히 시진핑 시대에 중국 당국은 종교에 대해 강경노선으로 복귀했다. 현재 CCP는 신앙이 통제 불가능한 세력이 될 것을 우려해 종교를 용인하면서도 항상 감시하는 상황이다. 현재로서는 당국 이 종교집단을 매수, 회유하는 가운데, 통제의 경향이 계속될 것으로 전망된다. 한편, 현재 CCP는 국민 의 높은 지지를 받는 상황에서 종교를 국가적 수단으로 삼을 필요를 느끼지 못한다. 중국인민은 대체로 서방이 선호하는 보편적 권리추구에는 냉담하고, 활동가들의 정치행동을 비현실적 행위로 인식한다. 일 반인들의 목표는 소득, 세금 등 자기들의 일신상 생활이 조금 더 편해지고 나아지는 것이다. 인권변호사 들은 국가의 박해에 시달리는데, 그들이 가장 많이 믿는 종교는 기독교이다. 종교가 사회개혁의 중요한 역할을 할 가능성은 거의 없다. Johnson, "China's Great Awakening," (March/ April 2017), pp. 93-94.

4) 2017년 장시성의 현지정부(local government)는 반종교 캠페인의 일환으로 기독교인들에게 예수의 사 진을 시진핑 사진으로 대체하라고 말한 것으로 알려졌다. Nectar Gan, "Replace pictures of Jesus with Xi to escape poverty, Chinese villagers urged," South China Morning Post, (November 14, 2017); Benjamin Haas, "We are scared, but we have Jesus: China and its war on Christianity," The Guardian, (September 28, 2018)

5) Christopher Bodeen, "Group: Officials destroying crosses, burning bibles in China," Associated Press, (September 10, 2018)

만과 외교관계를 유지하고 주교 임명을 승인받을 것을 요구하지만, 베이징 당국은 그런 요청을 거부한다. 베이징은 일방적으로 몇몇의 성직자를 주교로 임명했는데, 2014년 대화 재개 이후 교황은 2015년 그들을 주교로 공식 인정했다. 2016년 양측은 베이징 당국이 주교를 추천하고 교황이 그들 중 일부를 선임하기로 합의했다.[1]

5) 소수민족 문제

중국 내 종교문제는 부분적으로 소수민족 문제와 연계돼 있는데, 그 이유는 종교, 사회문화적으로 중국과 크게 다른 위구르 및 티베트 소수민족들이 베이징의 통치와 관련해 큰 갈등을 빚기 때문이다.[2] (앞의 미·중 관계 챕터에서 논의한 바와 같이) 시진핑 정부의 위구르 정책은 전례 없이 강경일변도이다. 2013~2014년 위구르의 몇몇 테러공격에 대응해 베이징 당국은 2014년 '테러와의 인민전쟁'을 선포했고, 신장 지방정부 공안의 강력한 진압은 위구르인 수백 명 사망으로 이어졌다.[3] 2015년에도 신장에서 10여 건의 폭력사태가 발발했는데, 그때 위구르, 한족, 경찰을 포함해 100명 이상이 사망했다. 베이징

_신장 강제수용소, europeaninterest.eu

당국은 위구르의 테러 및 분리주의를 막기 위해 무력사용이 불가피하다고 말하지만, 인권단체들은 경찰이 일방적으로 위구르의 평화시위를 진압한다고 비난한다. 시진핑 정부 집권 이후 수천 명의 위구르인이 신장을 떠났다.[4] 2016년 신장 지방정부가 제정한 대테러법은 중앙정부의 관련법보다 더 가혹한데, 그를 근거로 수천 개의 새 경찰서가 설치되고 반 폭동, 첨단 장비로 무장한 수만 명의 경찰이 추가 배치됐다. 2019년 현재 중국은 신장의 수용소(internment camps)에 1백만 명 위구르족을 억류하고 있다. 여러 인권 그룹들과 전 구금자들은 그 캠프들을

---

1) Lum, <u>Human Rights in China</u>, (July 17, 2017), pp. 31-34.

2) 소수민족 문제는 티베트보다 위구르가 더 심각한데, 왜냐하면 위구르의 저항이 더 심하고 티베트는 이미 그 영적 지도자인 달라이 라마가 오래전 티베트의 독립은 추구하지 않는다고 선언했기 때문이다.

3) 반면 그것은 위구르인의 보복을 불러 중국내 여러 지역에서 80여 명의 한족 살해를 야기했다. Christian Shephere, "Fear and Oppression in Xinjiang; China's war on Uighur Culture," Financial Times, (September 12, 2019)

4) 신장을 떠난 위구르인들 중 최대 100~300명이 IS가 가입한 것으로 알려져 있지만, 시리아 정부는 그 숫자가 4천명에 이른다고 말한다.

'강제 수용소'로 묘사하는데, 그곳에서 위구르와 기타 소수민족들은 한족사회에 강제로 동화되고 있다.[1] 2019년 11월 흘러나온 중국 정부 내부문서는 시진핑이 개인적으로 보안병력에게 신장을 일망타진하라고 명령한 것을 보여주는데, 그는 당이 조금의 동정도 베풀지 말아야 하고, 관리들은 급진주의 무슬림을 진압하기 위해 민주적 독재의 모든 무기를 사용해야 한다고 말했다. 그러나 그는 중국 내 이슬람을 완전히 근

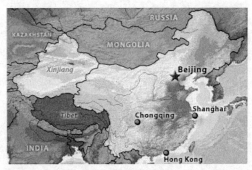
_신장, 티벳 지도, pinterest.com

절하자는 제안을 거부하면서 위구르를 차별하는 것은 옳지 않다고 경고하고, 그런 견해는 편견이고 잘못된 것이라고 말했다.[2] 그것은 종교의 자유와 소수민족의 권리는 국익과 다수 인민의 이익을 해치지 않는 한 보장받아야 한다는 그와 그 이전 모든 중국 리더들의 인식을 재확인시키는 발언이었다. 신장폭력이 가라앉지 않는 상황에서, 베이징 당국은 3갈래 전략을 시행하고 있다. 그것은 강력한 진압(strike hard), (중국어 교육, 한족-위구르 인종 간 결혼 장려를 통한) 한족사회로의 동화, 그리고 신장 경제발전의 도모이다. 한 가지 특기할 것은 중국 내에 1천 1백만 명 규모의 또 다른 무슬림인 후이(Hui)족이 거주하는 것인데, 그들은 이슬람을 신봉하면서도 베이징 당국과 갈등에 휘말리지 않는다.[3] 그들은 신체외형에서 한족과 구분이 어렵고, 닝샤(Ningxia) 자치지역과 그 인근 한족에 동화되어 살면서 분리주의를 추구하지 않는다.[4]

티베트 소수민족 문제는 신장만큼 혹독하지는 않지만, 베이징 당국은 경계를 늦추지 않으면서 강압적 입장을 유지한다.[5] 중국은 1949~1951년 군사위협을 통한 강제편입 이

---

1) James A. Millward, "Opinion/What Xi Jinping Hasn't Learned From China's Emperors," The New York Times, (October 1, 2019)

2) Austin Ramzy, Chris Buckley, "Absolutely No Mercy: Leaked Files Expose How China Organized Mass Detentions of Muslims," The New York Times, (November 16, 2019)

3) Islam in China; Why Beijing Oppresses Uighurs but Not the Hui, (August 12, 2014), https://time.com〉 china-muslim...

4) Lum, Human Rights in China, (July 17, 2017), pp. 38-40.

5) 컬럼비아 대학의 그레이 터틀은 티베트와 관련해 다음과 같은 견해를 표시했다. 중국 내에는 1억 2천만 명의 소수민족이 살고 있고, 그것은 전체 중국 인구의 8%를 차지한다. 티베트 인구수는 전체 소수민족의 5%에 달한다. 오늘날 중국사회에는 민족적 편견과 인종차별이 뿌리 깊게 자리잡고 있다. 티베트뿐 아니라 다른 비한족 소수민족에게 깊고 광범위한 적대감과 차별이 존재한다. 대부분 한족 중국인들은

후 티베트를 통치해 왔고 티베트 자치지역(TAR: Tibet Autonomous Region)은 1965년 성립됐다. 그 지역에는 중국 내 전체 티베트인 600만 명 중 270만 명이 거주하는데, 그들 상당수는 베이징이 티베트 종교, 문화를 탄압하는 것으로 인식한다.[1] 베이징 정부와 제14대 달라이라마가 대표하는 티베트는 TAR 자치와 관련해 여러 번 대화를 가졌지만, 그것은 돌파구를 만들어내지 못했다. 달라이 라마 측은 분리독립은 원치 않지만 진정한 자치를 요구했고, 그것을 위협으로 인식하는 베이징은 그 요구를 거부했다. 2008년 티베트에서 거의 100번에 이르는 시위가 발생한 이후에는 양측의 대화가 중단됐고, 후진타오 정부는 TAR에 경찰주둔 증가, 종교 및 문화통제, 학교에서 티베트 언어 사용제한과 정치교육 강화로 대응했다.[2] 시진핑 정부 출범 이후 베이징은 더 강경하게 대응했다. 당국은 티베트 사무실과 가정에서 달라이 라마 사진을 수색하고, 셀폰과 인터넷을 조사했으며, 티베트 종교인과 지식인을 박해, 체포, 구금했다. 2016년 티베트 정치범은 650명에 달했고, 몇몇 티베트인은 살해됐다. 티베트인들은 한족의 정치, 문화 탄압뿐 아니라 그들이 티베트 경제를 장악하고 있는 것에도 불만을 갖고 있다. TAR에서 전체 인구의 8%를 차지하는 한족은 수도 라자(Lhasa) 인구의 절반을 구성하면서 그곳 경제를 장악하고 있다. 지방정부 관리, 경찰, 인민무장경찰, 사업가, 근로자로 이루어진 한족은 소수이면서도 티

자기들이 티베트인을 포함해 소수민족과 민족적, 인종적으로 다르다고 인식한다. 사법, 안보당국은 티베트인을 불시에 검문하고, 중국 도시의 호텔들은 대체로 티베트인의 투숙을 거부한다. 2008년 이후 베이징 당국은 티베트인의 시민적 권리를 거부하고 그들의 협회 설립도 금지했다. 처음에 1954년 중국 정부는 30개 민족을 공식 식별했고, 향후 30년에 걸쳐 또 다른 18개 민족을 그 목록에 추가했다. 쑨원은 중국 통일을 위해 인종, 민족을 덜 중시하고 하나로 뭉쳐야 한다고 주장했지만, 오히려 마르크스 이론대로 계급을 더 중시해야 하는 마오쩌둥의 공산주의 시대에 민족 구분이 더 심해졌다. 처음부터 인종주의적 민족주의는 베이징의 티베트 통치 공고화에 결정적 역할을 했다. CCP는 1958년 티베트 공산주의 리더 푼트속 왕기엘(Puntsok Wanggyel)을 현지 민족주의 혐의로 20년 간 감옥에 구금했다. 티베트인을 포함해 많은 소수민족들이 대약진, 문화혁명에 참여했지만, 그들은 고위직에서 배제됐다. 중국 당국은 1953~1966년 필름, 미술관, 박물관을 만들어 티베트를 지구상의 지옥으로 묘사하고, CCP에 의해 야만에서 해방된 것으로 티베트의 과거를 왜곡했다. 마오쩌둥은 티베트를 거의 식민지 취급했다. 그러나 중국의 통제는 티베트의 저항을 근절할 수 없었다. 오랜 기간 달라이 라마가 티베트 민족자결의 상징으로 세계 곳곳에서 종교, 시민의 권리를 주장했다. 오늘날 베이징은 '서부 대개발'로 티베트가 발전하고 민족적 불평등이 적어질 것이라고 말하지만, 한족에 비해 교육수준과 중국어 능력이 부족한 대부분의 티베트인들은 그로부터 별 혜택을 보지 못한다. 반면 한족은 티베트인들이 게으르고 비생산적이며 자생능력이 없는 사람들이라고 비난한다. Gray Tuttle, "China's Race Problem (How Beijing Represses Minorities)," Foreign Affairs, Vol. 94, No. 3 (May/June 2015), pp. 39–46.

1) 나머지 인구는 TAR 접경 지역인 쓰촨성(Sechuan), 윈난(Yunnan)성, 칭하이(Qinghai)성에 거주한다.
2) 그 100개의 시위 중 20%는 폭력적 폭동으로 비화하고, 시위자들은 상점을 약탈하고 경찰서와 정부 빌딩을 불태우며, 보안인력을 공격했다. 그 이후 당국은 초등학교까지는 티베트어로 교육을 허용하지만, 중등학교부터는 중국어로만 교육하도록 강요했다.

베트의 지배세력이고, 다수의 티베트인들은 그 지배를 원치 않는다.[1]

(6) 비자유주의적 민주주의

시진핑 체제가 처음 출발했을 때 정치개혁에 관한 약간의 낙관이 존재했다. 그것은 당이 앞장서서 부패를 척결하고, 권력남용의 방지, 공정한 법적용, 정부 투명성 제고, 국민에 대한 책임을 강조하는 행동(responsiveness)이 있었기 때문이다. 또 정부의 반체제 억압은 모든 국민이 아니라 국익을 훼손하고 사회를 불안정화 시키는 일부 영역에 한정될 수 있을 것 같았다. 실제 그런 측면이 없는 것은 아니었다. 그러나 시간이 가면서 시진핑 정부는 매우 보수적, 반 자유주의적 사고를 갖고 있는 것으로 드러났는데, 그것은 거의 모든 정부 비판, 소셜 미디어, NGO 활동에 대한 지나친 감시와 지나친 처벌의 적용에서 적나라하게 입증됐다.[2] 종교, 소수민족 문제에 대한 정부의 강경대응도 과거보다 훨씬 수위가 높고 상식을 뛰어넘는 형태로 진행됐다. 천안문 사태 이후 지난 30년간 중국의 경제는 놀라울 정도로 발전했지만, 시민적 권리와 자유의 진전은 그에 훨씬 못 미쳤다. 중국의 개혁, 개방 이후 지난 30년 이상 제한적으로 진행되던 민주화는 뒷걸음질 쳤고, 시민사회는 오히려 위축됐다. '휴먼라이츠 워치'(HRW: Human Rights Watch)는 중국의 인권은 천안문 학살 이후 최악의 상태에 있다고 말했다.[3] 그러나 중국 리더들은 그들의 행동이 법치주의에 근거하고, 중국헌법과 법률체계가 언론, 집회의 시민적 자유를 인정하면서도 일단 유사시 그 권리를 유보시킬 수 있도록 규정하는 사실을 부각시켰다. 또 그들은 민주주의와 인권은 상대적 개념이고, 중국이 반드시 서방사상에 얽매일 필요가 없으며, 외국의 비판은 중국을 붕괴시키기 위한 음모론적 내정간섭이라고 주장했다. 일부 전문가들 역시 (민주주의의 상대성을 인정해) 베이징의 정치형태를 '책임성 있는 권위주의'(responsive authoritarianism), '협의형 권위주의'(consultative authoritarianism)라고 부르

---

1) Lum, <u>Human Rights in China</u>, (July 17, 2017), pp. 34–35.
2) 시진핑 정부는 국내에 전통적 감시기구 이외에도 거미줄 같은 안보망을 설치, 운영한다. 당국은 언론, 출판, 인터넷 검열을 넘어 택시 기사, 위생 근로자, 거리 행상을 정보원으로 활용하면서 국내의 모든 정치행동을 세세하게 감시한다. 중국은 국가가 모든 것을 통제하는 빅 브라더(big brother) 사회이다. Youwei, "The End of Reform in China (Authoritarian Adaptation Hits a Wall," Foreign Affairs, Vol. 94, No. 3 (May/June 2015), pp. 2–7.
3) "World Report 2018: Rights Trends in China," Human Rights Watch, (January 9, 2018); Adam Withnall, "Repression in China at worst level since Tiananmen Square, HRS warns," The Independent, (January 17, 2019)

고, 중국의 정치 엘리트들은 중국의 민주주의는 그 역사와 문화를 반영하고 중국식 사회주의에서 유래하는 '협의형 민주주의'(consultative democracy), '숙의 민주주의'(deliberative democracy)라고 주장했다.[1]

그러면 일반 시민들은 중국의 인권현실, 민주주의에 대해 어떻게 생각할까? 한마디로 그들의 대부분은 일상생활에서 자유를 누리며 베이징 당국의 행동을 지지한다. 시위는 수시로 발생하지만 그것들은 정치와 관련된 것이 아니라 근로조건, 금융기관으로부터의 대출, 범죄, 계층, 종교, 교육, 환경 등 일반 생활여건과 관련된 것들이다. 자유민주주의, 인권, 프라이버시, 권력분립, 사법부 독립에 대한 옹호는 인권변호사, 예술가, 사상가를 포함해 서구사상에 노출되고 그것을 흠모하는 일부 지식층에 국한된 현상으로, 그것은 매일의 생활에 초점을 맞추는 일반시민 대부분의 생각을 대변하지 않는다. 서방 전문가들의 연구에 따르면, 중국인의 절반에 훨씬 못 미치는 사람들만이 서구민주주의 개념인 경쟁적 선거, 자유를 옹호하고, 중산층은 대부분 사회, 정치안정, 물질적 번영을 더 중시한다. 그들은 풀뿌리 민주주의를 옹호하지 않고, 대부분은 현 수준의 민주주의에 만족하면서 미래에는 더 진전된 민주주의가 도래할 것으로 믿는다. 그들은 민주주의 옹호자들의 생각에 동의하지 않고 외국의 비판에 공감하지 않는다. 미국의 정치, 사회이론은 경제가 발전하면 중국에서 한국, 대만과 같이 서구식 민주주의가 도래할 것으로 전망했지만, 중국의 경제발전은 서구식 민주주의와 약하게 연계돼 있고 민주주의에 대한 중국인들의 인식은 미국인들 것과는 크게 다른 것으로 나타났다.[2] 한편, 트럼프 행정부는 중국

_2017 트럼프-시진핑 말랄라고 대화

---

1) Lum, <u>Human Rights in China</u>, (July 17, 2017), pp. 4-5; 중국 당 관리들은 수시로 '숙의 민주주의'(deliberative democracy)의 중요성을 인정하고, 2015년 초 당은 '사회주의 숙의 민주주의 강화' 계획을 공개했다. Youwei, "The End of Reform," (May/June 2015), p. 4.

2) 그래도 앞에서 언급한 페리 링크는 수면 하에서 중국에는 많은 불안정이 존재하고, 중국이 반드시 성공적으로 부상할 것이라는 가정은 잘못된 것이라고 지적한다. 예를 들어 그는 다음과 같이 주장한다. 아직도 태자당, 공청단, 그리고 상하이 파벌을 둘러싸고 엘리트 내에는 반목이 존재하고, 충칭시 당서기 보시라이의 경우가 입증하듯 엘리트와 하류층이 연계된 반란의 가능성을 배제할 수 없다. 중국 내의 불안정을 인지한 많은 사람들은 자식들을 서방에 유학시키고, 북미 지역의 부동산에 투자한다. 중국 군대 내에도 부패와 경쟁이 만연해 있고, 티베트, 위구르, 홍콩, 대만의 4개 지역은 중국의 정체성에 도전한다. 또 도시 특권층부터 지방 농민까지 불안정이 가득하다. 시진핑은 자기 자신을 마오쩌둥 복사판으로 제시하려 하지만, CCP가 중국식 권위주의에 현대식 옷을 입혀 부활하려는 프로젝트의 성공여부는 더 두

의 인권에 큰 관심이 없는데, 그 문제는 2017년 4월 트럼프와 시진핑의 마랄라고(Mar-a-Lago) 대화에서 합의한 미·중 포괄적 대화(US-China Comprehensive Dialogue)에서 합의된 4개 기둥(pillars) 중 하나가 아니다. 2017년 5월 렉스 틸러슨(Rex Tillerson) 미 국무장관 역시 미국은 자유민주주의 가치를 중시하지만 그에 대한 지나친 강조는 미국의 안보, 경제이익을 훼손할 것이라고 말했다.[1]

(7) 시진핑 국정운영에 관한 서방의 시각

1) 개인독재로의 회귀

시진핑의 권력 중앙집권화 경향에 대해 미 국무부 부차관보를 역임한 캘리포니아 샌디에이고 대학의 수잔 셔크(Susan L. Shirk) 교수는 다음과 같이 평가했다. 마오쩌둥 사후, 덩샤오핑과 그의 동료들은 당, 국가, 군대 내 임기제한과 의무적 퇴임연령을 도입해 세대교체의 희망을 주고, 당내 정기회의 개최, 당으로부터 정부기구로의 권한위임을 통해 한 사람에게 권력이 집중되지 않도록 노력했다. 그 모든 움직임은 권위를 분산시키고, 독재권력을 견제하기 위한 노력이었다. 그리고 그 제도화 프로젝트의 핵심은 장쩌민, 후진타오가 수용한 정기적인 평화적 정권교체의 관행이었다. 독재자의 사망 전 정기 리더십 교체는 공산주의 체제에서는 보기 드문 성과이고, 그것은 중국 전문가 앤드루 네이던(Andrew Nathan)이 '권위주의 유연성'(authoritarian resilience)이라고 부르는 중국 정치발전의 핵심적 양상이었다. 그러나 오늘날 시진핑은 중국을 지난 수십 년에 걸친 권력분산의 제도화를 넘어 개인독재로 이끌고 있다. 그는 당과 (경찰, 군을 포함해) 국가의 모든 파워를 장악했고, 정부의 장관들은 그가 주도하는 몇몇 영도그룹의 지시에 따라 움직이면서 사후결과만 보고할 뿐이다. 심지어 그의 군 장악력은 군 원로들과 상의해 결정하던 마오쩌둥보다 더 강력하다.[2] 그는 이념적으로 좌경화에 한걸음 더 다가갔는데, 언론과 학교에서 서방가치에 관한 논의를 공식 금지하고 대학에서 마르크스주의 교육을 강화하도

고 보아야 한다. Link, "What It Means to Be Chinese," (May/June 2015), pp. 25-26, 29-31.

1) Lum, Human Rights in China, (July 17, 2017), pp. summary, 6-7.

2) 당 중앙기율위원회는 34명의 중앙위원회 위원, 일부 정치국 위원, 전 정치국 상무위원회 위원을 포함해 140만 당원과 100명의 장성, 제독을 처벌했는데, 그것은 한편으로는 정적을 제거하는 효과를 냈다. 2018년 새로 창설된 국가감독위원회는 사회 민간영역 전체에서 더 강력한 부패척결 작업을 실시할 것인데, 그것 역시 정치적으로 악용될 수 있을 것이다.

록 지시했다.[1] 당 기구는 더 효율적이고 전체주의화됐다. 강력한 사이버행정은 대중여론을 장악하는 목적을 띠고, 온라인 뉴스에 대한 검열, 감시, 감독은 더 철저해졌다. 당은 선전, 선동활동을 더 강화하면서 예술, 미디어, 인터넷이 당에 대한 국민의 지지향상을 위해 노력할 것을 촉구했다. 시진핑은 관리들에게 언제 어떤 상황에서도 당에 충성할 것을 강요했고, 첫 번째 임기 말까지 장쩌민이나 후진타오보다 훨씬 큰 개인적 권위를 확보했다. 공식 미디어는 그를 마오쩌둥, 덩샤오핑과 비슷한 수준에서 찬양하고, 그러는 사이 장쩌민과 후진타오는 인민들 인식에서 잊혀지고 있다.[2]

과거의 관례를 깨고 시진핑은 두 번째 임기를 시작하는 제19차 당 대회에서 다음 번 총서기를 맡을 후계자를 선정하지 않았다. 그와 더불어 (전인대에서의) 주석 임기제한 폐지는 그에게 두 번 임기가 끝난 후 계속 더 집권하려 시도할 가능성을 높인다.[3] 왜 당은 이제 수십 년의 집단지도체제에서 개인통치로 가고, 왜 덩샤오핑의 권력집중 방지계획은 실패하며, 왜 리더십 경쟁을 관장하는 규칙은 시진핑과 같은 야심찬 리더를 제한하지 못하는가? 여러 요인이 그런 현상의 원인으로 작용한다. 우선 제도적으로 중국에서 당을 견제할 국가적 기구는 존재하지 않는다. 중국에서는 서방의 3권 분립과는 다르게 전인대와 사법부는 당의 절대적 영향력 하에 처해 있다. 그것은 당 중심부가 전인대 상무위원회 위원과 대법원 판사를 직접 임명하는 데서 나타난다. 둘째, 총서기는 타의 추종을 불허하는 막강한 리더이다. 그는 국가대표인 주석직과 군대에 결정권을 갖는 당 중앙군사위 주석직을 겸하고 국내에서 그에 대항할 2인자는 없다.[4] 셋째, 총서기는 권한에서

---

1) 버클리 대학의 중국 전문가 오빌 쉘은 다음과 같이 관찰했다. 시진핑 중국의 반자유주의 성향과 관련해, 심지어 CCP는 역사를 당의 노선에 따라 해석하게 할 목적으로 학술저널 중 당의 공식해석에 위배되는 논문들을 자의적으로 삭제했다. 해외에서도 베이징 당국은 유명한 학술저널이나 The Springer Nature 와 같은 출판사의 중국 웹사이트 내용 중 반중국적이라고 판단되는 논문, 부분들을 삭제하도록 압력을 가하는데, 중국 역사에 대한 공정한 점검은 1989년 천안문 사태 이후 종식되고 2012년 시진핑 집권 이후 훨씬 더 강력한 당국의 사찰이 중국을 점점 더 깊은 역사적 암흑의 시기로 몰아간다. 중국 당국은 진실을 캐내고 바로잡기 보다는 모든 잘못을 감추려고만 한다. 시진핑은 친서방 자유주의 학자들을 '역사적 허무주의'(nihilism)의 선구자로 본다. PLA도 그런 요소를 경계해야 한다고 경고했다. Orville Schell, "China's Cover−Up," Foreign Affairs, Vol. 97, No. 1 (January/ February 2018), pp. 22−27.
2) Susan L. Shirk, "China in Xi's New Era: The Return to Personalistic Rule," Journal of Democracy, Vol. 29, No. 2, (April 2018), pp. 22−28.
3) 당 총서기 선출은 처음에 200명 인원의 당 중앙위원회 비공식 투표(straw poll)에서 시작한다. 그 후 전, 현직 당 리더들이 그 1위 선출자를 중심으로 총서기를 결정하는데, 누가 그 결정 그룹에 속하는지는 정확하게 알려져 있지 않다. 그러나 그 비공식 투표는 자문역할만 하고, 그 결과를 반드시 따라야 하는 것은 아니다. 그 투표는 다만 당내 민주주의를 향한 작은 발걸음을 대표한다.

당내 1인자이지만, 일단 유사시 그 책임소재는 불분명하다. 당에서 실제 권한은 당 총서기와 당 정치국 상무위원회가 갖고 있지만, 당 헌장은 당, 정부, 군 인사로 구성되는 당 중앙위원회를 공식 최고기구로 규정한다. 그 기구들이 서로의 지지를 받아야 하는 상황에서 권위와 책임이 어느 정도 쌍방향(reciprocal accountability)으로 작동하기 때문에, 문제 발생시 특정인, 특정기관에 책임을 지우는 데 한계가 있다. 넷째, 당에는 총서기 임기 종료에 관한 공식규정이 없다. 비록 덩샤오핑 이후, 당, 정부, 군부관리 고위직 인사들의 임기제한이 보통 한 직책에서 5년, 두 번까지의 연임형태로 공식 문서화됐지만, 당 중앙위원회, 정치국과 정치국 상무위원회, 그리고 총서기를 포함하는 당 고위층에 대한 퇴임 연령이나 임기제한 규정은 당 헌장이나 어떤 문서에도 공식적으로 존재하지 않는다. 후진타오의 참모들은 그가 당 헌장에 총서기 임기를 두 번으로 제한하는 규정을 써넣기를 희망했으나, 그는 그렇게 하지 않았다.[1] 다섯째, 시진핑 개인과 관련해, 그가 장기집권을 꿈꿀 수 있는 강력한 리더로 등장하는 것을 막을 원로 정치인이 없다. 원래 중국정치는 퇴임한 전직 총서기를 포함해 고위리더들이 현직관리에 영향을 미치고, 그들은 그렇게 경쟁적으로 공존한다. 그러나 장쩌민이 90세를 넘는 고령이고 후진타오가 후임자에 대한 간섭을 원치 않는 것이 시진핑의 강력한 행동을 용인한다. 여섯째, 후진타오 총서기 집권 당시 집단지도체제가 제대로 역할을 하지 못한 것도 그 원인 중 하나이다. 그 당시 당은 당내 민주주의를 지나치게 강조한 나머지 정치국 상무위원회가 분열되고 정책조정에 어려움을 겪었다. 그로 인해 국지적(parochial) 이익과 부패를 제대로 통제하지 못했고, 그런 상황이 시진핑과 같이 강력한 리더의 등장을 반기게 만들었다.[2]

---

4) 천안문 이전에는 국가주석은 힘이 없는 상징적 자리였고, 덩샤오핑은 총서기가 아니면서 당 중앙군사위원회 주석직을 맡았다. 그러나 천안문 사태 당시 당 내분이 지나쳐 나라가 위험에 빠진 상태에서 그 위기는 덩샤오핑의 군사간섭 지시에 의해 간신히 진정됐다. 그 이후 덩샤오핑은 장쩌민에게 당 총서기, 주석, 당 군사위주석 세 자리를 겸직하게 했는데, 그로 인해 강력한 1인자가 등장하게 됐다.

1) 장쩌민은 71세까지 총서기로 남아 있으면서 경쟁자인 차오셔를 70세에 몰아냈고, 그 이후 당 리더들은 대부분 68세에 퇴임하는 것이 관행으로 자리잡았다.

2) Shirk, "China in Xi's New Era," (April 2018), pp. 29–36.

03 중국의 경제

　　1979년 개혁, 개방을 시작한 이후 중국경제는 2018년까지 평균 9.5% 성장률을 기록했다. 그것은 역사상 보기 드문 경제성장으로 그 사이 중국 GDP는 8년마다 두 배로 증가했다. 그러나 경제규모가 커지면서 모든 선진국 경제가 과거 한때 그랬듯 중국의 GDP 성장률은 낮아지기 시작했다. 그 GDP 성장률은 1993년 14.3% 이후의 최고치인 2007년 14.2%에서 2018년 6.6%로 하락했고, IMF는 2024년까지 그것이 5.5%까지 더 축소될 것으로 전망했다. 중국정부는 그것을 '새로운 정상'(new normal)으로 인식하면서 과거 성장방식인 고정투자와 수출로부터 혁신과 민간소비를 더 중시하는 신성장 모델을 추구하는 것으로 보였다.[1] 중국은 경제성장 단계에서 겪는 소위 '중간소득 함정'(middle-income trap)에 빠지지 않기 위해 그런 개혁을 필요로 하는데, 베이징은 여러 계기에 혁신(innovation)을 최고 우선순위로 간주할 것이라고 말했다. 대표적인 사례는 베이징이 2015년 선언한 '중국제조 2025'(Made in China 2025) 계획인데, 그것은 정부의 광범위한 지원을 토대로 중국기업들이 부품 국산화를 통해 외국 테크놀로지에 대한 의존을 줄이고 세계시장을 지배하도록 제조업 10개 핵심영역을 현대화하는 사업이었다. 시진핑은 혁신,

_중국제조 2025

---

1) 칭화대 경제학 교수 후안강은 경제성장 둔화로 중국 경제가 더 이상 진전하지 못하고 벽에 부딪칠 것이라는 세계의 많은 의견은 맞지 않는다고 주장하면서 다음과 같이 분석했다. 중국과 같이 큰 규모를 가진 경제의 성장은 어느 시점에는 고속성장 유지가 불가능하다. 베이징의 새로운 정상(new normal)으로의 이동은 이미 시작됐고, 아직까지 그 결과는 놀랍다. 중국은 2011~2015년의 제12차 5개년 계획의 5가지 목표를 완벽하게 달성했다. 우선, 도시 일자리는 (미국, 유럽의 실업과는 달리) 5천만 개가 새로이 창출됐고, 서비스 분야의 GDP 기여도는 2010년 GDP 43%에서 2014년 48% 이상으로 증가했다. R&D에 대한 GDP 비율은 2015년 2.2%로 증가했고, 의료보험은 전체인구 95%에게 그 혜택이 돌아가고 있으며, 탄소배출 축소에도 큰 문제는 없다. 시진핑 정부는 2020년까지 2010년에 비해 일인당 GDP를 두 배로 증가시킬 계획을 갖고 있다. 2000-2013년 미국이 지구적 성장에서 12% 기여한 반면, 중국의 기여도는 23%였다. 그 수치는 2020년까지 25%로 증가할 것이다. 중국 경제는 7% 인근에서 성장하는데, 중국은 이미 세계 최대의 지구적 성장 기여국가이다. 중국은 무역에서 세계 리더이고, 더 많은 해외투자를 견인하기 위해 (통화흐름 제한을 완화하는) 자본계정 자유화와 (네거티브 리스트(negative list)의 창출을 포함해) 해외투자에 대한 개방을 적시할 것이다. 세계 특허 출원에서 미국이 25%를 차지할 때 중국의 비율은 62%인데, 중국은 지적재산권을 더 엄격하게 준수할 것이다. 중국 경제가 세계에 더 통합될수록, 2008년 지구적 금융위기 당시 그랬듯이 중국은 더 많이 지구적 안정자로 행동할 것이다. Hu Angang, "Embracing China's New Normal (Why the Economy is Still on Track)," Foreign Affairs, Vol. 94, No. 3 (May/June 2015), pp. 8-12.

소비, 인프라 건설에 대한 강조와 환경오염 시정의 맥락에서 민간부문에 대한 투자, 지원
을 늘릴 것이라고 말하면서, 국유기업에 대한 지원도 계속할 것이라고 말했다. 정부는 또
은행의 모기지 발행을 용이하도록 허용했고, 주식시장에 외국자본의 참여를 증대시켰으
며, 런민비의 IMF 특별인출권(SDR: Special Drawing Right) 참여를 도왔다. 중국 경제개혁
40주년 해인 2018년에도 시진핑은 경제개혁을 계속할 것이라고 말했다. 그러나 그는 미
·중 무역전쟁과 관련해 중국이 독자적으로 테크놀로지를 개발할 것을 촉구하면서, 어느
나라도 중국의 경제진로에 간섭할 수 없다고 강조했다.[1]

(1) 지속적 경제성장

후진타오가 총서기에 취임한 2002년 중국의 GDP 성장률은 9.2%를 기록했고, 그것
은 2007년 최고치인 14.2%에 이를 때까지 계속 더 큰 비율로 증가했다. 그 이후 2008년
지구적 재정위기 영향으로 GDP가 9.6%, 그리고 2009년 2천만 명의 근로자가 실직하면
서 GDP가 9.2%로 하락했지만, 정부가 5,860억 달러 경제활성화 패키지와 통화이완 정
책을 시행하면서 2010년 GDP 성장률은 10.5%로 회복됐다. 그러나 2010년을 기점으로
중국의 GDP 성장률은 2017년만을 제외하고 2018년 6.6%에 이를 때까지 계속 하향곡선
을 그렸다. 그것은 중국의 경제규모가 커지면서 발생한 일종의 불가피한 현상이었다. 그
래도 2011년 GDP 성장률은 9.5%를 기록했고, 그해 중국의 명목상 GDP는 7.2조 달러
였다. 그 GDP 규모는 구매력을 감안할 때 미국의 76% 수준인 11.4조 달러였고, 그것이
세계 GDP에서 차지하는 비율은 14.3%였다. 그해 일인당 명목상 GDP는 5,460달러였고,
구매력을 감안한 중국의 일인당 GDP는 8,650달러로 미국의 17.9%였다. 2012년 말 후
진타오가 총서기에서 물러날 때 중국 GDP는 7.9%를 기록했는데, 그의 집권기간을 통틀
어 중국경제는 연평균 약 10% 성장했다. 1979년 덩샤오핑이 개혁, 개방을 시작한 이후
2011년까지 GDP는 19배 성장했고, 일인당 GDP는 14배 증가했으며, 4억 명의 인구가
절대빈곤에서 탈출했다.[2]

....

1) Wayne M. Morrison, China's Economic Rise: History, Trends, Challenges, and Implications for
   the United States, CRS Report 7−5700, RL33534, (Updated June 25, 2019), p. summary; Anna
   Fifield, "As China settles in for trade war, leader Xi emphasizes self reliance," The Washington
   Post, (November 2, 2018)
2) Wayne M. Morrison, China's Economic Conditions, CRS Report 7−5700, RL33534, (June 26,
   2012), pp. 1, 6, 8−9; Morrison, China's Economic Rise, (Updated June 25, 2019), p. 6.

시진핑 집권 이후에도 중국경제는 계속 성장했다. 1979년 개방 이후 2017년 말까지 중국 GDP는 연평균 10% 성장률, 그리고 2018년 말까지 연평균 9.5% 성장률을 기록했다. 비록 중국의 GDP 성장률이 2012년 말 시진핑이 총서기에 취임했을 때 7.9%에서 그의 첫 번째 5년 임기가 끝나는 2017년 말 6.8%로 하락할 때까지 계속 축소됐지만, 그것은 중국의 거대한 경제규모에 비해 양호한 실적이었다.[1] 예를 들어 IMF, IBRD 통계에 따르면, 2017년 중국 GDP는 11.9조 달러로 미국의 62%였는데, 그것은 구매력을 감안할 때 23.1조 달러로 미국의 19.4조 달러보다 3.7조 달러 더 컸다.[2] 2018년 중국 GDP는 더 증가해 명목상 13.4조 달러였는데, 그것은 구매력을 감안하면 25.3조 달러로 미국의 20.5조 달러보다 4.8조 달러 더 큰 수치였다. 중국의 일인당 GDP도 계속 증가했다. 2016년 명목상 수치인 8,538달러는 구매력을 감안할 때 16,624달러였고, 그것은 2018년 명목상 9,608달러, 그리고 구매력 감안 시 18,110달러로 증가했다. 그것은 구매력을 기준으로 미국과 비교할 때, 2016년 미국의 27.9%이던 중국의 일인당 GDP가 2018년 28.9%로 상향된 수치였다. 중국 GDP가 지구적 차원에서 차지하는 비율은 2011년 14.3%에서 2017년 18.3%로 상승했고, 반면 미국의 지분은 계속 줄어들어 15.3%로 축소됐다. 그런 눈부신 성장을 토대로 2017년까지 8억 명의 중국인이 빈곤에서 벗어났는데, 그것은 후진타오 시기보다 4억 명이 더 추가된 수치였다. 세계은행은 중국경제는 세계 주요경제로서는 역사상 가장 오랜 기간 최고속도로 성장했다고 평가했다.[3]

중국은 구매력 기준 경제규모뿐 아니라 부가가치 제조업(value-added manufacturing), 상품무역, 외환보유고 규모에서도 세계 1위를 차지했다. 제조업의 경우, 중국은 이미 후진타오 시기 세계 최대 제조업 국가로 등장하면서 '총 부가가치'(gross value added)에서

----

1) 2018년 중국의 경제성장률은 6.6%였고, 그것은 2019년 6.3%로 더 작아졌다.

2) 2019년 중국의 명목상 GDP는 14.2조 달러였고 구매력 기준으로는 27.3조 달러였다. 같은 해 중국의 구매력 기준 일인당 GDP는 10,099 달러였는데, 그것은 구매력 기준 19,504달러였다. "Report for Selected Countries and Subjects," (April, 2019) www.imf.org; "World Economic Outlook Database, October 2019," IMF.org, (October 15, 2019)

3) 중국 경제는 1820년 세계 최대 규모로서 지구적 차원 GDP의 32.9%를 차지한 것으로 알려져 있다. 그러나 서방과의 불평등 조약 체결 이후 1952년까지 중국의 지구적 GDP 비율은 5.2%로 축소됐고, 대약진, 문화혁명을 거치면서 그것은 1978년 4.9%로 하락했다. 1979년 덩샤오핑이 개혁, 개방을 시작하면서 중국경제는 오늘날의 눈부신 경제성장을 달성했다. 한편 경제정보통계(EIU: Economic Intelligence Unit)는 중국인들의 생활수준은 2050년에도 미국의 절반 수준에 불과할 것으로 추정했다. Wayne M. Morrison, China's Economic Rise: History, Trends, Challenges, and Implications for the United States, CRS Report 7-5700, RL33534, (February 5, 2018), pp. 1, 8-10; Morrison, China's Economic Rise, (Updated June 25, 2019), pp. 9-10.

2006년 일본을 추월하고 2010년 미국을 넘어섰다. 총 부가가치는 생산에 투입된 원료와 중간재를 제외한 실제 제조업의 가치, 수익을 의미하는데, 2014년 중국 제조업이 획득한 총 부가가치는 미국보다 39.6% 더 높았다. 그 수치는 2016년 중국의 총 부가가치가 3.2조 달러, 그리고 미국이 2.16조 달러를 기록하면서 49.2%로 더 확대됐다. 또 2014년 중국의 총 부가가치 제조업이 중국 GDP에서 차지하는 비율은 27.7%, 그리고 미국의 그에 상응하는 비율은 12%였는데, 2016년 그 수치는 중국이 GDP의 28.7%로 더 커졌고 미국은 11.6%로 더 낮아졌다. 그것은 모두 2014~2016년 기간 중국과 미국이 제조업으로부터 획득하는 수익의 격차가 더 확대된 것으로, 중국과 미국의 제조업 경쟁력 격차가 계속 더 커지고 있음을 의미했다.[1] 그래도 세계경제포럼(WEF: World Economic Forum)은 2018년 지구적 경쟁력보고서(Global Competitiveness Report)에서 전체적인 생산성에 근거해 미국의 경쟁력을 세계 1위, 중국을 28위로 평가했다.[2] 특히 전문가들은 그동안 중국의 강점이던 값싼 노동력에 의한 이점이 점차 사라지는 것에 주목했다. 예를 들어, 2007~2016년 중국인 평균 급여는 213% 상승했다. 2016년 베트남과 멕시코의 평균 월급은 각각 201달러, 384달러인 반면, 중국인들의 평균 월급은 854달러였다. 그것은 베트남에 비해 3배 이상, 그리고 멕시코에 비해 1.2배 높은 수치였다. 2018년의 경우 베트남의 월급이 238달러이고 멕시코가 383달러인 반면, 중국인 평균 월급은 990달러였다. 중국인 임금이 제품생산에 결정적 영향을 미치면서 중국기업의 수출경쟁력도 하락할 것으로 예상되는 상황에서, 그곳에 진출해 있는 미국회사들은 노동가격 상승을 사업에 있어서의 가장 큰 애로 중 하나로 식별했다.[3]

(2) 무역과 해외투자

경제개혁, 무역, 투자 자유화는 중국을 세계에서 가장 거대한 무역국가 중 하나로 자리매김하도록 만들었다. 중국의 상품수출은 2011년 1.9조 달러에서 2017년 2.3조 달러, 2018년 2.5조 달러로 증가했다.[4] 비슷하게 2011년 1.7조 달러 수입액 역시 2017년

---

1) Morrison, China's Economic Rise, (Updated June 25, 2019), pp. 9－12.

2) 세계경제포럼은 2016~2017년 평가 당시 미국의 경쟁력을 3위, 중국을 28위로 산정했다.

3) Morrison, China's Economic Rise, (February 5, 2018), pp. 1, 11－12; Morrison, China's Economic Rise, (Updated June 25, 2019), pp. 12－13.

4) 2004년 후진타오 집권기에 1.15조 달러를 기록하면서 중국은 처음으로 1조 달러 무역규모 문턱을 넘었고, 2007년 2.17조 달러로 2조 달러 문지방을 넘어섰으며, 2011년 3.64조 달러로 처음 3조 달러 무역규모에 진입했다. 무역규모가 4조 달러를 처음 넘어선 것은 시진핑 시대인 2013년 4.16조 달러였다.

1.8조 달러, 2018년 2.1조 달러로 증가했다. 그러나 그것이 후진타오에서 시진핑 집권기로 넘어오면서 계속 무역규모나 흑자가 증가한 것을 의미하지는 않았다. 시진핑 시대 무역규모는 2011년 3.6조 달러보다 작았던 적은 없지만, 그것은 2012년 무역규모가 3.9조 달러에서 시작하면서 2016년 최소치 3.7조 달러에서 2018년 최대치 4.6조 달러 이내에서 변동폭을 보였다.[1] 무역흑자의 경우는 2011년 1,599억 달러로부터 2015년 최대치 6,788억 달러, 그리고 2018년 3,824억 달러까지 변화했다. 1979년 개혁, 개방 이래 중국이 최대 무역규모를 달성한 것은 시진핑 시대인 2018년 4.6조 달러였고, 최대 무역흑자는 중국이 세계 무역지분의 14.1%를 기록한 2015의 6,788억 달러였다. 전체적으로 후진타오, 시진핑 시대를 통틀어 무역규모는 약간의 부침을 경험하면서 계속 증가했고, 무역흑자는 계속 증가한 이후 2017~2018년 기간 두 해 연속 감소했다. 무역상대국은 대체로 비슷한 가운데 각 해에 따라 약간의 변화를 보였는데, 2011년 최대 수출시장은 EU, 미국, 홍콩, 아세안 순이었고, 2017년은 미국(19.25%), EU(16.43%), 아세안(12.83%), 홍콩(12.16%), 그리고 2018년은 미국, EU, 아세안 순이었다. 수입의 경우 2011년은 EU, 미국, 아세안, 한국 순이었고, 2017년은 EU(12.82%), 아세안(12.58%), 한국(9.58%) 순으로 미국은 6위(7.24%)였으며 2018년은 EU, 아세안, 한국, 일본 순이었다.[2] 과거와 비슷하게 중국은 계속 무역에서 몇몇 나라와 적자를 기록했는데, 2018년 대만과 1,290억 달러, 한국과 950억 달러, 일본과 330억 달러 적자를 보았다. 중국의 주요 수출상품은 큰 차이를 나타내지 않았는데, 2011년 그것은 노동집약적 제조품인 컴퓨터, 전자제품, 의류를 포함했고, 2017~2018년에는 전자기계, 장비, 핵원자로와 보일러 순으로 구성됐다. 2017년 중국 수출의 94.3%는 제조품이었다. 수입의 상당부분은 소비자 전자제품이나 컴퓨터와 같이 완제품에 조립되어 수출되는 부품이 많았는데, 전자장비, 미네랄 연료, 핵원자로 부품, 보일러를 포함했다. 2017년 중국 수입품의 64.4%는 제조품이었고, 그 다음으로 연료와 광산물(21.3%)이 차지했다.[3]

해외로부터 중국에 대한 투자(FDI: Foreign Direct Investment), 또 중국의 외국에 대

1) 2019년 중국의 무역규모는 수출 2.5조 달러, 수입 2.08조 달러였다. 그것은 2018년 무역규모 4.6조 달러와 동일한 수준이었다. National Data—Indicator—foreign Trade and Economic Cooperation, (May 1, 2019), stats.gov.cn
2) "China—WTO Statistics Database," World Trade Organization, (September 1, 2017)
3) Morrison, China's Economic Rise, (Updated June 25, 2019), pp. 20, 22; "China—WTO Statistics Database," World Trade Organization, (September 1, 2017)

한 투자(FDI Outflows) 역시 활기를 띠었다. 중국의 거대한 시장, 저렴한 노동력을 추구하는 외국회사들은 중국에 대규모로 투자했는데, 2006년 695억 달러였던 대중국 투자는 2011년 1,160억 달러를 기록하면서 사상 처음 미국이 받은 투자규모를 넘어섰다. 투자처 변화는 2008년 재정위기에 따라 미국 및 EU에 대한 외국인 투자가 하락하면서 중국으로 그 자금이 몰린 것이 주요 요인이었다. 그러나 2015년 위안화가 다시 약세를 보이고 그 해 말까지 대중국 투자가 5.8% 축소되면서 미국은 또다시 해외투자국 1위 지위를 되찾았고, 그 이후 대중국 투자는 2016년 세계 3위 규모의 1,340억 달러, 그리고 2018년 세계 2위 1,390억 달러를 기록했다.[1] 전체적으로 대중국 외국인 투자는 (미국의 경우와 마찬가지로) 지구적 재정위기를 겪던 2008~2009년 약간 감소한 것을 제외하면 2018년까지 거의 최상위권 투자처 지위를 유지하면서 지속적으로 증가했다.[2] 2017년 중국에 가장 많이 투자한 국가는 (별도 계정으로 취급되는) 홍콩, 케이만 아일랜드(Cayman Islands), 버진 아일랜드(British Virgin Island), 미국 순이었다. 그러나 2011년 중국 내에서 활동하는 약 45만 개 외국계 회사가 중국 수출입에서 담당하는 비율인 51%는 2017년 45%, 2018년 42.7%로 하락했다. 그 하향추세의 이유는 중국기업의 해외경쟁력이 증대하면서 외국기업에 대한 의존도가 낮아지기 때문인 것으로 보였다. 한편, 중국의 외국에 대한 투자는 후진타오 시기 '해외로의 진출' 슬로건 하에서 본격적으로 추진됐다. 2002년 27억 달러이던 중국의 개도국 및 선진국에 대한 투자는 그 이후 한 번도 축소되지 않고 계속 증가해 2011년 676억 달러에 달했다.[3] 중국의 외국투자는 계속 증가했다. 2013년 중국 회사들은 해외 비재정(nonfinancial) 분야에 2012년보다 16%를 더 증가시킨 900억 달러를 투자했고, 2015년에는 처음으로 국내로 유입되는 FDI보다 더 큰 액수를 해외에 투자했다. 2016년 외국에 대한 투자는 사상 최대치인 1,961억 달러에 도달했다.[4] 그러나 2016년 기준으로 미국 다음의 세계 2위 규모인 중국의 외국투자는 2017년, 2018년 두 해 연속

---

1) "Foreign investment in China rebounds," International Herald Tribute, (January 15, 2007); Paul Hannon, "U.S. Overtakes China as Top Destination for Foreign Investment," The Wall Street Journal, (January 26, 2016)

2) "Foreign direct investment, net inflows (BoP, current US$)," World Bank, Data, (February 17, 2016), data.worldbank.org; Enda Curran and Jonathan Browning, "Foreign Investment into China Falls as Weaker Yuan Dents Inflows," Bloomberg, (February 2, 2016)

3) 2009~2013년 중국은 해외에 1,610억 달러를 투자했는데, 그 중 가장 큰 부분은 EU 중에서도 독일에 집중됐다. "Where is China investing?," FDI Magazine, (August 12, 2014); James Flanigan, "A Wave of Chinese Money Gives a Lift to Companies Struggling in Tough Times," The New York Times, (July 6, 2011)

4) Ministry of Commerce of China, "Invest in China," (February 24, 2014), fdi.gov.cn

감소했는데, 그 이유는 베이징이 낭비성 외국투자를 금지하고 동시에 외국정부가 중국의 해외 첨단기술과 전략자산 확보에 제한을 가했기 때문이다.[1] 많은 경우 인수합병(M&A)을 선호하는 중국의 외국투자는 여러 동기에서 추진됐다. 그것은 해외 첨단 테크놀로지, 광물자원과 에너지, 해외브랜드 확보, 국내경기 둔화와 노동가격 상승에 대비하는 해외사업 기회확대, 국유기업의 국제적 경쟁력 확보 등 여러 요소를 포함했다. 중국회사들이 해외로 팽창하는 데 유리했던 것은 그들이 국내의 거대한 시장으로부터 쉽게 재정자본을 축적할 수 있었고, 또 정부가 그들에게 저리 장기대출을 제공했기 때문이다. 일대일로 사업 시행 이후에는 2016년까지 그와 관련된 국가에 1천 2백억 달러 이상의 자금이 투자됐다.[2] 중국의 외국투자는 대부분 금액의 절반 이상이 홍콩으로 유입되고 나머지는 마카오, 싱가포르, 케이만 아일랜드, 버진 아일랜드 등으로 흘러 들어가는데, 그중 상당부분은 그곳을 거쳐 미국, EU, 호주, 브라질, 러시아 등지로 재유입됐다. 중국의 무역과 해외투자는 양자 및 다자 자유무역협정으로부터 많은 혜택을 입었다. 2017년 현재 중국은 아세안 10개국, 홍콩, 호주, 한국을 포함하는 22개국과 FTA를 체결했고, 대만과는 FTA와 거의 동일한 '경제협력 프레임워크'(ECFA: Economic Cooperation)를 유지했다. 또 그해 베이징은 조지아, 몰디브와 FTA를 체결했고, 2018년 현재 아랍 걸프국가, 이스라엘, 모리셔스 등과 FTA를 협상 중이었다. 새로이 타결된 '역내 포괄적 경제파트너십'(RCEP: Regional Comprehensive Economic Partnership)은 인구와 GDP 규모에서 세계 최대 자유무역 블록을 형성하고, 그것은 중국의 무역과 해외투자를 더 용이하게 도울 것이었다.[3]

(3) 향후 문제점

중국경제에서 우선적으로 문제가 되는 것은 국유기업과 관련이 있었다. 국유기업의 문제점은 그것이 생산성이 낮은 상태에서 정부의 자금지원을 토대로 계속 생존, 국민의

---

1) 그래도 2017년 1,500억 달러, 2018년 1,400억 달러 수준의 중국인 외국투자는 일본 다음의 세계 제2위 규모였다.
2) 2016년 일대일로 국가에 대한 비재정(nonfinancial) 투자는 145억 달러였고, 2018년 그 수치는 156억 달러였다.
3) 시진핑은 중국 정상으로는 처음으로 2017년 1월 스위스 다보스 '세계경제포럼'(WEF)에서 자유주의 세계경제를 옹호하고 보호주의에 반대하는 연설을 했는데, 미국과 서방 일각에서는 상당 수준에서 신중상주의, 보호무역주의를 추구하는 중국의 리더가 자국 현실과 다른 발언을 하는 것에 대해 냉소적 반응을 보였다. Morrison, China's Economic Rise, (February 5, 2018), pp. 12, 16, 26-27; Morrison, China's Economic Rise, (Updated June 25, 2019), pp. 14-19.

세금을 갉아먹는 현실이다. 그러나 베이징 정부는 국유기업을 도태시킬 의도가 전혀 없는데, 왜냐하면 중국은 정부가 앞장서서 경제정책을 성안, 시행하는 사회주의 시장경제 원칙을 표방하기 때문이다. 중국정부는 전략산업 육성을 위해 국유기업에 의존하는데, 15만개에 달하는 그 기업들은 중앙, 지방정부의 보호 하에 비농업 분야 GDP의 절반을 생산하고, 정보통신, 석유 등 주요 전략산업의 근간을 이루며, 그 중 103개 회사는 포춘(Fortune)잡지가 선정한 세계 500대 기업에 속한다. 국유기업은 정부 정책에 따라 통폐합도 해가면서 규모의 경제를 추구하는데, 그들은 경제적 비효율뿐 아니라 해외에서는 덤핑을 시도하면서 외국기업들에게 공정한 경쟁 차원에서 많은 문제를 야기한다. 외국의 비판 앞에서 베이징 정부는 그 문제를 시정할 것이라고 말하지만, 그 실현 가능성은 장담하기 어려울 것이다. 두 번째 문제는 금융부실, 과다대출, 부채의 증가이다. 그것 역시 정부가 모든 권한을 갖고 경제를 운영하는데서 발생하는 문제로서, 그 세 가지 사안은 서로 연계돼 있다. 금융부실의 큰 원인중 하나는 정부가 국유기업에 거대한 자금을 몰아주는 것이다. 2009년 후진타오 시절 정부는 모든 은행대출의 85%인 1.4조 달러를 국유기업으로 집중시킨 바 있고, 2015년 현재 시진핑 정부가 통제하는 국영은행과 상업은행 자산은 전체 금융의 68.5% 수준이었다. 그러나 국유기업은 저리대출의 특혜를 누리면서도 제대로 부채를 갚지 못하는 경우가 허다했다. 또 중앙정부는 여러 종류의 국가목표 달성을 위해 대출을 독려하는 경향이 있는데, 그 과정에서 중국의 국내대출은 2007~2016년 기간 GDP 대비 125%에서 212%로 증가했고 그에 비례해 전체적인 부채 역시 증가했다. 2016년 중반 GDP 대비 부채비율에서 중국의 가계, 회사, 정부의 총 부채 수준은 미국, 한국과 비슷하고 일본, EU보다는 낮지만, 중국의 문제는 부채비율이 급격히 증가한 것에 비추어 그 추세가 미래의 경제위기를 촉발할 수 있다는 것이다.[1] 2006년 말부터 2016년 중반 사이 중국의 비재정 분야(nonfinancial sector) 전체 부채는 GDP 대비 143%에서 254%로 증가했는데, 그 모든 부채 중 가장 큰 부분은 회사부채가 차지했다. 그것은 2016년 17.8조 달러였다.[2] 부채가 발생하는 또 다른 이유는 지방정부가 금융권으로부터 많은 자금을 빌려 경쟁적으로 자기 지역 인프라 건설을 추진하는 데서 유래한다. 2015년

---

1) 2016년 가계, 회사, 정부 부채 모두를 합산할 경우, 일본의 총부채는 대략 GDP의 400%, EU는 270%, 중국과 미국은 250%, 한국은 240% 수준이다. 반면 정부 부채만을 계산할 경우, 대략적으로 일본은 GDP의 240%, EU는 110%, 중국 40%, 미국 105%, 한국은 45% 수준이다. Morrison, China's Economic Rise, (Updated June 25, 2019), p. 33.

2) 중국 회사부채는 2006년 GDP 대비 107%에서 2016년 171%로 64% 포인트 증가했다. 달러가격으로 2007-2016년 기간 중국의 회사부채는 3조 달러에서 17.8조 달러로 14.8조 달러 증가했는데, 그것은 미국 회사부채 13조 달러 수준을 넘어서는 양이다.

지방정부로 인한 부채는 4.3조 달러인데, 지난 수년 간 중앙정부가 지방정부 부채를 구조조정하고 대출제한을 시도한 것은 아직까지는 부분적 성공만을 가져왔다. 그 이유는 중앙에서나 지방에서나 마찬가지로 지방발전을 도외시 할 수 없는 당위성이 존재하기 때문이다. 중국경제가 직면하는 세 번째 문제는 환경오염이다. 그동안 14억 인구를 가진 중국은 가난에서 벗어나고 최소한 수준의 경제로 발돋움하기 위해 모든 방법을 동원해 경제발전을 시도했고, 그 과정에서 불가피하게 우선순위에서 밀린 환경오염은 더 악화되는 경향이 있었다. 그중에서도 중공업 발전은 많은 환경오염의 원인이 됐는데, 그것은 근대화를 추진하는 대부분의 제3세계, 그리고 과거 산업선진국들도 겪은 현상이었다. 2000~2016년 세계 이산화탄소 배출량의 60%는 중국 책임이었고, 중국 내 500대 도시 중 5개만이 WHO가 권고하는 공기 질 기준을 충족시키며, 중국 모든 도시의 90%는 수질오염 문제를 겪고 있었다. 이제 중국 정부는 석탄 사용을 줄이고, 오염 유발 공장을 도시로부터 이전하며, 환경법을 엄격하게 시행하려 노력할 것이라고 말한다. 외국 전문가들 역시 환경오염으로 인한 장기적 사회경제 비용을 줄이기 위해서 중국이 이산화탄소 배출량이 적은 선진 산업발전으로 전환하고, 지속가능 경제성장을 위해 혁신과 R&D에 더 많이 국가재원을 할당해야 한다고 조언했다. 마지막 문제는 중국의 노동인구 감소 및 고령화와 관계된 것이다. 지난 수십 년간 1가구 1자녀 정책에 따라 중국의 평균 출산율은 2012년 1.6명으로 하락했고, 그로 인해 오늘날 노동 적령기 인구는 현저하게 줄어들었다. 2011년 16~59세 노동 가능인구는 9억 4천 45만 명이었는데, 2012년 그 숫자는 9억 3천 7백만 명, 그리고 2018년 8억 9천 7백만 명으로 감소했다. 2015년 말 전국인민대표대회가 2명 자녀 정책을 승인했음에도 불구하고 중국 정부는 2050년까지 노동가능 인구 숫자가 7억 명으로 축소될 것으로 예상했다.[1] 반면 2019년 현재 60세 이상의 중국인은 1억 8천만 명이고, 그 숫자는 2030년까지 인구의 27%인 3억 6천만명으로 증가할 것으로 예측됐다. 그런 복합적 상황은 건강보험과 노인복지 확대, 기업과 개인의 생산성 증대를 요구할 것이다. 인구와 관련된 문제는 그렇게 중국의 미래성장에 부정적 영향을 미칠 것이다.[2]

---

1) Jamil Anderliniin & Ed Crooks, "Chinese Labor Pool Begins to Drain," Financial Times, (January 19, 2013)
2) Morrison, China's Economic Rise, (Updated June 25, 2019), pp. 25－30, 32－33.

(4) 새로운 추세와 경제동력

중국은 기술혁신과 민간소비를 강조하는 새로운 경제성장 모델을 시도하고 있는 것으로 판단됐다. 그 이유는 그런 개혁이 없이는 중국이 중간소득 함정(middle-income trap)에서 벗어나 지속적 경제발전을 이루기 어려울 수 있기 때문이다.

1) 방향전환의 임시지표

지난 수십 년간 중국의 경제성장은 높은 저축률, 고정투자, 수출에 근거해 진행됐다. 중국의 저축률은 민간, 기업을 다 합쳐 세계 최고 수준이었고, 그 자금은 모두 투자로 유입됐다. 수출상품과 관련된 고정투자와 순수 수출은 GDP 성장의 60% 이상을 차지했다. 그것은 G-7 국가의 16%, EU의 30%, 다른 아시아 국가들의 35%보다 훨씬 높은 수치였다. 그 가운데 국민들의 소비는 심하게 제한됐고, 기본 인프라, 사회안전망, 사회복지의 진전은 미약했다. 그러나 GDP 성장률이 더 이상 증가하지 않는 상황에서 중국은 저축, 성장, 수출 위주의 경제에서 방향전환을 시도하는 것으로 보인다. 2000~2014년 GDP 성장의 최대 기여요소는 고정투자였지만, 2015~2016년 그 요인은 민간소비로 대체됐다. 2010~2016년 GDP 대비 51.8%이던 저축률은 6% 정도 하락했고, GDP 대비 45.2%인 고정투자 비율은 2.8% 하락했으며, 반면 민간소비는 35.6%로부터 3.1% 증가했다. 또 2010~2016년 산업산출이 46.4%로부터 6% 하락하는 사이, 서비스 산출은 44.1%에서 7% 증가해 51.1%를 기록했다. GDP 성장에서 무역의 비중도 작아졌는데, 2006~2016년 상품과 서비스 수출은 GDP 대비 38.3%로부터 20.5%로 축소됐다. 현금계정 흑자는 2007~2016년 9.9%에서 7.5% 하락해 2.4%에 머물렀다. 그 흑자규모 축소는 2008년 시작된 지구적 경제 대침체에 의한 것일 수 있지만, 민간소비 증가의 결과일 수도 있을 것이다. 중국의 민간소비는 지난 10년 간 주요경제 중 가장 빠른 비율로 연평균 8.9% 성장했는데, 그것은 미국 소비증가율의 5.6배에 달하는 수치였다.[1]

2) 미래 경제전략

2013년 진수된 일대일로(BRI: Belt and Road Initiative) 프로젝트는 중국의 미래 경제

---

1) Morrison, China's Economic Rise, (February 5, 2018), pp. 34-38.

전략에서 대외부분과 관련된 가장 중요한 사업이다. 그것은 육로와 해로 방향으로 중국을 아시아, 아프리카, 유럽 국가들과 연결시키고 그 나라들의 인프라 발전을 도우면서 그들과의 경제 연계성(connectivity)을 진작시키는 목적을 띤다. 그 프로젝트는 높은 수준에서 중국의 해외로의 진출을 도울 것인데, 왜냐하면 중국이 외국의 인프라 건설을 돕는 가운데 재정, 교통, 수송 등의 산업발전을 포함해 그들과의 경제, 그리고 심지어 정치관계가 자동적으로 강화될 것이기 때문이다. BRI는 실제에 있어서는 미국이 과거 냉전시대 근대화를 통해 전 세계 수많은 나라들과 교류하면서 그들을 브레튼우즈 경제체제로 불러들이고 자유민주주의로 전환시킨 것과 비슷한 형태를 띤다. 그래서 상당수의 전문가들은 BRI의 실제 목표는 참여국들과의 무역활성화, 재정 및 인적교류, 정치협력을 통한 중국의 정치적 패권 장악이고, 반면 인프라 건설의 중요도는 작은 일부분이라고 분석한다. 2019년 4월 현재 BRI에 참여한 국가는 125개국인데, 중국이 그 사업에 지출할 비용은 4~8조 달러 규모로 추정되고 있다.[1] 2014년 10월 베이징이 창설한 1천억 달러 규모의 '아시아 인프라투자은행'(AIIB: Asian Infrastructure Investment Bank)은 중국의 BRI 사업에

_브릭스 2014

필요한 재정확보와 지출을 지원할 것이다. 또 BRI, AIIB 이외에도 중국은 해외 경제사업, 그리고 그를 통해 정치적 연계를 창출하기 위해 2014년 7월 브릭스(BRICS) 국가들과 함께 1천억 달러 규모의 '신개발은행'(New Development Bank)을 창설했다. 그 다자은행 역시 AIIB와 비슷하게 인프라 프로젝트 자금지원을 포함해 회원국 경제협력, 그리고 장기적으로는 정치관계 강화를 목표로 했다.[2]

1) 2017년 현재 중국은 BRI에서 86개 국가, 또 일부 국제기구와 100개 사업을 공동추진하기로 합의한 상태였다. Susan V. Lawrence, Caitlin Campbell, Rachel F. Fefer, Jane A. Leggett, Thomas Lum, Michael, F. Martin, Andres B. Schwarzenberg, U.S.−China Relations, CRS Report, R45898, https://crsreports.congress.gov, (August 29, 2019), p. summary

2) Morrison, China's Economic Rise, (February 5, 2018), p. 47; AIIB는 공식적으로 아시아의 사회, 경제결과를 증진시킬 임무를 가진 다자 개발은행(multilateral development bank)으로 규정된다. 베이징에 본부를 둔 그 기구는 2016년 1월 임무를 시작했고 2020년 현재 전 세계적으로 102개 회원국을 보유한다. 아시아와 그 너머에서 유지가능한 인프라와 기타 생산성 높은 분야에 투자함으로써, AIIB는 인간, 서비스, 시장을 더 잘 연계시키고 그것은 시간이 가면서 수십억 인구의 생활에 영향을 주고 더 나은 미래를 건설할 것이라고 말한다. AIIB: Home, https://aiib.org

반면 중국의 내부 경제전략에서 우선적으로 중요한 비중을 차지하는 것은 2015년 5월 국가계획위원회가 발표한 '중국제조 2025'(MIC 2025: Made in China 2025) 구상이다. 그 프로젝트의 목표는 혁신, 다양한 테크놀로지 확보, 생산성 증대, 외국기술에 대한 의존 축소를 통해 중국경제가 더 현대화되고 중국 산업이 해외에서 더 경쟁력을 갖게 만드는 것이다. 예를 들어 베이징은 2025년까지 제조업 부품 국산화를 70% 수준까지 끌어올릴 것이라고 말한다. 2025년까지 달성시켜야 하는 다른 몇몇 과업은 정보통신, 철도, 전력발전 장비에서 세계 선두위상을 차지하고, 그에 추가해 로봇공학, 신생 에너지 차량산업(new energy vehicles industries)에서 세계 2~3위에 도달하는 것이다.[1] 혁신적 제조업 테크놀로지, 또 '스마트 제조방식'(smart manufacturing)을 활용하는 '중국제조 2025'는 제조업 가치사슬(value chain)에서 중국을 더 높은 위치에 올려놓을 것이다. 그러나 중국의 기술혁신, 생산성 증대, 경제현대화 시도는 '중국제조 2025'에서 끝나지 않고, 그것은 오히려 중국을 선두 제조업 파워로 전환시키는 더 큰 3단계 전략의 첫 번째일 뿐이다. 두 번째 단계인 2035년까지 베이징이 표방하는 목표는 세계 제조업 주요영역에서 돌파구를 창출하고, 혁신능력 증진과 경쟁력 강화를 통해 혁신산업의 지구적 리더가 되는 것이다. 세 번째 단계인 2049년까지의 목표는 중국이 세계 제조업 선두국가(leader)로서 혁신을 이끌고, 주요 제조업 영역에서 경쟁적 이점을 보유하며, 첨단 테크놀로지와 산업시스템을 발전시키는 것이다. 중국은 공산당 창당 100주년 기념해인 2049년까지 모든 산업목표를 달성할 것이라는 거대한 계획을 표방한다.[2]

2017년 11월 제19차 당 대회 보고 당시 시진핑은 베이징 당국의 원대한 경제구상에 관해 다음과 같이 설명했다. 중국은 2050년까지 모든 측면에서 소소하게 번영하는 '소강사회'를 건설할 것이다. 목표달성을 위해 경제혁신과 현대화, 민간소비와 서비스 증진, 그리고 모든 빈부격차의 축소를 추진할 것이다. 경제현대화를 위해 혁신발전, 신 성장산업 개발, 첨단산업 및 제조업 발전, 국제기준에 맞는 서비스산업 증진이 필요한데, 그것은 모두 중국기업을 경쟁력 있는 세계적 기업으로 전환시킬 것이다. 정부는 한 차원 높은 경

---

1) 미국은 그 사업에 대해 우려하는데, 왜냐하면 워싱턴은 그것이 WTO 규정에 어긋나는 지나친 국내산업 보호, 과도한 정부지원, 해외로부터의 기술이전, 그리고 중국 시장으로부터 외국기업을 배제하려는 의도를 갖고 있다고 평가하기 때문이다. 2017년 미국 무역대표부(USTR)는 중국-WTO 관련 연례보고서에서 그 프로젝트는 WTO 회원국들의 자국 산업지원과는 재원규모, 차원이 다르고, 그것은 산업생산량을 과도하게 증대시켜 시장을 왜곡할 위험이 있다고 경고했다.

2) Wayne M. Morrison, The Made in China 2025 Initiative: Economic Implications for the United States, CRS, IN FOCUS, (Updated August 29, 2018), p. 1.

제자유화를 통해 자유로운 무역과 투자, 개방된 시장접근, 국내외 기업에 대한 공정한 대우를 보장할 것이다. 동시에 정부는 국가자산의 효율적 운영, 국유기업의 전략적 구조개혁을 통해 국가자본이 더 성장할 수 있는 여건을 마련할 것이다.[1]

04 군사력 발전

_중국 인민해방군

지난 오랜 기간 중국 인민해방군(PLA: People's Liberation Army)은 국방발전을 위해 많은 노력을 기울였다. 가장 대표적인 군사력 발전방향은 기술력이 부족한 보병 집약적 군대로부터 첨단기술로 무장된 해, 공군과의 합동작전, 그리고 네트워크화 된 전력으로의 전환시도였다. 2004년 후진타오는 중국군의 '새로운 역사적 임무'(New Historic Mission)에 관해 몇 가지를 강조했는데, 그것은 당에 대한 PLA의 충성, 중국의 주권, 영토통합과 경제발전의 보장, 우주, 사이버 공간, 해상에서의 국익보호, 그리고 국제안보협력을 통한 갈등방지를 포함했다. 그것은 PLA가 모든 차원에서 당, 국가, 인민의 이익을 보호, 보장해야 한다는 것을 의미했다. 2005년 이후 PLA는 군사작전 범위를 확대하고 대만, 동중국해를 넘어 동아시아에서 선도적 군사역할을 하려는 것으로 보였다. 시진핑 역시 PLA가 중국의 국익을 보호하고 세계 수준의 군대로 거듭나기를 원했다. 2012년 11월 권력을 장악하면서 시진핑은 PLA 발전의 중요성에 대해 말하고 일부 체제개편을 추진했다. 그는 PLA를 더 능력 있는 군대로 만들기 위해 군대 내 태만, 부정행위를 척결할 것이라고 말했다. 2014년 시진핑은 PLA 최고위 장성들을 소집한 회의에서 원칙적으로 CCP가 군 조직에 대한 절대적 권리를 보유하고 있다는 점을 상기시켰다.[2] 그때 그는 당―군 관계에 대해 많은 것을 이야기했는데, 특히 소련 해체 당시 당과 군의 취약한 관계에 대해 설명하면서 당과 군이 분리되지 말아야 하고 PLA는 어떤 경우에도 CCP를 지지

---

1) Morrison, <u>China's Economic Rise</u>, (Updated June 25, 2019), pp. 33−34.
2) 마오쩌둥도 1929년 푸젠(Fujian)성 구티안(Gutian)에서 군대에 대한 당의 절대적 권리를 강조했다.

해야 한다고 강조했다. 군 구조 개편과 관련해, 2015년 그는 PLA의 30만 병력을 감축해 200만 군대로 재조직할 것이라고 선언했고, 2016년에는 PLA 전구(theater command)를 7개에서 동부, 남부, 서부, 북부, 중부의 5개 전구로 재편했다. 또 그는 PLA의 4개 독자적 군 정치부서를 폐지하고 그것들을 당 중앙군사위원회(CMC)에 직접 보고하는 15개 단위 부서(agencies)로 재편했다.[1]

중국 인민해방군은 지상군, 해군, 공군, 미사일군의 4군, 그리고 병참, 우주 및 사이버능력, 정보기술(IT) 발전을 책임지는 전략지원군(Strategic Support Force)으로 구분된다. 2016년 현재 PLA 병력은 (아직) 총 233만 3천 명이었다. 그 중 약 2/3는 지상군으로 그 숫자는 160만 명이고, 해군은 23만 5천 명, 공군은 39만 8천 명, 미사일군(제2포병)은 10만 명이다. 그 밖에 PLA 예비군은 51만 명이고, 준 군사력으로 간주되고 국내 폭동진압을 책임지는 인민무장경찰(PAP: People's Armed Police)은 66만 명에 달했다. 시진핑은 거시적 차원에서 '중국몽'의 실현을 위해 군사력 발전을 추구하는데, 그것은 중국의 국제적 위상에 걸맞고 모든 차원의 국익을 방어할 수 있는 강력한 군사력 건설을 의미한다. 구체적으로 그가 군사개혁, 군사현대화에서 추구하는 것은 효율적 통합지휘체계, 무기체계 선진화, 실제전투를 반영하는 군사훈련, 군 기율강화, 질 좋은 병력을 포함하는 전력증강이다. 후진타오로부터 시진핑으로 리더십이 이양되면서 PLA의 군사목표는 커다란 지속성을 드러내고, 무기체계 현대화와 전력증강은 증대되는 국방비를 토대로 안정적으로 진행되고 있다.[2]

(1) 인민해방군 대외활동과 군사전략

그동안 PLA는 활발한 대외활동을 전개해 왔다. 중동, 아프리카에 초점을 맞추면서 30개 임무를 수행하는 평화유지활동(PKO)에는 2만 명 이상의 PLA 병력을 배치했고, 양자, 다자 형태의 연합 군사훈련은 그 목적에 따라 SCO 국가들뿐 아니라 호주, 베트남, 파키스탄, 러시아, 프랑스, 미국 등 다양한 파트너를 대상으로 추진했다. 국가 간 분쟁에서

---

1) 2019년 현재 PLA는 약 2백만 명 상비병력을 유지한다. Edward Wong, Jane Perlez, Chris Buckley, "China Announces Cuts of 300,000 Troops at Military Parade Showing Its Might," The New York Times, (September 2, 2015); Shannon Tiezzi, "It's Official: China's Military Has 5 New Theater Commands," The Diplomat, (February 2, 2016)

2) Ian E. Rinehart, The Chinese Military: Overview and Issues for Congress, CRS Report 7–5700, R44196, (March 24, 2016), pp. 2–3.

군사력 사용이나 그 위협이 필요할 경우에는 PLA가 직접 나서서 문제해결을 시도하는데, 예컨대 후진타오, 시진핑 시기 모두 중국해군은 남중국해, 동중국해에서 상대방을 물러나게 만드는 위력을 과시했다. 군사전략은 아직도 '적극방어'(active defense)에 그 뿌리를 두고 있고, 그 틀 하에서 후진타오 시대 도입되고 첨단지휘통제체계(C4ISR: Command, Control, Communication, Computers, Intelligence, Surveillance, and Reconnaissance)와 (미군 형태의) 네트워크 중심 전쟁을 중시하는 세부 군사전략인 '정보화된 조건 하의 전투'는 시진핑 시대에도 그대로 유효하다.[1] 그러나 적극방어 개념과 관련해서는 약간의 논란이 존재한다. 그것은 상대방으로부터 공격받지 않으면 중국군이 먼저 공격하지 않는다는 원칙을 말하지만, PLA는 그것이 전략적으로는 방어적 성격을 띠고 있지만 구체적 전술차원에서는 공격적일 수 있다고 말한다. 그 애매한 설명과 관련해, 전문가들은 만약 중국이 적국의 비군사적 행동을 전략적 위협으로 판단하면 PLA가 선제공격을 가할 수 있을 것으로 믿는다. 핵전쟁의 경우도 비슷하다. 중국은 절대로 선제 핵공격을 가하지 않는다고 말하지만, 전문가들은 그것 역시 필요에 따라 절대 불가능한 것은 아닐 것으로 보고 있다. 그것은 부분적으로는 2000년대 푸틴의 처음 두 번 집권 시기 재래식 전력이 너무 취약해 러시아군이 원래의 핵 선제 불사용 전략을 넘어 핵전력 위주의 군사전략에 의존한 것과 비슷할 것이다. 그래도 중국이 핵전력을 선제적으로 사용할 경우는 현실에서는 상정하기 어려운데, 왜냐하면 미국이 비록 핵전력에서 훨씬 우월하지만 베이징에 중국의 생존과 관련된 위협을 가할 일은 없을 것이기 때문이다.[2]

(2) 무기체계 현대화와 전력증강

후진타오 시대 PLA는 재래식 군대를 첨단기술과 네트워크화 된 현대식 전력으로의 전환을 추구하는 군사현대화를 추진해 오면서 합동작전, 해상 및 정보영역 능력, 사이버 및 우주작전, 그리고 궁극적으로 힘의 투사를 강조했다. PLA는 이제 원거리 작전이 가능한 해군이 입증하듯 점차 지구적 차원의 군대가 되어가고 있다.[3] 시진핑은 PLA가 더 많이 발전하기를 원한다. 더 복잡하고 광범위한 일련의 임무수행이 가능해지면서, PLA는

---

1) 장쩌민 시대의 군사전략은 '적극방어' 개념 틀 하에서 '하이텍 조건 하의 국지전' 개념을 강조했다.
2) Office of the Secretary of Defense, Annual Report to Congress, (2013), pp. 1–4, 11, 15–16; Rinehart, The Chinese Military, (March 24, 2016), pp. 2, 8.
3) PLA는 아덴만에서 대해적 순찰임무, 남중국해와 인도양에서 정기순찰을 실시하고, 2017년에는 지부티에 사상 최초로 해외 군사기지를 설립했다.

단기적으로는 정보전쟁, 지역을 넘어서는 기동성, 장거리 작전능력, 전략공군력 투사, 그리고 전략 핵 억지능력 증진을 추구한다. 2015년 중국 국방백서는 군사현대화와 관련한 여러 미래 기대를 열거했는데, 그것은 먼 지역에서의 국제 안보협력과 확대되는 국익보호를 위한 육, 해, 공군 합동작전 시행을 포함했다.[1] 그러나 시진핑은 PLA에 더 구체적인 장기적 차원의 지침을 하달했다. 그것은 2035년까지 중국군이 현대화를 마무리 짓고 2049년까지 세계수준의 군대로 재탄생해야 한다는 야망의 지시였다. 그의 가이드라인을 반영하듯 2019년 중국 국방백서에서 PLA는 중국의 국제적 위상에 걸맞고 그 안보 및 발전이익에 요구되는 국방력 강화와 강력한 군사력 건설을 추구할 것이라고 선언했다. 실제 중국은 선진화된 군대로 거듭나기 위해 자동 무인시스템, 진로변경이 가능한 초음속 미사일, 그리고 인공지능과 같은 최첨단 군사기술에 엄청난 자금을 투자하고 있고, 그 추세는 계속 가속화된다. 주변의 우려를 의식하는 PLA는 중국군은 '평화발전'(peaceful development)이라는 가장 큰 국가 원칙에 따라 공격이 아닌 방어적 군사태세를 유지하고 다른 나라 지배를 의도하지 않는다고 주장한다. 그러나 PLA의 설명과는 달리 미국 펜타곤은 인민해방군이 미국의 기술적 우위를 부식시킬 능력을 개발하는 것으로 판단한다. 중국은 점차 우주, 공중, 사이버공간, 그리고 재래식 전쟁을 포함하는 여러 영역에서 미국의 우위에 도전하고 있다. 그 추세는 계속 강화될 것이고, 그 과정은 중국 군대를 더 강력한 지구적 세력으로 위치시킬 것이다.[2]

1) 핵 및 탄도미사일 전력

후진타오 시기 PLA는 제2포병(Second Artillery) 관할 하에 핵 및 탄도미사일 전력증강을 추구했다. 그 과정에서 다양한 사거리의 미사일이 배치됐다. 대만을 겨냥해서는 주로 재래식 탄두의 단거리 미사일(SRBM: Short Range Ballistic Missile) 1천 1백기가 배치되고, 중거리 미사일(MRBM: Medium Range Ballistic Missile)은 인근 아태지역과 서태평양의 미 항모를 겨냥해 DF-21과 DF-21D 대함 탄도미사일(ASBM: Anti-Ship Ballistic Missile), 그리고 장거리 미사일(ICBM)의 경우는 (신속성 보장을 위해) 고체연료를 사용하고 미국에 도달할 수 있는 동풍-31(DF-31), 동풍-31A(DF-31A)가 배치됐다. 시진핑 시기에도 (과거 제2포병인) PLA 로켓군(PLARF; PLA Rocket Force)은 (핵 및 재래식) 탄도미사

1) Rinehart, The Chinese Military, (March 24, 2016), p. 7.
2) Lawrence, Campbell, Fefer, Leggett, Lum, Martin, Schwarzenberg, U.S.-China Relations, (August 29, 2019), pp. 27-28.

일의 생존성, 사거리, 정확도를 증진시키기 위해 계속 노력한다. 그들은 구식 미사일의 정확도 제고를 통해 성능을 향상시키고, 적의 미사일방어망(MD) 회피를 위한 최첨단 극초음속 미사일(boost-glide hypersonic missiles)을 포함해 새로운 클래스와 변형된 공격미사일을 개발하고 있다. 그동안 PLA는 대만을 겨냥해 1백기의 SRBM을 추가로 배치했고, 더 선진화된 새로운 형태의 SRBM과 MRBM은 PLA의 아태지역 공격능력을 훨씬 증대시킬 것이다. 사거리 확대를 위한 PLARF 핵심전력은 DF-21인데, 그것은 최소 사거리 1,750Km이고 그 변형인 DF-21D는 아태지역에서 PLA의 공중, 해상지배를 도울 것이다. 미국은 특히 DF-21D를 우려하는데, 그 이유는 그 공격속도가 최소 마하 5에서 최대 마하 10까지 증가했을 뿐 아니라, 그것이 필요한 순간 진로변경이 가능해 미 항모 및 기타 함정이 그 공격을 막아내기 어렵기 때문이다. PLA가 개발한 A2/AD 능력을 막기 위해 미군은 '공중-해상 공격'(Air-Sea Battle) 작전개념을 도입했다. 그러나 최근 펜타곤은 A2/AD뿐 아니라 PLA의 모든 미사일 공격을 무력화시키기 위해 지상 및 해상배치 레이저 무기, 그리고 과거 레이건 대통령 시기 추진되던 '별들의 전쟁'(Star Wars) 형태의 우주배치 레이저 무기를 개발 중이고, 그것은 멀지 않은 시기에 완성을 앞두고 있다.[1] 한편 PLARF가 보유한 50~60기로 추정되는 핵 ICBM의 다탄두(MIRV) 공격기술 수준 역시 계속 향상되는데, 2019년 PLA는 모든 면에서 성능이 향상된 DF-41을 실전 배치했다. 중국의 잠수함발사 탄도미사일(SLBM: Submarine Launched Ballistic Missile) 능력도 계속 향상된다. 펜타곤은 2015년 사거리 7천 4백 킬로미터의 쥐랑-2(JL-2) SLBM을 PLA의 "최초로 신뢰할 수 있는 해상배치 핵억지"로 묘사했다. 그러나 중국이 추진 중인 자국 방어를 위한 MD는 아직 선진단계에 이르지 못했다. 베이징은 또 '최소한의 억지'(minimum deterrence) 핵전략을 공식 채택하고 있지만, 1991년 중국이 핵분열물질 생산을 중단하기 이전까지 보유한 고체연료 분량은 핵탄두 200~300개 제조가 가능한 수준으로 알려져 있다. 베이징은 필요하다면 언제든 핵미사일과 핵탄두 숫자를 늘릴 수 있을 것이다.[2]

2) 우주능력

강대국들의 우주에서의 경쟁은 치열하다. 그들은 모두 감시, 정찰, 항해, 통신 목적

---

1) 2020년 5월 미 국방성은 미 해군함정의 실험에서 레이저 무기가 가상 적의 전투기와 드론을 성공적으로 격추했다고 발표했다.

2) Office of the Secretary of Defense, Annual Report, (2013), p. 5; Rinehart, The Chinese Military, (March 24, 2016), pp. 15-17, 31.

으로 수많은 상업, 군사용 위성을 우주에 배치, 사용하는데, 중국은 세계에서 가장 빨리 우주 프로그램을 진전시키는 나라 중 하나이다. 중국은 후진타오 집권기 통신위성, 연결위성, 원거리 감지위성을 포함해 수십 개의 위성을 쏘아 올렸고, 베이징이 가장 신뢰하는 체계는 2000년 처음 발사된 이후 위치, 메시지 서비스 등 다양한 서비스를 제공하는 '베이더우 항법위성 시스템'(BDS: Beidou Navigation Satellite

_베이더우 항법위성 시스템

System)이다. C4ISR과 네트워크 전쟁에 의존하는 미국은 군사력 사용에 있어서 우주자산을 많이 동원하는데, 그 사실을 충분히 인지하는 PLA는 잠재적국 능력에 조금이라도 더 근접하기 위해 계속 위성체계 개발을 서두르는 한편 경쟁국들의 위성사용 역량을 잠식하기 위해 에너지 집약적(energy-directed) 무기와 위성 방해전파(jammers) 능력개발에 박차를 가한다. 시진핑 시기에 중국은 위치파악, 정보, 통신, 감시, 정찰의 군사목적으로 70개 이상의 위성을 활용한다.[1] 2020년 6월 베이더우(BDS) 항법체계의 세 번째 마지막 발전단계가 마무리되면서, 지구적 차원으로 확대되는 그 작동범위는 PLA에 원거리 군사작전을 위한 적의 위치추적, 정밀타격 유도무기 공격을 가능케 할 것으로 예상되고 있다. 제3세대 BDS는 세계 선두를 달리는 미국, 러시아, 유럽의 우주자산 못지않은 군사역할을 제공할 것이다. 중국의 지위안(Ziyuan), 야오간(Yaogan), 환징(Huanjing), 하이양(Haiyang) 위성 시리즈는 티안리엔(Tianlian) 데이터전송 위성시스템과 연결돼 PLA가 필요로 하는 상당수준의 원거리 감지능력을 제공할 것이고, 쉬지안(Shijian) 시리즈는 PLA의 지상배치 전자정보 능력증대에 활용될 것이다. 또 중국은 2008년 하이난 섬에 우주선 제조, 발사, 지휘통제를 위한 위성발사센터 건설을 시작한 이후 유인 우주로켓 발사, 그리고 우주에서 물체수송을 목적으로 하는 대장정-5 로켓을 개발해 왔는데, 베이징은 조만간 달에 착륙하는 유인우주선 발사가 이루어질 것이라고 말한다. 우주능력 개발을 위한 그 모든 시도는 PLA의 작전능력을 계속 강화시킬 것이다.[2]

---

1) 종싱 통신위성(Zhongxing communications satellites)은 민군 범용목적으로 사용되는데, 그것은 PLA 군사통신에서도 큰 역할을 수행한다.
2) 미국 트럼프 대통령은 러시아, 중국과의 우주경쟁에서 선두를 지키기 위해 2019년 9월 미 우주항공사령부 창설을 발표했다. Office of the Secretary of Defense, Annual Report, (2013), p. 9; Rinehart, The Chinese Military, pp. 17-18.

3) 사이버 능력

중국은 컴퓨터 네트워크를 사용하는 사이버 능력증진을 군사현대화 핵심 중 하나로 인식한다. 그 이유는 사이버 작전이 경쟁 상대국의 중요한 기밀을 알아내고, 적을 교란시키며, 일단 유사시에는 전력강화 기능에 결정적으로 기여하기 때문이다. 제2차 세계대전 당시 전파 감시를 통해 연합국과 추축국이 서로 상대방의 암호를 해독하고 군대의 행보를 탐지한 것이 고전적인 예일 것이다. 중국에서 사이버 전력을 담당하는 부대는 1990년대에 처음 조직됐다. 그 이후 사이버전 부대는 후진타오 임기 초 2003년을 기점으로 PLA 지상군에 통합됐고, PLA의 모든 사이버 활동에 관한 책임은 지상군 정치부(General Department) 제3국에 부여됐다. 그 맥락에서 베이징 '북부 컴퓨터센터'(North Computing Center)가 사이버 활동을 구체적으로 계획, 조정하면서 외국 컴퓨터 네트워크에 침투하고 적으로부터의 침입방지 작전을 시행했다. 그 이후 2016년 시진핑 치하에서 PLA와 군 정치부 재조직에 따라 사이버 및 우주활동에 관한 총괄책임은 새로이 설립된 전략지원군(Strategic Support Force)에게 이양됐다. 그러나 실제 모든 사이버 활동이 PLA에 의해서만 이루어지는 것은 아니다. 중국 정부와 PLA가 개입해 있는 사이버 활동에 대한 공식구분이 애매한 상태에서, 중국 내에는 대체로 세 가지 형태의 사이버 전력이 존재한다. 그것은 PLA의 승인에 근거해 정부 내에 존재하는 사이버 작전 전문가 팀, PLA 자체 내의 특수 네트워크 전쟁전력(warfare force), 그리고 애국적 해커와 같은 민간인들에 의한 사이버 민병대(militia)이다. 또 부분적으로 PLA 내에는 준 독자적으로 행동하는 많은 사이버 작전세력이 존재하고, PLA가 관계돼 있는 민간영역의 사이버 활동 중에는 중국 방산업체가 미국 국방성을 포함해 전 세계를 대상으로 벌이는 국방정보 및 군사기술 탈취와 같은 행동이 포함된다.[1]

4) 해군

중국해군(PLAN: PLA Navy)은 인근지역에서 가공할 만한 군사력으로 등장했고, 서태평양, 인도양, 유럽해역을 포함해 더 넓은 원거리지역에서 더 많은 군사작전을 실시한다. 미국은 중국의 해군력 증대가 냉전 종식 이후 미 해군이 누려오던 대양(blue-water)

---

[1] 2014년 5월 미 법무부는 PLA 소속 일부 인원이 미국 국방기밀과 군사기술 획득을 위해 사이버 스파이 행위를 행하고 있다고 밝혔다. Rinehart, The Chinese Military, (March 24, 2016), p. 19.

전투, 특히 서태평양 해상통제권에 대한 최초의 도전을 제기할 것으로 예상한다. 해군 현대화는 다양한 능력개발을 지향하는데, 그것은 대만 상황의 통제, 남, 동중국해 영토 주장 방어와 남중국해 지배능력 강화, 200마일 배타적 경제수역(EEZ) 내에서 외국군 군사행동 통제, 서태평양에서 미국 영향력 대체, 그리고 선도적 지역파워와 주요 세계파워로서의 위상 확보를 포함한다. PLAN의 추가적 임무는 (해적소탕을 포함해) 해상안보작전 실시, 외국으로부터 자국민 소개(evacuation), 그리고 인도주의 지원 및 재난구조(HA/DR: Humanitarian Assistance/Disaster Response) 작전의 시행이다. 다양하고 광범위한 목표달성을 위해 중국해군은 무인함정(UVs: Unmanned Vehicles)을 포함해 성능을 증진시킨 새로운 함정을 개발하고, 원거리 해상교통로 작전을 위해 전력을 현대화하는 중이다. PLAN이 중점적으로 추진하는 사업은 더 우수한 성능의 잠수함, 함정, 항모를 생산하고, 해군 함정을 현대식 대함 순항미사일(ASCM: Anti−Ship Cruise Missile), 대함 탄도미사일(ASBM: Anti−Ship Ballistic Missile)로 무장시키는 일이다. 해군은 또 항모 선단과 함께 육, 해, 공 합동작전 능력을 증대시키기 위한 노력을 기울인다.[1]

2013년 PLAN은 55척 이상의 잠수함을 가동했고, 그것은 JL−2 미사일을 장착한 진 클래스 잠수함(SSBN, type 094) 3척, 상 클래스 공격잠수함(SSN, type 093) 2척, 그리고 주력기종인 대다수 디젤 잠수함(SS)으로 구성돼 있다. 잠수함 숫자는 2016년까지 62척으로 증가했는데, 진 클래스 핵추진 탄도미사일 잠수함이 4척, 상 클래스 핵추진 잠수함이 4척 새로 건조됐다. 디젤추진 잠수함(SS/SSP)은 53척에 달했다. 중국해군은 또 대함 공격능력을 증진시키고 은밀한 지상 공격무기 제공을 목적으로 095 타입 SSBN을 개발 중이었고, 상 클래스 잠수함은 향후 10년에 걸쳐 낡은 공격 잠수함(type 091)을 대체하는 목적을 띠었다. PLAN은 2020년까지 잠수함을 최대 78척까지 증대시킨다는 계획을 표방했다. 수상함 전력의 경우는 규모는 줄이고 질적 능력은 제고시키는 추세를 보인다. 유도미사일(guided−missile) 구축함 중에서 (루다 클래스 구축함을 대체할) 루양−3(Luyang−III, 052D) 구축함과 지앙카이−2(Jiangkai−II, 054A) 프리깃함은 첨단 ASCM, 지상공격 순항미사일(LACM: Land Attack Cruise Missile)과 센서를 장

_산둥항모

1) 해군 현대화의 자세한 논의를 위해서는 Ronald O'Rourke, <u>China Naval Modernization: Implications for U.S. Navy Capabilities− Background and Issues for Congress</u>, CRS Report 7−5700, RL33153, (August 1, 2018)을 참조할 것

착하고 PLAN의 대함 전투능력과 공중방어 능력을 증대시킬 것이다. 최대 30척 추가 건조가 계획되어 있는 지앙다오(Jiangdao) 클래스 코르벳(corvette)은 작으면서 신속기동의 장점을 활용해 중국 해안에서 적 수상함의 위협을 막아내는 임무를 수행할 것이다. 그동안 중국해군에서 가장 큰 취약점이던 항공모함의 경우, PLAN은 2012년 9월 이후 5만 톤 규모 랴오닝호를 운영해 왔고 2019년 12월 자체 제작하고 J-15 함재기 40여 대를 탑재할 수 있는 산둥함을 취역시켰다. 중국이 항모를 계속 더 추가 생산한다면, 그것은 PLAN을 지구적 차원의 능력 있는 대양해군으로 발전시킬 것이다. 한편, PLAN이 특히 중시하는 것은 해군을 위한 순항미사일 개발이다. PLAN은 최근 미군이 보유한 대함순항미사일(ASCM)보다 사정거리가 더 긴 ASCM, YJ-18을 개발했다. PLAN은 또 기존의 기뢰에 추가해 성능이 향상된 스마트 해상기뢰를 개발하고 있다.[1]

5) 공군

오래전 1990년대 중국공군(PLAAF: PLA Airforce)은 J-5, J-6, J-7, J-8과 같은 3세대 또는 그 이전의 구식 전투기에 의존해 왔고, 그들은 미국, 일본, 한국, 대만에 비해 항공장비와 부품, 특히 고수준의 제트엔진이 부족한 상태에서 고전했다. 그러나 후진타오 시대에 경제가 급격히 성장하고 국방비 증가에 따른 공군전력 현대화가 추진되면서, PLAAF는 첨단 전투기와 지원 항공기 개발을 통한 공중 방어능력 증진에 많은 노력을 경주했다. 그 결과 4세대 전투기인 J-10, J-11 다목적 전투기, 그리고 러시아로부터 구매한 SU-30MKK 비율이 현저히 증가했다. 2011년과 2012년에는 각각 5세대 스텔스 전투기인 J-20, J-31 시험비행이 있었고, 그 첨단 전투기들은 늦어도 2018년까지 작전에

_J-15 전투기

투입됐다. 항모에 탑재된 J-15 전투기는 중국공군의 힘의 투사를 도울 것으로 분석됐다.[2] 중국공군의 첨단 전투기들은 성능에서 미국의 F-15, F-35 못지않게 우수하고, 미 펜타곤은 서방과 중국공군의 전력격차가 빠르게 좁혀지고 있다고 말한다. 그러나 장거리 폭격을 위해 PLAAF가 추진하던 전투폭격기 H-6 현대화는 기대하는 성과를 거두지 못했다. 중국의 유일한 전폭기인

1) Office of the Secretary of Defense, <u>Annual Report</u>, (2013), pp. 6-7; Rinehart, <u>The Chinese Military</u>, (March 24, 2016), pp. 13-14.
2) J-15은 러시아 SU-33 Flanker를 모델로 한 전투기이다.

H－6의 약점인 항속거리와 폭탄 탑재능력 부족을 시정하려는 시도는 제한적 성과만을 거두었다. 2009년 실전 투입된 신형 H－6K는 항속거리가 30% 확대되고 6기의 장거리 지상공격 순항미사일(LACM)을 장착해 원거리 공중능력을 증대시켰지만, 중국은 더 발전된 최첨단 장거리 폭격기를 개발하는 것으로 알려졌다. (2018년 9월 위성사진에 따르면, 광시(Guangxi) 구이핑 멍슈(Guiping－Mengshu) 공군기지에 PLA 해군을 위해 H－6K를 변형, 능력을 상향시킨 H－6J 전폭기가 배치됐다.)1) 한편 PLAAF는 공중지원 목적의 항공기 개발을 서둘렀다. 2013년에는 국내에서 생산된 초대형 Y－20 중수송(heavy－lift) 항공기의 시험비행이 있었다. 그 항공기는 공중수송, 공중 재급유, 공중지휘통제 등 여러 목적을 위해 제작됐다. 공중작전을 위한 전반적 정보제공 목적으로 2개 형태의 새로운 '공중 조기경보통제'(AWACS: Airborne Warning and Control System) 항공기도 임무를 시작했다. PLAAF는 수십 종류의 서로 다른 무인항공기(UAV: Unmanned Aerial Vehicle)에 집중 투자하는데, 중고도용 UAV인 BZK－005는 이미 작전에 투입됐고 세계 최대 UAV인 선양(Shenyang) 'Divine Eagle'은 현재 개발 중이다. 오늘날 PLAAF가 무기체계 개선과 더불어 전력 현대화를 위해서 시도하는 것 중 하나는 조종사 훈련이다. 그들은 이제 기본기 훈련을 넘어 암흑 속에서의 훈련이나 기타 임기대응을 필요로 하는 악조건 속에서의 훈련, 또 육, 해, 공군 합동작전 역량증진에 몰두한다.2) 그것은 특히 중국이 2척의 항모를 운영하는 상황에서 이해할 만한데, 그 이유는 그것이 3군 합동작전, 미사일 발사 등 전투의 모든 차원에서 요구되기 때문이다. 더 나아가 항모에 이착륙하는 조종사들은 특별한 능력이 요구되는데, 그 이유는 예컨대 칠흑같이 어두운 한밤중에 작은 컴퓨터에 의존해 항모의 좁은 활주로에 착륙할 경우 많은 어려움과 사고가 동반되기 때문이다. 미국이 수십년 전 처음 항모를 운영하기 시작했을 때, 미군 조종사들이 항모에 이착륙하면서 겪은 어려움이 이제 PLAAF 조종사들의 현실이 되고 있는 것이다. 비록 아직 중국 조종사들의 실력이 미공군 파일럿 수준에 도달하기까지는 상당한 시간이 걸리겠지만, 그 어려운 시련은 중

---

1) H－6K 전략폭격기는 2007년 처음 시험 비행하고 2011년 실전 배치됐다. 그러나 오늘날까지 장거리 전폭기는 개발 우선순위가 가장 낮다. H－6K Long－Range Strategic Bomber/ Military－Today.com, www.military－today.com〉aircraft; China's Navy Deploys New H－6J Anti－Ship Cruise Missile－Carrying Bombers－The..., https:/thedipolmat.com〉2018/10; China's H－6K: The Old' Bomber That Could Sink the U.S. Navy/The..., https://nationalinterests.org〉blog〉t...

2) 중국은 또 항공기 현대화와 함께 사거리 400Km의 S－400 지대공미사일(SAM)을 획득을 추진하는데, 그것은 기존의 S－300과 국내 생산된 HQ－9 장거리 SAM과 함께 중국의 대공방어 역량을 증진시킬 것이다. Office of the Secretary of Defense, <u>Annual Report</u>, (2013), p. 6; Rinehart, <u>The Chinese Military</u>, (March 24, 2016), pp. 12－13.

국 조종사들의 실력을 세계적 수준으로 끌어올릴 것이다. 마지막으로 2019년 오늘날 미국이 특별히 공중공격으로부터 우려하는 것은 폭탄으로 무장한 중국 드론(drone)의 대규모 습격이다. 그 전쟁전략은 중국에만 유일한 것은 아니고 실제 미국도 오랜 기간 연구해온 것이지만, 중국 역시 수년 전 120여 대의 무장드론을 한꺼번에 동원해 공격하는 훈련을 시행한 적이 있다. 만약 PLA가 일시에 동원하는 공격드론 숫자가 수천대로 늘어난다면, 그것은 방어가 거의 불가능할 지도 모른다. 그것이 아마 미국이 중국 미사일 DF-21D의 미 항모 공격에 대한 대비 이외의 목적으로 우주 배치 레이저 무기 완성을 서두르는 이유일 수도 있을 것이다.

6) 지상군

후진타오 시대부터 지상군은 원거리에서 기동성 있는 전투능력 증진을 추구해왔다. 그것은 다양한 요소를 필요로 했는데, 신뢰성 있는 지휘통제체제, 부대이동을 도울 항공부대, 장갑, 공중방어, 전자전 능력을 갖춘 기계화 부대, 그리고 신속작전을 위한 여단 중심 군구조 개편이 그런 것들이었다. 시진핑 시대에도 그 현대화 추세는 그대로 유지된다. 지상군은 합동작전을 구사할 수 있는 작고, 기동성 있으며, 전역을 넘어 작전이 가능한 군대를 원한다. 지상군 현대화의 단기적 목표는 2020년까지 기계화 부대로, 그리고 장기적으로 2049년까지 정보통신기술(IT)을 접목시킨 부대로 전환하는 것으로 규정된다.[1] 그동안 지상군은 방위재원 배분에서 후순위였음에도 불구하고 장비획득에서 몇몇 성과를 이룩했다. 그들은 Z-10, Z-19 공격헬리콥터를 획득하면서 항공부대를 확대했고, 공중방어를 위한 중거리 지대공미사일 CSA-16과 자동 공중방어 포병체계인 PGZ-07을 확보했다. 그들은 또 중장갑(heavy armored) ZTZ-99A 탱크, 장갑 인력수송차량(APC: Armored Personnel Carriers), 그리고 보병 전투차량(IFVs; infantry fighting vehicles) 획득에서 상당한 진전을 이루었다. 그러나 지상군의 가장 큰 문제는 아직 기동성이 취약한 것인데, 그 이유는 그들이 아직 수송 헬리콥터가 부족하고 장거리 대규모 수송을 위해 열차에 의존하기 때문이다.[2]

....

1) PLA 지상군은 5개의 전역사령부(Theater Commands)에 배치되어 있는데, 그들은 대부분 3~5만 병력을 보유한 18개 그룹 지상군 본부(Group Army Headquarter)로 구성된다. 또 그 각 그룹 지상군 (Group Army)은 2~3개의 보병사단이나 여단으로 이루어진다. 그리고 그 2~3개 보병사단이나 여단 구조 속에 하나의 장갑사단이나 여단, 하나의 공중방어여단, 기술연대, 통신연대 등이 존재한다.
2) Office of the Secretary of Defense, Annual Report, (2013), pp. 8-9; Rinehart, The Chinese Military, (March 24, 2016), pp. 15-16.

(3) 국방예산

중국의 국방비는 세계의 주요 관심사 중 하나인데, 왜냐하면 그 액수가 정확하게 밝혀지지 않은 가운데 그것이 계속 큰 폭으로 증가하고 또 그를 토대로 PLA의 군사현대화가 지속적으로 이루어지기 때문이다. 중국 국방비는 후진타오 시기인 2003~2012년 인플레이션을 조정한 수치로 연평균 9.7% 증가했고, 2007년 520억 달러인 공식 국방비는 실제로는 970~1,390억 달러에 이를 것으로 추산됐다.[1] 2012년 국방비 실제 수치는 공식 발표치의 2배가 넘는 2,150억 달러 규모로 산정됐다. 시진핑 시기에도 국방비는 계속 증가했다. 경제규모가 커지면서 국방비도 비례해 증가하는 것은 당연한데, 2013년 PLA의 공식 국방예산은 1,140억 달러였고, 2014년 실제 국방비는 공식 발표치보다 적어도 1.6배 큰 2,160억 달러에 이를 것으로 추정됐다. 2015년 공식 국방비는 1,360억 달러였고, 그 다음해 공식 국방비는 그보다 7.6% 증가한 1,460억 달러였다. 2015~2016년 공식 국방비는 과거에 비해 증가율이 다소 낮아졌는데, 그 이유는 군사예산이 경제추세에 연동해 지출됐기 때문인 것으로 분석됐다. 일부 전문가들은 중국 국방비의 공식 발표치와 실제 액수의 차이가 점점 줄어들어 투명성이 높아지는 것으로 인식하는데, 미 펜타곤은 예를 들어 2002년 PLA의 실제 국방비는 공식수치의 약 4배였지만 2008년에는 실제 수치가 공식통계의 2.1~3배로 줄어들었다고 말했다. 중국 국방비는 대체로 GDP의 2% 수준 규모로, 그것은 미국, 러시아, 한국이 GDP 대비 지출하는 비율보다는 낮은 수준이다. 실제 국방비 산출을 위한 정해진 하나의 지구적 기준은 없고, 그것은 나라마다 산출 방식에 따라 큰 차이를 낸다. 중국의 경우는 다른 나라와는 달리 우주 프로그램, 해외로부터의 무기획득, 군사 연구개발비, 군인연금 등이 국방예산에 포함되지 않는다. 중국 국방비가 불명확한 또 다른 이유는 아마 베이징이 예산증가 비난을 피하기 위해 실상을 은폐하려는 의도, 취약한 회계관리, 그리고 국방 관료제 내의 불완전 정보를 포함할 것이다. 과거에는 PLA가 소유, 통제하는 방산업체의 수익이 군대로 흘러들어갔지만, 당(CCP)이 1990년대 늦게 그 통제권을 박탈하기로 결정한 이후 그 수입은 더 이상 실제 국방비 산정에 포함되지 않는다. 그래도 중국의 국방비는 세계 2위 수준으로, 그에 기초한 PLA의 급속한 전력증강은 푸틴의 러시아 군이 크리미아 점령에서 입증하듯 언젠가 중국군의 확실한 능력진전을 입증할 것이다.[2]

....

1) 2005-2014년 공식 국방예산 증가율은 연 9.5%였다.

2) ChinaPower Project, https://chinapower.csis.org; Office of the Secretary of Defense, Annual Report, (2013), p. 45; Rinehart, The Chinese Military, (March 24, 2016), pp. 21-22.

(4) 방위산업

중국의 방산능력은 꾸준히 진전되어 왔다. 중국 리더들은 방위산업 발전을 통해 국내생산 무기체계를 현대화해야 된다고 믿고, 그를 위해 2030년 이전에 높은 수준의 과학, 군사기술보유를 원한다. '중국제조 2025'에서 말하는 부품 국산화와 주요산업 현대화 역시 그런 구상과 연계돼 있다. 방산발전을 위해 베이징 당국은 민간산업과 국방분야의 협력을 중시하지만, 그것은 취약한 시행지침, 개별이익의 존재, 부적절한 품질관리 등 몇몇 문제를 갖고 있다. 중국의 방위산업은 아직 여러 핵심분야에서 뒤쳐져 있지만, 몇몇 분야에서는 상당한 경쟁력을 보유한다. 중국은 이미 후진타오 임기 후반 세계 3위 무기 수출국으로 자리 잡았다. 중국무기의 특징은 가격이 저렴하면서 그 질이 그럭저럭 괜찮은 것인데, 그런 연유로 베이징은 항공기, 장갑차를 포함해 다양한 무기, 장비를 주로 중간소득 국가군, 개도국에 수출한다. 서방이 경계하는 이란, 시리아를 포함하는 중동 및 북아프리카 국가들, 그리고 그를 통해 테러집단으로 중국제 무기가 흘러들어가는 것은 주지의 사실이다. 중국은 우주, 미사일 산업에서 높은 경쟁력을 갖는데, 탄도, 순항미사일을 포함해 다양한 미사일의 품질은 세계수준에 버금간다. 항공기 군수산업은 스텔스 전투기, 대형 수송기, 공격헬기 등 주요 항공기의 신형버전을 계속 생산해 낸다. 조선업과 해군의 첨단 디자인은 더 나은 질의 수상전투함, 잠수함, 해상수송 선박 건조를 가능하게 한다. 탱크, 장갑 인력수송차량, 대공방위 포병체계 등 지상군 장비는 국제수준에 다가간다. 중국은 질적 열세가 있는 곳에서는 수적 우위를 시도하면서 막대한 자금지원을 통해 서방 선진국 군사장비 수준으로의 질적 향상을 추구한다. 해외로부터의 기술도입은 아주 중요한 과제이지만, 그것은 서방, 특히 미국의 수출제한으로 많은 장애에 직면해 있다. 그렇지만 프랑스, 독일, 이스라엘 등 일부 서방국가들로부터 일정수준의 기술도입은 가능하고, 특히 러시아로부터의 군사기술 수입 및 합작투자는 베이징의 미래 방위산업과 국방기술 증진에 결정적으로 기여한다. 또 비록 비난은 받지만, 사이버 해킹을 통한 기술절취도 중국 국방기술 증진의 한 방법이다.[1]

(5) 힘의 투사와 PLA의 약점

세계 속 하나의 국가로서 위상이 계속 상승해, 오늘날 중국은 미국, 러시아와 함께

---

1) Rinehart, The Chinese Military, (March 24, 2016), pp. 22-25.

세계 최고 강대국 중 하나로 인식된다. 중국의 경제력은 세계 굴지의 수준이고 그에 따라 정치적 영향력 역시 최고로 증대됐다. 군사력도 경제성장에 비례해 증강됐고, PLA는 모든 군사차원에서 괄목할 만한 성과를 이루었다. PLA의 무기체계 현대화, 전력증강, 다양한 무기의 수출, 그리고 세계 각지에서의 군사활동은 중국군의 능력에 대해 재인식하게 만든다. 수많은 나라들이 중국제 무기를 사용하고 그 군대가 지구적 차원의 대테러, PKO, 해적소탕 활동에 개입하는 상황에서, 세계 각국이 그 나라 군대에 주목하는 것은 당연한 일이다. 그리고 특히 미국이 PLA가 서태평양에서 미 항모 접근을 방지하기 위해 A2/AD 전략과 DF-21D 배치를 추진하고 더 광범위한 지역에서의 전쟁에 필요한 C4ISR 발전을 서두르는 현실에 주목하면서, 중국군의 '힘의 투사'에 관한 관심은 더 증폭됐다. 그러나 외교관계를 배제하는 완전히 군사 차원에서의 PLA 능력은 아직 미국 군대와 비교될 수준은 아니다. 전문가들이 두 나라 군대를 객관적으로 비교할 때 수년 전 말하던 20년의 격차는 아직 메워지지 않았다. 비록 미국과 중국의 군사력 격차가 빠르게 좁혀지고 있지만, 그것은 일정한 시간을 필요로 할 것이다. '힘의 투사'는 원거리 지역에서의 작전을 상정하는 개념인데, PLA는 아직은 해외에서 미군이 아프가니스탄, 이라크 전쟁을 포함해 '테러와의 전쟁'에서 수행하는 수준의 복잡한 군사작전을 시행하기는 어렵다. 일부 전문가들은 PLA가 최근 중시하는 '정보화된 상태에서의 국지전'에서도 승리를 장담하기 어렵다고 주장한다.

아프가니스탄 전쟁 사령관 중 한명이던 칼 아이켄베리(Karl Eikenberry)는 PLA의 전반적인 군사약점에 관해 다음과 같이 말했다. 우선 PLA는 군사동맹과 파트너 국가 협력 차원에서 미군에 비해 훨씬 취약하다. 미군이 아태지역 한곳에서만 일본, 한국, 호주, 필리핀, 태국과 군사동맹을 맺고 싱가포르, 뉴질랜드, 대만과 특별한 관계를 유지하는 반면, 중국의 공식 동맹국은 북한 하나로 알려져 있다. 미국의 나토와의 협력은 거론할 필요도 없다. 러시아, SCO 국가 군대와의 협력이 중요하기는 하지만, PLA의 그들과의 군사관계는 아직 공식동맹은 아니다. 둘째, 중국군은 원거리 작전을 위한 해외 군사시설이 부족하다. 2017년 지부티에 처음 군사기지를 설립하고 일부 아프리카 국가와 PLA 병참시설 건립에 합의했지만, 그것으로 지구적 차원의 모든 군사작전을 충당할 수는 없다. 셋째, 국경과 인근 지역을 넘어 군사력을 투사하는 PLA의 능력은 제한적이다. PLA는 발전하는 위성 시스템에도 불구하고 지구적 차원의 전쟁에서 요구되는 지휘통제와 정보, 감시, 정찰의 범위, 목표설정에서 취약하고, 오랜 전쟁이 필요로 하는 병참능력, 그리고 해외전투에 필요한 공중 및 해상수송, 수륙양용 수송 능력 등이 결여돼 있다. PLA는 진정한 대양

해군 능력을 결여하고, 아태지역, 그리고 지구적 능력 전체에서 미국에 훨씬 뒤쳐져 있다. 그 이외에도 인력 측면에서 일부 고위관리들의 부패, 지나치게 집중화된 명령구조에 의한 리더십 부족, 그리고 부사관 활용의 취약이 약점이다. 군사조직은 객관적인 자체점검과 개선의 문화가 부족하고, 각본만을 중시하는 군사훈련은 합동 군사훈련에서의 진전을 제약한다. 특히 PLA가 오래전의 한국전쟁, 베트남전쟁, 중·인 국경분쟁을 제외하고 지난 수십 년간 실제 전투경험이 없는 것은 일단 유사시 양국 전력에서 실질적 차이를 낼 것이다. PLA의 '힘의 투사' 능력이 급속히 증대되는 것은 사실이지만, 그것이 미국 수준에 도달하기에는 아직 더 긴 시간을 필요로 한다.[1]

★ 전문가 분석

(1) 중국 공산당의 생명력

시진핑이 중국 공산당 총서기에 취임한 직후, 중국의 사업가이며 정치학자인 에릭 리(Eric X. Li)는 서방에서는 중국 공산당이 여러 가지 이유로 붕괴될 것이라고 말하지만 절대로 그렇게 되지 않을 것이라고 주장했다. 다음은 그의 분석이다.

1) CCP 리더십의 특징

2012년 11월 중국 공산당(CCP: Chinese Communist Party)은 제18차 공산당 전당대회에서 차세대 리더 시진핑을 총서기로 선출했고, 그는 2013년 3월 국가주석 직책까지 담당하도록 예정되어 있다. 그러나 그가 새로운 정치 리더로 등장한 것은 중국 새 시대의 개막을 예고함에도 불구하고, 이코노미스트(The Economist)와 같은 서방 일부 언론과 중국내 일부 지식인들은 마치 향후 CCP가 몰락을 면치 못할 것처럼 부정적 전망을 쏟아낸다. 그들은 중국이 풀뿌리에서 불안정하고, 중간계층은 실망하고 있으며, 고위층은 서로 통제가 불가능하다고 말한다. 그들 말과 같이 중국 내에 충칭(Chongqing) 당서기 보시라이(Bo Xilai) 스캔들과 같은 실망스러운 일이 발생하고, 또 지난 7사분기에 걸쳐 중국 경제성장이 계속 둔화된 것은 사실이다. 그렇지만 CCP가 경제성장을 견인하지 못하면 살

1) Karl Eikenberry, "China's Place in U.S. Foreign Policy," The American Interest, Vol. 10, No. 6, (June 9, 2015), http://www.the-american-interest.com/2015/06/09/chinas-place-in-u-s-foreign-policy/, p. 9; Rinehart, The Chinese Military, (March 24, 2016), pp. 19-20.

아남을 수 없을 것이라는 그들의 견해는 잘못된 것이다. 앞으로 많은 도전에도 불구하고, CCP는 정치적 적응, 공정한 당 및 관료제 평가(meritocracy), 중국인들의 당에 대한 신뢰를 기반으로 다음 10년 간 중국의 발전과 부상을 이뤄낼 것이다. 일당체제에 근거한 중국의 정치모델은 서구 선거민주주의, 정치발전에 대한 도전으로 자리 잡을 것이고, 세계는 서방식 민주주의가 전부가 아니라는 것을 보게 될 것이다.[1]

CCP는 필요할 경우 정책과 제도변화를 통해 정치, 경제발전을 성공적으로 이룩했고, 일당체제가 자정능력이 없다는 서방의 주장은 맞지 않는다. 1949년 CCP가 실시한 산업국유화와 집단농장 사업은 1960년대 초 농지의 준 민영화(quasi-privatization) 이후 덩샤오핑의 시장개혁을 거쳐 장쩌민 시대에 이르러 사업가에게 CCP 당원자격을 개방하는 단계로까지 진화했다. 정치제도에 있어서도 덩샤오핑은 당과 정부 고위관리직의 연령을 제한하는 파격적 제도를 실시해 과거 마오쩌둥 시대와 같이 원로 정치인들이 권력을 영속화하고 남용하는 폐단을 제거했다. 이제 당 내에서 어느 특정인이 사익을 위해 권력을 공고화하는 것은 거의 불가능하고, 당내 권력순환도 활발하다. 대외정책도 예외가 아닌데, 그것 역시 베이징이 중·소 동맹으로부터 미국과의 협력으로 이동한 것에서 확실하게 입증된다. 최근 또다시 중국 국내외에서 다당제 또는 당내 공식파벌 인정과 같은 다원주의 정치체제를 주장하지만, 그들이 그렇게 주장하는 진심이 무엇에 근거한 것인가를 떠나 CCP는 자정능력이 충분한 정치조직이다. 시진핑의 CCP는 국내외의 도전을 잘 막아내고 탁월한 적응능력을 발휘할 것이다.[2]

당의 정책능력은 1980년대 민간사업(entrepreneurship) 육성에서 대표적으로 입증된다. 덩샤오핑은 위로부터 아래(top-down)로의 정책실험을 거쳐 성공적 케이스를 전국으로 확대했는데, 션전(Shenzhen)에서 시작한 경제특별구역(SEZ: Special Economic Zone) 사업을 광동(Guangdong)성의 주하이(Zhuhai), 푸젠(Fujian)성의 샤먼(Xiamen), 그리고 하이난(Hainan)성 전체로 확산시킨 것이 바로 그것이다. 당은 현지레벨의 창의성을 독려하는데, 당과 정부는 현지관료들에게 위험을 감수하고 지방발전 프로젝트를 개발하도록 권유한다. 제18차 당 대회에 참여한 2,326명 대표 중 윈난(Yunnan)성 부 당서기 치우허(Qiu He)가 특징적 경우인데, 그는 슈양(Shuyang) 시민들에게 정부채권을 구매하는 사업 프로

1) Eric X. Li, "The Life of the Party (The Post-Democratic Future Begins in China)," Foreign Affairs, Vol. 92, No. 1 (January/February 2013), pp. 34-35.

2) Ibid., pp. 35-36.

그램을 제안해 그들에게 수익을 분배해 주었다. 치우허는 처음에는 현지관료 및 주민들로부터 큰 저항에 직면했지만, 그의 진정성과 창의성은 모두의 이익과 성공으로 이어졌다. 그는 또 정부부패를 근절해 정부와 주민 간 신뢰를 증진시켰다.[1]

CCP가 국가발전을 제대로 이끌 수 있는 배경에는 당, 관료의 실적을 공정하게 평가(meritocracy)하는 인사제도가 존재한다. 중국의 긴 역사에서 후견제(patronage)에 관한 논란이 많은 것은 사실이지만, 제18차 당 대회 이전 당 정치국 25명 임원중 태자당 출신은 5명에 불과하고 나머지 20명은 후진타오, 원자바오를 포함해서 모두 중, 하층계급 출신이었다. 300명 규모의 당 중앙위원회에 부와 권력을 가진 계급 출신은 더 적다. 시진핑 총서기의 부친은 과거 당 리더 중 하나였지만, 나라의 기둥인 당과 관료제 대다수 구성원은 조직 밑바닥에서부터 승진해 온 사람들이다. 그것은 엄격한 실적주의에 근거해 국가 직책의 승진이 보장된다는 것을 의미한다. 당과 관료의 능력에 따른 진급과 발탁은 궁극적으로 CCP 조직지도부가 관장하는데, 그 기구는 엄격하고 공정한 심사를 거쳐 매사를 처리한다. 정부와 그 산하기구들은 매년 대학생들을 관료제, 국영기업, 그리고 정부산하 사회조직에 배치하는데, CCP 조직지도부는 수년 후 공정한 심사를 거쳐 그들의 진급과 직위배치를 결정한다. 그것은 현지 주민들의 광범위한 여론조사에 의해 재확인의 절차를 밟는다. 그렇게 평가된 정부 인력은 관료제, 국영기업, 그리고 사회조직 세 분야를 균형적으로 경험하고, 그런 다양한 직위와 분야에 대한 노출은 그들을 능력이 출중한 리더로 만들어 나간다. 그들은 또 하버드 케네디스쿨, 싱가포르 국립대학 등 해외 유명 교육기관에 파견되어 더 많은 경험을 축적한다. 시진핑 역시 그의 가족배경에도 불구하고 후견제 보다는 가난한 마을 부 군수에서 시작해 실력으로 상하이 당서기, 정치국 임원, 그리고 당 총서기 현직에 오른 인물이다. 그는 최고직위에 이르기 전 이미 인구가 1억 5천명, 지역 GDP가 1.5조 달러에 이르는 지역을 운영한 경험이 있고, 그것은 그뿐 아니라 거의 모든 리더들이 객관적 평가를 토대로 그 자리에 이르렀음을 입증한다.[2]

2) CCP에 대한 민족주의 의식

아직도 서방에서는 중국의 다당제 선거 부재를 이유로 CCP 정통성이 경제실적이

---

1) Ibid., p. 39.
2) Ibid., pp. 36–38.

아니면 곧 붕괴될 것이라고 생각하는데, 그것은 중국에 대해 잘못 알고 있는 것이다. 중국의 당과 정부가 국민들로부터 신뢰받는 가장 큰 이유는 경제실적보다 국민들이 CCP가 외세의 침략으로부터 나라를 구해냈다는 민족주의 의식을 갖고 있기 때문이다. CCP가 중국을 구하고 근대화한 것은 중국의 경제실적보다 훨씬 더 견고한 정통성의 근원이다. 그로 인해 CCP는 재앙적 대약진과 문화혁명을 포함한 최악의 시절에도 불구하고 중국인 주류의 지지를 받을 수 있었다. 최근 중국인들은 경제성장에서 우주탐험까지 획기적인 발전을 목격하는데, 특히 청년층은 민족주의적 발로에서 그런 CCP의 업적과 도덕적 정통성을 인정한다. 그러나 국내외 비판자들은 또 CCP와 정부의 검열, 반체제 탄압과 같은 정치적 억압 때문에 그 통치를 유지할 수 있다고 주장한다. 그렇지만 이미 중국에서 인민에 대한 자유는 누구에게나 주어져 있고, 그 자유의 수준은 다른 나라에 못지않다. 여행, 직업선택 등 모든 사회, 문화, 경제적 자유는 보장돼 있고, 매년 발생하는 수만 건의 현지 시위는 대부분 평화적으로 해결된다. 그 예외는 일당체제와 국가전복 목적을 가진 극소수에 대한 베이징 당국의 강압적 조치이다. 그것은 국가를 보존하고 외세의 은밀한 침략을 막기 위한 조치로, 서방이 노벨상을 부여한 류샤오보(Liu Xiabo) 같은 사람에 대한 조치가 대표적 경우이다. 또 비판자들이 말하듯 중국에 물론 부패는 존재하지만, 그것은 발전의 부산물로 그것이 CCP를 전복시키지는 못할 것이다. 후진타오뿐 아니라 시진핑 역시 집권하자마자 부패척결이 당의 가장 중요한 임무 중 하나라고 말했다. 한 가지 덧붙이면 일정수준의 부패는 어느 나라에나 존재하는 현상으로, 150년 전 미국의 폭력, 빈부 격차, 부패는 중국보다 못하지 않았다. 국제투명성기구(Transparency International)에 따르면, 중국은 세계 부패수준에서 75위를 기록하는데, 그것은 모두 선거, 다원적 민주주의를 자랑하는 그리스의 80위, 인도의 95위, 인도네시아와 아르헨티나의 공동 100위, 그리고 필리핀의 129위 보다는 더 나은 수준이다.[1)]

3) 향후 과제

시진핑을 위시한 새 정치 리더들은 향후 10년간 나라를 잘 통치할 것이다. 그들은 당의 국민적 정통성, 당과 정부의 적응능력, 또 공정한 실적에 따른 인사제도에 의거해 도전을 잘 해결해 나갈 것이다. 향후 10년 간 도시화와 민간사업 확대는 중국에 경제활력을 불어넣을 것인데, 민간 산업활동은 정부주도의 수출지향적 경제로 인해 파생되는

---

1) Ibid., pp. 41–42.

문제의 해결을 도울 것이다. 정부는 비대한 국유기업이 민간부문 성장을 방해하지 않도록 잘 조정해야 한다. 많은 국유기업의 비효율성은 점차 문제가 되고 있는데, 노동가격 인상으로 인해 그 문제는 더 심각해진다. 은행대출의 독점적 수혜, 지역정치인들의 국유기업 보호, 일대일로 수주를 독차지하는 국유기업은 구조조정을 통해 효율성을 증대시켜야 하고, 그것은 중국 경제의 미래를 밝게 할 것이다. 고위층의 부패는 해결하기 가장 어려운 문제 중 하나이다. 일부 당 리더 가족들이 정치적 영향력을 이용해 거대한 이익을 챙긴 것은 사실로 드러나고 있는데, 당 스스로 자정능력을 제고시켜야 한다. 부패제거를 보완하기 위해 미디어의 독립적 역할이 필요한데, 미디어도 부패가 있으니 그것을 제거하도록 정교한 법, 규칙의 제정이 필요하다.[1]

(2) 중국 부패의 심각성

중국에서 부패가 가장 큰 문제로 등장할 때, 경제문제 전문가 제임스 룽(James Leung)은 중국 내 부패의 현실과 시진핑의 부패 일망타진 노력을 자세하게 설명하면서, 시진핑의 시도에 대한 미래를 한 마디도 잘라 말할 수는 없지만 그 노력은 현재 일반대중의 지지를 받고 또 현 상태에서는 낙관적으로 보인다고 주장했다. 다음은 그의 분석이다.

1) 부채척결의 양면성

2012년 말 당 총서기로 집권하면서, 시진핑은 일련의 연설에서 중국에 만연해 있는 부패가 CCP와 국가의 몰락을 야기할 수 있다고 경고했다. 그 이후 2년 간 그는 아주 획기적인 반부패 캠페인을 진행했는데, 그 결과 당은 약 27만 명의 당, 정부 간부를 처벌했다. 일부는 기소된 이후 감옥에 보내졌고 또 다른 일부는 사형선고를 받았다. 일망타진된 사람들은 대부분 중, 하위급 당원과 기능직들이었지만, 과거 당 정치국 상무위원을 포함해 일부 고위직 당 관리들도 체포됐다. 그렇지만 일반대중과 태자당은 시진핑의 시도에 찬사를 보내는 반면, 일부 엘리트들은 그것이 정치적 숙청이라고 믿고 또 다른 일부는 그 노력의 효과를 의문시했다. 실제로 부패조사의 과정은 투명성이 보장되지 않고 있고, 시진핑 측근과 원로들은 처벌받지 않았다. 해외언론이 부패문제를 파헤치려 움직였을 때에는 제한이 가해졌고, 더 심층적인 조사를 촉구한 사람들이 구금되는 일이 있었다. 그러나

1) Ibid., pp. 43-45.

그런 현실이 그 캠페인이 실패할 것이라는 것을 의미하지는 않는다. 시진핑은 압도적 리더로서 위상을 공고히 하면서 반부패 운동을 이끌고 있다. 그의 개혁비전은 정직하고 중앙집권화 된 리더십에 충성하는 강력한 조사기관을 유지하고, 그들로 하여금 지속적 감시와 조사를 통해 관료들의 부패를 방지, 처벌하고 더 나아가 관료들의 부패동기를 제거하려는 것이다. 그의 개혁의 성격은 서방식으로 야당의 집권당 견제, 또는 사법부, 미디어, 시민사회를 자유롭게 하는 것이 아니다. 그는 서구 민주주의 역시 적어도 일당체제만큼이나 부패 가능성이 있다고 믿는 것으로 보인다. 어느 면에서는 권력집중이 부패를 조장하는 원인이 되는데, 그가 모든 권력을 장악하면서 반부패를 주장하는 것은 서방에는 역설적으로 들릴 것이다.[1]

2) 부패의 원인과 양상

중국문화에 관계, 연줄, 연고주의가 부패의 원인이라는 통설이 있지만, 실제에 있어서는 일당체제, 국가의 경제지배가 더 큰 원인이다. 당─국가 체제에서의 견제와 균형의 결여는 뇌물과 향응을 부채질한다. 오늘날 어느 중국제도도 그로부터 자유롭지 않다. 그리고 국가의 재원, 토지, 산업통제는 부패를 위한 엄청난 기회를 제공한다. 지난 30년 간 중국경제는 점차 더 혼합적으로 변화했다. 정부통계에 따르면, 민간영역은 이제 중국 GDP의 2/3를 차지하고 노동력의 70% 이상을 차지한다. 그럼에도 불구하고 민간부문은 아직도 막강한 파워와 재원을 통제하는 정부의 입김에서 자유롭지 못하다. 정부구매와 계약, 그리고 국가자산 판매의 경우 경매와 입찰과정은 아주 불투명한데, 당, 정부 관리들은 그 투명성 부족의 상황에서 큰 이득을 챙긴다. 당국이 민간영역에 갖는 엄청난 규제, 감독권한도 그들이 주머니를 채우는 것을 돕는다. 재정, 정보통신, 의약 같이 심하게 규제받는 산업에서 수많은 부패사례가 발견된다. 예를 들어 중국 식품의약국(FDA: Federal Drug Administration) 책임자는 85만 달러의 뇌물을 받고 신제품 시럽을 허가해줬는데, 2007년 파나마에서 100명 이상이 그 약으로 인해 사망하면서 그는 부패혐의로 처형됐다. 부패는 사법행정에도 영향을 미친다. 조직범죄 집단은 자기들의 마약과 매춘 고리를 보호하기 위해 경찰에 뇌물을 제공하고, 형사피의자들은 기소를 피하기 위해 경찰, 검사, 판사에 접근해 마찬가지 방법을 동원한다. 또 독립성이 약한 중국 사법부에는

---

1) James Leung, "Xi's Corruption Crackdown (How Bribery and Graft Threaten the Chinese Dream)," Foreign Affairs, Vol. 94, No. 3 (May/June 2015), pp. 32-33.

외부로부터 일정대가를 받은 당과 정부 고위관리들이 수시로 개입한다. 전 중앙당 상무위원회에서 사정 및 내부보안 업무를 관장한 저우융캉(Zhou Yongkang)은 뇌물을 받고 수많은 법정 케이스에 간섭했다. 그는 2014년 중앙당에서 추방된 이후 재판을 기다리는 중인데, 국가가 전 중앙당 상무위원을 범죄혐의로 형사재판에 회부한 것은 수십 년 만에 처음이다. 군부에서도 비리가 발생한다. 젊은 장교들은 진급을 위해 더 높은 계급의 인사들에게 현금과 사치품을 뇌물로 제공한다. 2014년 당국은 정치국 임원이고 중앙군사위원회 부주석으로 재직한 퇴역장성 쉬차이허우(Xu Caihou)를 체포했는데, 그의 집에서는 엄청난 양의 현금, 금, 보석, 그림들이 발견됐다. 그것은 후배 장교들이 진급을 위해 제공한 것들로 판명났다.[1]

흥미 있는 것은 국내시장이 성장하면서 일부 다국적 기업과 은행들까지 뇌물의 관행에 노출되는 것이다. 많은 회사들은 고위관리 자제들을 고용하고, 심지어는 그들의 서방 대학 학비까지 제공한다. 더 직접적인 방법은 중개인에게 큰 '컨설팅' 비용을 지불하고 정부 계약입찰에서 우호적 대우를 받으면서 거래에 참여하는 것이다. 그러는 사이 관리들은 불법이익을 보호하기 위해 느슨한 재정통제와 투명성 결여를 이용한다. 그들은 여러 개의 가명 여권을 갖고 해외에 나가 외국 은행계좌에 돈을 숨긴다. 그러나 또다시 부패는 당, 정부, 기업에만 한정된 것이 아니다. 사회 모두가 부패에 만연돼 있는데, 교육 분야에서도 마찬가지이다. 조금이라도 더 좋은 초등학교, 중고등학교, 대학에 진학하기 위해, 부모들은 수시로 입학관련 관리들이나 교장에게 뇌물을 제공한다. 병원에서도 더 잘 치료받기 위해 의사나 의료행정 직원에게 뇌물이 오간다.[2]

3) 부패척결의 내용과 전망

시진핑의 부패척결 캠페인 대상은 부패 의심을 받는 당과 정부관리, 그리고 주요 기업가들이고, 그 노력은 일반대중의 큰 지지를 받는다. 그 캠페인은 부패의 처벌뿐 아니라 방지도 모색하는데, 그를 위해 당국은 2012년 말 '8개 규칙과 6개 금지사항'으로 알려진 가이드라인을 발표했다. 그 규정은 관리들이 선물과 뇌물 받는 것을 금지하고, 비싼 음식점 출입, 호텔, 민간골프장 출입을 금지한다. 다른 금지사항에는 개인여행에 정부자금을

---

1) Ibid., p. 34.
2) Ibid., p. 35.

사용하거나 개인 목적으로 관용차를 사용하는 것이 포함되어 있다. 당국은 또 관리들과 직계가족의 자산과 수입을 공개하도록 요구했고, 동시에 체제 내에서 소득격차를 줄이는 방식으로 뇌물과 청탁 유혹의 동기를 축소시켰다. 2014년에는 당국은 부패를 막기 위해 군 장교, 사법부 관리, 그리고 정부 고용원들의 월급과 퇴직혜택을 늘리는 반면, 국영기업 최고경영자들의 임금을 크게 삭감했다. 오늘날까지 시진핑의 캠페인은 주로 강요적 노력이다. 조사는 당의 기율검사 중앙위원회(CCDI: Central Commission for Discipline Inspection)가 주도하는데, 그 기구는 사정 팀을 보내 모든 부서와 모든 대규모 국영기업을 조사한다. 그들은 혐의가 있는 사람은 누구나 또 언제라도 조사, 구금, 심문할 수 있지만, 그 대상은 주로 당과 정부 관리들이다. 일단 그 팀들이 충분한 증거를 수집했다고 믿으면, 그들은 당에서 혐의자를 추방하고 그들을 사법부로 이관해 처벌받게 한다. 시진핑은 지위에 관계없이 부패한 관리는 용서하지 않을 것이라고 선언했다. 그러나 실제에 있어서 기율검사위원회는 고위층 사정에는 조심한다. 저우융캉(Zhou Yongkang)의 처벌은 다소 예외적 경우인데, 왜냐하면 1980년대 말 이후의 불문율은 상무위원회의 전, 현직 임원을 처벌, 숙청하지 않는 것이기 때문이다. 그의 기소와 제거는 다소 특별한 경우인데, 그가 처벌받은 중요한 이유 중 하나는 그가 시진핑 임기 초기 시진핑의 파워와 권위에 도전하는 보시라이(Bo Xilai)와 같은 당 고위관리들을 지지했기 때문이다. 다른 이유는 그와 그의 직계가족 부패가 지나치게 과도했기 때문이다. 보시라이는 충칭의 영향력 있는 당 서기로서 2013년 부패와 그의 부인이 살인계획에 개입된 스캔들에 의해 몰락했다. 그렇듯 아직도 분명히 사정과 부패척결에 있어서 시진핑이 넘으려 하지 않는 선은 있다. 그러는 사이, 당의 기율검사위원회는 점점 더 강력한 기구가 되어 가고 있는데, 그 기구 자체가 부패의 근원이 될 수도 있을 것이다. 그럼에도 불구하고 아직은 비관보다는 낙관의 이유가 더 크다. 지난 2년 간 당, 정부의 고위관리들은 새로운 사정 분위기에서 희생물이 되지 않으려고 아주 조심했다. 시진핑의 생각과 같이, 일벌백계의 상황에서 그들의 부패에 대한 욕구가 더 약화될 수도 있을 것이다. 시진핑은 이미 국가 권력구조에 대한 상당한 통제를 확보했고, 그의 권위나 정책에 대한 도전은 절대로 용납하지 않는다는 방침을 표방한다. 그러는 사이 반부패 캠페인은 지속적으로 대중의 강력한 지지를 향유한다. 특히 그 캠페인은 고위층의 부패를 혐오하는 중하위 소득층의 일반국민들에게 더 인기가 있다.[1]

---

1) Ibid., pp, 36-38.

(3) 실크로드 프로젝트와 미국외교

중국의 힘이 날로 증가하고 시진핑의 일대일로 프로젝트가 유라시아 대륙으로 확장되어 나가는 2016년, 워싱턴 소재 지구안보분석연구소(Institute for the Analysis of Global Security) 에너지안보 전문가 갤 러프트(Gal Luft)는 미국이 그 에너지 사업에 참여하지 않은 것이 잘못이라고 지적하면서 워싱턴의 정책전환을 촉구했다.

1) 거대한 구상

2013년 베이징은 일대일로 계획을 발표했는데, 그것은 일련의 인프라 투자를 통해 유라시아와 동아프리카를 가로지르는 수십 개 경제를 연결하는 거대한 프로젝트이다. 베이징 관리들은 일대일로가 경제적으로 자립할 수 없는 개도국들의 공항, 항구, 고속도로, 철도 건설을 돕고 그곳에 오일 및 가스 파이프라인 망을 연결해 모두의 성장과 번영을 추진하는 목적을 갖고 있다고 말한다. 물론 베이징은 그 프로젝트 추진의 또 다른 국내적 이유와 목적을 언급하지 않는데, 그것은 증가하는 에너지 수요를 충당하고, 인플레이션 방지를 위해 지나치게 많은 외환을 해외에 투자하며, 국내 경제성장률 저하와 부채증가 문제를 해외투자를 통해 타개하는 것이다. 일대일로는 유라시아의 지정학적이고 경제적인 미래 형성에 큰 영향을 미칠 것이다. 그 사업은 태평양 지역을 유럽의 심장부로 연결시키고, 세계 에너지 매장량의 70%와 연계돼 향후 30년 간 약 4조 달러의 투자를 유도할 것이다.[1]

일대일로는 육상과 해상 두 가지 통로를 따라 추진되는데, 베이징은 육상루트는 실크로드 경제벨트(Silk Road Economic Belt), 그리고 해상루트는 21세기 해상 실크로드(21C Maritime Silk Road)라고 부른다. 육상 실크로드는 3갈래로 나뉘는데 북쪽으로는 몽골리아를 통해 시베리아를 관통하는 철도를 설치해 그곳의 에너지, 자원, 시장을 공략한다. 서쪽 방향으로는 중국 북서부의 신장에서 출발해 파키스탄 과다르(Gwadar) 항구에 이르고,

---

1) Luft에 따르면, 일대일로 프로젝트는 중국 역사상 베이징이 서쪽으로 경제파워를 투사하기 위해 시도하는 세 번째 경우이다. 지난 두 번 중 첫 번째 시도는 BC 2세기 한나라가 실크 로드를 개발해 중앙아시아와 지중해에서 무역관계를 개발한 것으로, 그것은 몽골제국이 쇠퇴하고 유럽에서 해상무역이 시작되면서 쇠퇴했다. 두 번째로는 15세기 정화제독의 해외원정군이 인도양 반도 국가들과 무역망을 연결시킨 것인데, 그것은 명왕조가 그들을 소환하면서 끝을 맺었다. Gal Luft, "China's Infrastructure Play," Foreign Affairs, Vol. 95, No. 5 (September/October 2016), p. 68.

남서부 성들은 철도, 고속도로, 항구, 오일 파이프라인 건설을 통해 인도, 방글라데시, 미얀마와 인도양으로 연결된다. 남쪽으로는 인도차이나 반도에 도달하는 고속도로, 철도, 항구개발로 동남아 6억 인구와 교류한다. 그와 동시에 베이징은 두 개의 주요 철도망 건설을 겨냥한다. 하나는 허난(Henan)성, 쓰촨성, 신장지역을 중앙아시아, 이란, 터키를 거쳐 폴란드, 독일, 네덜란드에 연결하는 것이고, 다른 하나는 신 유라시아 육상교량(New Eurasian Land Bridge)으로 중국을 러시아, 유럽으로 연결한다. 반면 해상실크로드 프로젝트는 중국을 아프리카 지부티(Djibouti) 중국 해군기지를 거점으로 케냐, 탄자니아, 모잠비크의 항구를 거쳐 홍해, 동지중해, 그리고 동남부 및 중부유럽에 연결시킬 것이다. 그 계획을 위해 베이징은 이미 그리스 항구 피레우스(Piraeus)의 일부 지분을 매입하고 그 항구를 세르비아, 헝가리, 독일로 연결하는 고속철도 건설계획을 발표했다. 일대일로 사업은 대부분 국영건설 엔지니어링 회사들에 의해 추진되는데, 베이징 정부는 그 자금 충당을 돕기 위해 2016년 1월 현재 54개국이 참여하는 아시아 인프라투자은행(AIIB: Asian Infrastructure Investment Bank)을 활발하게 운영하고 있다. AIIB는 중국정부 펀드, 실크로드 펀드, BRICS 은행으로 알려진 다자개발기구인 신개발은행(New Development Bank)과 함께 향후 10년 간 인프라 프로젝트에 약 2,000억 달러를 지원할 것이다. 베이징은 일대일로 추진을 위해 외교적으로 활발하게 움직이는데, 중국은 인도와 파키스탄을 SCO에 초청했고 이란의 SCO 참여를 독려한다. 프로젝트 성공에 중동의 안정이 긴요하다는 인식 하에, 시진핑은 (과거의 중동개입 반대에서 정책을 바꿔) 중동에서 활발하게 외교활동을 전개한다. 그는 미·이란 핵협상 타결에 따른 이란제제 해제 후 2016년 1월 외국 리더로서는 처음으로 테헤란을 방문했고, 이집트, 사우디아라비아도 방문해 외교 영역을 넓혔다. 시리아 내전에서는 정부와 반군간의 중재를 시도했고, 사우디의 예멘 후티(Houthi) 반군 패퇴노력을 지지했다. 유럽에서는 체코 공화국을 국빈방문하고, 2016년 3월 방문 당시 40억 달러 상당의 사업 및 투자협정을 체결했다.[1]

2) 워싱턴의 판단착오

일대일로는 중국의 외교, 경제뿐 아니라 유라시아 대륙 수많은 나라의 미래에 큰 영향을 미치는 중요한 프로젝트이다. 그로 인해 중국과 그 사업에 관련된 각국은 경제적으로 추가성장의 기회를 맞이하고, 더 나아가 서로 우호적 외교관계, 심지어 군사관계 설정

---

1) Ibid., pp. 69-70.

의 기회까지 만들 수 있다. 인프라 건설 기술능력과 자금이 부족한 수많은 중앙아시아, 중동, 아프리카 개도국들은 비록 그 사업이 대중국 부채를 증가시키는 일부 단점이 있음에도 불구하고 그것을 반긴다. 제2차 세계대전 직후 미국이 추진한 근대화사업에 대한 제3세계 국가들의 입장이 무엇이었나를 생각해 보면, 오늘날 헐벗은 개도국들이 일대일로에 대해 느끼는 감정을 쉽게 이해할 수 있다. 그러나 미국은 그 사업에 대해 대체로 폄하한다. 일부 전문가들은 그것이 자금낭비로 끝날 것이라고 주장하고, 또 다른 일부에서는 그것이 시진핑 개인의 정치업적을 위한 '보여주기 행사'라고 말한다. 오바마 대통령을 포함해 미 행정부 관리들은 2015년, 2016년 두 차례 미·중 전략경제대화(S&ED) 당시 그 사업에 관해 일체 거론하지 않은 채 다른 의제에 관해서만 논의했고, 언론 인터뷰에서는 애매한 답변으로 일관했다. 미 의회도 비슷하게 그에 관한 청문회를 한 번도 열지 않았고, 미·중 무역, 안보이슈를 모니터하는 미·중 경제안보검토위원회에서도 그 이슈를 논의한 적이 없다. 워싱턴의 정책은 잘못된 것인데, 왜냐하면 그것은 미국의 개입과 간섭 없이 유라시아 대륙의 미래를 베이징에 맡기는 것인 동시에 미국기업의 투자와 이익 증대기회를 박탈하기 때문이다. 워싱턴의 AIIB 가입반대 압력에도 불구하고 미국의 핵심 동맹국들이 그 기구에 참여한 것은 미국의 입장과 위상을 우습게 보이도록 만들었지만, 중국의 지역경제 시도를 거부하는 워싱턴의 행태는 그것을 경제부활의 기회로 여기는 파트너 국가들과의 관계를 불편하게 만든다. 궁극적으로 워싱턴의 잘못된 입장은 경제성장, 일자리 창출을 원하는 유라시아 대륙 사람들의 더 나은 삶의 기회를 빼앗는 결과를 가져올 것이다.[1]

오바마 행정부 외교가 이상한 것은 그뿐만이 아닌데, 예를 들어 피봇도 마찬가지이다. 2011년 오바마 행정부는 아시아로의 피봇, 재균형전략 시행에서 동맹국을 동원해 중국을 봉쇄한다는 인상을 주었는데, 그것은 아무 성과도 내지 못하고 공허한 시도로 인식된 바 있다. 또 미국은 TPP에서 중국을 배제시켰는데, 그것 역시 비합리적 외교 전략이다. 실제 면밀하게 검토해 보면, 오바마 행정부가 2011년 재균형 전략을 추진하고 TPP에서 중국을 배제시킨 것이 베이징으로 하여금 스스로 유라시아의 광활한 지역으로 일대일로 확장을 추진하게 만든 결과가 됐다. AIIB 창설도 상당부분 조지 W. 부시 시절 미국이 IMF에서 더 큰 투표 지분을 요구하는 베이징의 시도를 좌절시킨 것에서 유래한다. 또 2013년 IBRD에서 워싱턴이 환경보호 이유로 중국이 시도하는 석탄연료 발전소 건설자

---

1) Ibid., p. 71.

금 지원을 거부한 것도 베이징 스스로 인프라 구축에 자금을 대여하는 대안기구를 창설
하게 하는 이유로 작용했다. 또 2008년 재정위기 이후 미국 연방적자가 눈덩이처럼 불어
났는데, 그것은 베이징에게 미국채권 대신 일대일로를 통한 세계 각국 인프라 사업에 투
자하는 것이 수익성에서 더 낫다고 판단하게 만들었다.[1)]

3) 외교 오류의 시정

향후 4년 간 아시아 국가들은 도로, 교량, 교통통신 네트워크 인프라 구축을 위해
연 8천억 달러를 필요로 하는데, 현재 개발은행의 투자는 그 필요의 10%만을 충당하는
수준이다. AIIB와 다른 펀딩의 자금지원에도 불구하고 자금 수요는 더 증가할 것이다.
이제라도 미국은 강대국으로서의 위상에 너무 집착해 국익을 저해하는 행동에서 탈피해
야 한다. 워싱턴이 중국의 일대일로를 방해하려 한다는 인식이 확대되는 것은 미국의 국
익에 도움이 되지 않는데, 그것은 미·중 간 대결을 격화시키고 그 과정에서 경제발전을
기대하는 중앙아시아와 중동의 많은 나라들을 미국으로부터 돌아서게 할 것이다. 베이징
이 일대일로 사업의 투명성을 유지하고 국제발전에 공헌하는 자세를 유지한다면 미국이
중국의 시도와 그로 인한 지구적 이익을 수용하지 못할 이유가 없다. 미·중 양국은 양자
전략경제포럼에서 양측의 공동 경제발전 어젠다를 논의하고, 미국은 그 속에서 역할을
찾을 수 있을 것이다. 예컨대 미국 군수산업은 안보와 사이버 안보보장을 제공하고, 미군
은 소말리아 인근에서 중국군을 도울 수 있다. 이것은 차례로 중국에게 해외 군사주둔의
필요를 덜 느끼게 할 것이다. 미국은 중국에 대해 많이 의심하는 동남아 국가들에게 일대
일로는 중국 팽창주의라기보다는 주로 경제발전을 위한 사업이라고 확신시켜주어야 한
다. 그리고 미국은 AIIB에 회원국이나 옵서버로 참여할 수 있을 것이다. 그런 과정은 많
은 혜택을 가져오는데, 미국 회사들이 역사상 최대 경제발전 프로젝트가 될 수 있는 사업
에서 배제되지 않게 할 것이고 AIIB에 투자를 꺼리는 일부 해외 투자자들에게 긍정적 영
향을 미칠 것이다. 그것은 지구적 경제성장과 미국경제 촉진에 많은 긍정적 영향을 미치
고, 그로 인해 중국은 국제노동과 환경기준을 더 충실히 지킬 것이다. 중국과 미국은 세
계 경제성장의 절반을 담당한다. 세계경제가 정체에 직면하는 상황에서, 워싱턴과 베이징
은 서로 돕는 길을 모색해야 한다.

....

1) Ibid., p. 72.

미국이 중국 일대일로에 참여할 때에는 몇 가지 주의할 사항이 있다. 워싱턴은 미·중이 담합하는 것으로 비쳐 러시아의 반발이 생기지 않도록 조심해야 하는데, 그 이유는 모스크바는 중국이 구소련 국가 영역으로 진출한다는 인식을 갖고 있기 때문이다. 인도의 경우도 비슷한데, 그것은 중·파키스탄 협력과 인도양 일대에서 중국 힘의 성장을 불편해하는 뉴델리가 미·중 협력이 현상유지를 변경시킬 수 있다고 우려할 수 있기 때문이다. 또 중동에서 미국은 이란에 돌아가는 혜택만큼 다른 걸프 국가들도 혜택을 볼 수 있도록 관심을 가져야하는데, 왜냐하면 수니파 걸프 국가들은 일대일로 사업이 시아파 이란의 영향력을 확대시키는 것을 원치 않을 것이기 때문이다. 마지막으로 일대일로 지원에 있어서 미국이 가장 조심해야 할 것은 베이징이 워싱턴의 선의를 중국의 강대국으로의 부상에 이용하지 못하도록 하는 것이다. 특히 미국은 중국이 일대일로를 그 넓은 유라시아 지역에서 군사화하는 수단으로 이용하지 못하도록 해야 한다. 베이징은 미국의 개입이 중국의 많은 시도에 대한 견제를 수반한다는 것을 잘 알 것이다. 그러나 중국 역시 미국의 개입을 환영해야 하는데, 왜냐하면 그 거대한 프로젝트는 너무 비싸고, 투자에 비해서는 보상이 작으며, 또 큰 위험이 따르기 때문이다. 미국의 참여는 미국, 유럽, 일본이 이끄는 세계은행, 아시아 개발은행(ADB), 유럽개발은행(EBRD)의 투자를 보장할 것이다. 현재 강대국 경쟁의 장이 되어버린 일대일로가 그렇게 협력의 장으로 바뀐다면 그것은 모두에게 이로울 것이다. 미국은 선별적 개입을 통해 미국의 이익을 보장하고 중국의 일탈을 견제할 수 있다. 이것은 미래 미·중관계 설정에 도움이 될 것이다.[1]

(4) 중국에 대한 개입

중국의 힘이 세계적으로 인정받고 실제로 베이징의 정치, 경제적 역할이 전 세계로 확산되면서 중국을 어떻게 다루어야 하나, 또는 베이징과 어떤 형태의 관계를 유지해야 하는가 하는 문제는 수많은 전문가들의 논의 대상이었다. 일부에서는 대중국 강경책을 주장했지만, 이미 그런 시기는 지났다는 것이 대다수 전문가들의 의견이었다. 조지 W. 부시 대통령 시기 남아시아, 중앙아시아 담당 국무부 부차관보로 근무한 에반 파이겐바움(Evan Feigenbaum)은 베이징의 대외행동을 자세히 분석하면서 미국과 세계가 중국을 포용하는 더 좋은 방법을 찾아야 한다고 주장했는데, 그는 다음과 같은 흥미있는 견해를 제시했다.

---

1) Ibid., pp. 73-75.

1) 워싱턴의 착각

2014년 중국은 개도국들의 인프라를 지원한다는 명분하에 '아시아 인프라투자은행'(AIIB: Asian Infrastructure Investment Bank)을 설립했다. 베이징은 그 기구가 제3세계의 철도, 도로, 발전소, 기타 인프라 건설에 필요한 자금부족을 지원하는 목적을 띤다고 말했다. 그러나 미국은 그 다자 발전기구의 설립에 반대했는데, 그 이유로 AIIB가 서방이 주도하는 세계경제 체제에 반대해 중국 중심(Sinocentric)의 질서를 수립하고 또 서방이 추구하는 반부패, 환경기준을 고려하지 않고 투자하기 때문이라고 말했다. 더 나아가 미국은 동맹국들에게 그 기구에 참여하지 말 것을 독려했다. 그러나 2015년 AIIB는 업무를 시작했고, 2016년까지 일본만 제외하고 영국, 프랑스, 독일, 한국을 포함해 미국의 가까운 동맹국 대부분이 그 기구에 가입했다. 안타깝게도 워싱턴의 결정은 베이징이 아니라 미국을 고립시키는 결과를 낳았는데, 그것은 AIIB의 세부사항이나 그 기구의 지출규모보다는 오늘날 중국의 세계적 역할과 베이징이 제기하는 도전에 대한 잘못된 이해에서 비롯됐다. 워싱턴은 중국이 파괴적 파워이기는 하지만 그 나라가 혁명을 추구하는 것이 아니라는 점을 이해하지 못했다. 한 마디로 중국은 기존제도의 변화를 요구하지만, 현재의 서구 중심적 제도를 완전히 뒤엎으려 하지는 않는다. 마오쩌둥이 세계질서를 뒤엎으려 했던 것과는 대조적으로, 현재의 베이징 리더십은 기존제도에 대한 일관된 대안을 결여하는 상태에서 모든 주요제도의 회원국으로 활동한다. 그 나라는 애매한 언사를 써가며 불만을 표시하면서도 '마지못해 하는 당사자'(reluctant stakeholder)로서의 역할을 수행한다. 동시에 중국은 최근 수십 년에 걸쳐 증대하는 군사력, 수조 달러의 외화와 엄청난 경제력, 그리고 아프리카에서 중앙아시아까지의 개도국에서 새로운 영향력을 확보했는데, 그 사실들은 베이징이 이제 지구적, 지역적 주요사태에서 결정적 역할을 할 수 있음을 입증한다. 중국의 부상과 수정주의를 다루는 데에는 지금까지 서방이 해 오던 것과는 다른 새롭고 일관된 방식을 필요로 한다.[1]

2) 베이징의 제한적 수정주의

과거 마오쩌둥의 중국은 국제질서를 완전히 뒤바꾸려 애썼고, 그에 따라 남미와 동

---

[1] Evan A. Feigenbaum, "China and the World (Dealing With a Reluctant Power)," Foreign Affairs, Vol. 96, No. 1 (January/February 2017), pp. 33-34.

남아를 포함해 세계 각지의 혁명운동을 지원했다. 그러나 오늘날의 베이징은 중국 이익을 진전시키려는 결심에도 불구하고, AIIB에서 그렇듯이 수시로 기존제도에 적응하고 그를 모방한다. 그동안 베이징의 국제운영 파탄능력을 인식한 워싱턴은 더 적극적으로 중국의 기존제도에 대한 도전을 사전에 방지하려 했는데, 그 시도는 2005년 미국 국무부 부장관 로버트 조엘릭(Robert Zoellick) 연설에서 나타났다. 그때 그는 베이징은 이미 WTO, WMD 비확산을 포함하는 대부분의 주요협정(protocol)에 가입했기 때문에, 이제 워싱턴은 중국에 대한 문호개방을 넘어 그 나라가 국제체제 내의 '책임 있는 이해 당사자'(responsible stakeholder)가 되도록 만들어야 한다고 강조했다. 조엘릭 연설의 일부 동기는 아시아와 세계에서 미국이 제공하는 안보와 안정에 대해 베이징이 충분히 보상하지 않는 경향을 시정하기 위한 것이었다. 예를 들어, 미국이 알카에다와 탈레반에 반대해 주도한 전쟁으로부터 중국은 신장지역의 테러위협 제거와 카불의 안정적 정부설립에서 상당한 이익을 얻었지만, 베이징의 '테러와의 전쟁'에 대한 기여는 충분치 못했다. 그러는 사이 중국의 파워는 계속 성장했는데, 2009년 피츠버그 G-20 회의에서 중국은 세계은행(IBRD), 국제통화기금(IMF) 내의 더 큰 투표권을 요구했다. 또 미주대륙 개발은행(Inter-American Development Bank)과 유럽 재건개발은행(EBRD: European Bank for Reconstruction and Development)을 포함하는 대부분의 지역발전 기구에서도 중국은 공동 재정지원국이 됐다. 그러나 베이징은 아직도 그 기구들에 대한 의심을 거두지 않고 그 역학에 불만을 갖고 있다.[1]

　그럼에도 불구하고 중국 정책의 세 가지 측면이 미국의 기존질서 현상유지를 어렵게 만든다. 첫째는 중국이 자유주의 규범을 거부하고, 그에 반대하는 비자유주의 규범을 확산시키려 노력하는 것이다. 1990년대에 중국은 미국이 아이티, 발칸에서 군사력을 사용하는 것에 반대했고, 1999년 미국이 코소보 사태 당시 유엔안보리 승인 없이 나토를 동원해 재개입한 것에 격렬하게 반대했다. 그런 반대는 이라크, 시리아에서도 그대로 이어진 바 있다.[2] 두 번째는 중국이 기존제도의 활발한 회원국이면서도 그에 대한 경쟁기구를 지원해 국제체제를 다양하고 국제질서의 변화를 유도하는 것이다. 신흥 시장국가로 구성된 브릭스(BRICS) 같은 것이 그런 경우인데, 2009년 그들은 최초의 연례정상회담을 시작하고 위기대응자금과 개발은행을 설립했다. AIIB 설립도 비슷한 경우로서, 그것은 기존체

1) Ibid., pp. 34-35.
2) 그것은 2003년 미국이 안보리 승인 없이 이라크를 침공한 것, 그리고 알-아사드 정권에 반대해 시리아 반군그룹을 군사 지원한 것을 말한다.

제가 신속하게 개혁하지 못하고 중국의 더 큰 역할을 수용하지 않는 것에 대한 불만의 표시인 동시에 그 체제 밖에서 중국이 행동할 수 있다는 경고이다. 그러면서도 중국은 기존 제도는 부정하지 않는데, 그것은 베이징이 아시아 개발은행(ADB: Asia Development Bank)의 3번째 공헌국이고 IBRD에서의 역할이 더 커진 것에서도 입증된다. ADB는 아시아 인프라 구축에 충분한 자금을 지원하지 못하는데, 그런 측면에서 AIIB가 그것을 보완한다는 변명도 한편으로는 부정할 수 없다. 실제 중국은 투자 다변화(portfolio diversification)를 시도 중으로, 그것은 현재로서는 대비전략의 성격을 띤다. 워싱턴에 대한 세 번째 도전은 중국의 역할증가에 따라 자연적으로 유럽 작은 국가들의 영향력이 축소될 것을 원하는 베이징의 희망이다. 중국은 세계 두 번째 경제대국으로 그 능력과 역할에 맞게 국제제도 내에서 대표성이 더 많이 주어져야 한다고 주장하지만, 워싱턴은 자유주의 축소를 우려해 그런 결정을 망설인다. 그러나 그럴 경우 그 제도의 국제적 기능은 약화되는데, 국제에너지기구(IEA: International Energy Agency)가 그런 경우이다. 그 기구는 1974년 창설 이후 투표비율이 동결된 채로 있는데, 세계 2, 3위 에너지 소비국인 중국과 인도가 정식 회원국으로 참여하지 않은 상태에서 세계 에너지 저장량과 기술기준의 조정과 같은 이슈에서 충분한 역할을 수행하지 못한다.[1]

3) 범아시아주의

그러나 미국에게 중국 파워의 증대는 세계차원의 제도보다 아시아 내에서 더 문제시 된다. 예를 들어 1997~1998년 아시아 재정위기 당시 미국은 태국 재정지원을 거부하고 IMF의 재정지원 조건은 너무 혹독했는데, 그때 중국뿐 아니라 아시아 여러 나라들은 미국이 배제된 상태에서 아시아 지역체제(regional structure)를 구축하려 시도했다. 아시아 국가들 자체의 결속 노력은 워싱턴의 의도를 넘어설 것인데, 왜냐하면 그것은 단지 중국 야망의 산물이 아니기 때문이다. 실제 아시아 지역은 심지어 미국의 동맹국이고 중국을 깊이 의심하는 나라들까지도 범아시아 이념의 오랜 전통을 가지고 있다. 예를 들어 1997년 아시아 재정위기 상황에서 아시아 통화펀드(AMF: Asian Monetary Fund) 창설을 제안한 것은 일본이었고, 그 제안은 오늘날 동남아와 동북아 국가 양자 간 통화교환(currency swap) 체제인 치앙마이 기치의 선구였다. 미국 주도 TPP에 대한 주요 범아시아 대안인 RCEP 역시 중국 주도가 아니다. 오바마 대통령을 포함해서 워싱턴은 RCEP이

---

1) Ibid., pp. 35-36.

중국의 대외경제 수단이라고 주장했지만, 그 기구에는 대체로 동남아 국가들의 기치를 따라 호주, 인도, 일본, 베트남을 포함해 아시아에서 베이징을 가장 회의적으로 바라보는 국가들이 참여해 있다. 실제 TPP 협상에 포함된 나라들 중 절반 이상이 RCEP에 참여한다. 미국이 TPP를 비준하지 않을 때 그 나라들은 그 새로운 범아시아 기구에 의존할 것이지만, 그곳에서 중국의 명령이 모든 것을 좌우하지는 못할 것이다. 베이징의 시도가 수시로 환영받는 이유 중 하나는 그것이 인도의 이익과 일맥상통하는 측면이 있기 때문이다. AIIB에서 새로운 이익을 발견한 뉴델리가 그 기구의 두 번째 큰 주주인 것은 이상한 일이 아니다. 중국 파워에 대한 의심에도 불구하고, 인도 관리들은 새 기구들이 서방 주도의 대척점으로 작동하는 것을 환영한다. 중국과 마찬가지로 인도 역시 서방이 지배하는 국제질서와 구조 속에서 영원히 안주하기를 원치 않는다.[1]

  중국의 범아시아 기치가 또 인기가 있는 이유는 그것이 미국을 포함해 여러 나라들의 아이디어를 빌려오기 때문이다. 2013년 시진핑 주석이 진수한 중국의 일대일로 프로그램이 대표적인 예다. 아시아를 새 도로, 철로, 항구, 그리고 전기선으로 연결하는 그 수조 달러 프로젝트는 대륙 전체를 중국경제에 의존하게 만들려는 시도로 묘사된다. 그러나 지역 연결의 개념은 중국이 처음 주창한 것이 아니다. 그 개념은 중국 이전에 이미 인도, 일본, 싱가포르, 한국, 그리고 심지어 미국에 의해 재정지원 받은 바 있다. 예를 들어, 900억 달러 산업단지, 그리고 인도의 정치, 경제수도를 연결하는 델리 메트로(Delhi Metro)와 델리-뭄바이 산업통로(Delhi-Mumbai industrial Corridor)를 재정지원 하는 나라는 중국이 아니라 일본이다. 그리고 2000년대에 중앙아시아와 남아시아 도로와 전기선(power lines) 개발을 밀어붙인 것은 베이징이 아니라 미 국무장관 콘돌리자 라이스, IBRD, 그리고 ADB였다. 이것이 워싱턴에 의미하는 것은 AIIB, 일대일로 같은 시도가 미국 노력을 잠식하는 것이 아니며, 아시아 경제들이 점점 더 투자와 경제협력에서 서방보다는 자기들 서로를 바라본다는 것이다. 2030년까지 아시아에서는 그 지역 국가들의 경제적 상호의존은 미국과의 교류를 넘어설 정도로 눈에 띄게 증가할 것이다.[2]

---

1) Ibid., pp. 37-38.
2) Ibid., p. 38.

4) 미국의 대안

워싱턴은 아시아의 새로운 현실에 적응해야 한다. 지금까지 미국은 중국의 지구적 역할과 그 범아시아 기치에 잘못 대처했다. 앞으로 다가오는 많은 지구적, 지역적 경쟁에서 워싱턴은 합리적으로 행동해야 한다. AIIB의 경우, 워싱턴은 베이징에 대한 지렛대도 없고 미 동맹국들의 정서도 잘못 읽은 상태에서 중국의 다자제안(multilateral proposal)을 불필요하게 미·중 양자의지(bilateral will)의 대결로 전환시켰다. 국제질서와 대중국 관계에서 미국은 몇 가지를 잊지 말아야 한다. 우선 강대국으로 급속하게 성장하는 나라를 국제체제에 포함시키지 않으면, 그 시도는 실패한다는 것이다. 현 상태에서 만약 미국이 중국과 인도를 배제하면, 그것은 불가피하게 미국과 유럽의 영향력 축소로 이어질 것이다. 둘째, 미국은 중요한 국가이익, 특히 무역이 위험에 처하지 않도록 조심해야 한다. 아시아와의 경제관계에서 트럼프가 TPP를 포기하고 아시아 경제관계에 관한 미국 영향력이 축소될 가능성이 높은 상황에서, 워싱턴은 자유주의 개방시장에 기초한 그 지역 경제질서가 약화되지 않도록 더 많은 관심을 가져야 한다. TPP 불참의 보완을 위해 중국, 인도와의 양자 경제협상이 도움이 될 것이다. 셋째, 영향력이 하락하는 상황에서 미국은 그 동맹국들이 중국을 견제하는 방법을 모색해야 한다. 예를 들어, 태국에서 미국의 영향력이 퇴조하면서 일본의 통제는 더 강해졌는데, 그것은 투자 파트너십, 그리고 방콕 군사정권과의 꾸준한 개입의 결과였다. 넷째, 미국은 덜 중요한 일로 상대국가를 밀어붙이지 말아야 한다. 미국은 남중국해에서의 중국위협에 대해서는 압력을 가해야 하지만, 베이징의 상업철도와 전기선 재정지원은 그런 종류의 위협이 아니다. 중국은 앞으로도 분명히 자국 영향력 확대를 위해 계속 여러 방법을 시도할 것인데, 미국은 베이징과 무분별하게 경쟁하지 말아야 한다. 중국은 아시아 대륙의 지리적 이점 이외에도 국가가 수조 달러의 재정을 지원할 수 있지만, 그것은 미국의 능력 밖에 있는 일이다. 만약 워싱턴이 불필요하게 베이징과 경쟁하면 그것은 오히려 중국과 협력할 기회를 잃을 것인데, 중앙아시아에서의 협력이 그런 것이다. 궁극적으로 미국은 기술, 혁신, 자본시장 접근에 대한 강점을 활용해 능력을 증진하고 중국을 견제해야 할 것이다.[1]

---

1) Ibid., pp. 39-40.

제5장
하토야마-제2기 아베내각의 일본

　　사상 처음으로 집권한 일본의 민주당(DPJ: Democratic Party of Japan) 정부는 3년 3개월이라는 짧은 통치기간 내내 수많은 대내외 역경에 처했다. 대외적으로는 초창기에 미국과 불화를 겪고 중국으로부터의 공격적 행동에 시달렸으며, 대내적으로는 지진과 재앙적 쓰나미에 의해 고통받는 가운데 경제실적 저조로 국민의 신뢰를 얻는 데 실패했다. 민주당을 대체하고 또다시 집권한 자민당의 제2기 아베 내각은 DPJ 정책을 완전히 쇄신하고, 과거 그들이 오랫동안 구사해 오던 보수정책 실시로 회귀했다. 그에 따라 미국과의 관계는 정상화됐고, 미·일 동맹을 주축으로 중국의 공세에 맞섰으며, 아태지역 민주동맹을 포함해 외교 외연을 넓혀 나갔다. 국내에서는 아베노믹스로 경제를 살리려 모든 노력을 기울였다. 과거보다 경제는 조금 나아졌지만, 그럼에도 불구하고 획기적 성장으로의 복귀는 불가능했다.

01 대외관계

(1) 대미관계

　　일본의 대미관계는 처음 민주당이 집권했을 때 반미, 친아시아 성향을 띠었고, 그것은 하토야마 유키오 총리의 오키나와 미군기지 이전 반대에서 극명하게 드러났다. 처음에 오바마 행정부는 일본 민주당 정부의 반미성향에 대해 많이 우려했지만, 그럼에도 불구하고 결과적으로 DPJ 집권기 일본은 워싱턴의 국제안보 노력을 다양한 차원에서 지원했다. 그들은 미국의 이라크 평화유지, 인도주의 재건, 아덴만 대해적 작전을 도왔고, 미국의 대이란 경제제재에 동참해 원유수입을 감소시키고 금융제재에 협력했다.[1] 동아시아 지역 역사문제와 관련해서 DPJ 정부는 오바마 행정부가 원하는 대로 중국 및 한국과의 역사관련 문제가 갈등을 빚지 않도록 유의했는데, 그것은 그들의 원래 성향이기도 했다.[2] 미·일 양자 군사관계 역시 순항했다. 처음에 하토야마는 오키나와 후텐마 기지의 헤노코로의 이전에 반대했지만, 이미 총리직 퇴임이전 2006년 합의된 미·일 기지이전 반대의사를 번복했다. 그러는 가운데 동중국해 영유권 분쟁을 둘러싼 중국과의 대립, 그리고 북한 핵개발 지속의 상황에서, DPJ 정부의 반미 시각은 크게 완화됐다. 그것은 도쿄의 호의에도 불구하고 일방적으로 일본을 몰아붙이는 베이징의 공격성, 일본 지진 및 쓰나미 재앙 당시 워싱턴의 지원, 그리고 북한 핵개발을 포함하는 전반적인 안보환경 평가에 따른 DPJ 정부 안보시각의 변화였다.[3]

제2기 아베 내각이 출범하면서 일본의 대미관계는 과거 수십 년간의 전통적 우호상태로 복원됐다. 국제사회에서 미국과의 관계가 얼마나 중요한지를 잘 아는 아베는 미·일 관계 강화를 원했다. 도쿄 당국은 워싱턴 주도의 평화유지 작전, 재난구조에 협력했고, 아태지역에서 미국, 호주, 인도와 함께 민주국가 협력을 통한 중국 영향력 확대 방지에 동참했으며, 남중국해에서 '항해의 자유'를 옹호하고 아세안과 협력하면서 베이징의 공격

---

1) DPJ는 오키나와 미군기지 이전에 대한 반대에도 불구하고 처음부터 지구적 국제평화 공헌에는 반대하지 않았다. 하토야마 정부는 아프가니스탄 전쟁을 위한 인도양에서의 8년간의 해상자위대 재급유는 중단하기로 결정했지만, 아프가니스탄 재건에는 50억 달러를 지원할 것이라고 선언했다. 또 소말리아 해적퇴치를 위해서는 해상자위대 구축함 2척과 P-3 공중감시 초계기 2대를 파견했다. 그 함정들은 미국 주도의 국제 합동태스크포스와 정보교환 및 해상교통로 보장 임무를 수행했다. 그것은 동맹활동은 아니었지만, 일본의 정치적 우선순위를 가늠할 수 있는 기회였다. 그럼에도 워싱턴은 일본의 미·일 동맹에 대한 지지가 자동적일 것으로 장담할 수는 없다고 우려했다. Michael Auslin, "The U.S.-Japan Alliance," American Enterprise Institute(AEI) Online, htt://www.aei.org/print?pub=outlook&publd=100929 &authors=〈a%20href=scholar/1..., (January 7, 2010), pp. 1-5.

2) DPJ는 대부분 중도 좌파(left-of-the center)로서 DPJ 의원들은 대체로 미·일 동맹을 지지하면서도 일본 외교방향, 또 과거의 몇몇 동맹문제에 반대했는데, 기지 재조정, 주일미군을 위한 재정부담, 아프가니스탄을 위한 해군활동 등이 그런 것들이었다. US embassy in Japan, "U.S.-Japan Relations," http://aboutusa.japan.usembassy.gov/e/jusa-usj.html, (September 17, 2009)

3) 워싱턴은 도쿄와 마찬가지로 후텐마 문제가 동맹의 미래를 훼손하기를 원치 않았다. 미국에게는 헤노코가 최선의 옵션이었다. 많은 일본인들도 헤노코 이외의 장소가 있을지를 의문시했다. 오자와는 후텐마가 오키나와 밖의 수백 킬로미터 더 남쪽에 위치한 더 작은 섬인 시모지(Shimoji)로 이전할 것을 제안한 바 있다. Daniel Dombey and Mure Dickie, "US-Japan relations clouded by Okinawa," http://ww.ft.com/cms/s/4266b212_04c1-11df-9a4f-00144feabdc0.dwp_uuid=7f5f6..., (January 19, 2010)

적 행동을 견제했다. WMD 확산방지를 위해, 아베정부는 미국의 대이란 경제제재에 참여하고, 북한의 핵개발에 대해서는 국제제재를 넘어 독자적인 추가 경제제재와 북한선박의 일본 항구 기항을 금지했다. 본질적으로 강경 보수우파의 성향을 갖고 있는 아베는 고노담화, 무라야마 담화를 수용하지 않을 것을 암시하면서 주변국이 혐오하는 신사참배를 한차례 강행했지만, 그 부작용을 우려하는 워싱턴의 경고를 순순히 수용했다. 자민당 정부 하에서 미·일 양자 군사관계는 더 강화됐다. 아베내각은 미군이 적국의 군사공격을 받을 경우 일본자위대의 군사역할에 관한 새로운 헌법해석을 이끌어내고, 수많은 국민들의 반대에도 불구하고 그 조항이 법적효력을 발생하도록 의회에서 그것을 법안으로 통과시켰다. 더 나아가 자민당 정부는 미·일 가이드라인을 안보이슈와 지리적 차원에서 더 넓은 영역을 포괄하는 방향으로 개정했고, 미국과의 MD 협력을 공동운영 형태로 한 단계 더 격상시켰으며, 연합 군사훈련 확대와 시설 공동사용을 통해 양국군의 전략, 전술적 차원 상호운용성을 더 증대시켰다. 아베내각은 그동안 양자 군사관계에서 가장 골치 아픈 문제였던 후텐마 공군기지 이전 문제도 확실하게 매듭지었다.[1]

(2) 러시아 관계

일본과 러시아 두 나라 관계에서 가장 중요한 비중을 차지하는 이슈 중 하나는 북방 4개 도서 영유권 문제이다. 그러나 그 문제는 지난 수십 년간 해결되지 않은 채 현상유지에 머물렀는데, DPJ를 거쳐 제2차 아베내각에 이르는 동안에도 그 현안은 전혀 진전을

---

1) 2016년 11월 미국 대선에서 트럼프가 승리했을 때 아베는 외국 정상으로서는 가장 먼저 대통령 당선자를 방문했고, 그는 트럼프 취임 이후 2017년 2월 백악관을 방문한 두 번째 외국 리더였다. 그 과정에서 아베와 트럼프는 개인적 유대를 과시하면서 강력한 양자동맹 유지 필요성에 공감했다. 트럼프는 미·일 상호방위조약이 센카쿠에 적용되고, 일본의 센카쿠 관리는 당연하며, 미국은 센카쿠에 대한 제3국의 어떤 행동에도 반대할 것이라고 말했다. 트럼프는 또 미·일 동맹이 태평양의 평화, 안정의 초석이라고 강조했고, 미국의 신임 국무, 국방 장관들 역시 일본에 대한 미국의 '변함없는 안보공약'을 재확인했다. 원래 후보시절 트럼프는 미·일 동맹의 방위비 분담, 일본의 중상주의 무역관행에 비판적이었는데, 도쿄는 그에 대응해 GDP 1% 이내 방위비 지출에 더 이상 얽매이지 않을 것이라고 시사한 바 있다. 트럼프의 '미국 우선'과 다자기구로부터 멀리하는 성향으로 인해 일본의 대미 인식과 정책방향이 변할 수 있다는 우려가 제기됐지만, 전문가들은 중국의 부상, 북한의 적대감, 한국과의 도전적 정치관계를 포함하는 일본 안보환경에 비추어 도쿄가 미·일 동맹을 계속 중시할 것으로 전망했다. 또 그들은 안보영역에서 더 많은 기여를 요구하는 워싱턴의 압력이 오히려 일본 군대의 유연성과 능력증진을 원하는 아베의 노력에 긍정적 힘을 보낼 것으로 분석했다. Emma Chanlett-Avery, Mark E. Manyin, Rebecca M. Nelson, Brock R. Williams, Taishu Yamakawa, Japan-U.S. Relations: Issues for Congress, CRS Report 7-5700, RL33436, (February 16, 2017), pp. 1, 7.

이루지 못했다. 1990년대 러시아가 경제적으로 취약했을 때 일본이 경제적 강점을 활용해 모스크바와 한때 의견수렴을 이루는 것 같은 시기가 있었지만, 실제 그것은 도쿄의 환상이었다. 고이즈미 시대에도 그 문제는 마찬가지 상태에 있었고, DPJ 정부 시기에도 그 해결 가능성은 요원했다.

집권 직후 2009년 9월 하순 하토야마는 유엔총회 장외에서 메드베데프 대통령과 회동했다. 그 당시 메드베데프는 사할린, 시베리아 에너지개발, 첨단 과학기술, 제조업 분야를 포함하는 일·러 경제협력에 가장 큰 관심을 나타냈다. 북방 4개 도서와 관련해서, 그는 그 문제를 본인 세대에 해결하기를 원한다고 말하면서 양측의 '유연한 조치'(flexible measures)에 근거한 '혁신적 접근'(innovative approach)이 필요하다고 말했다. 반면 하토야마는 일·러 관계의 긍정적 발전을 원한다고 말하면서도 경제협력보다는 영토분쟁에 초점을 맞추고, 경제와 영토문제는 '마차의 두 개 수레바퀴'와 같이 엄격하게 연계돼 있다고 말했다. 그는 또 영토 관련 일본의 4개 도서 일시반환 원칙은 그의 정부에서 바뀌지 않을 것이라고 덧붙였다. 그 두 리더의 첫 번째 만남에서 이미 영토문제에 관한 양측의 입장은 뚜렷했다. 메드베데프가 말한 '유연한 조치'는 두 나라의 타협이 아니라 도쿄의

_2009 하토야마-메드베데프 회동

양보를 의미했다. 그것은 1956년 일·소 관계정상화 당시 양측이 합의한 4개 도서 중 2개 도서반환을 통한 평화조약 체결 방안을 하토야마 내각이 수용할 것에 대한 요청이었다. 메드베데프는 신중하고 협조적 태도로 말했지만, 그것은 단지 그의 의사소통 방식이었을 뿐이다. 일본의 외교관리들은 이미 그 당시 러시아 입장은 과거와 불변이고 영토문제는 해결되지 않을 것임을 인지했다.[1]

그 이후 하토야마는 영토문제를 해결할 수 있을 것 같이 낙관적으로 말했다. 그러나 메드베데프는 수시로 쿠릴열도가 러시아 영토라고 말하면서, 2010년 10월 러시아 대통령으로서는 처음으로 그 섬들을 방문하고 지역주민들에게 도서 발전계획을 선언했다. 메드베데프의 행동은 일본에게 큰 심리적 충격이었지만, 도쿄의 대응은 무기력했다. 간 나

---

1) 메드베데프와의 대화에서 하토야마는 그의 조부 하토야마 이치로(Ichiro Hatoyama)가 1956년 일·소 관계정상화 당시 일본 외무대신이었다고 말했다. Japanese Prime Minister Katoyama Meets President Medvedev in New York..., https://jamestown.org〉 program〉 j...; Medvedev agrees to pursue answer to disputed isles, war treaty discord/The..., https://www.japantimes.co.jp〉 news

오토 총리의 반응은 모스크바의 결정에 항의하고 유감을 표시하는 외교적 행동이 전부였고, 일본 외무상 마에하라 세이지는 메드베데프의 도서 방문이 일본인 감정에 상처를 준다고 말했을 뿐이다. 오히려 도쿄 항의에 대해 모스크바 당국이 쿠릴지역에 군사력을 강화하고 일본과의 모든 경제관계를 단절할 것이라고 위협한 것은 DPJ 정부를 더욱 초라하게 만들었다. 2011년 9월 노다 총리 등장 이후에도 러시아의 행동은 극동지역 대규모 군사훈련을 포함해 공세적이었지만, 일본의 대응은 상대적으로 소극적이었다. 2011년 12월 일·러 장관급 회담에서 일본 대표단은 조용했고, 2012년 1월 총리의 정책연설은 북방영토 문제를 가볍게 거론하고 넘어갔다.[1]

북방 4개 도서 문제에서 일본은 완전히 속수무책이었는데, 한마디로 그 이유는 도쿄가 러시아에 대해 아무 외교, 군사, 경제 지렛대가 없는 반면 제1~2기 푸틴 집권 이후 경제적으로 부활하는 러시아는 지정학적으로 큰 이익이 걸려있는 도서문제와 관련해 일본과 타협할 까닭이 없었기 때문이다. 그런 역학은 제2기 아베내각에서도 그대로 존재했고, 문제 해결이 불가능하다는 것을 인지하는 자민당 정부는 외교대립을 넘어 실용적 자세로 러시아에 접근했다. 예를 들어 2014년 러시아의 크리미아 점령과 우크라이나 사태 당시, 처음에 일본은 양국 비자 규칙완화에 관한 논의를 중단하고 투자협력, 공동 우주개발, 위험한 군사행동 방지에 관한 대화를 유예했다. 또 일본은 푸틴 정부 행동을 비난하는 G7 성명에 서명하고 서방의 경제제재에 참여했다. 그러나 곧 아베 정부는 서방의 압력을 마다하고 상대적으로 온건한 제재를 부과해 푸틴 정부와 관계개선을 시도했다. 두 나라 정부는 일본의 러시아 투자, 군사관계 증진, 그리고 2018년 공동 문화행사를 포함하는 관계개선을 추진했다.[2] 2017년 말 러시아 총참모장 발레리 게라시모프(Valery Gerasimov)는 도쿄를 방문한 자리에서 두 나라는 그 전해 고위급 합의를 기초로 양국 국방부 간 협력을 증진시킬 준비가 돼 있다고 말했다. 러시아 전문가들은 우크라이나 위기 이전 양국 외교, 국방장관들이 안보, 전략대화를 했는데, 이제 그 관계가 전반적인 러·일 관계개선의 일부로 되살아나면서 경제협력과 더불어 영토문제 해결의 희망도 존재한다고 말했다. 그들은 그 시도가 실패할 수도 있지만, 적어도 현재 양측은 비밀리에 그 문제를

---

1) Holttinen Simo Santeri, "Post－Cold War Japan's National Security History Under the LDP and the DPJ," Master's Thesis for Ritsumeikan Asia Pacific University, (March 2013), pp. 92－95.

2) "TASS; Russia－Japan halts consultations on easing visa regime with Russia," En.itar－tass.com, (March 13, 2014); Takashi Mochizuki, "Japan Seeks Closer Russia Ties－WSJ," Online.wsj.com, (April 26, 2013)

위해 심각한 노력을 기울이고 있다고 덧붙였다. 러시아 국방부는 2018년 양국 군대가 30회 이상의 연합훈련을 실시할 것이라고 말했다.[1] 2018년 4월 모스크바에서는 무역 및 경제관계를 다루는 제4차 러·일 포럼이 개최됐고, 그곳에서 양측 참가자들은 두 나라의 관광협력, 극동 및 기타 러시아 지역에 대한 투자, 그리고 인프라, 첨단기술 및 에너지 산업 협력에 관해 논의했다. 2018년 6월에는 러시아 극동 사하 공화국(Yakutia) 관련 협력을 위한 양측의 양해각서 서명이 있었고, 2019년 11월 일본 외무상은 12월의 러시아 방문에서 평화조약 논의를 포함하는 관계증진이 있을 것이라고 말했다.[2]

(3) 중국 관계

DPJ 집권 당시 일본의 대중국 관계는 위기의 연속이었다. 원래 DPJ의 외교는 친아시아 정책을 옹호하면서 미국이나 서방보다는 중국, 한국, 그리고 아시아 기타 국가들과의 관계를 더 중시했다. 그리고 DPJ의 입장은 하토야마 총리가 과거 제2차 세계대전 이전 일본 제국주의 전쟁범죄를 깊이 사죄하면서 중국, 한국으로부터 많은 환영을 받았다. 그런 행동은 심지어 DPJ의 좌파성향으로 인해 미·일 동맹이 부정적으로 영향받을 것을 우려하는 오바마 행정부로부터도 환영받았다. 그러나 일본 정부의 진심은 중국과 작은 문제가 발생했을 때 아무 보상을 받지 못하고, 오히려 선의가 악의로 되갚음 받는 형태가 됐다. 그 이유는 조업 중 영해를 침범한 중국어선을 일본해경이 체포한 사소한 문제를 후진타오 정부가 경제제재와 국민들의 거대한 반일운동을 동원하는 국가차원의 국제적 사건으로 몰아갔기 때문이다. 그런 일은 일상생활에서 수없이 발생하고, 정상적으로 국제법이 작동하는 보통의 국가관계에서는 아마 대수롭지 않을 일로 치부됐을 것이다. 체포, 구금당한 당사자는 벌금형, 단기 구류, 보석 등 가벼운 처벌 이후 풀려나는 것이 상례이다. 또 중국이 외교경로를 통해 얼마든지 자국민 석방을 위한 조치를 취할 수 있었을 것이다. 그러나 베이징의 행동은 많은 나라의 눈살을 찌푸리게 했는데, 왜냐하면 그것은 얼마든

----

1) 모스크바의 고등경제학교 유럽 및 국제문제센터 연구원 바실리 카신(Vasily Kashin)은 미군이 발을 붙이지 않는다는 조건으로 러시아가 일본에 쿠릴열도를 모두 돌려줄 수 있지만, 그 경우 미국이 센카쿠를 미·일 방위조약에서 제외할 가능성이 일·러 결정의 걸림돌이 될 수 있다고 말했다. Dave Majumdar, "Could Russia and Japan Finally Settle Their Island Dispute?" The National Interest, (December 12, 2017)

2) http://www.xinhuanet.com/english/2018-06/23/c_137275716.htm; "Russia, Japan to discuss bilateral relations at Moscow forum," (April 27, 2018); "Japan foreign minister to visit Russia to discuss formal WWII treaty; official," Reuters, (November 22, 2019)

지 강대국의 또 다른 횡포로 해석되기에 충분했기 때문이다. 그 사건은 중국의 많은 면을 보여주었다. 그 사건은 중국 정부와 그 국민들이 일본을 얼마나 혐오하는지, 또 평화발전, 내정간섭 배제 구호를 내거는 베이징의 앞과 뒤가 어떻게 다른지를 여실히 보여주었다. 그래도 도쿄 당국은 강대 동맹국인 미국을 포함해 누구에게도 불평할 수 없었는데, 왜냐하면 지난 1년 간 일본은 후텐마 기지이전 문제, 전체적 외교 성향으로 미국의 감정을 상하게 했고, 동시에 중국과의 전면적 군사대치에 부담을 갖는 군사력 수준은 과거 전쟁범죄로 인한 후과였기 때문이다. 워싱턴을 포함해 주변국의 시각에서 그것은 모두 일본의 자업자득일 뿐이었다.

그러나 동일한 현상은 노다 요시히코 정부 당시 또다시 반복됐다. 노다 정부는 센카쿠 국유화의 이유에 대해 확실하게 설명했지만, 베이징 당국은 그에 아랑곳하지 않았다. 이번에 중국의 반응은 군사차원에서 2년 전보다 훨씬 더 격렬했는데, 왜냐하면 도쿄 당국의 센카쿠 국유화가 미래 영토분쟁에서 국제법적으로 일본의 입지를 더 강화시킬 여지가 있기 때문이었다. 제2기 아베내각 역시 시진핑 정부의 지속적 공세 앞에서 많은 난관을 경험했다. PLA 해, 공군의 위협적 군사태세, ADIZ 선언, 그리고 PLA 함정의 일본영해 침범이 모두 그런 경우였다.

_노다 요시히코

그러나 노다 정부나 제2기 아베내각은 모두 베이징의 위협을 두려워할 필요가 없었다. 그 이유는 이제 미국이 나서서 중국의 경거망동을 확실하게 제어했기 때문이다.

02 국내정치

(1) 민주당 집권과 자민당의 재집권

취임 직후 오바마 대통령이 국내의 경기 대침체, 이라크 전쟁, 아프가니스탄 전쟁 해결에 몰두해 있는 사이 일본에서 중도좌파 성향의 민주당(DPJ: Democratic Party of Japan)이 집권했다. 그동안 일본정치는 1955년 이후 (1993~1994년을 제외하고) 보수성향의 자민당(LDP: Liberal Democratic Party)이 독자, 또는 연립정권 구성을 통해 장악해왔는데, 놀랍게도 사상 처음 민주당이 2009년 8월 30일 총선에서 중의원 전체의석 480석의 64%

에 달하는 308석을 확보하는 압도적 승리를 거둔 것이다.[1] 자민당은 전체 의석의 25%인 118석만을 얻으면서 대패했다. 그 중의원 선거에서 절대다수인 2/3 의석 확보에 약간 못 미친 DPJ는 2007년 참의원 선거 당시와 마찬가지로 사민당(SPD: Social Democratic Party), 국민신당(PNP: People's New Party)과 연합해 연립정부를 구성했다.[2] 2009년 민주당의 하원선거 승리는 오랜 기간에 걸쳐 여러 요인이 복합적으로 작용한 결과였다. 그 주요 요인은 (일찍이 1990년대 자민당의 정치내분에 따른 정계개편 이후) 야권에서 사회당의 약화에 따른 민주당의 약진, 그리고 2006년 9월 고이즈미 총리 퇴임 이후 자민당의 결정력 없는 리더십과 그들의 취약한 경제실적을 포함했다. 민주당은 내부적으로 좌파와 우파, 평화주의자와 안보 매파 사이에서 수시로 충돌했는데, 그 이유는 그 리더들이 중도 또는 자민당 출신의 중도우파인 반면 당원 상당수가 좌파성향이 짙은 사회당 출신으로 일관성 있는 정책을 추진하기 어려웠기 때문이다. 그래도 그들은 2007년 참의원 선거 승리 이후 (권력투쟁을 포함해) 내부갈등을 극복하고 2009년 처음으로 하원선거에서 승리하기에까지 이르렀다.[3]

민주당은 자민당과 대외, 국내정책에서 큰 차이를 보였다. 민주당의 대외, 안보정책은 미·일 동맹으로부터의 상대적인 독립과 자주성(autonomy), 주일미군, 특히 오키나와 미군병력의 축소, 미·일 집단방위보다는 평화헌법 한계 내에서의 UN PKO 활동, 아시아 국가들과의 관계개선, 그리고 핵 비확산, 군축, 인도주의 지원을 통한 '지구적 공통사안'(global commons)에 대한 지원을 옹호했다. 그래도 민주당 내에 다양한 스펙트럼의 대

---

1) 고이즈미 총리 시절 자민당은 강력한 리더십을 발휘하고 국민의 많은 지지를 받았다. 그러나 그를 승계한 아베 신조 총리와 그 이후의 후쿠다 야스오, 아소 다로 총리는 대중의 지지를 받지 못했다. 그들은 2006년 9월 고이즈미가 임기 만료되면서 2009년 8월 총선에서 자민당이 여당 지위를 잃을 때까지 각각 1년여 기간 총리직을 수행했다. 아베는 2007년 7월 참의원 선거참패의 책임을 지고 물러났고, 후쿠다는 일본자위대의 아프간 전쟁을 위한 인도양 급유작전과 관련해 하원의 절대다수 의석을 활용해 참의원 승인을 우회한 이후 2008년 9월 갑자기 사임했다. 아소 다로는 2009년 8월 총선에서 민주당에 패배하면서 임기가 자동 만료됐다. 1996년 발족한 민주당은 1998년 이후 자민당에 반대하는 5개의 작은 정당과 합병하면서 세력이 급신장했다.
2) 중의원에서 집권당이 2/3 절대다수 의석을 원하는 이유는 그 경우 중의원 결정에 대한 참의원의 반대를 거부할 수 있기 때문이다.
3) 민주당은 창당 직후 주요 야당으로 등장했다. 그러나 2007년 참의원 선거에서 동맹정당들과 함께 첫 번째 주요 승리를 확보하고 하원을 장악하기 이전까지 선거에서 실패 및 약간의 성공이라는 많은 혼합적 결과를 견뎌냈다. Weston S. Konishi, Japan's Historic 2009 Elections; Implications for U.S. Interests, CRS Report 7-5700, R40758 (September 8, 2009), pp. 1-2; Japan-Political developments/Britannica, https://www.britannica.com〉 place

외, 안보정책 의견이 존재했는데, 당내 좌익은 평화헌법의 엄격한 해석, 그리고 가장 유명한 우익인 마에하라 세이지(Seiji Maehara)는 자위대 강화와 강력한 군사력 보유를 주장했다. 민주당 리더 중 하나인 오자와 이치로는 유엔안보리 승인 하에서 국제안보에 대한 공헌을 선호했다. 국내정치와 정책에서도 두 당의 차이는 확연했다. 자민당이 정치−관료 연계에 기초해 중앙집권화를 선호하는 반면, 민주당은 권력분산과 정부정책의 투명성을 강조했다. 민주당은 특히 관료의 영향력을 약화시키고 정치인으로 구성된 내각 권한을 강화하는 정치적 민주화를 원했다.[1] 경제, 사회적 차원에서는 자민당이 정치권−관료 연계, 재벌 계열사 중심의 경제성장, 중견기업 확대를 포함하는 성장위주 정책을 선호하는 것과 대조적으로, 민주당은 일반시민의 사회안전망 확충, 저소득층 복지확대, 근로자 임금인상, 결손가정 지원, 고속도로 통행료 인하와 같은 서민위주 정책을 옹호했다.[2]

그러나 사상 처음으로 집권한 민주당의 생명력은 3년 3개월 만에 막을 내렸다. 민주당은 집권기간 많은 어려움에 직면했다. 대외적으로는 전통적 우방인 미국과 갈등을 겪으면서 중국과 험악한 영토분쟁에 휩싸였고, 대내적으로는 지진, 쓰나미로 인한 국가적 재앙에 이어 경제실적이 취약했다. 고이즈미 퇴임 이후 자민당 리더십에 실망한 국민들은 4년 전 선거에서 민주당을 압도적으로 지지했지만, 그들은 이제 또다시 DPJ 지지를 철회했다.

2012년 12월 중의원 선거에서 공명당(New Komeito)과 연합한 자민당은 하원 의석수 2/3 이상의 절대다수를 획득하면서 압도적으로 승리했다.[3] 두 번째 임기의 총리로 취임한 아베신조는 보수색채 정치와 정책으로 회귀했다. 아베정부는 미·일 관계 강화, 민족주의에 대한 재강조, 그리고 아베노믹스를 통한 경제부활을 꿈꾸면서 일본의 국내외 경쟁력 강화를 추구했다. 그 배경에는 중국 영향력의 획기적 증대와 북한 핵무장 위험에 대한 경계심, 그리고 일본사회를 다시 일으켜 세워야 한다는 국가적 사명감이 자리 잡고 있었다.

....

1) 민주당은 또 하원 선거과정에서 총리 산하에 국가전략국(National Strategy Bureau)을 설치해 국가예산과 정책에 대한 총리실과 내각 권한을 강화한다는 정책을 표방했다.
2) Konishi, Japan's Historic 2009 Elections, (September 8, 2009), pp. 3−4.
3) 공명당은 원래는 온건 사회주의 성향으로 전통적으로는 중요한 야당이지만, 1999년 이후 자민당과 계속 연합해 왔다.

(2) 정치, 사회현실

1) 민주당 통치기

_간 나오토

2009년 8월 30일 역사적인 선거압승에 따라 9월 16일 민주당은 사민당, 국민신당과 함께 연립정부를 구성했고, 하토야마 유키오(Yukio Hatoyama)가 첫 번째 총리로 선출됐다. 그러나 하토야마는 2010년 5월 말까지 오키나와 미군기지를 폐쇄한다는 총선 캠페인 약속을 지키지 못하면서 취임 9개월 만에 민주당 총재와 총리직에서 물러나고, 그의 리더십은 2010년 6월 간 나오토(Naoto Kan)에게 이양됐다.[1]

그러나 간 나오토는 총리 취임 1개월 후 진행된 2010년 7월 참의원 선거에서 처음부터 역경에 직면했다. 그때 민주당은 2007년 당시 선거에 비해 10석을 잃었고, 그것은 자민당이 13석을 추가한 것과 크게 대비됐다. 그는 계속 어려움을 겪었는데, 가장 큰 위기는 (앞에서 언급한) 2011년 3월 11일 혼슈(Honshu) 북부도시 센다이(Sendai) 동쪽 해저 지진으로 인한 거대한 쓰나미가 태평양 연안 일본 저지대를 덮쳤을 때 찾아왔다. 일본 역사상 가장 큰 9.0 규모의 그 지진은 여러 도시에서 화재를 발생시키고, 수천 개의 빌딩을 쓰러뜨리며, 도쿄 인근의 시바(Chiba)현까지 피해를 입힐 정도로 강력했다. 또 그 쓰나미는 후쿠시마 현 해안에 위치한 다이치(Daiichi) 핵발전소 사고를 촉발해 발전소 주변 광대한 지역의 주민을 대피하도록 만들었다. 중앙정부는 여러 외국정부의 도움을 받아 신속하게 대규모 구제작업을 시행했지만, 간 내각은 재난구조, 특히 후쿠시마 핵위기와 관련해 국민들로부터 크게 비난받았다. 간 총리는 6월의 불신임

_후쿠시마 다이치 핵발전소 사고

---

1) 하토야마는 2010년 5월 오키나와 기지 이전 공약을 철회하면서 총리직에서 물러났다. 2019년 그는 기지 이전 문제를 2010년 7월 참의원 선거와 11월 오키나와 지사 선거 전에 결론내기 원했는데, 뒤돌아볼 때 더 시간을 갖고 해결해야 했다고 말했다. Former PM Hatoyama regrets reneging on pledge to move Futenma airbase out of ..., https://www.japantimes.co.jp〉 news; 원래 일본사회당(JSP: Japan Socialist Party)이던 사민당은 노조와 대도시 주민으로부터 대부분 지지를 이끌어내는 주요 야당이었다. 그러나 1990년대 중반 창당과 작은 정당들의 합병 이후 야권 주요정당은 민주당으로 바뀌었다. 일본공산당(JCP: Japanese Communist Party)은 야권 주변에 머물고 큰 위력을 발휘하지 못한다.

투표에서 살아남았지만, 지지도가 급락하면서 2011년 8월 총리와 DPJ 총재직에서 사퇴했다. 2011년 9월 그는 그의 내각에서 재무상으로 재직한 노다 요시히코(Yoshihiko Noda)에 의해 대체됐다.[1]

　　노다 정부 역시 국민의 지지와는 거리가 멀었다. 2012년 가을 센카쿠를 둘러싸고 2년 만에 또다시 발생한 중국과의 영토분쟁은 노다 내각이 센카쿠 도서 매입을 발표하면서 더 격화됐고, 그것은 도쿄정부 정책에 대한 국민들의 불신을 증폭시켰다. 국내정책에서도 노다 내각의 실적은 부진했다. 많은 수의 국민들은 2012년 소비세(sales tax) 인상법안 통과, 그리고 후쿠시마 재앙 이후 폐쇄된 핵발전소를 재가동하려는 그의 리더십에 반대했다. 2012년 11월 중순, 그는 자민당의 압력에 직면해 하원을 해산하고 의회선거를 치러야 하는 상황에 처했다. 12월 16일 선거는 자민당 압승으로 귀결됐고, 반면 DPJ 의석수는 57석으로 축소됐다. 노다는 즉시 당 총재직에서 사퇴했다. 2012년 9월 자민당 총재로 선출된 아베 신조가 12월 26일 자민당이 지배하는 하원에서 차기 총리로 선출됐다.[2]

2) 아베의 권력복귀

　　2012년 12월 16일 선거에서 자민당이 승리를 휩쓸면서 LDP 리더 아베 신조가 권력에 복귀했다. 투표율이 59.3%였던 그 선거에서 자민당이 지난 선거 당시보다 176석이 증가한 294석을 얻고 연립여당 공명당이 10석을 추가해 31석을 얻으면서, LDP 연립정권은 하원 전체 480석 의석 중 67.5%인 325석을 확보했다. 반면 민주당 의석은 57석으로 줄어들고, 그로 인해 중의원 내 여야 세력균형은 완전히 반전됐다. 하시모토 도루(Toru Hashimoto)와 이시하라 신타로 두 명의 매파가 이끄는 신생정당 일본 유신회(Japan Restoration Party)는 그 선거에서 54석을 얻어 일본의 제3당이 됐다. 자민당의 압도적 승

----

1) 오키나와 현(prefecture)은 류큐 도서군(islands)의 서남부 2/3 지역으로 구성되는 1,200제곱킬로미터 넓이의 섬이다. 메이지 시대 일본의 현으로 편입되기 이전, 오키나와는 일본과 중국 모두의 영향력 하에 있는 준 독립왕국이었다. 튜나 어업, 목축업, 사탕정제가 주요산업이고, 관광의 중요성이 점차 증가한다. 인근 해안유정에서는 원유가 생산된다. 1945년 4월 미군은 오키나와에서 3개월 간 일본군과 교전한 이후 그 섬을 장악했다. 그 전투에서 미군은 1만 2천명 사망, 3만 6천명 부상, 일본군은 10만 명 사망을 기록했다. 1972년 미국은 그곳에 미군 군사기지를 유지하는 가운데 오키나와 섬을 일본에 반환했다. Japan－Political developments/ Britannica, https://www.britannica.com〉 place

2) Japan－Political developments/Britannica, https://www.britannica.com〉 place; http://www.japantimes.co.jp/text/nn20121226x1.html

리는 1년에 1명씩 총리가 교체되고 자민, 민주 어느 당도 상하 양원을 동시에 수개월 이상 통치하지 못한 2007~2012년의 정치적 불안정을 종식시킬 것으로 기대됐다. 그러나 자민당 의원들을 포함해서 대부분 전문가들은 그 승리는 유권자들이 자민당을 선호하기보다는 민주당을 거부한 것에서 나타난 결과라고 말했다. 그들은 자민당이 승리한 또 다른 이유는 투표율이 낮고 민주당과 몇몇 신생정당 간에 반 자민당 전선이 분열됐기 때문이라고 분석했다.[1]

_스가 요시히데

아베는 2012년 12월 26일 총리에 취임하면서 그의 내각을 위기돌파 내각이라고 불렀다. 그 새 정부에는 오랫동안 자민당에서 함께 일한 일본정치 중진들이 참여했는데, 전 총리였던 아소 다로는 부총리, 그리고 전 재정상 스가 요시히데는 관방장관 직을 맡았다. 아베는 대담한 경제정책, 경제 구조개혁, 그리고 성장전략을 추진해 일본을 다시 올바른 궤도에 올려놓을 것이라고 말했다.[2] 아베가 강력한 리더십의 대내외 정책을 추진하면서, 자민당 정부에 대한 국민의 지지도는 높아지기 시작했다. 대외적으로 아베내각은 워싱턴의 테러와의 전쟁 마무리 및 핵 비확산에 대한 협력, 이란 핵무장 가능성에 대한 제재, 해적행위, 마약유통 방지를 포함하는 국제평화유지 활동의 확대를 넘어 본격적으로 미·일 관계 강화에 에너지를 집중했다. 또 DPJ 당시 발생한 워싱턴과의 양자 군사 관계 긴장을 해소하기 위해, 도쿄 당국은 오키나와 미군기지 이전 문제의 완전한 해결을 시도했다. 국민생활과 관련된 국내 조치 중에서 가장 높은 우선순위를 차지한 것은 경제 살리기였다. 일본경제는 2011년 GDP 규모에서 중국에 밀려 세계 3위로 하락했다. 또 고이즈미 총리 당시 일본경제가 잠시 회복세를 보였지만, 그 이후 계속 플러스와 마이너스 성장을 반복하는 불안한 경제는 국민생활을 위축시켰다. 악순환을 타파하고 경기를 활성화시키기 위해, 아베 내각은 통화이완, 정부 재정지출 확대, 또 경제구조 선진화를 위한 농업, 의료, 서비스 분야 노동시장 개혁을 추진하면서 경기 활성화와 일본기업의 경쟁력 강화를 시도했다.[3]

----

1) Chanlett—Avery, Manyin, Cooper, Rinehart, Japan—U.S. Relations, (February 15, 2013), pp. 1, 26−27.

2) Martin Fackler, "Ex—Premier Is Chosen to Govern Japan Again," The New York Times, (December 26, 2012)

3) 아베는 제2기 총리로서의 국내 과제에 관해 다음과 같이 말했다. 국내에서 가장 큰 우선순위는 디플레

아베 내각에 대한 국민의 지지는 2013년 7월 참의원 선거에서 입증됐다. 선거 전 아베는 경제부활을 위해 상, 하 양원 모두에서 자민당이 안정의석을 확보할 필요가 있다고 주장했다. 그 선거에서 LDP는 31석을 추가해 115석을 얻었고, 공명당은 1석 추가로 20석을 얻어 연립여당은 총 135석을 확보하는 성과를 올렸다. 그것은 참의원 총 의석수 242석의 2/3에는 못 미쳤지만 연립여당의 상하 양원 계속 장악을 의미했고, 2016년까지 공식 하원선거가 없는 점에 비추어 아베정책 수행의 안정기가 될 것으로 여겨졌다.[1] 그 당시 아베에 대한 국민들의 지지도는 60~70% 수준이었고, 그것은 그의 안보, 경제정책에 대한 대중의 압도적 지지를 의미했다. 그러나 2014년 4월 정부가 소비세를 5%에서 8%로 인상하고 일본경제가 2사분기 연속 불경기(recession)에 진입하면서, 여론조사는 아베정부의 지지도가 하락하고 있음을 보여주었다.[2] 2014년 11월 아베는 다음번 예정된 소비세 인상을 2015년 10월에서 2017년 4월로 연기시켰다고 말하고 '아베노믹스'(Abenomics) 평가를 슬로건으로 내걸면서 12월 중의원 조기선거를 촉구했다. 그는 과반의석 확보 미달시 사퇴할 것이라고 말했지만, 야당의 분열로 실제 그렇게 될 가능성은 없었다. 법정기한보다 2년 앞서 개최되고 역대 최저 투표율을 보인 2014년 12월의 그 중의원 선거에서, 아베 정부는 2/3 이상의 절대다수 의석을 확보해 자민당의 우위를 확실하게 굳혔다. LDP는 3석을 상실해 291석, 공명당은 4석을 추가해 35석을 얻어 자민당 연립정부는 총 의석수의 68.6%인 326석을 확보했으며, 민주당은 전체의석의 15.4%인 73석을 얻는 데 그쳤다. 이제 아베는 중의원에서 또다시 총리로 선출됐다.[3]

....

이션을 제거하고 경제를 부활시키는 것에 주어져있다. 오래된 디플레이션과 경제침체는 15년간 계속됐는데, 이번이 마지막 기회로 그 시급한 감정은 의회에 광범위하게 퍼져 있다. 구조개혁은 성장전략에 관한 것으로, 그 핵심은 개방과 혁신이다. 의료분야를 혁신해서 경제를 살리고 세계복지에 기여해야 한다. 농업이 아직 문제인데, 아베 내각은 농업을 더 강하게 만들고 수출 지향적으로 만든다는 계획을 갖고 있다. 관료제를 감축하고, 일본에 대한 외국의 더 많은 직접 투자를 유치할 것이다. 개방에서 특별한 것은 TPP이다. 농업 연합회가 자민당의 가장 중요한 지지층이고 농업 로비가 그에 크게 반대하지만, 아베 내각은 그들이 따라오도록 노력할 것이다. 아니면 일본 농업의 미래가 없거나 또는 일본의 지역, 현재 공동체 미래도 없다. 동시에 통화이완, 회계 재정자극에 비추어 국가부채도 우려되는데, 내각은 소비세율을 높여 재정균형을 이루고 동시에 사회보장 유지에 최선의 노력을 다할 것이다. "Japan is Back," (July/August 2013), pp. 2–4; 그러나 실제 아베노믹스의 성과는 제한적이고 과거 형태의 획기적인 일본경제 성장은 어려운 것으로 드러났다. 일본은 2015년 후반기에 타결된 TPP가 일본 경제성장에 상당한 도움이 될 것으로 기대했다.

1) "Japan election; Abe wins key upper house vote," BBC News, (July 21, 2013); "2013 House of Councillors Election Results at a Glance," Nipon.com, (September 30, 2013)

2) "Japan's economy makes surprise fall into recession," BBC News, (November 17, 2014)

3) 야당은 연합전선 구축을 시도했으나, 분열에서 벗어나지 못했다. "Japan PM seeks verdict on Abenomics in snap election" Reuters, (November 21, 2014); "Abe tightens grip on power as

2015년 2월 정책연설에서 아베는 일본의회가 농업, 건강의료, 기타 경제분야에서 획기적 개혁입법에 협력할 것을 촉구하고, 내각은 흔들림 없이 경제부활을 추진할 것이라고 말했다. 그러나 2015년 아베정부의 지지도는 다소 하락하는 양상을 띠었다. 그것은 아베가 상, 하 양원 다수의 이점을 활용해 그해 9월 일본의 집단자위권을 정당화시키는 안보법안을 통과시켰기 때문이다.[1] 아베의 정책은 많은 국민의 저항을 불러왔다. 미국이 주도하는 해외전쟁에 끌려들어갈 위험을 의식하는 1만명의 학자와 지식인들이 반대청원에 서명했고, 10만명의 국민이 의회건물 앞에서 시위했으며, 수많은 지방의회들이 반대 결의안을 채택했다. 그해 여름 처음으로 아베에 대한 반대 비율이 지지율을 넘어섰다. 그래도 아베의 총리직은 아무 위협을 받지 않았는데, 왜냐하면 야당에 대한 국민 지지도가 10%에 불과했기 때문이다. 그해 9월 2012년 이후 3년 임기를 끝내고 단독 출마해 다시 한 번 LDP 총재에 취임하면서, 아베는 아베노믹스 2.0에 초점을 맞췄다. 그는 경제를 부활시켜 일본이 겪고 있는 저출산과 고령화 문제를 해결하고 일본인 모두가 적극적 사회 역할에 참여하는 건강한 사회를 만들겠다고 강조했다. 그는 2021년까지 GDP를 600조 엔으로 증가시키고, 출산율을 1.4명에서 1.6명으로 늘려 1억 인구수를 안정적으로 유지하며, 임금상승, 소비진작을 통해 모두가 잘사는 사회를 만드는 것이 목표라고 말했다.[2] 그해 10월 TPP 협상을 완료하면서, 아베는 아태지역 경제자유화 및 유럽과의 무역확대로 앞으로 일본이 더 큰 경제성과를 거둘 것이라고 말하고, 전기(electricity), 의료, 농업분야를 포함하는 일부 경제자유화는 큰 성과라고 자평했다. 그는 자민당의 주 지지층으로 막강한 로비능력을 가진 농민들을 자극하지 않도록 농업분야 역작용을 최소화할 것이라고 덧붙였다.[3]

2015년 4사분기 경기가 약간 하락하고 국내 일각에서 아베노믹스의 경제성과를 비판했지만, 2016년 7월 참의원 선거에서 아베 정부는 또다시 선전했다. 54.7%의 투표율

---

ruling coalition wins 325 seats in lower House election," Japan Times, (December 15, 2014)

1) 보수주의자들의 신사참배와 일본 제국주의 행동에 대한 소홀한 인식과 민족주의적 자부심에 대한 지나친 강조는 중국, 한국 등 아시아 주변 국가들로부터 많은 비난을 야기해 외교적 어려움의 원인을 자초했다. 미국은 일본의 미·일 안보협력 강화를 환영하면서도, 다른 한편 도쿄가 아시아 이웃들과의 관계 소홀로 인해 역내 불안정을 초래하지 않도록 주변국들과의 관계개선을 조언했다.

2) Chanlett-Avery, Cooper, Manyin, Rinehart, Japan-U.S. Relations, (February 20, 2014), p. 32; Chanlett-Avery, Manyin, Cooper, Rinehart, Nelson, Williams, Japan-U.S. Relations, (September 29, 2015), pp. 2, 29-30; "Less of the same," The Economist, (October 1, 2015)

3) "Abenomics 2.0-PM updates plan to refresh Japanese economy," Associated Press, (September 24, 2015)

을 기록한 그 선거에서 자민, 공명 연립여당은 146석을 확보해 전체의석의 60%를 획득했고, 그 수치는 보수정당이나 무소속 보수의원을 합칠 경우 헌법 개정이 가능한 전체의석의 2/3 이상을 넘어섰다. LDP 연립정부의 중의원 의석비율이 68.6%인 상황에서, 그 참의원 선거는 아베 정부의 사기를 드높였다. 그러나 헌법 제9조의 개정은 아직 어려웠는데, 왜냐하면 공명당이 그 문제와 관련해서는 항상 내부 분열상을 보였고 또 국민의 절반을 넘는 사람들이 아직은 그에 반대했기 때문이다.[1] 53.7%의 투표율을 보인 2017년 10월의 중의원 조기선거 역시 아베 정부의 압승으로 귀결됐다. LDP는 284석, 공명당은 29석을 얻어 연립여당은 전체의석의 67.3%인 313석을 확보했다. 그것은 지난번 선거에 비해 13석 줄어든 수치였지만, 좌파연합인 민주당, 일본공산당, 사민당은 모두 합쳐 전체의석의 14.8%인 69석만을 확보했을 뿐이다. 일본정치는 자민당을 중심으로 안정된 것으로 보였다.[2]

2018년 11월 아베는 1960년대 이후 일본의 가장 오래 재직하는 총리가 됐다. 흥미있는 것은 서방과 일본의 일부 분석가들이 아베의 장기집권 비결 중 하나가 여당의 미디어 운영능력이라고 말한 것이다. 그들에 따르면, 정부, 여당은 비협조적인 신문과 방송에 면허취소를 위협하고 기업들에게 특정 미디어에 광고를 주지 말라고 압력을 가했다. 아베가 총리로 취임하면서 2013년 새로 임명된 일본 NHK 책임자는 기자들에게 친정부 내용만 방송하도록 지시했다. 또 아베는 취임 후 2006~2007년 첫 번째 총리 시절 그를 많이 비판한 아사히신문에 적대적 태도를 취했다. '국경 없는 기자회'는 아베 제2기 일본 언론자유를 세계 제61위로 평가했는데, 그것은 그 이전에 비해 8단계 하락한 위상이었다. 그러나 아베 정부는 그런 주장은 근거 없는 비난이라고 일축했다.[3]

---

1) 공명당은 일본의 해외 군사력 사용과 관련해 항상 보수, 진보적 성향 사이에서 갈등했다. 또 여론조사에 따르면 과반수를 약간 넘는 숫자의 사람들이 아직 헌법 개정에 반대했다. 아베는 헌법 개정과 관련해 다음과 같이 말했다. 헌법 개정에는 많은 장애가 있다. 양원에서 적어도 2/3 이상이 찬성해야 하고, 국민투표에서 단순 과반수를 넘어야 한다. 일본은 세계에서 유일하게 자국 방위조직을 군대라고 부르지 못하는 나라이다. 그것은 상식에 맞지 않고, 자위대를 군대라고 부를 수 있어야 한다. LDP는 헌법 개정 초안을 제출했다. "Japan is Back," (July/August 2013), p. 8.

2) 2019년 10월 참의원 선거에서 자민당은 113석, 공명당은 28석으로 총 131석을 얻어 전체의석의 48.4%를 확보했다. 그것은 나머지 보수 세력을 합쳐도 개헌에 필요한 의석수의 2/3에 미달하는 수치로 나타났다.

3) Chanlett-Avery, Manyin, Nelson, Williams, Yamakawa, Japan-U.S. Relations, (February 16, 2017), p. 36.

3) 일본 정치, 사회의 구조적 경직성

영국, 독일의 내각제와 비교할 때 일본의 총리실과 내각은 구조적으로 취약하다. 영국의 내각제는 총리정부(Prime Ministerial Government)라는 말이 증명하듯 총리가 관료제에 대해 막강한 힘을 휘두르고, 독일의 총리도 그에 못지않은 파워를 갖고 있다. 그러나 일본의 총리실은 그 정도의 힘을 발휘하지 못하고 많은 경우 오히려 관료제에 휘둘린다. 비록 고이즈미 준이치로 시기 총리실이 관료에 대한 영향력을 증대시켰지만, 일본의 정책과정은 파편화되고 관료화되어 분열적 이슈에 대해 타협이 어렵고 그로 인해 수시로 정책이 마비되는 현상이 나타난다. 일본의회도 그와 비슷하게 구조적으로 취약한데, 한마디로 의회는 분점의회(divided parliament)를 넘어서는 데 많은 장애에 직면한다. 원칙적으로 국민을 대표하는 하원인 중의원은 참의원보다 더 강력하고 더 중요하지만, 이론과 실제는 다르다. 현실에서 상·하원을 장악한 당이 서로 다를 때 의회는 수시로 합의를 이루지 못하고, 그것은 중요한 국가이익 판단의 끝없는 지연으로 이어진다. 2007~2012년의 상황이 그런 경우였다. 2007~2009년 중의원은 하원 다수당인 자민당이 장악했고, 참의원은 민주당이 통제했다. 반면 2010년 중반부터 2012년 말까지의 기간에는 완전히 반대상황이 연출됐다. 그때는 민주당이 하원의 다수당이었고, 참의원은 자민당이 통제했다. 두 시기 모두 참의원을 장악한 당이 중의원의 법안을 막았는데, 당리당략의 특징을 띠는 그 행동은 지속적 조기선거로 이어졌다. 그로 인해 중요한 입법은 통과되지 못했고, 6명 총리는 1년 남짓한 기간 무기력한 정부수뇌로 재직했다. 그것은 국가적 낭비이며 경쟁적 국제사회에서 일본의 국가이익에 손해를 초래할 뿐이었다. 2013년 제2기 아베내각의 집권 이후 비로소 일본정치는 자민당이 상·하원 모두를 통제하면서 입법의 일관성을 유지할 수 있게 됐고, 그것은 냉전시기 자민당의 양원 장악으로 참의원의 비토가 문제되지 않았던 것과 비슷한 모습을 보인다. 그러나 만약 서로 다른 당이 양원을 장악하면, 일본정치는 또다시 딜레마에 빠질 것이다.[1]

일본의 사회적 특성 역시 다양한 문제를 노정한다. 인류학자들은 일본이 중국, 한국, 베트남과는 달리 유교문화에 속하지 않는다고 말하는데, 실제 일본사회는 수백 년간 지속된 군사 공동체에서 유래하는 독특한 문화를 유지한다. 비록 일본이 일찍 시작한 근대화로 인해 여러 측면에서 많은 서방식 특징을 보이지만, 기저에 존재하는 독특한 문화는

----

1) Chanlett–Avery, Manyin, Cooper, Rinehart, Japan–U.S. Relations, (February 15, 2013), p. 29.

수시로 사회적 경직성의 원인으로 작용한다. 민족주의와 순수성에 근거한 외국으로부터의 이민자 유입에 대한 부정적 인식과 엄격한 이민제도는 잠재 근로계층의 유입을 막아 부족한 노동력 보완을 더욱 어렵게 만든다. IMF를 포함해 국제공동체는 도쿄가 더 개방적이기를 권고하지만, 일본의 변화는 매우 느리다. 그것은 비록 문제가 제기되기는 하지만, 서유럽이 동유럽에 문호를 개방한 것과는 큰 대조를 이룬다. 한편 일본에서 노동력 문제는 급속한 고령화와 낮은 출산율로 인해 더 악화된다. 오늘날 현재 1억 2천 7백만 명 인구를 유지하기 위해서는 2.1명의 출산율이 필요한데, 임신율은 1.25명이다. 일본의 인구증가율이 −0.2%인 것에 비추어, IBRD는 2050년까지 일본 인구가 9천 5백만 명으로 감소할 것으로 전망한다. 일본여성이 결혼과 육아에 적극적이지 않은 이유는 직업과 가정을 함께 유지하기 어렵기 때문인 것으로 알려져 있다. 노령층 증가는 노동력 부족의 또 다른 중요한 원인이다. 생산계층과 퇴직자 비율이 2010년 5:2에서 2040년 3:2로 하락할 것으로 여겨지는 상황에서, 고령화는 노동력 부족과 사회 복지비용 증가의 원인으로 작용한다. 몇몇 사회적 여건은 일본 경제성장의 저해요인이다.[1]

03 경제현실

2009년 9월 민주당이 집권했을 때 일본경제는 미국과 유럽에서 시작되고 전 세계적으로 부정적 여파를 미친 지구적 재정위기의 영향 하에 처해 있었다. 세계무역이 위축되면서 수출입 및 해외투자에 많이 의존하는 일본의 GDP는 2008년 거의 9% 하락했고, 2009년 일본 GDP는 마이너스 5.5%를 기록했다. 서방 선진국들이 위기수습을 위해 수조 달러 규모 통화의 양적완화를 시도해 2009~2010년 일본의 수출이 약간 증가하는 상황에서, 2010년 GDP 성장률은 잠시 4.7%로 올라섰다. 소비를 진작하고 경기를 부양하기 위해 DPJ 정부는 0%에 가까운 이자율에 근거한 통화이완을 추진했다. 일본 중앙은행(BOJ: Bank of Japan)은 화폐를 추가 발행하고 국내 재정기관이 보유한 정부부채를 구매해 금융업계의 통화보유량을 늘렸다. 그 조치는 시중은행으로 하여금 기업과 소비자를 위해 더 많은 대출을 가능케 할 것이었다. 그러나 그 노력은 2011년 3월 일본 동부해안

---

1) Ibid., p. 32.

지진과 쓰나미로 인해 타격을 입었고, 2011년 경제성장률은 마이너스 0.4%로 주저앉았다. 이제 간 나오토 내각은 인프라 복구를 위해 10년 기간의 재건 프로그램을 도입하고, 그 이후 추가로 1천 8백억 달러 규모의 재건 목적 지출을 승인했다. 그로 인해 2011년 말부터 2012년 전반기 약간의 GDP 반등이 있었지만, 2012년 후반기 또 다른 불경기가 찾아오면서 그해 말 일본 GDP는 2008~2009년 불경기 당시보다 2.4% 낮은 수준에 머물렀다.[1]

_경제 재정정책위원회

재집권 후 아베는 경제부활을 위해 민주당 당시 폐기된 '경제 재정정책위원회'(CEFP: Council on Economic and Fiscal Policy)를 다시 가동했다. 2013년 1월 그는 디플레이션에서 벗어나고 경기를 활성화시키는 것이 가장 시급한 2개 임무라고 말했다.[2] 2012년 말 현재 일본경제는 고이즈미 총리 시기 일부 개혁에도 불구하고 여러 구조적 문제에서 벗어나지 못하고 있었다. 가장 큰 문제는 취약한 경제성장이었다. 2012년 일본의 GDP는 1991년 대비 18% 증가했는데, 그것은 다른 서구 선진국에 비해 훨씬 낮은 성장률 수치였다. 그것은 여러 요인에 근거했다. 저출산, 이민규제, 고령화로 인한 노동력 부족, 노동시장의 경직성, 그리고 국가보호로 인한 에너지, 의료업, 농업분야의 경쟁력 결여는 중요한 원인을 제공했다. 소비부족 역시 경제성장 부진의 다른 요소였다. 그것은 저소비가 만성적 디플레이션을 유도하고, 그로 인해 기업활동과 투자위축, 임금하락, 그리고 경제 저성장의 악순환이 반복되기 때문이었다. 둘째, 2012년 말 현재 일본경제의 또 다른 구조적 문제는 공공분야(public sector)의 지나치게 높은 부채비율이었다. 일본의 국가부채 수준이 높은 중요한 이유 중 하나는 정부가 경기부양을 위해 계속 재정적자를 감수하면서 지출하기 때문이었다. 2009~2012년 정부의 평균 재정적자는 GDP의 10% 수준이었고, 재정적자 누적으로 인해 1990년 GDP의 67%였던 정부부채는 2012년 거의 240%로 증가했다. 그래도 한동안 일본정부가 부채로 인한 경제파탄을 피해갈 수 있었던 것은 정부가 낮은 이자로 돈을 빌려 재정을 처리

1) Daniel Harari, "Japan's economy: from the 'lost decade' to Abenomics," (Japanese) House of Commons, Standard Note: SN06629, Section: Economic Policy and Statistics, (October 2013), p. 6.
2) George Nishiyama, Alexander Martin and Phred Dvorak, "New Japan Premier Pushes for Fast Results," The Wall Street Journal, (Updated December 26, 2012); Shinzo Abe, Policy Speech, Diet of Japan, 183rd Session, (January 28, 2013)

할 수 있었기 때문이다. 그것은 정부 부채의 90% 이상이 국내에서 발생한 것이고, 금융기관이 보유하는 예금규모가 충분히 크며, 부채비율의 급격한 증가에도 불구하고 디플레이션으로 인해 실제 지불한 이자 총량이 30% 감소한 것에 의해 도움을 받았다.[1]

(1) 아베노믹스

2012년 말 취임 직후 아베는 디플레이션을 제거해 경기를 회복시키고 일본경제를 정상화시킬 것이라고 강조했다. 아베노믹스(Abenomics) 프로그램은 경제자극을 위한 유연한 재정정책(financial stimulus), 통화이완(quantitative easing), 그리고 경쟁력 강화를 위한 경제구조 개혁의 3갈래 추진방향을 갖고 있었다. 사실 그 프로그램은 일본에 새로운 것이 아니었고, 신중상주의 방식에 의존해 경제를 운영하던 도쿄는 과거에도 필요시 언제든 정부지출 확대와 통화이완 방식을 동원했다. 바로 이전의 DPJ 정부도 재정자극과 통화이완 조치를 활용했다. 구조개혁 역시 과거에도 그 필요성은 인정됐지만 일본의 문화적 특성으로 인해 거의 모든 경우 성공하지 못했다. 그러나 이제 또다시 아베가 그 동일한 조치들을 하나의 패키지로 동원한 이유는 그것을 새로운 시대의 시작을 알리는 경제 슬로건으로 사용할 의도가 있었기 때문이다.

아베 정부는 2013년 봄 양적완화, 통화이완을 추진했다. 아베노믹스 중에서 정부가 가장 중점을 둔 정책수단은 통화이완이었다. 2013년 1월 CEFP 회의에서 일본 중앙은행(BOJ)은 인플레이션 2%를 목표로 통화를 수급해야 한다고 말했고, 그해 4월 BOJ는 이자율 0%를 선언했다. 그 조치는 시장과 사회 자금융통을 도와 아베가 원하는 2% 가격상승을 유도하고 기업투자를 확대시켜 경기를 활성화시킬 것으로 기대됐다. 그에 따라 엔화가치는 달러 당 77엔에서 101.8엔으로 하락하고 니케이 지수는 상승곡선을 그렸다.[2] 아베 내각은 정부지출 확대로 경제를 자극하고 활성화시키는 재정정책도 시행했다. 정부의 2013년 예산은 공공사업, 소상공인 지원, 투자 인센티브 제공 목적으로 10.3조 엔의 재정활성화 자금을 포함했다. 그해 봄 정부는 간 나오토 내각과 마찬가지로 쓰나미, 원전피해를 본 지역의 인프라 복구 목적으로 1,450억 달러 재정패키지를 가동했다. 그로 인해 자민당 정부 출범 후 일본경제는 조금씩 나아지는 모습을 보였다. 그러나 경제성장세는

1) Harari, "Japan's economy," (October 2013), pp. 1, 6-8.
2) "Japan and Abenomics Once more with feeling," The Economist, (May 18, 2013)

2014년 4월 정부가 소비세를 5%에서 3% 더 인상시키면서 완전히 반전됐다. 정부가 소비세 인상의 여파로 경기가 하락할 것을 우려해 5조 엔 경기활성화 패키지를 가동했지만, 여름, 가을 2사분기 연속 마이너스 성장의 불경기(recession)가 도래했다.[1] 경기하강의 우려에도 불구하고 재정당국이 소비세 인상을 도입한 이유는 GDP 240% 수준의 정부부채를 우려해 재정건전성을 조금이라도 높이기 원했기 때문이다.[2] 그 상황에서 BOJ는 자산매입을 가속화하면서 2014년 10월 통화이완을 계속할 것이라고 선언했고, 정부는 그 두 달 후인 12월 300억 달러 규모의 비상 정부지출 확대를 승인했다. 정부는 또 2015년 10월로 계획된 10% 소비세 인상을 두 번에 걸쳐 연기하고, 결국 그것을 2019년 10월 시행하기로 결정했다. 그에 따라 2014년 4사분기 이후 2015년에 걸쳐 경제성장이 있었지만, 그것은 평균 0.5%의 미미한 수준이었다. 2016년에 들어와 경제성장이 취약하고 아베노믹스의 효과가 의문시되는 상황에서 정부는 새로운 통화 확대정책을 계속했는데, 그것은 10년 거치 정부채권에 있어서 은행예금 일부에 대한 마이너스 이자율, 그리고 10년 거치 정부채권에 대한 0% 이자율을 포함했다. 그럼에도 불구하고 인플레이션은 목표치인 2%에 훨씬 못 미쳤고, 2017년 인플레이션은 0.5% 수준으로 예상됐다. 디플레이션을 막기 위해 모든 수단을 동원하는 정부는 2016년 10월 또다시 320억 달러 규모의 보완예산을 통과시켰다. 그것은 미시적으로 저소득층 지원, 영국의 브렉시트(Brexit) 여파 경감, 그리고 자기부상(magnetic levitation) 열차건설의 일부 비용지원을 목표로 했지만, 전반적으로는 경기부양을 겨냥했다.[3]

한편, 아베정부의 경제구조 개혁 노력은 불균형적이고 일관적이지 못했다. 그 노력은 통화이완이나 정부 재정활성화 조치만큼의 인기는 없었다. 처음 2013년 3월 아베는 TPP 협상을 시작하면서 경쟁에 노출되지 않는 농업분야 개혁에 관한 의지를 표명했는데, 그것은 농업분야 로비와 선거에서 표를 의식하는 일부 자민당 의원들의 강력한 반대에

---

1) 2014년의 불경기는 2008년 이후 4번째 불경기였다. "Japan's economy makes surprise fall into recession," BBC News, (November 17, 2014)
2) "Abe Orders Japan's First Sales—Tax Increase Since '97: Economy," Bloomberg, (October 1, 2013)
3) 일부 분석가들은 아베가 2015년 집단자위권 관련 방위입법을 추진하면서 경제구조 개혁을 밀어붙일 에너지를 모두 소진했다고 주장했다. Chanlett—Avery, Manyin, Cooper, Rinehart, Nelson, Williams, Japan—U.S. Relations, (September 29, 2015), pp. 25—26; Chanlett—Avery, Manyin, Nelson, Williams, Yamakawa, Japan—U.S. Relation, (February 16, 2017), p. 28.

부딪쳤다.[1] 그해 6월 내각이 추진한 구조개혁 방안은 비판의 대상이 됐는데, 그 이유는 그 조치가 탈규제 영역을 식별하고 의약품의 온라인 판매를 허용하면서도 기업, 노동시장 개혁에 관해서는 아무런 구체적 구상을 제시하지 않았기 때문이다. 그 3개월 후 아베는 2020년까지 여성인력의 30%가 직장 간부로 일하는 여성 고용증대정책을 실시할 것이라고 말하면서, 그 정책이 GDP뿐 아니라 출산율도 높일 것이라고 주장했다. 2013년 11월에는 전기(electricity)분야 자유화 법안이 통과됐다. 그로 인해 전기산업에 가격경쟁이 도입됐고, 발전과 송전분야 시장이 분리됐으며, 외국기업의 시장진입이 더 용이해졌다. 정부는 2016년까지 전기시장을 완전히 자유화 할 것이라고 말했다.[2] 2014년 6월 정부는 한 단계 더 진전한 구조개혁 패키지를 제시했다. 그것은 의약분야의 추가 개방, 외국인 인력고용 증대, 기업운영 개혁, 법인세의 30% 이하로의 인하, 여성 노동력 충원증대, 오버타임 등을 포함했다. 2015년 12월에 그렇게 세계 최고수준의 일본 법인세가 29.97%로 인하됐고, 회사운영 방식, 농업협동조합의 개혁에서 일부 진전이 있었다.[3]

그러나 정규직과 임시직 시정을 위한 노동개혁, 노동력 확대를 위한 이민 자유화에서는 전혀 진전이 없었고, 아직도 세계 최고수준의 법인세 개혁은 실질적 진전이라고 보기 어려웠다. 구조개혁에서 한 가지 바람직한 것은 여성의 경제 참여 독려였다. 그동안 일본의 여성 노동력 활용비율은 OECD 국가 중 최하위였는데, 정부가 여성의 보모, 가사도우미 역할을 확대하고 부모의 육아혜택을 증대시키면서 일본여성의 경제활동 참여 비율은 2016년 미국의 64%를 넘어 67%를 기록했다. 서방선진국의 국제적 기준에서 평가할 때, 아베노믹스의 구조개혁은 약간의 성과에도 불구하고 일본경제의 실질적 전환을 이루지는 못했다. 그것은 국제기구 평가에서 확연하게 나타났다. 일찍이 2015년 7월 IMF는 일본 정부에 기존에 선언한 개혁을 신속하게 추진하고, 노동공급의 확대와 노동시장의 이중성을 축소하며, 농업과 서비스 분야의 규제혁파를 확대해야 한다고 조언한 바 있다. 그 두 달 후 스탠더드 푸어스(S&P: Standard and Poor's)는 일본의 성장, 인플레이션 상승의 전망을 부정적으로 보면서, 일본의 장기 신용등급을 하향조정했다. 일본의 취약한 경제성장 전망에 비추어, 2016년 8월 IMF는 또다시 노동시장과 임금형성 과정에 영향을

1) "Agricultural Reforms in Japan Pave the Way for TPP," The Diplomat, (February 12, 2015)
2) 그 당시 수백 개 기업이 전기시장 진입을 위해 관련 경제부서에 신청서를 제출했다.
3) "Reform in Japan The third arrow," The Economist, (June 26, 2014); "Shinzo Abe: Unleashing the Power of Womenomics," Wall Street Journal, (September 25, 2013); "Energy deregulation threatens to break up Japanese monopolies," Financial Times, (March 30, 2015)

주는 구조개혁을 촉구했다. 그 당시 IMF는 2017년 일본의 GDP 성장률을 0.6%로 잠정 추정하면서 아베 정부에 추가 구조개혁의 식별과 실시, 부채감소를 위한 재정공고화를 강력히 촉구했다. 비록 아베노믹스의 성과가 혼합적이고 또 경기가 확실하게 살아난 것은 아니었지만, 그래도 국민들은 아베 내각의 헌신적 노력을 높이 평가했다.[1]

★ 전문가 분석

(1) 아베노믹스의 현주소

아베는 2012년 12월 총리 취임 후 통화완화, 재정활성화, 구조개혁의 3가지 정책수단을 활용해 아베노믹스로 일본경제 살리기에 나섰다. 그러나 '오리엔탈 경제보고서'(The Oriental Economist Report) 편집자 리처드 캐츠(Richard Katz)는 아베정부의 재정자극 정책은 소비세 인상으로 그 효용이 약화됐고, 동시에 가장 중요한 구조개혁은 전혀 진전이 이루어지지 않고 있다고 분석했다. 일본의 경제가 더 잘되기 위해서, 그는 아베 내각이 통화이완과 재정자극을 통해 경제성장을 이루어 나가는 가운데 가장 어려운 과제인 구조개혁을 과감하게 추진해야 한다고 주장했는데, 다음은 아베노믹스에 대한 그의 평가와 처방이다.

1) 아베노믹스의 문제점

오늘날 일본의 몇몇 경제지표는 별로 신통치 않다. 비정규직 보수는 정규직의 2/3 수준인데, 20대 중반에서 30대 중반 청년층의 비정규직 비율은 1988년 4%에서 2014년 17%로 증가했고 전체 노동 가능 인구 중 비정규직 비율은 38%이다. 그것은 청년층 결혼에도 영향을 미치는데, 정규직 결혼 비율은 70%인 반면 비정규직 비율은 25%에 불과하다. 아베 신조는 2012년 12월 총리로 복귀하면서 일본경제 살리기를 약속하고 그가 일궈낸 직업창출을 수시로 거론하지만, 대부분은 비정규직으로 정규직은 오히려 3.1% 하락했다. 동시에 개인당 실질임금은 2% 축소되고 소비자 지출 역시 감소됐다. 아베가 추진하는 경제정책이 일본의 성장을 회복하고 국민생활을 더 윤택하게 만들지 의문이다. 아베

---

[1] 2016년 일본의 성장률이 낮은 것은 국내와 해외, 특히 중국으로부터의 수요가 취약하고 엔화가 고평가된 것이 단기적 원인으로 분석됐다. Chanlett-Avery, Manyin, Nelson, Williams, Yamakawa, Japan-U.S. Relation, (February 16, 2017), pp. 27-29.

와 그 경제팀이 추진하는 경제부활 시나리오의 가장 큰 관심사는 디플레이션 시정에 가장 큰 초점이 맞춰져 있다. 아베는 2013년 연설에서 지난 20년 동안의 디플레이션이 일본 내 신뢰상실의 가장 큰 원인이라고 말했다. 그는 디플레이션을 치유하기 위해 '3개 화살'(three arrows)을 사용할 것이라고 말했는데, 그것은 통화이완, 즉각적 지출을 부양하는 재정자극(fiscal stimulus), 그리고 장기성장을 위한 구조개혁이다. 실제 그 세 개의 화살 모두가 타깃을 맞추면 그것은 성공할 것이다. 그렇지만 불행히도 두 개의 화살은 이미 다른 곳으로 날아갔는데, 재정자극은 국가부채 축소를 위한 세금인상으로 그 효과가 상쇄됐고 구조개혁 시도는 정체상태이기 때문이다. 하나 남은 화살인 통화이완은 다른 두 개 화살이 없이는 제대로 작동할 수 없는데, 그 전체 상황에서 아베 내각이 진정 필요로 하는 것은 일본회사의 뒤처지는 경쟁력을 역전시킬 의미 있는 구조개혁이다. 그렇지 않으면 어떤 일시적 경기활성화도 곧 환상으로 귀결될 것이다. 그 이유는 통화이완과 재정자극을 통한 인플레이션으로 디플레이션을 통제하겠다는 생각은 단기적으로만 작동하고, 장기적으로는 구조개혁을 해야만 일본경제가 되살아 날 수 있기 때문이다. 아베노믹스가 제대로 작동하지 않는다는 조짐은 이미 일본 주식시장에 나타나는데, 2013년 말까지 외국 투자자 매입에 의해 65% 증가한 소득이 2014년 5월 초까지 그 1/3을 잃은 것이다. 지금과 같이 아베가 파워가 있을 때에도 경제개혁이 제대로 추진되지 않는데, 나중에 파워가 약해졌을 때 그 전망은 더욱 어두울 것이다.[1]

2) 인플레이션 정책의 문제점

아베가 2013년 2월 일본 중앙은행 총재로 지명한 구로다 하루히코(Haruhiko Kuroda)는 2년 이내에 2% 인플레이션을 달성할 수 있다고 자신했고, 2014년 3월 그의 말대로 소비자 가격은 2012년에 비해 1.3% 증가했다. 그러나 그 실제 이유는 수요증가에 의한 것이 아니라 엔화 가치의 25% 평가절하에서 유래한 것으로, 기계 부품부터 오일 같은 원료까지 모든 수입품 가격이 올라 국내 소비자가격이 상승했기 때문이다. 그것은 겉으로 보이는 것과는 달리 국내회사와 국민소득을 해외로 이전시키고, 동시에 엔화의 안정으로 인해 평가절하의 인플레이션 효과는 금방 사라지기 쉽다. 이것은 경제성장을 견인하는데 도움이 되지 않는다. 아베가 동원하는 방법은 어려우면서도 정말로 중요한

1) Richard Katz, "Voodoo Abenomics (Japan's Failed Comeback Plan)," Foreign Affairs, Vol. 93, No. 4 (July/ August 2014), pp. 133-135.

구조개혁보다는 통화발행과 재정 자극이라는 손쉬운 방법을 통한 경기활성화일 뿐이다. 지난 오랜 기간 일본의 경제발전 방식은 정부 주도의 통화이완과 정부의 재정지출 확대가 주요 수단이었는데, 그것은 경기부양에도 불구하고 1977년 이후 실질임금이 9% 하락하는 부작용을 수반했다. 아베는 경기가 활성화되고 물가가 오르는 상황에서 임금도 오르고 소비가 진작되어 디플레이션이 극복된다고 말하지만, 통계는 과거에도 일본인들이 인플레이션 상황에서 돈을 덜 쓴 것으로 나타났다. 그것은 소득보다 물가가 더 빠르게 오르면서 시민들이 지갑을 닫았기 때문이다. 그것은 마치 뜨거운 열을 얼음으로 치료하려는 대증요법에 불과한데, 중요한 것은 디플레이션은 일본 문제의 원인이 아니라 증상이라는 사실이다. 아베 경제팀은 25% 엔화 평가절하가 국민들에게 가져오는 부담도 고려해야 하는데, 왜냐하면 그것이 수입을 비싸게 만들어 수시로 소비자와 회사가 겪는 피해가 수출기업이 누리는 혜택을 넘어서게 만들기 때문이다. 실제 아베 임기 시작 이후 수출량은 강철과 자동차 등에서 아주 조금만 증가했다. 경기활성화에도 불구하고 '소니'(SONY)가 부활하지 못하는 이유는 엔화의 과대평가 때문이 아니라, 그 회사가 스마트폰이나 태블릿 PC 같은 소비자가 원하는 혁신적 제품을 생산하지 못하기 때문이다. 자동차 수출도 큰 차이가 없는데, 그 이유는 업체들이 일본으로부터 수출하기보다는 생산기지를 해외로 이전시키기 때문이다. 일본이 이제 1970년대 이래 환율을 최대로 낮춰서 해외에 수출해도 약간의 적자를 보는 것은 일본 회사제품의 경쟁력이 저하됐음을 의미한다.[1]

두 번째 화살인 재정자극은 어떻게 진행되고 있나? 그것은 세금감면이나 올바른 종류의 지출을 요구한다. 아베 팀의 재정지출은 대부분 지역구 선심성 예산(pork-barrel variety)으로 구성돼 있는데, 문제는 도쿄당국이 2014년 4월 이후 소비세를 5%에서 8%로 증가시키면서 재정자극 효과를 상쇄시키는 것이다. 소비세는 2015년 10월 이후에는 10%로 더 상승할 예정인데, 경제팀의 조치는 이율배반적이다. 한편으로는 정부지출을 확대하면서 다른 한편에서는 국가부채 증가를 우려해 간접세를 인상하면 재정자극 정책이 효과를 낼 수 없기 때문이다. 아베 경제팀은 그리스(Greece) 식의 재정위기에 처하지 않기 위해 회계재정 절약이 필요하다고 주장하는데, 그것은 일본의 재정위기 가능성에 대한 과장에 불과하다. 실제 유럽 금융위기는 정부부채보다는 해외부채가 많은 나라들에서 발생했는데, 그 이유는 외국 투자자들이 자금을 회수해 이자율이 올라가면서 경제가 주저앉았기 때문이다. 큰 정부부채를 갖고 있지만 해외부채가 거의 없는 벨기에, 프랑스, 독일

----

1) Ibid., pp. 135-136.

이 위기를 겪지 않는 것은 일본이 그리스 형태의 위기를 겪을 가능성이 낮다는 것을 입증한다. 다시 말하면 그것은 도쿄가 그리스식 위기에 처할 가능성이 아주 낮은 것을 의미하는데, 왜냐하면 오랜 무역흑자 운영으로 인한 일본의 거대한 외환보유고가 해외자본 유출을 충분히 막을 수 있기 때문이다. 대부분 경제전문가들은 아베의 세금인상이 수년간 성장을 방해할 것으로 믿는다. 그리고 만약 또 아베가 2년 내 예산적자를 절반으로 줄이려는 재무성의 목표를 맞추기 위해 지출을 삭감한다면, 경제성장은 더 많이 고통받을 것이다.[1)]

3) 구조개혁의 필요성

아베가 약속한대로 1992년 이후 계속되던 연평균 0.8% 성장률을 2%로 증대시키기 위해서는 구조개혁이 반드시 필요하다. 일본 국내외의 경제전문가들은 구조개혁이 없이는 그 나라 성장률이 최대 1%를 넘어서지 못할 것으로 추정한다. 고령화와 엄격한 이민정책으로 인해 근로계층 인구가 축소되는 상황에서, 성장을 위해 각 근로자의 노동생산성이 증대되어야 한다. 일본의 시간당 GDP는 다른 선진경쟁국에 비해 25% 뒤떨어지고, 비정규직 근로자 증가로 야기된 인간자본의 부식은 생산성 증가를 더 어렵게 만든다. 일본기업의 문제는 자동차 산업을 포함해 국제경쟁에 노출된 기업은 경쟁력이 있지만, 산업 대부분을 차지하면서 내수시장을 목표로 하는 기업들이 국내규정과 카르텔 형태의 기업관행으로 인해 생산성이 낮고 경쟁력이 없는 것이다. 일본 정부가 비효율적 낙농업을 TPP 협상에서 배제시킨 것이 그런 예다. 일본 우유시장은 국내경쟁에도 노출되지 않는다. 전국농업협동조합중앙회(JA: Japan Agricultural Cooperatives)로 알려진 강력한 파워의 농협은 유통망 장악을 이용해 북부 홋카이도의 더 효율적 우유 이송을 방해하면서 혼슈의 비효율적 농민을 보호한다. 도쿄가 눈을 감는 이유는 일본농협이 자민당의 강력한 선거동맹이고, 지방 유권자들이 중의원에 충분한 연결고리, 대리세력을 갖고 있기 때문이다. 내수시장 중심의 회사에 대한 과보호, 그리고 그 기업들의 낮은 생산성과 취약한 경쟁력은 진정한 개혁의 대상이며 과제이다. 진정한 개혁은 1947년 제정된 반독점법을 동원해 그런 비효율을 제거하는 것이다. 일본의 기업들은 경쟁을 통해 구조 조정되어야 하고, 그 속에서 근로자들이 쉽게 이동할 수 있어야 한다. 실업자들은 견고한 안전망을 통해 구제되어야 하는데, 성장하고 발전하는 경제는 그들을 더 쉽게 흡수할 것이다. 미국의

---

1) Ibid., pp. 136-137.

정보통신 기술이 자유로운 창업환경으로 인해 성공하는 것은 일본경제의 특성과 많은 대조를 이룬다. IBM이 시들했을 때 마이크로 소프트와 인텔은 그 자리를 차지했고, 마이크로 소프트가 하락할 때 구글과 애플이 나타났다. 그러나 일본에는 비틀거리는 소니와 파나소닉에 대한 후계자가 없다. 그 나라의 최고 전자회사 20개 목록에는 1946년 이후 새로 나타난 회사가 없다. 일본 노동시장의 경직성과 회사 간 뿌리박힌 동종유대는 새로운 업체의 금융, 유통망 확보를 너무 많이 방해한다. 그러나 열등한 회사의 퇴출, 규모축소, 더 나은 것으로의 상승은 경제에 사활적으로 중요하다. 공정한 선의의 경쟁을 촉진하고 노동 유연성을 증진시키는 혁신이 필요하지만, 아베는 문제되는 회사들의 잘못된 합병을 추진하면서 반대방향으로 움직인다. 스웨덴 같은 나라들은 GDP의 1.5%까지 교육, 직업 이동을 위해 지출하지만, 아베의 재정절약은 그런 절차를 배제한다. 이것은 나무와 숲을 구분하지 못하는 처사이다.[1]

4) 생산성 증진의 중요성

경쟁에 대한 노출은 많은 회사와 근로자들의 우려를 야기하는데, 그 이유는 그로 인해 자기 위치로부터의 이탈과 직업으로부터의 도태가 발생하기 때문이다. 그럼에도 불구하고 도쿄는 통화이완과 재정활성화를 통해 경제를 성장시키는 가운데 구조개혁을 추진해야 한다. 과거 한때 일본은 많은 개혁을 달성한 적이 있는데, 그것은 재정시장의 탈규제, 은행의 부실대출 청산, 새로운 사업자의 시장진입 용이화를 포함했다. 그러나 아베 팀의 구조개혁은 그런 것과는 거리가 멀다. 농업개혁은 생산지원보다는 소득에 맞춘 지원으로 대체되고, 농경사업 확장을 위한 지원은 없다. 전기산업에 있어서 아베는 발전과 송전의 분리를 통해 새 사업자의 시장 진입 기회를 증대시킬 수 있지만, 그 지역적 전기 독점이 해체될 지는 의문이다. 또 핵 원자로는 과거 일본 전기의 1/3을 공급했는데, 후쿠시마 사고로 인한 핵시설 폐쇄 이후 전기 부족과 에너지 비용의 상승으로 인해 많은 회사들이 해외로 더 많이 이전해 나갔다. 여성 경력 보호대책에 대해서는 거의 논의되지 않은 상태에서, 그들은 임신하면 진급트랙에서 탈락한다. 구조조정과 그 효과에 대한 말은 무성하지만, 실제 개혁이 실행된 것은 거의 없다. TPP에서도 아베정부는 농업분야에 대한 관세를 유지하고, 10만 이하의 가계가 종사하는 낙농분야를 위한 장벽유지를 주장한다. 아베정부는 의회에서 압도적 다수를 점유하고 60%의 지지율을 유지하는 상태에서

---

1) Ibid., pp. 137－139.

기득권 이익을 타파할 수 있지만, 아베는 강력한 국내집단에 도전하려 하지 않는다. 그 대신 그는 오랫동안 한국이 지배한 도서를 일본 것이라고 우기고 전쟁을 미화하는 교과서를 채택하는 등 정치자본을 과거 전쟁범죄를 정당화하는 일에 낭비하고 있는데, 그런 불필요한 행위가 구조조정을 뒷전으로 밀리게 한다. 일본의 비극은 수많은 인재들에도 불구하고 그 나라가 석화된 정치, 경제제도에 갇혀 있는 것이다. 그런 제도로부터의 환골탈태는 비전을 가진 리더에 의해서만 가능할 것이다.[1]

---

1) Ibid., pp. 139−141.

결언

01 오바마 행정부 외교안보 재평가

오바마는 어려운 시기에 미국이 당면한 수많은 과제를 착실하게 해결했다. 그가 가장 먼저 해결하려 노력한 문제는 조지 W. 부시 임기 말 발생한 경기 대침체였는데, 그 당시 시행한 경기활성화 패키지는 미국 경제회복에 결정적 역할을 하고 폭리를 겨냥하는 재정기관 불법대출을 막기 위한 연방정부 규제법안은 사후 금융관리에 관한 중요한 지침을 제공했다. 비록 실질적 경기부진은 더 오래 이어졌지만, 적어도 공식적으로 불경기가 최단기간에 종식된 것은 오바마 행정부의 큰 업적이었다.

그 맥락에서 미국 및 유럽 불경기에 관한 라구람 라잔(Raghuram Rajan)의 해석은 많은 교훈을 준다. 지구적 경기침체의 원인을 역사적, 구조적 차원에서 분석하면서, 그는 부채에 의존하는 성장이 언젠가는 폭발하기 때문에 정부는 무분별한 지출을 축소하고 필요한 세금징수로 건전재정을 이루어야 한다고 조언했다. 더 나아가 그는 경쟁을 통해 기업과 근로의 생산성을 증대시키고, 고용보호 축소 등 노동시장의 개혁이 (단기적 고통에도 불구하고) 장기적으로는 경제를 살리고 미래세대의 고통을 줄이는 길이라고 말했는데, 그의 분석은 포퓰리즘 형태의 경제정책에 경종을 울린다.

한편 오바마 행정부가 전임 행정부와 전혀 다른 형태의 대외정책 원칙을 표방한 것은, 그것이 부분적으로는 미국 민주당의 성향이기도 하지만 조지 W. 부시의 과도한 일방주의를 시정해 세계 각국으로부터의 비난을 완화하는 목적을 띠었다. 그는 미국 홀로 모든 세계문제를 해결할 수 없고 세계 역시 미국과의 협력이 필수적이라고 주장했는데, 그것은 부시의 고압적 언어방식과는 전혀 다른 뉘앙스를 풍기면서 세계현실을 사실대로 반영하는 정직한 발언이었다. 미 국무장관 힐러리 클린턴 역시 미국은 강압적 방법이 아니

483

라 스마트 파워에 기초하는 협력적 개입을 필요로 한다고 말했다.

(1) 이라크 전쟁

워싱턴의 안보문제 해결에서 가장 큰 우선순위를 차지한 것은 이라크 전쟁의 종식이었고, 그 계획은 큰 차질 없이 진행됐다. 불가피했던 2014년 6월 미군의 이라크 전쟁 재개입 역시 순조롭게 마무리됐고, 세력을 확장하던 IS는 트럼프 행정부 출범 1년 이내 미군과 이라크 정부군에 의해 거의 완전히 진압됐다. 오바마와 트럼프는 그렇게 조지 W. 부시 행정부에서 시작된 무모하고 비극적인 이라크 해외원정을 종식시켰다. 그 전쟁은 정치인들의 결정이 얼마나 참담한 결과를 가져오는지 적나라하게 입증했는데, 왜냐하면 잘못된 정보와 신념으로 인해 수십만 명의 무고한 인명이 살상되고, 인권이 남용됐으며, 천문학적 전쟁비용이 낭비됐기 때문이다. 전 세계로부터의 비난에 비추어, 아마 그 전쟁이 종식되면서 조지 W. 부시, 도널드 럼스펠드를 포함해 그 당시 해외원정을 주도한 미국 신보수주의자들과 영국 총리 토니 블레어는 조금이라도 심리적 부담을 덜었을 것이다. 그러나 이라크 전쟁에 대한 의견에서는 지지와 비판이 동시에 존재했다. 미국 국민들도 처음 수년간 그 전쟁을 지지했는데, 그 군사공격에 대한 전문가들의 의견 역시 다양했다.

1) 전문가 분석 평가

미국의 이라크 침공이 아무 문제가 없다고 주장하는 대표적 학자 중 하나는 로버트 케이건(Robert Kagan)이다. 그는 유럽이 이라크 전쟁에 대해 가장 강력하게 비판하는 이유는 미국이 그 전쟁에 대한 유럽의 반대를 수용하지 않았기 때문이고, 그들의 집단적 반대는 궁극적으로 미국을 통제하지 못하는 그들 자신의 무기력한 감정, 열등감의 산물이라고 주장했다. 그는 또 미국이 유엔안보리 승인을 취득하지 않은 것이 문제될 이유가 없는데, 왜냐하면 코소보 사태가 입증하듯 안보리가 국제적 정통성의 궁극적 원천이 아니고 아직도 국제질서의 정확한 원칙이 없기 때문이라고 말한다. 그래도 그는 미국이 향후 유럽과의 협력을 모색하는 것이 더 나은데, 그 이유는 미국이 그들의 군사, 경제 도움이 필요해서라기보다는 그 협력이 자유민주주의 세계의 단결을 상징하기 때문이라고 말한다.

케이건의 분석을 어떻게 보아야 할까? 그것은 얼핏 정교한 사고체계로 무장된 것 같이 보이지만, 실제로는 부시 행정부 행위를 정당화시키기 위한 억지논리의 연장으로 볼 수밖에 없을 것이다. 우선 유럽이 반대한 가장 큰 이유는 케이건의 주장과는 달리 그 전쟁이 정당하지 못했기 때문이다. 그리고 그 전쟁이 정당하지 못한 첫 번째 이유는 이미 전쟁 개시 전 IAEA 사찰에 의해 이라크에 핵무기나 핵 프로그램이 없다는 것이 밝혀지고 또 이라크와 알카에다의 연계 역시 근거가 부족했음에도 불구하고, 조지 W. 부시와 토니 블레어가 일방적으로 그 전쟁을 시작했기 때문이다. 미국과 영국은 단지 프랑스, 독일 외교장관뿐 아니라 수백만 명의 유럽인들이 수백 번의 대중시위에서 주장하던 것에 귀를 닫았을 뿐이고, 그것은 억지전쟁에 불과했다. 미국, 영국은 그들의 군사력이 비교할 수 없이 우월하고, 그로 인해 전쟁에서의 승리가 확실하다는 것을 인지하는 상태에서 평시 악감정을 가진 상대를 공격했을 뿐이다. 이라크의 핵 프로그램 및 알카에다와의 연계에 관한 모든 진실은 나중에 밝혀졌고, 그것은 부시와 블레어의 수사가 모두 사실이 아니었음을 입증했다. 케이건은 또 유엔안보리가 정통성의 원천이 아니고 국제질서의 정확한 원칙이 없기 때문에 안보리의 승인이 필요 없다고 말하는데, 그 주장 역시 문제가 있다. 그 이유는 만약 안보리의 정통성이 부족하고 국제질서의 정확한 원칙이 없어서 어느 한 나라, 특히 강대국이 자기들이 원하는 대로 행동해도 된다면, 어느 누구도 핵무기, 화학무기, 생물학무기를 사용하지 못할 이유도 없고 또 국제 테러리즘도 당연히 정당화돼야 하기 때문이다. 안보리가 정통성이 없다는 말이 완전히 틀린 것은 아니다. 실제 안보리는 지구적 평화보다는 5개 상임이사국 세력균형에 더 관심이 있고, 나중에 푸틴의 크리미아 점령에서와 같이 결정적 순간에는 작동하지 않는다.[1] 그럼에도 불구하고 만약 세계 각국이 케이건의 주장대로 움직인다면, 아마 지구는 멸망을 면치 못할 것이다. 비록 무정부상태라는 국제사회의 특징이 힘의 논리를 중시하지만, 조지 리스카(George Liska)가 말하듯 그것이 모든 공격을 정당화시키는 것은 아니다. 상대방이 부당하게 공세를 퍼부을 때 그에 대해 적자생존, 세력균형, 방어차원에서 자위하는 것은 용인되지만, 지난 1백년 이상 진화해 온 오늘날의 국제윤리규범은 부당한 공격에 대해 부정적으로 인식하고 또 그것이 강자의 횡포를 막는 주요기제로 작동하기 때문이다.

　　이라크 전쟁에 관한 존 가디스(John L. Gaddis)의 분석은 케이건과는 많이 다르다. 가디스는 부시 행정부가 이라크를 선제공격한 것이 '테러와의 전쟁' 맥락에서 예방전쟁의 성격을 띠는 행동으로, 그것은 잠재 적국의 사전 공격의사를 파악하기 어려운 상황에서

---

1) 유엔안보리의 비토권 없는 비상임 이사국 제도는 핵심적으로는 그 기구가 공정하다는 인상을 주기 위해 5개 상임이사국이 도입한 국제적 차원의 민주적 위장(democratic facade) 성격을 띤다.

그들로부터 유래하는 위험을 사전에 제기하기 위한 조치의 성격을 띤다고 해석했다. 그와 동시에 그는 부시의 접근법이 많은 오류를 내포하고 있음을 지적하면서, 부시가 두 번째 임기에 최고 강대국으로서의 교만한 자세를 버리고 정확한 논리를 토대로 동맹국의 지지를 얻어야 한다고 조언한다. 그의 분석은 미국이 이라크 전쟁으로 가는데 있어서 부시 행정부의 심리상태와 정치적 판단과정에 관한 설명으로, 그것은 부시의 이라크 공격이 불가피한 측면이 있었다는 점을 강조한다. 그러나 그의 말대로 그런 측면이 존재할 수는 있지만, 그로 인해 이라크 전쟁이 정당화되기는 어려울 것이다. 그 이유는 만약 그의 말대로 잠재 적국의 의도와 사전공격 징후를 파악하기 어려운 것이 선제공격의 정당한 명분이라면, 전 세계의 모든 국가는 홉스적 세계(Hobbesian World)에서 모두 예방공격의 충동을 느낄 것이기 때문이다. 그러나 부시의 두 번째 임기에 대한 그의 권고는 많은 설득력을 갖는다. 미국이 국제고아로 전락하는 것을 막고, 클라우제비츠의 말과 같이 저항과 마찰을 줄이기 위해, 그리고 또 일단 시작한 전쟁을 어떤 형태로든 끝내기 위해 워싱턴이 그릇된 자세를 버리고 동맹국과 협력해야 한다는 조언은 신보수주의자들이 새겨들어야 할 중요한 교훈일 것이다. 그래도 아마 더 좋은 조언은 앞으로 미국뿐 아니라 강대국이건 중견국가이건, 또는 약소국이건 부당한 전쟁을 시작하지 말아야 한다는 것일 것이다.

반면 이라크 전쟁에 대한 매들린 올브라이트(Madeleine Albright)의 비판은 설명이 필요 없을 정도로 문제의 핵심을 겨냥한다. 후세인과 알카에다 연계가 불확실하고, (미국의 우방, 온건 무슬림 국가, 러시아, 중국을 포함해) 전 세계 대부분 국가들이 반대하는 상황에서 부시 행정부가 일방적으로 이라크 전쟁을 시작했다는 그녀의 말은 사실에 입각한 증언이다. 또 그로 인해 미국이 외부세계에 악의 축 처벌, 예방전쟁 등 미국 위주의 정의, 인식, 규율을 강요하는 독선적 국가로 낙인찍혔다는 것도 근거 없는 주장이 아니다. 이라크 전쟁을 수습하기 위해 부시 행정부가 유럽 및 국제기구와 협력해야 하고, 유럽도 미국과의 균열을 좁히고 그 위상에 걸맞는 기여를 해야 한다는 조언 역시 문제가 없다. 마지막으로 그녀는 이라크에서 부시 행정부의 임무가 그 나라에 서구민주주의를 정착시키고 그 노력을 확대해 아랍 자유화, 민주화를 추구하는 것이라고 주장했는데, 그것은 자유민주주의 정당성과 우월성에 대한 미국과 서방의 자부심을 반영한다. 클린턴 행정부 전직 국무장관이 그런 개인적 견해를 표방하는 데 문제는 없다. 그러나 이라크와 아랍 민주화에 대한 그녀의 희망은 제3자의 입장에서는 과도한 의욕으로 보일 것이다. 실제 이미 이라크 전쟁 중 많은 전문가들이 올브라이트의 생각과는 달리 미국은 이라크뿐 아니라 중동에서 자유민주주의를 확산시키려는 노력을 중단해야 한다고 조언했다. 주 EU 미국대사, 아프가니스탄 및 파키스탄 특별대표를 역임한 고위외교관 제임스 도빈스(James Dobbins), 리 하이 대학의 차임 카우프만(Chaim kaufman) 교수 모두 중동에서 자유민주주의는 그들에 맞는 옵션이 아니라고 분석했다.[1] 올브라이트가 그런 희망을 표출한지 17년이 지난 현 시점에서 뒤돌아볼 때, 중동에서 자유주의 국가건설은 미국과 서방의 희망적 사고임이 확실해졌다. 이슬람 세계가 생각하는 민주주의는 그들만의 독특한 민주주의이고 서방 것과는 전혀 다르다.[2] 만약 서방이 중동에서 계속 서구민주주의 이식을 고집한다면, 헌팅턴이 일찍이 간파했듯 이슬람 세계는 그것을 단지 서방의 세력 확대를 위한 패권정치의 연장으로 인식할 것이다.[3]

로버트 터커(Robert W. Tucker)와 데이비드 헨드릭슨(David C. Hendrickson)은 단도직입적으로 부시의 미국이 불량국가로 행동했다고 말한다. 그들의 주장과 논리 전개에는 문제가 없다. 미국이 몇몇 예외는 있지만 대체로 국제법을 준수하고, 합의적 의사결정,

1) James Dobbins, "No Model War," in "What to Do in Iraq: A Roundtable," Diamond, Dobbins, Kaufman, Gelb, and Biddle, Foreign Affairs, Vol. 85, No. 4, (July/August 2006), pp. 154–156; Chaim Kaufman, "Separating Iraqis, Saving Iraq," Ibid., pp. 157–160.
2) 앞에서 언급한 CSIS의 국제안보 전문가 세스 존스(Seth G. Jones)는 수많은 전문가들과 비슷하게 중동 민주화와 관련해 다음과 같이 말했다. 중동 권위주의가 종국적으로 몰락할 수 있을지 몰라도 그것이 빨리 온다고 생각할 이유는 없고, 또 미국이 그 발생을 촉진시킬 수 있다는 생각은 잘못이다. 그 지역을 민주화시키려는 미국의 노력은 실패할 것인데, 현지의 사회, 경제조건이 성숙하지 않고 또 만약 그 나라들의 기득권 이익들이 정치개혁에 반대하면 특히 그럴 것이다. 미국과 같은 외부세력들은 역사적으로 민주화에 대해서는 아주 작은 영향력만 누린다. 사우디가 주축이 되어 전제군주들에게 막대한 재정과 군사지원을 제공하면서 중동, 북아프리카의 정치변혁을 방해한다. 모로코, 오만, 요르단의 군주들은 선출의회를 도입해 일부 권력을 분산시키고 정권을 유지한다. 일부 군주들은 주민과의 특별한 유대를 강조에 정권유지에 도움을 모색하는데, 요르단은 여러 인종그룹의 구심적 역할을 하고 모로코는 예언자 모하메드의 후손임을 강조한다. 미국의 노력은 민주주의 확산이라는 좁은 초점을 겨냥하지 말아야 한다. 미국과 동맹국들의 목표는 그 지역의 사활적 전략이익을 보호해야 하는 것인데, 이란과 같은 불량국가의 견제, 에너지 접근의 보장, 폭력적 급진주의에 대항하는 것이 그런 것들이다. 그 목표를 달성하기 위해서는 미국과 서방은 사우디, 아랍 에미리트, 요르단을 포함해 일부 권위주의 정부와 협력하고, 현재 아랍의 현실을 있는 그대로 인정해야 한다. Jones, "The Mirage of the Arab Spring," (January/February 2013), pp. 56–63.
3) 국제관계 학자이며 외교관인 스테펜 크라스너 역시 세스 존스와 비슷하게 중동 민주주의와 관련해 다음과 같은 의견을 제시했다. 이라크와 아프가니스탄에 자유민주주의를 이식시키려는 워싱턴의 시도는 실패했고, 미국은 비민주 국가와도 공존하면서 제한적 목표의 대외정책을 추구하는 것이 세계를 미국 이미지로 재편하려 하거나 독재 성격의 국가와 완전히 관계를 단절하는 것보다는 더 현명할 것이다. Stephen D. Krasner, "Learning to Live With Despots," Foreign Affairs, Vol. 99, No. 2 (March/April 2020), pp. 49–55.

신중한 정책시행, 평화와 번영을 위해 공헌했다는 데 대부분 사람들은 동의할 것이다. 이라크 전쟁으로 인해 미국에 대한 신뢰가 붕괴됐고, 이라크에서 군사력의 사용이 불법이라는 그들의 주장 역시 타당하다. 그들은 존 볼턴(John Bolton)을 포함해 신보수주의자들의 생각이 얼마나 위험한 것인지를 적나라하게 보여주고, 자유민주주의 확산을 위해 전쟁을 감행하는 것이 얼마나 잘못된 행동인지를 지적하며, 코소보에서 나토 폭격이 초래한 인도주의 위기에 분개한다. 그들의 분석은 미국이 국제사회에서 계속 리더십을 인정받기 위해서는 더 나은 미국으로 행동해야 한다는 함의를 띤다. 로버트 터커는 학문적으로 현실주의 학파에 속하는 유명한 학자인데, 합리적 현실주의 성격을 띠는 그들의 주장은 '힘의 사용'을 절제하지 못하는 무분별한 현실주의자, 극우 보수주의자들에 대한 경종을 울린다.

스테펜 월트(Stephen Walt)의 분석은 객관적으로 타당하고 합리적이다. 그는 유럽, 남미, 중동을 포함해 세계가 부시가 이끄는 미국을 왜 불신하고, 어떤 방식으로 미국에 반대하는지, 또 앞으로 미국이 어떻게 행동해야 하는지에 대해 체계적으로 설명한다. 외국의 많은 나라들이 미국을 시혜적 패권국으로 보지 않는다는 것을 강조하면서, 그는 역내질서 운영권한을 해당지역 행위자들에게 이양하고 미국은 타의 모범이 되는 형태로 리더십을 재확보하면서 꼭 필요할 경우 역외 균형자로서 개입할 것을 조언한다. 그의 인식과 처방은 전형적인 미국 민주당 방식이고 학문적으로는 현실주의 학파의 보수가 아니지만, 어느 면에서는 합리적, 또 방어적 현실주의와 비슷한 성격을 띤다. 흥미 있는 사실은 그가 (공격적 현실주의를 주장하는) 머샤이머와 함께 '역외 균형자론'에 관한 논문을 공동작성한 것이다.[1]

그레고리 가우스(F. Gregory Gause III)의 설명은 서방의 일반적 통념을 뒤집고, 자유민주주의를 중동에 확산시키려는 미국 시도의 문제점을 분석한다. 그는 중동이 민주화되면 테러리즘이 줄어들 것이라는 미국의 인식은 잘못된 것이고, 워싱턴은 아랍세계를 민주화시키려 하지 말아야 한다고 말한다. 그의 연구에 따르면, 중동의 테러리즘은 아랍인

---

[1] 머샤이머와 월트는 공동 논문에서 미국의 대전략에 있어서 러시아가 소생하고 중국이 힘을 확장하는 이 시기에는 미국이 유일한 패권국이던 빌 클린턴 당시 시작된 자유주의 패권(liberal hegemony)으로부터 해외균형자로 역할을 변경해야 한다고 주장했다. John Mearsheimer and Stephen M. Walt, "The Case for Offshore Balancing (A Superior U.S. Grand Strategy)," Foreign Affairs, Vol. 95, No. 4 (July/August 2016), pp. 70–83.

들 자신의 권위주의 독재정부에 대한 반대가 아니라 외국의 군사지배에 반대해 발생한다. 따라서 서방이 중동에 더 깊이 침투하고 더 많이 민주주의 이식을 강요할수록 테러는 더 증가할 것이다. 아랍인들은 그들 나름대로 자유, 민주라는 개념을 선호하는 가운데, 이슬람주의 신정체제를 궁극적 이념으로 수용한다. 그것은 오늘날 아랍세계에서 진행되는 공정한 선거결과에 의해 입증된다. 그런 논리 하에서, 그는 미국에게는 현재의 권위주의 아랍정부와 협력하는 것이 최선이고, 오히려 중동의 진정한 민주화는 반서방 경향을 가속화시킬 것이라고 말한다. 마지막으로 그는 미국이 타국의 정치, 사회를 지배하려는 욕망을 버려야 한다고 조언한다. 가우스의 분석은 객관적 사실에 근거한 주장으로, 헌팅턴이 '문명의 충돌'에서 말하는 것과 마찬가지 맥락에서 이해될 수 있을 것이다. 그것은 모두 서방이 국내정치에서 각 개인과 관련시켜 말하듯, 세계는 다원화되어 있고, 각국, 각 문명은 각자의 권리를 갖고 있으며, 상대방을 존중해야 할 필요성을 입증한다. 그것은 나만이 옳은 것이 아니라는 것이며, 이 세상에 하나의 진리만이 존재하는 것이 아니라는 뜻이다. 그것은 모든 개념은 상대적이라는 의미를 띤다.[1]

(2) 아프가니스탄 전쟁

아프가니스탄 전쟁은 이라크 전쟁 못지않게 오바마 행정부가 해결하려 노력한 과제

---

1) 몇몇 전문가들은 자유민주주의의 미래에 관해 다음과 같은 취지의 비관적 견해를 제시했다. 20세기 후반부와 1990년대 이후 한동안 개인의 권리, 보편적 인간 욕망을 옹호하는 자유민주주의가 계속 번성할 것 같았으나, 그것은 더 이상 사실이 아닌 것으로 보인다. 지난 20년간 미국, 서유럽에서 경제성장과 소득 증가가 정체되면서 권위주의적 포퓰리즘(authoritarian populism)이 약진하고, 반면 러시아, 중국을 포함한 동아시아, 사우디아라비아를 비롯한 아랍 걸프 국가들 같은 권위주의적 자본주의(authoritarian capitalism) 국가들의 번영은 계속된다. 세계 최고의 일인당 국민소득을 가진 15개 나라 중 거의 2/3는 비자유민주주의(illiberal democracy) 국가들이다. 과거 자유주의가 번창했던 것은 경제적 우월, 그로 인한 문화적 다양성과 확산, 또 세계 도처에 배치된 군사력의 도움이 컸기 때문일 수 있으나, 이제 중국, 러시아의 경제가 살아나고 그들이 권위주의 소프트파워(authoritarian soft power)를 전 세계로 수출하면서 자유민주주의와 자본주의만이 경제, 정치발전의 유일한 길이 아니라는 생각이 확산된다. 러시아의 미국과 유럽에 대한 정치 및 경제개입, 중국의 대외 경제지원과 공자학원 설립, 그리고 카타르의 알자지라를 포함해 독재국가들의 CCTV, RT와 같은 해외 미디어 활동은 서방 가치를 심각하게 잠식한다. 푸틴의 크리미아 점령에 대해 BRICS의 브라질, 인도, 중국, 남아공은 유엔에서 러시아 제재에 반대했다. 아르헨티나, 멕시코, 인도네시아, 필리핀도 민주주의보다는 권위주의로 흐르는 것으로 보인다. 자유민주주의, 자본주의 시대는 끝나가는 것일지 모른다. 자유민주주의가 부활하는 약간의 시나리오가 있을 수 있지만, 그 가능성을 확신하기를 어려울 것이다. Yascha Mounk and Roberto Stefan Foa, "The End of Democratic Century (Autocracy's Global Ascendance)," Foreign Affairs, Vol. 97, No. 3 (May/June 2018), pp. 39-46.

였다. 오바마는 이라크 전쟁과 마찬가지로 아프가니스탄 전쟁을 빨리 종식시켜야 한다고 생각했는데, 그것은 합리적 정치리더에게는 당연한 생각이었다. 다행히 오바마의 미국은 3만 병력증파와 퍼트레이어스의 현명한 군사전략으로 패색이 역력하던 전세를 유리하게 반전시켰고, 오사마 빈 라덴 사살로 전쟁의 전환점을 마련했다.[1] 그러나 그 이후에도 아프가니스탄 전쟁은 많은 우여곡절을 겪었다. 미군과 ISAF는 일부 나토병력과 미군 9천 8백 명을 남기고 2014년 말까지 완전 철수했는데, 그 당시 워싱턴은 그 최소병력이 아쉬라프 가니 정부, 아프가니스탄 군, 경찰을 도와 그 나라 안보를 유지하고 탈레반 저항을 잠재우는데 큰 문제가 없을 것으로 생각했다. 그러나 반군은 미군과 ISAF가 철수하는 과정에서 발생한 안보 공백을 이용해 다시 공세를 재개했고, IS가 아프가니스탄에 코라산 지부를 설치하면서 탈레반은 2018년 초 전 국토의 70%에서 영향력을 발휘할 정도로 세력을 확장했다. 비록 트럼프 행정부가 2017년 수천 명 병력을 증파하고 공중공습 중심으로 탈레반을 공격했지만, 그 공세는 반군의 확장세를 저지하지 못했다. 그런 가운데, 트럼프 행정부는 탈레반과 평화협상을 추진했고, 그것은 전쟁 시작 20년 만에 2020년 2월 29일 양측의 평화협정 체결로 이어졌다. 오바마가 말했듯이 빈 라덴 사살로 워싱턴이 추구하던 궁극적 목표는 달성됐지만, 미국이 후퇴, 철수하는 분위기에서 만약 탈레반이 아

....

[1] 오바마는 '테러와의 전쟁' 종식을 결심하고 집권했고, 군사력에 대한 지나친 의존에서 멀리하기를 원했다. 그는 이상주의와 희망적 사고(wishful thinking)의 경향을 보이면서 테러리즘 기저의 원인들을 식별, 시정하려 노력했다. 그러나 오바마 행정부 전략이 현지 정부의 시민적 개입, 포용적이고 효율적인 국정운영 등 소프트파워를 중시하고 부시와는 다른 접근법을 사용했음에도 불구하고, 실제 가장 중요했던 것은 미국 군대와 정보 당국의 치명적 군사력 사용이었다. 오바마는 대테러 전쟁에서 3개의 기둥(pillar)을 활용했는데, 그것들은 효율적이면서도 동시에 약간의 부작용을 수반했다. 첫 번째는 무인비행체(UAV: Unmanned Aerial Vehicle)인 무장 드론(armed drone)의 사용이었는데, 오바마는 미군 사망자 수를 줄일 목적과 그 정확성 때문에 그 무기에 많이 의존했다. 오바마 집권기에 미국은 파키스탄과 예멘에서 약 450회 드론 공격을 실시했는데, 그 과정에서 2,800명 테러리스트가 사살되고 그로 인해 약 200명의 민간인이 사망했다. 두 번째는 지상군 공급을 외국 군대에 맡기는 것이었다. 아프가니스탄과 이라크에서 미국은 군인과 경찰을 교육시켰고, 시리아에서는 IS와 전쟁하는 반군을 훈련시켰다. 그러나 미군의 훈련을 받은 현지 병력이 미군과 연합군을 공격하는 사태가 빈발한 것에서 입증되듯, 훈련병 중에 포함된 많은 잠재 적을 식별하기 어려웠다. 세 번째 기둥은 집중적인 전자감시였다. 디지털 커뮤니케이션에 대한 의존은 핵심적인 대테러 수단으로, 그것은 전 NSA 계약직원 에드워드 스노든이 2013년 엄청난 양의 NSA 작전 비밀정보를 폭로하면서 세상에 더 많이 알려졌다. 그것은 다른 대테러 전술보다는 무고한 인명손실을 줄이는 것을 도왔다. 미래에도 사이버 테러리즘과 사이버 전쟁은 전통적 테러 폭력보다 미국 번영에 더 심각한 위협을 제기할 것이고, 정부 감시는 사이버 공격에 대한 핵심적 무기로 남아 있을 것이다. 그러나 대중과 주요 실리콘 밸리 회사들, 미국 동맹국들의 반대로 인해, 미국은 NSA의 가장 공격적 일부 테크닉은 삭제해야 했다. 그럼에도 그 3개 기둥의 사용으로 미국 영토에 대한 주요 공격은 없었고 알카에다 약화를 포함해 대테러 전략은 많은 성과를 거뒀다. Jessica Stern, "Obama and Terrorism (Like It or Not, the War Goes On)," Foreign Affairs, Vol. 94, No. 5 (September/October 2015), pp. 62-67.

쉬라프 가니 정부를 전복하고 또다시 아프가니스탄을 통치하게 된다면 그 엄청난 전쟁 피해와 함께 그동안 미국이 기울인 지난 20년간의 노력은 모두 물거품으로 돌아갈 것이다. 앞으로 또 어떻게 그 일시적 평화가 깨질지 알 수 없지만, 적어도 현재 미국에게 지난 20년간의 전쟁은 처음으로 평화를 찾았다. 그러나 아프가니스탄 내 동족간의 전쟁은 아직 끝나지 않았고, 그것은 아프가니스탄인들의 비극일 뿐이다.

1) 전문가 분석 평가

칼 아이켄베리(Karl Eikenberry)는 그의 논문에서 아프가니스탄에서 전쟁을 지휘한 미군 당국 사령관들을 혹독하게 비판했다. 그는 아프가니스탄에서 COIN 전략이 제대로 시행되지 않았고, 미군 사령관들이 전쟁의 가장 중요한 정치적 목표를 망각하고 근시안적 전략, 전술로 일관했으며, 워싱턴 민간 리더십의 지휘가 결여된 상태에서 그들이 무소불위로 행동했다고 주장했다. 그의 비판은 많은 흥미를 자아내는데, 왜냐하면 그는 아프가니스탄에서 직접 전쟁에 참여한 사령관 중 한명이기 때문이다.

아프가니스탄 전쟁의 현실에 관한 그의 세부적 분석은 많은 시사점을 갖는다. 특히 현지 미군사령관들이 전쟁의 정치적 목표에 둔감했다는 그의 비판은 "전쟁은 결코 독립적인 별도의 행위가 아니며, 따라서 전쟁의 원천적 동기인 정치적 목적은 도달해야 할 군사적 목적을 규정하고 전쟁이 요구하는 노력의 양을 결정한다"는 클라우제비츠의 말을 상기시킨다.[1] 미군 당국이 카르자이 정부의 의견을 묵살해 파키스탄 국경에서 탈레반이 다시 부활하고, 또 현지정부의 권력이양 요구에 둔감해 아프가니스탄의 정치적 안정과 주권회복이 늦어졌다는 그의 견해 역시 탁월한 것으로 보인다. 그렇지만 다른 한편, 그의 견해는 전쟁터에서 전투를 지휘하는 사령관이 아닌 워싱턴 정치권의 시각을 대변하는 것으로 보이는데, 그 이유는 전쟁터 사령관의 우선적 임무는 COIN의 대원칙과는 별개로 당면한 전쟁에서 승리하는 것이기 때문이다. 따라서 그들이 전투에 집중한 것이 잘못됐다고 말할 수는 없을 것이다. 또 미군 당국이 카불 정부 개혁을 시도하지 않았다기보다는 그 노력에 한계가 있었을 것인데, 왜냐하면 아이켄베리 자신이 시인하듯 카르자이가 서방식 책임정부보다는 그들의 이권 유지를 위한 전통방식을 선호하고, 또 한 나라 정부가

---

1) Carl Von Clausewitz, <u>On War</u>, ed., trans,, Michael E. Howard and Peter Paret, Princeton, New Jersey; Princeton University Press, 1976, pp. 78, 81, 87.

하루아침에 환골탈태하는 것이 불가능하기 때문이다. 마찬가지로 민간인 보호와 관련된 난관은 어느 지휘관이라도 해결하기 어려웠을 것이고, 군대가 지역발전에 휘말린 것은 이미 이론으로 수립된 COIN 전략이 그런 임무를 강요했기 때문일 것이다. 또 탈레반의 부활이 반드시 사령관들 전쟁전략의 실수에 의한 것인지는 의문이다. 그의 말대로 파키스탄 탈레반을 제거하지 않은 것이 그 주요 원인 중 하나일 수 있지만, 미군은 미-파키스탄 역학상 파키스탄 내에서 그들이 원하는 모든 군사작전을 시행할 수 있는 처지에 있지 않았다. 더 나아가 탈레반의 소생은 적어도 부분적으로는 아마 외세에 반대하는 '전쟁의 사회적 차원'(social dimension of warfare)에서 비롯됐을 가능성을 부정하기 어려울 것이다. 보통 전쟁에는 4가지 차원이 있다고 말하는데, 그것은 작전(operational), 병참(logistical), 기술(technological), 그리고 마지막으로 사회적(social) 차원이다. 작전차원은 나폴레옹, 롬멜과 같이 전술적으로 탁월한 경우를 말하고, 병참차원은 미국 내란(Civil War) 당시 남부의 리 장군이 우월한 작전능력에도 불구하고 북부의 월등한 산업능력을 감당할 수 없었던 것을 말한다. 병참차원은 생산된 무기 및 지원 장비의 양과 질이라는 면에서 기술적 차원과 밀접히 연관돼 있다. 기술적 차원의 중요성은 19세기 후반 유럽제국의 세계제패에서 확실히 입증된다. 사회적 차원은 전쟁의 목표달성을 위해 끝까지 투쟁하려는 국민들 마음의 준비태세를 뜻하는 것으로, 미국이 엄청난 전쟁능력과 닉슨시기 300만 톤의 폭탄 투하에도 불구하고 베트남에서 철수해야 했던 것이 대표적 예다.[1]

스테펜 비들(Stephen Biddle)의 주장은 어떻게 평가해야 할까? 그의 주장은 상당한 설득력을 갖고 있다. 그 이유는 미국이 일방적으로 철수할 경우 그의 말대로 2001년 이후 워싱턴이 주도했던 모든 일들이 전부 물거품으로 돌아가고, 또 언젠가는 아프가니스탄도 전쟁을 끝내고 평화를 찾아야 하기 때문이다. 그러나 가장 먼저 지적할 것은 현실이 그렇게 흘러가지 않았다는 것이다. 오바마는 탈레반과 알카에다 복귀를 우려해 일단 9천 8백 명 병력의 추가감축을 중단했고, 트럼프 행정부는 4~5천 명 병력을 추가 파병해 아프가니스탄 안보를 지원했다. 두 번째 지적할 것은 그의 타협안이 다소 이상적이라는 것이다. 그 이유는 탈레반이 무장해제를 받아들일 리 없고 더구나 핵심 공안부서에서 배제되는 상황을 용납하지 않을 것이기 때문이다. 또 탈레반이 카불 정부의 연속성을 보장할 이유도 없을 것이다. 실제 2020년 2월 말 미국과 탈레반 평화협상 타결시에도 탈레반의

---

1) Michael E. Howard, "The Forgotten Dimensions of Strategy," Foreign Affairs, Vol. 57, (1979), pp. 975-986.

무장해제와 카불 정부의 국정운영 보장 등은 협상의 조건이 아니었다. 양측은 단순히 가장 중요한 변수에 초점을 맞췄고, 그것은 (비들의 제안과 비슷하게) 미군철수에 대한 대가로 탈레반이 아프가니스탄의 테러기지 역할을 배제하는 것이었다. 다만 문제는 그 평화합의가 탈레반 세력 확대가 가속화되는 상태에서 체결됐다는 것이다. 역사는 아프가니스탄과 같이 전쟁을 겪고 새로운 국가를 창설하는 과정이 합리적으로 진행되기보다는 고통의 연속으로 점철되는 것을 보여주는데, 멀리는 17세기 30년 전쟁 이후 유럽에서 민족국가가 탄생하는 과정에서부터 오늘날의 일부 구소련공화국, 구 유고슬라비아 해체과정에서 새로 독립한 나라들 사례가 그런 경우에 속한다. 그리고 새롭게 추진되는 국가창설(nation-building) 과정에서 가장 중요시되는 변수는 외교, 군사, 그리고 세금징수 능력을 포함하는 경제였다. 아프가니스탄의 미래도 미국의 지원, 카불 정부의 군사, 경제력이 보장되지 않는 한 탈레반의 지배로 귀결될 가능성이 높을 것이다. 불운한 것은 그런 이해에도 불구하고 카불 정부가 제대로 개혁되지 않는 것이다.

한편 사다트(Sadat)와 맥크리스털(McChrystal)의 분석은 매우 현실적이고 사실적이다. 우선 그들이 그리는 2017년 현재 아프가니스탄 모습은 별로 희망적이지 않다. 미국이 그 오랜 기간 수천억 달러를 퍼부어 민주국가 형성을 시도하고 군과 경찰을 양성했지만, 가장 중요한 국가제도들은 아직도 무능력, 부패, 분열로 허덕인다. 연합군 협력이 불충분했고, 재원이 부족했으며, 그 전쟁은 희망과 좌절의 연속이었다는 그들의 설명은 그곳에서 싸우는 미군에게 그 전쟁이 얼마나 처절했는지를 단적으로 보여준다. 탈레반이 2001년 이후 최대의 영향력을 재확보하고, 여러 이슬람 테러단체들이 다시 아프가니스탄으로 모여드는 현실은 워싱턴과 카불 정부 모두에게 큰 위협일 것이다. 미국의 헌신적 노력이 없이는 가니 정부의 몰락은 시간문제라고 말하면서, 그들은 왜 미군이 위험을 감수하고 파키스탄 내 탈레반 거점을 제거해야 하는지에 관해 확실하게 설명한다. 마지막으로 그들은 지금의 제한된 군사주둔으로 적어도 현상유지를 하는 것이 아프가니스탄을 영원히 잃는 것보다 낫다고 제언한다. 그들의 제안은 미국과 가니 정부를 위한 냉철한 계산에 근거한 옳은 판단으로 보인다. 그래도 다른 한편, 미국의 수많은 국민들은 일단 평화를 원할 수 있고, 트럼프는 결국 위험한 상태에서 평화합의를 승인했다. 트럼프는 사다트, 맥크리스털의 조언과는 전혀 다른 길을 택했는데, 그것이 현명한 선택이었는지는 미래역사가 증명할 것이다. 그 결과는 미국의 중앙아시아 영향력이 축소되는 것이겠지만, '미국 우선' 원칙에 근거하고 미국의 일시적 영향력 축소를 마다하지 않는 트럼프가 중동 시리아에서 철수했듯 아프가니스탄에서 철수하지 못할 이유는 없을 것이다. 오히려 트럼프의 입장에서는 그것이 미국이 해외균형자 역할을 수행하면서 러시아, 중국과 함께 국제평형 (international equilibrium)을 유지하고 세계를 분할 지배하는 합리적 방안이라고 생각할 수도 있을 것이다. 다만 그런 세력균형 체제에서 상대적으로 힘이 없는 나라들은 그들의 지배에서 벗어날 수 없을 뿐이다.

02 미국의 강대국 관계

(1) 미·러 관계 파국의 역학

오바마 시기의 미·러 관계는 많은 부침을 경험했다. 처음에 두 나라는 오바마의 리셋에 의해 순조롭게 출발했고, 그 관계는 오바마-메드베데프 위원회 창설, 뉴 스타트 (New START) 협정체결, 미군과 나토군의 러시아 제2차 세계대전 전승절 퍼레이드 참가, 그리고 메드베데프의 실리콘밸리 방문을 포함할 정도로 양호했다. 그들의 우호적 관계는 2010년 11월 리스본 나토 정상회담에서 EPAA와 관련해 한 단계 더 진전하는 것으로 보였고, 그것은 러시아의 리비아 사태 관련 안보리 협력에서 더욱 빛을 발했다. 그러나 EPAA 문제에서 견해차가 좁혀지지 않으면서, 두 나라는 서로 다른 길을 가기로 결정했다. 2011년 중반 이후 미·러 두 나라는 점차 반목상태에 진입했고, 2012년 5월 푸틴이 세 번째 대통령 임기를 시작하면서 양국관계는 본격적으로 악화되기 시작했다. 오바마 행정부와 푸틴 정부는 EPAA와 시리아 문제에서 커다란 견해차를 노정했다. 모스크바는 미국이 EPAA에서 조금이라도 양보하기를 원했지만, 워싱턴과 서방은 한 치도 물러나지 않았다. 반면 모스크바는 시리아 화학무기 폐기와 관련해 미국과 협력했지만, 아사드 정부를 축출하려는 서방의 시도에 결단코 반대했다. 그런 가운데 푸틴이 크리미아를 점령하고 시리아에 직접 군사개입하면서 미·러 관계는 파국으로 치달았다.

그렇지만 두 나라 사이에 협력이 없었던 것은 아니다. 테러리즘 방지를 위해, 그들은 미·러 대테러 실무위원회를 구성해 정보를 교환했고, 연합 군사훈련, 핵 및 교통안전, 재정감시 프로그램을 가동했으며, 공항안전을 위한 양해각서를 체결했다. 모스크바에서 공항폭파 테러사건이 있었을 때, 또 보스턴에서 테러 폭발사건이 있었을 때, 오바마와 메드베데프, 푸틴은 서로를 위로하면서 협력을 재다짐했다. WMD 비확산에서 두 나라는 뉴 스타트(New START) 협정을 체결해 핵무기 추가감축에 합의했고, 이란 및 북핵 문제 해결을 위해 공동으로 노력했다. 그럼에도 불구하고 그들은 나토, EPAA, 유럽-대서양 안보구조, OSCE, CFE에 관한 견해차를 극복하지 못했다. 그들은 외형적으로는 대화하고 협상했지만, 실질적 타결은 거의 없었다.[1] 공통의 이익이 있는 곳에서 그들은 의견접근을 이루었지만, 다른 이슈에서는 서로 대결했다. 오바마 행정부는 우위의 입장에서 러시아가 워싱턴의 뜻을 따라줄 것을 기대했으나, 미국의 의도를 수용 불가능한 위협으로 인식한 모스크바는 워싱턴의 요구를 거부했다. 그래도 양국관계를 더 완화시키려 노력한 것은 러시아였다. 모스크바는 EPAA에 관한 서방의 생각을 바꾸려 수많은 방법을 동원했지만, 그것은 아무 효과를 거두지 못했다. 서방의 부속품으로 전락한 러시아는 자국 위상에 걸맞는 대우를 요구하고 OSCE를 중심으로 새로운 유럽-대서양 안보구조를 원했지만, 그것은 서방에 의해 거부됐다. 모든 노력이 거부되면서 모스크바는 반미, 반서방 노선을 확실하게 굳혔다. 러시아에게 남은 임무는 힘을 길러 미국, 서방과 대결하는 일이었고, 모스크바는 사실상 그 목표를 달성했다. 그것은 EPAA를 우회할 수 있는 전략미사일 개발, 러시아의 크리미아 및 우크라이나 동부점령, 그리고 시리아 군사작전에서 입증됐다.

1) 전문가 분석 평가

미·러 관계에 관한 앤 애플바움(Anne Applebaum)의 분석을 어떻게 평가해야 할까? 그녀는 오바마가 리셋으로 러시아에 호의를 베푸는 동안 모스크바가 그것을 이용해 파워와 영향력을 증대시켰고, 워싱턴의 그런 안이한 정책이 서방안보를 위험에 처하게 했다고 말한다. 그녀에 따르면, 워싱턴이 경계심을 낮춘 동안 러시아는 해외경제에 투자하고, 유럽의 극우, 극좌정당을 지원하며, 가짜뉴스를 살포해 유럽대중을 혼란시켰다. 또 러시아는 수시로 공격적 성격의 자파드 훈련을 실시하고, 군사력을 강화하며, 자유주의 확산을 막기 위해 국내에서 반체제 움직임을 진압했다. 반면 나토의 훈련규모는 초라했고, 아랍의 봄 당시 서방의 리비아 작전은 제대로 조율이 안 됐으며, 크리미아 사태에 대한 오바마 행정부의 대응은 실효성을 결여했다. 그녀의 지적은 상당수준의 진실을 내포한다. 오바마가 러시아와 좋은 관계를 유지하기 위해 선의를 베푼 것도 사실이고, 또 모스크바가 파워증식을 위한 현실주의 정책을 구사한 것도 사실이기 때문이다.

----

1) 2019년 2월 2일 미국이 INF 의무 이행 유예를 발표하고 곧이어 러시아 역시 마찬가지 조치를 취하면서 2019년 8월 2일 INF는 공식 폐기됐다. The Intermediate-Range Nuclear Forces(INF) Treaty at a Glance/ Arms Control..., https://ww.armscontrol.org〉INFtr...

　　그렇지만 그녀의 분석이 모두 정당한지는 의문이다. 우선 오바마가 모스크바와 리셋을 시행한 것은 부시 행정부 당시 나토의 확대와 동유럽 MD 설치로 인해 지나치게 경직된 미·러 관계를 완화시키는 목적을 띠었다. 이미 한해 전에 서방의 나토 확대에 대한 반대로 러시아－조지아 5일 전쟁까지 발생한 상황에서, 만약 오바마가 적대적 대러 정책을 시행했다면 그 결과가 어땠을까? 그것은 미국과 서방에 이익이 될 리 없었을 것이다. 또 오바마가 유럽과 나토에 관심이 없었다는 주장은 사실과 다르다. 그 이유는 러시아의 반대가 그렇게 심한 상황에서도 오바마가 2009년 4월 취임 첫해 유럽과 상의해 알바니아와 크로아티아를 나토에 가입시켰기 때문이다. 또 만약 애플바움 말대로 유럽과 나토에 대한 오바마의 관심이 상대적으로 작았다면, 그것은 이라크, 아프가니스탄 전쟁 마무리뿐 아니라 제2차 세계대전 이후 최악이었던 경기대침체 해결이 우선 중요했기 때문이었을 것이다. 그래도 아마 오바마는 유럽에 대한 관심이 지대했을 것인데, 왜냐하면 유럽 경제악화는 미국 경기침체와 연관된 현상이었기 때문이다. 또 미국이 나토안보에 예전과 같이 신경쓰지 않았다면, 그것은 그 당시 안보상황이 냉전시대만큼 위험한 것도 아니고, 또 러시아－조지아 5일 전쟁 당시 드러났듯 (적어도 그 당시) 러시아의 재래식 능력이 아직 취약한 것으로 드러났기 때문일 수 있다. 동시에 나토의 가장 큰 문제는 미국이 관심을 덜 쓴 것이 아니라 나토 국가들이 원래 약속한 GDP 2% 비용분담을 회피한 것이었고, 오히려 나토는 미국의 전폭적 비용지원에 의해 그나마 기능이 유지됐다. 그것이 오늘날 트럼프가 하루가 멀다고 유럽 국가들의 나토 방위비 증액을 요구하는 이유이다. 또 그녀는 2009년 9월 미국의 MD 프로그램 취소가 폴란드와 체코에 충격이었다고 말했지만, 그것 역시 사실이 아니다. 실제 오바마 행정부는 부시 행정부가 고안한 '유럽능력'(EC: European Capability) MD 시스템을 취소하면서 처음부터 그보다 더 짧은 경고시간에 발사되는 더 우수한 '단계적 적응접근'(PAA: Phased Adaptive Approach) 체계를 도입할 것이라고 말했고, 그해 10월 폴란드를 포함해 나토국가들 모두가 '유럽형 단계적 적응접근'(EPAA: European Phased Adaptive Approach)을 환영했다. 유럽리더들에 대한 그녀의 비판 역시 반드시 정당한지 의문인데, 왜냐하면 천연가스 필요량의 1/3 이상을 러시아에 의존하는 유럽이 모스크바와 나쁘지 않은 관계를 유지하려 노력하는 것이 문제가 될 이유가 없기 때문이다. 러시아와 불필요하게 대립각을 세우는 것은 경제뿐 아니라 유럽의 안보에도 도움이 되지 않을 것이다.

　　마지막으로 하나 더 지적할 것이 있다. 그녀는 미·러 관계가 부시의 일방주의에 의해 악화되고 러시아－조지아 전쟁이 사카쉬빌리의 선제공격에 의한 결과라는 오바마의 인식이 잘못됐고, 또 서방과 러시아가 원천적으로 다른 문명이기 때문에 미국은 러시아를 경계해야 했다고 말한다. 그 말은 부분적으로 일리가 있다. 서방과 러시아는 근본적으로 동화되기 어렵고, 러시아의 공격 가능성에 비추어 서방은 군사 준비태세를 수시로 점검할 필요가 있을 것이다. 그러나 동시에 군사적 필요의 명분으로 서방이 계속 전력을 강화하고 러시아를 압박한다면 수천 개의 핵무기를 보유한 러시아가 무대응으로 일관할 이유가 없을 것이다. 그것은 서방의 절대안보(absolute security)는 러시아의 절대 비안보(absolute insecurity)로 귀결되기 때문이다. 국가 간 관계는 늘 세력균형 속에서 움직이기 때문에 관련국들의 안보관계는 정교한 수위조절을 필요로 한다. 그런 이해는 오바마의 말대로 미·러 관계 악화가 부시의 무소불위 정책에 의해 야기됐고 사카쉬빌리의 선제공격이 모스크바의 군사적 반격을 초래했음을 부인하기 어렵게 만든다.

우크라이나 위기에 관한 존 머샤이머(John Mearsheimer)의 분석은 그 갈등에서 서방이 어떻게 행동했고, 그에 반대해 푸틴 러시아가 개입하게 되는 과정, 러시아의 사고체계 및 논리, 그리고 서방이 향후 어떤 정책을 택해야 하는지에 관해 자세히 설명한다. 한마디로 그는 그 위기가 서방의 과도한 욕심에서 비롯됐고, 러시아는 방어적 현실주의 입장에서 대응한 것뿐이라고 말한다. 그의 설명에서 몇 가지 흥미 있는 구절이 있는데, 푸틴이 전략가로 존경받을 가치가 있고, 서방은 사고방식을 바꿔야 하며, '더럽고 위험한' 강대국 정치에서 민족자결의 추상적 권리에 관한 약소국의 주장은 무의미하다는 말이다. 그의 논리, 해석 모두 탁월하고 그의 설명은 국제관계의 이상과 현실, 그리고 국제정치의 원리에 관해 많은 것을 알려준다. 다만 맨 마지막에 그는 러시아는 계속 하락하는 파워이고 앞으로도 더 약해질 것이라고 말했는데, 그 말이 사실인지는 의문이다. 2020년 오늘날 그렇게 생각하는 사람은 별로 없고, 또 사실이 그렇지 않기 때문이다. 앞으로도 러시아가 약해지지 않을 이유는 압도적인 핵능력, 발전가능성이 높은 경제력, 엄청난 천연자원과 영토, 그리고 유라시아 대륙 거대한 부분을 차지하는 지정학적 이점 등 수없이 많다.[1] 애석한 것은 러시아가 아니라 미국의 상대적 능력이 하락하는 것이지만,

---

1) 14개의 국가와 접경하고 9개의 시간대(time zones)를 거치는 러시아는 세계에서 두 번째 큰 나라인 캐나다보다 두 배 가까이 큰 영토를 보유한다. 유라시아 대륙의 북부지역에 위치하는 러시아 영토의 23%는 (북, 동)유럽에, 그리고 77%는 아시아에 존재한다. 러시아의 유럽 영토는 유럽 전체 지역의 거의 40%를 차지한다. 러시아 내에는 유럽의 가장 긴 하천인 볼가(Volga)강, 최대 호수인 라도가(Ladoga)호, 세계 최대 수심의 호수 바이칼(Baikal)호가 존재한다. Map of European Russia – Nations Online Project, https://www.nationsonline.org〉 Eur...; Russia/ Geography, History, Map & Economy/ Britannica, https://www.britannica.com〉 place; https://www.history.com〉 news... w...

그래도 미국은 러시아, 중국과 함께 세계 최강대국 중 하나로 남아 계속 영향력을 행사할 것이다.

미국의 시리아 정책에 관한 분석에서, 로버트 포드(Robert S. Ford)는 내란 발생 이후 아사드 정부가 (반군이 통제하던) 시리아 서부지역을 장악하는 과정, 동부에서 IS 진압과 관련된 복잡한 상황, 그리고 그 모든 과정에서 미국, 러시아, 이란 등 외세의 역할에 관해 자세히 설명한다. 그의 분석은 탁월하고 객관적이며, 그것은 시리아 내전의 경과, 아사드 정부가 다시 복귀하는 과정, IS 축출의 주요변수, 그리고 미국, 러시아, 이란이 어떻게 서로 다른 당사자를 도왔는지를 포함해 그 내란의 현실이 무엇인지를 생생하게 보여준다. 그는 미국이 동부지역에서 더 이상 쿠르드를 지원하지 말아야 한다고 조언하는데, 그 이유는 워싱턴의 가장 중요한 목표물인 IS가 거의 진압됐고, 또 쿠르드 독립문제로 인해 초래되는 미국의 국익 손실을 피해야 하기 때문이라고 말한다. 마지막으로 그는 시리아는 중동에서 미국의 사활적 안보이익과는 관련이 없고, 미국은 시리아 민주화 노력을 중단해야 하며, 향후 워싱턴의 임무는 이웃나라를 떠도는 시리아 난민을 돕는 것이라고 주장한다.[1] 그의 주장은 트럼프가 취임 초 쿠르드를 공개 지원하던 정책을 철회하고

----

1) 많은 전문가들은 일부 취약점에도 불구하고 대체로 오바마의 중동으로부터의 철수, 선별적 개입을 지지했다. 조지 워싱턴 대학의 마크 린치는 다음과 같이 주장했다. 오바마의 중동 전략은 그 지역에서 이라크 전쟁, 테러와의 전쟁 탈출을 통해 상대적으로 철수하면서 현지 동맹국 활용과 드론 공격 등 가볍게 간섭하는(light footprint) 것으로, 그것은 미국의 외교, 군사, 경제 차원에서 올바른 규모(rightsizing) 해외개입의 추구였다. 오바마는 이라크 병력철수, 이란 핵문제, 이스라엘-팔레스타인 문제 해결과 같은 핵심의제에 집중하기를 원했다. 아랍의 봄 경우 오바마는 민주적 반란을 승인하면서도 민주주의 정착과 미국이 지원하는 지역질서(와 동맹국 이익) 사이에서 갈등했지만, 워싱턴이 더 할 수 있는 일은 없었고 중동질서를 변화시키는 것은 매우 어려운 일이었다. 그래도 경제제재가 테헤란을 굴복시킬 수 없고 군사옵션이 부재하는 상태에서 이란과의 핵협상 타결은 완전한 성공이었다. 오바마의 정책은 부분적으로 미국 동맹국들의 우려를 촉발시키고 지역 세력균형을 변화시켰지만, 그는 그 위협을 과장하지 않고 비용 대 효과를 냉철하게 분석했다. 오바마의 중동 정책이 전환의 계기일지 아니면 일시적 일탈일지는 더 두고 보아야 하지만, 그 지역의 구조적 현실은 오바마의 비전을 정당화한다. Marc Lynch, "Obama and the Middle East (Rightsizing the U.S. Role)," Foreign Affairs, Vol. 95, No. 5 (September/October 2015), pp. 18-27; 전직 고위 외교관이고 CFR 회장인 리처드 하스 역시 비슷한 취지로 분석했다. 오바마 행정부의 이라크, 아프가니스탄으로부터의 철수는 더 넓은 광역 중동으로부터 더 큰 군사적 거리두기의 일부였다. 아랍의 봄 당시 워싱턴은 깊이 개입하는 것을 피하려 노력했다. 리비아의 카다피 축출을 위한 군사작전 참여는 제한적이었고, 그 이후의 리비아 안정과 재건에 대해서는 상대적으로 무관심했다. 시리아 정책 역시 비슷하게 조심스러웠다. 이집트에서는 무바락이 파워를 포기하도록 밀어붙이면서도 그 후임자들로부터 변화를 요구하기를 꺼려했고, 사우디, UAE 등 가까운 군주들이 미국의 개혁요구에 저항했을 때 그에 대해 아무 말이 없었다. 이스라엘-팔레스타인 간 평화증진 노력은 이스라엘 정부가 정착촌 건설을 중단하라는 미국 압력을 거부했을 때 거의 끝나갔다. 오바마 시기 워싱턴의 중동 개입은 불균형했고 개별 케이스에 대한 정책은 더 논의해 보아야 하지만, 오바마 행정

2020년 초 시리아로부터 미군철수를 공개 선언한 사실을 상기시킨다. 비록 쿠르드가 지난 수년 간 협력하던 미국 동맹으로부터 배신당했다고 비난하고 세계의 수많은 인권단체와 일부 언론이 그 질책에 가세했지만, 트럼프는 미국을 위한 국익을 선택했다. 중동의 모든 나라들, 그리고 러시아까지 쿠르드 독립에 반대하는 상황에서, 워싱턴은 어쩔 수 없이 쿠르드에 대한 지원을 포기했을 것이다. 중동 4개국에 걸쳐 소수민족으로 살아가는 쿠르드족에게 그것은 안타까운 일이지만, 그 모든 것은 나라 없는 민족의 애환, 국제관계의 냉혹한 현실을 보여줄 뿐이다.

마지막으로 스티븐 사이먼(Steven Simon)과 조나단 스티븐슨(Jonathan Stevenson)은 미-중동 관계 약화의 원인, 중동에서 미국 군사력의 효용성이 과거보다 저하된 이유, 그리고 향후 미국의 중동 전략에 관한 탁월한 견해를 제시한다. 그들은 미국이 과거에 비해 중동에서 상대적으로 후퇴하는 것이 오바마의 개인적 정치신념이나 미국경제의 어려움 때문이기보다는 중동지역의 안보환경 변화에 기인한다고 분석했다. 그들의 견해는 신선하고 새롭다. 중동 변화의 핵심이 문명 이질성, 인종, 문화적 차이에 따른 범이슬람 정체성의 강화이고, 그로 인해 서방의 중동개입이 어려워지고 역내국가에서 (군부, 관료집단 등) 협력적 파트너를 찾기 힘들며, 미국 군사력이 중동에서 과거보다 힘을 발휘하지 못하게 됐다는 그들의 분석은 새뮤얼 헌팅턴(Samuel P. Huntington)의 '문명의 충돌'을 상기시킨다. 그로 인해 새로운 현상이 나타나는데, 그들은 시리아 내 온건 수니반군이 미국의 지원을 꺼리고, 과거 중동의 파트너 집단이던 이집트 (엘시시) 군사정부가 워싱턴의 개입을 달가워하지 않으며, 이라크에서 COIN 전략의 진전에도 불구하고 IS가 완전히 진압되지 않는 것이 모두 그런 사례라고 말한다. 그리고 또 오바마 행정부가 시리아에서 아주 깊이 개입하지 않은 것도 부분적으로는 그런 상황변화를 고려한 결과라고 말한다. 그들의 분석과 상황판단은 객관적이고 사실을 반영하는 것으로 보이고, 워싱턴 당국이 충분히 고려할 가치가 있을 것이다. 그들은 파쇄공법이 등장해 미국이 중동오일을 덜 필요로 하고, 미국의 관심이 아태지역, 중국으로 향하는 시점에, 워싱턴이 중동에 깊이 개입하지

부 접근방식의 맥락은 대체로 합리적 판단에 부합한다. 미국은 20만 명 미군이 포함된 두 개의 전쟁에서 6천명 이상이 사망하고 4만 명이 부상당했으며, 1.5조 달러의 돈을 쓰며 엄청난 시간과 에너지를 쏟아 부었다. (비록 그로부터 돌아서기는 어렵지만) 광역 중동은 미국의 외교, 국방정책을 지배, 왜곡했고, 진로시정이 요구됐다. 중동에서의 군사간섭이 커다란 비용과 불확실한 결과, 또 국내외의 여러 우선순위에 비추어 더 어려워지고 피해야 하는 상황에서, 그것은 경우에 따라 선별적으로 준비, 수행되어야 한다. Richard Haas, "The Irony of American Strategy (Putting the Middle East in Proper Perspective)," Foreign Affairs, Vol. 92, No. 3 (May/June 2013), pp. 57-63.

말고 해외균형자 역할을 수행할 것을 권고한다. 그것은 존 머샤이머, 스테펜 월트를 포함하는 여러 전문가들의 의견과 일치한다. 그들은 또 미국이 중동에서 자유민주주의화 시키려는 노력을 자제해야 한다고 말하는데, 그것 역시 수많은 외교, 안보 전문가들의 견해와 일맥상통한다. 그러나 트럼프 행정부는 중동으로부터의 철수에도 불구하고 그곳에서 독특하게 행동한다. 그는 (앞서 논의한 바와 같이) 중동의 평화보다는 이스라엘–아랍 동맹을 활용한 이란 압박, 그리고 이스라엘–팔레스타인 2국가 평화보다는 이스라엘 파워의 확대를 추구한다.[1] 그러나 그 전략은 성공하기 어려울 것이다.

....

1) 트럼프 대통령의 중동정책은 큰 틀에서 한편으로는 중동 철수를 추진하지만, 그럼에도 불구하고 다른 한편 세부적 차원에서는 수많은 전문가들이 말하는 해외균형자 방향과는 상당한 차이점을 드러낸다. 그는 중동에서 지역안정, 평화를 유지하면서 균형자 역할을 추구하기보다는 이스라엘과 사우디아라비아를 대리세력으로 내세워 그 지역 장악을 시도한다. 그 구상은 이스라엘–수니 아랍 간 암묵적 동맹을 추구하면서 이란 봉쇄를 추진하지만, 그 과정은 오히려 온갖 부작용, 실패로 얼룩져 간다. 그 새로운 시도는 1970년대 중반 유엔안보리 결의안 242호에서 키신저가 성사시킨 이스라엘–이집트, 이스라엘–요르단 평화협정과 이스라엘–PLO 임시합의에 기초한 중동평화의 근간을 흔들고, 중동 정세를 오히려 불안정으로 몰고 간다. 트럼프의 사위 재러드 쿠슈너(Jared Kushner)에 이끌려 트럼프가 이스라엘–팔레스타인 두 개 국가건설 해법을 거부하고, 골란 하이츠(Golan Heights)가 이스라엘 일부라고 선언하며, 예루살렘이 이스라엘 수도라고 인정하면서, 이스라엘의 시리아, 팔레스타인, 이란과의 갈등은 더 악화되고 이스라엘의 이집트 및 요르단 관계는 부정적으로 영향 받는다. 한편 쿠슈너와 사우디의 야심차고 무자비한 왕세자 모하메드 빈 살만(Mohmmed bin Salman)이 손잡고 시행한 공격적 해외개입 정책 역시 모두 엄청난 부작용을 초래했다. 2017년 리야드에서 아랍과 이슬람 정상회담에 참석한 트럼프는 아랍에미리트(UAE)–사우디의 이데올로기 경쟁을 위한 카타르(Qatar) 해상봉쇄를 허용해 친미, 반이란 보수 성향의 걸프협력위원회(Gulf Cooperation Council)를 분열시키고 중동지역 최대 미 공군기지(Al Udeid Air Base)를 허용한 카타르를 이란 품에 안겨주었다. 미 공군이 지원한 사우디의 예멘 후티(Houthi) 반군 진압 과정에서 발생한 최악의 민간인 살상은 세계적 비난의 대상이 됐으며, 이제 이란은 후티 반군에게 사우디 공격용 탄도미사일과 무장 드론을 제공한다. 이스탄불 사우디 영사관에서 사우디 언론인 자말 카쇼기(Jamal Khashoggi)가 살해됐을 때 트럼프는 미 의회의 정보접근을 제한하고 이스라엘의 벤저민 네타냐후(Benjamin Netanyahu) 총리와 함께 빈 살만 사우디 왕세자를 극구 옹호했는데, 그것은 사우디, 이스라엘, 미국의 반이란 연합 리더십에 흠집을 냈고, 다른 한편 미국 내에서 행정부와 의회 간 신뢰를 잠식했다. (이스라엘이 낮은 자세를 유지하는 가운데) 사우디가 주도한 '중동 전략적 동맹'(Middle East Strategic Alliance) 제안 역시 무위로 돌아갔다. 그것은 미국 리더십 하에서 이집트, 요르단, 걸프협력위원회 모두가 이란의 공세를 막을 '아랍의 나토'(Arab NATO)로 기능한다는 구상이었지만, 그 계획은 내부적 모순에 의해 순식간에 무산됐다. 반면 트럼프의 JCPOA 파기 이후 이란은 더 멋대로 행동한다. 이란은 저준위 우라늄 저장량을 확대하고, 원심분리기 작동을 다시 시작해 핵무기 생산 개시 시점을 앞당겼다. 이란은 중동에서 미국 이익에 손실을 가하는데, 호르무즈 해협 외곽에서의 오일 유조선 공격, 골란 하이츠에 대한 미사일 공격, 팔레스타인 이슬람 지하드에 의한 가자(Gaza) 지역 분쟁, 그리고 드론의 사우디 오일유전 공격이 모두 그런 것들이다. 또 이스라엘을 겨냥하는 시리아 국경의 4만명 이란 민병대 전력은 축출되기는커녕 더 강화됐다. 미국은 아랍에서의 이익 증진을 위해 이스라엘에 의존할 수 없는데, 그 가장 근본적 이유는 이스라엘과 수니 아랍이 이란 대항에는 공통이익을 보유하지만 이스라엘–팔레스타인 미해결 갈등이 이스라엘과 수니 아랍 협력에 커다란 한계를 부과하기 때문이다. Martin Indyk, "Disaster in the Desert (Why Trump's Middle East Plan Can't Work),"

한편, 중동 정세의 미래에 관한 사이먼과 스티븐슨의 견해와 관련해 몇 가지 세부적으로 지적할 사항이 있다. 예를 들어 그들은 워싱턴의 이라크에 대한 영향력에 비추어 미국의 중동으로부터의 군사적 후퇴가 이란을 포함해 반서방 세력 힘의 성장을 용인하지 않을 것이라고 말한다. 그렇지만 미군의 이라크 철수 가능성, 그리고 이란, 이라크, 시리아, 레바논 시아파 벨트 형성과 러시아의 중동 영향력 확대에 비추어 그것은 아마 과도한 낙관일 것이다. 또 그들은 이란의 예멘 후티 반군과 바레인 반체제 시아파 지원이 그들 국가 내 세력균형에 변화를 초래하지 않을 것이라고 말하는데, 그 견해 역시 2020년 현 시점과 가시적 미래 전망의 차원에서 타당성이 떨어지는 것으로 보인다. 그 이유는 예멘의 경우 전반적인 상황이 사이먼과 스티븐슨의 예상과는 달리 훨씬 유동적이고 그 미래에 대해 예단하기 어렵기 때문이다.[1) 레바논과 시리아 내 이란 프락치의 역할이 아사드

....

Foreign Affairs, Vol. 98, No. 6 (November/December 2019), pp. 10−20.

1) 예멘에서는 제1차 세계대전 말 오토만 제국이 해체되면서 1918년 처음으로 (지금의 후티 반군세력에 의해) 인구 1,200만명의 이슬람 아랍공화국이 설립됐고, 그것은 현대 민족주의 사상을 배운 (살레 및 하디 정부 옹호세력) 혁명가들에 의해 1962년 현대 북예멘(아랍 공화국)으로 재탄생했다. 그 후 1967년 영국으로부터의 독립을 계기로 인구 300만명의(공산주의) 남예멘이 설립됐다. 1972년에는(사우디아라비아가 지원하는) 북예멘과(소련이 지원하는) 남예멘 사이에 전쟁이 발발했고, 그해 10월 두 나라가 카이로 합의를 통해 통일계획에 합의했음에도 불구하고 1979년 북예멘과 남예멘 두 나라 사이에 또다시 전투가 벌어졌다. 한편 1980년대에 들어와 두 나라 국경에서 석유가 발견되었는데, 그곳이 공동투자지역으로 지정되면서 엑슨(EXXON)과 헌트오일(Hunt Oil)이 개발을 시작하고, 북, 남예멘은 광석 및 오일자원 회사(YCIMOR: Yemeni Company for Investment in Mineral and Oil Resources)를 설립했다. 소련이 붕괴되어 가는 상황에서 석유자원의 발견에 동기가 유발되어 1989년 11월 북예멘의 알리 살레(Ali Abdallah Saleh)와 남예멘의 알리 살렘 알−베이드(Ali salem al−Beidh)가 통일방안에 합의하고, 1990년 5월 두 나라 간에 처음으로 합의에 의한 통일이 성사됐다. 그러나 예멘은 1994년 5월 초에 이르러 북, 남 간의 내란, 내전에 진입했고, 그것은 두 달 후 7월 북예멘의 승리로 귀결됐다. 수천명의 남예멘 리더들은 해외로 망명했다. 알리 살레가 대선에서 재선출, 개헌을 통해 계속 집권하는 가운데 북예멘에 의한 재통일 이후 차별을 호소하는 남예멘 사람들이 남예멘 재건을 추구하고 2004년 이후에는 (이란의 지원을 받는) 시아파 후티(Houthi) 반군이 정부의 무능과 차별에 저항해 무장투쟁 반란을 일으켰다. 그 이후 정세는 사우디가 지원하는 수니파 예멘 정부와 이란이 지원하는 시아파 후티 반군 간의 군사적 교전, 2009년 사우디와 예멘 알카에다 지부의 합병으로 인한 (영토 36%를 차지하는) AQAP 탄생, 그리고 오바마 행정부의 예멘 테러리스트에 대한 드론 공격 등 수많은 혼란의 연속이었다. 그 후 아랍의 봄 상황에서 정부의 부패와 경제 무능력, 실업에 반대해 민주화 시위가 발생했고, 34년 간 집권한 살레 대통령이 유엔안보리 권고를 수용, 하야하면서 중앙권력은 2012년 대선에서 전 부통령 만수르 하디(Abdrabbuh Mansur Hadi)에게 이양됐다. 그러나 하디 정부가 남부 분리주의 운동, 지하디즘, 살레에 대한 보안군의 지속적 충성심, 그리고 부패, 실업, 식량부족을 포함해 수많은 문제를 해결하지 못하면서, 15~20만 명 규모의 후티 반군은 하디에 실망한 일부 수니를 포함하는 많은 일반 예멘인들의 지지를 토대로 2014년 9월 수도 사나(Saana)를 장악하고 의회를 해산, 혁명위원회(Supreme Revolutionary Committee)를 설치했다. 그들은 더 낮은 연료 가격과 새로운 정부를 요구했다. 한편, 시아파 이란과 헤즈볼라가 지원하는 후티 반군에 살레에 충성하는 보안병력이 협력해 나라 전체를 통치하려 시도하고 2015년 3월 하디가 사우디로 도피한 것에 놀라 사우디와 UAE, 쿠웨이트, 카타르, 바레인,

정권보호에 별로 기여하지 못한다는 그들의 견해 역시 과장된 것으로 보아야 할 것인데, 왜냐하면 테헤란의 시리아 지원은 모스크바의 협력과 더불어 아사드 정부 안정화에 가장 중요한 변수로 작용하기 때문이다. 그들은 또 이스라엘, 걸프 국가들과의 협력을 토대로 이란의 핵 협정 파기 가능성에 사전 대비해야 한다고 말했지만, 역사는 이란이 아닌 트럼프 행정부의 JCPOA 파기로 귀결됐다. 마지막으로 한 가지 더 지적하면, 케네스 월츠 (Kenneth N. Waltz)가 말하는 3가지 이미지(images)에 비추어 중동의 전반적인 안보환경

....

모로코를 포함해 수니 아랍 9개국이 후티 반군에 대규모 공습과 지상 작전을 시작하면서, 이제 예멘 내란은 사우디와 이란의 프락치 전쟁으로 전락했다. 사우디 연합은 미국, 영국, 프랑스로부터 병참 및 정보지원을 얻었고, 15만명 병력의 하디 정부는 다시 예멘 남부 아덴(Aden)에 거점을 마련하면서 복귀했다. 그러나 그 전쟁은 사우디의 처음 예상과는 달리 4년 간 교착상태에 처했고, 취약한 하디 정부는 주민에 대한 기본 생필품조차 제대로 제공하지 못했다. 후티 반군은 사나와 예멘 북서지역을 방어하면서 사우디에 주기적으로 탄도미사일을 발사하고 드론 공격을 가했다. 2019년 9월 사우디의 동부 유전지대인 아브카이크(Abqaiq)와 쿠라이스(Khurais)가 공습받아 지구적 오일생산의 5%에 달하는 사우디 오일생산의 거의 절반이 파탄났을 때, 사우디와 미국은 그것이 후티의 주장과는 달리 이란의 소행이라고 비난했다. 그러는 사이 많은 사건이 발생했다. AQAP와 IS는 혼란을 틈타 남부 지역, 주로 아덴에서 테러를 자행했고, 후티 반군과 살레를 추종하던 보안병력이 사나 사원(mosque) 통치권을 놓고 서로 갈등하면서 그 와중에 살레가 살해됐다. 또 2018년 말 호데이다(Hudaydah) 항구 장악을 둘러싼 후티 군과 사우디 연합군의 전투는 스웨덴 평화대화 이후 잠시 휴전에 들어갔고, 2019년 7월 UAE가 사우디 연합군 탈퇴를 선언하면서 8월 사우디가 지원하는 정부군과 UAE가 지지하는 남부 분리주의운동(STC: Southern Transitional Council) 간에 전투가 발생했다. 하디의 무능과 종교성향을 비난하는 STC 병력은 아덴을 장악하고 사우디가 권력분산을 조정하기 전까지 하디 내각의 복귀를 허용하지 않을 것이라고 선언했다. 유엔은 정치적 타결로 내란 종식을 희망했지만, 2020년 초에는 후티와 사우디 연합군 간에 또다시 적대감이 상승했고, 2020년 4월 STC는 국제적으로 공인된 하디 정부와의 평화협상을 거부하고 아덴과 남부 주들의 자치를 선포했다. 2020년 7월 사우디 연합군 병력은 후티 반군에게 또다시 수십 차례의 공습을 가했고, 코로나 바이러스로 인해 휴전이 선포된 이후 반군 역시 또다시 리야드에 미사일을 발사했다. 그 모든 과정에서 예멘은 세계 최악 중 하나의 인도주의 위기에 빠졌다. 유엔은 2020년 초까지의 가장 큰 살상이 주로 사우디 주도 공습으로 인해 발생했다고 지적했고, 수많은 책임있는 민간단체들은 10만명 이상이 그 내란에서 살해되고 2백만명의 어린이가 심한 영양실조를 겪는 가운데 2015년 4월~2018년 10월 기간 8만 5천명 이상이 기아로 사망한 것으로 집계했다. 또 365만 명 이상이 집을 잃었다. "Yemen crisis: Why is there a war?" (June 19, 2020), www.bbc.com; "War in Yemen/Global Conflict Tracker—Council on Foreign Relations," "Saudi—Led Coalition Resumes Yemen Bombing," (July 2, 2020), www.cfr.org; 한편 사우디가 예멘을 공격하는 실제 목적은 이란 팽창의 견제가 아니고 사우디 남쪽 국경을 지키기 위한 것이라는 주장이 제기됐다. 그 분석에 따르면 1932년 건국한 사우디는 1934년 예멘과의 국경전쟁에서 북부지역 3개 주를 탈취했고, 그 이후 계속 예멘 내 친 사우디 그룹을 옹호, 지원했다. 2009~2010년 사우디와 후티 반군 간에 또다시 국경분쟁이 발생했는데, 2014년에 이르러 후티 반군은 북부 3개주 반환을 요구하면서 사우디와의 전쟁을 촉구했다. 이제 사우디로 도피한 하디가 사우디 개입을 요청하면서 리야드는 후티가 이란 프락치라고 주장하고 이란 팽창주의에 반대한다는 명분을 내세워 예멘 내란에 개입했지만, 실제 목적은 이란 타파보다는 후티 진압이다. Asher Orkaby, "Yemen's Humanitarian Nightmare (The Real Roots of the Conflict)," Foreign Affairs, Vol. 96, No. 6 (November/December 2017), pp. 93—101.

변화뿐 아니라 오바마의 정치적 신념과 미국의 경제적 난관도 미국의 중동으로부터의 후퇴에서 일정한 역할을 했다고 말할 수 있을 것이다.

(2) 우호적 미·중 관계의 필요성

큰 틀에서 볼 때, 오바마 시대 미·중 관계는 우호적이었다. 그것은 오바마 대통령이 그런 관계를 원했고, 후진타오, 시진핑 모두 비슷한 생각을 갖고 있었기 때문이다. 오바마와 후진타오는 특별히 더 서로에 대해 좋은 감정을 갖고 있었고, 그들은 역대 어느 중국 리더들보다 더 자주 만났다. 그들은 가능한 한 서로 협력했고, 불가피한 국익에 대해서는 상대방의 입장을 존중하면서 타협했다. 시진핑 등장 이후 미·중 관계도 큰 문제가 없었다. 비록 시진핑이 신장 위구르, 해상영토 분쟁 등 몇몇 사안에서 더 공세적으로 행동했지만, 오바마는 워싱턴의 강요적 개입이 필요한 특별한 경우를 제외하면 대체로 베이징의 행동을 용인했다. 미국의 대중국 정책은 정치 리더 오바마의 개인적 신념에 따른 것이기도 했지만, 어느 면에서는 베이징에 대한 워싱턴의 외교, 경제적 지렛대가 부족하기 때문이기도 했다. 미국이 중국보다 훨씬 우월한 군사력을 갖고 있었지만, 그것으로 모든 일을 처리할 수는 없었다. 오히려 경제 측면에서는 워싱턴이 베이징의 협조를 구해야 했는데, 개방경제를 유지하면서 소비자 물가를 고려해야 하는 미국이 값싸고 질이 괜찮은 중국제품을 거부할 수는 없었기 때문이다. 그것은 오로지 미국과 중국경제에서 상대적 경쟁력 차이의 결과였을 뿐이다. 물론 미국과 서방에서는 WTO 원칙에 따라 신중상주의 성격을 띠는 중국의 사회주의 시장경제에 대해 비판했지만, 타국의 모든 세세한 내정에 간섭하는 것은 쉽지 않았다. 또 후진타오의 위안화 30% 평가절상, 그리고 GDP 성장에서 내수진작으로의 일부 정책전환에서 나타나듯, 중국은 수시로 워싱턴의 요청을 선별 수용했다. 더 나아가 만약 중국이 (러시아와 함께) 유엔안보리에서 사사건건 반대한다면, 미국은 완전히 곤경에 빠질 것이다. 약간 과장해서 말하면, 북핵문제, 이란 핵개발 가능성, 리비아 개입, 시리아를 포함해 미국 혼자 처리할 수 있는 일은 없었다. 일각에서는 오바마가 베이징에 너무 우호적 태도를 취한 것이 중국의 지구적 파워로의 부상을 도왔다고 말했다. 그러나 아마 워싱턴이 베이징 행동에 간섭하려 했다면, 오히려 그것은 더 역효과만 초래했을 것이다. 중동전쟁 마무리, 경제회복, 러시아와의 반목, 그리고 수많은 국제적, 지역적 현안을 처리해야 하는 미국이 만약 중국과도 분쟁을 벌인다면, 그것은 냉전시대 못지않은 세계 모든 최고 강대국들 간의 반목, 그리고 영향권 분할을 위한 치열한 경쟁으로 귀결됐을 것이다. 그리고 그것은 중·러 관계를 더 밀착시키고, 더 일찍 '미국 힘의 쇠퇴,' 팍스 아메리카나의 종식을 불러왔을 것이다. 오바마 시대의 미·중 관계가 그렇게 서로의 입장을 이해하고, 각자의 능력에 따라 행동하며, 각자가 국력신장을 위해 일하는 성숙한 모습을 보여준 것이 세계평화를 유지하는 데 도움이 됐을 것이다.

1) 전문가 분석 평가

오바마 행정부의 피봇전략, 미·중 관계의 미래, 그리고 미국의 안보동향에 관한 호주 총리 케빈 러드(Kevin Rudd)의 분석과 정책제안은 탁월하다. 많은 현실주의 외교, 안보전문가들의 생각과 비슷하게, 그 역시 현재 중국의 파워, 행동양식, 미국 힘의 한계, 그리고 베이징 주장의 문제점에 관해 객관적이고 공정한 평가를 내린다. 향후 아시아 최대 과제가 미·중 대결을 피하는 것이고, 중국의 '평화발전' 구호가 실질적 내용을 말하지 않는 하나의 슬로건에 불과하다는 그의 식견은 아태지역의 현실과 강대국으로 부상하는 중국 대외관계 행태의 어두운 측면을 단적으로 보여준다. 시진핑의 개혁이 자유주의 도입과는 관계가 멀고 또 신형대국관계 주장이 현재 국제질서를 파탄내려는 것이 아니라는 그의 진단 역시 타당하다. 동시에 그는 중국이 구사하는 대내외 정책의 미래결과와 그것이 가져올 자유세계에 대한 위험성에 대해 직간접적으로 경고한다. 중국에 대한 정책옵션에서, 그는 워싱턴이 베이징과 경쟁하거나 현상유지로 일관하기보다는 협력하는 것이 더 낫다고 권고하는데, 그 역시 미래지향적이고 건설적인 제안이다. 그의 말대로 서로 전략적 경쟁의 필요성을 인정하면서 미·중 두 나라가 협력한다면 그보다 더 나은 결과를 유도하는 대안은 없을 것이다. 다만 문제는 그러는 사이 중국의 힘이 제어하기 힘들 정도로 성장하고, 그로 인해 새로운 국제질서가 도래하는 현실이다. 그렇지만 그것을 막기 위해 억지경쟁을 하고 세계를 분란에 빠뜨린다면 그것은 더 큰 재앙이 될 것이다. 서방은 중국의 힘이 커져 세계에서 더 큰 영향력을 발휘하는 것을 원치 않겠지만, 각국이 국력에 비례하는 힘을 행사하는 것은 역사의 원칙이고 사실상 공정한 질서일 뿐이다. 미국과 서방이 계속 세계지배를 원한다면, 그들이 해야 하는 일은 경제력, 군사력 건설, 현명한 외교, 그리고 국민적 단합으로 대표되는 국력의 신장이다. 국제사회에서 국가 간 평등은 외형적 원칙이고 현실은 전혀 다르게 움직이기 때문이다. 그의 설명 중에서 한 가지 특히 눈길을 끄는 것은 중국이 아편전쟁 이후 피해자였고 외국침략, 식민주의를 한 적이 없기 때문에 앞으로도 평화를 추구할 것이라는 베이징의 주장이다. 그러나 그것은 수십 년 후 거짓으로 판명날 것이고, CCP는 그런 변명으로 시간을 벌고 있을 뿐이다. 역사적으로 중국은 아편전쟁 이전 동아시아뿐 아니라 전 세계를 상대로 조공외교라는 중국 중심의 국제질서를 선포했고, 실제 지난 수천 년간 주변의 약소국 내정에 간섭하면서 완전한 불평등관계를 강요했다. 베이징은 공산주의 도입 이후 그들의 사고체계가 바뀌었다고 말할지 모르지만, 중국이 힘을 가진 상태에서 다른 나라를 평등하게 대할 가능성은 거의 없을 것이다. 현실주의 석학들이 말하듯, 불행하게도 인간의 내재적 결함으로 인해 국제사회는 그렇게 움직이지 않기 때문이다.

커트 캠벨(Kurt Campbell)과 일라이 래트너(Ely Ratner)의 분석은 경험 많은 고위 외교관으로서의 탁월한 견해를 제시한다. 미국 대중국 접근법의 문제점, 중국정책의 구체적 양상, 그리고 미래 워싱턴 정책방향에 대한 그들의 설명은 오랫동안 관찰하고 체계화된 경험에서 유래하는 것으로, 그보다 더 정확하게 현실을 묘사하기는 어려울 것이다. 이제 그들은 과거 워싱턴의 전통적인 대중국 외교방식인 자유주의 투입을 통한 중국변화가 더 이상 실효성을 가질 수 없다고 판단하면서, 미국이 경제력과 군사력의 토대를 강화하고, 동맹과의 관계를 더 유기적으로 발전시키며, 중국에 대해 미국 힘에 비례하는 정책을 구사할 것을 권고한다. 그들은 또 중국이 시행하는 대내외 정책에 관해 자세히 설명한다. 대외적으로 중국은 화평굴기, 평화발전을 내세워 외국을 안심시키지만, 실제로는 안보리에서 서방 시도를 완화시키고, 아프리카, 중남미의 반서방 독재국가를 옹호하며, 동·남중국해에서 공격적으로 행동한다. 또 시진핑 시대의 중국은 중국 중심의 다자기구를 설립하고 일대일로를 추진하면서 은밀하게 국제질서 변화를 도모한다. 국내정책은 CCP 리더십 강화, 첨단 사이버 검열, 빅데이터를 동원하는 자유주의 억압, A2/AD를 포함하는 전력증강을 포함한다. 미국의 쇠퇴를 인식하는 베이징은 오늘날 지구적 리더가 되겠다고 분명하게 말한다. 캠벨과 래트너는 미국이 오만을 버리고 현실적으로 행동해야 하지만, 트럼프 행정부는 그와 반대로 중국과의 무모한 경쟁을 유도하는 불필요한 정책을 구사한다고 비판한다. 그들은 미·중 무역분쟁, TPP 탈퇴, 나토와 기타 동맹국 폄하, 인권무시가 모두 그런 것이라고 말하는데, 트럼프가 제1단계 미·중 무역분쟁을 끝낸 것은 그나마 다행으로 보인다. 그 이유는 그 분쟁이 중국뿐 아니라 미국에게도 엄청나게 큰 타격이 될 것이기 때문이다. 지금이라도 트럼프 행정부가 캠벨과 래트너의 조언을 따른다면, 그것은 세계 리더로서의 미국 이미지 개선을 돕고, 미국의 세계 운영능력 증진을 도울 것이다. 트럼프는 경쟁적 심리가 능사가 아니고 동맹국과 인권에 대한 존중이 중요하다는 것을 인식해야 한다. 만약 그가 미국이 홀로 세계를 이끌 수 없고, 세계 역시 미국을 필요로 한다는 오바마의 말을 기억한다면, 그것은 그의 리더십 회복에 큰 도움이 될 것이다.

(3) 미·일 관계의 합리성

　오바마 시기 미·일 관계에서 처음 문제를 야기한 것은 일본의 민주당이었다. 그러나 그들은 집권 1년여 만에 다시 워싱턴 의사를 존중하는 방향으로 정책을 전환했는데, 그것은 그나마 다행이었다. 민주당이 계속 반미정책을 계속할 수 없었던 이유는 해상영토 영유권과 관련된 중국의 거친 공격 때문이었다. 그 이후에도 민주당은 또다시 동중국해 문제로 곤욕을 치렀는데, 그때 일본은 미국의 도움으로 간신히 위기를 모면했다. 민주당 집권기 중·일 관계는 국제정치의 중요한 격언을 되돌아보게 만든다. 중도좌파 민주당은 미국에 반기를 들고 중국에 과거 역사를 사죄하면서 친중국 정책을 공언했지만, 베이징은 그 진심을 무참하게 짓밟았다. 그것은 어느 한쪽의 호의를 상대방이 그대도 받아들이지 않고, 또 동시에 국제정치에서는 군사력에 기반한 힘이 중요하다는 사실을 일깨워준다. 또 다른 교훈은 국제사회에서 홀로서기는 위험하다는 것이다. 비록 일본의 재래식 군사력이 영국, 프랑스에 버금가고 경제력 역시 세계 3위이지만, 세계적 강대국으로 올라선 중국의 공세 앞에 도쿄는 속수무책이었다. 미국이라는 강대 동맹국의 지원이 아니었으면 일본의 처지는 더 비참해졌을 것인데, 그것은 외교관계와 군사동맹이 얼마나 중요한지를 단적으로 입증한다. 어느 나라이건 동맹을 중시해야 한다. 심지어 강대국도 동맹을 필요로 하는데, 아이러니컬하게도 세계에서 가장 많은 동맹을 유지하는 나라는 세계 최고의 강대국 미국이다. 러시아나 중국 역시 비록 동맹은 아니라도 두 나라가 연대하기 때문에 국제사회에서 훨씬 더 큰 힘을 발휘한다. 약소국은 더 말할 나위도 없는데, 그것은 멀리는 펠로폰네소스 전쟁 당시 중립국이던 멜로스(Melos), 그리고 가깝게는 2014년 푸틴의 러시아에게 침략당한 우크라이나의 경우가 명백하게 입증한다. 특히 크리미아 사태 당시 오바마 대통령이 미국과 우크라이나는 동맹국이 아니기 때문에 워싱턴은 그 문제에서 군사력 사용을 고려하지 않는다고 말했는데, 그것은 동맹의 중요성을 알려주는 가장 극적인 최근의 사례이다.

　한편 재집권한 자민당이 완전히 전통적인 친미를 표방한 것은 일본으로서는 현명한 정책이었다. 민주당의 오판을 만회하듯, 아베 정부는 미국 주도의 평화유지 및 인도주의 활동, WMD 비확산에 적극 협력했고, 인도(India)를 유인하기 위한 아태지역 민주동맹 강화에 솔선수범했다. 중국 및 한국과 역사문제로 갈등을 빚을 때에도 도쿄는 정치, 심리적 자제를 촉구하는 워싱턴의 권고를 순순히 받아들였다. 아베 정부는 또 최선을 다해 미국과의 최대 양자현안인 오키나와 미군기지 이전 문제를 해결했다. 다행히 도쿄의 열성적 행동은 위기시에 보상받았다. 중국 리더로 새로 등장한 시진핑이 동중국해 영토 관련 문제로 군사력 동원의 조짐을 보였을 때 워싱턴은 일본을 강력하게 도왔고, 미·일 협력 은 베이징의 아디즈(ADIZ) 선포 때에도 빛을 발했다. 나중에 도쿄가 헌법수정을 통해 군 사력을 증강하더라도, 일본은 미국과의 동맹을 필요로 할 것이다. 그 이유는 미·일 동맹 없는 일본은 영토의 크기, 인구수, 고령화, 지리적 위치, 시장의 필요성, 그리고 주변국 과의 관계 등 여러 요소에 의해 중국의 절대적 영향력에 압도될 것이기 때문이다. 또 비 록 일본의 군사력이 중국과 비등해진다 하더라도 도쿄는 미국을 필요로 할 것인데, 그것 은 군사력이 가장 중요한 요소임에도 불구하고 군사동맹 역시 그에 못지않게 필수불가결 하기 때문이다. 수년 전 중국의 힘이 한참 성장할 때 아베는 부상하는 중국과 일본 관계 는 제1차 세계대전 당시 영국—독일 관계와 비슷하다고 말하면서 도쿄는 절대 중국의 우 위를 용납하지 않을 것이라고 말했는데, 그 희망을 지키려면 도쿄는 계속 워싱턴과 긴밀 한 관계를 이어가야 할 것이다. 미국은 도쿄의 친미정책을 환영할 것인데, 왜냐하면 일본 은 해양세력 미국에게 동아시아에서 가장 중요한 군사거점이기 때문이다. 일본은 미국의 해외균형자 역할에서 필수불가결한 존재가 될 것이고, 그것은 두 나라 동맹을 더 오래 지 속하게 도울 것이다. 한 가지 지적하면 미국 정부는 아직도 일본이 헌법수정을 통해 더 큰 안보역할을 수행할 것을 기대하는 반면, 미국의 일부 전문가들은 일본이 '아시아의 영 국'이 되기는 어려울 것이라고 말하는 것이다.

1) 전문가 분석 평가

냉전 종식 이후 일본안보의 구조와 성격에 관해 많은 논의가 있어왔다. 일본이 신 중상주의에 계속 안주하는지, 일본이 실제 우경화로 방향을 전환했는지, 또 일본 민주당 의 반미, 친중국 정책이 얼마나 지속될 것인지에 관한 분석이 그런 것들이었다. 그 과정 에서 많은 흥미 있는 견해가 제시됐는데, 널리 알려진 일본전문가 제럴드 커티스(Gerald Curtis)는 일본인들의 사고체계가 19세기 서양 침략 당시 경험한 생존본능과 제2차 세계 대전 이후 시행된 요시다 독트린에 의해 지배받고 또 주변국들이 심하게 반대하는 이유 로, 도쿄는 공세적 대외팽창, 우경화하지 않을 것이라고 주장했다.[1] 그의 분석은 어느 면 에서 일본이 미국을 크게 돕지 않을 것이라는 서방 일각의 주장과 비슷한 맥락을 띠지만,

[1] Gerald Curtis, "Japan's Cautious Hawks (Why Tokyo is unlikely to Pursue an Aggressive Foreign Policy), Foreign Affairs, Vol. 92, No. 2 (March/April 2013), pp. 77–86.

다른 한편 수많은 아시아 전문가들의 견해와는 완전히 상반되는 독특한 것이었다.

한편 마이클 오슬린(Michael Auslin)은 우경화와는 다른 차원에서 제2차 아베내각의 외교안보 전략을 논의하는데, 그의 분석은 제럴드 커티스의 해석과는 전혀 다른 색채를 띤다. 일본 안보태세의 변화과정, 아베 전략의 구체적 양상, 그리고 아태안보에서의 일본 역할에 관한 그의 분석은 일목요연하고 논리적이다. 그는 처음에 제2차 세계대전 이후 평화주의로 특징지어지는 일본 대외, 안보구상이 정착되는 맥락과 그 전략적 원칙이 변화하는 배경에 관해 설명하는데, 그 상황에 관한 체계적 묘사와 구조적 해석은 도쿄 외교 안보의 과거에 관해 많은 것을 알려준다. 두 번째 총리 임기에 아베가 시행한 새로운 현실주의 정책에 관한 분석 역시 탁월하다. 그는 중국의 부상, 북한의 핵위협, 그리고 '미국 힘의 하락' 가능성에 따른 새로운 국제질서의 점진적 도래가 일본의 새로운 현실주의 정책도입의 배경이라고 말한다. 그는 또 아베 내각의 정책은 적극적 외교와 강력한 군사력을 기초로 한 현실주의 세계관이라고 말하면서, 도쿄가 시행한 구체적 정책들을 자세하게 설명한다. NSC 창설, 미국지원을 위한 법제정, 외국과 국방 및 방산협력, 센카쿠 인근 군사 준비태세 강화, 아태 민주동맹 강화, 그리고 아시아를 넘어 유럽을 포함하는 지구적 차원에서 전개하는 아베의 외교는 오슬린의 말대로 일본이 향후 아시아에서 중국과 북한에 반대해 자유민주주의를 옹호하는 데 크게 기여할 것이다.

03 러시아와 올바른 지구적 위상의 추구

메드베데프와 푸틴 재집권기 러시아는 대내외적으로 많은 성과를 이루었다. 대외관계에서 러시아는 동유럽 영향권 확대를 시도하는 미국과 서방의 공세를 비교적 성공리에 견제했고, 자국 영향권인 구소련 지역에서는 집단안보조약기구와 경제통합을 진전시키면서 현상유지, 처벌, 지원의 다양한 방법으로 개별 국가들에 대한 영향력을 유지했다. 중국과의 관계는 계속 증진됐다. 러시아－중국 협력의 가장 큰 합리성은 미국과 서방의 국제패권에 대한 반대에서 유래했고, 그들은 유엔안보리를 넘어 SCO, 국경선 문제, 그리고 에너지를 포함해 경제관계에서 협력했다. 특히 SCO에서 그들이 함께 참여하는 연합 군사훈련은 서방에 큰 위협으로 인식됐다. 일본과의 관계도 나쁘지 않았다. 쿠릴열도 문제는 강경책을 동원해 러시아의 영유권을 재확인시키면서 현상유지를 이어갔고, 양측이 공동이익을 향유하는 에너지 협력은 쿠릴열도와는 별개로 긴밀하게 진행됐다. 또 수많은 나라와 교류하면서 특히 이란과는 정교한 외교기술로 대외관계를 운영했고, 인도와는 그 관계를 한 단계 더 격상시켰다. 메드베데프 시기 러시아 외교는 미국과 서방에 반대하는 성격을 띠었고, 그것은 전체적으로 성공적이었다. 가장 중요하게 러시아와 중국의 협력은 미국–EU 협력에 대한 강력한 대척점으로 떠올랐고, 러시아–인도 협력은 미국과 일본의 아태 민주동맹을 희석시켰다. 그리고 그 노력은 러시아가 미국, 중국과 함께 글로벌 리더 중 하나로 재부상하는 중간과정을 장식했다.

메드베데프 정부의 국내정책 역시 지구적 차원에서 러시아를 강화시키는 성격을 띠었다. 비록 대통령이 개인적으로 러시아 정치와 사회발전을 위한 일부 민주제도를 도입했지만, 현실은 그와 다르게 진행됐다. 국내정치에서 메드베데프는 결과적으로 권위주의로 회귀했다. 그가 공정선거, 여당독주 견제, 국민기본권 중시와 같은 민주적 요소를 중시하는 정치개혁을 열망하고 반부패 운동과 경찰개혁을 통한 사회정화를 추진했다면, 현실에서는 그와 동시에 행정부의 사법부 장악, 탈법적 국가두마 및 지방선거, 그리고 인권 남용이 수시로 자행됐다. 그의 이상과 현실은 큰 괴리를 보였는데, 그 이유는 법과대학 교수로서 그가 가진 생각 자체가 원래 러시아의 권위주의 문화 내에서의 진보적 사상이었기 때문이다. 큰 틀에서 그는 수백 년간 내려오고 러시아 사람 대부분이 친숙하게 느끼는 러시아의 전통적 정치문화를 수용했다. 대다수의 국민들은 그의 정치에 반대하지 않았는데, 그 이유는 그들 자신이 권위주의, 공동체 우선주의 문화의 뿌리였기 때문이다. 오랜 기간 짜르, 공산주의 치하에서 살아온 러시아인들의 문화는 개인의 자유, 프라이버시를 중시하는 서방문화와는 전혀 달랐다. 권위주의에 반대하는 야당의원과 일부 자유주의 성향 국민들의 반발은 국내 일각의 반대로 치부됐다. 러시아인들은 리더이건 국민이건 압도적으로 많은 숫자의 사람들이 지지하는 정치, 사회체제가 그들에게 맞는 민주주의라고 주장했다. 푸틴 재출마를 위한 메드베데프의 3선 개헌이 국민의 지지를 받고 2020년 후반 대통령 연임 제한규정 폐지가 확정되어 푸틴의 더 오랜 집권 가능성이 열린 것도 모두 러시아가 문화가 그들 고유의 특수성, 정통성을 수용하기 때문이었다.

메드베데프 정부의 경제정책 역시 더 나은 미래, 더 강력한 러시아를 지향하는 특징을 보였다. 경제발전 전략은 두 가지 차원에서 추진됐다. 첫 번째는 원유, 천연가스에 대한 지나친 의존에서 탈피하기 위해 기술혁신과 하이텍 첨단기술 도입을 추구한 것이다.

그 목표에 조금이라도 더 다가가기 위해 메드베데프는 미국의 실리콘밸리를 직접 방문하고 그곳에서 기술도입 가능성을 타진하는 열의를 보였다. 그러나 경제의 구조적 전환을 목표로 하는 경제현대화는 단기간 내에 획기적 성과를 거두는 데는 한계를 보였다. 정보통신기술, 우주 및 의학 테크놀로지 수입과 개발을 통한 경제구조 개편은 더 오랜 시간이 걸릴 것이다. 그러나 적어도 그 노력은 러시아 첨단기술과 그에 기초하는 경제가 한 단계 더 진전하는 밑거름이 됐다. 두 번째는 기존의 막강한 경제무기인 에너지 관계를 더 체계적이고 안정적으로 관리하는 것이었다. 그 시도는 긍정적 결과를 가져왔는데, 러시아로부터 독일로 향하는 가스관이 설치되어 수송비용이 절감되고 러시아─유럽 가스수송의 안정성이 향상됐다. 아시아로 향하는 가스와 오일 분량도 더 증가했고, 그것은 러시아에 더 큰 경제 지렛대와 더 큰 재정수익을 보장할 것이다. 물론 지난 십여 년 이상 보아왔듯, 러시아는 특별한 분쟁이 발생할 경우에는 그 공급을 일시 중단할 것이다.

국방개혁은 성공적으로 추진됐다. 처음 푸틴 1~2기 집권기에 시행이 연기되던 국방개혁은 메드베데프 대통령 시절 본격적으로 실시됐다. 3단계로의 군구조 개편은 지휘통제의 효율성을 높였고, 새로 도입된 여단체제는 기동성과 준비태세를 증진시켰다. 장교 숫자는 대내외 여건을 감안해 새로이 적정수준에서 조정됐고, 모병제는 점차 자리를 잡아 갔으며, 징병되는 병사들의 질은 전반적으로 향상돼 전력발전에 기여했다. 오일, 천연가스 가격상승과 안정적 에너지 공급을 토대로 지출되는 국방비는 무기체계 현대화와 군인들 봉급 및 연금 인상을 도왔다. 2011~2020년 기간의 무기체계 현대화는 러시아 무기와 군사기술의 획기적 증진을 가져왔다. 7000억 달러 규모의 계획으로 인해 러시아 군대는 글로벌 수준의 군대로 자리매김했고, 그것은 그 과정이 중반에도 미치지 않은 2014년 크리미아 전쟁 당시 이미 그 위력을 발휘했다. 그 당시 전문가들은 체계적으로 작전하고 첨단장비로 무장한 러시아 병력은 2008년 러시아─조지아 전쟁 당시의 군대와 비교할 때 완전히 환골탈태한 군대라고 입을 모았다. 그 국가무장프로그램은 지휘통제 시스템, 전자전 시스템, 위성유도무기, 전투기, 함정을 포함해 각 군이 필요로 하는 장비를 제공했고, 특히 서방 MD를 피해 공격이 가능한 신형미사일 개발은 러시아 군대를 또다시 미국에 버금가는 군대로 재탄생시켰다. 모든 것은 국력을 결집해 성취한 러시아인들의 쾌거일 뿐이다.

세 번째 임기의 대통령으로 복귀한 푸틴의 리더십 역시 메드베데프 시기와 마찬가지로 대내외적 성공을 기록했다. 크리미아 합병에 반대하는 나토 공세에 대항해 러시아는 거의 냉전 수준의 훈련을 실시했고, 서방의 EPAA 설치에 반대해 핵능력 증강을 추진하면서 MD를 피할 수 있는 미사일을 개발했다. 구소련공화국과의 관계에서는 CSTO를 군사적으로 진전시키고 EEU를 통해 경제통합을 한 단계 더 발전시켰으며, 우크라이나의 나토 가입 시도에 쐐기를 박았다.[1] 중국과의 관계는 반미정서를 중심으로 계속 발전했고, 중·러 두 나라는 지중해, 동중국해, 남중국해를 포함해 세계 각지에서 연합 해군훈련을 추진하면서 인도를 SCO에 가입시켰다. 경제협력에서 무역과 상호투자는 계속 증가했고, 양국을 직접 연결하는 가스 파이프라인은 두 나라 에너지 협력을 가속화시켰으며, BRI, AIIB, BRICS, RIC에서의 협력은 양국관계를 (메드베데프 시기와 마찬가지로) 역사상 최상의 상태에 있게 했다. 기타 국가들과의 관계도 전혀 문제없었는데, 특히 천연가스를 지렛대로 하는 EU 분열과 EU 내 민족주의 정당에 대한 지원공작은 모스크바의 유럽 내 영향력을 더욱 증대시켰다.

국내의 정치, 사회현실 역시 푸틴이 의도하는 대로 흘러갔다. 푸틴은 각 연방구성체에서 상원의원, 그리고 자치공화국에서 행정수뇌를 선출하는 선거를 간접방식으로 바꿔 대통령 권한을 확대했고, 다양한 입법으로 반체제 및 반정부세력 활동을 억압했다. 미국의 지원 하에 자유주의 가치를 옹호하는 NGO들은 외국첩자로 몰렸고, 시위에 연계된 수많은 정치인, 활동가들은 정부 전복혐의로 탄압받았다. 푸틴의 경제운영은 2014년 서방제재에 따라 GDP 성장률이 두 해 연속 마이너스 성장에 처하는 장애에 직면했지만, 2016년 이후 그것은 다시 플러스 성장으로 돌아섰다. 반면 푸틴 정부는 에너지 사업에서 큰 성공을 거두었다. 러시아는 메드베데프 시기 '노드 스트림'(Nord Stream) 개통에 이어 2018년 독일로 이어지는 두 번째 가스관 '노드 스트림 2'(Nord Stream 2) 공사를 시작하고, 2020년 러시아-터키-그리스로 이어지는 '투르크 스트림'(Turk Stream)을 개통했으며, 중국과도 가스 파이프라인 건설합의에 서명했다. 그로써 러시아는 에너지 강국으로서의 위상을 확실하게 굳히고, 유라시아에서 과거보다 더 막강한 경제 영향력을 행사할 수 있게 됐다. 군사현대화도 착실하게 진행됐다. 군사력을 특별히 중시하는 푸틴은 자체 첨단무기 생산기술 확보를 위해 관련부서의 조언에 귀를 기울였고, 메드베데프 당시 시작된 무기체계 개선을 계속해 이미 2014년 크리미아 점령, 2015년 시리아 군사개입 때 러시아 군사능력 증강의 효과를 전 세계에 입증했다. 그 이후에도 그는 계속 기존 계획대로

---

1) 오늘날에도 많은 전문가들은 워싱턴이 모스크바와 덜 경쟁하고 우호적 관계를 구축하는 것이 미국의 지구적 이익에 더 부합한다고 분석한다. Thomas Graham, "Let Russia Be Russia," Foreign Affairs, Vol. 98, No. 6 (November/December 2019), pp. 134-146.

러시아 군대를 더 선진화된 첨단무기로 무장시켰고, 그로써 러시아가 세계 최고 강대국 중 하나로 다시 부상하는 과정을 도왔다. 그는 또 나토의 미래위협에 대비해 러시아 서·남쪽 방향과 구소련공화국 일부의 전력을 증강시켰다.

(1) 전문가 분석 평가

찰스 킹(Charles King)은 러시아ー조지아 5일 전쟁이 발생한 직접적 배경, 러시아 개입의 이유, 서방과 러시아 인식의 차이점, 그리고 향후 서방이 택해야 할 정책방향에 대해 논의한다. 그 전쟁이 부카레스트 나토 정상회담에서 명시된 조지아의 나토 가입을 막기 위한 장기적 목적을 띠는 차원과는 별개로, 그의 설명은 그 전쟁 자체에 관련된 제반 세부사항과 특히 러시아의 심리에 관해 많은 것을 알려준다. 그 전쟁이 조지아의 일방적 공격에서 비롯됐고 러시아는 방어적 목적으로 개입했다는 그의 설명은 사실과 부합하는데, 왜냐하면 사카쉬빌리는 과거에도 수차례 비슷한 공격을 시도했고, 그때마다 그의 공세는 모스크바의 지원을 받는 현지주민과 러시아 병력의 저항에 의해 실패했기 때문이다. 그는 또 러시아의 군사개입이 서방 주장과는 달리 오랜 서유럽 제국주의에 대한 반발 심리, 그리고 19세기 중반 크리미아 전쟁 패배 이후 위축된 국가의 피해의식을 반영한다고 말하는데, 그 역시 부정할 수 없는 사실이다. 그 이유는 실제 러시아는 19세기 후반 이후 서방에 대한 열등감에 시달렸고, 공산주의 소련으로의 체제전환은 국제관계 차원에서는 서방에 뒤지지 않기 위한 경쟁적 목적을 띠었으며, 냉전이후 러시아 역시 세력균형에서 서방에 압도적으로 불리했기 때문이다. 그것이 아마 그의 말대로 러시아뿐 아니라 그 인근국가 국민들이 모스크바의 군사개입을 미국과 서방의 코카서스로의 팽창을 막는 정당한 간섭으로 인식하고, 중국, 이란을 포함해 세계의 수많은 반서방 국가들이 러시아의 견해에 동조하는 이유일 것이다. 설명의 맨 끝에 그는 미국과 서방이 러시아 문명, 러시아식 민주주의, 러시아식 인권을 표방하는 모스크바에 대해 현실을 인정하는 방식으로 대처할 것을 주문하는데, 그 역시 현명한 조언으로 보인다. 그의 설명은 대체로 국제관계에서 오랜 기간 열세에 처해온 러시아를 배려하는 성격을 띠는데, 서방이 그의 권고대로 행동한다면 그것은 국가 간 세력균형 경쟁을 넘어 안정적 양국관계를 도입하는 데 도움을 줄 것이다. 그러나 한 가지 지적하면 과거 19세기 러시아가 서방에 비해 열세에 처했던 것은 사실이지만, 그래도 러시아가 대외팽창으로부터 완전히 돌아선 것은 아니라는 것이다. 비록 서방 제국주의보다는 약했지만, 1860~70년대 러시아는 중앙아시아의 타시켄트, 보카라(Bokhara), 키바(Khiva), 코칸드(Khokand)를 정복하면서 러시아ー투르크스탄

(Russian—Turkistan)을 설립했다. 1895년 러시아와 영국은 아프가니스탄을 양국 완충지역으로 설정하는 합의에 도달하고, 그 북부지역은 러시아가, 남부지역은 영국이 관할하기로 결정했다. 두 나라는 또 이란의 북부는 러시아, 동남부는 영국, 그리고 중부지역은 중간지대(intermediate zone)로 관리하기로 합의했다. 러시아는 또 인도에서 영국 이익을 위협했고, 티베트에서 영국과 완충지역을 설정했으며, 패배한 러·일 전쟁에서 나타나듯 동아시아에서도 세력확대를 추구했다. 더 나아가 러시아는 1907년 독일을 겨냥해 영·러 동맹을 체결했다.[1] 그 모든 사실은 서방이 러시아를 배려하면서도 그 나라를 반드시 피해자로 볼 필요는 없고, 모든 것은 힘에 기반한 세력균형의 결과이며, 타협이 중요하면서도 경쟁은 계속된다는 것을 의미한다.

중·러 협력의 현주소와 미래 진전방향에 관한 블라디미르 포르티아코프(Vladimir Portyakov)의 분석은 논리정연하다. 그의 분석은 간략하면서도 문제의 핵심을 잘 설명한다. 중러 협력이 러시아에게는 유럽에서 서방에 대한 열세 만회에 대한 지원 성격을 띤다는 그의 견해는 모스크바의 솔직한 심정을 표현하는 말일 것이다. 2008년 5월 메드베데프—후진타오 공동선언 내용과 현재 양국협력의 양상에 관해 자세히 논의하는 그의 분석은 향후 양국의 반서방 공동전선이 유엔, SCO, 그리고 양자 차원에서 어떻게 진전, 계속 강화될지를 상세하게 보여준다.

메드베데프 대통령의 대외관계 성취에 관한 표도르 루키아노프(Fyodor Lukyanov)의 설명 역시 명쾌하고 포르티아코프의 분석과 일맥상통한다. 흥미롭게도 그는 메드베데프의 최고업적이 새로운 유럽안보구상 제안과 서방의 우월감을 깨뜨린 러시아—조지아 5일 전쟁이라고 주장하는데, 그 견해는 비록 서방의 인식과는 정면으로 배치되지만 러시아의 서방에 대한 반감이 얼마나 큰지를 단적으로 보여준다. 루키아노프가 나열한 메드베데프의 성과는 모두 사실에 근거한 서술이다. 그의 말대로 그 당시 러시아는 아르메니아, 벨로루스와의 관계를 한 단계 더 진전시켰고, 서방에 접근하려는 유시첸코 정부의 시도를 좌절시키고 친러 야누코비치 정부를 도왔으며, 비록 현상유지에 머물렀지만 나고르노—카라바흐 문제 해결에 많은 노력을 기울였다. 또 중국과의 관계는 더 강화됐고, 일본과의 쿠릴열도 문제는 현상유지를 통해 러시아의 국익을 보존했다. 서방과의 관계에 대

---

1) Paul Kennedy, <u>The Rise of Anglo—German Antagonism</u>, London, Boston, Allen & Unwin, 1980, pp. 182—183; Bernard Porter, <u>Britain, Europe, and the World 1850—1982</u>, London, George Allen & Unwin, 1983, p. 75.

한 그의 설명은 더욱 구체적이다. 서방과의 경제협력 시도, EPAA는 전혀 성과가 없었고, 유럽은 오늘날 세계의 주변으로 급속히 밀려나는 상황에서도 천연가스 파이프라인 문제로 러시아와 분쟁을 겪는다고 지적하면서, 그는 미국과 EU에 더 협력적 정책을 구사할 것을 조언한다. 마지막으로 메드베데프 시대는 푸틴 제3집권기의 더 힘찬 시작을 위한 중간 조정시기였다고 회고하면서, 루키아노프는 미국의 이기적 태도는 푸틴과 어울리지 않는다고 말했다. 그의 예언은 공교롭게도 푸틴의 크리미아 합병에서 적중했고, 앞으로도 미·러, EU-러시아 관계는 옳든 그르든 서방이 양보하지 않는 한 계속 평행선을 달릴 것이다.

알렉산더 루킨(Alexander Lukin)은 2014년 크리미아 사태가 우크라이나를 나토에 통합시키려는 서방의 잘못된 정책에서 비롯됐고, 모스크바는 러시아의 핵심이익 보호라는 정당한 목적을 위해 방어적으로 행동했다고 주장한다. 그는 지난 수십 년간의 서방 행동이 위선으로 뭉쳐있고, 서방이 모스크바를 상대로 제로섬 경쟁을 추구했으며, 서방은 자기들 이익에 맞지 않으면 무조건 비방한다고 말한다. 그리고 그 설명을 뒷받침하기 위해 그는 수많은 사례를 제시한다. 그는 또 CIS, EEU, 관세동맹(Customs Union), CSTO 등 러시아와 구소련 중앙아시아 국가들이 조직한 국제제도는 자발적인 것이고, 그 구성국들은 서방문화와는 전혀 다른 가치체계를 갖고 있으며, 그들은 모두 서방의 우월감과 세계지배 시도를 거부한다고 말한다. 그리고 마지막으로 그는 우크라이나가 더 이상 피해보지 않도록 서방이 태도를 바꾸어 협상에 임할 것을 촉구한다. 그의 분석은 많은 진실을 담고 있는데, 왜냐하면 서방이 그런 식으로 행동한 것이 일정부분 사실이고, 또 그의 말대로 세계 각 지역, 각 문화, 문명이 서로 다른 가치를 선호하기 때문이다. 서방이 나토 확대와 MD 설치를 자제하고, 또 러시아를 더 동등한 파트너로 인정했다면 (존 머샤이머가 말하듯) 아마 우크라이나 사태는 없었을지 모른다. 그리고 앞으로도 서방이 러시아를 더 배려하는 것이 국제평화를 위해 더 나은 선택일 것이다. 그렇지만 한 가지 떠오르는 것은 비록 나토에 3개국을 추가로 영입하고 EPAA를 밀어붙였음에도 불구하고, 오바마 행정부가 (러시아에 우호적으로 대하고 또) 상대적으로 팽창주의를 자제한 사실이다. 실제 그는 이라크, 아프가니스탄을 포함해 중동과 중앙아시아에서 조금이라도 더 철수하기를 원했고, (러시아를 넘어) 중국의 위협적 부상과 일부 문제점에도 불구하고 베이징에 선의로 대했다. 그것은 상당부분 그의 민주적 정치신념에서 비롯됐다. 반면 러시아는 세계로부터의 미국 철수 분위기에서 이라크, 이란, 시리아로 세력을 확대하면서 반서방 시아파 벨트 형성을 지원했고, 반서방을 추구하는 중국과 함께 SCO, 브릭스를 통해 세력확대를 꾀했다.

만약 러시아가 서방의 팽창주의를 정의의 차원에서 그렇게 혐오한다면, 모스크바 역시 팽창을 자제해야 할 것이다. 또 루킨은 구소련 중앙아시아 국가들과의 연합이 자발적이라고 말하지만, 모스크바는 여느 강대국과 마찬가지로 자국의 지정학적 이익을 위해 조지아, 우크라이나를 넘어 벨로루스, 몰도바, 아제르바이잔에 많은 압력을 가했다. 더 근본적인 질문은 만약 소련이 냉전에서 승리했다면, 모스크바가 어떻게 행동했을까, 또는 향후 서방이 쇠퇴하고 러시아가 힘을 더 갖게 될 때 모스크바가 자제할 수 있을까 하는 것이다. 만약 그렇지 않다면 러시아가 서방을 비난할 이유는 없을 것이다. 그것은 루킨의 서방 비난이 사실에 근접함에도 불구하고 약자의 하소연일 뿐이라는 의미를 갖기 때문이다. 그래도 덜 나쁘게 행동하는 것(lesser evil)이 조금이라도 세계를 더 낫게 만드는 길일 것이다.

메드베데프의 외교업적에 관한 첫 번째 분석에 이어 푸틴 대외정책에 관한 표도르 루키아노프(Fyodor Lukyanov)의 두 번째 분석 역시 탁월하다. 지난 수십 년간의 역사적 발자취를 따라 전개되는 그의 설명은 논리적, 체계적이고, 루킨의 주장과 거의 비슷한 맥락을 띤다. 그는 러시아가 처한 수동적 지역파워로서의 초라한 입장을 더 자세하고 선명하게 묘사하면서, 크리미아 합병과 시리아 군사개입의 지엽적 이유를 넘어 푸틴 대외정책의 근본적 목표에 관해 설명한다. 루키아노프 분석의 핵심은 푸틴 대외정책의 궁극적 목표가 러시아의 올바른 지구적 위상을 찾는 것이고, 크리미아 합병과 시리아 군사개입은 그 과정에서 나타난 하나의 일시적 현상일 뿐이라는 것이다. 그러면서 동시에 그는 러시아 위상이 아직도 애매하고, 모스크바가 아직도 정체성을 확립하지 못하고 있으며, 미국, EU, 러시아 모두 새로이 떠오르는 다극적 세계질서 속에서 각자에 맞는 역할을 찾아야 한다고 조언한다. 그의 분석에는 아무 문제가 없다. 그 이유는 그의 말대로 서방이 '역사의 올바른 편'에서 세계에 특정가치를 강요하면서 세력균형, 주권의 존중, 타국 내정불간섭, 안보리 승인 이후의 군사력 사용이라는 국제규범을 의도적으로 잠식한 것이 사실이고, 또 푸틴의 정책이 러시아 위상에 걸맞은 강대국화를 추진하는 것도 사실이기 때문이다. 실제 그의 설명은 세계와 러시아 현실에 관한 이해에 많은 도움을 주고, 그의 논리전개와 증거 제시는 많은 흥미를 유발한다. 예를 들어, 그는 일방적인 나토의 동진, EU 확대, 서방의 코소보 공격, 그리고 2001년 이후 아프가니스탄, 이라크, 리비아에서의 미국 군사작전은 모두 서방의 패권과 가치 확산을 위한 행동이고, 나토는 서유럽 방위가 아니라 공격적 군사기구로 바뀌었다고 말한다. 또 그는 서방이 야누코비치 축출이 입증하듯 짧았던 미국 주도의 단극이 사라지는 마지막 순간까지 계속 세력을 확대하려 시도하는데, 이제 그런 행동은 바뀌어야 한다고 주장한다. 실제 그의 주장이 타당성을 내포하고 많은 상식을 대변한다는 것을 부정하기는 어려울 것이다. 또 (앞에서 말했듯이) 모든 나라가 그렇게 행동한다면 세계평화의 전망은 더 밝을 것이다. 그렇지만 한 가지 지적하면, 미국의 아프가니스탄 공격 시작은 알카에다의 테러에 의한 것으로 워싱턴으로서는 그에 대해 응징하지 않을 수 없었던 것이고, 나토의 코소보 공격은 많은 논란에도 불구하고 서방이 중시하는 인권차원 목표를 포함한 것을 부정하기 어렵다는 것이다. 그것은 러시아의 대외정책이 그렇듯, 최소한 서방의 대외행동이 모두 나쁜 의도에서 시도되는 것은 아니라는 의미이다.[1]

러시아 재부상에 대한 서방의 대응을 논의하는 이보 달더(Ivo H. Daalder)의 견해는 탁월하다. 2009~2013년 미국의 나토 대사로서의 경험을 바탕으로 한 그의 분석은 서방의 입장을 반영하면서도 공정하고, 러시아의 대내외적 현실에 관해 많은 것을 알려준다. 그의 설명은 루킨이나 루키아노프의 시각과는 대조적이다. 서방과 러시아 어느 한편의 옳고 그름을 떠나 달더는 러시아가 제기하는 객관적 위협의 실상을 세세히 보여주고, 미국과 나토가 그에 대해 어떻게 대응하고 있으며, 또 앞으로 어떻게 대처해야 하는지를 체계적으로 설명한다. 그는 푸틴의 러시아가 나토를 잠식하고 EU 회원국 유대를 약화시키면서 지구정치의 중심에 서려 한다고 말하는데, 그것을 부정할 수는 없을 것이다. 그는 또 러시아의 국방현대화, 전력증강 및 군사훈련에서 나타나는 준비태세가 어떻게 진행, 발전하는지를 자세히 서술하면서, 유럽에 대한 러시아의 군사위협은 발트 해보다는 흑해, 지중해 인근에서 더 심각하다고 경고한다. 실제 국내외 전력 재배치, 군사훈련 강도와 범위, 그리고 크리미아 합병, 우크라이나 작전, 시리아 군사개입에서 드러난 러시아군의 실력 향상은 나토를 크게 위협할 것이다. 더 나아가 많은 전문가들이 인정하듯 나토를 둘러싼 미국과 EU의 견해차, EU 내 회원국 이견은 서방의 유럽-대서양 방위능력 약화요인으로 작용할 것이다. 그 상황에서 그는 미국의 나토방위 의지 재확인이 중요하고, 오해로 인한 전쟁을 피하기 위해 서방과 러시아가 정치, 군사대화를 계속해야 하며, 미국과 EU가 힘을 합쳐 방위능력을 증강해야 한다고 말하는데, 서방을 위해 그것보다 더 타당한 제언은 없을 것이다. 달더의 분석이 특히 눈길을 끄는 이유는 그것이 상대방에 대한 비난이나 어느 한편의 정의를 내세우기보다는 현실적이고 객관적인 군사평가에 따른 위협을 산

---

1) 코소보 사태 당시 인도주의 목적으로 개입한 나토 작전의 문제점은 앞에서 논의한 로버트 터커(Robert W. Tucker)의 분석에 잘 나타나 있다.

정하고, 평화를 중시하면서도 서방이 대처해야 할 방향을 제시하기 때문이다. 그의 분석은 모든 나라들이 각자가 옳다는 가정 하에서 행동하고, 모두가 크고 작은 것을 떠나 수많은 것을 위협으로 간주하며, 결국에는 헤쳐 나오기 어려운 구조적 경쟁체제 속에서 최선의 방식으로 대비해야 한다는 현실주의 가정과 인식에 근거한 것으로 보인다.

한편 마리아 리프만(Maria Lippman)은 푸틴이 지배하는 러시아의 국내정치와 사회현실을 논의한다. 그녀의 러시아 국내현실 묘사와 분석은 푸틴 리더십의 통치형태, 반체제 행동가들의 반대, 그리고 국민들의 인식과 태도에 관한 생생한 현장감을 전달한다. 그녀는 푸틴이 2000년 처음 대통령으로 등장한 이후 오늘날까지 계속 정치술수를 동원하고, 그것이 그의 장기집권을 돕는다고 말한다. 그녀에 따르면, 푸틴이 사용하는 방법은 직접적 박해나 폭력보다는 정치권, 관료, 언론, 기업의 약점을 잡고 조작과 협박으로 복종과 협력을 유도하는 방식이다. 또 푸틴을 포함해 크렘린 당국은 국가두마 선거, 대선에서 많은 탈법, 관권선거를 자행한다. 그 과정에서 일부 반정부 행동가들은 부패, 반정부 혐의로 기소돼 투옥되고, 어떤 경우는 살해되기도 하며, 부정선거에 항의하는 시위자들은 경찰에 의해 진압된다. 외국자금의 수혜를 받는 NGO는 외국 스파이로 몰리고, 인터넷 활동과 자유주의 언론은 탄압받는다. 그러나 흥미로운 것은 그런 문제점에도 불구하고 푸틴이 지금까지의 모든 대선에서 국민의 압도적 지지를 받고, 국민들의 그에 대한 지지도가 계속 80% 이상에 머무는 현실이다. 그것은 몇몇 요인에 의거하는데, 푸틴이 옐친시대의 무기력, 경제파탄, 부패, 올리가키의 경제부정을 시정하고, 체첸 분리주의를 진압해 국가적 안정을 이룩하며, 부국강병과 기민한 외교를 통해 러시아를 세계정치의 중심에 위치시켰기 때문이다. 국민들은 그가 정치, 사회안정을 유지하고, 경제발전을 통해 복지를 확대했다고 생각하는데, 그로 인해 가끔 발생하는 시위는 기껏해야 수천명 규모이고 그것은 수시로 수백명으로 줄어든다. 실제 러시아에서 대부분 국민은 오히려 반체제 시위에 눈살을 찌푸리고, 시민행동은 극도로 약화됐으며, 리프만이 말하듯 오늘날 러시아에서 '푸틴 없는 러시아'는 상상할 수 없고 푸틴에 대한 진정한 반대나 대안은 없는 것으로 보인다. 그것이 아마 푸틴이 '주권 민주주의'는 국민의 지지를 받는 한 정당하다고 말하고, 정치, 사회적 개념은 문화, 문명에 따라 상대적이고 절대적으로 옳은 형태가 있는 것이 아니라고 주장하는 이유일 것이다. 리프만의 러시아 현실 분석은 그 나라가 서방이 추구하는 이상과는 전혀 다른 사회임을 말해줄 뿐이다.

04 중화제국의 꿈

후진타오와 시진핑 시대 중국은 세계적 위상과 국가능력 증진의 모든 면에서 일취
월장했다. 후진타오 리더십 하에서 중국의 대외 영향력은 급증했다. 유엔안보리에서 중국
은 5개 상임이사국 중 하나로 PKO를 포함해 국제질서 운영과 관련한 핵심역할을 수행
했고, SCO, BRICS를 매개로 지역차원에서 세력을 확대했으며, 평화발전 이데올로기를
내걸고 세계의 수많은 나라와 교류했다. 중국의 대외관계는 원만했다. 베이징은 대테러,
WMD 비확산을 포함해 공통이익이 걸린 사안에서 워싱턴에 협력했고, 해상영토분쟁, 신
장문제 등 자국의 핵심이익을 위해서는 신중하면서도 공세적으로 행동했다. 러시아와의
관계는 중국에게 큰 지렛대를 부여했다. 중·러 두 나라는 안보리에서 공동전선을 펼쳤
고, SCO에서 연합 군사훈련을 진행하면서 미국의 중앙아시아 영향력 확대 저지를 모색
했다. 중국의 세계로의 진출은 눈부실 정도였다. 중동에서 중국은 친미 성향 걸프 6개국
을 포함해 수많은 나라와 에너지, 경제관계를 추구했고, 반서방 이란, 이라크, 시리아와
는 경제, 군사관계를 동시에 발전시켰다. 아프리카에서는 미국을 제치고 무역파트너 제1
위 자리를 차지했고, 서방의 반대에도 불구하고 내정불간섭 원칙 하에서 수단, 앙골라 등
독재국가와 교류했다. EU는 미국과 함께 중국 상품 최대 수출지역으로 떠올랐고, 중남미
에서는 칠레와 FTA를 체결하고 브라질, 페루, 멕시코, 아르헨티나와 무역, 투자관계를 발
전시켰다. 전문가들은 중국이 중남미에서조차 미국을 넘어서는 관계를 개척하고 있다고
분석했다. 중국이 일본에 대해 예외적으로 행동한 것은 그것이 단순히 지정학적 이익보
다는 역사, 심리적 차원의 복잡성이 얽힌 문제였기 때문이었다.

국내 각 분야 발전노력의 성과도 대단했다. CCP는 당내 민주주의를 시도하고 정부
와 전인대는 개혁조치의 일환으로 투명성 증진과 개방 확대를 추진했다. 사회발전과 관
련해서는 '사회주의 조화사회' 건설 명제가 강조됐고, 베이징 당국은 경제 불평등 해소를
위해 농업세 폐지, 최저임금 시행, 그리고 건강보험, 주택보급을 포함해 다양한 복지증진
정책을 도입했다. 사회주의 시장경제 원칙에 근거한 중국의 경제발전은 세계가 주목하는
관심사였는데, 미국 발 지구적 재정위기 당시에도 중국의 GDP 성장은 9%를 넘어섰고,
명목상 GDP에서 중국은 2011년 일본을 추월했으며, 후진타오 집권기를 통틀어 GDP 성
장률은 10% 수준을 기록했다. 무역은 약간의 부침에도 불구하고 매해 수천억 달러 흑자
를 달성하는데 아무 문제가 없었고, 해외투자 유입규모는 세계 2~3위 수준을 유지했다.

그리고 중국경제는 제조업 부가가치, 상품무역 규모, 그리고 외환보유고에서 세계 1위를 차지했다. 군사력 발전 역시 괄목할 만한 수준을 이루었다. PLA는 보병집약적 군대를 첨단기술로 무장하고 네트워크화된 전력으로 전환시키는 목표에 초점을 맞추었고, 그에 따라 국방 각 분야의 개혁과 발전이 체계적으로 추진됐다. 무기체계 현대화는 기동성, 장거리 작전능력을 강조했고, 인민해방군은 아덴만을 포함해 전 세계에서 작전범위를 넓혀가면서 점차 지구적 차원의 군대로 탈바꿈했다. 지상군, 해·공군의 무기체계는 각 군이 필요로 하는 첨단장비를 갖춰 갔고, A2/AD 능력개발은 미국 항모의 서태평양 진입을 견제했으며, C4ISR 능력의 지속적 발전은 중국군의 지구적 차원 작전능력을 한층 더 증대시켰다. 물론 모든 노력이 뜻대로 이루어진 것은 아니었다. 국내에서 민주화는 일정한 한계 내에서 진행됐고, 빈부격차는 남미수준으로 벌어졌으며, 당, 정부, 사회 내 부패는 상당수준 그대로 존재했다. 경제 역시 국유기업 생산성, 부채증가, 미래성장 잠재력, 환경오염 등 많은 문제를 내포했고, 군사현대화 역시 아직은 여러 분야에서 미진했다. 그럼에도 불구하고 국민들은 후진타오 정부의 노력을 지지했고, 그의 리더십에 대한 국민 지지도는 압도적이었다.

시진핑 시대 베이징은 더 발전하는 중국, 세계 중심에 우뚝 서는 중국 건설을 열망했다. 그 목표를 위한 슬로건으로 베이징은 대외적으로는 (미국 트럼프 행정부의 보호무역주의 기조에 반대해) 개방적 국제질서와 다자무역 지지, 공동운명의 지구적 공동체, 평화발전의 지속, 일대일로의 세계경제 기여, 내정불간섭 원칙을 표방했고, 국내에서는 중국민족의 꿈, 중국제조 2025, 21세기 중반까지 세계 최고수준에 도달하는 인민해방군 능력증진을 강조했다. 그것은 사실 모두 부국강병을 중심으로 중국을 미국에 버금가는 세계 제1의 국가로 만든다는 시진핑 야망의 선포였다. 그렇게 중국은 전임자의 업적 토대 위에서 지속적 발전을 시도했고, 베이징이 다루는 국제, 지역, 양자관계 이슈는 과거와 크게 다르지 않았다. 비록 신형대국관계를 제안하면서 일부 사안에서 과거보다 더 공세적으로 행동했지만, 베이징은 워싱턴과의 관계를 훼손하지 않기 위해 신중하게 행동했다. 러시아와 관계는 과거와 마찬가지로 역사상 최고 상태를 유지했고, 그것은 양국을 연결하는 천연가스 파이프라인 건설에 합의해 에너지 안보를 더 증진시키고, 중·러가 공동운영하는 BRICS에 인도를 가입시키는 성과를 거두었다. 기타지역에서도 전임정부의 업적에 기초하는 베이징의 노력은 계속됐다. 중국은 중동 최대의 무역, 투자 파트너가 됐고, 아프리카에서는 40여 개 국가에서 무역과 투자를 진행했으며, EU는 중국의 최대 수출시장이 됐다. 그러나 일본과의 관계는 경제협력과는 별도로 과거와 마찬가지로 대체로 냉각상태에 머물렀다.

정치와 사회 관련 시진핑의 국내정책은 총서기와 당의 권력을 공고화하면서 정치권과 사회 내 부패를 척결하고, 사회발전과 안정을 도모하는 방향으로 추진됐다. 그 목표를 위해 지위 고하를 막론하고 당, 정부, 국유기업 모든 관리를 대상으로 하는 사상 최대의 부패척결 작업이 시행됐고, 법에 의한 지배를 강조하는 사법개혁이 있었으며, 사회안정화 입법이 통과됐다. 그것은 모두 민생을 증진시키고 당, 정부, 기업의 국민에 대한 책임감을 고양하는 미래진전을 위한 선제적 조치였다. 그러나 그 과정에서 적어도 외부에서 보기에는 상당한 부작용이 나타났다. 결과적으로 당 총서기는 집단지도체제 대신 개인권력을 강화하면서 지난 수십 년간의 당내 민주화 추세를 역행시켰고, 총서기 지도 하 몇몇 영도그룹이 국내 주요사안 모두를 관장하면서 정치권력 분산은 중단됐다. 사회 내 추세도 비슷했다. 미디어, 비정부 기구에 대한 감독이 강화되고, 정부방침을 따르지 않는 종교집단, 소수민족은 탄압받았다. 중국정치는 보수, 반 자유적 권위주의 성향을 띠었고, 서방 전문가들은 시진핑 시대 정치가 개인독재로 회귀하는 것으로 분석했다. 그럼에도 소수 자유주의 세력을 제외한 대다수 국민은 당국의 정치, 사회 안정화, 그리고 경제발전을 지지했다. 한편, 중국경제는 계속 발전했고, 1970년대 말 개방 이후 2018년까지 평균 GDP 성장률은 9.5%라는 놀라운 성과를 기록했다. 그래도 구매력을 감안할 때 중국의 GDP가 2014년 미국 GDP를 넘어설 정도로 커지면서 평균성장률은 낮아지기 시작했는데, 베이징은 그것을 경제원리에 따른 불가피한 '새로운 정상'(new normal)으로 인식하면서 고정투자와 수출보다는 혁신, 소비진작, 인프라 건설을 중시하는 새로운 정책으로의 전환을 모색했다. 군사력 증강은 차질없이 진행됐다. PLA는 군 구조를 개편하고 병력을 감축하면서, 궁극적 목표인 통합지휘체계 도입, 무기체계 선진화, 그리고 전력발전에 매진했다.

(1) 전문가 분석 평가

CCP의 정통성에 관한 에릭 리(Eric Li)의 분석은 객관적이고 논리적이다. 그는 비록 서방에서 여러 정치, 사회, 경제적 이유로 시진핑이 이끄는 CCP 리더십이 흔들릴 것으로 예상하지만, 그럴 가능성은 없다고 말한다. 그리고 국민의 CCP에 대한 지지는 경제실적보다 그들의 외세와의 투쟁에 대한 역사적 공헌에서 유래한다고 말하면서, 그는 앞으로 시진핑의 당 리더십이 일부 도전에도 불구하고 중국의 발전을 이루어내는 데 문제가 없다고 주장한다. 당의 향후과제와 관련해서는, 구조조정을 통해 국유기업의 효율성을 증대시키고 사회전반에 만연한 부패를 잘 다스려야 한다고 강조한다. 그의 설명은 일관되고 현실을 잘 반영한다. 이미 시진핑이 통치를 시작한지 8년이 지난 2020년 오늘날 중국에서 코로나 사태를 포함해 어떤 이유로든 분열의 기미, 또는 CCP에 대한 도전은 거의 없다. 그리고 국유기업과 부패 관련 문제에도 불구하고 그로 인한 경제, 사회불안 역시 특별한 것은 없다. 현재 중국에서는 GDP 240% 이상의 가계, 회사, 정부부채가 큰 문제 중 하나이지만, 그 역시 대부분이 국내부채로 아직은 일본과 마찬가지로 운영이 가능하다. 실제 오늘날 중국인 대다수는 일부 자유주의 세력을 제외하면 CCP를 지지하고, 그들은 푸틴 치하 러시아인들과 비슷하게 CCP가 중국의 국제적 위상을 드높이고 경제발전을 통해 생활수준을 획기적으로 높인 것에 큰 자부심을 갖는다. 그리고 당뿐 아니라 국민들 자신도 에릭 리의 말대로 중국식 사회주의가 서구 민주주의에 대한 대안이 될 수 있다고 믿는다. 그것은 러시아인들이 주권민주주의를 옹호하는 것과 비슷한 이치이다. 오늘날의 현실은 중국 내 자유주의자, 그리고 세계의 모든 자유민주주의 옹호세력에게는 실망이지만, 큰 틀에서 그것은 중국 국민이 선택할 문제로 보아야 할 것이다.

중국의 부패양상과 그 척결을 추진하는 시진핑 정부의 노력에 관한 제임스 룽(James Leung)의 분석은 중국사회의 어떤 특수한 단면을 적나라하게 보여준다. 그는 중국의 당, 정, 군, 사법부뿐 아니라 교육계, 의료계, 그리고 심지어 외국계 다국적기업까지 어떤 방식으로, 또 왜 부패하는지를 소상히 보여주는데, 그의 설명에서 나타난 놀라운 현실은 아마 많은 사람들에게 충격으로 다가갈 것이다. 그는 또 사정작업 과정의 투명성이 보장되지 않는 이유로 일각에서 그것을 정치숙청으로 간주한다고 말하는데, 그것은 권위주의 사회의 속성에서 유래하는 특성일 것이다. 또 지난 2년간 시도에 비추어 부패의 가장 큰 원인인 일당체제 하에서도 비리척결의 미래가 긍정적일 수 있다는 그의 견해 역시 상당한 근거가 있다. 그의 분석은 상당수준 진실을 내포하는 것으로 보인다. 그러나 굳이 한 가지 지적하면, 부패의 가장 큰 이유가 일당독재라는 것은 일리가 있지만, 중국사회에 만연한 연고주의 역시 그 못지않은 원인이 될 수 있을 것이다. 그 이유는 아시아, 중동, 아프리카, 중·남미를 포함해 세계의 많은 다당제 자유주의 사회에서 중국에 버금가는 부패가 발견되고, 또 모든 사회주의 체제가 필연적으로 중국 정도로 부패한 것은 아니기 때문이다. 한편 그의 견해는 부분적으로는 다른 전문가들에 의해 부정되고, 또 다른 학자들에 의해서는 지지받는다. 예를 들어, 클레어몽 대학의 민신 페이(Minxin Pei)는 부패의 원인이 일당독재이고 '부패가 중국인들 생활 그 자체'라는 측면에서 제임스 룽과 의견이 일치하지만, 부패가 축소되고 치유될 수 있을 것이라는 미래전망에 있어서는 그와 견해를 달리한다. 민신 페이는 오히려 부패척결이 엘리트 경쟁을 격화시키고 CCP 취약성을 증가시킬 것이라고 주장한다. 반면 시카고 대학의 달리 양(Dali Yang)은 제임스 룽에 동의하는데, 그는 비록 중국에서 부패가 큰 문제이지만 그것이 CCP, 정부, 사회를 거덜 낸 것이 아니고 또 시진핑의 사정작업이 성과를 내고 있다고 강조한다. 그는 다음과 같이 주장한다. 부패의 심각성을 가장 잘 아는 시진핑은 기율감사 서기 왕치산과 역사상 최대 사정작업을 벌이고 있다. 일부 부패에도 불구하고 수많은 권위주의 정권은 안정을 유지했고, CCP도 많은 부패와 위기의 시기에 살아남았으며, CCP는 속성상 자유와 시민사회를 억압하면서도 효율, 부패억지, 시민생활 증진, 상당수준의 법치, 그리고 경제개혁의 노력을 추구해왔다. 그것은 사회과학자들이 중국의 정치문화라고 부르는 '위계적 신뢰'(hierarchical trust)를 반영한다. 수십 년간의 통계는 당국에 대한 시민의 지지가 80~90%임을 보여주는데, 비록 일부 조작됐다 하더라도 그것이 엄청난 신뢰임은 틀림없다. 중국에서는 개혁이 부패를 극복할 것이다.[1]

워싱턴이 일대일로에 참여하지 않은 것이 미국의 손실로 귀결된다는 갤 러프트(Gal Luft)의 설명은 많은 공감을 불러일으킨다. 그의 분석은 BRI의 자세한 내용, 워싱턴 판단의 문제점, 그리고 미국의 BRI 참여시 유의사항에 관한 체계적 지식을 제공한다. 그는 BRI가 유라시아, 아프리카 대륙에 걸친 40여 개 국가가 참여하는 역사상 최대 규모의 인프라 사업이라는 사실을 상기시키면서, 워싱턴의 참여거부가 미국기업의 투자기회를 박탈하고 중국에게 관련국들과 경제를 넘어 군사관계를 발전시킬 기회를 용인하는 잘못된 선택이라고 비판한다. 그의 견해를 부정하기는 어려운데, 왜냐하면 BRI에 참여하지 않음으로써 미국이 얻는 이익이 없고, 오히려 그의 말대로 베이징이 그 프로젝트를 국유기업에 사업기회를 제공해 중국경제를 활성화시키고, 국내 에너지 수요 충당의 기회로 삼으며, 또 외교, 군사관계 확대를 통해 지구적 리더십을 확보하는 기회로 활용할 것이 확실하기 때문이다. 오바마가 중국과 원만한 외교관계를 유지하려 노력했던 것에 비추어, 어느 면에서는 BRI에 관한 워싱턴 결정의 합리성은 이해하기 힘들다. 그것은 아마도 겉으로 표출하는 것과는 다르게, 오바마가 중국을 커다란 경쟁상대로 생각했기 때문일 것이다. 그러나 과거 냉전시대 제3세계 발전을 위한 미국의 근대화 기치가 워싱턴의 지구적

---

1) Dali Yang, "Dirty Deeds (Will Corruption Doom China?)," Foreign Affairs, Vol. 96, No. 4 (July/August 2015), pp. 149-150; 2018년까지 처벌받은 41만 5천명 관리 중에는 장관급만 76명이 포함돼 있다.

리더십 확립에 어떤 결정적 역할을 했는지 기억한다면, 개도국 발전을 위한 베이징의 시도가 중국 파워의 신장에 얼마나 기여할지 미루어 짐작할 수 있을 것이다. 러프트는 또 오바마 행정부의 피봇이 단순히 선언에 불과했고 (비록 트럼프가 탈퇴해 지금은 유명무실해졌지만) TPP에서 중국을 배제한 것도 실수라고 지적하는데, 그 역시 일리가 있다. 그 이유는 그 조치들이 아무 실익 없이 베이징의 반감, 경계심, 그리고 강대국으로의 부상 필요성만 강화시켰기 때문이다. 한편, 러프트의 조언과 달리 트럼프의 미국은 아직도 BRI에 관심이 없고, 또 중국과의 협력을 통한 국제사회 운영이나 글로벌 리더 위상유지는 고사하고 오히려 무역 갈등만을 조장하는데, 그런 고립적 배타주의 성향의 행동은 미국의 경제, 안보이익에 아무 도움이 되지 않을 것이다. 그것은 미국의 해외균형자 역할과도 다르고, 미국이 국제사회에서 움츠리는 사이 그 파워공백은 중국과 러시아에 의해 메워질 것이다. 그러는 사이 '미국에 의한 평화'는 더 빠르게 쇠퇴할 것이다.[1]

중국과의 개입으로 더 나은 미·중 관계설정을 촉구하는 전직 고위 외교관 에반 파이겐바움(Evan Feigenbaum)의 설명은 갤 러프트의 분석과 동일한 맥락에서 이해될 수 있다. 그는 워싱턴이 AIIB에 참여하지 않은 것이 왜 잘못인지, 베이징 수정주의의 실체가 무엇인지, 그리고 아시아 국가들의 자발적 상호협력의 양상이 어떤 것인지에 관해 소상히 설명한다. 그는 베이징이 주도한 AIIB, BRICS 등의 다자제안이 부분적으로는 미국과 서방 주도 질서에 대한 도전이지만, 그보다는 (서방과는 별개의) 아시아 지역체제 구축을 원하는 아시아 국가들끼리의 자발적 협력, 범아시아주의 성격이 더 강하다고 말한다. 그리고 1990년대 후반 일본의 AMF 제안, RCEP 형성, 인도의 AIIB 참여, BRI 지역연결 개념의 기원, 그리고 델리-뭄바이 산업통로에 대한 일본의 재정지원을 그 사례로 제시한다. 워싱턴을 위한 조언에서 그는 미국이 불필요하게 베이징과 경쟁하기보다는 부상하는 중국을 강대국 국제질서에 포함시켜 함께 국제사회를 운영해야 하고, 베이징의 모든 정책에 무분별하게, 무조건적으로 반대하는 것은 자제해야 한다고 말한다. 그의 분석은 논

---

1) 예일 대학의 오드 베스타는 미·중 관계, 미국 대외정책과 관련해 다음과 같은 의견을 제시, 조언했다. 오늘날 미국의 지구적 리더십이 최고로 저하된 상태에서 국제질서는 다극화되어가고 있고, 미국이 TPP에 참여하지 않은 것은 잘못이며, 미국의 강대국 경쟁에 있어서 가장 강력한 장애물인 중·러 협력을 약화시키기 위해 워싱턴은 모스크바와 관계를 개선해야 한다. 시진핑은 덩샤오핑 시대 이후 허용된 자유를 회수하고 있고, 중국인들은 자국의 경제발전 모델이 서방 모델을 대체할 수 있다고 생각하며, 오늘날 지구적 세력균형이 중국에게 유리하게 변화돼 가는 상황에서 중국은 민족국가이기보다는 제국에 가깝다. Odd Arne Westad, "The Sources of Chinese Conduct," Foreign Affairs, Vol. 98, No. 5 (September/ October 2019), pp. 86-95.

리적, 체계적이고, 오늘날의 변화하는 국제질서, 미국과 경쟁 상대국의 힘의 균형에 근거한 합리적 성격을 띤다. 그의 분석에 아무 문제가 없다. 하나 덧붙일 것은, 그가 워싱턴을 위한 정책제안에서 한스 모겐소(Hans Morgenthau)와 현실주의학파 석학들이 평시 격언으로 강조하던 말을 한 것으로, 그것은 기존 국제질서가 부상하는 강대국을 포함하지 않으면 실패하고, 국제관계에서 덜 중요한 일로 상대방을 밀어붙이지 말아야 한다는 것이다. 그러나 흥미 있는 것은 오늘날 트럼프 행정부가 그의 권고와는 전혀 다르게 행동하는 것이다. 또 굳이 하나 지적하면, 그가 거론하는 범아시아주의는 (그가 부분적으로 암시하듯) 아시아 국가들의 역사, 문화적 공통점에 의한 친근감보다는 국가 간 이해관계에 따른 움직임이고, 그것 역시 내부적으로는 힘의 정치에 따른 정치적 역학을 포함한다는 것이다.

05 일본의 정책 재조정

민주당(DPJ) 집권기로부터 제2기 아베 내각 기간, 일본은 대내외적으로 많은 우여곡절을 겪었다. 사상 처음 집권한 DPJ는 대외관계와 국내현실 모두에 있어서 참담함을 면치 못했다. 대외관계에서의 난관은 도쿄 당국이 자초한 측면이 강했고, 국내정치에서 국민의 지지 결여는 천연재해와 정책실패가 합쳐진 결과였다. 대외관계에서 DPJ는 집권기간 내내 완전히 수세에 몰려 있었다. 미국과의 관계는 DPJ의 초기 반미성향으로 인해 심하게 왜곡됐고, 중국으로부터의 전례 없는 수모는 미·일 관계 약화로 인한 부수적 현상이었다. DPJ는 러시아로부터도 사실상 망신당했는데, 왜냐하면 러시아 대통령이 사상 처음 쿠릴열도를 방문하고 러시아 군이 영유권 재확인을 위해 의도적으로 그 일대에서 군사훈련을 실시했지만, 아무 지렛대가 없는 도쿄가 할 수 있는 일은 외교부와 총리의 미약한 유감표시가 전부였기 때문이다. 국내정치와 사회운영에서도 DPJ는 국민의 신뢰를 얻지 못했다. 국민으로부터의 최초 불신은 초대 총리 하토야마가 주일 미군기지 관련 총선 공약을 이행하지 못했기 때문이고, 그 이후의 신뢰 저하는 중국 및 러시아와의 외교실패, 불운했던 사상 최대의 천연재해와 정부의 미흡한 대처, 취약한 경제실적, 그리고 전반적 국정운영 능력 부족에 대한 국민의 실망에 따른 것이었다. 그 모든 것이 합쳐져 DPJ는 겨우 3년 남짓한 기간 집권했고, 새로 치러진 중의원 선거에서 처음 집권 당시에 비해 의석 수 251석을 잃는 수모를 겪었다.

반면 짧은 기간의 야당 생활에서 많은 것을 느낀 자민당은 재집권 이후 국민의 신임을 받기 위해 최선을 다했다. 대외관계에서 아베 내각은 가장 중요한 미·일 관계를 완전히 정상화시키면서 중국의 공세에 미국과 함께 강력 대처했고, 러시아와는 실용적 차원에서 에너지, 경제, 군사관계를 증진시켰다. 그리고 아태 민주동맹을 포함해 수많은 나라들과 교류를 확대했고, 지구적 차원에서 일본의 위상증진을 도모해 일본인들의 자긍심 회복을 도왔다. 국내에서는 경제성장에 심혈을 기울였다. 일본경제의 고질적 병폐인 디플레이션에서 탈피하기 위한 아베노믹스 도입은 일정부분 긍정적 성과를 거두었다. 비록 중간과정에 정부부채를 완화하기 위한 조세인상으로 인한 부작용이 있었고 경제성장과 구조개혁의 성과는 제한적이었지만, 국민들은 다양한 정책수단의 적용으로 국가경제를 살리려는 정부의 노력을 긍정 평가했다. 그것은 수시로 치러지는 중의원, 참의원 선거에서 자민당 정부의 연속적인 압도적 승리로 나타났고, 아베 신조는 일본 역사상 최장수 총리가 됐다.[1]

(1) 전문가 분석 평가

리처드 캐츠(Richard Katz)는 아베노믹스의 성과, 문제점, 그리고 향후 정책방향에 관해 논의한다. 아베노믹스는 일본경제의 고질적 병폐인 디플레이션에서 탈피하기 위해 통화이완, 재정자극, 그리고 경제구조 개혁의 3가지 요소를 활용한다. 재정자극과 통화이완은 사회 내 소비를 진작하고 기업의 이윤을 증대시켜 경기를 활성화시키는 데 필요한 단기적 수단이고, 구조개혁은 경제성장을 위한 장기적 목적을 갖는다. 그러나 그는 아베노믹스 2년 시행의 결과는 그렇게 낙관적이지 않다고 말한다. 소비와 실질임금은 오히려 감소하고 직업창출은 대부분 비정규직에 몰려있는데, 그 이유는 재정자극이 소비세 인상으로 효과를 발휘하지 못하고, 구조개혁이 진전되지 않는 상태에서 통화이완 수단 하나만으로는 원하는 목표를 달성할 수 없기 때문이다. 그 상황에서 그는 일본경제가 장기적으로 조금이라도 더 높은 성장률을 원하면 재정자극과 통화이완을 시행하면서 동시에 특히 구조개혁을 시행해야 한다고 조언한다. 그에 따르면, 일본 산업에서 가장 큰 문제는 해외가 아닌 국내시장만을 겨냥하는 낙농업 같은 내수 위주 기업들이 생산성이 낮고 경쟁력이 없는 상태에서 막강한 농협의 중의원 로비를 통해 정부로부터 과보호 받고 있는

---

1) 2020년 8월 28일 아베 신조는 궤양성대장염으로 인해 더 이상 업무를 처리할 수 없기 때문에 총리직에서 사임한다고 발표했다. 그 다음 달 아베 내각에서 오랜 기간 관방장관으로 재직한 스가 요시히데가 후임 총리로 선출됐다.

것이다. 그렇게 그 기업들은 담합을 통해 더 생산성이 좋고 직업창출이 가능하며 국민경제에 도움이 되는 새로운 회사의 시장진입을 막는다. 또 근로자의 노동생산성도 증가해야 하는데, 그 목표를 위해서는 노동시장 경직성이 해소돼 근로자의 이동이 자유로워야 하고 비정규직의 증가를 막아야 한다. 캐츠의 분석은 아베노믹스와 일본경제의 근본적 문제점을 정확하게 지적하고, 도쿄 당국의 불균형적 노력에 큰 경종을 울린다. 실제 구조개혁이 없는 통화이완과 정부 재정지출을 통한 경기 살리기는 정부 부채만 증가시킬 것이기 때문이다. 비록 캐츠가 말하듯 일본의 막대한 외환보유고가 외국 투자자의 자금이탈을 막을 수 있겠지만, 구조개혁의 지연은 나중에 후세대에 세금부담만 안겨줄 것이다. IMF도 일본이 재정공고화를 필요로 한다고 권고했다. 그 이후 시간이 가면서 아베내각의 경제정책은 미완의 성공으로 귀결됐다. 캐츠의 조언대로 전기산업과 의료분야는 상당수준 자유화됐고, 여성인력 고용정책은 부분적 성과를 거두었다. 농업개혁에서도 일정수준의 진전이 있었다. 2016년 1월 농협법 개정에 따라 전국농업협동조합중앙회(전중)의 694개 지역농협에 대한 감사, 운영지침 권한이 폐지됐는데, 그 농협 구조개혁은 지역농협의 자립, 경쟁력, 창의성 증대를 목적으로 한 조치였다. 농협중앙회 제도가 폐지되고 그 기구가 사단법인화하면서 지역농협은 이제 더 저렴한 농약, 비료, 농업장비 구매를 포함하는 생산단가 절감, 새로운 판로개척, 농산물의 효율적 운송 및 저장시설 확보, 그리고 기타 사업으로의 진출 등 다양한 활동에서 더 자유로워졌고, 그것은 시장경제 원리에 따라 일본농업의 경쟁력 제고를 도울 것으로 기대됐다.[1] 그러나 노동시장 개혁은 별로 진전이 없었다. 또 GDP 성장 역시 별로 인상적이지 못했는데, 그것은 2015년 1.2%, 2016년 0.6%, 2017년 1.9%, 2018년 0.8%를 기록했다.[2] 전체적으로 서방의 개방적인 경쟁 위주 경제와 비교해 볼 때, 아베노믹스의 적용과 성과는 모두 일본사회의 독특한 경직성을 반영했다.

....

[1] 그럼에도 불구하고 일본 농업은 어려운 상태에 처해 있다. 특히 2015년 현재 평균연령 66.4세로 특징지어지는 농촌인구 고령화와 청년층의 농업 회피 경향은 아직도 일본 농업발전의 한계로 남아있다. 일본의 농민 숫자는 1970년대 7백만에서 2008년까지 3백만으로 감소하고, 그 이후 2016년 처음으로 200만 이하인 192만명으로 줄어들었다. 농업인구 절반을 차지하는 70세 이상 연령의 농민 수는 2015년에 비해 크게 줄어들었지만, 정부가 늘리기를 원하는 청년층 농민 수는 더 하락했다. 30세 이하 농민 숫자는 전체 농민의 2.5% 밖에 되지 않지만, 2016년 그 숫자는 그 전해에 비해 24% 더 하락했다. "Reform of agricultural cooperatives," The Japan Times, (October 28, 2016), https://www.japantime.co.jp〉 refor...

[2] Japan GDP Growth Rate 1961－2020/ MacroTrends, https://www.macrotrends.net〉 JPN

사항
색인

저자 약력

유찬열

연세대학교 이학사
미국 American University 정치학 석사(비교정치)
미국 Johns Hopkins University 정치학 박사(국제정치)

한국 국방연구원 선임연구원(1991-1996)
덕성여자대학교 정치외교학과 교수(1996-2018)
UC Berkeley 대학교 Visiting Scholar
한국 공공정책학회 회장
한국 국제정치학회 연구이사, 이사
서울신문 명예 논설위원
Marquis Who's Who in the World 등재
덕성여자대학교 명예교수

저서
국가의 이성: 국제 체제의 역사와 원리
세계 외교정책론(공저)
미국의 외교정책(공저)
강대국 패권경쟁과 남북한관계: 1990년대 이야기
미국의 외교안보와 강대국 경쟁

연구 논문 및 보고서
The Survival Strategy of North Korea and a Road to the Unification of Korea, *Contemporary Security Policy*
Anti-American, Pro-Chinese Sentiment in South Korea, *East Asia: An International Quarterly*
North Korea's Resurgence and China's Rise: Implications for the Future of Northeast Asian Security, *East Asia: An International Quarterly*
The Second North Korean Nuclear Crisis, *The National Interest.*
21세기 국제체제와 미국의 준비(국제정치 논총)
북한핵위기의 구조와 해결전망(공공정책연구)
김정은 체제의 대내외 정책평가(비교 민주주의연구) 등 50여 편

신문 및 잡지 기고
부시 행정부 대외정책 전망, 서울신문
북한 핵실험에 대한 현실주의적 시각, 미주 중앙일보
신뢰 흠집 나선 안 될 한미 우호, 세계일보
한미 FTA 국회비준의 의미, 헤럴드 경제
천안함 피격사건 5주기와 우리의 각오, 국방일보
불확실성의 세계정세와 한국의 선택, 서울신문
미중일 삼각파도와 우리의 항로, 서울신문
통일로 가는 좁은 문, 서울신문
약소국 우크라이나의 비애, 서울신문
일본의 역사 왜곡을 넘어서려면, 서울신문
국정원 논란에서 우려되는 점들, 국민일보 등 20여개 칼럼

미국과 신강대국 세력구조

초판발행   2020년 10월 25일

지은이   유찬열
펴낸이   안종만·안상준

편 집   전채린
기획/마케팅   김한유
표지디자인   박현정
제 작   고철민·조영환

펴낸곳   (주) **박영사**
               서울특별시 금천구 가산디지털2로 53, 210호(가산동, 한라시그마밸리)
               등록 1959. 3. 11. 제300-1959-1호(倫)

전 화   02)733-6771
f a x   02)736-4818
e-mail   pys@pybook.co.kr
homepage   www.pybook.co.kr
ISBN   979-11-303-1124-1   93340

* 잘못된 책은 바꿔드립니다. 본서의 무단복제행위를 금합니다.
* 저자와 협의하여 인지첩부를 생략합니다.

정 가   32,000원